한국세무사회 국가공인
단기간 전산세무2급 완벽대비서

국가직무능력표준
National Competency Standards

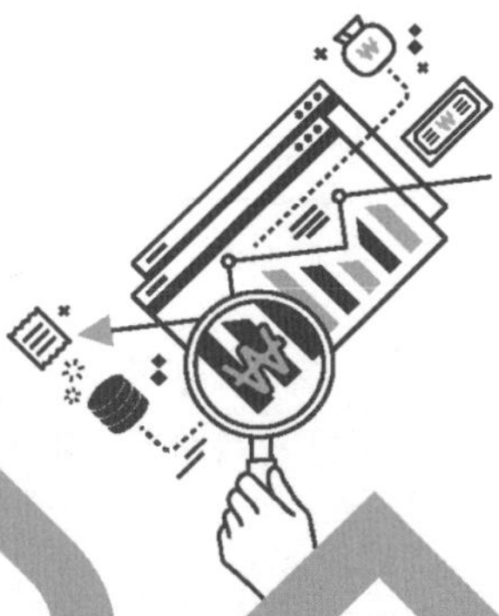

PERFECT 2025 전산세무 파이널 2급

저자_ 황향숙

도서출판 배움

머리말

　최근 교육과정의 시간 단축 경향에 맞추어 반복적인 교육 훈련의 필요성 및 수험자가 단기간에 충분하고 다양한 문제를 다루어 보고자 하는 욕구를 충족시키고자 본 서를 집필하였습니다.

　최근 출제의 경향을 분석한 결과 이론적 체계 없이는 합격할 수 없으므로, 과거의 방식대로 암기식, 요약식의 시험대비는 자격 취득 실패의 쓴맛을 보게 될 것입니다. 본 서 FINAL 교재는 회계이론 및 세무를 기초로 최적화된 이론정리로 시간을 절약하여 이론을 체계적으로 정립할 수 있도록 집필하였습니다. 이론을 체계적으로 정리 후 실기연습에 할애하여 학습하는 것이 가장 바람직합니다.

　본 서의 특징은 다음과 같습니다.

1. 기출문제 완벽 분석에 의한 체계적·효율적 이론정리
2. 완벽한 시험대비를 위한 단원평가문제 제공
3. 기출문제 완벽 분석에 의한 실전분개 제공
4. 최근 2년간의 기출문제 DB 및 상세 해설 제공

　본 교재를 통하여 전산세무회계 자격증을 취득하고자 하는 많은 분들에게 빠른 합격과 실무능력 향상을 한꺼번에 이루시길 바라며, 교재의 부족한 부분은 계속 노력하여 채워나갈 것을 약속드립니다. 또한 교재에 대한 질문 및 오류 부분은 도서출판 배움 홈페이지(www.bobook.co.kr) [질문과 답변]에 남겨주시면 성실히 답변을 드리도록 하겠습니다.

　본 교재를 출간할 수 있도록 도와주신 도서출판 배움 박성준 대표님과 기타 관계자분들께 감사드리며 교재 출간 계획 및 집필에 많은 조언과 신경을 쓰셨던 고인 조윤준교수님께 감사의 말씀을 드리며 삼가 고인의 명복을 빕니다.

2025. 2　황향숙

Contents

실무이론 요약편

PART 01 전표관리 및 결산관리 (NCS 0203020201_23v6 적격증빙관리/ 0203020102_20v4 자금관리/0203020202_20v5 결산관리)

CHAPTER 01 재무회계의 기초 및 개념 — 19
1. 재무회계의 기초 — 19
2. 재무제표 — 19
3. 재무회계의 개념체계 — 22

CHAPTER 02 자산 — 26
1. 당좌자산 — 26
2. 재고자산 — 33
3. 투자자산 — 37
4. 유형자산 — 41
5. 무형자산 — 46
6. 기타비유동자산 — 48

CHAPTER 03 부채 — 49
1. 유동부채 — 49
2. 비유동부채 — 50

CHAPTER 04 자본 — 55
1. 주식의 발행(증자) — 56
2. 주식의 소각(감자) — 57
3. 자기주식 — 57
4. 이익잉여금 — 58

CHAPTER 05 수익과 비용 — 60
1. 수익의 인식기준 — 60
2. 비용의 인식기준 — 61
3. 외화채권·채무 평가 — 61

CHAPTER 06 회계변경과 오류수정 — 62
1. 회계변경 — 62
2. 오류수정 — 63

CHAPTER 07 실무이론 평가 — 64

PART 02 원가회계 (NCS 0203020103_20v4 원가계산)

CHAPTER 01 원가회계의 개념 및 원가흐름 — 93
1. 원가회계의 목적 및 원가의 개념 — 93
2. 원가의 분류 — 93

3. 원가의 구성   95
4. 원가계산의 절차   96
5. 제조기업의 원가계산 흐름   96
6. 재공품   98
7. 제품   98
8. 제조원가명세서(손익계산서의 부속명세서)   99

CHAPTER 02 원가의 배분 및 부문별 원가계산   100
1. 원가배분   100
2. 제조간접비 배부   101
3. 부문별 원가계산   103

CHAPTER 03 제품별 원가계산   107
1. 개별원가계산   107
2. 종합원가계산   108
3. 개별원가계산과 종합원가계산의 비교   112
4. 공손품, 작업폐물, 부산물의 구분   112

CHAPTER 04 실무이론 평가   115

PART 03 부가가치세 (NCS 0203020205_23v6 부가가치세 신고)

CHAPTER 01 부가가치세의 기본개념   135
1. 부가가치세 의의 및 특징   135
2. 납세의무자(사업자)   135
3. 과세기간   136
4. 납세지(사업장)   137
5. 사업자등록   138

CHAPTER 02 과세거래   139
1. 재화의 공급   139
2. 용역의 공급   141
3. 부수재화 또는 용역   142
4. 재화의 수입   143
5. 공급시기(= 거래시기)   143

CHAPTER 03 영세율과 면세   145
1. 영세율 적용대상의 범위   145
2. 면세   146
3. 영세율과 면세의 비교   147

CHAPTER 04 거래징수와 세금계산서 ... 148
    1. 거래징수 ... 148
    2. 세금계산서 ... 148
    3. 전자세금계산서 ... 149
    4. 매입자발행세금계산서 ... 149
    5. 세금계산서의 발급·발급시기 ... 149
    6. 세금계산서의 수정 ... 150
    7. 영수증 ... 151

CHAPTER 05 과세표준과 납부세액 ... 152
    1. 부가가치세의 계산구조 ... 152
    2. 과세표준(공급가액)과 매출세액 ... 152
    3. 세율 ... 154
    4. 매입세액공제와 납부세액의 계산 ... 154
    5. 차가감납부(환급)할 세액의 계산 ... 156

CHAPTER 06 부가가치세 신고·납부절차 ... 157

CHAPTER 07 간이과세 ... 158

CHAPTER 08 실무이론 평가 ... 159

PART 04   소득세 (NCS 0203020204_23v6 원천징수/0203020206_23v6 종합소득세 신고)

CHAPTER 01 소득세의 기본개념 ... 176
    1. 소득세의 기초개념 ... 176
    2. 금융소득(이자·배당소득) ... 178
    3. 사업소득 ... 180
    4. 근로소득 ... 182
    5. 연금소득 ... 188
    6. 기타소득 ... 189
    7. 소득금액계산의 특례 ... 192

CHAPTER 02 과세표준과 세액의 계산 ... 194
    1. 종합소득 과세표준 ... 194
    2. 종합소득 인적공제 ... 194
    3. 종합소득 물적공제 ... 196
    4. 종합소득 세액공제·감면 ... 199

CHAPTER 03 납부절차 ... 207
    1. 원천징수제도 ... 207
    2. 연말정산제도 ... 209
    3. 소득세 신고·납부절차 ... 209

CHAPTER 04 실무이론 평가 ... 212

Contents

PART 05 보론
- CHAPTER 01 재무비율분석(NCS 0203020106_20v4) … 228
- CHAPTER 02 비영리회계(NCS 0203020109_20v4) … 233
- CHAPTER 03 지방세신고(NCS 0203020208_23v6) … 237

전산실무 요약편

PART 01 실무프로그램의 시작
- CHAPTER 01 실무프로그램의 시작 … 242

PART 02 회계정보시스템운용 (NCS 0203020105_20v4 회계정보시스템운용)
- CHAPTER 01 기초정보등록 … 246
  1. 회사등록 … 246
  2. 환경등록 … 246
  3. 거래처등록 … 246
  4. 계정과목 및 적요등록 … 246
- CHAPTER 02 전기이월작업 … 247
  1. 전기분 재무상태표 … 247
  2. 전기분 원가명세서 … 247
  3. 전기분 손익계산서 … 247
  4. 전기분 이익잉여금처분계산서 … 247
  5. 거래처별초기이월 … 248

PART 03 전표관리 (NCS 0203020201_23v6 적격증빙관리)
- CHAPTER 01 일반전표입력 … 250
  1. 일반전표입력 … 250
  2. 신규거래처 등록 … 252
  3. 일반전표입력 유형별 연습하기 … 253
- CHAPTER 02 매입매출전표입력 … 271
  1. 매입매출전표입력 … 272
  2. 매출유형별 실무프로세스 … 276
  3. 매출유형별 분개 연습하기 … 280
  4. 매입유형별 실무프로세스 … 290
  5. 매입유형별 분개 연습하기 … 294

PART 04 부가가치세 신고서 및 부속서류 작성 (NCS 0203020205_23v6 부가가치세 신고)

CHAPTER 01 부가가치세 부속서류 — 307

1. 세금계산서합계표 — 307
2. 계산서합계표 — 307
3. 신용카드매출전표등 발행집계표 — 308
4. 부동산임대공급가액명세서 — 310
5. 영세율 첨부서류(근거서류) — 314
   - 수출실적명세서 — 314
   - 영세율첨부서류제출명세서 — 317
   - 내국신용장·구매확인서전자발급명세서 — 318
   - 영세율매출명세서 — 319
6. 대손세액(변제대손세액)공제신고서 — 320
7. 건물 등 감가상각자산취득명세서 — 322
8. 신용카드매출전표등 수령명세서 — 323
9. 의제매입세액공제신고서 — 326
10. 재활용폐자원세액공제신고서 — 333
11. 공제받지못할매입세액명세서 — 335

CHAPTER 02 부가가치세신고 및 가산세 — 343

1. 부가가치세신고서 — 343
2. 가산세 — 348
3. 부가가치세 전자신고 — 361
4. 매입매출전표에서 전자세금계산서 발급 — 367

PART 05 결산관리 (NCS 0203020202_20v5 결산관리)

CHAPTER 01 고정자산등록 및 감가상각 — 372

1. 감가상각 — 372
2. 고정자산등록 — 372

CHAPTER 02 결산프로세스 — 375

1. KcLep 결산 프로세스(법인기업) — 375
2. 수동결산 실무 — 375
3. 자동결산 실무 — 376

CHAPTER 03 재무제표 작성 — 388

1. 원가명세서 — 388
2. 손익계산서 — 388
3. 이익잉여금처분계산서(또는 미처리결손금계산서) — 388
4. 재무상태표 — 390
5. 합계잔액시산표 — 390

Contents

PART 06 근로소득 원천징수 (NCS 0203020204_23v6 원천징수)

CHAPTER 01 사원등록 ... 393

CHAPTER 02 급여자료입력 ... 402
- 1. 수당 및 공제등록 ... 402
- 2. 급여자료 입력 ... 404

CHAPTER 03 원천징수이행상황신고서 ... 409
- 1. 원천징수이행상황신고서 작성 ... 409
- 2. 원천징수 전자신고 ... 412

CHAPTER 04 연말정산추가자료입력 ... 416
- 1. 계속근무자 및 특수한 경우의 연말정산 ... 416
- 2. 연말정산추가자료입력 ... 417

최신기출문제&해답

PART 01 최신기출문제(117회 ~ 106회) ... 442

PART 02 기출문제 해답 ... 578

시험안내 및 출제기준

1. 2025년 국가공인 전산세무회계 자격시험 일정

종목 및 등급	회차	원서접수	장소공고	시험일자	발표
전산세무 1, 2급 전산회계 1, 2급	제118회	01.02 ~ 01.08	02.03 ~ 02.09	02.09(일)	02.27(목)
	제119회	03.06 ~ 03.12	03.31 ~ 04.05	04.05(토)	04.24(목)
	제120회	05.02 ~ 05.08	06.02 ~ 06.07	06.07(토)	06.26(목)
	제121회	07.03 ~ 07.09	07.28 ~ 08.02	08.02(토)	08.21(목)
	제122회	08.28 ~ 09.03	09.22 ~ 09.28	09.28(일)	10.23(목)
	제123회	10.30 ~ 11.05	12.01 ~ 12.06	12.06(토)	12.24(수)

2. 시험시간

등급	전산세무 1급	전산세무 2급	전산회계 1급	전산회계 2급
시험시간	15:00 ~ 16:30	12:30 ~ 14:00	15:00 ~ 16:00	12:30 ~ 13:30
	90분	90분	60분	60분

3. 응시자격기준 및 응시원서 접수방법

응시자격은 제한이 없다. 다만, 부정행위자는 해당 시험을 중지 또는 무효로 하며 이후 2년간 시험에 응시할 수 없다. 각 회차별 접수기간 중 한국세무사회 홈페이지(http://license.kacpta.or.kr)로 접속하여 단체 및 개인별 접수(회원가입 및 사진등록)한다. 궁금한 사항은 홈페이지를 참고하거나 전화(02-521-8398~9)로 문의할 수 있다.

4. 합격자 결정기준

100점 만점에 이론과 실기를 합해서 70점 이상이 되면 합격한다.

5. 시험출제기준

등급	시험방법	시험과목	평가비율	제한시간	출제방법
전산세무 2급	이론시험	■ 재무회계(10%), 원가회계(10%), 세무회계(10%)	30%	90분	**이론시험** 객관식 4지선다형 **실무시험** 전산회계프로그램을 이용한 실기시험
	실무시험	■ 거래자료 입력 및 결산자료의 입력(35%) ■ 매입매출자료 입력, 부가가치세 신고서 작성 및 전자신고(20%) ■ 원천징수 및 전자신고와 연말정산 기초(15%)	70%		

※ 각 구분별 ±10% 이내에서 범위를 조정할 수 있으며, 전산세무 2급은 전산회계 1급의 내용을 포함한다.

시험당일 수험요령

전산세무회계자격시험은 컴퓨터에 수험용 프로그램(KcLep)이 설치된 상태에서, 수험자가 직접 배부받은 답안매체(USB메모리) 내의 문제 데이터프로그램(Tax.exe)을 설치하고, **본인 스스로 프로그램 사용법 및 세무회계 지식을 기반으로 제한된 시간 내에 문제를 풀어서 입력하고**, 시험 종료시 본인의 입력 자료를 답안매체에 수록하여 제출하여야 합니다.

① USB 수령	▪ 감독관으로부터 시험에 필요한 응시종목별 기초백데이타 설치용 USB를 지급받는다. ▪ USB 꼬리표가 본인 응시종목인지 확인하고, 뒷면에 수험정보를 정확히 기재한다.
② USB 설치	(1) USB를 컴퓨터에 정확히 꽂은 후, 인식된 해당 USB드라이브로 이동한다. (2) USB드라이브에서 기초백데이타설치프로그램인 'Tax.exe(⬛Tax)' 파일을 실행시킨다. [주의] USB는 처음 설치이후, **시험 중 수험자 임의로 절대 재설치(초기화)하지 말 것.**
③ 수험정보입력	▪ [수험번호(8자리)] – [성명]을 정확히 입력한 후 [설치]버튼을 클릭한다. * 처음 입력한 수험정보는 이후 절대 수정이 불가하니 정확히 입력할 것.
④ 시험지 수령	▪ 시험지가 본인의 응시종목(급수)인지 여부와 문제유형(A 또는 B)을 확인한다. ▪ 문제유형(A 또는 B)을 프로그램에 입력한다. ▪ 시험지의 총 페이지수를 확인한다. ▪ 급수와 페이지수를 확인하지 않은 것에 대한 책임은 수험자에게 있음.
⑤ 시험시작	▪ 감독관이 불러주는 '**감독관확인번호**'를 정확히 입력하고, 시험에 응시한다.
(시험을 마치면) ⑥ USB 저장	(1) **이론문제의 답**은 메인화면에서 이론문제 답안작성 을 클릭하여 입력한다. (2) **실무문제의 답**은 문항별 요구사항을 수험자가 파악하여 각 메뉴에 입력한다. (3) 이론과 실무문제의 **답을 모두입력한 후** 답안저장 (USB로 저장) 을 클릭하여 저장한다. (4) **저장완료** 메시지를 확인한다.
⑦ USB제출	▪ 답안이 수록된 USB메모리를 빼서, 〈감독관〉에게 제출 후 조용히 퇴실한다.

▶ 본 자격시험은 전산프로그램을 이용한 자격시험입니다. 컴퓨터의 사양에 따라 전산진행속도가 느려질 수도 있으므로 전산프로그램의 진행속도를 고려하여 입력해주시기 바랍니다.
▶ 수험번호나 성명 등을 잘못 입력했거나, 답안을 USB에 저장하지 않음으로써 발생하는 일체의 불이익과 책임은 수험자 본인에게 있습니다.
▶ 타인의 답안을 자신의 답안으로 부정 복사한 경우 해당 관련자는 모두 불합격 처리됩니다.
▶ PC, 프로그램 등 조작미숙으로 시험이 불가능하다고 판단될 경우 불합격처리 될 수 있습니다.

KcLep(케이렙) 프로그램 설치 방법

1. 한국세무사회 자격시험 홈페이지 사이트(http://license.kacpta.or.kr/) 접속

KcLep(케이렙) 수험용 프로그램을 설치를 위해 먼저 인터넷을 통해 프로그램을 다운 받아야 한다.

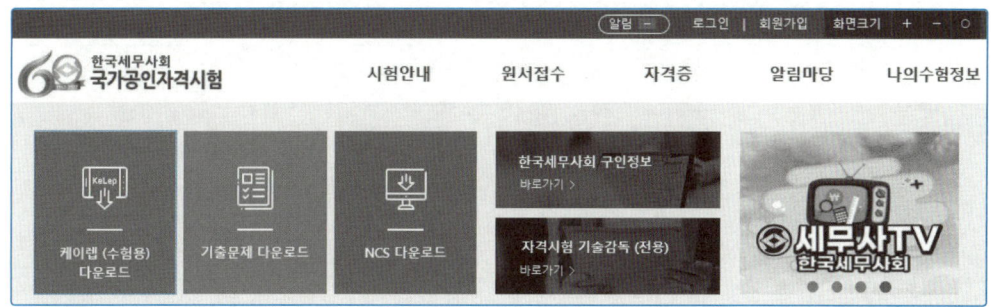

2. 수험용 프로그램 설치

KcLep(케이렙) 프로그램을 다운 받으면 아이콘(KcLepSetup)이 나타내며, 이를 더블클릭하여 프로그램을 설치한다. (버전에 따라 아이콘 모양은 바뀔 수 있다.)

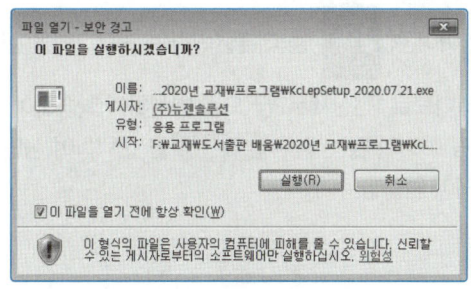 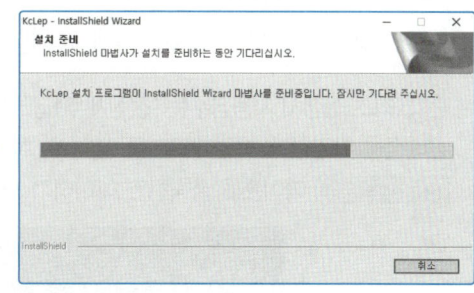

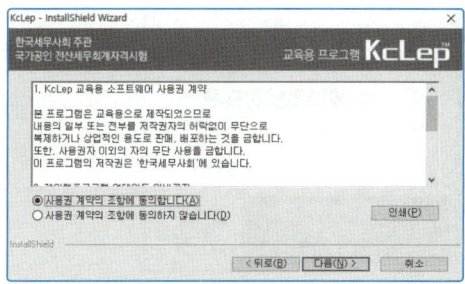

"사용권 계약의 조항에 동의합니다(A)"에 체크 후 "다음(N)"을 클릭한다. 사용권 계약에 동의하면 아래와 같이 파일을 설치할 폴더를 선택하는 화면이 나타나며, "다음(N)"을 클릭한다.

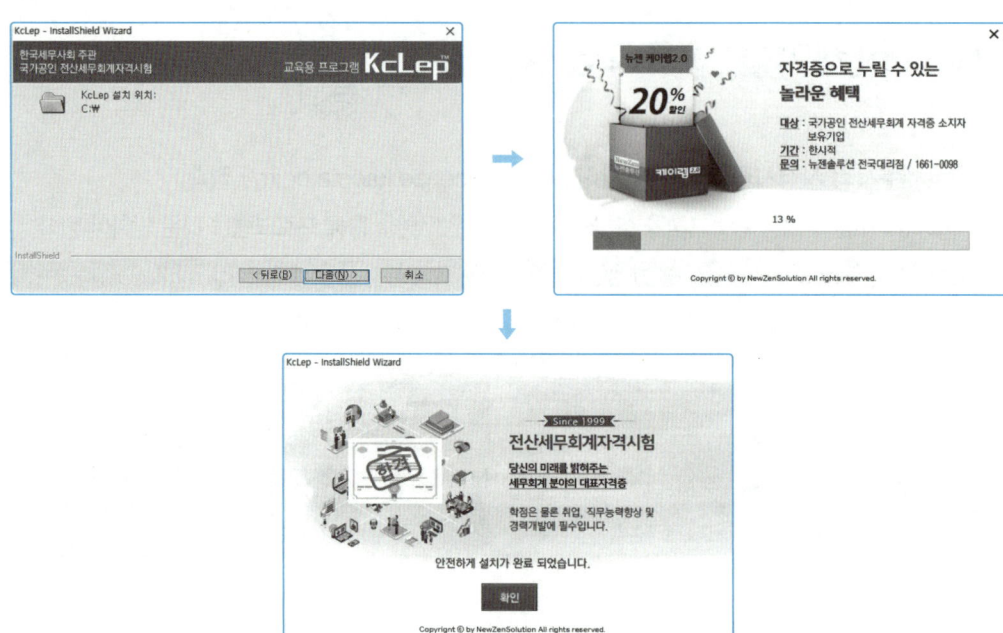

설치 완료 화면에서 "확인"을 클릭하며, 바탕화면에 바로가기 아이콘()이 생성된다.

3. KcLep(케이렙) 프로그램 실행하기

KcLep(케이렙) 프로그램 설치가 끝난 후 바탕화면의 아이콘( )을 더블클릭하여 프로그램을 실행한다. 최초 실행시 사용급수는 "전산세무1급"으로 나타나므로 "전산세무2급"으로 변경하여 학습하며, 최신버전을 확인한다. 백업데이터를 설치 후 회사코드가 보이지 않는 경우 회사등록 을 선택하여 상단의 F4 회사코드재생성 아이콘을 클릭하면 데이터가 재설치 되어 연습할 수 있다.

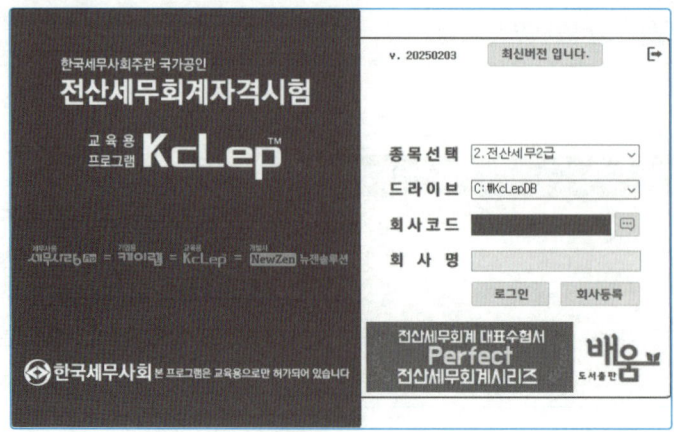

KcLep(케이렙) 프로그램 설치 방법

전산세무 **2**급 파이널

PART **01** 전표관리 및 결산관리
PART **02** 원가회계
PART **03** 부가가치세
PART **04** 소득세
PART **05** 보론

실무이론 요약

Perfect
전산세무 2급
www.bobook.co.kr

PART 01

전표관리 및 결산관리

CHAPTER 01 재무회계의 기초 및 개념
CHAPTER 02 자산
CHAPTER 03 부채
CHAPTER 04 자본
CHAPTER 05 수익과 비용
CHAPTER 06 회계변경과 오류수정
CHAPTER 07 실무이론 평가

직무명	분류번호	능력단위명	수준	능력단위요소
세무	0203020201_23v6	적격증빙관리	2	1 적격증빙별 거래인식하기 2 전표 처리하기 3 적격증빙 서류관리하기

능력단위정의	적격증빙관리란 적격증빙별 거래를 인식하고, 관련전표와 증빙서류를 처리 및 관리하는 능력이다.

NCS 능력단위	능력단위요소	수 행 준 거
0203020201_23v6 적격증빙관리	0203020201_23v6.1 적격증빙별 거래인식하기	1.1 거래별로 세금계산서발급대상 거래와 영수증대상 거래를 구별하고 관리할 수 있다. 1.2 적격증빙별 거래를 구분하여 인식하고 지출증명서류합계표를 작성하여 관리할 수 있다. 1.3 적격증빙별 거래를 구분하여 인식하고 적격증빙이 아닌 경우 영수증수취명세서를 작성하여 관리할 수 있다.
	0203020201_23v6.2 전표 처리하기	2.1 회계상 거래를 부가가치세신고 여부에 따라 일반전표와 매입매출전표로 구분할 수 있다. 2.2 부가가치세신고와 관련이 없는 회계상 거래를 일반전표에 처리할 수 있다. 2.3 부가가치세신고와 관련이 있는 회계상 거래를 매입매출전표에 처리할 수 있다.
	0203020201_23v6.3 증빙서류 관리하기	3.1 발생한 거래에 따라 관련 서류 등을 확인하여 증빙여부를 검토할 수 있다. 3.2 발생한 거래에 따라 관련 규정을 준수하여 증빙서류를 구분 대조할 수 있다. 3.3 증빙서류 관련 규정에 따라 제 증빙서류를 보관·관리할 수 있다. 3.4 업무용승용차관련 거래를 인식하고 차량별로 운행일지를 관리할 수 있다.

직무명	분류번호	능력단위명	수준	능력단위요소
회계·감사	0203020102_20v4	자금관리	2	1 현금시재 관리하기 2 예금 관리하기 3 법인카드 관리하기 4 어음·수표 관리하기

능력단위정의

자금관리란 기업 및 조직의 자금을 관리하기 위하여 회계관련규정에 따라 자금인 현금, 예금, 법인카드, 어음·수표를 관리하는 능력이다.

NCS 능력단위	능력단위요소	수 행 준 거
0203020102_20v4 자금관리	0203020102_20v4.1 현금시재 관리하기	1.1 회계관련규정에 따라 현금 입출금을 관리할 수 있다. 1.2 회계관련규정에 따라 소액현금 업무를 처리할 수 있다. 1.3 회계관련규정에 따라 입·출금전표 및 현금출납부를 작성할 수 있다. 1.4 회계관련규정에 따라 현금 시재를 일치시키는 작업을 할 수 있다.
	0203020102_20v4.2 예금 관리하기	2.1 회계관련규정에 따라 예·적금 업무를 처리할 수 있다. 2.2 자금운용을 위한 예·적금 계좌를 예치기관별·종류별로 구분·관리할 수 있다. 2.3 은행업무시간 종료 후 회계관련규정에 따라 은행잔고를 확인할 수 있다. 2.4 은행잔고의 차이 발생 시 그 원인을 규명할 수 있다.
	0203020102_20v4.3 법인카드 관리하기	3.1 회계관련규정에 따라 금융기관에 법인카드를 신청할 수 있다. 3.2 회계관련규정에 따라 법인카드 관리대장 작성 업무를 처리할 수 있다. 3.3 법인카드의 사용범위를 파악하고 결제일 이전에 대금이 정산될 수 있도록 회계처리할 수 있다.
	0203020102_20v4.4 어음·수표 관리하기	4.1 관련규정에 따라 수령한 어음·수표의 예치 업무를 할 수 있다. 4.2 관련규정에 따라 어음·수표를 발행·수령할 때 회계처리할 수 있다. 4.3 관련규정에 따라 어음관리대장에 기록하여 관리할 수 있다. 4.4 관련규정에 따라 어음·수표의 분실 처리 업무를 할 수 있다.

직무명	분류번호	능력단위명	수준	능력단위요소
세무	0203020202_20v5	결산관리	2	1 손익계정 마감하기 2 자산·부채계정 마감하기 3 재무제표 작성하기

능력단위정의	결산관리란 회계기간의 수익, 비용을 확정하여 경영성과를 파악하고, 결산일 현재의 자산, 부채, 자본을 측정·평가하고 재무상태를 파악하여 재무제표를 작성하는 능력이다.

NCS 능력단위	능력단위요소	수 행 준 거
0203020202_20v5 결산관리	0203020202_20v5.1 손익계정 마감하기	1.1 회계관련규정 및 세법에 따라 손익 관련 제반서류를 준비할 수 있다. 1.2 손익계정에 관한 결산정리사항을 분개할 수 있다. 1.3 손익 관련 계정과목의 오류를 수정할 수 있다. 1.4 법인세, 소득세 신고 관련 사항을 분개할 수 있다.
	0203020202_20v5.2 자산·부채계정 마감하기	2.1 회계관련규정 및 세법에 따라 자산·부채 관련 제반서류를 준비할 수 있다. 2.2 자산·부채계정에 관한 결산정리사항을 분개할 수 있다. 2.3 자산·부채 관련 계정과목의 오류를 수정할 수 있다. 2.4 부가가치세 신고 관련 사항을 분개할 수 있다.
	0203020202_20v5.3 재무제표 작성하기	3.1 회계관련규정에 따라 재무상태표를 작성할 수 있다. 3.2 회계관련규정에 따라 손익계산서를 작성할 수 있다. 3.3 회계관련규정에 따라 자본변동표를 작성할 수 있다. 3.4 회계관련규정에 따라 이익잉여금처분계산서를 작성할 수 있다.

CHAPTER 01 재무회계의 기초 및 개념

1. 재무회계의 기초

구 분	내 용
회계의 정의	기업의 경제적 활동을 시스템에 의하여 식별·측정하고, 그 결과를 정보화하여 이해관계자에게 전달해 주는 일련의 과정
회계의 목적	다양한 이해관계자의 의사결정에 유용한 회계정보를 제공하는 것
재무보고의 목적	① 투자 및 신용의사결정에 유용한 정보의 제공 ② 미래 현금흐름 예측에 유용한 정보의 제공 ③ 재무상태, 경영성과, 현금흐름 및 자본변동에 관한 정보의 제공 ④ 경영자의 수탁책임평가에 유용한 정보의 제공

2. 재무제표

1 재무제표(기업실체가 외부의 정보이용자에게 재무정보를 전달하는 수단)

재무상태표	일정시점의 기업의 재무상태를 보여주는 보고서로서 보고기간 종료일 현재 기업이 보유하고 있는 자산, 부채, 자본을 보여주는 정태적 보고서
손익계산서	일정기간 동안 기업의 경영성과에 대한 정보를 제공하는 재무보고서로 미래의 현금흐름과 수익 창출능력의 예측에 유용한 정보를 제공하는 동태적 보고서
자본변동표	일정기간의 자본의 크기와 그 변동에 관한 정보를 제공하며 자본금, 자본잉여금, 자본조정, 기타포괄손익누계액, 이익잉여금(또는 결손금)의 변동에 대한 포괄적인 정보를 보여주는 재무제표
현금흐름표	일정기간 동안 기업의 현금유입과 현금유출에 대한 정보를 제공하며 영업활동은 직접법 또는 간접법 중 택일하여 작성(**현금주의 작성**)

현금흐름표	영업활동	영업활동은 일반적으로 제품의 생산과 상품 및 용역의 구매·판매활동을 말하며, 투자활동과 재무활동에 속하지 아니하는 거래를 모두 포함함 ■ 현금 유입 : 제품등 현금판매, 매출채권회수, 이자수익과 배당금수익, 기타 투자활동과 재무활동에 속하니 아니하는 거래 ■ 현금 유출 : 원재료등 현금구입, 매입채무결제, 기타 상품과 용역의 공급자와 종업원에 대한 현금지출, 법인세의 지급(토지등 양도소득 법인세 제외), 이자비용, 기타 투자활동과 재무활동에 속하지 아니하는 거래
	투자활동	투자활동은 현금의 대여와 회수활동, 유가증권·투자자산·유형자산 및 무형자산의 취득과 처분활동 등을 말함
	재무활동	재무활동은 현금의 차입 및 상환활동, 신주발행이나 배당금의 지급활동 등과 같이 부채 및 자본계정에 영향을 미치는 거래를 말함

주석	재무제표의 보고상의 한계를 보완하기 위하여 별지에 추가(부연)적인 정보를 제공 ■ 주석 포함 사항 ① 재무제표 작성기준 및 유의적인 거래와 회계사건의 회계처리에 적용한 회계정책 ② 일반기업회계기준에서 주석공시를 요구하는 사항 ③ 재무상태표, 손익계산서, 현금흐름표 및 자본변동표의 본문에 표시되지 않는 사항으로서 재무제표를 이해하는 데 필요한 추가 정보

2 재무상태표 작성기준

항목의 구분과 통합표시	① 자산, 부채, 자본 중 중요한 항목은 재무상태표 본문에 별도 항목으로 구분하여 표시한다. 중요하지 않은 항목은 성격 또는 기능이 유사한 항목에 통합하여 표시할 수 있으며, 통합할 적절한 항목이 없는 경우에는 기타항목으로 통합할 수 있다. ② 자산, 부채, 자본을 종류별, 성격별로 분류하여 일정한 체계하에 구분표시 한다. ■ 자산 : 유동자산, 비유동자산 ■ 부채 : 유동부채, 비유동부채 ■ 자본 : 자본금, 자본잉여금, 자본조정, 기타포괄손익누계액, 이익잉여금
총액표시	① 자산과 부채는 원칙적으로 상계하여 표시하지 않는다. 다만, 기업이 채권과 채무를 상계할 수 있는 법적 구속력 있는 권리를 가지고 있고, 채권과 채무를 순액기준으로 결제하거나 채권과 채무를 동시에 결제할 의도가 있다면 상계하여 표시한다. ② 매출채권에 대한 대손충당금 등은 해당 자산이나 부채에서 직접 가감하여 표시할 수 있으며, 이는 상계에 해당하지 아니한다.
1년기준	① 자산과 부채는 보고기간 종료일 현재 1년 또는 영업주기를 기준으로 유동과 비유동으로 분류한다. ② 정상적인 영업주기 내에 판매(소멸)되거나 사용되는 재고자산과 회수(지급)되는 매출채권(매입채무) 등은 보고기간 종료일로부터 1년 이내에 실현되지 않더라도 유동자산(유동부채)으로 분류한다.
유동성배열법	자산, 부채는 현금화 가능성이 높은 순서로 배열하는 것이 원칙이다.
잉여금구분	자본거래(자본잉여금)와 손익거래(이익잉여금)를 구분표시 한다.
미결산항목등 표시금지	가지급금, 가수금 등 미결산 계정은 그 내용을 나타내는 적절한 계정으로 표시한다.

3 재무상태표일 후 발생한 사건

재무상태표일 후 발생한 사건이란 재무상태표일과 "재무제표가 사실상 확정된 날" 사이에 발생한 기업의 재무상태에 영향을 미치는 사건을 말하며 재무제표의 수정을 요하는 사건과 수정을 요하지 않는 사건으로 구분된다.

수정을 요하는 보고기간 후 사건

① 보고기간말 현재 이미 자산의 가치가 하락되었음을 나타내는 정보를 보고기간말 이후에 입수하는 경우 또는 이미 손상차손을 인식한 자산에 대하여 계상한 손상차손금액의 수정을 요하는 정보를 보고기간 후에 입수하는 경우
② 보고기간말 이전에 존재하였던 소송사건의 결과가 보고기간 후에 확정되어 이미 인식한 손실금액을 수정하여야 하는 경우
③ 보고기간말 이전에 구입한 자산의 취득원가 또는 매각한 자산의 금액을 보고기간 후에 결정하는 경우
④ 보고기간말 현재 지급하여야 할 의무가 있는 종업원에 대한 이익분배 또는 상여금 지급금액을 보고기간 후에 확정하는 경우
⑤ 전기 또는 그 이전 기간에 발생한 회계적 오류를 보고기간 후에 발견하는 경우

4 손익계산서 작성기준

구분	내용
발생기준	수익과 비용은 그것이 발생한 기간에 정당하게 배분되도록 처리한다.
실현주의	수익은 실현시기를 기준으로 계상한다.
수익·비용 대응원칙	수익은 실현시기에 따라 비용은 관련 수익이 인식된 기간에 인식한다.
총액주의	수익과 비용은 총액으로 기재한다.
구분계산의 원칙	매출총손익, 영업손익, 법인세비용차감전순손익, 당기순손익, 주당순손익으로 구분표시 한다. 단, 제조업, 판매업 및 건설업 외의 업종에 속하는 기업은 매출총손익의 구분표시를 생략할 수 있음
환급금액표시	대손충당금환입(매출채권)은 판매비와관리비의 부(-)의 금액으로 표시한다.

5 재무제표 작성과 표시의 일반원칙

구 분	내 용
계속기업	경영진이 기업을 청산하거나 경영활동을 중단할 의도를 가지고 있지 아니하거나 청산 또는 경영활동의 중단 외에 다른 현실적 대안이 없는 경우가 아니면 계속기업을 전제로 재무제표를 작성한다.
재무제표의 작성 책임과 공정한 표시 및 주석	재무제표의 작성과 표시에 대한 책임은 경영진에 있으며 경제적 사실과 거래의 실질을 반영하여 공정하게 표시하여야 하며, 일반기업회계기준에 의하여 적정하게 작성된 재무제표는 공정하게 표시된 재무제표로 본다.
재무제표 항목의 구분과 통합표시	중요한 항목은 재무제표의 본문이나 주석에 그 내용을 가장 잘 나타낼 수 있도록 구분하여 표시하며, 중요하지 않은 항목은 유사한 항목과 통합하여 표시한다.

구 분	내 용
비교재무제표의 작성	기간별 비교가능성을 제고하기 위하여 전기 재무제표의 계량정보와 비계량정보를 당기와 비교하는 형식으로 표시한다.
재무제표 항목의 표시와 분류의 계속성	재무제표의 기간별 비교가능성을 제고하기 위하여 재무제표 항목의 표시와 분류는 다음의 경우를 제외하고는 매기 동일하여야 한다. ① 일반기업회계기준에 의하여 재무제표 항목의 표시와 분류의 변경이 요구되는 경우 ② 사업결합 또는 사업중단 등에 의해 영업의 내용이 유의적으로 변경된 경우 ③ 재무제표 항목의 표시와 분류를 변경함으로써 기업의 재무정보를 더욱 적절하게 전달할 수 있는 경우
재무제표의 보고양식	재무제표는 이해하기 쉽도록 간단하고 명료하게 표시하여야 하며 일반기업회계기준에 예시된 재무제표의 양식을 참조하여 작성한다. 또한 전기 재무제표의 모든 계량정보를 당기와 비교하는 형식으로 표시한다. [재무제표 기재사항] ① 재무제표 명칭, ② 기업명, ③ 보고기간 종료일 또는 회계기간, ④ 보고통화 및 금액단위

6 재무제표의 특성과 한계

① 재무제표는 화폐단위로 측정된 정보를 주로 제공한다.
② 재무제표는 대부분 과거에 발생한 거래나 사건에 대한 정보를 나타낸다.
③ 재무제표는 추정에 의한 측정치를 포함한다.
④ 재무제표는 특정 기업실체에 관한 정보를 제공하며, 산업 또는 경제전반에 관한 정보를 제공하지는 않는다.

3. 재무회계의 개념체계

1 재무제표의 기본가정(회계공준)

구 분	내 용
기업(경제적) 실체의 가정	기업은 주주와 경영자와는 별개로 존재하는 하나의 독립된 실체라는 것을 말한다. ⇨ 연결재무제표의 작성근거
계속기업의 가정	설립된 기업은 기업이 설립목적과 의무를 이해하기에 충분할 정도로 기업실체가 장기간 존속한다고 가정하는 것을 말한다. 즉, 기업실체는 그 경영활동을 청산하거나 중대하게 축소시킬 의도가 없을 뿐 아니라 청산을 요구되는 상황도 없다고 가정한다. ⇨ 역사적원가주의 근거
기간별보고의 가정	기업실체의 존속기간을 일정한 기간 단위로 분할하여 회계보고서를 기간별로 작성하는 것을 말한다. ⇨ 발생주의 채택근거

2 회계정보의 질적특성

구 분		내 용
이해가능성		측정된 회계정보는 정보이용자들이 이해 가능하도록 적정한 방법으로 공시하여야 한다.
목적 적합성 (관련성)	예측가치	정보이용자가 미래의 재무상태, 경영성과, 순현금흐름 등을 예측하는 데에 그 정보가 활용될 수 있는 능력을 말한다.
	피드백가치	제공되는 회계정보가 정보이용자의 당초 기대치(예측치)를 확인 또는 수정되게 함으로써 의사결정에 영향을 미칠 수 있는 능력을 말한다.
	적시성	회계정보가 정보이용자의 의사결정에 유용하기 위해서는 필요한 시기에 제공되어야 한다. (분기별 및 반기별 재무제표 공시)
신뢰성	표현의 충실성	회계정보가 신뢰성을 갖기 위해서는 기업실체의 경제적 자원과 의무, 그리고 이들의 변동을 초래하는 거래나 사건을 충실하게 표현하여야 한다.
	검증 가능성	다수의 서로 다른 측정자들이 동일한 경제적 사건이나 거래를 동일한 측정방법으로 측정할 경우 유사한 결론에 도달할 수 있어야 한다는 정보의 특성을 말한다.
	중립성	미리 의도된 결과나 성과를 유도할 목적으로 재무제표상의 특정정보를 표시함으로써 정보이용자의 의사결정이나 판단에 영향을 미치지 않아야 하는 정보적 특성을 말한다.
비교 가능성	기업간 비교가능성 (통일성)	상이한 기업들의 회계처리방법이 유사할 때 회계정보의 비교가능성이 제고된다는 질적특성을 말한다.
	기간별 비교가능성 (계속성)	동일 기업이 동일 종류의 회계사건에 대하여 계속 같은 회계처리방법을 사용하여야 한다는 질적특성을 말한다.

(1) 주요질적특성의 상충관계

구 분	목적적합성	신뢰성
자산의 평가방법	시가법	원가법
수익인식방법	진행기준	완성기준
손익인식방법	발생주의	현금주의
정보의 보고시점	분기, 반기재무제표	결산재무제표

(2) 회계정보의 제약요인

구 분	내 용
비용과 효익 대비 (비용≤효익)	질적특성을 갖춘 정보라 하더라도 정보 제공 및 이용에 소요될 사회적 비용이 정보제공 및 이용에 따른 사회적 효익을 초과한다면 그 정보의 제공은 정당화 될 수 없다.
중요성	회계정보가 정보이용자의 의사결정에 영향을 미치는 정도로 목적적합성과 신뢰성을 갖춘 항목이라도 중요하지 않다면 반드시 재무제표에 표시되는 것은 아니다. 중요성은 일반적으로 당해 항목의 성격과 금액의 크기에 의해 결정되나 어떤 경우에는 **금액의 크기와는 관계없이 정보의 성격 자체만으로도 중요한 정보가 될 수 있다.**

3 보수주의

보수주의란 어떤 거래나 경제적 사건에 대하여 **두 가지 이상의 대체적인 회계처리 방법이 있는 경우 재무적 기초를 견고히 하는 관점에서 이익을 낮게 보고하는 방법**을 선택하는 것을 말한다.

보수주의에 대한 회계처리의 사례

① 저가주의에 의한 재고자산의 평가
② 자본적 지출 대신 수익적 지출로 처리
③ 우발손실의 인식, 우발이익은 인식하지 않는다.
④ 물가상승시 재고자산 평가방법에 후입선출법 적용
⑤ 초기 감가상각방법에 정액법 대신 가속상각법(정률법 등) 적용
⑥ 사채할인발행차금상각을 유효이자율법 대신 정액법으로 상각
⑦ 재고자산 평가손실의 측정시 총계기준 대신 종목별 기준 적용
⑧ 진행기준 대신 완성기준에 의한 장기간 공사의 수익인식
⑨ 판매기준 대신 회수기일 도래기준에 의한 장기할부판매의 처리

4 재무제표의 인식과 측정

(1) 재무제표의 인식

구 분	내 용
역사적 원가의 원칙	모든 자산·부채는 그것의 취득 또는 발생시점의 취득원가로 평가한다는 원칙을 말하는 것으로 이는 취득 후에 그 가치가 변동하더라도 취득당시의 교환가치를 그대로 유지한다는 것을 의미한다.
수익인식의 원칙	수익은 경제적효익이 유입됨으로써 자산이 증가하거나 부채가 감소하고 그 금액을 신뢰성있게 측정할 수 있을 때 인식한다. ① **실현요건(측정요건)** : 수익의 발생과정에서 수취 또는 보유한 자산이 일정액의 현금 또는 현금청구권으로 즉시 전환 될 수 있음을 의미한다. ② **가득요건(발생요건)** : 기업실체의 수익 창출활동은 재화의 생산 또는 인도, 용역의 제공 등으로 나타나며 수익 창출에 따른 경제적 효익을 이용할 수 있다고 주장하기에 충분한 정도의 활동을 수행하였을 때 가득과정이 완료 되었다고 본다.

구 분	내 용
수익·비용 대응의 원칙	일정기간 동안 인식된 수익과 수익을 획득하기 위하여 발생한 비용을 결정하여 이를 서로 대응시킴으로써 당기순이익을 산출하여 보고한다는 원칙으로서 이를 비용인식의 원칙이라고도 한다.
완전공시의 원칙	정보이용자의 의사결정에 영향을 미칠 수 있는 중요한 경제적정보는 모두 공시되어야 한다는 원칙이다.

(2) 재무제표의 측정

구 분	내 용
취득원가 (역사적원가)	자산의 취득원가는 자산을 취득하였을 때 그 대가로 지급한 현금, 현금성자산 또는 기타 지급수단의 공정가치를 말한다.
공정가액 (현행원가)	자산을 현재의 시점에서 취득 또는 매각되는 경우 유출, 유입되어지는 현금이나 현금성자산을 말한다.
기업특유가치 (사용가치)	자산의 특유가치는 기업실체가 자산을 사용함에 따라 당해 기업실체의 입장에서 인식되는 현재의 가치를 말하며 사용가치라고도 한다.
실현가능가치 (이행가액)	자산의 순실현가능가치는 정상적 기업활동과정에서 미래에 당해 자산이 현금 또는 현금성자산액으로 전환될 때 수취할 것으로 예상되는 금액에서 그러한 전환에 직접 소요될 비용을 차감한 가액으로 정의되며 유출가치의 개념이다.

5 중간재무제표의 특성

① 중간재무제표는 중간기간 또는 누적중간기간을 대상으로 작성하는 재무제표를 의미하고 있다.

> ㉠ 재무상태표는 중간보고기간말과 직전 연차보고기간말을 비교하는 형식으로 작성한다.
> ㉡ 손익계산서는 중간기간과 누적 중간기간을 직전 회계연도의 동일기간과 비교하는 형식으로 작성한다.
> ㉢ 현금흐름표 및 자본변동표는 누적중간기간을 직전 회계연도의 동일기간과 비교하는 형식으로 작성한다.

② 재무정보의 적시성을 증대시키기 위한 하나의 방안이라 할 수 있다.
③ 중간재무제표에는 재무상태표, 손익계산서, 현금흐름표, 자본변동표, 주석을 포함시키고 있다.
④ 중간재무제표는 연차재무제표와 동일한 양식으로 작성함을 원칙으로 한다.
⑤ 계절적, 주기적 또는 일시적으로 발생하는 수익이라 할지라도 다른 중간 기간 중에 미리 인식, 이연하지 않는다.

CHAPTER 02 자산

자산 : 경제적 효익을 창출할 것을 기대되는 자원
① 자산은 **보고기간 종료일로부터 1년 이내 및 정상적인 영업주기로 유동자산과 비유동자산으로 구분**한다. 유동자산은 당좌자산과 재고자산으로 구분하고, 비유동자산은 투자자산, 유형자산, 무형자산, 기타비유동자산으로 구분한다.
② 유동자산으로 분류되기 위해서는 ㉠ **사용의 제한이 없는 현금및현금성자산**, ㉡ **기업의 정상적인 영업주기 내에 실현될 것으로 예상되거나 판매목적 또는 소비목적으로 보유하고 있는 자산**, ㉢ **단기매매 목적으로 보유하는 자산**, ㉣ ㉠내지 ㉢외에 보고기간 종료일로부터 1년 이내에 현금화 또는 실현될 것으로 예상되는 자산이어야 한다.
③ 비유동자산은 유동자산으로 분류되지 않는 자산을 의미한다.

유동자산	당좌자산	현금및현금성자산, 단기투자자산(금융상품, 단기매매증권), 매출채권(외상매출금, 받을어음), 선급금, 미수금, 선급비용, 미수수익 등
	재고자산	상품, 제품, 재공품, 원재료, 저장품 등
비유동자산	투자자산	투자부동산, 장기투자자산, 매도가능증권, 만기보유증권, 장기대여금 등
	유형자산	토지, 건물, 건설중인자산, 기계장치, 차량운반구, 구축물, 비품 등
	무형자산	영업권, 산업재산권(특허권, 상표권 등), 개발비 등
	기타비유동자산	임차보증금, 장기미수금, 이연법인세자산 등

1. 당좌자산

1 현금및현금성자산(유동성이 가장 높은 자산)

구 분	내 용
현금	① 통화 : 지폐 및 동전 ② 통화대용증권 : 타인발행당좌수표, 은행발행자기앞수표, 송금환, 우편환증서, 지급기일이 도래한 공·사채이자표, 배당금지급통지표 등 **단, 선일자수표(어음), 차용증서(차입금), 수입인지, 엽서, 우표 등은 제외**
요구불예금	① 보통예금(또는 제예금) : 예입과 인출을 수시로 자유로이 할 수 있는 통장식 은행예금 ② 당좌예금 : 기업이 은행과의 당좌거래약정을 통하여 현금을 예입하고 예금액의 범위 내에서 수표를 발행하여 언제든지 자유로이 현금을 인출할 수 있는 예금
현금성자산	큰 거래비용 없이 현금으로 전환이 용이하고 이자율변동에 따른 가치변동의 위험이 중요하지 않은 것으로서 **취득당시 만기가 3개월 이내에 도래하는 금융상품** 등 ① 취득당시의 만기가 3개월 이내에 도래하는 채권 ② 취득당시의 상환일까지의 기간이 3개월 이내인 상환우선주 ③ 환매체(3개월 이내의 환매조건)

(1) 당좌예금

구 분	내 용
당좌개설 보증금 (투자자산)	법인 또는 개인사업자가 은행에 당좌예금을 개설하려고 할 경우 당좌개설보증금(100만원 ~ 300만원)을 예치하여야 하며, 보증금은 당좌어음·수표가 부도 처리된 경우 부도수표(어음)처리수수료, 부도 제재금 등의 비용을 충당하기 위한 것 (차) 특정현금과예금(투자자산)　×××　　(대) 현금 등　×××
당좌예금 회계처리	당좌수표를 발행하여 지급하면 "**당좌예금**"으로 처리하고 타인(동점)발행 당좌수표를 수취하면 "**현금**"으로 처리
당좌차월 (유동부채)	은행과 당좌차월약정에 의하여 당좌예금 잔액을 초과하더라도 은행이 이를 대신 지급해 주는 계약에 의하여 당좌수표를 발행할 수 있으며, 당좌예금 초과액을 **당좌차월**이라 하며 결산 시 **단기차입금(유동부채)**으로 분류. 다만, **1계정제**를 사용하는 경우 기중 **당좌예금** 계정으로 처리하고 결산시 당좌차월액을 **단기차입금**으로 대체함 [당좌차월 발생시점] 원재료 매입대금 5,000원 당좌수표 발행지급 (당좌예금 잔액 3,000원) (차) 원재료　　　5,000원　　(대) 당좌예금　　　　　　3,000원 　　　　　　　　　　　　　　　　 단기차입금(또는 당좌차월)　2,000원 [당좌예금 입금시점] 외상매출금 10,000원이 당좌예금에 입금 (당좌차월 잔액 2,000원) (차) 단기차입금(또는 당좌차월)　2,000원　(대) 외상매출금　10,000원 　　　당좌예금　　　　　　　　8,000원

(2) 현금과부족(임시계정)

① 현금부족(과잉)액을 **현금과부족**으로 처리한 후, 원인을 조사하여 원인이 밝혀진 경우에는 현금과부족을 해당계정으로 대체한다. 불일치 원인을 결산일에 가서도 알 수 없는 경우 현금부족액은 **잡손실(영업외비용)**로 차변에, 과다액은 **잡이익(영업외수익)**계정 대변에 대체하여 현금과부족계정을 마감한다.

② 결산일 현재 실제와 장부상의 현금차이를 발견했다면 바로 잡손실(영업외비용)이나 잡이익(영업외수익)으로 처리한다.

2 단기투자자산

구 분	내 용	
단기금융상품	금융상품이란 금융기관이 취급하는 정기예금·적금, 사용이 제한되어 있는 예금 및 기타 정형화된 상품 등으로 기업의 여유자금을 투자한 것	
	취득일로부터 3개월 이내 만기도래	현금성자산
	보고기간 종료일로부터 1년 이내 만기도래	단기금융상품
	보고기간 종료일로부터 1년 이후 만기도래	장기금융상품

구 분	내 용	
단기대여금	금전소비대차계약에 따라 차용증서 등을 받고 여유자금을 빌려 준 경우로서 보고기간 종료일로부터 만기가 1년 이내에 도래하는 채권	
	주주, 임원, 종업원에게 금전을 대여한 경우	임직원등단기채권
	관계회사에게 금전을 대여한 경우	단기대여금
단기매매증권	재산권을 나타내는 증서인 유가증권으로 단기적 시세차익을 목적으로 매도와 매수가 빈번한 시장성 있는 유가증권	

(1) 유가증권의 종류

지분 증권	소유지분(주식) ⇨ 보유시 **"배당금수익"** 발생	단기적 매매차익(시장성보유)	단기매매증권(당좌자산)
		유의적 영향력 행사 (또는 지분율 20% 이상)	지분법적용투자주식 (투자자산)
		장기적 매매차익	매도가능증권(투자자산)
채무 증권	국채, 공채, 사채 ⇨ 보유시 **"이자수익"** 발생	단기적 매매차익(시장성보유)	단기매매증권(당좌자산)
		만기보유 의도·능력	만기보유증권(투자자산)
		장기적 매매차익	매도가능증권(투자자산)

(2) 단기매매증권의 회계처리

회계상 거래	회계처리	
단기매매증권 취득시점	단기매매증권의 취득원가는 매입가액(공정가치)을 의미하며, 종목별로 총평균법이나 이동평균법을 적용하여 단가를 산정하며, **취득 시 발생하는 부대비용(수수료 등)은 별도의 영업외비용**으로 회계처리	
	(차) 단기매매증권 ××× 수수료비용(영업외비용) ×××	(대) 현금 등 ×××
단기매매증권 보유시 수익발생	[지분증권 보유 : 배당금 수령] ① 현금 배당금 수령 : 배당금수익(영업외수익) 계정과목으로 처리 ② 주식 배당금 수령 : 회계처리는 하지 않고, 주식의 수량과 단가를 새로이 계산하여 주석 공시	
	(차) 현금 등 ×××	(대) 배당금수익 ×××
	[채무증권 보유 : 이자 수령]	
	(차) 현금 등 ×××	(대) 이자수익 ×××
단기매매증권 평가	평가기준	공정가치로 평가
	공정가치의 변동(평가손익)	단기매매증권평가손익(영업외손익)계정으로 처리
	※ 단기매매증권평가이익과 평가손실은 상계하지 않고 총액으로 표시하는 것이 원칙이지만, 그 금액이 중요하지 않는 경우에는 상계하여 표시할 수 있다.	

회계상 거래	회계처리
단기매매증권 평가	[장부가액 < 공정가치] (차) 단기매매증권　　　×××　　(대) 단기매매증권평가이익　××× [장부가액 > 공정가치] (차) 단기매매증권평가손실　×××　　(대) 단기매매증권　　　×××
단기매매증권 양도(처분)	단기매매증권처분손익(영업외손익) = 처분가액 − 장부가액 − 처분 매각수수료 [장부가액 < 처분가액] (차) 현금 등　　　×××　　(대) 단기매매증권　　　××× 　　　　　　　　　　　　　　단기매매증권처분이익　××× [장부가액 > 처분가액] (차) 현금 등　　　　　×××　　(대) 단기매매증권　　　××× 　　단기매매증권처분손실　×××

3 매출채권

(1) 수취채권과 지급채무

수취채권	지급채무	
매출채권	매입채무	➡ 일반적인 상거래에서 발생한 채권·채무
미수금	미지급금	➡ 일반적인 상거래 이외에서 발생한 채권·채무
대여금	차입금	➡ 금전소비대차계약 거래에서 발생한 채권·채무

(2) 매출채권(↔ 매입채무)

① 외상매출금(↔ 외상매입금)

회계상 거래		회계처리			
외상 매출금	발생	(차) 외상매출금	×××	(대) 제품매출 등	×××
	회수	(차) 현금 등	×××	(대) 외상매출금	×××
외상 매입금	발생	(차) 원재료 등	×××	(대) 외상매입금	×××
	지급	(차) 외상매입금	×××	(대) 현금 등	×××

② 받을어음(↔ 지급어음)

회계상 거래			회계처리			
받을어음	발생	(차) 받을어음 (차) 받을어음	××× ×××	(대) 제품매출 등 (대) 외상매출금	××× ×××	
	만기 회수	(차) 당좌예금 등	×××	(대) 받을어음	×××	
	추심 위임 배서	어음은 만기일에 직접 수령하는 것이 아니라 은행에 추심의뢰하는 방식으로 수령하며, 추심과정에서 발생하는 추심수수료에 대해서는 **수수료비용(판매비와관리비)**계정으로 처리 (차) 보통예금 등 ××× (대) 받을어음 ××× 　　수수료비용(판) ×××				
	배서 양도	어음소지인이 만기일전에 상품대금이나 외상매입금을 지급하기 위해 타인에게 어음의 뒷면에 배서하여 양도하는 것 (차) 외상매입금 등 ××× (대) 받을어음 ×××				
	어음 할인 (매각)	은행이 어음소지인의 의뢰에 의해 액면금액에서 만기일까지의 이자를 공제하고 매입하는 것으로 **매각거래 시 할인료는 "매출채권처분손실(영업외비용)"로 처리** $$할인료 = 어음의\ 액면금액 \times 할인율 \times \frac{할인기간}{365}$$ (차) 보통예금 등 ××× (대) 받을어음 ××× 　　매출채권처분손실 ×××				
	어음 할인 (차입)	어음을 할인하는 경우 어음에 대한 권리와 의무를 실질적으로 양수인에게 이전하지 않는 경우에는 **차입거래로 보며 할인료는 "이자비용(영업외비용)"으로 처리** (차) 보통예금 등 ××× (대) 단기차입금 ××× 　　이자비용 ×××				
	어음 부도	어음의 만기일에 지급제시 하였으나 지급을 거절당한 어음을 말하며 부도어음이 발생하면 이를 받을어음계정에서 차감하고 **"부도어음과수표(기타비유동자산)"** 계정에 가산함 (차) 부도어음과수표 ××× (대) 받을어음 ×××				
	어음 개서	어음의 만기일에 어음대금을 지급할 수 없는 경우 어음소지인에게 어음대금의 지급연기를 요청하고 만기가 연장된 신어음을 발행하여 만기가 된 구어음과 교환하는 것을 말하며 이자를 함께 수령할 수 있음 (차) 받을어음(신) ××× (대) 받을어음(구) ××× 　　현　금 등 ××× 　　이자수익 ×××				
지급 어음	발행	(차) 원재료 등 (차) 외상매입금	××× ×××	(대) 지급어음 (대) 지급어음	××× ×××	
	만기 지급	발행된 어음의 만기일에 어음을 결제하는 경우를 만기결제라 함 (차) 지급어음 ××× (대) 당좌예금 등 ×××				

4 채권의 대손회계

구 분	내 용
채권의 대손처리	매출채권 등의 회수가 불가능하다고 판단될 때 비용으로 계상하는 것을 말하며, 대손회계처리방법은 직접차감법과 충당금설정법이 있으며 일반기업회계기준은 **충당금설정법만 인정**하고 있다. ■ 직접차감법 : 회수불가능한 채권 금액을 당기비용으로 인식하고 동시에 채권에서 직접 차감하는 방법 ■ 충당금설정법 : 회수불능채권액을 추정하여 대손충당금을 설정하고 동시에 이를 동 기간의 비용으로 회계 처리하는 방법 ① 대차대조표 접근법 : 채권잔액비율법, 연령분석법, 대손실적률법, 현금흐름할인법 ② 손익계산서 접근법 : (외상)매출액 기준법
대손예상(추정)의 회계처리	① **대손예상(추정)액** 보유중인 채권 중에서 회수가능액에 대한 정보를 제공하기 위하여 기말시점마다 채권의 회수가능가액을 평가하며, 보유중인 채권 중에서 회수하지 못할 것으로 예상되는 금액을 대손예상(추정)액이라 함 **채권잔액비율법**: 채권에 대하여 일률적으로 과거의 대손경험률로 설정하는 방법 대손예상액 = 결산일의 채권잔액 × 대손추정률 **연령분석법**: 기말채권잔액을 경과일수에 따라 몇 개의 집단으로 분류하고, 각 집단마다 상이한 대손경험률을 적용하는 방법 대손예상액 = (연령별 채권잔액 × 연령별 대손추정률) 　　　　　+ (연령별 채권잔액 × 연령별 대손추정률) + … ② **회계처리(보충법)** 대손충당금 설정액 = (결산일의 채권잔액 × 대손추정률) - 대손충당금 잔액 [채권잔액비율법으로 대손 예상] ■ 기말 매출채권잔액 2,000,000원, 대손추정률 1% ■ 대손충당금 설정액 = 대손예상액 20,000원(2,000,000원 × 1%) - 대손충당금 잔액

회계상 거래	회계처리
[대손예상액 > 대손충당금 "0"] 대손충당금 잔액이 없는 경우	(차) 대손상각비 20,000원 (대) 대손충당금 20,000원 (자산의 차감평가계정)
[대손예상액 > 대손충당금 잔액] 대손충당금 잔액이 5,000원 있는 경우	(차) 대손상각비 15,000원 (대) 대손충당금 15,000원 (자산의 차감평가계정)
[대손예상액 < 대손충당금 잔액] 대손충당금 잔액이 23,000원 있는 경우	(차) 대손충당금 3,000원 (대) 대손충당금환입 3,000원 (판매비와관리비 차감계정)

③ **재무상태표 공시**
대손충당금은 **채권의 차감적 평가계정**으로 재무상태표에는 채권에서 **차감하는 형식으로 공시**

재무상태표

과목	제11(당)기	
	금액	
- 중 략 -		
외상매출금	2,000,000	
대손충당금	(20,000)	1,980,000

구 분	내 용
대손예상 (추정)의 회계처리	㉠ **미수금** 등의 **기타채권**과 관련된 대손충당금 설정 회계처리는 **기타의대손상각비(영업외비용)**로 또한 회수로 인한 처리는 **대손충당금환입(영업외수익)**으로 처리한다. ㉡ **매출채권**의 대손충당금환입은 **판매관리비에서 부(−)의 금액으로 표시**한다.
대손의 발생 (확정)	거래처의 부도, 파산 등으로 채권에 대한 대손이 확정된 경우에는 회수불능채권으로 **대손충당금과 우선적으로 상계**하고, 대손충당금이 부족한 경우에는 **당기비용(매출채권 : 대손상각비, 기타채권 : 기타의대손상각비)**으로 처리 [대손 발생(확정)] 외상매출금 20,000원 거래처 파산으로 회수불능 발생
	회계상 거래	회계처리
	[대손충당금 > 대손금] 대손충당금 잔액 30,000원인 경우	(차) 대손충당금 20,000원 (대) 외상매출금 20,000원
	[대손충당금 < 대손금] 대손충당금 잔액 10,000원인 경우	(차) 대손충당금 10,000원 (대) 외상매출금 20,000원 대손상각비 10,000원
	[대손충당금 "0" < 대손금] 대손충당금 잔액이 없는 경우	(차) 대손상각비 20,000원 (대) 외상매출금 20,000원
대손채권 회수	대손채권 회수 시 전·당기(대손충당금 및 대손상각비) 구분 없이 관련된 **대손충당금을 증가**시킨다.
	회계상 거래	회계처리
	파산으로 대손처리 하였던 외상매출금 20,000원 보통예금으로 입금되었다.	(차) 보통예금 20,000원 (대) 대손충당금 20,000원

5 기타채권

구 분	회계처리
미수금	일반적인 **상거래 이외의 거래**에서 발생하는 채권으로 재고자산 이외의 자산을 판매하는 경우 발생하며 대금을 외상 처리하거나 어음을 수령한 경우 "미수금"으로 처리
선급금	원재료나 상품 등을 매입할 때 계약금 등으로 대금의 일부를 미리 지급한 금액
가지급금	가지급금(또는 임직원등단기채권)은 현금을 실제로 지출하였으나 처리할 계정과목과 금액이 확정되지 않은 경우에 임시(비망)적으로 쓰는 계정과목으로 계정과목과 금액이 확정되는 시점에 적절한 계정과목으로 대체
미수수익	당기에 용역을 제공하고 수익은 획득하였으나 그 대가를 받지 못해서 수익계정에 기입하지 않은 금액 [결산시점] (차) 미수수익 ××× (대) 이자수익 등 ×××

구 분	회계처리			
미수수익	[수익 수령시점]			
	(차) 현금 등	×××	(대) 미수수익	×××
			이자수익 등	×××
선급비용	당기에 지출한 비용 중 다음(차기) 연도의 비용에 해당하는 금액			
	[지출시점에 비용처리한 경우 차기 미경과분 자산처리]			
	(차) 선급비용	×××	(대) 보험료 등	×××
	[지출시점에 선급비용(자산)처리한 경우 당기 경과분 비용처리]			
	(차) 보험료 등	×××	(대) 선급비용	×××
선납세금	법인의 경우 법인세의 납부는 사업연도 종료 후 3개월 이내 신고·납부하는 것이 원칙이나 사업연도가 진행 중인 동안에도 원천징수 및 중간예납을 통해 미리 법인세를 납부·징수하도록 규정			
	[법인세 원천납부세액]			
	(차) 선납세금	×××	(대) 이자수익	×××
	보통예금 등	×××		
	[법인세 중간예납세액]			
	(차) 선납세금	×××	(대) 현금 등	×××
	[법인세비용 확정(결산시점)]			
	(차) 법인세비용	×××	(대) 선납세금	×××
			미지급세금	×××
	[법인세비용 납부(차기연도)]			
	(차) 미지급세금	×××	(대) 현금 등	×××

2. 재고자산

정상적인 영업활동과정에서 판매를 위하여 보유하는 자산 또는 판매를 목적으로 생산과정에 있거나 생산이 완료된 자산으로 상품, 원재료, 재공품, 제품 등을 말한다.

1 재고자산의 취득원가

(1) 재고자산의 취득원가

매입원가	매입가액 + 취득관련부대비용 − 매입에누리·환출액, 매입할인액 (취득부대비용 : 매입운임, 하역료 및 보험료, 통관수수료, 관세 등)
제조원가	직접재료비 + 직접노무비 + 제조간접비 배부액
일괄구입	성격이 상이한 재고자산을 일괄구입시는 공정가치비율로 안분계산

(2) 매입에누리 · 환출액, 매입할인액(↔ 매출에누리 · 환입액, 매출할인액)

구 분		매입자	매출자
판매한 재고자산이 **반품**되는 경우		매입환출	매출환입
재고자산에 하자나 결함으로 인하여 **깎아주는** 경우		매입에누리	매출에누리
외상대금을 할인 기간 내에 **조기결제** 시		매입할인	매출할인
2/10, n/30 (two-ten, net thirty)	10일 이내 결제 시 2% 할인, 대금 결제기한 30일 이내		

2 기말재고자산에 포함할 항목

운송중인 재고자산 (미착품)	선적지인도기준 : 구매자(매입자)의 재고자산에 포함(선적 시 소유권이전)
	도착지인도기준 : 판매자의 재고자산에 포함(도착 시 소유권이전)
적송품(위탁품)	수탁자가 보관하고 있는 미판매품은 위탁자의 재고자산에 포함
시송품(시용품)	고객이 구입의사를 표시하기 전의 시송품은 판매자의 재고자산에 포함
할부판매	인도기준에 의해 매출을 인식하므로 판매자의 재고자산에 미포함
저당상품	담보를 제공한 자의 재고자산
반품가능 재고자산	반품률을 합리적으로 추정가능한 경우 : 상품 인도시점에 판매된 것으로 보아 판매자의 재고자산에서 제외
	반품률을 합리적으로 추정할 수 없는 경우 : 구매자가 상품의 인수를 수락하거나 반품기간이 종료된 시점까지 판매자의 재고자산에 포함

3 상품매매에 관한 등식

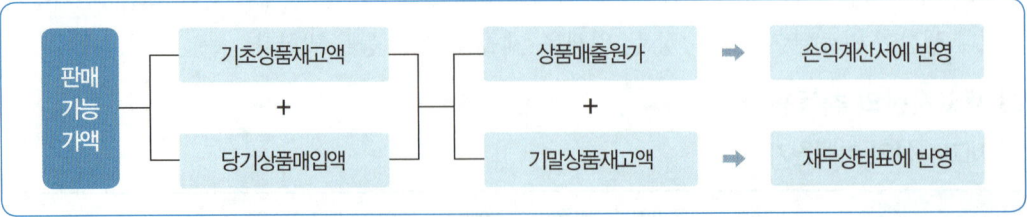

- 순매입액 = 총매입액 + 매입제비용 − 매입에누리와 환출 및 매입할인
- 순매출액 = 총매출액 − 매출에누리와 환입 및 매출할인
- 상품매출원가 = 기초상품재고액 + 순매입액 − 기말상품재고액 − 타계정대체액
- 매출총이익 = 순매출액 − 상품매출원가

(1) 매출원가 회계처리

전기에서 이월한 기초 재고액에 당기 매입액을 가산하여 관리하고 **결산시점에 기말 재고액을 결정하여 매출원가를 계산**하고 있다.

| (차) 상품매출원가 등 | ××× | (대) 상 품 등 | ××× |

(2) 타계정대체(프로그램 입력시 적요번호 "8.타계정으로 대체~" 선택)

기업이 재고자산을 판매하여 매출원가에 대체되는 것이 아니라 영업활동 하는 과정에서 보유중인 원재료나 제품 등을 판매 이외에 다른 목적으로 사용하는 경우를 타계정대체라고 한다. 재고자산을 견본제공, 광고선전 목적, 기부 및 접대 등으로 사용하는 경우가 해당하며 **기말재고액과 매출원가에 포함되지 않는다.**

| (차) 광고선전비 등 | ××× | (대) 상 품 등
(타계정대체액) | ××× |

4 원가흐름에 의한 재고자산 평가

기말재고액	=	기말재고수량	×	기말재고 취득단가
		① 계속기록법 ② 실지재고조사법 ③ 혼합법		① 개별법 ② 선입선출법 ③ 후입선출법 ④ 가중평균법(총평균법, 이동평균법) ⑤ 매출가격환원법

(1) 수량결정방법

구 분	내 용
계속기록법	재고자산의 입·출고 수불내역을 계속적으로 기록하고, 기말에 판매수량을 통하여 기말재고수량을 확정하는 방법
	기초수량 + 당기매입수량 − 실제출고(판매)수량 = 기말재고수량
실지재고 조사법	재고자산의 입고내역만 기록하고 정기 재고조사를 통해 실제 재고수량을 파악하여 출고수량을 확정하는 방법
	기초수량 + 당기매입수량 − 기말재고실사수량 = 출고(판매)수량
혼합법	계속기록법과 실지재고조사법을 병행하는 방법으로 혼합법을 사용하면 감모수량을 파악할 수 있는 방법
	계속기록법상 장부수량 − 실지재고조사법상 실제수량 = 감모수량

(2) 단가결정방법

구 분	내 용
개별법	각 재고자산별로 매입원가 또는 제조원가를 결정하는 방법으로 고가품판매업, 부동산매매업, 조선업 등에서 사용하며 이상적이고 가장 정확한 원가배분방법 ■ 장점 : 개별재고자산의 식별이 가능한 경우에 사용할 수 있으며 가장 이상적이다. ■ 단점 : 상당한 노력이 필요하고, 당기순이익의 조작가능성이 있다.
선입선출법 (FIFO)	먼저 매입 또는 생산한 재고항목이 먼저 판매 또는 사용된다는 원가흐름을 가정하는 방법으로 기말재고로 남아있는 항목은 가장 최근에 매입 또는 생산한 항목이다. ■ 물량흐름과 원가흐름이 대체적으로 일치 ■ 기말재고자산을 현행원가(공정가치)에 가깝게 표시 ■ 수익과 비용 대응이 부적절　　■ 물가상승 시 이익이 과대계상
후입선출법 (LIFO)	가장 최근에 매입 또는 생산한 재고항목이 가장 먼저 판매 또는 사용된다는 원가흐름을 가정하는 방법으로 기말재고에 남아있는 항목은 가장 먼저 매입 또는 생산한 항목이다. ■ 물량흐름과 원가흐름이 불일치　　■ 물가상승 시 기말재고자산이 과소 평가 ■ 현행수익과 현행(원가)비용의 적절한 대응 ■ 물가상승 시 이익을 적게 계상하므로 법인세이연효과
가중평균법	① 총평균법 ⇨ 수량결정방법 : 실지재고조사법에서 사용 당기에 판매된 재고자산은 모두 동일한 단가라는 가정하에 매출원가와 기말재고액을 결정하는 방법 $$총평균단가 = \frac{(기초재고금액 + 일정기간\ 매입금액)}{(기초재고수량 + 일정기간\ 매입수량)}$$ ■ 장점 : 적용이 간편하고 객관적이며 이익조작의 가능성이 없고, 기말재고의 평가와 매출원가의 계산이 동일한 단위당 평균원가로 측정가능하다. ② 이동평균법 ⇨ 수량결정방법 : 계속기록법에서 사용 재고자산 매입시마다 평균단가를 계산하는 방법으로 재고자산이 출고되는 시점에서의 평균단가로 매출원가와 기말재고액을 결정하는 방법 $$이동평균단가 = \frac{(매입직전의\ 재고금액 + 신규매입금액)}{(매입직전의\ 재고수량 + 신규매입수량)}$$ ■ 장점 : 출고시마다 재고단가가 즉시 파악되기 때문에 전산화하는 경우 가장 많이 이용한다. ■ 단점 : 계속기록법을 사용하는 경우에만 적용이 가능하나, 전산화로 실무상 적용이 쉬워졌다.
매출가격 환원법 (소매재고법)	재고자산에 관한 자료를 매가로 기록, 보존하였다가 기말에 일정한 수정과정을 거쳐 이를 원가로 환산하는 방법으로 백화점 등의 유통업종에서만 사용 $$원가율 = \frac{판매가능재고자산(기초 + 매입)의\ 원가}{판매가능재고자산(기초 + 매입)의\ 매가}$$ 기말재고액 = 매가로 표시된 재고자산 × 원가율

구 분	내 용
각 평가방법의 상호비교	기말재고자산이 증가하면 매출원가는 작아지고 매출총이익은 증가한다. 〈표〉 구 분 | 이익보고 : 인플레이션(물가상승) 가정하에서 기말재고액 및 당기순이익 | 선입선출법 > 이동평균법 ≧ 총평균법 > 후입선출법 매출원가 | 선입선출법 < 이동평균법 ≦ 총평균법 < 후입선출법

5 재고자산감모손실

재고자산의 도난, 파손, 분실 등으로 인하여 기말재고수량이 장부와 실제와의 차이를 말한다.

재고자산감모손실 = (장부상 재고수량 − 실제 재고수량) × 장부상 취득단가

원가성이 있는 정상적 감모손실 (매출원가 가산)	(차) 매 출 원 가 ×××	(대) 재 고 자 산 ×××
원가성이 없는 비정상적 감모손실 (영업외비용 처리)	(차) 재고자산감모손실 ××× (영업외비용)	(대) 재 고 자 산 ××× (타계정대체액)

6 재고자산평가손실(기말평가 시 저가법 적용)

재고자산의 진부화, 품질저하, 유행경과(장기체화) 등으로 취득원가와 공정가치(시가)을 비교하여 낮은 가액으로 평가하는 방법을 말한다.

재고자산평가손실 = 실제 기말수량 × (취득단가 − 시가)

적용시가 : 공정가치		▪ 상품, 제품, 재공품 등 : 순실현가능가치(= 추정판매가액 − 추정판매비) ▪ 원재료 : 현행대체원가(현행원가 : 매입시 소요되는 금액) ▪ 종목별평가가 원칙(총계기준 불가)이며 유사항목에 대해서는 조별 평가를 허용
하락	매출원가 가산	(차) 재고자산평가손실 ××× (매출원가 가산)	(대) 재고자산평가충당금 ××× (재고자산 차감평가계정)
회복	매출원가 차감	(차) 재고자산평가충당금 ××× (재고자산 차감평가계정)	(대) 재고자산평가충당금환입 ××× (매출원가 차감)

3. 투자자산

기업이 정상적인 영업활동과는 무관하게 타회사를 지배하거나 통제할 목적 또는 장기적인 투자이윤을 얻을 목적으로 장기적으로 투자된 자산을 말한다.

구 분	회계처리
장기금융상품	유동자산에 속하지 않는 금융상품으로 보고기간 종료일 현재 만기가 1년 이후에 도래하는 사용이 제한되어 있는 예금(감채기금예금, 당좌거래 개설보증금 등) 및 기타 정형화된 장기금융상품 등 ⇨ 장기성예금, 특정현금과예금
투자부동산	영업활동과는 직접 관련 없이 투자의 목적 또는 비영업용으로 소유하는 토지, 건물 및 기타의 부동산을 말한다. ■ 부동산을 구입한 경우의 분류 ① 부동산매매업의 판매목적으로 보유하는 토지, 건물 등 : **재고자산** ② 투자목적으로 보유하는 토지, 건물 등 : **투자자산** ③ 영업 및 업무에 사용할 목적으로 보유하는 토지, 건물 등 : **유형자산**
장기대여금	유동자산에 속하지 아니하는 대여금으로 회수기간이 보고기간 종료일로부터 1년 이후에 도래하는 장기의 대여금을 말한다.

1 투자유가증권의 분류

구 분	증권분류 지분증권	증권분류 채무증권	분류기준	재무상태표 표시 (기말평가방법)
매도가능증권	○	○	다른 증권에 해당하지 않는 경우로 **장기간보유**하며 언제든지 매도가 가능한 증권	투자자산 (공정가치법)
만기보유증권	×	○	**만기가 확정된 채무증권**으로서 상환금액이 확정되었거나 확정이 가능한 유가증권을 만기까지 보유할 적극적인 **의도·능력**이 있는 경우	투자자산 (상각후원가법)
지분법적용 투자주식	○	×	유의적인 **영향력**을 행사할 목적으로 보유하고 있는 주식(피투자회사의 의결주식 20% 이상 보유한 경우 유의적인 영향이 있다고 봄)	투자자산 (지분법)

2 유가증권의 평가 요약

계정과목		평가방법	평가손익
단기매매증권		공정가치법	단기매매증권평가손익(**당기손익반영 – 손익계산서**)
매도가능증권	원칙	공정가치법	매도가능증권평가손익(**기타포괄손익누계액 – 재무상태표**)
	예외	원가법 (시장성이 없는 경우)	기말 평가시 별도의 회계처리 없음
만기보유증권		상각후원가법	이자수령시 할인·할증 상각액 회계처리 기말 평가시 별도의 회계처리 없음
지분법적용투자주식		지분법	지분법손익(**당기손익반영 – 손익계산서**)

3 유가증권의 재분류

① 단기매매증권은 원칙적으로 다른 범주로 재분류 할 수 없으며, 다른 범주의 유가증권의 경우에도 단기매매증권으로 **재분류할 수 없다**. 단, 단기매매증권의 **시장성이 상실**된 경우 **매도가능증권으로 재분류 가능하다**.
② 매도가능증권은 만기보유증권(또는 지분법적용투자주식)으로 재분류할 수 있으며, 만기보유증권(또는 지분법적용투자주식)은 매도가능증권으로 **재분류할 수 있다**.
③ 보고기간 종료일로부터 **만기가 1년 이내 도래**하는 투자자산(매도가능증권 또는 만기보유증권)은 **당좌자산(매도가능증권 또는 만기보유증권)으로 재분류**하여야 한다.

4 유가증권의 손상차손 인식

유가증권 손상차손의 발생에 대한 객관적인 증거가 있는지는 보고기간말마다 평가하고 그러한 증거가 있는 경우에는 손상이 불필요하다는 명백한 반증이 없는 한 회수가능가액을 추정하여 **손상차손(영업외비용)을 인식**하여야 한다. 손상차손 인식한 후 신용등급 향상 등으로 회복시 **손상차손환입(영업외수익)으로 인식**하며 장부가액을 한도로 손상차손환입을 인식하며 **장부가액을 초과하여 환입하지는 않는다**.

당기손상차손액 = 상각후취득원가 − 회수가능가액 − 이미 인식한 손상차손액

회계상 거래	회계처리			
손상차손 발생	(차) 유가증권손상차손 (영업외비용)	×××	(대) 유가증권	×××
손상차손 회복	(차) 유가증권	×××	(대) 유가증권손상차손환입 (영업외수익)	×××

5 매도가능증권의 회계처리

회계상 거래	회계처리
매도가능증권 취득시점	매도가능증권의 취득원가는 취득시점에 제공한 대가에 **취득과 관련된 부대비용을 가산**한다. 취득원가 = 매입가액(공정가치) + 취득 시 부대비용(매입수수료, 중개수수료 등) (차) 매도가능증권　　×××　　(대) 현금 등　　×××
매도가능증권 보유시 수익발생	[지분증권 보유 : 배당금 수령] ① 현금 배당금 수령 : 배당금수익(영업외수익) 계정과목으로 처리 ② 주식 배당금 수령 : 회계처리는 하지 않고, 주식의 수량과 단가를 새로이 계산하여 주석 공시 (차) 현금 등　　×××　　(대) 배당금수익　　××× [채무증권 보유 : 이자 수령] (차) 현금 등　　×××　　(대) 이자수익　　×××

회계상 거래	회계처리			
매도가능증권 평가	**평가기준**	공정가치로 평가		
	평가손익	매도가능증권평가손익(기타포괄손익누계액)계정으로 처리		
	매도가능증권평가손익은 기타포괄손익으로 분류함으로써 당기순손익에 변화를 주지 않고 재무상태표에 계상되어 있다가 **차기 재평가** 시 장부가액보다 공정가치 하락(상승)으로 **매도가능증권평가손실(이익) 계상 시 매도가능증권평가이익(손실)을 먼저 상계처리** 한다. **[장부가액 < 공정가치]** (차) 매도가능증권　　×××　　(대) 매도가능증권평가이익　××× 　　　　　　　　　　　　　　　　　　(기타포괄손익누계액) **[장부가액 > 공정가치]** (차) 매도가능증권평가손실　×××　(대) 매도가능증권　××× 　　(기타포괄손익누계액)			
매도가능증권 양도(처분)	매도가능증권을 처분하면 그 장부금액과 처분금액과의 차액에 기타포괄손익누계액에 포함되어 있는 **매도가능증권평가손익을 반영(제거)**하여 영업외손익인 **매도가능증권처분손익**으로 인식한다. 　　　　매도가능증권처분손익 = 처분가액 − 취득가액 − 처분 매각수수료 **[취득원가(장부가액 ± 매도가능증권평가손익) < 처분금액 : 매도가능증권처분이익]** ▪ 장부상(재무상태표) 매도가능증권평가손실이 있는 경우로 가정 (차) 현금 등(처분가액)　×××　(대) 매도가능증권(장부가액)　××× 　　　　　　　　　　　　　　　　매도가능증권평가손실　××× 　　　　　　　　　　　　　　　　매도가능증권처분이익　××× **[취득원가(장부가액 ± 매도가능증권평가손익) > 처분금액 : 매도가능증권처분손실]** ▪ 장부상(재무상태표) 매도가능증권평가손실이 있는 경우로 가정 (차) 현금 등(처분가액)　　×××　(대) 매도가능증권(장부가액)　××× 　　매도가능증권처분손실　×××　　　매도가능증권평가손실　×××			

6 만기보유증권의 회계처리

회계상 거래	회계처리
만기보유증권 취득시점	취득원가 = 사채의 공정(현재)가치 + 취득시 부대비용 − 기간경과 발생이자 (차) 만기보유증권　×××　(대) 현금 등　×××
이자수익의 인식	만기보유증권은 보유목적이 장기이므로 **이자수익**은 **유효이자율법**을 **적용**하여 인식하며 사채의 이자수익은 기초장부가액에 유효이자율을 곱한 금액이다. [사채의 할인 취득 가정 회계처리] (차) 현금 등　　　×××　(대) 이자수익　××× 　　만기보유증권　×××
만기보유증권 평가	만기보유증권은 기말에 상각 후 취득원가로 평가한다.

4. 유형자산

유형자산은 재화의 생산, 용역의 제공, 타인에 대한 임대 또는 자체적으로 사용할 목적으로 보유하는 물리적 형체가 있는 자산으로서, 1년을 초과하여 사용할 것이 예상되는 자산을 말한다. 또한, 유형자산으로 인식되기 위해서는 다음의 인식조건을 모두 충족하여야 한다.

① 자산으로부터 발생하는 미래경제적효익이 기업에 유입될 가능성이 매우 높다.
② 자산의 원가를 신뢰성 있게 측정할 수 있다.

1 유형자산의 취득원가

구 분	내 용
외부구입	취득원가 = 매입가액 + 취득 시 부대비용 − 매입할인 ■ **취득 시 부대비용** ① 설치장소 준비를 위한 지출 및 설치비 ② 외부 운송 및 취급비 ③ 설계와 관련하여 전문가에게 지급하는 수수료 ④ 자본화대상인 차입원가 ⑤ 취득세, 등록세 등 유형자산의 취득과 직접 관련된 제세공과금 ⑥ 유형자산의 취득과 관련하여 국·공채 등을 불가피하게 매입하는 경우 당해 채권의 매입금액과 현재가치와의 차액 ⑦ 유형자산이 정상적으로 작동되는지 여부를 시험하는 과정에서 발생하는 원가(단, 시험과정에서 생산된 재화(시제품)의 순매각금액은 차감) ⑧ 해당 유형자산의 경제적 사용이 종료된 후에 원상회복을 위한 복구원가
자가건설	취득원가 = (건설등에 사용된 직접재료원가 + 직접노무원가 + 제조간접원가) + 취득 부대비용 건설원가 발생시점 : (차) 건설중인자산 ××× (대) 현　금 ××× 건물 등 완공시점 : (차) 건　물 등 ××× (대) 건설중인자산 ×××

2 유형자산 취득의 유형별 회계처리

구 분	내 용
국·공채 구입 (강제매입채권)	국·공채 등을 불가피하게 매입하는 경우 **매입가액과 현재가치(공정가치)와의 차액**은 유형자산의 **취득원가에 포함** ⇨ 토지, 건물, 차량운반구 등 (차) 단기매매증권 등(공정가치) ××× (대) 현　금 등(매입가액) ××× 　　 차량운반구 등 ×××
건물이 있는 토지를 매입한 경우 (일괄취득)	기존건물을 **사용**하는 경우 ⇨ **시장가치(공정가치)로 안분** (차) 토　지 ××× (대) 현　금 등 ××× 　　 건　물 ××× 새 건물을 신축하기 위해 기존건물을 **철거**하는 경우 ⇨ **토지의 취득원가** 　　취득원가 = 토지·건물 매입가액 + 건물철거비용 등 − 부산물 매각대금 (차) 토　지 ××× (대) 현　금 등 ×××

구 분	내 용
사용 중인 건물을 철거하는 경우	건물의 장부금액은 제거하고 **철거비용은 전액 당기비용(유형자산처분손익 가감) 처리** (차) 감가상각누계액　　　×××　　(대) 건　물 등　　××× 　　　유형자산처분손실　　×××
토지 취득 후 지출	진입료 개설, 배수설비, 도로포장, 조경공사 등의 부대시설공사비 ⇨ 내용연수가 **영구**적이거나 유지·보수책임이 회사측에 **없는** 경우 (차) 토　　　　지　　×××　　(대) 현　금 등　　××× 진입료 개설, 배수설비, 도로포장, 조경공사 등의 부대시설공사비 ⇨ 내용연수가 **한정**되어 있거나 유지·보수책임이 회사측에 **있는** 경우 (차) 건축물　　　　　　×××　　(대) 현　금 등　　×××
현물출자 (주식교부)	취득한 자산의 공정가치로 회계처리 (차) 토　지 등　　　　×××　　(대) 자본금　　　　××× 　　　　　　　　　　　　　　　　주식발행초과금　×××
증여·무상 취득한 경우	취득한 자산의 공정가치로 회계처리 (차) 토　지 등　　　　×××　　(대) 자산수증이익　　×××
건설자금이자 (차입원가 자본화)	자산의 취득·건설 중에 차입한 **금융비용**에 대하여 **자본화**하는 경우 유형자산의 취득원가에 가산 ⇨ 원칙: 당기비용(이자비용) 처리 (차) 건설중인자산　　　×××　　(대) 보통예금 등　　×××
교환으로 인한 취득	**이종자산**과의 교환 ⇨ **유형자산처분손익** 인식(공정가치 불분명시 취득자산의 공정가치가 취득원가) 　　　　　취득원가 = 제공한 자산의 **공정가치** + 현금지급액 − 현금수령액 (차) 기계장치　　　　　×××　　(대) 비　품　　　　××× 　　　감가상각누계액　　×××　　　　현　금 등　　××× 　　　　　　　　　　　　　　　　유형자산처분이익　××× **동종자산**과의 교환 ⇨ 유형자산처분손익 인식하지 않음 　　　　　취득원가 = 제공한 자산의 **장부금액** + 현금지급액 − 현금수령액 ※ **현금수수액이 유의적(중요)**인 경우 동종자산의 교환이 아니라 **이종자산의 교환**으로 회계처리 (차) 비품(신) 등　　　×××　　(대) 비품(구) 등　　××× 　　　감가상각누계액　　×××
정부보조금 (국고보조금)에 의한 취득	정부보조금 등으로 유형자산을 무상 또는 공정가액보다 낮은 대가로 취득한 경우 그 유형자산의 취득원가는 취득일의 공정가액으로 하며, **정부보조금 등은 취득원가에서 차감하는 형식으로 표시** [상환의무가 있는 정부보조금 수령] (차) 보통예금 등　　　×××　　(대) 장기차입금 등　××× [상환의무가 없는 정부보조금 수령] (차) 보통예금 등　　　×××　　(대) 정부보조금　　××× 　　　　　　　　　　　　　　　　　　(예금 차감계정) [상환의무가 없는 정부보조금에 의한 자산 취득] (차) 기계장치 등　　　×××　　(대) 보통예금 등　××× 　　　정부보조금　　　×××　　　　정부보조금　　××× 　　　(예금 차감계정)　　　　　　　　(유형자산 차감계정)

구 분	내 용

정부보조금
(국고보조금)에
의한 취득
	정부보조금 등으로 취득한 자산에 대한 감가상각비를 계상할 때는 취득자산의 **내용연수에 걸쳐 정부보조금과 감가상각비를 상계**하여야 한다.
	
	$$정부보조금 \ 상각액 = 감가상각비 \times \frac{정부보조금}{(취득원가 - 잔존가치)}$$
	
	[당기 감가상각비 계상]
	(차) 감가상각비 ××× (대) 감가상각누계액 ×××
	[정부보조금 상각액 상계]
	(차) 정부보조금 ××× (대) 감가상각비 ×××
	   (유형자산 차감계정)
	
	정부보조금 등으로 취득한 자산을 처분할 경우에는 감가상각비와 상계하고 남은 **정부보조금 잔액**을 당해자산의 **처분손익에 차감 또는 부가**하는 방식으로 회계처리 한다.
	
	[유형자산처분이익 발생 가정]
	(차) 현금 등 ××× (대) 유형자산 ×××
	   감가상각누계액 ××× 유형자산처분이익 ×××
	   정부보조금 ×××
	   (유형자산 차감계정)

3 유형자산의 취득 후 지출

구 분	내 용

자본적지출
(자산처리)
	새로운 생산공정의 채택이나 기계부품의 성능개선을 통하여 생산능력증대, 내용연수 연장, 상당한 원가절감이나 품질향상을 가져오는 경우의 지출
	
	[사례] ① 엘리베이터 또는 냉난방 장치 설치
	      ② 본래의 용도를 변경하기 위한 개조
	      ③ 빌딩 피난시설 설치, 개량, 확장, 증설 등 자산의 가치를 증가시키는 것
	
	(차) 기계장치 등 ××× (대) 보통예금 등 ×××

수익적지출
(비용처리)
	유형자산의 수선, 유지를 위한 지출은 해당 자산으로부터 당초 예상되었던 성능수준을 회복하거나 유지를 위한 경우의 지출
	
	[사례] ① 건물 또는 벽의 도장 ② 파손된 유리나 기와의 대체
	      ③ 기계의 소모된 부속품과 벨트 대체 ④ 자동차의 타이어 교체
	      ⑤ 재해로 인한 자산의 외장복구, 도장, 유리 교체 등
	
	(차) 수선비 등 ××× (대) 보통예금 등 ×××

[유형자산 취득 후 지출에 대한 회계처리 오류에 대한 효과]
① 자본적지출(자산)을 비용으로 처리 시 ⇨ 자산의 과소계상, 비용의 과대계상, 이익 과소계상(자본 과소계상)
② 수익적지출(비용)을 자산으로 처리 시 ⇨ 자산의 과대계상, 비용의 과소계상, 이익 과대계상(자본 과대계상)

4 유형자산의 감가상각

구 분	내 용
감가상각비 결정요소	유형자산은 취득시점 이후부터 영업활동에 사용됨으로 인하여 기업의 수익창출에 공헌하게 되고 최초 취득시의 효용은 유형자산이 사용됨에 따라 점차 감소하게 되며 이를 비용으로 인식하는 것을 감가상각이라 하며, 자산이 사용가능한 때부터 시작한다. 감가상각은 유형자산의 감가상각대상금액(취득원가 − 잔존가치)을 그 자산의 내용연수 동안 체계적이고 합리적인 방법으로 기간 배분하는 원가의 배분과정이다. 또한, 자본적지출이 발생한 경우 취득원가에 가산한다.
	취득원가: 자산을 취득하기 위하여 자산의 취득시점이나 건설시점에서 지급한 현금및현금성자산 또는 제공하거나 부담할 기타 대가의 공정가치
	내용연수: 자산의 예상 사용기간 또는 자산으로부터 획득할 수 있는 생산량이나 이와 유사한 단위
	잔존가치: 자산의 내용연수가 종료되는 시점에서 그 자산의 예상처분가액에서 예상처분비용을 차감한 금액
	감가상각대상금액 = (유형자산의 취득원가 + 자본적지출) − 잔존가치

■ 감가상각방법에 따른 각각의 특징
① 정액법(직선법) : 매년 정액으로 가치 감소
② 체감상각법 : 내용연수 초기에 감가상각비 과대계상
③ 생산량비례법 : 생산량에 비례하여 가치 감소
④ 초기 감가상각비 크기 비교 : 정률법(또는 이중체감법) > 연수합계법 > 정액법

감가상각방법

상각방법		연 감가상각비
정액법		감가상각비 = (취득원가 − 잔존가치) × $\dfrac{1}{\text{내용연수}}$
체감상각법	정률법	감가상각비 = (취득원가 − 감가상각누계액) × 상각률
	이중체감법	감가상각비 = (취득원가 − 감가상각누계액) × $\dfrac{2}{\text{내용연수}}$
	연수합계법	감가상각비 = (취득원가 − 잔존가치) × $\dfrac{\text{내용연수의 역순}}{\text{내용연수합계}}$
생산량비례법		감가상각비 = (취득원가 − 잔존가치) × $\dfrac{\text{당기생산량}}{\text{추정총생산량}}$

※ 연 감가상각비 계산 시 **월할상각**이 **원칙**이며 1월 미만은 1월로 보아 계산한다.

감가상각비 회계처리	회계기간의 감가상각비는 제조와 관련된 경우에는 관련 자산의 제조원가로 보고되며, 판매 및 관리와 관련된 감가상각비는 판매비와관리비로 계상
	(차) 감가상각비　　　×××　　　(대) 감가상각누계액　　　××× 　　　　　　　　　　　　　　　　(자산의 차감평가계정)
재무상태표 공시	감가상각누계액은 유형자산의 **차감적 평가계정**으로 재무상태표에는 **유형자산에서 차감하는 형식으로 공시**하며, 취득원가에서 감가상각누계액 계정을 차감한 후의 잔액을 유형자산의 장부가액이라고 한다.

5 유형자산의 손상차손 및 인식 이후의 측정

구 분	내 용
유형자산 손상차손	진부화 또는 시장가치의 급격한 하락 등으로 인하여 **회수가능가액[Max(① 순매각(공정)가치, ② 사용가치)]**이 장부가액에 현저하게 미달할 가능성이 있는 경우에는 장부금액을 회수가능액으로 조정하고 그 차액을 손상차손(영업외비용)으로 처리(단, 회복 시 손상차손을 인식하지 않았을 때의 장부가액을 한도로 환입(영업외수익))
유형자산 인식 이후의 측정	유형자산을 취득한 이후 보고기간 말 재무상태표를 보고할 때 원가모형과 재평가모형 중 하나를 선택하여 작성하며, 유형자산의 평가모형을 변경하는 것은 회계정책의 변경에 해당한다.

<table>
<tr><td rowspan="2">유형자산
인식 이후의
측정</td><td>원가
모형</td><td>유형자산의 취득원가에서 감가상각누계액과 손상차손누계액을 차감한 미상각잔액을 장부에 기록하는 방법

장부금액 = 취득원가 − 감가상각누계액 − 손상차손누계액</td></tr>
<tr><td>재평가
모형</td><td>장부금액을 재평가일의 공정가치로 수정한 후 그 이후의 감가상각누계액과 손상차손누계액을 차감한 금액으로 장부에 기록하는 방법

장부금액 = 재평가일의 공정가치 − 감가상각누계액 − 손상차손누계액

① 재평가는 보고기간말 자산의 장부금액과 공정가치가 중요하게 차이가 나지 않도록 주기적(3년 ~ 5년마다)으로 수행
② 유형자산 재평가 시에는 해당 자산이 속한 유형자산 분류 전체를 동시에 재평가함이 원칙(토지, 건물, 기계장치 분류별 재평가)
③ 재평가에 대한 회계처리방법 : 비례수정법과 감가상각누계액제거법 중 선택
  ■ 비례수정법 : 장부금액이 재평가금액과 일치하도록 총장부금액과 누계액을 비례적으로 수정하는 방법
  ■ 감가상각누계액제거법 : 기초의 감가상각누계액을 우선적으로 전액 제거하는 방법
④ 재평가일의 공정가치 증감에 따른 처리</td></tr>
</table>

구 분		수익인식
장부금액 증가	최초평가	재평가잉여금으로 **기타포괄손익누계액**으로 처리 (차) 토지　　　×××　　(대) 재평가잉여금　×××
	후속평가	과거에 당기손실로 인식한 **재평가손실(영업외비용)과 우선상계(재평가이익 계정 사용)** 후 기타포괄손익누계액으로 인식 (차) 토지　　　×××　　(대) 재평가이익　　××× 　　　　　　　　　　　　　　재평가잉여금　×××
장부금액 감소	최초평가	**당기손실(재평가손실)**로 처리 (차) 재평가손실　×××　　(대) 토지　　　　×××
	후속평가	과거에 기타포괄손익누계액으로 인식한 **재평가잉여금과 우선상계** 후 당기손실로 인식 (차) 재평가잉여금　×××　(대) 토지　　　　××× 　　　재평가손실　　×××
재평가잉여금		해당 자산 제거(또는 사용) 시 이익잉여금으로 대체(재분류) (차) 재평가잉여금　×××　(대) 이익잉여금　　×××

6 유형자산의 처분 : 매각(양도) 및 폐기

구 분	내 용		
유형자산 처분	유형자산 처분시 해당자산과 관련된 감가상각누계액을 장부에서 제거하여야 하고 유형자산의 폐기 또는 처분으로부터 발생하는 손익은 처분금액과 장부금액의 차액으로 결정하며, 손익계산서에 **유형자산처분손익(영업외손익)**으로 인식 ■ 유형자산 장부가액 = 취득원가 - 감가상각누계액 ■ 처분시점까지 감가상각비를 먼저 계상한 후 처분에 대한 회계처리(**선상각후처분**) ■ 천재지변 등의 불가항력적인 이유에 의하여 폐기하는 경우는 "**재해손실**"로 처리하며, 보험사에서 보험금을 수령하면 수령시점에 전액 "**보험금수익**"으로 회계처리		
	장부가액 < 처분가액	(차) 감가상각누계액 ××× 현 금 등 ×××	(대) 비 품 등 ××× 유형자산처분이익 ×××
	장부가액 > 처분가액	(차) 감가상각누계액 ××× 현 금 등 ××× 유형자산처분손실 ×××	(대) 비 품 등 ×××

5. 무형자산

구 분		내 용
의의		재화의 생산이나 용역의 제공, 타인에 대한 임대 또는 관리에 사용할 목적으로 기업이 보유하고 있으며, 물리적 형체가 없지만 식별가능하고, 기업이 통제하고 있으며 미래 경제적 효익이 있는 비화폐성자산 ① **식별가능성** : 자산의 분리가능성 여부에 의해 판단하며 무형자산이 분리가능하면 그 무형자산은 식별가능함 ② **통제가능성** : 기업이 제3자의 접근을 제한할 수 있을 것 ③ **미래 경제적 효익** : 재화의 매출이나 용역의 수익, 원가절감 또는 자산의 사용에 따른 기타 효익의 형태로 발생할 것이 기대될 것
종 류	영업권	① 기업의 우수한 경영, 좋은 기업이미지, 특별한 기술이나 지식, 독점적 지위, 양질의 고객관계, 유리한 입지조건 등으로 인하여 동종의 다른 기업보다 더 많은 수익을 얻을 경우 그 초과수익을 자본의 가치로 환원한 것이 영업권이다. ② 일반기업회계기준은 **외부에서 구입한 영업권만 인정**하고 내부적으로 창출된 영업권은 인정하지 않고 있다. 영업권(또는 부의영업권) = 합병등의 대가로 지급한 금액 - 취득한 순자산공정가치 (차) 제자산 ××× (대) 제부채 ××× 　　영업권 ×××　　　　현금 등 ×××
	산업 재산권	법률의 보호하에서 일정기간 독점적·배타적으로 이용할 수 있는 권리를 말하는 것으로 특허권, 상표권, 디자인권, 실용신안권, 상호권 등을 말한다.

구 분		내 용

종류	개발비	새로운 제품이나 기술의 개발 또는 개량을 위하여 지출한 금액(소프트웨어 개발과 관련된 비용을 포함)으로 개별적으로 식별가능하고 미래 경제적 효익을 확실하게 기대할 수 있는 것을 말한다.
		
		구 분 / 회계처리
		• 연구단계에서 발생한 비용(연구·개발단계 불분명 포함) → 연구비(판매비와관리비)
		• 개발단계에서 발생한 비용
		  - 무형자산 인식조건 미충족 → 경상개발비 (제조원가 또는 판매비와관리비)
		  - 무형자산으로 인식조건을 충족 → 개발비(무형자산)

	소프트웨어	■ 소프트웨어 외부 구입(자산인식조건 충족) : 소프트웨어 계정과목으로 처리 ■ 내부에서 개발된 소프트웨어에 소요된 원가(자산인식조건 충족) : 개발비 계정과목으로 처리
	라이선스	국가나 허가권자로부터 인·허가과정을 거쳐 확보한 사업허가권
	프랜차이즈	프랜차이저가 자신의 제품이나 서비스의 판매권, 상표나 상호명의 사용권 또는 용역을 독점적으로 생산 판매할 수 있는 권리
	저작권	문학이나 학술·예술의 범위에 속하는 창작물인 지적재산권에 대하여 저자 또는 제작자가 출판, 재생 또는 판매할 수 있는 배타적이고 독립적인 권리
	광업권	일정한 광구에서 등록한 광물과 동 광상 중에 부존하는 다른 광물을 채굴하여 취득할 수 있는 권리
	어업권	수산업법에 의하여 등록된 수면에서 독점적·배타적으로 어법을 영위할 수 있는 권리
	임차권리금	토지와 건물 등을 임차하는 경우 그 이용권을 갖는 대가로 보증금이외의 금액을 지급하는 것
취득원가		① 외부로부터 취득한 무형자산의 취득원가 = 매입가액 + 부대비용 ② 내부적으로 창출된 무형자산의 취득원가는 그 자산의 창출, 제조, 사용, 준비에 직접 관련된 지출과 합리적이고 일관성 있게 배분된 간접 지출을 모두 포함
무형자산 취득 후 지출		무형자산을 취득하거나 완성한 후의 지출로서 자산인식요건을 모두 충족하는 경우에는 자본적 지출로 처리하고, 그렇지 않은 경우에는 발생한 기간의 비용(수익적 지출)으로 인식
무형자산 상각		무형자산의 상각은 무형자산의 취득원가를 내용연수 동안 합리적인 방법으로 배분하여 이를 비용으로 처리하는 절차를 말한다. **상각대상금액** : 무형자산의 취득원가에서 잔존가치를 차감한 잔액을 말하며, 무형자산의 잔존가치는 없는 것을 원칙으로 한다. (단, 부의 영업권 제외) **상각기간(내용연수)** : 법령이나 계약에 정해진 경우를 제외하고는 20년을 초과할 수 없으며, 상각은 자산이 사용가능한 때부터 시작한다. **상각방법** : 합리적인 상각방법으로 하되, 영업권과 합리적인 상각방법을 정할 수 없는 경우 정액법을 사용한다. **무형자산 상각비 처리** : 무형자산상각비는 다른 자산의 제조와 관련된 경우에는 관련 자산의 제조원가로 처리하고 이외의 상각비는 판매비와관리비로 회계처리 한다.

구 분	내 용	
무형자산 상각	회계처리	무형자산상각비의 회계처리방법(공시)은 직접법과 간접법 모두 허용하며 직접법을 사용할 경우 취득원가와 무형자산상각누계액을 주석으로 공시한다. ■ 직접법 (차) 무형자산상각비　×××　(대) 무형자산　××× ■ 간접법 (차) 무형자산상각비　×××　(대) 무형자산상각누계액　×××
무형자산 손상차손	자산의 진부화 및 시장가치의 급격한 하락 등으로 인하여 무형자산의 회수가능성이 장부에 미달하고 그 차액이 중요한 경우 손상차손(영업외비용)을 설정한다. (단, 회복 시 환입(영업외수익)처리하며 장부가액을 초과할 수 없다.)	
무형자산 처분	사용을 중지하고 처분을 위해 보유하는 무형자산은 사용을 중지한 시점에 장부금액으로 표시한다. 처분금액과 장부금액과의 차액은 **무형자산처분손익(영업외손익)**으로 회계처리 한다. 장부가액 < 처분가액　(차) 현금 등　×××　(대) 특허권 등　××× 　　　　　　　　　　　　　　　　　　　　무형자산처분이익　××× 장부가액 > 처분가액　(차) 현금 등　×××　(대) 특허권 등　××× 　　　　　　　　　무형자산처분손실　×××	

6. 기타비유동자산

구 분		내 용
보증금	임차보증금	타인소유의 부동산이나 동산을 사용하기 위하여 임대차계약을 체결하는 경우에 월세 등을 지급하는 조건으로 임차인이 임대인에게 지급하는 보증금
	전세권	전세금을 지급하고 타인의 부동산을 그 용도에 따라 사용, 수익하는 권리
	영업보증금	채무자가 채권자에게 계약의 이행을 담보하기 위하여 지급하는 보증금으로서 거래보증금, 입찰보증금 및 하자보증금 등의 지급 시 처리하는 계정
장기 채권	장기 매출채권	일반적인 상거래에서 발생한 채권으로서 보고기간 종료일 현재 만기가 1년 이후에 도래하는 채권
	장기 미수금	일반적인 상거래 이외의 거래에서 발생하는 채권으로서 보고기간 종료일 현재 만기가 1년 이후에 도래하는 채권
부도어음과수표		물품대금으로 받은 약속어음(수표)을 지급기일에 지급장소(해당 거래은행)에 제시하고 어음대금을 청구하는데, 어음금액의 지급을 거절하는 것을 어음의 부도라 하고, 지급이 거절된 어음을 부도어음이라 함
이연법인세자산		일시적인 차이로 인하여 법인세법 등의 법령에 의하여 납부하여야 할 금액이 법인세비용을 초과하는 경우 그 초과하는 금액

부채 : 타인에게 제공하여야 할 경제적 의무
① 부채는 **유동부채**와 **비유동부채로 구분**한다.
② 유동부채로 분류되기 위해서는 ㉠ 기업의 **정상적인 영업주기** 내에 상환 등을 통하여 소멸할 것이 예상되는 매입채무와 미지급비용 등의 부채, ㉡ **보고기간 종료일로부터 1년 이내**에 상환되어야 하는 단기차입금 등의 부채, ㉢ 보고기간 후 1년 이상 결제를 연기할 수 있는 무조건의 권리를 가지고 있지 않은 부채로 계약상대방의 선택에 따라, 지분상품의 발행으로 결제할 수 있는 부채의 조건은 그 분류에 영향을 미치지 아니한다.
③ 비유동부채는 유동부채로 분류되지 않는 부채를 의미한다.

유동부채	단기차입금, 매입채무(외상매입금, 지급어음), 미지급금, 선수금, 미지급비용 등
비유동부채	사채, 퇴직급여충당부채, 장기차입금 등

1. 유동부채

구 분	내 용
매입채무	일반적인 상거래에서 발생한 **외상매입금**과 **지급어음**을 말한다. [어음발행 지급시 회계처리] ■ 원재료 등 재고자산 구입 시 어음발행 : **지급어음** ■ 기계장치 등 유형·무형·투자자산 구입 시 어음발행 : **미지급금** ■ 금전소비대차계약에 의한 어음발행 : **단(장)기차입금**
단기차입금	금융기관으로부터의 당좌차월액과 금전소비대차계약에 따라 차입금 금액 중 보고기간 종료일 현재 1년 이내 만기가 도래하는 채무
미지급금	일반적인 **상거래 이외의 거래**에서 발생한 채무로 재고자산 이외의 자산을 매입하는 경우 발생하며 대금을 외상 처리하거나 어음을 지급한 경우 "미지급금"으로 처리한다.
선수금	제품이나 상품 등을 매출할 때 계약금 등으로 대금의 일부로 미리 수령한 금액
예수금	근로자 등에게 소득을 지급 시 소득세 등의 세금, 건강보험 등의 사회보험 등 소득자 부담액을 징수하여 보관하였다가 납부하는 경우 사용
가수금	현금 등 입금되었으나 계정과목 또는 금액을 확정할 수 없을 때 사용하는 임시계정과목

구 분	내 용
유동성 장기부채	장기차입금 등의 비유동부채 항목 중에서 보고기간 종료일 현재 만기가 1년 이내에 도래하는 채무로 상환예정인 경우 대체하는 계정과목. 다만, 만기일에 상환하지 않고 차입금을 연장하고자 하는 경우에는 유동성대체를 하지 않는다. [결산시점] (차) 장기차입금　　×××　　(대) 유동성장기부채　　×××
선수수익	당기에 수익으로 계상한 항목 중에서 차기 연도의 수익에 해당하는 금액 [수령시점에 수익처리한 경우 미경과분 부채처리] (차) 임대료 등　　×××　　(대) 선수수익　　××× [수령시점에 선수수익(부채)처리한 경우 경과분 수익처리] (차) 선수수익　　×××　　(대) 임대료 등　　×××
미지급비용	당기에 제공받은 부분에 대한 비용이 지급의 시기가 도래하지 않아 아직 장부에 계상하지 않은 미지급 금액 [결산시점] (차) 이자비용 등　　×××　　(대) 미지급비용　　××× [비용 지급시점] (차) 미지급비용　　×××　　(대) 현　금 등　　××× 　　이자비용 등　　×××
미지급세금	미지급세금은 법인세 등의 미지급액을 말하며, 법인세뿐만 아니라 법인세할 지방소득세, 농어촌특별세도 포함한다.
부가세 예수금	상품 또는 제품 매출 시 과세품에 대한 부가가치세(10%)를 거래 징수하는 경우 사용하며, 과세기간 종료일에 부가세대급금(당좌자산)과 상계처리 한다.
미지급 배당금	당해연도 이익잉여금처분계산서상의 현금배당액을 말하며 미지급배당금 계정은 일반적으로 보고기간 종료일의 재무상태표에는 나타나지 않으며, 주주총회 결의 시 미지급배당금으로 회계처리 하였다가 배당금 지급 시 정리한다.

2. 비유동부채

1 사채

구 분	내 용
발행 금액	사채의 발행금액은 사채의 미래현금흐름을 사채발행일 현재의 시장이자율(유효이자율)로 할인한 현재가치로 계산된다. 사채발행금액 = 만기에 지급할 원금의 현재가치 + 미래 이자지급액의 현재가치 　　　　　＝ (사채의 액면금액 × 원금 현가계수) + (사채의 액면이자 × 연금 현가계수) 　　　　　＝ 사채가 창출하는 미래현금흐름의 현재가치 = 사채 발행일의 시장가치

구 분	내 용
발행 방법	■ 사채의 발행금액은 액면이자율과 시장이자율에 의해서 결정 ■ 액면이자율 : 사채발행기업이 지급할 사채의 액면금액을 기준으로 지급하고자 하는 이자율을 의미 ■ 시장이자율 : 실제 시장에서 지급하는 이자를 말하며 이 시장이자율이 사채 발행기업이 실제 부담하는 이자율이 되며 이를 "유효이자율"이라 함 **액면발행** (액면이자율 = 시장이자율) ⇩ (발행가액 = 액면가액) 10,000원 = 10,000원 사채가 발행될 때 사채의 발행가액이 사채의 액면가액과 같은 경우 (차) 현금 등　　10,000 (대) 사채(액면가액)　10,000원 **할증발행** (액면이자율 > 시장이자율) ⇩ (발행가액 > 액면가액) 11,000원 > 10,000원 사채의 발행가액이 사채의 액면가액보다 큰 경우 (차) 현금 등　　11,000 (대) 사채(액면가액)　10,000원 　　　　　　　　　　　　사채할증발행차금　1,000원 　　　　　　　　　　　　(사채의 가산계정) **할인발행** (액면이자율 < 시장이자율) ⇩ (발행가액 < 액면가액) 8,000원 < 10,000원 사채의 발행가액이 사채의 액면가액보다 작은 경우 (차) 현금 등　　　8,000 (대) 사채(액면가액)　10,000원 　　사채할인발행차금 2,000원 　　(사채의 차감계정) **재무상태표** | 과목 | 제11(당)기 금액 | |---|---| | -중 략- | | | 사　채 사채할인발행차금 | 50,000,000 (5,000,000)　　45,000,000 | | -중 략- | |
사채 발행비	사채발행비는 사채를 발행할 때 발생되는 인쇄비·수수료 등의 비용을 말하며, 사채발행가액에서 차감한다. ■ 액면발행 시 할인발행되어 사채할인발행차금 발생 ■ 할인발행 시 사채할인발행차금에 가산 : 사채할인발행차금 증가 ■ 할증발행 시 사채할증발행차금에 차감 : 사채할증발행차금 감소
사채발행 차금의 처리	사채할인발행차금 및 사채할증발행차금은 사채발행시부터 최종상환시까지의 기간에 유효이자율법을 적용하여 상각 또는 환입하고 동 상각액 또는 환입액은 사채이자에서 가감(일반기업회계기준은 정액법 상각은 인정하지 않음) ① 사채의 이자비용 　　사채의 이자비용 = 사채의 장부금액 × 유효이자율 ② 사채의 액면이자(이자지급일에 지급한 현금 지급이자) 　　사채의 액면이자 = 사채의 액면금액 × 액면(표시)이자율

구 분	내 용			
사채발행 차금의 처리	③ 사채발행차금의 상각(환입)액			
	사채할인 발행차금 상각	사채의 이자비용 = 사채의 액면이자 + 사채할인발행차금 상각액 (차) 이자비용　　×××　(대) 현금 등　　××× 　　　　　　　　　　　　　사채할인발행차금　×××		
	사채할증 발행차금 환입	사채의 이자비용 = 사채의 액면이자 − 사채할증발행차금 환입액 (차) 이자비용　　×××　(대) 현금 등　　××× 　　사채할증발행차금　×××		
	발행방법	상각(환입)액	이자비용(유효이자)	사채장부가액
	액면발행	0(없음)	액면이자	동일(불변)
	할인발행	매년증가	매년증가	매년증가
	할증발행	매년증가	매년감소	매년감소
	[유효이자율법에 의한 상각 요약]			
조기상환	사채의 만기이전에 유통 중인 사채를 매입하여 상환하는 것을 조기상환이라 하며, 조기상환 시 사채의 상환가액에서 장부가액을 차감한 후 잔여금액을 **사채상환손익(영업외손익)**으로 회계처리 한다. 사채상환손익 = 사채의 장부가액(액면가액 ± 미상각 사채발행차금) − 사채상환가액			

2 충당부채

구 분	내 용	
충당부채 인식요건	충당부채는 과거사건이나 거래의 결과에 의한 현재의무로서, 지출의 시기 또는 금액이 불확실하지만 그 의무를 이행하기 위하여 자원이 유출될 가능성이 매우 높고 또한 당해 금액을 신뢰성있게 추정할 수 있는 의무를 말한다. 다만, 충당부채의 인식요건 중 하나라도 충족시키지 못하는 경우에는 우발부채로 인식하여 주석공시하며 부채로 인식하지 아니한다. ① 과거사건이나 거래의 결과로 인하여 현재의무(법적의무)가 존재한다. ② 당해 의무를 이행하기 위하여 자원의 유출 가능성이 매우 높다. ③ 그 의무 이행에 소요되는 금액을 신뢰성 있게 추정할 수 있다.	
	충당부채 측정	충당부채로 인식하는 금액은 현재의무의 이행에 소요되는 지출에 대한 보고기간 종료일 현재 최선의 추정치이어야 한다. 단, 충당부채의 명목가액과 현재가치의 차이가 중요한 경우 현재가치로 평가한다.
	충당부채 변동	보고기간 종료일마다 잔액을 검토하고 보고기간 종료일 현재 최선의 추정치를 반영하여 증감조정 한다.
	충당부채 사용	최초의 인식시점에서 의도한 목적과 용도에만 사용하여야 한다.
우발자산	우발자산은 자산으로 인식하지 아니하고 자원의 유입가능성이 매우 높은 경우에만 주석에 기재한다. 상황변화로 인하여 자원이 유입될 것이 확정된 경우에는 그러한 상황변화가 발생한 기간에 관련 자산과 이익을 인식한다.	

구 분	내 용
충당부채 종류	① 퇴직급여충당부채 : 보고기간 종료일 현재 전 임직원이 일시에 퇴직할 경우 지급해야 할 퇴직금에 상당하는 충당금 ② 판매보증충당부채 : 제품에 결함이 있는 경우 이에 대한 수리 또는 보상을 하기 위해서 설정하는 충당금 ③ 하자보수충당부채 : 건설공사가 완성된 후 하자보수에 대한 보상을 하기 위하여 설정하는 충당금

3 퇴직급여충당부채

구 분	회계처리
퇴직급여 충당부채 설정	퇴직급여충당부채는 보고기간 종료일 현재 전종업원이 일시에 퇴직할 경우 지급하여야 할 퇴직금에 상당하는 금액으로 하며 이를 퇴직급여추계액이라 한다. 보고기간 종료일 현재 퇴직급여충당부채를 설정할 때 퇴직급여충당부채 설정 전 장부가액과 추계액과의 차액을 퇴직급여로 추가설정하거나 환입한다. 이 경우 퇴직급여는 자산의 원가에 포함되는 경우를 제외하고는 비용으로 치리하며 퇴직급여충당부채환입액은 판매비와관리비의 차감계정으로 계상한다. 퇴직급여충당부채 설정(환입)액 = 퇴직급여추계액 - 퇴직급여충당부채 설정 전 장부금액 [퇴직급여 설정액 회계처리] (차) 퇴직급여　　　　　×××　　(대) 퇴직급여충당부채　　××× [퇴직급여 환입액 회계처리] (차) 퇴직급여충당부채　×××　　(대) 퇴직급여충당부채환입　×××
퇴직급여 지급	퇴직자의 퇴직금 지급 시 **퇴직급여충당부채와 상계처리**하고 퇴직급여충당부채 **부족액**이 발생하면 당기 **비용처리** 한다. (차) 퇴직급여충당부채　×××　　(대) 예수금　　　　××× 　　 퇴직급여　　　　　×××　　　　 현금 등　　　×××

4 퇴직연금제도

구 분		회계처리
확정기여형 퇴직연금 (DC)	불입 시점	확정기여형 퇴직연금은 종업원이 책임과 권한을 갖고 적립금을 운용하는 연봉제 퇴직금제도이다. 적립금은 당기 비용처리하며 결산 시 퇴직급여충당부채 또는 퇴직연금충당부채를 인식하지 않는다. (차) 퇴직급여　　×××　　(대) 보통예금 등　×××
	결산 시점	해당 퇴직급여를 자산의 원가에 포함되는 경우를 제외하고는 비용으로 인식하며, 보고기간 종료일 이미 납부한 기여금을 차감한 **미적립 금액**은 **부채(미지급비용)**로 인식한다. (차) 퇴직급여　　×××　　(대) 미지급비용　　××× 이미 납부한 기여금이 보고기간말 제공된 근무용역에 대해 납부하여야 하는 **기여금을 초과하는 경우에는 선급비용(자산)**으로 인식한다.

구 분		회계처리
확정급여형 퇴직연금 (DB)	불입 시점	확정급여형 퇴직연금은 기업(사용자)이 책임과 권한을 갖고 적립금을 운용하는 누적제 퇴직금제도이다. 적립금은 퇴직연금운용자산으로 처리하고 **퇴직급여충당부채에 차감하는 형태로 재무상태표에 공시**된다. 퇴직연금운용자산이 퇴직급여충당부채와 퇴직연금미지급금의 합계액을 초과하는 경우에는 그 초과액을 투자자산의 과목으로 표시한다. **재무상태표** | 과목	제11(당)기 금액
---	---
- 중 략 -	
퇴직급여충당부채 퇴직연금운용자산	30,000,000 (20,000,000) 10,000,000
- 중 략 -		 (차) 퇴직연금운용자산　×××　　(대) 보통예금 등　××× 　　 수수료비용　　　×××
	운용 손익 발생	퇴직연금 불입분에 운용손익이 발생하면 원본에 전입되며 당기손익(영업외손익)으로 처리한다. (차) 퇴직연금운용자산　×××　　(대) 퇴직연금운용수익　××× 　　　　　　　　　　　　　　　　　　(또는 이자수익)
	퇴직 급여 지급	퇴직자의 퇴직금 지급 시 **퇴직급여충당부채와 상계처리**하고 퇴직급여충당부채 **부족액**이 발생하면 **당기 비용처리(퇴직급여)** 한다. 퇴직연금에서 지급하는 금액은 퇴직연금운용자산을 감소시키고 회사에서 직접 지급하는 금액은 현금 등으로 대체한다. (차) 퇴직급여충당부채　×××　　(대) 퇴직연금운용자산　××× 　　 퇴직급여　　　　×××　　　　 예수금 등　　　×××

5 기타비유동부채

구 분	내 용
장기차입금	금전소비대차계약에 따라 자금을 빌린 경우로서 보고기간 종료일로부터 만기가 1년 이후에 도래하는 채무
임대보증금	임대인이 부동산 또는 동산을 임대하고 받은 보증금을 말하며, 임대보증금은 임대기간이 종료되는 시점에 임차인에게 반환해 주어야 함
장기미지급금	일반적인 상거래 이외의 거래에서 발생하는 채무로서 상환기일이 보고기간 종료일로부터 1년 이후에 도래하는 채무

CHAPTER 04 자본

자본 : 순자산으로 소유주의 잔여청구권(소유주지분, 주주지분 등)

> 자본(자기자본 또는 소유주지분) = 자산 − 부채(타인자본 또는 채권자지분)

① 자본은 **자본금, 자본잉여금, 자본조정, 기타포괄손익누계액 및 이익잉여금(또는 결손금)으로 구분**한다.
② **자본금은 법정자본금으로 보통주자본금과 우선주자본금으로 구분하여 표시**한다.
③ 자본잉여금은 증자나 감자 등 주주와의 거래에서 발생하여 자본을 증가시키는 잉여금으로 **주식발행초과금과 기타자본잉여금으로 구분하여 표시**한다.
④ 자본조정은 당해 항목의 성격으로 보아 자본거래에 해당하나 최종 납입된 자본으로 볼 수 없거나 자본의 가감 성격으로 자본금이나 자본잉여금으로 분류할 수 없는 항목이다. **자본조정 중 자기주식은 별도 항목으로 구분하여 표시**한다.
⑤ 기타포괄손익누계액은 보고기간 종료일 현재의 매도가능증권평가손익 등의 잔액이다.
⑥ 이익잉여금(또는 결손금)은 손익계산서에 보고된 손익과 다른 자본항목에서 이입된 금액의 합계액에서 주주에 대한 배당, 자본금으로의 전입 및 자본조정 항목의 상각 등으로 처분된 금액을 차감한 잔액이다. **이익잉여금은 법정적립금, 임의적립금 및 미처분이익잉여금(또는 미처리결손금)으로 구분하여 표시**한다.

구 분	내 용
자본금	■ 발행주식수 × 1주 액면금액 = 자본금 ■ 계정과목 : 보통주자본금, 우선주자본금
자본잉여금	■ 주식의 발행 및 소각 등 주주와의 거래에서 발생하는 잉여금 ■ 계정과목 : 주식발행초과금, 감자차익, 자기주식처분이익 등
자본조정	■ 주주와의 자본거래에 해당하나 자본금과 자본잉여금으로 분류할 수 없는 항목으로 임시적인 성격에 해당하는 계정 ■ 자본에서 **차감**할 계정과목 : 주식할인발행차금, 감자차손, 자기주식, 자기주식처분손실 등 ■ 자본에 **가산**할 계정과목 : 미교부주식배당금, 신주청약증거금, 출자전환채무, 주식매수청구권 등
기타포괄 손익누계액	■ 당기손익에 포함되지 않고 자본항목에 포함되는 미실현보유손익 ■ 포괄손익 = 당기순손익 ± 기타포괄손익누계액 ■ 계정과목 : 매도가능증권평가손익, 해외사업환산손익, 현금흐름위험회피파생상품평가손익, 재평가잉여금(또는 재평가차익) 등
이익잉여금	■ 손익거래에서 발생한 당기순손익을 원천으로 하는 잉여금 ■ 계정과목 : 법정적립금(이익준비금, 기타법정적립금), 임의적립금(사업확장적립금, 배당평균적립금 등), 미처분이익잉여금

1. 주식의 발행(증자)

구 분	회계처리
액면발행 (발행가액 = 액면가액) 5,000원 5,000원	주식의 발행가액과 액면가액이 동일한 경우를 말하며, 신주발행비가 발생하는 경우에는 주식할인발행차금이 발생 ⇨ 액면가액 전액 자본금 처리 (차) 보통예금 등 5,000원 (대) 자본금(액면가액) 5,000원

할증발행
(발행가액 > 액면가액)
7,000원   5,000원
	발행가액이 액면가액을 초과하여 주식이 발행된 경우를 말하며, 액면가액을 초과하는 금액은 주식발행초과금으로 처리
	⇨ 액면가액 : 자본금, 초과액 : 주식발행초과금 처리
	
	(차) 보통예금 등 7,000원 (대) 자본금(액면가액) 5,000원
	                                   주식발행초과금 2,000원
	                                   (자본잉여금)

할인발행
(발행가액 < 액면가액)
4,000원   5,000원
	발행가액이 액면가액에 미달하게 주식이 발행되는 경우를 말하며, 액면가액에 미달하는 금액은 주식할인발행차금으로 처리
	⇨ 액면가액 : 자본금, 미달액 : 주식할인발행차금 처리
	
	(차) 보통예금 등 4,000원 (대) 자본금(액면가액) 5,000원
	     주식할인발행차금 1,000원
	     (자본조정)
	
	※ 주식할인발행차금은 발행한 연도부터 3년 이내의 기간에 매기 균등액을 상각하고 동 상각액은 이익잉여금으로 처리

신주발행비가 발생한 경우	신주발행비란 주식회사가 주식을 발행하는 과정에서 등록비 및 주식공모를 위한 광고비, 주권인쇄비, 인지세와 같은 여러 가지 비용을 말한다. 일반기업회계기준은 신주발행비가 존재하는 경우에는 **주식의 발행가액에서 차감**하도록 규정하고 있다. ■ 액면발행 : 주식할인발행차금으로 처리 ■ 할증발행 : 주식발행초과금에서 차감 ■ 할인발행 : 주식할인발행차금에 가산

**주식발행차금이
있는 경우의 증자**
 	
주식발행초과금 1,000원
액면가액   5,000원
발행가액   3,000원
	① **주식할인발행차금 잔액이 있는 경우** 주식발행초과금이 발생하면 주식할인발행차금 잔액을 먼저 상계하고 잔액을 주식발행초과금으로 처리한다.
	② **주식발행초과금 잔액이 있는 경우** 주식할인발행차금이 발생하면 주식발행초과금 잔액을 먼저 상계하고 잔액을 주식할인발행차금으로 처리한다.
	
	(차) 보통예금 등 3,000원 (대) 자본금(액면가액) 5,000원
	     주식발행초과금 1,000원
	     주식할인발행차금 1,000원

2. 주식의 소각(감자)

구 분	회계처리

감자차익 발생
[매입가액 < 액면가액]
450,000원 500,000원
	기업이 주주에게 감자대가를 지불하고 자본금을 감소시키는 경우 감소된 자본금이 감자대가보다 큰 경우 그 초과하는 금액
	
	(차) 자본금 500,000원 (대) 보통예금 등 450,000원
	                                            감자차익 50,000원
	                                              (자본잉여금)

감자차손 발생
[매입가액 > 액면가액]
520,000원 500,000원
	기업이 주주에게 감자대가를 지불하고 자본금을 감소시키는 경우 감소된 자본금이 감자대가에 미달하는 경우 그 미달금액
	
	(차) 자본금 500,000원 (대) 보통예금 등 520,000원
	      감자차손 20,000원
	      (자본조정)

감자차손익이 있는 경우의 감자
감자차손 100,000원
액면가액 500,000원
매입가액 300,000원
	① **감자차손 잔액이 있는 경우** 감자차익이 발생하면 감자차손 잔액을 먼저 상계하고 잔액을 감자차익으로 처리
	② **감자차익 잔액이 있는 경우** 감자차손이 발생하면 감자차익 잔액을 먼저 상계하고 잔액을 감자차손으로 처리
	
	(차) 자본금 500,000원 (대) 보통예금 등 300,000원
	                                            감자차손 100,000원
	                                            감자차익 100,000원

3. 자기주식

구 분	회계처리
자기주식의 매입 액면가액 1,000,000원 매입가액 900,000원	자기주식을 단주처리 등의 사유로 매입할 때 지급한 금액을 자기주식의 취득원가로 인식하고 자본조정으로 분류 (차) 자기주식 900,000원 (대) 보통예금 등 900,000원 (자본조정)

자기주식의 처분
[매입가액 < 처분가액]
450,000원 500,000원
	자기주식을 처분할 때 처분가액이 취득원가(매입가액)를 초과하면 그 초과액은 자기주식처분이익으로 처리
	
	(차) 보통예금 등 500,000원 (대) 자기주식 450,000원
	                                            자기주식처분이익 50,000원
	                                              (자본잉여금)

구 분	회계처리

자기주식의 처분
[매입가액 > 처분가액]
450,000원   425,000원
	자기주식을 처분할 때 처분가액이 취득원가(매입가액)보다 작은 경우 그 미달액은 자기주식처분손실로 처리
	
	(차) 보통예금 등 425,000원 (대) 자기주식 450,000원
	    자기주식처분손실 25,000원
	    (자본조정)

자기주식처분손익이
있는 경우의 처분
자기주식처분손실
  100,000원
처분가액 500,000원
매입가액 300,000원
	① **자기주식처분손실 잔액이 있는 경우** 자기주식처분이익이 발생하면 자기주식처분손실 잔액을 먼저 상계하고 잔액을 자기주식처분이익으로 처리
	② **자기주식처분이익 잔액이 있는 경우** 자기주식처분손실이 발생하면 자기주식처분이익 잔액을 먼저 상계하고 잔액을 자기주식처분손실으로 처리
	
	(차) 보통예금 등 500,000원 (대) 자기주식 300,000원
	                                  자기주식처분손실 100,000원
	                                  자기주식처분이익 100,000원

자기주식의 소각	자기주식의 소각은 주식의 감자를 의미하므로 취득원가와 액면가액의 차액을 비교하여 **감자차손익으로 처리**

4. 이익잉여금

구 분	내 용
이익준비금 (법정적립금)	상법의 규정에 따라 적립하는 법정적립금으로 회사는 그 **자본금의 2분의 1에 달할 때까지 매기 결산시의 금전(중간배당금+결산배당금)에 의한 이익배당액의 10분의 1 이상의 금액을 적립**하여야 한다.
기타법정적립금 (법정적립금)	상법 이외의 법령의 규정에 의하여 적립된 금액을 말한다.
임의적립금	정관의 규정 또는 주주총회의 결의로 적립된 금액으로서 사업확장적립금, 감채적립금, 배당평균적립금, 결손보전적립금 및 세법상 적립하여 일정기간이 경과한 후 환입될 준비금 등을 말한다.
미처분이익잉여금 (또는 미처리결손금)	기업이 벌어들인 이익 중 배당금이나 다른 잉여금으로 처분되지 않고 남아있는 이익잉여금으로 당기 이익잉여금처분계산서의 전기이월미처분이익잉여금과 당기순이익을 합한 금액을 말한다. 차기이월결손금이란 기업이 결손을 보고한 경우에 보고된 결손금 중 다른 잉여금으로 보전되지 않고 이월된 부분으로서 당기 결손금처리계산서의 차기이월결손금을 말한다.
이익잉여금 처분계산서 또는 결손금 처리계산서	이익잉여금처분계산서는 이익잉여금의 변동내용을 보고하는 양식으로 정기주주총회에서 이익잉여금 처분에 대하여 주주들로부터 승인을 받으며, 보고기간 종료일로부터 3개월 이내 재무제표가 확정된다. 그러므로 **보고기간 종료일시점 재무상태표에는 처분하기 전의 이익잉여금으로 표시**된다.

이익잉여금처분계산서	결손금처리계산서
I. 미처분이익잉여금 1. 전기이월미처분이익잉여금 2. 회계변경누적효과 3. 전기오류수정 4. 중간배당액 5. 당기순이익(당기순손실) II. 임의적립금 이입액 ⋮ 합　계 III. 이익잉여금처분액 1. 이익준비금 2. 현금배당액 3. 주식배당금 ⋮ IV. 차기이월미처분이익잉여금	I. 미처리결손금 1. 전기이월미처분이익잉여금 　(또는 전기이월미처리결손금) 2. 회계변경누적효과 3. 전기오류수정 4. 중간배당액 5. 당기순이익(당기순손실) II. 결손금처리액 1. 임의적립금이입액 2. 법정적립금이입액 3. 이익준비금이입액 4. 자본잉여금이입액 III. 차기이월미처리결손금

1 배당금 지급 시 회계처리(이익잉여금처분)

구 분	내　용			
배당기준일 (결산일)	이익처분관련 회계처리는 없음			
배당결의일 (정기주주총회)	현금　배당 : (차) 이월이익잉여금	×××	(대) 미지급배당금 (유동부채)	×××
	주식　배당 : (차) 이월이익잉여금	×××	(대) 미교부주식배당금 (자본조정)	×××
	이익준비금 : (차) 이월이익잉여금	×××	(대) 이익준비금 (이익잉여금)	×××
배당지급일	현금　배당 : (차) 미지급배당금	×××	(대) 예수금 　　보통예금 등	××× ×××
	주식　발행 : (차) 미교부주식배당금	×××	(대) 자본금	×××
재무상태	현금배당(순자산의 유출) (차) 이월이익잉여금(자본감소)	×××	(대) 현금 등(자산감소)	×××
	주식배당(재무상태에 아무런 변화 없음) (차) 이월이익잉여금(자본감소)	×××	(대) 자본금(자본증가)	×××

[주식배당의 특징]
① 주식배당은 순자산의 유출 없이 배당효과를 얻을 수 있다.
② 자본의 총계에 변동을 가져오지 않는다.(이익잉여금 감소, 자본금 증가)
③ 투자자의 경우 자산 및 수익의 증가로 보지 않고 주석에 주식수와 장부가액(주당 장부가액)만을 수정한다.
④ 주식수의 증가로 미래의 배당압력이 가중될 수 있다.

CHAPTER 05 수익과 비용

1. 수익의 인식기준

구 분	내 용
재화의 판매	① 재화의 소유에 따른 유의적인 위험과 보상이 구매자에게 이전된다. ② 판매자는 판매한 재화에 대하여 소유권이 있을 때 통상적으로 행사하는 정도의 관리나 효과적인 통제를 할 수 없다. ③ 수익금액을 신뢰성 있게 측정할 수 있다. ④ 경제적 효익의 유입 가능성이 매우 높다. ⑤ 거래와 관련하여 발생했거나 발생할 원가를 신뢰성 있게 측정할 수 있다.
용역의 제공	① 거래 전체의 수익금액을 신뢰성 있게 측정할 수 있다. ② 경제적 효익의 유입 가능성이 매우 높다. ③ 진행률을 신뢰성 있게 측정할 수 있다. ④ 이미 발생한 원가 및 거래의 완료를 위하여 투입하여야 할 원가를 신뢰성 있게 측정할 수 있다.
건설형 공사계약 수익인식	공사결과를 신뢰성 있게 추정할 수 있을 때는 **진행기준**을 적용하여 공사수익을 인식한다. ① 총공사수익 금액을 신뢰성 있게 측정할 수 있다. ② 계약과 관련된 경제적 효익이 건설사업자에게 유입될 가능성이 매우 높다. ③ 계약을 완료하는 데 필요한 공사원가와 공사진행률을 모두 신뢰성 있게 측정할 수 있다. ④ 공사원가를 명확히 식별할 수 있고 신뢰성 있게 측정할 수 있어서 실제 발생된 공사원가를 총공사예정원가의 예상치와 비교할 수 있다. 당기공사수익은 **공사계약금액에 보고기간종료일 현재의 공사진행률을 적용하여 인식한 누적공사수익에서 전기말까지 계상한 누적공사수익을 차감하여 산출**한다. ■ 당기 공사수익 = 도급금액 × 공사진행률 − 전기까지 인식된 공사수익누적액 ■ 공사진행률 = 당기말 실제 발생 공사원가 누적액 / 당기말 현재 총공사예정원가

거래
유형별
수익의
인식
	① 위탁판매 : 수탁자가 제3자에게 판매한 시점
	② 반품조건부판매(시용판매) : 구매자가 인수를 수락한 시점 또는 반품기간의 종료시점
	③ 할부판매(장·단기 모두) : 재화가 인도되는 시점(현재가치와 명목가액의 차이가 중요한 경우에는 현재가치평가)
	④ 방송사의 광고수익 : 광고를 대중에게 전달하는 시점
	⑤ 광고제작 용역수익 : 제작기간 동안 진행기준 적용
	⑥ 공연입장료 : 행사가 개최되는 시점
	⑦ 수강료 : 강의기간 동안 발생기준 적용
	⑧ 도급공사, 예약판매 : 진행기준에 따라 인식(제조기간에 상관없음)
	⑨ 재화나 용역의 교환
	    ㉠ 동종 : 수익으로 인식하지 않음 ㉡ 이종 : 판매기준에 따라 인식
	⑩ 배당금수익 : 배당금을 받을 권리와 금액이 확정되는 시점
	⑪ 이자수익 : 유효이자율을 적용하여 발생기준에 따라 인식
	⑫ 로열티수익 : 발생기준에 따라 인식
	⑬ 상품권매출수익
	    ㉠ 상품권을 회수할 때(물품 등을 제공하거나 판매한 때)
	    ㉡ 상품권 판매시는 선수금(상품권선수금 계정 등)으로 처리

2. 비용의 인식기준

구 분	내 용
직접대응	보고된 수익과의 인과관계를 기초로 비용을 인식하는 방법으로 직접대응은 수익과 비용의 인과관계가 명확한 경우에 적용되는 방법(예 : 매출원가, 판매원의 수수료 등)
간접대응	특정 수익과 직접적인 인과관계를 명확히 알 수 없지만 발생한 원가가 일정기간 동안 수익창출활동에 기여한 것으로 판단되면 해당되는 기간에 합리적이고 체계적으로 배분하는 것 (예 : 감가상각비 등)
당기비용 (기간비용)	직접대응과 간접대응 방법을 모두 적용할 수 없는 경우로 당기에 발행한 원가가 미래에 경제적 효익을 제공하지 못하거나 미래 효익의 가능성이 불확실한 경우에는 발생하는 회계기간에 비용으로 인식(예 : 광고선전비 등)

3. 외화채권·채무 평가

구 분	내 용
발생시점	외화거래가 발생한 경우에는 거래발생일 현재의 환율을 적용하여 회계처리 [외화채권 발생시점] 제품을 ABC상사에 U$10,000을 외상으로 매출하였다. (매출시점 적용환율 : 1,000원/1$) (차) 외상매출금　　10,000,000원　　(대) 제품매출　　10,000,000원
결산시점	외화거래로 인하여 발생한 채권·채무가 보고기간 종료일에 잔액이 있는 경우에는 **보고기간 종료일의 매매기준율**로 평가하고 장부가액과의 차액은 **외화환산손익(영업외손익)**으로 처리 | 구 분	환율상승	환율하락 | |---|---|---|
외화채권	외화환산이익 발생	외화환산손실 발생
외화채무	외화환산손실 발생	외화환산이익 발생	 [결산시점] ABC상사의 외상매출금(U$10,000, 장부가액 10,000,000원)의 결산시의 매매기준율은 1,050원/1$이다. (차) 외상매출금　　500,000원　　(대) 외화환산이익　　500,000원
회수 (또는 상환) 시점	외화채권을 회수하거나 외화채무를 상환하는 경우 외화금액의 원화 환산액과 장부가액과의 차액은 **외환차손익(영업외손익)**으로 처리 [외화채권 회수시점] ABC상사의 외상매출금(U$10,000, 장부가액 10,500,000원)이 보통예금에 입금되었다. (회수시점의 적용환율 : 1,030원/1$) (차) 보통예금　　10,300,000원　　(대) 외상매출금　　10,500,000원 　　외환차손　　　　200,000원

CHAPTER 06 회계변경과 오류수정

1. 회계변경

구 분	내 용
의의	경제적, 사회적 환경의 변화 또는 새로운 정보의 입수에 따라 과거에 적용해오던 회계처리방법이 목적적합하고 신뢰성 있는 유용한 정보를 제공하지 못한다고 보아 새로운 회계처리방법으로 변경하는 것을 말한다. [정당한 사유] ① 합병, 사업부 신설, 대규모 투자, 사업의 양수도 등 기업환경의 중대한 변화에 의하여 총자산이나 매출액, 제품의 구성 등이 현저히 변동됨으로써 종전의 회계정책을 적용할 경우 재무제표가 왜곡되는 경우 ② 동종산업에 속한 대부분의 기업이 채택한 회계정책 또는 추정방법으로 변경함에 있어서 새로운 회계정책 또는 추정방법이 종전보다 더 합리적이라고 판단되는 경우 ③ 일반기업회계기준의 제정, 개정 또는 기존의 일반기업회계기준에 대한 새로운 해석에 따라 회계변경을 하는 경우 ❖ ③을 제외하고는 회계변경의 정당성을 입증하여야 함
회계정책의 변경 (소급법 적용)	재무제표의 작성과 보고에 적용하던 회계정책을 다른 회계정책으로 바꾸는 것으로 변경된 새로운 회계정책은 소급하여 적용한다. [사례] ① 재고자산 평가방법의 변경(선입선출법에서 후입선출법으로 변경) ② 유가증권의 취득단가산정방법의 변경(이동평균법에서 총평균법으로 변경) ③ 표시통화의 변경 ④ 유형자산의 평가모형(원가모형에서 재평가모형으로 변경)
회계추정의 변경 (전진법 적용)	기업환경의 변화, 새로운 정보의 입수 등에 따라 과거의 회계적 추정치를 새롭게 변경하는 것으로 회계추정의 변경은 전진적으로 처리하여 그 효과를 당기와 당기 이후의 기간에 반영한다. [사례] ① 감가상각자산의 내용연수 또는 감가상각자산에 내재된 미래경제적효익의 기대소비 형태의 변경(감가상각방법의 변경) 및 잔존가액의 추정 ② 채권에 대한 대손의 추정 ③ 재고자산의 진부화 여부에 대한 판단과 평가 ④ 우발부채의 추정 ⑤ 제품보증충당부채의 추정치 변경

구 분		내 용
회계처리 방법		회계변경의 회계처리방법으로는 소급법, 당기일괄처리법, 전진법 3가지가 있다. 회계정책의 변경에 따른 누적효과를 합리적으로 **결정하기 어려운 경우**에는 회계변경을 **전진적으로 처리(회계추정 변경)**한다. 또한, 회계정책의 변경과 회계추정의 변경이 **동시에 이루어지는 경우 회계정책의 변경**에 의한 누적효과를 **먼저 계산**한다.
	소급법	회계변경으로 인한 **누적효과를 전기이월잉여금에서 수정하고 반영하여 재작성하는 방법**이다. 재무제표에 충분히 표시되므로 비교가능성은 유지된다는 장점이 있으나, 새로운 회계처리방법에 따라 수정하므로 신뢰성은 저하된다는 단점이 있다.
	당기 일괄처리법	회계변경으로 인한 누적효과를 회계변경 수정 손익으로 손익계산서에 계상, 과거를 수정하지 않는 방법이다. 과거를 수정하지 않음으로써 재무제표의 신뢰성이 제고된다는 장점은 있으나, 당기손익에 반영하므로 비교가능성은 저해된다는 단점이 있다. (포괄주의에 충실)
	전진법	과거의 재무제표에 대해서는 수정하지 않고 **변경된 새로운 처리방법을 당기와 미래에 안분하는 방법**이다. 이익조작가능성이 방지되며, 과거의 재무제표를 수정하지 않으므로 신뢰성은 제고되는 장점이 있으나 변경효과를 파악하기 어렵고 재무제표의 비교가능성이 저해된다는 단점이 있다.

2. 오류수정

구 분	내 용
의의	오류수정은 전기 또는 그 이전의 재무제표에 포함된 회계적 오류를 당기에 발견하여 이를 수정하는 것을 말한다. 중대한 오류는 재무제표의 신뢰성을 심각하게 손상할 수 있는 매우 중한 오류를 말한다.
오류의 유형	① **자동조정적 오류** : 오류의 효과가 두 회계기간을 통해 저절로 상쇄되는 오류 　(예 : 선급비용, 선수수익, 미지급비용, 미수수익 등) ② **비자동조정적 오류** : 두 회계기간에 걸쳐 자동조정되지 않는 오류 　(예 : 투자자산오류, 유형자산오류, 사채오류 등)
회계처리 방법	오류는 중대한 오류와 중대하지 아니한 오류로 구분하여 회계처리 한다. | 구 분	중대한 오류	중대하지 아니한 오류
---	---	---
회계처리	소급법 전기오류수정손익(이익잉여금)	당기일괄처리법 전기오류수정손익(영업외손익)
비교재무제표	재작성(주석공시)	해당없음(주석공시)	

07 실무이론 평가

[재무회계의 기초 및 개념]

01. 매입에누리를 영업외수익으로 회계처리한 경우 나타나는 현상으로 틀린 것은?
① 매출총이익이 과소계상된다.　　　② 영업이익이 과소계상된다.
③ 법인세차감전이익이 과소계상된다.　　④ 매출원가가 과대계상된다.

02. 다음 중 재무상태표 자본의 구성항목에 대한 설명 중 틀린 것은?
① 자본금은 법정자본금으로서 주당 액면가액에 발행주식수를 곱한 금액이다.
② 자본잉여금은 증자나 감자 등 주주와의 거래에서 발생하여 자본을 증가시키는 잉여금이다.
③ 매도가능증권평가손익은 자본조정 항목이다.
④ 이익잉여금도 자본을 구성하는 항목이다.

03. 기업회계기준상 재무상태표 표시와 관련한 설명 중 거리가 먼 것은?
① 자본은 자본금, 자본잉여금, 이익잉여금, 자본조정의 4가지 항목으로만 구분한다.
② 자산은 유동자산과 비유동자산으로 구분하며, 비유동자산은 투자자산, 유형자산, 무형자산, 기타비유동자산으로 구분한다.
③ 부채는 유동부채와 비유동부채로 구분한다.
④ 자산과 부채는 유동성이 높은 항목부터 배열하는 것을 원칙으로 한다.

04. 재무회계에서 당기에 입금된 수입금액 중 차기에 확정되는 금액을 차기로 이연하여 인식하는 것과 가장 관련이 있는 이론은?
① 신뢰성　　　② 수익비용대응　　　③ 실현주의　　　④ 중요성

05. 다음 중 재무회계에 관한 설명으로서 가장 적절하지 않은 것은?
① 재무제표에는 재무상태표, 손익계산서, 자본변동표, 현금흐름표 등이 있다.
② 특정시점의 재무상태를 나타내는 보고서는 재무상태표이다.
③ 기업의 내부이해관계자에게 유용한 정보를 제공하는 것을 주된 목적으로 한다.
④ 일반적으로 인정된 회계원칙의 지배를 받는다.

06. 현행 기업회계기준상 손익계산서 작성과 거리가 먼 것은?
① 손익계산서상 매출액은 총매출액에서 매출할인, 매출환입 및 매출에누리 등을 차감한 금액이다.
② 손익계산서상 매출원가는 기초제품(상품)재고원가에서 당기제품제조원가(당기상품순매입원가)를 가산한 금액에서 기말제품(상품)재고원가를 차감한 금액이다.
③ 손익계산서상 수익과 비용은 총액에 의해 기재함을 원칙으로 한다.
④ 손익계산서상 영업손익은 매출액에서 매출원가를 차감하여 표시한다.

07. 다음은 재무제표의 작성과 관련된 설명이다. 올바르지 못한 것은?

① 자산·부채 및 자본은 총액에 의하여 기재함을 원칙으로 하고, 자산의 항목과 부채 또는 자본의 항목을 상계함으로써 그 전부 또는 일부를 재무상태표에서 제외하여서는 아니된다.
② 모든 수익과 비용은 그것이 발생한 기간에 정당하게 배분되도록 처리하여야 한다. 다만, 수익은 실현시기를 기준으로 계상하고 미실현수익은 당기의 손익계산에 산입하지 아니함을 원칙으로 한다.
③ 이익잉여금처분계산서는 자본금과 이익잉여금의 처분사항을 명확히 보고하기 위하여 자본금과 이익잉여금의 총변동사항을 표시하여야 한다.
④ 자산과 부채는 1년을 기준으로 하여 유동자산 또는 비유동자산, 유동부채 또는 비유동부채로 구분하는 것을 원칙으로 한다.

08. 기업회계기준상의 재무상태표와 손익계산서의 작성원칙이다. 틀린 것은?

① 자산과 부채는 1년을 기준으로 하여 유동자산 또는 비유동자산, 유동부채 또는 비유동부채로 구분하는 것을 원칙으로 한다.
② 자본거래에서 발생한 자본잉여금과 손익거래에서 발생한 이익잉여금은 혼동하여 표시하여서는 아니된다.
③ 수익과 비용은 그 발생원천에 따라 명확하게 분류하고 각 수익항목과 이에 관련되는 비용항목을 대응표시하여야 한다.
④ 수익과 비용은 순액에 의하여 기재함을 원칙으로 하며 수익항목과 비용항목을 직접 상계함으로써 그 전부 또는 일부를 손익계산서에서 제외할 수 있다.

09. 다음 자료를 이용하여 영업이익을 구하시오.

- 매 출 액 : 30,000,000원
- 매출원가 : 20,000,000원
- 임원급여 : 2,000,000원
- 직원급여 : 2,000,000원
- 감가상각비 : 800,000원
- 기업업무추진비 : 500,000원
- 세금과공과 : 200,000원
- 이자수익 : 100,000원
- 이자비용 : 300,000원

① 10,000,000원 ② 6,000,000원 ③ 4,500,000원 ④ 4,300,000원

10. 다음 중 일반기업회계기준의 금융자산 및 금융부채에 대한 설명으로 틀린 것은?

① 금융자산이나 금융부채는 금융상품의 계약당사자가 되는 때에만 재무상태표에 인식한다.
② 금융자산의 이전거래가 매각거래에 해당하면 처분손익을 인식할 수 있다.
③ 신규로 취득하는 금융자산의 공정가치를 알 수 없는 경우 '0'으로 보아 처분손익을 계상한다.
④ 선급비용과 선수수익은 금융상품으로 볼 수 있다.

11. 재무제표의 기본요소에 대한 설명으로 옳지 않은 것은?

① 자산은 과거의 거래나 사건의 결과이어야 한다.
② 자산의 취득은 반드시 지출을 동반하여야 하는 것은 아니다.
③ 운수업의 미래 예상수리비는 부채로 인식할 수 있다.
④ 부채는 채무·금액·시기가 반드시 확정될 필요는 없다.

12. 재무제표의 기간별 비교가능성을 제고하기 위하여 재무제표의 표시와 분류는 매기 동일하여야 한다. 일반기업회계기준상 그 예외로 인정하고 있지 않는 것은?

① 일반기업회계기준에 의하여 재무제표 항목의 표시와 분류의 변경이 요구되는 경우
② 사업결합 또는 사업중단 등에 의해 영업의 내용이 유의적으로 변경된 경우
③ 세법의 변경으로 인하여 재무제표 항목의 표시와 분류의 변경이 요구되는 경우
④ 재무제표 항목의 표시와 분류를 변경함으로써 기업의 재무정보를 더욱 적절하게 전달할 수 있는 경우

13. 회계정보의 질적특성 중 목적적합성과 신뢰성의 사례로 옳은 것은?

구 분	목적적합성	신 뢰 성
① 자산평가방법	시가법	원가법
② 수익인식방법	완성기준	진행기준
③ 손익인식방법	현금주의	발생주의
④ 재무제표보고시기	결산재무제표	분기,반기재무제표

14. 다음 중 일반기업회계기준에서 설명하고 있는 재무제표의 특성과 한계가 아닌 것은?

① 재무제표는 추정에 의한 측정치를 허용하지 않는다.
② 재무제표는 화폐단위로 측정된 정보를 주로 제공한다.
③ 재무제표는 대부분 과거에 발생한 거래나 사건에 대한 정보를 나타낸다.
④ 재무제표는 특정 기업실체에 관한 정보를 제공하며, 산업 또는 경제 전반에 관한 정보를 제공하지는 않는다.

15. 다음 중 재무상태표에 대한 일반기업회계기준의 내용으로 틀린 것은?

① 재무상태표는 일정 시점 현재 자산과 부채, 그리고 자본에 대한 정보를 제공하는 재무보고서이다.
② 재무상태표에 나타난 자산과 부채의 가액만으로 기업실체의 가치를 직접 평가할 수 있다.
③ 불확실성이나 비용 대 효익의 고려 등으로 인해 재무상태표는 모든 자산과 부채를 나타내지 않을 수 있다.
④ 재무상태표는 정보이용자들이 기업실체의 유동성, 재무적 탄력성, 수익성과 위험 등을 평가하는데 유용한 정보를 제공하여야 한다.

16. 재무제표의 작성책임과 공정한 표시에 관한 설명 중 틀린 것은?

① 재무제표는 재무상태, 경영성과, 현금흐름 및 자본변동을 공정하게 표시하여야 한다.
② 기업회계기준에 따라 적정하게 작성된 재무제표는 공정하게 표시된 재무제표로 본다.
③ 재무제표가 기업회계기준에 따라 작성된 경우에는 그러한 사실을 주석으로 기재하여야 한다.
④ 재무제표의 작성의 작성과 표시에 대한 책임은 대주주와 경영자에게 있다.

17. 소액의 소모품은 구입시점에서 자본화(자산으로 처리)하지 않고 비용처리하는 것이 일반적이다. 이와 가장 관련된 회계개념은?

① 수익비용대응   ② 객관성   ③ 중요성   ④ 발생주의

18. 역사적원가주의의 근거에 속하지 않는 것은?
① 회계정보의 적시성이 높아진다. ② 미실현이익의 계상을 방지할 수 있다.
③ 보다 검증가능한 회계정보를 산출할 수 있다. ④ 객관적인 회계정보를 산출할 수 있다.

19. 다음 중 회계정보가 갖추어야 할 질적특성에 대한 설명으로 틀린 것은?
① 예측가치란 정보이용자가 기업실체의 미래 재무상태, 경영성과, 순현금흐름 등을 예측하는 데에 그 정보가 활용될 수 있는 능력을 의미한다.
② 피드백가치란 제공되는 회계정보가 기업실체의 재무상태, 경영성과, 순현금흐름 등에 대한 정보이용자의 당초 기대치를 확인 또는 수정되게 함으로써 의사결정에 영향을 미칠 수 있는 능력을 말한다.
③ 중립성이란 동일한 경제적 사건이나 거래에 대하여 동일한 측정방법을 적용할 경우 다수의 독립적인 측정자가 유사한 결론에 도달할 수 있어야 함을 의미한다.
④ 표현의 충실성은 재무제표상의 회계수치가 회계기간말 현재 기업실체가 보유하는 자산과 부채의 크기를 충실히 나타내야 한다는 것이다.

20. 다음 중 회계공준에 대한 설명으로 틀린 것은?
① 회계공준은 회계이론과 실제를 이끌어 나가기 위한 가정이라고 할 수 있다.
② 기업실체의 공준은 개인기업의 경우 기업과 기업주의 가정을 하나의 동일한 실체로 보아 회계처리를 하여야 한다는 공준이다.
③ 계속기업의 공준은 기업이 영속적으로 혹은 적어도 미래 예측 가능한 기간 동안 존재하여 경제활동을 수행할 것이라는 공준이다.
④ 기간별보고의 공준은 기업실체의 재무상태, 경영성과 등을 일정기간별로 구분하여 정기적으로 보고를 해야한다는 공준이다.

21. 다음 중 일반기업회계기준의 내용으로 적당하지 않은 것은?
① 이익잉여금처분계산서는 기본재무제표가 아니고 필요한 경우 주석으로 공시할 수 있다.
② 감가상각방법의 변경은 회계정책의 변경으로 회계처리 한다.
③ 자산과 부채는 유동성이 큰 항목부터 배열하는 것을 원칙으로 한다.
④ 현금으로 배당하는 경우에는 배당액을 이익잉여금에서 차감한다.

22. 일반기업회계기준에서 계속성원칙을 중요시하는 이유는?
① 중요한 회계정보를 필요한 때에 적시성있게 제공하기 위함이다.
② 기간별로 재무제표의 비교를 가능하도록 하기 위함이다.
③ 수익과 비용을 적절히 대응하기 위함이다.
④ 기업간 회계처리의 비교가능성을 제고하기 위함이다.

23. 재무제표정보의 질적 특성인 신뢰성에 대한 내용이 아닌 것은?
① 재무정보가 의사결정에 반영될 수 있도록 적시에 제공되어야 한다.
② 재무정보가 특정이용자에게 치우치거나 편견을 내포해서는 안된다.
③ 거래나 사건을 사실대로 충실하게 표현하여야 한다.
④ 동일사건에 대해 다수의 서로 다른 측정자들이 동일하거나 유사한 측정치에 도달하여야 한다.

24. 다음 중 회계상 보수주의의 예로서 가장 거리가 먼 것은?
① 광고비는 미래의 효익이 불확실하므로 무형자산으로 하지 않고 비용으로 처리
② 발생가능성이 높은 우발이익을 이익으로 인식하지 않고 주석으로 보고
③ 회계연도의 이익을 줄이기 위하여 유형자산의 내용연수를 임의단축
④ 연구비와 개발비 중 미래의 효익이 불확실한 것을 연구비(판관비)로 처리

25. 다음 중 보수주의에 대한 설명으로 잘못된 것은?
① 우발손실의 인식은 보수주의에 해당한다.
② 보수주의는 재무적 기초를 견고히 하는 관점에서 이익을 낮게 보고하는 방법을 선택하는 것을 말한다.
③ 재고자산의 평가시 저가법을 적용하는 것은 보수주의에 해당한다.
④ 보수주의는 이익조작의 가능성이 존재하지 않는다.

26. 다음 중간재무제표의 작성에 대한 회계처리로 틀린 것을 모두 나열한 것은?

> 1. 자본변동표도 중간재무제표에 포함된다.
> 2. 중간재무제표는 주당경상이익과 주당순이익을 손익계산서상의 당기순이익에 주기할 수 있고, 기말 재무제표에는 주석으로 표시한다.
> 3. 기타포괄손익누계액은 중간재무제표에 요약 또는 일괄 표시할 수 있다.
> 4. 중간재무제표에는 회계정책의 변경을 적용할 수 없고 기말에만 적용한다.
> 5. 중간재무제표는 정보산출을 위한 시간과 비용이 많이 소요되는 평가방법이라도 적시성 차원에서 생략할 수 없다.

① 1, 2, 4   ② 1, 4, 5   ③ 2, 4, 5   ④ 2, 3, 5

[당좌자산]

01. 다음은 모두 큰 거래비용 없이 현금으로 전환이 용이하고 이자율변동에 따른 가치변동의 위험이 중요하지 않는 금융상품이다. 다음 중 현금성자산이 아닌 것은?
① 2025년 12월 10일 취득하였으나 상환일이 2026년 4월 20일인 상환우선주
② 3개월 이내의 환매조건인 환매채
③ 투자신탁의 계약기간이 3개월 이내인 초단기수익증권
④ 취득당시 만기가 3개월 이내에 도래하는 채권

02. 다음 중 기업회계기준상 당좌자산에 속하지 않는 것은?
① 일반적 상거래에서 발생한 외상매출금과 받을어음
② 회수기한이 1년내에 도래하는 대여금
③ 상품·원재료 등의 매입을 위하여 선급한 금액
④ 받은 수익 중 귀속시기가 차기 이후에 속하는 금액

03. 다음 중 기업회계기준상 "현금및현금성자산"의 합계액은 얼마인가?

■ 현 금	50,000원	■ 자기앞수표	100,000원
■ 우편환증서	100,000원	■ 정기예금(장기보유목적)	60,000원
■ 외상매출금	300,000원	■ 단기대여금	100,000원
■ 취득당시 만기일이 3개월이내 환매조건부 채권			500,000원
■ 3월전에 가입한 정기적금(만기일 : 가입일로부터 1년)			100,000원

① 850,000원   ② 750,000원   ③ 810,000원   ④ 760,000원

04. 다음 중 '유가증권' 양도에 따른 실현손익을 인식하기 위한 원가산정방법으로서 가장 합리적인 것은?
① 정액법   ② 이동평균법   ③ 정률법   ④ 이중체감법

05. 현행 기업회계기준상 유가증권분류에 관한 설명으로 옳지 않는 것은?
① 유가증권은 취득한 후에 만기보유증권, 단기매매증권, 그리고 매도가능증권 등의 하나로 분류한다.
② 단기매매증권과 매도가능증권은 채무증권을 포함하지 않는다.
③ 만기가 확정된 채무증권으로서 상환금액이 확정되었거나 확정이 가능한 채무증권을 만기까지 보유할 적극적인 의도와 능력이 있는 경우에는 만기보유증권으로 분류한다.
④ 단기매매증권이나 만기보유증권으로 분류되지 아니하는 유가증권은 매도가능증권으로 분류한다.

06. 다음 자료에 의한 시장성 있는 단기매매증권과 관련된 내용으로서 틀린 것은?

종 목	취득원가	2024년말 공정가액	2025년말 공정가액
(주)한국 보통주식	2,000,000원	1,900,000원	2,100,000원

① 2024년말 단기매매증권평가손실은 100,000원이다.
② 2025년말 단기매매증권평가이익은 200,000원이다.
③ 단기매매증권의 2025년말 재무상태표상의 가액은 2,100,000원이다.
④ 단기매매증권평가손익은 재무상태표계정 중 자본조정항목이다.

07. 대손금 회계처리에 대한 다음의 설명 중 틀린 것은?
① 대손예상액은 기말 매출채권잔액에 대손추정률을 곱하여 산정한다.
② 모든 채권에서 발생된 대손처리 비용은 판매비와관리비로 처리한다.
③ 대손 발생시 대손충당금 잔액이 있으면 먼저 상계한다.
④ 대손의 회계처리는 직접상각법과 충당금설정법이 있다.

08. 다음은 (주)더지상사의 부분재무상태표이다. 2025년 3월 1일 회계처리로 올바른 것은? 단, 2025년 3월 1일, 전기외상매출금 중 550,000원이 대손되었다.

부분재무상태표(2025.1.1)	
외상매출금	5,000,000
대손충당금	(300,000)

① (차) 대손충당금 300,000원   (대) 외상매출금 300,000원
② (차) 대손충당금 550,000원   (대) 외상매출금 550,000원
③ (차) 대손상각비 550,000원   (대) 외상매출금 550,000원
④ (차) 대손충당금 300,000원   (대) 외상매출금 550,000원
　　　 대손상각비 250,000원

09. 다음은 (주)더지상사의 기초 부분재무상태표이다. 기중에 매출채권 2,000,000원이 발생하였고, 그 중 매출채권 15,000원이 대손 확정되었고, 매출채권 1,800,000원이 회수되었다. 결산시 대손상각비로 150,000원이 계상되었다. (주)더지상사의 기말 매출채권 계정잔액은 얼마인가?

부분재무상태표(2025.1.1)	
매출채권	700,000
대손충당금	(35,000)

① 855,000원　② 885,000원　③ 955,000원　④ 995,000원

10. (주)갑을은 외상매출금의 대손을 연령분석법으로 추정한다. 2025년 12월 31일 현재의 대손추정관련 내용은 다음과 같다. 2025년 말에 재무상태표상에서 회사의 대손충당금은 얼마로 계상하여야 하는가?

기간	금액	대손추정률
60일 이하	10,000,000원	5%
60일 이상	5,000,000원	20%

① 300,000원　② 500,000원　③ 1,000,000원　④ 1,500,000원

11. 다음은 (주)배움전자의 대손충당금과 관련된 내용이다. 거래내용을 확인한 후 당기 대손충당금으로 설정될 금액을 구하시오.

> 가. 기초 수정 전 매출채권 잔액은 300,000원이고 대손충당금 잔액은 18,000원이다.
> 나. 당기 외상매출금 중에 15,000원이 대손 확정되었다.
> 다. 전기 대손 처리한 매출채권 중에 10,000원이 회수되었다.
> 라. 당기말 대손충당금 잔액은 21,000원이다.

① 8,000원　② 12,000원　③ 18,000원　④ 21,000원

12. (주)세무는 (주)회계로부터 받은 어음(액면가액 10,000,000원)을 9,500,000원에 할인 받고자 한다. 다음의 설명 중 틀린 것은? (단, 단기차입금과 장기차입금을 구분하지 않고 차입금으로 인식한다고 가정)

① 해당 거래가 매각거래로 분류될 경우 매출채권처분손실로 인식할 것이다.
② 해당 거래가 차입거래로 분류될 경우 이자비용을 인식할 것이다.
③ 해당 거래가 차입거래로 분류될 경우 차입금 계정은 10,000,000원 증가할 것이다.
④ 해당 거래가 매각거래로 분류될 경우 받을어음 계정은 변동이 없을 것이다.

[재고자산]

01. 다음 중 재고자산의 종류에 대한 설명이 틀린 것은?

① 도매기업의 경우 판매를 목적으로 소유하고 있는 상품
② 제조기업의 경우 제품 생산을 위해 소유하고 있는 원료, 재료, 제품, 재공품
③ 부동산매매업의 경우 판매 목적으로 소유하고 있는 토지, 건물 등
④ 부동산임대업의 경우 소유하고 있는 토지, 건물

02. 다음 중 재고자산 취득원가에 포함되지 않는 것은?

① 취득과정에서 정상적으로 발생한 하역료
② 제조과정에서 발생한 직접재료원가
③ 추가 생산단계에 투입하기 전에 보관이 필요한 경우 외의 보관비용
④ 수입과 관련한 수입관세

03. 다음 중 재고자산에 포함되지 아니하는 것은?

① 상품 인도 후 고객이 구매의사를 표시하지 아니한 시용판매 상품
② 상품권은 발행되었으나, 상품권이 결산시까지 회수되지 아니한 상품
③ 위탁판매를 위하여 발송한 후 수탁자가 창고에 보관중인 적송품
④ 도착지 인도기준에 의하여 구매계약 완료후 결산일 현재 운송중인 상품

04. 다음 자료에 근거하여 손익계산서에 반영되는 당기순매입액을 계산하라.

- 당기에 상품 1,000,000원을 외상으로 매입하였다.
- 위 상품을 매입하면서 매입운임으로 80,000원을 지급하였다.
- 위 외상으로 매입한 상품 중 100,000원을 불량품으로 반품하였다.
- 외상매입금을 조기에 지급하여 30,000원의 매입할인을 받았다.

① 1,050,000원   ② 1,080,000원   ③ 950,000원   ④ 980,000원

05. 다음은 (주)성일상사의 2025년 재고자산(상품)관련 자료이다. 2025년도 손익계산서상 매출원가는 얼마인가?

- 기초재고액   : 150,000원   ■ 당기매입액 : 270,000원
- 매입환출액   : 50,000원   ■ 매입할인   : 30,000원
- 타계정대체액 : 20,000원 (접대목적의 거래처 증정분)
- 기말재고액   : 30,000원

① 270,000원   ② 290,000원   ③ 320,000원   ④ 340,000원

06. 다음 중 재고자산의 매출원가에 반영되지 않는 경우는?
① 재고자산을 제작하는 비용
② 재고자산 판매시 판매수수료
③ 재고자산의 시가하락에 따른 평가손실
④ 재고자산 보관 중 감모에 따른 정상적인 감모손실

07. 기말재고자산의 원가흐름가정 구분에 해당하지 않는 것은?
① 실지재고조사법   ② 개별법   ③ 평균법   ④ 선입선출법

08. 다음 중 '재고자산'의 원가결정방법에 대한 설명으로 옳지 않은 것은?
① 개별법은 당기 실제 매출액에 전년도 매출원가율을 적용하여 간단하게 재고자산을 추정하는 방법으로 가장 정확한 단기산정방법이지만 실무적으로 적용하기 어렵다.
② 선입선출법은 먼저 매입 또는 생산한 재고항목이 먼저 판매 또는 사용된다고 원가흐름을 가정하는 방법으로 기말재고자산이 가장 최근 매입분으로 구성되어 재고자산가액이 시가에 가깝다.
③ 평균법은 총평균법과 이동평균법이 있고 기초재고와 기중에 매입 생산한 재고가 구별없이 판매 또는 사용된다고 원가흐름을 가정하는 방법이다.
④ 후입선출법은 가장 최근에 매입 또는 생산한 재고항목이 가장 먼저 판매된다고 원가흐름을 가정하는 방법으로 매출원가가 가장 최근 매입분으로 구성되므로 수익·비용의 대응이 선입선출법보다 적절히 이루어진다.

09. 재고자산에 대하여 선입선출법을 적용하며, 다음 자료를 이용한 경우에 기말의 재고액은 얼마인가?

날 짜	내 용	수 량	단 가
01월 01일	기초재고	100개	10원
03월 10일	매 입	50개	12원
05월 15일	매 출	70개	
12월 31일	기말재고	80개	?

① 900원   ② 880원   ③ 800원   ④ 960원

10. 재고자산의 평가방법 중 다음과 같은 특징이 있는 평가방법은?

- 실제물량흐름과 원가흐름이 대체적으로 일치한다.
- 기말재고자산이 가장 최근에 매입한 단가가 적용되므로 시가에 가깝게 표시된다.
- 현행수익에 대하여 오래된 원가가 대응되므로 수익비용대응이 부적절하다.

① 후입선출법   ② 선입선출법   ③ 이동평균법   ④ 총평균법

11. 다음 재고자산의 단위원가를 결정하는 방법 중 수익비용의 대응에 있어서 가장 정확한 방법은 무엇인가?
① 후입선출법   ② 선입선출법   ③ 가중평균법   ④ 개별법

12. 지속적으로 물가가 하락하고 기말상품재고수량이 기초상품재고수량보다 증가하고 있는 상황일 때 다음의 설명 중 옳지 않은 것은?

① 기말상품재고액은 선입선출법이 이동평균법보다 크게 평가된다.
② 매출원가는 선입선출법이 총평균법보다 크게 평가된다.
③ 당기순이익은 선입선출법이 총평균법보다 작게 평가된다.
④ 원가흐름의 가정으로 선입선출법을 사용하거나 이동평균법을 사용하여도 재고자산의 수량에는 차이가 없다.

13. 재고자산 평가방법 중 후입선출법에 대한 설명으로 올바른 것은?

① 실제물량흐름과 원가흐름이 대체로 일치한다.
② 물가하락시 선입선출법보다 이익이 상대적으로 과대계상 된다.
③ 현행수익에 대하여 오래된 원가가 대응되므로 수익비용 대응이 상대적으로 부적절하다.
④ 기말재고자산이 가장 최근에 매입한 단가가 적용되므로 시가에 가깝게 표시된다.

14. 다음 중 일반기업회계기준의 재고자산감모손실에 대한 설명으로 올바른 것은?

① 정상적으로 발생한 감모손실은 매출원가에 가산한다.
② 재고자산감모손실은 시가가 장부가액보다 하락한 경우에 발생한다.
③ 비정상적으로 발생한 감모손실은 판매비와관리비 항목으로 분류한다.
④ 재고자산감모손실은 전액 제조원가에 반영하여야 한다.

15. 다음 중 기업회계기준상 재고자산의 평가에 대한 설명으로 틀린 것은?

① 재고자산의 시가가 취득원가보다 하락한 경우에는 저가법을 사용하여 재고자산의 재무상태표 가액을 결정하며 발생한 평가손실은 재고자산의 차감계정으로 표시하고 매출원가에 가산한다.
② 재고자산 평가를 위한 저가법은 종목별로 적용하지만, 재고항목들이 서로 유사하거나 관련되어 있는 경우에는 저가법을 조별로 적용할 수 있다.
③ 저가기준을 적용하여 매출가격환원법을 사용하는 경우에는 원가율을 계산할 때 가격인하를 매출가격에 의한 판매가능액에서 차감하지 아니한다.
④ 평가손실을 초래했던 상황이 해소되어 시가가 장부가액보다 상승하여 평가손실을 환입한 경우에는 수정된 장부가액이 최초의 장부가액을 초과할 수도 있고, 당기 수익으로 인식한다.

16. 다음은 일반기업회계기준상 재고자산에 대한 설명이다. 괄호 안에 들어갈 내용으로 옳은 것은?

재고자산은 이를 판매하여 수익을 인식한 기간에 (㉠)(으)로 인식한다. 재고자산의 시가가 장부금액 이하로 하락하여 발생한 평가손실은 재고자산의 차감계정으로 표시하고 (㉡)에 가산한다. 재고자산의 장부상 수량과 실제 수량과의 차이에서 발생하는 감모손실의 경우 정상적으로 발생한 감모손실은 (㉢)에 가산하고 비정상적으로 발생한 감모손실은 (㉣)(으)로 분류한다.

	㉠	㉡	㉢	㉣
①	매출원가	영업외비용	영업외비용	매출원가
②	매출원가	매출원가	매출원가	영업외비용
③	영업외비용	매출원가	매출원가	영업외비용
④	영업외비용	영업외비용	영업외비용	매출원가

[투자자산]

01. 유가증권에 대한 설명 중 옳지 않는 것은?

① 단기매매증권과 매도가능증권은 원칙적으로 공정가액으로 평가한다.
② 단기매매증권과 매도가능증권의 미실현보유손익은 당기순이익항목으로 처리한다.
③ 매도가능증권은 보유 목적에 따라 유동자산이나 투자자산으로 분류된다.
④ 단기매매증권이 시장성을 상실한 경우에는 매도가능증권으로 분류하여야 한다.

02. 다음 유가증권의 분류 중에서 만기보유증권으로 분류할 수 있는 판단기준이 되는 것은 무엇인가?

① 만기까지 보유할 적극적인 의도와 능력이 있는 채무증권
② 만기까지 매매차익을 목적으로 취득한 채무증권
③ 만기까지 다른 회사에 중대한 영향력을 행사하기 위한 지분증권
④ 만기까지 배당금이나 이자수익을 얻을 목적으로 투자하는 유가증권

03. 다음 중 기업회계기준상 유가증권의 손상차손에 대한 설명으로 틀린 것은?

① 지분증권으로부터 회수할 수 있을 것으로 추정되는 금액이 지분증권의 취득원가보다 작다는 것에 대한 객관적인 증거가 있는 경우에는 이에 대한 손상차손을 인식한다.
② 유가증권 손상차손은 원칙적으로 개별 유가증권별로 측정하고 인식하는 것을 원칙으로 한다.
③ 유가증권에 대한 손상차손 또는 손상차손의 회복은 자본조정으로 처리하여야 한다.
④ 만기보유증권의 손상차손을 인식한 이후의 이자수익은 회수가능가액을 측정할 때 미래현금흐름의 할인율로 사용한 이자율을 적용하여 산출한다.

04. 다음 중 기업회계기준상 유가증권에 대한 설명으로 틀린 것은?

① 어음이나 수표는 그 자체가 매매대상이 아니므로 회계상 유가증권에서 제외된다.
② 유가증권은 주식과 같은 지분증권과 사채와 같은 채무증권이 포함된다.
③ 단기매매증권의 평가손익은 미실현보유손익이므로 자본항목으로 처리하여야 한다.
④ 유가증권(단기매매증권 제외)의 취득원가는 유가증권 취득을 위하여 제공한 대가의 시장가격에 취득부대비용을 포함한 가액으로 한다.

05. 다음 자료를 보고 2025년에 인식할 처분손익을 구하시오.

- 2024년 기말 매도가능증권 1,000주, 주당공정가치 7,000원
- 2024년 기말 매도가능증권평가이익 2,000,000원
- 2025년 7월 1일 500주를 주당 6,000원에 처분하였다.

① 처분이익 1,000,000원 ② 처분이익 500,000원
③ 처분손실 500,000원   ④ 처분손실 1,000,000원

06. 유가증권에 대한 설명 중 잘못된 것은?

① 단기매매증권과 매도가능증권은 원칙적으로 공정가치로 평가한다.
② 단기매매증권의 미실현보유손익은 당기손익항목으로 처리한다.
③ 매도가능증권의 미실현보유손익은 당기손익항목으로 처리한다.
④ 단기매매증권이 시장성을 상실한 경우에는 매도가능증권으로 분류변경하여야 한다.

07. 다음 중 유가증권에 대한 설명으로 옳지 않은 것은?

① 유가증권은 증권의 종류에 따라 지분증권과 채무증권으로 분류할 수 있다.
② 단기매매증권과 매도가능증권은 지분증권으로 분류할 수 있으나 만기보유증권은 지분증권으로 분류할 수 없다.
③ 보고기간 종료일로부터 1년 이내에 만기가 도래하는 만기보유증권의 경우, 유동자산으로 재분류하여야 하므로 단기매매증권으로 변경하여야 한다.
④ 단기매매증권은 주로 단기간 내에 매매차익을 목적으로 취득한 유가증권을 말한다.

[유형자산]

01. 다음 중 기업회계기준상 유형자산이 아닌 것은?

① 사업용 기계장치
② 현재 건설중인 본사건축물과 토지
③ 사업용 신축건물을 위한 매입 토지
④ 부동산 매매업자가 판매목적을 위하여 매입한 토지

02. 유형자산의 취득원가에 관한 내용 중 가장 잘못된 것은?

① 유형자산의 취득원가는 공정가액으로 한다.
② 새로운 건물을 신축하기 위하여 사용중인 기존건물을 철거하는 경우에 기존건물의 장부가액은 새로운 건물의 취득원가에 가산한다.
③ 유형자산의 취득에 관한 운송비와 설치비용은 취득원가에 가산한다.
④ 유형자산의 취득과 관련하여 국·공채를 불가피하게 매입하는 경우에는 동 국공채의 매입가액과 기업회계기준에 따라 평가한 현재가치와의 차액을 유형자산의 취득원가에 가산한다.

03. 당기 중에 공장건설용 토지를 구입하면서 다음과 같은 지출이 이루어진 경우 토지의 취득가액은 얼마인가?

- 토지 취득대금 30,000,000원
- 토지상의 구건물 철거비용 3,700,000원
- 구건물 철거시 철골자재등 매각대금 2,100,000원
- 토지 취득세 1,400,000원
- 토지 재산세 450,000원

① 30,000,000원   ② 33,000,000원   ③ 33,450,000원   ④ 35,100,000원

04. 다음은 일반기업회계기준상 유형자산의 교환에 대한 내용이다. 틀린 것은?

① 이종자산간 교환하는 경우에는 교환으로 취득한 유형자산의 취득가액은 취득자산의 공정가치로 측정한다.
② 자산의 교환에 있어 현금수수액이 있는 경우에는 그 현금수수액을 반영하여 취득원가를 결정한다.
③ 동종자산의 교환인 경우에는 제공한 자산의 장부가액을 취득한 자산의 취득가액으로 할 수 있다.
④ 동종자산과의 교환시에 교환에 포함된 현금 등의 금액이 유의적이라면 동종자산의 교환으로 보지 않는다.

05. 상품도매업을 영위하는 (주)전라도산업은 유형자산에 대한 보유기간 중의 수익적 지출을 자본적 지출로 잘못 회계처리하여 재무제표를 작성하였다. 이 경우 그 잘못된 회계처리가 재무제표에 미치는 효과로 가장 옳은 것은?
① 재무상태표상 자산이 실제보다 과소계상 된다.
② 재무상태표상 부채가 실제보다 과대계상 된다.
③ 손익계산서상 당기순이익이 실제보다 과대계상 된다.
④ 손익계산서상 매출총이익이 실제보다 과소계상 된다.

06. 다음 중 현행 기업회계기준상 감가상각대상인 것을 모두 골라내면?

가. 사옥으로 사용중인 건물	나. 업무용으로 사용중인 오토바이
다. 매매목적으로 보관중인 토지	라. 폐기예정으로 보관중인 기계장치

① 가, 나 ② 가, 나, 다 ③ 나, 다 ④ 나, 다, 라

07. 다음 중 "유형자산"과 관련한 용어의 설명으로 옳지 않은 것은?
① "유형자산"은 재화의 생산 등에 사용할 목적으로 보유하는 물리적 형체가 있는 자산으로서, 1년을 초과하여 사용할 것이 예상되는 자산을 말한다.
② "감가상각"은 감가상각대상금액을 그 자산의 내용연수 동안 체계적인 방법으로 각 회계기간에 배분하는 것을 말한다.
③ "감가상각대상금액"은 취득원가에서 잔존가액을 차감한 금액을 말한다.
④ "내용연수"는 실제 사용시간 또는 생산량의 단위를 말한다.

08. 다음 중 기업회계기준에서 인정하는 유형자산의 감가상각방법으로서, 내용연수동안 감가상각비가 매기간 감소하는 효과가 나타나는 것은?
① 정액법 ② 생산량 비례법 ③ 조업도 비례법 ④ 연수합계법

09. 다음 중 기업회계기준상 유형자산의 감가상각에 대한 설명으로 틀린 것은?
① 감가상각비는 다른 자산의 제조와 관련된 경우에는 관련 자산의 제조원가로, 그 밖의 경우에는 판매비와 관리비로 계상한다.
② 유형자산의 잔존가액이 중요할 것으로 예상되는 경우에는 자산의 취득시점에서 잔존가액을 추정한 후 물가변동에 따라 이를 수정하여야 한다.
③ 감가상각방법은 매기 계속하여 적용하고, 정당한 사유 없이 변경하지 않아야 한다.
④ 내용연수란 자산의 예상 사용기간 또는 자산으로부터 획득할 수 있는 생산량이나 이와 유사한 단위를 말한다.

10. 기계장치의 감가상각관련 자료가 다음과 같을 때 제2기인 2025년말 결산 시에 계상하여야 할 감가상각비와 감가상각누계액을 바르게 표시한 것은?

- 취득일 : 2024년 1월 1일
- 취득원가 : 2,000,000원
- 내용연수 : 10년
- 정률법 상각율 : 10%
- 상각방법 : 정률법

	감가상각비	감가상각누계액		감가상각비	감가상각누계액
①	200,000원	300,000원	②	180,000원	380,000원
③	200,000원	400,000원	④	180,000원	180,000원

11. 다음 중 모든 감가상각방법이 선택가능하다면 일반적으로 첫 해에 회사의 이익을 가장 많이 계상할 수 있는 방법은?

① 정률법 ② 이중체감법 ③ 연수합계법 ④ 정액법

12. 다음 중 유형자산에 대한 설명으로 틀린 것은?

① 유형자산은 재화의 생산, 용역의 제공, 타인에 대한 임대 또는 자체적으로 사용할 목적으로 보유하는 물리적 형체가 있는 자산을 말한다.
② 특정 유형자산을 재평가할 때, 해당 자산이 포함되는 유형자산 분류 전체를 재평가한다.
③ 유형자산은 최초에는 취득원가로 측정한다.
④ 새로운 시설을 개설하는 데 소요되는 원가는 유형자산의 원가이다.

[무형자산]

01. 다음 중 무형자산의 인식요건이 아닌 것은?

① 식별가능성 ② 검증가능성
③ 통제가능성 ④ 미래의 경제적 효익의 유입가능성

02. 현행 기업회계기준에서는 '내부적으로 창출된 무형자산'의 취득원가는 그 자산의 창출, 제조, 사용준비에 직접 관련된 지출과 합리적이고 일관성있게 배분된 간접 지출을 모두 포함하도록 규정하고 있다. 다음 중 '내부적으로 창출된 무형자산'의 취득원가에 포함될 수 없는 것은?

① 무형자산의 창출에 사용된 재료비, 용역비 등
② 무형자산을 운용하는 직원의 훈련과 관련된 지출
③ 무형자산의 창출에 직접 사용된 유형자산의 감가상각비
④ 자본화대상 금융비용

03. 다음 중 영업권에 대한 설명으로 옳지 않은 것은?

① 내부적으로 창출된 영업권도 신뢰성 있게 측정하였다면 자산으로 인식할 수 있다.
② 매수기업결합으로 취득한 무형자산의 취득원가는 매수일의 공정가액으로 한다.
③ 영업권의 상각은 관계 법령이나 계약에 정해진 경우를 제외하고는 20년을 초과할 수 없다.
④ 영업권의 잔존가액은 없는 것을 원칙으로 한다.

04. 다음은 무형자산에 대한 설명이다. 잘못된 것은?
① 무형자산이란 물리적 형체는 없지만 식별가능하고 기업이 통제하고 있으며, 미래경제적효익이 있는 비화폐성자산을 말한다.
② 무형자산은 합리적인 상각방법을 정할 수 없는 경우에는 정률법을 사용한다.
③ 무형자산의 잔존가치는 없는 것을 원칙으로 한다.
④ 자산에서 발생하는 미래경제적효익이 기업에 유입될 가능성이 매우 높으며, 자산의 원가를 신뢰성 있게 측정할 수 있어야 무형자산으로 인식할 수 있다.

05. 현행 기업회계기준상 무형자산 상각과 관련한 설명으로 옳은 것은?
① 무형자산의 상각방법에는 정액법, 유효이자율법, 연수합계법, 생산량비례법 등이 있다.
② 무형자산 상각시 잔존가치는 어떠한 경우라도 없는 것으로 한다.
③ 무형자산의 상각기간은 독점적·배타적인 권리를 부여하고 있는 관계 법령이나 계약에 정해진 경우를 제외하고는 20년으로 한다.
④ 무형자산의 상각은 당해 자산이 사용가능한 때부터 시작한다.

06. 일반기업회계기준상 무형자산에 대한 설명으로 올바른 것은?
① 무형자산의 상각은 당해 자산을 취득한 시점부터 시작한다.
② 사용을 중지하고 처분을 위해 보유하는 무형자산은 사용을 중지한 시점의 장부가액으로 표시한다.
③ 무형자산의 공정가치 또는 회수가능액이 증가하면 상각은 증감된 가액에 기초한다.
④ 무형자산은 상각기간이 종료되는 시점에 거래시장에서 결정되는 가격으로 잔존가치를 인식하는 것이 원칙이다.

[부채]

01. 다음 중 충당부채, 우발부채 및 우발자산에 관련된 내용으로 틀린 것은?
① 충당부채를 인식하기 위해서는 과거사건이나 거래의 결과로 현재의무가 존재하여야 한다.
② 충당부채를 인식하기 위해서는 당해 의무를 이행하기 위하여 자원이 유출될 가능성이 매우 높고, 그 의무의 이행에 소요되는 금액을 신뢰성 있게 추정할 수 있어야 한다.
③ 우발자산은 자산으로 인식하지 아니하고 자원의 유입가능성이 매우 높은 경우에만 주석에 기재한다.
④ 우발부채도 충당부채와 동일하게 재무상태표에 부채로 인식한다.

02. 다음 중 충당부채에 대한 내용으로 올바르지 않은 것은?
① 보고기간말 현재 최선의 추정치를 반영하여 증감조정한다.
② 과거사건이나 거래의 결과에 의한 현재의무로서 지출의 시기 또는 금액이 불확실하지만 현재의무가 존재할 가능성이 매우 높고 인식기준을 충족하는 경우에는 충당부채로 인식한다.
③ 명목금액과 현재가치의 차이가 중요한 경우에는 의무를 이행하기 위하여 예상되는 지출액의 현재가치로 평가한다.
④ 최초의 인식시점에서 의도한 목적과 용도 외에도 사용할 수 있다.

03. 다음 중 기업회계기준상 사채에 대한 설명으로 옳지 않은 것은?
① 사채발행가액은 사채발행수수료 등의 비용을 차감한 후의 가액을 말한다.
② 1좌당 액면가액이 10,000원인 사채를 15,000원에 발행한 경우 '할증발행' 하였다고 한다.
③ 사채할인발행차금은 사채의 액면가액에서 차감하는 형식으로 기재한다.
④ 사채할인발행차금 및 사채할증발행차금은 액면이자율을 적용하여 상각 또는 환입한다.

04. 다음 중 사채와 관련된 설명으로 가장 잘못된 것은?
① 사채의 발행가액은 사채의 미래현금흐름을 발행당시의 해당 사채의 시장이자율(유효이자율)로 할인한 가치인 현재가치로 결정된다.
② 사채가 할인(할증)발행되어도 매년 인식하는 이자비용은 동일하다.
③ 사채의 액면이자율이 시장이자율보다 낮은 경우에는 사채는 할인발행 된다.
④ 사채발행차금은 유효이자율법에 의하여 상각 또는 환입하도록 되어 있다.

05. 다음의 사채를 2025년 1월 1일 발행하였다. 이자는 매년 말에 지급한다고 가정할 경우 사채와 관련한 다음 설명 중 잘못된 것은?

액면가액	액면이자율	유효이자율	만기	발행가액
100,000원	8%	10%	3년	92,669원

① 2025년 결산일 현재 사채 장부가액은 사채 액면가액보다 작다.
② 2025년 현금으로 지급된 이자는 8,000원이다.
③ 2027년 말 이자비용 인식 후 사채할인발행차금 잔액은 0원이다.
④ 사채할인발행차금 상각액은 매년 감소한다.

06. 다음 중 부채에 대한 설명으로 가장 옳지 않은 것은?
① 부채는 과거의 거래나 사건의 결과로 현재 기업실체가 부담하고 있는 미래에 자원의 유출 또는 사용이 예상되는 의무이다.
② 부채는 항상 정상적인 영업주기 내 상환여부에 따라 유동부채와 비유동부채로 분류한다.
③ 보고기간종료일로부터 1년 이내에 상환되어야 하는 채무는 보고기간종료일과 재무제표가 사실상 확정된 날 사이에 보고기간종료일로부터 1년을 초과하여 상환하기로 합의하더라도 유동부채로 분류한다.
④ 보고기간종료일로부터 1년 이내에 상환기일이 도래하더라도, 기존의 차입약정에 따라 보고기간종료일로부터 1년을 초과하여 상환할 수 있고 기업이 그러한 의도가 있는 경우에는 비유동부채로 분류한다.

07. 다음 중 현행 기업회계기준상 사채의 회계처리로 옳은 것은?
① 사채발행가액과 액면가액간의 차액은 사채할인발행차금 또는 사채할증발행차금으로 하여 당기손익으로 표시한다.
② 사채발행가액은 사채발행수수료와 사채발행과 관련하여 직접 발생한 기타비용을 차감한 금액으로 한다.
③ 사채는 재무상태표상 자본조정으로 구분한다.
④ 사채할인발행차금은 정액법으로 상각한다.

08. (주)세원은 3년 만기의 사채를 할증발행하였으며, 사채이자는 매년 기말시점에 현금으로 지급하기로 하였다. 유효이자율법을 적용할 경우 이에 대한 내용으로 옳지 않은 것은?
① 사채의 액면이자율이 시장이자율보다 크다.
② 투자자의 입장에서 인식되는 이자수익은 매년 증가한다.
③ 사채발행자의 입장에서 사채할증발행차금 상각액은 매년 증가한다.
④ 투자자에게 현금으로 지급되는 이자비용은 매년 동일하다.

[자본]

01. 재무상태표상의 자본에 대한 설명으로 틀린 것은?
① 자본금은 법정 납입자본금으로서 발행주식수에 발행가액을 곱한 금액을 말한다.
② 자본잉여금은 증자나 감자 등 주주와의 거래에서 발생하여 자본을 증가시키는 잉여금이다.
③ 자본조정은 당해 항목의 성격으로 보아 자본거래에 해당하나 최종 납입된 자본으로 볼 수 없거나 자본의 가감 성격으로 자본금이나 자본잉여금으로 분류할 수 없는 항목이다.
④ 이익잉여금은 손익계산서에 보고된 손익과 다른 자본항목에서 이입된 금액의 합계액에서 배당 등으로 처분된 금액을 차감한 잔액이다.

02. 기업회계기준상 자본은 '자본금, 자본잉여금, 자본조정, 기타포괄손익누계액, 이익잉여금(또는 결손금)'으로 분류되는데, 다음 중 나머지 셋과 그 분류가 다른 것은?
① 주식발행초과금
② 자기주식처분이익
③ 매도가능증권평가이익
④ 감자차익

03. (주)한국의 2025년 1월 1일 자본금은 30,000,000원(주식수 30,000주, 액면가액 1,000원)이다. 2025년 7월 1일에 주당 1,200원에 10,000주를 유상증자하였다. 2025년 기말 자본금은 얼마인가?
① 12,000,000원
② 40,000,000원
③ 50,000,000원
④ 62,000,000원

04. 다음 중 궁극적으로 재무상태표의 구성항목인 자본을 증감시키는 결과를 초래하지 않는 회계거래는?
① 상품 1,000,000원(원가 800,000원)을 외상으로 판매하였다.
② 직원회식비로 100,000원을 카드결제하였다.
③ 외상매출금 500,000원을 현금으로 수령하였다.
④ 유상증자를 통해 보통주 주식 1억원을 발행하였다.

05. 다음 내용 중 자본의 실질적인 감소를 초래하는 것으로 적합한 것을 모두 묶은 것은?

> 가. 주주총회의 결의에 의하여 주식배당을 실시하다.
> 나. 주주총회의 결의에 따라 주당 8,000원으로 50,000주를 유상증자하다.
> 다. 이사회 결의에 의하여 중간배당으로 현금배당을 실시하다.
> 라. 결손금 보전을 위해 이익준비금을 자본금에 전입하다.
> 마. 만기보유증권을 매도가능증권으로 재분류에 따른 평가손실이 발생하다.

① 가, 나
② 나, 다
③ 다, 라
④ 다, 마

06. 다음의 자료에서 자본잉여금에 해당하는 항목의 금액은 얼마인가?

■ 주식발행초과금	100,000원	■ 주식할인발행차금	100,000원
■ 감자차익	100,000원	■ 감자차손	100,000원
■ 자기주식처분이익	100,000원	■ 자기주식처분손실	100,000원
■ 이익준비금	100,000원	■ 매도가능증권평가이익	100,000원
■ 기업합리화적립금	100,000원	(예시된 항목의 상계는 고려하지 말 것)	

① 200,000원 ② 300,000원 ③ 400,000원 ④ 500,000원

07. 다음 중 자본잉여금의 감소가 가능한 항목은?
① 주식배당 ② 무상증자 ③ 주식분할 ④ 주식병합

08. 다음 중 주식할인발행차금에 대한 설명으로 옳지 않은 것은?
① 주식발행가액이 액면가액에 미달하는 경우 그 미달하는 금액으로 한다.
② 자본조정에 해당한다.
③ 주식발행연도부터 또는 증자연도부터 5년 이내의 기간에 매기 균등액을 상각하여야 한다.
④ 이익잉여금이 부족한 경우에는 차기 이후 연도에 이월하여 상각할 수 있다.

09. (주)한실적 회사는 주주총회를 통해 회사의 이익잉여금을 다음과 같이 배분하기로 결정하였다. 이 경우 이익잉여금 처분에 따른 (주)한실적의 자본의 증감액은 얼마인가?

■ 이익잉여금 총액 : 100,000,000원
■ 이익잉여금 처분액 : 20,000,000원
　　　　　　　　　(현금배당액 : 15,000,000원, 주식배당액 : 5,000,000원)
[주] 상기 외의 다른 사항은 고려하지 않기로 한다.

① 15,000,000원 감소 ② 증감사항 없음
③ 5,000,000원 증가 ④ 15,000,000원 증가

10. 주주총회에서 이익배당을 의결하고 곧 주주에게 배당금을 현금으로 지급할 경우에 자산, 부채, 자본에 미치는 영향은?
① 자산의 증가, 자본의 증가 ② 부채의 감소, 자산의 감소
③ 자본의 감소, 부채의 증가 ④ 자본의 감소, 자산의 감소

11. 배당에 관한 설명으로 잘못된 것은?
① 주식배당은 순자산의 유출이 없이 배당효과를 얻을 수 있다.
② 주식배당 후에도 자본의 크기는 변동이 없다.
③ 미교부주식배당금이란 이익잉여금처분계산서상의 주식배당액을 말하며 주식교부시에 자본금 계정과 대체된다.
④ 주식배당 후에도 발행주식수는 변동이 없다.

12. 일반기업회계기준상 재무상태표에 표시되는 차기이월이익잉여금은?

① 전기이월이익잉여금 + 당기순이익 – 당기분 이익에 대한 처분액
② 전기이월이익잉여금 + 당기순이익 – 전기분 이익에 대한 처분액
③ 전기이월이익잉여금 + 당기순이익
④ 전기이월이익잉여금 – 전기분 이익에 대한 처분액

[수익과 비용]

01. 다음 중 진행기준을 적용하여 수익을 인식하는 것이 적합한 판매형태는?

① 위탁매출　　② 시용매출　　③ 용역매출　　④ 할부매출

02. 다음 중 현행 일반기업회계기준상 '재화의 판매, 용역의 제공, 이자, 배당금, 로열티로 분류할 수 없는 기타의 수익'의 인식조건으로 적합하지 않은 것은?

① 수익가득과정이 완료되었거나 실질적으로 거의 완료되었을 것
② 수익금액을 신뢰성있게 측정할 수 있을 것
③ 경제적 효익의 유입 가능성이 매우 높을 것
④ 현금의 유입이 있을 것

03. 다음 중 일반기업회계기준에서 재화의 판매로 인한 수익을 인식하기 위하여 충족되어야 하는 조건이 아닌 것은?

① 재화의 소유에 따른 위험과 효익의 대부분이 구매자에게 이전된다.
② 판매자는 판매한 재화에 대하여 소유권이 있을 때 통상적으로 행사하는 정도의 관리나 효과적인 통제를 할 수 없다.
③ 수익금액을 신뢰성있게 측정할 수 있으며 수익금액이 판매자에게 이전되어야 한다.
④ 거래와 관련하여 발생했거나 발생할 거래원가와 관련 비용을 신뢰성 있게 측정할 수 있어야 한다.

04. 다음 중 일반기업회계기준상 용역제공에 따른 수익을 진행기준으로 인식하기 위한 요건으로 옳지 않은 것은?

① 재화의 소유에 따른 유의적인 위험과 보상이 구매자에게 이전될 것
② 경제적 효익의 유입가능성이 매우 높을 것
③ 진행률을 신뢰성있게 측정할 수 있을 것
④ 이미 발생한 원가 및 거래의 완료를 위하여 투입하여야 할 원가를 신뢰성 있게 측정할 수 있을 것

05. 거래처로부터 6월 10일에 상품을 주문을 받았고 동 상품을 6월 28일에 인도하였으며, 대금 중 절반은 6월 30일에 현금으로 받았고, 나머지는 7월 2일에 현금으로 수취한 경우, 이 상품의 수익 인식시점은 언제인가?

① 6월 10일　　② 6월 28일　　③ 6월 30일　　④ 7월 2일

06. 당사는 기계설비제조업을 영위하고 있다. 거래처로부터 2월 1일에 설비납품주문을 받았고, 2월 20일에 납품하여 설치하였다. 계약 조건대로 5일간의 시험 가동 후 2월 25일에 매입의사표시를 받았으며, 2월 28일에 대금을 수취하였다. 이 설비의 수익 인식시기는 언제인가?

① 2월 1일　　　② 2월 20일　　　③ 2월 25일　　　④ 2월 28일

07. 다음 중 수익과 비용에 대한 설명으로 가장 잘못된 것은?
① 관련 수익과 직접적 인과관계를 파악할 수 있는 비용은 해당기간에 합리적이고 체계적인 배분을 하여 비용으로 인식한다.
② 수익은 특정 회계기간 동안에 발생한 경제적 효익의 증가로서, 지분참여자에 의한 출연과 관련된 것은 제외한다.
③ 수익이란 기업실체의 경영활동과 관련된 재화의 판매 또는 용역의 제공 등에 대한 대가로 발생하는 자산의 유입 또는 부채의 감소이다.
④ 수익은 자산의 증가나 부채의 감소와 관련하여 미래의 경제적 효익이 증가하고 이를 신뢰성 있게 측정할 수 있을 때 인식한다.

08. (주)배움건설은 2023년에 (주)한국의 사옥을 신축하기로 계약하였다. 총공사계약금액은 10,000,000원이며, 공사가 완료된 2025년까지 (주)한국의 사옥 신축공사와 관련된 자료는 다음과 같다. (주)배움건설이 진행기준에 따라 수익을 인식할 경우 2025년에 인식하여야 할 공사수익은 얼마인가?

구 분	2023년	2024년	2025년
당기발생공사원가	1,000,000원	5,000,000원	2,000,000원
추가소요추정원가	6,500,000원	1,500,000원	–

① 2,000,000원　　② 2,200,000원　　③ 2,500,000원　　④ 10,000,000원

[회계변경과 오류]

01. 다음 중 정당한 회계변경으로 볼 수 없는 경우는?
① 동종산업에 속한 대부분의 기업이 채택한 회계정책 또는 추정방법으로 변경함에 있어서 새로운 회계정책 또는 추정방법이 종전보다 더 합리적이라고 판단되는 경우
② 일반기업회계기준의 제정, 개정 또는 기존의 일반기업회계기준에 대한 새로운 해석에 따라 회계변경을 하는 경우
③ 합병, 사업부 신설 등 기업환경의 중대한 변화에 의하여 총자산이나 매출액, 제품의 구성 등이 현저히 변동됨으로써 종전의 회계정책을 적용할 경우 재무제표가 왜곡되는 경우
④ 세법의 규정이 변경되어 회계처리를 변경해야 하는 경우

02. 회계변경의 처리방법에는 소급법, 전진법, 당기일괄처리법이 있다. 다음 중 소급법에 관한 설명으로 옳은 것은?

① 과거 재무제표에 대한 신뢰성이 유지된다.
② 전기 재무제표가 당기와 동일한 회계처리방법에 의하므로 기간별 비교가능성이 향상된다.
③ 회계변경의 누적효과를 당기손익에 반영하므로 당기손익이 적정하게 된다.
④ 회계변경의 효과를 미래에 영향을 미치게하는 방법이므로 일반기업회계기준에서는 회계추정의 변경에 사용하도록 하고 있다.

03. 다음 중 '회계추정의 변경'에 관한 설명 중 가장 옳지 않은 것은?

① 회계추정의 변경은 전진적으로 회계처리 한다.
② 회계추정 변경전, 후의 손익계산서 항목은 동일한 항목으로 처리한다.
③ 회계추정 변경의 효과는 당해 변경이 발생한 회계연도의 다음 회계연도부터 적용한다.
④ 회계추정에는 대손의 추정, 감가상각자산의 내용연수 추정 등이 있다.

04. 다음은 현행 일반기업회계기준의 회계변경 사례들이다. 성격이 다른 하나는?

① 재고자산의 평가방법을 선입선출법에서 총평균법으로 변경하였다.
② 매출채권에 대한 대손설정 비율을 1%에서 2%로 변경하기로 하였다.
③ 정액법으로 감가상각하던 기계장치의 내용연수를 5년에서 8년으로 변경하였다.
④ 감가상각자산의 잔존가액을 100,000원에서 50,000원으로 변경하였다.

05. 일반기업회계기준의 회계정책 또는 회계추정의 변경과 관련한 다음 설명 중 잘못된 것은 어느 것인가?

① 일반기업회계기준에서 회계정책의 변경을 요구하는 경우 회계정책을 변경할 수 있다.
② 변경된 회계정책은 원칙적으로 소급하여 적용한다.
③ 회계정책의 변경과 회계추정의 변경이 동시에 이루어지는 경우 회계정책의 변경에 의한 누적효과를 먼저 계산한다.
④ 세법과의 마찰을 최소화하기 위해 세법의 규정을 따르기 위한 회계변경도 정당한 회계변경으로 본다.

06. (주)KNP의 회계담당자가 결산시 미수임대료 4,000,000원을 판매비와관리비로 잘못 회계처리 하였다. 이러한 회계처리 오류가 손익계산서상 당기순이익에 미치는 영향에 대해 올바르게 나타내고 있는 것은?

① 4,000,000원 과소계상 ② 4,000,000원 과대계상
③ 8,000,000원 과소계상 ④ 8,000,000원 과대계상

07. 다음 회계처리 내용 중 오류수정으로 볼 수 없는 것은?

① 전기 미수수익의 과다계상
② 이동평균법에서 총평균법으로 유가증권 평가방법의 변경
③ 전기 기말재고자산의 과다계상
④ 전기 상품매출의 누락

08. 다음 중 오류수정에 대한 설명으로 가장 옳지 않은 것은?
① 당기에 발견한 전기 또는 그 이전 기간의 중대하지 않는 오류는 당기 손익계산서에 영업외손익 중 전기오류수정손익으로 반영한다.
② 전기 또는 그 이전 기간에 발생한 중대한 오류의 수정은 전기이월이익잉여금에 반영하고 관련 계정잔액을 수정한다.
③ 비교재무제표를 작성하는 경우 중대한 오류의 영향을 받는 회계기간의 재무제표 항목은 재작성한다.
④ 충당부채로 인식했던 금액을 새로운 정보에 따라 보다 합리적으로 추정한 금액으로 수정한 것도 오류수정에 해당한다.

NO	정답	해설
01	③	법인세차감전이익에 미치는 영향은 없다.
02	③	매도가능증권평가손익은 기타포괄손익누계액에 해당된다.
03	①	자본은 자본금, 자본잉여금, 이익잉여금, 자본조정, 기타포괄손익누계액의 5가지 항목으로 구분한다.
04	③	수익의 인식은 실현주의에 의하며, 비용의 인식은 수익비용대응에 의한다.
05	③	관리회계에 관한 설명이며, 외부이해관계자에 유용한 정보를 제공하는 것을 주된 목적으로 한다.
06	④	영업손익 = 매출액 − 매출원가 − 판매비와관리비
07	③	이익잉여금처분계산서는 이익잉여금의 처분사항에 대해서만 표시한다.
08	④	수익과 비용은 총액에 의하여 기재함을 원칙으로 하고 수익항목과 비용항목을 직접 상계함으로써 그 전부 또는 일부를 손익계산서에서 제외하여서는 아니된다.
09	③	■ 매출총이익 = 매출액 − 매출원가 = 30,000,000원 − 20,000,000원 = 10,000,000원 ■ 영업이익 = 매출총이익 − 판매관리비(급여 + 감가상각비 + 기업업무추진비 + 세금과공과) = 10,000,000원 − (4,000,000원 + 800,000원 + 500,000원 + 200,000원) = 4,500,000원
10	④	선급비용, 선급금, 선수수익, 선수금은 현금이나 다른 금융자산의 수취·지급이 아닌 재화 또는 용역의 수취·제공을 가져오게 되므로 금융상품이 아니다.
11	③	부채는 과거 사건과의 인과관계가 존재하여야 하므로 단지 예상만으로는 부채를 인식할 수 없다.
12	③	세법의 변경으로 인한 분류변경은 예외 사항으로 인정하지 않는다.
13	①	구 분 / 목적적합성 / 신 뢰 성 ① 자산평가방법 / 시가법 / 원가법 ② 수익인식방법 / 진행기준 / 완성기준 ③ 손익인식방법 / 발생주의 / 현금주의 ④ 재무제표보고시기 / 분기,반기재무제표 / 결산재무제표
14	①	재무제표는 추정에 의한 측정치를 포함하고 있다.
15	②	재무상태표에 나타난 자산과 부채의 가액만으로 기업실체의 가치를 직접 평가할 수 있는 것은 아니지만, 재무상태표는 다른 재무제표와 함께 기업가치의 평가에 유용한 정보를 제공하여야 한다.
16	④	재무제표의 작성과 표시에 대한 책임은 경영자에게 있다.

재무회계의 기초 및 개념

	NO	정답	해설
재무회계의 기초 및 개념	17	③	소액의 비용을 당기비용으로 처리하는 회계개념은 중요성이다.
	18	①	역사적원가주의는 미실현이익을 계상하지 않음에 따라, 객관적이고 검증가능한 회계정보를 산출할 수 있는 장점이 있다. 반면 시가주의는 적시성이 높은 회계정보를 산출할 수 있는 장점이 있다.
	19	③	③은 검증가능성에 대한 설명이다.
	20	②	기업실체의 공준은 회계보고대상으로서의 범위를 결정하는 기준으로서 이에 의하면 개인기업의 경우 기업과 기업주 가정은 독립적인 실체로 보아 회계처리를 하여야 한다.
	21	②	일반기업회계기준에서 감가상각의 변경은 회계추정의 변경으로 보아 전진법으로 회계처리하도록 규정하고 있다.
	22	②	계속성의 원칙은 회계처리의 기간별 비교를 위해 필요하다.
	23	①	목적적합성에 대한 내용으로 적시성에 해당하며, ② 중립성, ③ 표현의 충실성, ④ 검증가능성에 대한 설명이다.
	24	③	내용연수를 이익조정목적으로 단축하는 것은 회계처리의 오류에 해당한다.
	25	④	보수주의는 논리적 일관성이 결여되어 이익조작의 가능성이 있다.
	26	③	■ 중간재무제표도 주당경상이익과 주당순이익은 손익계산서상에 주석으로 표시한다. ■ 중간재무제표에도 회계정책의 변경을 적용할 수 있다. ■ 중간재무제표라도 적시성 확보를 위하여 정보 산출을 위한 시간과 비용이 많이 소요되는 평가방법을 생략할 수 있다.
당좌자산	01	①	현금성자산은 큰 거래비용 없이 현금으로 전환이 용이하고 이자율 변동에 따른 가치변동의 위험이 중요하지 않은 금융상품으로서 취득 당시 만기일(또는 상환일)이 3개월 이내인 것을 말한다.
	02	④	④는 선수수익이므로 부채에 해당한다.
	03	②	현금, 자기앞수표, 우편환증서, 취득당시 만기일이 3개월 이내인 환매조건부 채권이 해당된다. 현금및현금성자산 = 50,000원 + 100,000원 + 100,000원 + 500,000원 = 750,000원
	04	②	유가증권의 원가산정방법은 이동평균법, 총평균법 등의 합리적인 방법으로 평가한다.
	05	②	단기매매증권과 매도가능증권은 채무증권을 포함한다.
	06	④	단기매매증권평가손익은 손익계산서항목으로서 당기손익에 반영한다.
	07	②	매출채권에서 발생된 대손처리 비용은 판매비와관리비 처리하고 기타채권에서 발생된 대손처리 비용은 영업외비용으로 처리한다.
	08	④	대손이 확정되면 대손충당금과 상계하고 부족분은 당기손익에 반영한다.
	09	②	매출채권잔액 = 700,000원 + 2,000,000원 − 15,000원 − 1,800,000원 = 885,000원
	10	④	대손추정액 = (10,000,000원 × 5%) + (5,000,000원 × 20%) = 1,500,000원
	11	①	기말대손충당금 = 기초대손충당금 − 당기대손발생확정액 + 전기대손금회수액 + 당기설정액 = 18,000원 − 15,000원 + 10,000원 + X = 21,000원 X = 8,000원

	12	④	■ 매각거래 : (차) 현금 등 9,500,000원 (대) 받을어음 10,000,000원
			         매출채권처분손실 500,000원
			■ 차입거래 : (차) 현금 등 9,500,000원 (대) 차 입 금 10,000,000원
			         이자비용 500,000원

	NO	정답	해설
재고자산	01	④	부동산임대업의 경우 소유하고 있는 토지, 건물은 유형자산에 해당한다.
	02	③	추가 생산단계에 투입하기 전에 보관이 필요한 경우 외의 보관비용은 재고자산원가에 포함할 수 없으며 발생기간의 비용으로 인식하여야 한다.
	03	④	도착지 인도기준에 의한 판매의 경우 소유권의 이전은 상품이 도착한 때에 이루어진다.
	04	③	당기순매입액 = 매입가액 + 매입부대비용 − 매입환출 − 매입할인 = 1,000,000원 + 80,000원 − 100,000원 − 30,000원 = 950,000원
	05	②	150,000원 + 270,000원 − 50,000원 − 30,000원 − 20,000원 − 30,000원 = 290,000원
	06	②	재고자산 판매시 판매수수료는 당기비용으로 처리한다.
	07	①	실지재고조사법은 기말재고자산의 수량 결정방법이다.
	08	①	매출원가율을 적용하여 계산하는 방법은 소매재고조사법이며, 개별법은 각각 재고자산별로 매입원가를 계산하며 가장 정확한 단가산정방법이지만 실무적으로 적용이 어렵다.
	09	①	(기초재고)30개 × (단가)10원 + (당기매입)50개 × (단가)12원 = 900원
	10	②	
	11	④	개별법은 각 재고자산별로 매입원가 또는 제조원가를 결정하는 방법이므로 수익비용대응에 가장 정확한 단위원가 결정방법이다.
	12	①	선입선출법상 기말재고는 최근에 구입한 상품의 원가로 구성되므로 물가가 하락한 경우 재고자산의 가격이 더 작게 평가된다.
	13	②	①, ③, ④는 선입선출법에 대한 설명이다.
	14	①	재고자산은 이를 판매하여 수익을 인식한 기간에 매출원가로 인식한다. 재고자산의 시가가 장부금액 이하로 하락하여 발생한 평가손실은 재고자산의 차감계정으로 표시하고 매출원가에 가산한다. 재고자산의 장부상 수량과 실제 수량과의 차이에서 발생하는 감모손실의 경우 정상적으로 발생한 감모손실은 매출원가에 가산하고 비정상적으로 발생한 감모손실은 영업외비용으로 분류한다.
	15	④	평가손실의 환입은 최초의 장부가액을 초과하지 않는 범위 내에서 평가손실을 환입하고 매출원가에서 차감하며 초과분은 당기 수익으로 인식하지 않는다.
	16	②	
투자자산	01	②	매도가능증권의 미실현보유손익은 자본항목으로 처리하고, 당해 유가증권에 대한 자본항목의 누적금액은 그 유가증권을 처분하거나 감액손실을 인식하는 시점에 일괄하여 당기손익에 반영한다.
	02	①	만기보유증권이란 만기가 확정된 채무증권으로서 상환금액이 확정되었거나 확정이 가능한 채무증권을 만기까지 보유할 적극적인 의도와 능력이 있는 경우를 말한다.
	03	③	유가증권에 대한 손상차손 또는 손상차손의 회복은 당기손익(영업외손익)으로 처리한다.
	04	③	단기매매증권에 대한 미실현보유손익은 당기손익항목으로 처리한다.
	05	②	■ 회계처리 : (차) 현금 등 3,000,000원 (대) 매도가능증권 3,500,000원 매도가능증권평가이익 1,000,000원 매도가능증권처분이익 500,000원 ■ 500주 × (6,000원 − 7,000원) + (2,000,000원 × 500주/1,000주) = 500,000원
	06	③	매도가능증권의 미실현보유손익은 자본항목(기타포괄손익누계액)으로 처리한다.
	07	③	계정과목명을 단기매매증권으로 분류 변경하는 것이 아니라, 만기보유증권(유동자산)으로 분류변경 한다.

	NO	정답	해설
유형자산	01	④	재고자산의 정의에 의하여 부동산 매매업자가 판매목적을 위해 매입한 토지는 재고자산이다.
	02	②	새로운 건물을 신축하기 위하여 기존건물을 철거하는 경우에 기존건물의 장부가액은 제거하여 처분손실로 하고, 철거비용은 당기비용처리한다.
	03	②	취득가액 = 30,000,000원 + 3,700,000원 − 2,100,000원 + 1,400,000원 = 33,000,000원
	04	①	이종자산간의 교환시에 취득자산의 원가는 제공한 자산의 공정가치로 측정한다.
	05	③	■ 정상 회계처리 : (차) 수선비 등 ××× (대) 현금 등 ■ 오류 회계처리 : (차) 유형자산 ××× (대) 현금 등 ■ 자산 과대계상, 비용 과소계상 → 당기순이익 과대계상 → 자본 과대계상
	06	①	매매목적으로 보관중인 토지는 재고자산으로 분류하고, 폐기예정으로 보관중인 기계장치는 감가상각을 하지 않는다.
	07	④	"내용연수"는 예상 사용시간 또는 생산량의 단위를 말한다.
	08	④	감가상각비가 매기간 감소하는 효과가 나타나는 상각방법은 가속상각법인 정률법, 연수합계법 등이 있다.
	09	②	유형자산의 잔존가액 추정은 물가변동이 있는 경우에도 수정하지 아니한다.
	10	②	2024년 감가상각비 : 2,000,000원 × 0.1 = 200,000원 2025년 감가상각비 : 1,800,000원 × 0.1 = 180,000원 　　　　　　　　　　　　　　　　　380,000원(감가상각누계액)
	11	④	정률법과 이중체감법, 연수합계법은 모두 가속상각법으로 초기에 비용을 많이 계상하므로 이익이 정액법보다 적게 계상된다.
	12	④	새로운 시설을 개설하는 데 소요되는 원가는 취득 전 시설 설치여부 사전조사원가 등을 말하는 것으로 취득원가에 해당하지 않는다.
무형자산	01	②	무형자산의 인식요건은 식별가능성, 통제가능성, 미래의 경제적 효익의 유입가능성이다.
	02	②	무형자산을 운용하는 직원의 훈련과 관련된 지출은 당기비용으로 처리한다.
	03	①	내부적으로 창출된 영업권은 취득원가를 신뢰성 있게 측정할 수 없을 뿐만 아니라 기업이 통제하고 있는 식별가능한 자원도 아니기 때문에 자산으로 인식하지 않는다.
	04	②	무형자산의 상각방법은 자산의 경제적 효익이 소비되는 행태를 반영한 합리적인 방법이어야 한다. 무형자산의 상각대상금액을 내용연수 동안 합리적으로 배분하기 위해 다양한 방법을 사용할 수 있다. 이러한 상각방법에는 정액법, 체감잔액법(정률법 등), 연수합계법, 생산량비례법 등이 있다. 다만, 합리적인 상각방법을 정할 수 없는 경우에는 정액법을 사용한다.
	05	④	① 무형자산의 상각방법에는 정액법, 체감잔액법(정률법 등), 연수합계법, 생산량비례법 등이 있다. ② 무형자산 상각시 잔존가치는 없는 것을 원칙으로 한다. ③ 무형자산의 상각기간은 독점적·배타적인 권리를 부여하고 있는 관계 법령이나 계약에 정해진 경우를 제외하고는 20년을 초과할 수 없다.
	06	②	① 상각은 자산이 사용가능한 때부터 시작한다. ③ 무형자산의 공정가치 또는 회수가능액이 증가하더라도 상각은 원가에 기초한다. ④ 무형자산의 잔존가치는 없는 것을 원칙으로 한다.
부채	01	④	우발부채는 부채로 인식하지 아니한다. 의무를 이행하기 위해 자원이 유출될 가능성이 아주 낮지 않는 한, 우발부채를 주석에 기재한다.

	NO	정답	해설
부채	02	④	충당부채는 최초의 인식시점에서 의도한 목적과 용도에만 사용하여야 한다. 다른 목적으로 충당부채를 사용하면 상이한 목적을 가진 두 가지 지출의 영향이 적절하게 표시되지 못하기 때문이다.
	03	④	사채할인발행차금 및 사채할증발행차금은 사채발행시부터 최종상환시까지의 기간에 유효이자율법을 적용하여 상각 또는 환입하고 동 상각 또는 환입액은 사채이자에 가감한다.
	04	②	사채가 액면발행인 경우에 매년 인식하는 이자비용은 동일하며 할인발행되면 매년 인식하는 이자비용은 증가하고 할증발행되면 매년 인식하는 이자비용은 감소한다.
	05	④	사채할인발행차금 상각액은 매년 증가한다.
	06	②	부채는 1년을 기준으로 유동부채와 비유동부채로 분류한다. 다만 정상적인 영업주기 내에 소멸할 것으로 예상되는 매입채무와 미지급비용 등은 보고기간 종료일로부터 1년 이내에 결제되지 않더라도 유동부채로 분류한다.
	07	②	① 사채발행가액과 액면가액간의 차액은 사채할인발행차금 또는 사채할증발행차금으로 하여 사채의 액면가액에 가감으로 표시한다. ③ 사채는 재무상태표상 부채로 구분한다. ④ 사채할인발행차금은 유효이자율법으로 상각한다.
	08	②	투자자의 입장에서 할증발행의 경우 투자시점에 액면가액보다 높게 구입하는 것이기 때문에 높게 구입된 금액만큼 매년 이자수익에서 분할하여 차감한다. 따라서 인식하는 이자수익은 매년 감소한다.
자본	01	①	자본금은 법정 납입자본금으로서 발행주식수에 액면가액을 곱한 금액을 말한다.
	02	③	①・②・④는 자본잉여금, ③은 기타포괄손익누계액으로 분류한다.
	03	②	기말자본금 = (30,000주 + 10,000주) × 1,000원 = 40,000,000원
	04	③	분개가 (차) 현금 500,000 / (대) 외상매출금 500,000으로 자산의 감소와 증가가 동시에 발생되므로 자본에 미치는 영향은 없다.
	05	④	'가', '라'는 자본의 변동은 없고 '나'는 자본이 증가한다.
	06	②	자본잉여금 항목은 주식발행초과금, 감자차익, 자기주식처분이익이다. 자본잉여금 = 100,000원 + 100,000원 + 100,000원 = 300,000원
	07	②	자본잉여금을 자본에 전입함으로써 무상증자를 할 수 있다.
	08	③	주식할인발행차금은 주식발행연도부터 또는 증자연도부터 3년 이내의 기간에 매기 균등액을 상각하고 동 상각액은 이익잉여금처분으로 한다. 다만, 처분할 이익잉여금이 부족하거나 결손이 있는 경우에는 차기 이후 연도에 이월하여 상각할 수 있다.
	09	①	회계처리 : (차) 미처분이익잉여금 20,000,000원 (대) 미지급배당금 15,000,000원 미교부주식배당금 5,000,000원 미처분이익잉여금 감소(-20,000,000원) + 미교부주식배당금 증가(+5,000,000원) = -15,000,000원
	10	④	이익의 현금배당시 현금자산의 감소와 동시에 이익잉여금이 감소된다.
	11	④	주식배당 후에는 발행주식수가 증가한다.
	12	②	당기 처분결의는 보고기간 종료일로부터 3개월 이내 확정되므로 재무상태표에 표시되는 "차기이월이익잉여금"은 이익잉여금처분계산서의 "Ⅰ.미처분이익잉여금"이다. 그러므로 당기 처분내역(차기에 회계처리)은 반영되지 않으며 전기 이익잉여금 처분(당기 회계처리)에 대한 내역은 차감한다.

	NO	정답	해설
수익과 비용	01	③	진행기준으로 사용하는 판매형태는 예약판매, 용역매출 등이 있다.
	02	④	수익은 발생기준 및 실현주의로 인식한다.
	03	③	수익금액을 신뢰성 있게 측정할 수 있으면 되고 수익금액이 판매자에게 이전되어야 하는 것은 아니다.
	04	①	①은 재화의 수익인식 기준에 해당한다.
	05	②	재화를 인도한 시점에 수익을 인식한다.
	06	③	설치와 검사가 완료된 후에 수익을 인식해야 되므로 시험 가동 후에 수익을 인식한다.
	07	①	수익과 직접 관련하여 발생한 비용은 동일한 거래나 사건에서 발생하는 수익을 인식할 때 대응하여 인식하여야 하며, 관련수익과 직접적인 인과관계를 파악할 수 없지만 당해 지출이 일정 기간 동안 수익창출 활동에 기여하는 것으로 판단될 경우 합리적이고 체계적으로 배분하여 비용으로 인식한다.

	08	①	(1) 2024년 누적공사수익
			  총공사수익 10,000,000원 × 누적공사진행률 80% = 8,000,000원
			  ■ 누적공사진행률 = 실제발생누적공사원가 ÷ 예상총공사원가
			         = 6,000,000원 ÷ 7,500,000원 = 80%
			  ■ 예상총공사원가 = 당기발생누적공사원가 + 추가소요추정원가
			        = 6,000,000원 + 1,500,000원 = 7,500,000원
			(2) 2025년 누적공사수익
			  총공사수익 10,000,000원 × 100% = 10,000,000원
			  ■ 누적공사진행률 = 8,000,000원 ÷ 8,000,000원 = 100%
			  ■ 총공사원가 : 당기발생공사원가 전체 합계
			∴ 2025년 공사수익 = 2025년 누적공사수익 − 2024년 누적공사수익
			      = 10,000,000원 − 8,000,000원 = 2,000,000원

회계변경과 오류수정	01	④	단순히 세법의 규정을 따르기 위한 회계변경은 정당한 회계변경으로 보지 아니한다.
	02	②	소급법은 회계변경의 누적효과를 전기손익수정항목으로하여 당기초 이익잉여금을 수정하는 방법이며 비교목적으로 공시되는 전기재무제표는 변경된 방법으로 소급하여 재작성한다. 따라서 전기와 당기재무제표의 회계처리 방법이 동일하므로 기간별 비교가능성이 향상되는 반면 전기재무제표의 신뢰성은 감소된다. ④번은 전진법에 관한 설명이다.
	03	③	회계추정변경의 효과는 당해 회계연도 개시일부터 적용한다.
	04	①	①은 회계정책의 변경이고 나머지는 회계추정의 변경이다.
	05	④	세법의 규정을 따르기 위한 회계변경은 정당한 회계변경으로 보지 아니함
	06	③	올바른 회계처리는 (차) 미수수익 4,000,000원 (대) 임대료 4,000,000원이다. 따라서 임차료 4,000,000원 비용 과대계상분과 임대료 수익누락분 4,000,000원을 포함하여 당기순이익이 8,000,000원 과소계상 되어있다.
	07	②	유가증권 평가방법의 변경의 회계정책의 변경이다.
	08	④	④는 오류수정이 아니라 회계추정의 변경이다.

PART 02

원가회계

CHAPTER 01 원가회계의 개념 및 원가흐름
CHAPTER 02 원가의 배분 및 부문별 원가계산
CHAPTER 03 제품별 원가계산
CHAPTER 04 실무이론 평가

실무이론

직무명	분류번호	능력단위명	수준	능력단위요소
회계 · 감사	0203020103_20v4	원가계산	2	1 원가요소 분류하기 2 원가배부하기 3 원가계산하기

능력단위정의	원가계산이란 기업운영에 있어 원가분석 및 정보를 제공 · 활용하기 위해 원가요소 분류, 배부, 계산하는 능력이다.

NCS 능력단위	능력단위요소	수 행 준 거
0203020103_20v4 원가계산	0203020103_20v4.1 원가요소 분류하기	1.1 회계관련규정에 따라 원가와 비용을 구분할 수 있다. 1.2 회계관련규정에 따라 제조원가의 계정흐름에 대해 분개할 수 있다. 1.3 회계관련규정에 따라 원가를 다양한 관점으로 분류할 수 있다.
	0203020103_20v4.2 원가배부하기	2.1 원가계산 대상에 따라 직접원가와 간접원가를 구분할 수 있다. 2.2 원가계산 대상에 따라 합리적인 원가배부기준을 적용할 수 있다. 2.3 보조부문의 개별원가와 공통원가를 집계할 수 있다. 2.4 보조부문의 개별원가와 공통원가를 배부할 수 있다.
	0203020103_20v4.3 원가계산하기	3.1 원가계산시스템의 종류에 따라 원가계산방법을 선택할 수 있다. 3.2 업종특성에 따라 개별원가계산을 할 수 있다. 3.3 업종특성에 따라 종합원가계산을 할 수 있다.

CHAPTER 01 원가회계의 개념 및 원가흐름

1. 원가회계의 목적 및 원가의 개념

구 분	내 용
원가회계의 목적	① 재무제표작성에 필요한 원가자료의 제공 ② 가격계산에 필요한 원가자료의 제공 ③ 원가관리에 필요한 원가자료의 제공 ④ 예산편성 및 예산통제에 필요한 원가자료의 제공 ⑤ 경영의 기본계획설정에 필요한 원가정보의 제공
원가의 개념	원가란 재화나 용역을 얻기 위해서 희생된 자원 가치, 즉 경제적 효익의 희생을 화폐단위로 측정한 것을 의미하며, 원가는 제조기업이 재화나 용역을 생산하는데 사용한 모든 원재료, 생산설비 등의 소비액을 말한다.
원가대상	원가를 따로 측정하고자 하는 활동이나 항목으로 원가 집적대상이라고도 한다.
원가집합	원가대상에 직접적으로 추적할 수 없는 간접원가들을 모아둔 것으로 여기에 집계된 원가는 둘 이상의 원가대상에 배분되어야 할 공통비이다.
원가배분	원가집합에 집계된 간접원가를 일정한 배부기준에 따라 원가대상에 배분한 과정을 말한다.

2. 원가의 분류

분류 기준	원가의 종류
발생형태 (원가의 3요소)	① **재료비** : 제품 생산을 위하여 소비된 원재료의 가치 ② **노무비** : 제품 생산을 위하여 투입된 노동력의 대가 ③ **제조경비** : 제품 생산에 소비된 원가요소 중 재료비와 노무비를 제외한 원가

제품의 추적가능성	① **직접원가(직접비)** : 특정원가대상에 직접적으로 추적할 수 있는 원가요소
	   (예 : 직접재료비, 직접노무비)
	② **간접원가(간접비)** : 특정원가대상에 직접적으로 추적할 수 없는 원가
	   (예 : 간접재료비, 간접노무비, 간접경비)

원가 행태	원가행태란 조업도의 변화에 따른 원가발생의 변동상태를 지칭하는 말이다. 조업도란 기업의 생산설비의 이용정도를 나타내는 지표를 말하는 것으로 생산량, 작업시간, 기계시간 등을 사용한다.

분류 기준	원가의 종류
원가 행태	① **변동원가(변동비)** : 조업도의 증감에 따라 변하는 원가 즉, 조업도가 증가하면 총원가는 비례하여 증가하지만 단위당원가는 일정(예 : 직접재료비, 직접노무비 등) ② **고정원가(고정비)** : 조업도의 증감에 관계없이 관련범위 내에서 항상 일정하게 발생하는 원가 즉, 조업도가 증가하여도 총원가는 일정하지만 단위당원가는 체감(예 : 임차료, 보험료 등) 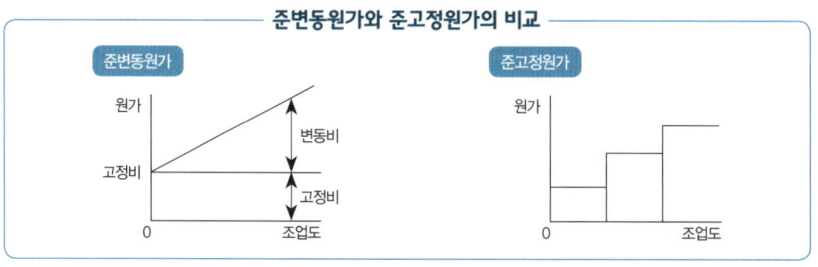 ③ **준변동원가(혼합원가)** : 조업도의 증감에 관계없이 발생하는 고정비와 조업도의 변화에 따라 일정비율로 변화하는 변동비의 두 가지 요소가 동시에 구성된 원가(예 : 전력비, 전화요금 등) ④ **준고정원가(준고정비)** : 일정한 조업도 범위내에서는 고정비와 같이 일정한 원가이나 조업도가 일정수준이상 증가하면 원가총액이 증가(예 : 생산관리자의 급여, 생산량에 따른 설비자산의 구입가격 등)
제조활동과의 관련성	① **제조원가** : 제품을 제조하기 위하여 소비된 경제적가치의 소비액을 일컫는 것으로 직접재료비, 직접노무비, 제조간접비로 구분 ② **비제조원가** : 판매비와 관리비 등에서 발생하는 원가로 기업의 제조활동과 직접적인 관련이 없는 원가 

분류 기준	원가의 종류
제조형태	① **개별원가계산** : 여러 종류의 제품을 개별적으로 생산할 때 사용되는 원가계산방법 ② **종합원가계산** : 같은 종류의 제품을 연속적으로 대량 생산할 때 사용되는 원가계산방법
경제적 효익의 소멸 여부	① **미소멸원가** : 미래의 경제적 효익을 제공할 수 있는 원가(예 : 미사용된 원재료) ② **소멸원가** : 미래의 경제적 효익을 제공할 수 없는 원가(예 : 소비된 원재료)
통제가능성	① **통제가능원가** : 특정한 경영자가 원가 발생액에 대하여 영향을 미칠 수 있는 원가 (예 : 직접재료비, 직접노무비 등) ② **통제불능원가** : 특정한 경영자가 원가 발생액에 대하여 영향을 미칠 수 없는 원가 (예 : 감가상각비, 임차료 등)
원가계산 범위	① **전부원가계산** : 직접재료비, 직접노무비, 변동제조간접비(간접재료비, 간접노무비 등)와 고정제조간접비(공장설비에 대한 감가상각비, 재산세 등)를 포함한 원가계산 ② **직접(변동)원가계산** : 직접재료비, 직접노무비, 변동제조간접비는 제조원가에 포함시키고 고정제조간접비는 기간비용으로 처리하는 방법의 원가계산
원가측정방법	① **실제원가계산(사후원가, 역사적원가)** : 제품의 생산이 완료된 후에 실제로 발생한 원가 ② **표준원가계산(사전원가)** : 과학적인 방법을 기초로 하여 미래에 발생되리라고 예상한 원가
의사결정과의 관련성	① **관련원가와 비관련원가** : 관련원가란 여러 대안 사이에 차이가 나는 원가로서 의사결정에 직접적으로 관련되는 원가를 말하며, 비관련원가는 특정 의사결정과 관계없는 원가를 말함 ② **매몰원가(역사적원가, 기발생원가)** : 과거의 의사결정으로부터 이미 발생한 원가로서 현재 또는 미래에 어떤 의사결정을 하더라도 회수할 수 없는 원가. 매몰원가는 의사결정을 할 때 어떤 대안을 선택하든지 회복할 수 없으므로 미래의 의사결정에 고려하지 않음 ③ **기회원가** : 재화·용역 또는 생산설비를 현재의 용도 이외의 다른 용도로 사용했을 경우 여러 대안 중에 하나의 안을 선택함으로써 포기하게 된 다른 안으로부터 기대되는 포기된 가장 큰 금액(이익)을 말한다. ④ **차액원가** : 대안 간에 차이가 발생하는 원가의 차이를 말하며 각 원가요소별로 계산할 수도 있고 총원가의 차이로 계산할 수도 있다.

3. 원가의 구성

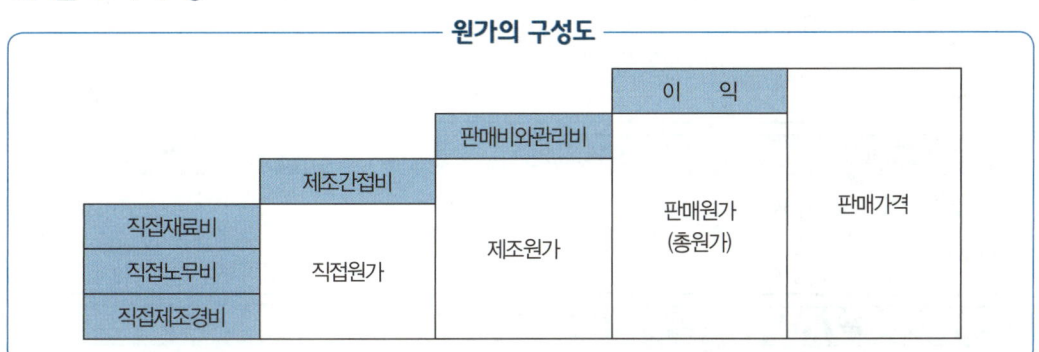

― 원가의 구성도 ―

① 직접원가 = 직접재료비 + 직접노무비 + 직접제조경비 ② 제조원가 = 직접원가 + 제조간접비
③ 판매원가(총원가) = 제조원가 + 판매비와관리비 ④ 판매가격 = 판매원가 + 이익

4. 원가계산의 절차

원가계산은 **원가요소별** → **부문별** → **제품별** 계산의 3단계로 한다.

구 분	내 용
원가요소별 계산	원가를 발생형태에 따라 재료비, 노무비, 경비의 원가요소로 분류하여 계산
부문별 계산	요소별로 파악된 원가를 발생장소인 부문별로 집계하는 절차 ① 직접비 : 각각의 특정 제품에 직접 부과 ② 간접비 : 부문별로 집계
제품별 계산	직접비 부과액과 제조부문에서 제품에 배분한 금액을 제품별로 집계하여 최종단계의 원가를 계산

5. 제조기업의 원가계산 흐름

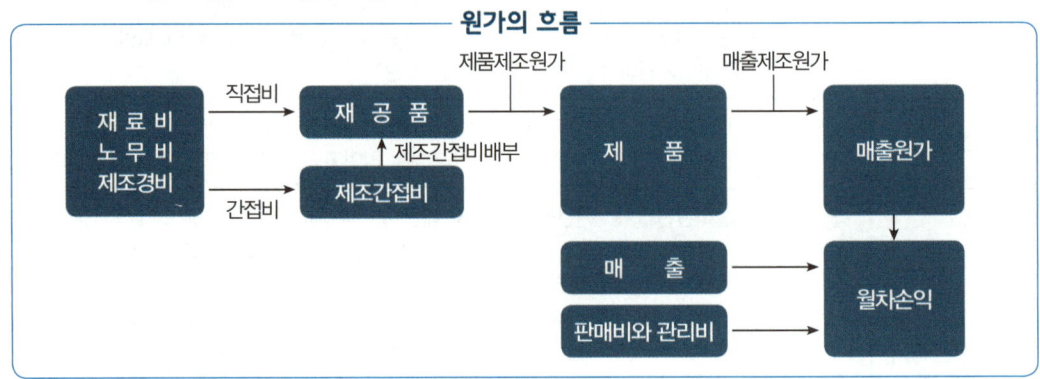

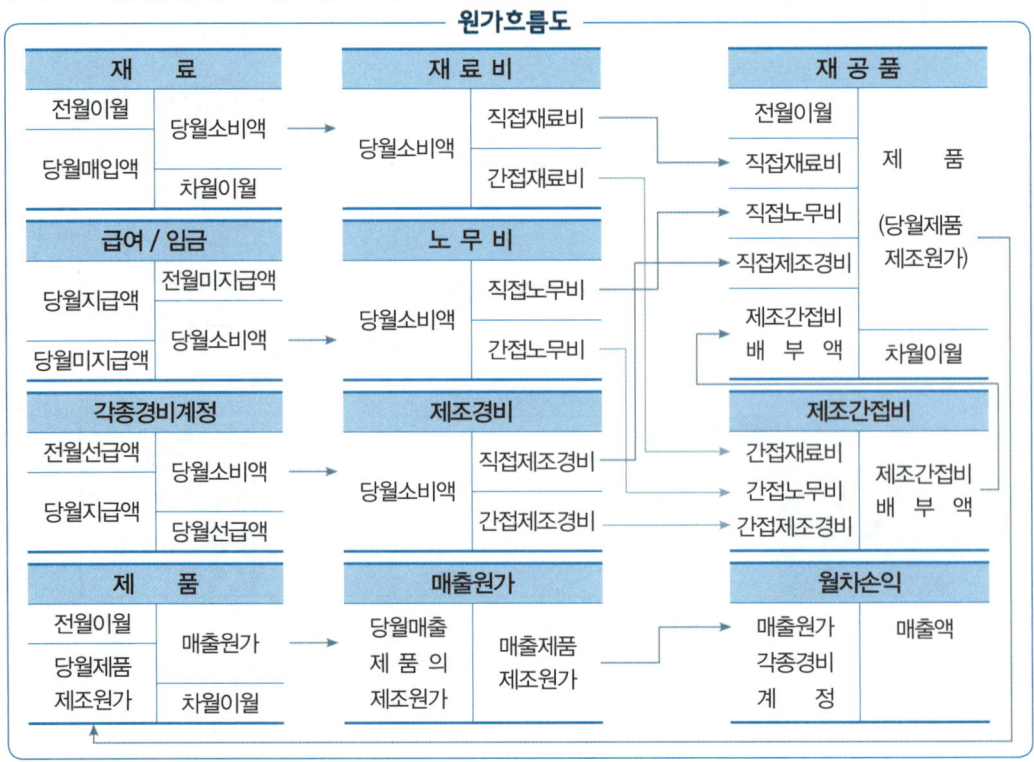

구 분		내 용
재료비	재료비 소비액	기초재료재고액 + 당월재료매입액 − 기말재료재고액 = 당월재료소비액
	재료의 감모 손실	재료의 기말재고수량을 조사한 결과 파손, 도난, 부패, 증발 등의 사유로 실제재고수량이 장부상의 재고수량보다 부족한 경우 그 차이를 재료감모손실이라 한다. { 구 분 | 차 변 | 대 변 } 재고감모손실 발생 시 | 재료감모손실 ××× | 재 료 ××× 감모손실이 정상적일 때 | 제조간접비 ××× | 재료감모손실 ××× 감모손실이 비정상적일 때 | 손익(영업외비용) ××× | 제조간접비 ×××
노무비		제품의 제조를 위하여 노동력을 소비함으로써 발생한 원가요소 당월노무비소비액 = 당월지급액 + 전월선급액 + 당월미지급액 − 전월미지급액 − 당월선급액
제조 경비	제품과의 관련성에 따른 분류	① 직접제조경비 : 특정제품의 제조에만 직접 소비된 경비 (예 : 특허권사용료, 외주가공비, 특정제품의 설계비 등) ② 간접제조경비 : 여러 제품의 제조에 공통으로 소비된 경비로 대부분의 제조경비가 여기에 해당함
	발생 형태에 따른 분류 — 월할 경비	① 1년 또는 일정기간분을 총괄하여 일시에 지급되는 제조경비 (예 : 임차료, 보험료, 감가상각비, 세금과공과, 특허권사용료 등) ② 월할제조경비는 일괄지급된 제조경비 중 월별할당액을 계산하여 이 금액을 소비액으로 계상한다. 당월소비액 = 발생금액 ÷ 해당개월 수
	측정 경비	① 계량기에 의하여 소비액을 측정하는 제조경비 (예 : 전력비, 가스수도료 등) ② 측정경비 소비액 당월소비액 = 당월사용량 × 단위당가격
	지급 경비	① 매월의 소비액을 그 달에 지급하는 제조경비 (예 : 수선비, 운반비, 외주가공비 등) ② 지급경비 소비액 당월소비액 = 당월지급액 + (전월선급액 + 당월미지급액) − (당월선급액 + 전월미지급액) { 제조경비 } 전월 선급액 ××× | 전월미지급액 ××× 당월 지급액 ××× | 당월 소비액 ××× 당월미지급액 ××× | 당월 선급액 ×××
	발생 경비	현금의 지출없이 발생하는 제조경비 (예 : 재료감모손실 등)

6. 재공품(생산과정 중에 있는 미완성품 재고자산)

재공품				
기초재공품	×××	당기제품제조원가	×××	⇨ 재무상태표 제품계정 차변에 대체
직접재료비	×××			
직접노무비	×××			
제조간접비	×××	기말재공품	×××	⇨ 재무상태표상의 재공품

구 분	내 용
당기 총제조원가	당기총제조원가 = 직접재료비 + 직접노무비 + 제조간접비
당기제품 제조원가	당기제품제조원가 = 기초재공품재고액 + 당기총제조원가 − 기말재공품재고액

7. 제품(생산과정이 완료되고 판매를 위해 보유하고 있는 완성품)

제 품				
기초제품	×××	제품매출원가	×××	⇨ 손익계산서 매출원가계정 차변에 대체
당기제품제조원가	×××	기말제품	×××	⇨ 재무상태표상의 제품

제품매출원가 = 기초제품재고액 + 당기제품제조원가 − 기말제품재고액

 예 제

(주)배움의 당기총제조원가, 당기제품제조원가 및 제품매출원가를 계산하시오.

[당해 원가자료]
- 원재료매입액 400,000원
- 직접노무비 800,000원
- 제조간접비 700,000원

구 분	기초재고	기말재고
원재료	140,000원	150,000원
재공품	150,000원	200,000원
제 품	250,000원	350,000원

【해설】
① 당기총제조원가 = 직접원가 + 제조간접비 = 390,000원 + 800,000원 + 700,000원 = 1,890,000원
② 당기제품제조원가 = 기초재공품재고액 + 당기총제조원가 − 기말재공품재고액
　　　　　　　　 = 150,000원 + 1,890,000원 − 200,000원 = 1,840,000원
③ 제품매출원가 = 기초제품재고액 + 당기제품제조원가 − 기말제품재고액
　　　　　　　 = 250,000원 + 1,840,000원 − 350,000원 = 1,740,000원

	원재료		
기초	140,000	소비	390,000
매입	400,000	기말	150,000
	540,000		540,000

	재공품		
기초	150,000	제품제조원가	1,840,000
직접재료비	390,000	기말	200,000
직접노무비	800,000		
제조간접비	700,000		
	2,040,000		2,040,000

	제품		
기초	250,000	제품매출원가	1,740,000
제품제조원가	1,840,000	기말	350,000
	2,090,000		2,090,000

8. 제조원가명세서(손익계산서의 부속명세서)

제조원가명세서

(주)배움　　　　　2025년 1월 1일부터 2025년 12월 31일까지　　　　(단위 : 원)

과　목	금　액	
재　　　료　　　비		390,000
1. 기 초 원 재 료 재 고 액	140,000	
2. 당 기 원 재 료 매 입 액	400,000	
3. 기 말 원 재 료 재 고 액	(150,000)	
노　　　무　　　비		800,000
제　조　간　접　비		700,000
1. 감　가　상　각　비	400,000	
2. 전　　　력　　　비	200,000	
3. 수　선　유　지　비	100,000	
당 기 총 제 조 비 용		1,890,000
기 초 재 공 품 재 고 액		150,000
합　　　　　　　계		2,040,000
기 말 재 공 품 재 고 액		(200,000)
당 기 제 품 제 조 원 가		1,840,000

손 익 계 산 서

(주)배움　　　　　2025년 1월 1일부터 2025년 12월 31일까지　　　　(단위 : 원)

과　목	금　액	
매　　출　　액		×××
매　　출　　원　　가		1,740,000
기 초 제 품 재 고 액	250,000	
당 기 제 품 제 조 원 가	1,840,000	
기 말 제 품 재 고 액	(350,000)	
매　출　총　이　익		×××
판　매　관　리　비		×××
영　업　이　익		×××

CHAPTER 02 원가의 배분 및 부문별 원가계산

1. 원가배분

1 원가배분의 의의 및 목적

구 분	내 용
원가배분 의의	▪ 일정한 배부기준에 따라 공통비를 각 원가대상(원가집적대상)에 대응시키는 과정 ▪ 원가대상(원가집적대상) : 원가가 개별적으로 집적되는 활동이나 조직의 하부단위
원가배분 목적	① 최적의 자원배분을 위한 경제적 의사결정 ② 경영자와 종업원의 동기부여 및 성과평가 ③ 외부보고를 위한 재고자산 및 이익의 측정 ④ 제품가격결정 및 제품선택 의사결정

2 원가배분(원가배부)기준

구 분	내 용
인과관계기준	원가배분대상과 배분대상 원가간의 인과관계를 통하여 특정원가를 원가배분대상에 대응시키는 가장 이상적인 배분기준이며 공통원가의 발생원인에 근거하여 배분한다.
부담능력기준	원가배분대상인 제품이나 부문의 부담 능력을 기준으로 원가를 배분하는 방법이다. 즉, 보다 많은 수익을 올리는 원가배분대상이 공통비를 보다 더 부담할 능력을 지닌다는 가정하에 원가를 배분하는 방법이다.
수혜기준	원가배분대상이 공통비로부터 제공받는 경제적 효익의 정도에 비례하여 원가를 배분하는 기준으로 수익자부담원칙에 입각한 배분기준이다. 물량기준법에 의한 결합원가의 배분방법이 수혜기준에 의한 대표적인 예이다.
공정성과 공평성기준	배분기준의 포괄적인 원칙으로 공통원가를 원가배분대상에 배분하는 배분기준은 공정성과 공평성을 가져야 한다는 것이다.

2. 제조간접비 배부

구 분		내 용
	제조간접비 의의	간접재료비, 간접노무비, 간접제조경비 등과 같이 두 종류 이상의 제품을 제조하기 위하여 공통적으로 발생하는 원가요소를 말하며 각 제품에 직접 부과할 수 없는 원가이다.
제조간접비 배부방법	실제배부법 ↓ 실제개별원가계산	실제배부법은 원가계산말에 실제로 발생한 제조간접비를 일정한 배부기준에 의해 각 제품에 배부하는 방법이다. ① 가액법 	배부방법	실제배부율	제조간접비 배부액
직접재료비법	제조간접비 총액 / 직접재료비 총액	실제배부율 × 제품별 직접재료비
직접노무비법	제조간접비 총액 / 직접노무비 총액	실제배부율 × 제품별 직접노무비
직접원가법	제조간접비 총액 / 직접원가 총액	실제배부율 × 제품별 직접원가 | ② 시간법 | 배부방법	실제배부율	제조간접비 배부액
직접노동시간법	제조간접비 총액 / 총직접노동시간	실제배부율 × 제품별 직접노동시간
기계작업시간법	제조간접비 총액 / 총기계운전시간	실제배부율 × 제품별 기계운전시간	
	예정배부법 ↓ 정상개별원가계산	예정배부법이란 연초에 미리 제조간접원가 예정배부율을 산정한 다음 제품의 완성시에 이 예정배부율을 사용하여 각각 제품에 배부할 제조간접원가 배부액을 결정하는 방법이다. 계절별로 제품의 생산량에 큰 차이를 보이는 냉·난방기, 청량음료 등의 제품을 제조하는 기업에서는 제조간접비의 실제배부법 보다는 예정배부법을 사용하여야 한다. ① 제조간접비 예정배부 ■ 제조간접비 예정배부율 = $\dfrac{\text{예정제조간접비 총액}}{\text{예정배부기준의 총계}}$ ■ 제조간접비 예정배부액 = 예정배부율 × 제품별 실제배부기준 ② 제조간접비의 배부차이 제조간접비 배부차이 = 실제발생액 − 예정배부액
	배부차이	① 제조간접비 **과대**배부 : 실제발생액(70원) < 예정배부액(100원) | 제조간접비		제조간접비배부차이	
---	---	---	---
실제발생액(70원)	예정배부액(100원)	② 매출원가(30원)	① 제조간접비(30원)
① 제조간접비배부차이(30원)				

구 분	내 용
제조간접비 배부방법 — 배부차이	**과대배부(실제발생액 < 예정배부액)**

구 분	차 변	대 변
① 배부차이 발생	제조간접비 30원	제조간접비배부차이 30원
② 매출원가에 대체	제조간접비배부차이 30원	매출원가 30원

② 제조간접비 **과소배부** : 실제발생액(150원) > 예정배부액(100원)

제조간접비		제조간접비배부차이	
실제발생액(150원)	예정배부액(100원)	① 제조간접비(50원)	② 매출원가(50원)
	① 제조간접비배부차이(50원)		

구 분	과소배부(실제발생액 > 예정배부액)	
	차 변	대 변
① 배부차이 발생	제조간접비배부차이 50원	제조간접비 50원
② 매출원가에 대체	매출원가 50원	제조간접비배부차이 50원

배부차이 조정법

① **매출원가 조정법** : 제조간접비 배부차이를 매출원가에 가감하는 방법으로서 과소배부액은 매출원가에 가산하고 과대배부액은 매출원가에서 차감
② **영업외손익법** : 제조간접비 배부차이를 영업외손익으로 처리하는 방법으로서 과소배부액은 영업외비용으로, 과대배부액은 영업외수익으로 처리
③ **비례배분법** : 제조간접비 배부차이를 기말재고자산과 매출원가 계정의 상대적 비율에 따라 비례하여 배분하는 방법
　㉠ **총원가 비례배분법** : 제조간접비 배부차이를 기말재고자산과 매출원가 계정의 총원가(기말잔액)의 비율로 재공품, 제품, 매출원가 계정에 배분하는 방법
　㉡ **요소별 비례배분법** : 제조간접비 배부차이를 기말재고자산과 매출원가 계정에 포함된 원가요소(제조간접비의 배부액)의 비율에 따라 배분하는 방법

 예제1

직접작업시간법으로 계산한 제조지시서 #101의 제조간접비 예정배부액은 얼마인가?

- 연간 예정제조간접비 총액 : 100,000원
- 연간 예정직접작업시간 : 1,000시간
- 제조지시서별 실제작업시간 : #101 – 500시간, #201 – 300시간

【해설】
- 예정배부율 : 100,000원 ÷ 1,000시간 = 100원/직접작업시간당
- 예정배부액 : 100원 × 500시간 = 50,000원

(주)배움의 제조간접비 예정배부율은 작업시간당 10,000원이다. 작업시간이 800시간이고, 제조간접비 배부차이가 1,000,000원 과대배부라면, 실제 제조간접비 발생액은?

【해설】

- 제조간접비 배부차이 = 실제발생액 − 예정배부액
  1,000,000원(과대) = ? − (10,000원 × 800시간) = 7,000,000원

당사는 예정원가계산으로 제조간접비를 배부하고 있다. 당해연도에 과대배부액 1,000,000원이 발생하였다. 다음의 기말재고자산을 통하여 원가요소별 비례배분법에 따라 배분한 후의 기말재고자산의 재고액은?

구 분	재공품	제 품	매출원가
직접재료비	2,000,000원	1,200,000원	2,100,000원
직접노무비	3,000,000원	2,500,000원	1,800,000원
제조간접비	2,000,000원	5,000,000원	3,000,000원
합 계	7,000,000원	8,700,000원	6,900,000원

【해설】

- 과대배부액 중 재공품에 배분할 금액 : 200,000원 = 1,000,000원 × 2,000,000원/10,000,000원
- 과대배부액 중 제품에 배분할 금액 : 500,000원 = 1,000,000원 × 5,000,000원/10,000,000원
- 기말재공품 : 6,800,000원 = 7,000,000원 − 200,000원(과대배부 차감)
- 기말제품 : 8,200,000원 = 8,700,000원 − 500,000원(과대배부 차감)

3. 부문별 원가계산

구 분		내 용
의의		제품의 원가를 산정함에 있어 제조간접비(부문비)를 각 제품에 보다 더 정확하게 배부하기 위해 우선적으로 그 발생 장소인 부문별로 분류, 집계하는 절차
원가 부문의 설정	제조부문	제품의 제조활동을 직접 담당하는 부분으로 절단부문, 조립부문 등이 있음
	보조부문	제품의 제조활동에 직접 참여하지 않고 제조부문의 제조활동을 보조하기 위하여 여러 가지 용역을 제공하는 부문으로 동력부문, 수선부문 등이 있음
부문별 원가계산의 절차		① 제1단계 : 부문개별비(부문직접비)를 각 부문에 부과 ② 제2단계 : 부문공통비(부문간접비)를 각 부문에 배부 ③ 제3단계 : 보조부문비를 제조부문에 배부 ④ 제4단계 : 제조부문비를 각 제품에 배부

구 분		내 용
보조 부문비	배부기준	간접재료비 — 직접재료비
		간접노무비 — 직접노무비, 직접작업시간, 직접작업의 종업원 수
		건물감가상각비, 건물보험료 — 사용(점유)면적, 건물가액
		기계장치감가상각비, 기계보험료 — 기계장치의 가액, 기계작업(운전)시간
		임차료, 청소비 — 사용(점유)면적
		전력비 — 전력사용량, 마력수 × 운전시간
		가스비, 수도비 — 가스·수도의 사용량
		수선비 — 수선횟수, 수선시간, 기계장치의 가액
		복리후생비 — 종업원 수
		재산세, 임차료, 화재보험료 — 토지 또는 건물의 가액, 면적
	배부방법	① **직접배부법** : 보조부문간의 용역의 수수관계를 완전히 **무시**하고, 각 제조부문이 사용한 용역의 상대적 비율에 따라 보조부문비를 제조부문에 직접 배분하는 방법이다. 보조부문비를 보조부문에는 전혀 배분하지 않고 직접 제조부문에 모두 배분하는 방법이며 계산이 간단하고 배부순서를 결정할 필요가 없다는 장점은 있으나, 보조부문 상호간의 용역수수관계를 무시하기 때문에 보조부문 상호간에 많은 용역을 주고 받는 경우에는 정확성이 떨어진다는 단점이 있다. ② **단계배부법** : 보조부문들간에 일정한 배분순위를 정한 다음, 그 배분순위에 따라 보조부문의 원가를 단계적으로 타보조부문과 제조부문에 배분하는 방법이며 **보조부문간 용역수수관계를 일부 인식하는 방법**이며, 일단 배분된 부문은 다시는 배분받지 못한다. 단계배부법은 보조부분 상호간의 용역수수관계를 일부 인식하여 배분한다는 장점은 있으나, 어느 보조부문원가부터 배분하는 가에 따라 제조부문에 집계되는 원가가 달라지므로 합리적인 배부순서 결정의 어려움이 있다. 또한, 배부순서 결정 오류 시 직접배부법 대비 정확성이 떨어지고 원가배분에 많은 시간이 필요하다는 단점이 있다. **배부순서** ① 다른 보조부문에 대한 용역 제공비율이 큰 것부터 ② 용역을 제공하는 다른 보조부문의 수가 많은 것부터 ③ 발생원가가 큰 것부터 ③ **상호배부법** : 보조부문 상호간의 용역수수를 **전부 고려**하여 그에 따라 각 보조부문비를 제조부문과 다른 보조부문에 배분하는 방법으로, 이론적으로 가장 타당하다. 상호배부법은 정확한 보조부문원가 배분이 가능하고 배부순서를 결정할 필요가 없는 장점이 있으나 연립방정식에 의해 계산하여야 하므로 복잡하다는 단점이 있다. **원가계산의 정확성** : 직접배부법 < 단계배부법 < 상호배부법
원가 행태에 따른 보조 부문비 배부	단일 배부율법	보조부문비를 변동비와 고정비로 구분하지 않고 모든 보조부문의 원가를 하나의 기준으로 배분하는 방법으로 보조부문비 중 고정비도 변동비처럼 배분된다. 이 방법은 시간과 비용이 상대적으로 적게 소요되고 간편하지만 원가형태에 따른 구분이 없으므로 정확한 원가배분이 이루어지지 않기 때문에 부문의 최적이라 하더라도 전체로는 최적의 의사결정이 되지 않는 문제점을 가지고 있다. 보조부문비 배부액 = 보조부문원가(변동비 + 고정비) × 실제사용량
	이중 배부율법	보조부문비를 원가행태에 따라 **변동비와 고정비로 분류**하여 각각 다른 배부기준을 적용하는 방법이다.

구 분		내 용
원가 행태에 따른 보조 부문비 배부	이중 배부율법	이중배부율법은 원가발생액과 원가대상 사이의 인과관계를 고려하여 배부하며, 단일배부율법에 비해 보다 정교한 원가 배부 방법으로 원가부문의 계획이나 통제 또는 성과평가에 유용한 정보를 제공한다. 변동비 배부액 = 보조부문원가의 변동비 × 실제사용량 고정비 배부액 = 보조부문원가의 고정비 × 최대사용가능량 ■ **변동비** : **실제 용역사용량**을 기준으로 배분 ■ **고정비** : 제조부문에서 사용할 수 있는 **최대 사용가능량**을 기준으로 배분

예제 1

(주)배움의 다음 자료에 의하여 직접배부법으로 보조부문비배부표를 작성하시오. 다음 자료는 당월 중에 각 부문에서 발생한 제조간접비와 보조부문이 다른 부문에 제공한 용역의 양은 다음과 같다.

비 목	보조부문		제조부문		합 계
	동력부문	수선부문	절단부문	조립부문	
자기부문발생액	120,000원	80,000원	500,000원	400,000원	1,100,000원
제공한용역					
동력부문(Kw)	–	10,000	35,000	15,000	60,000
수선부문(시간)	300	–	450	550	1,300

【해설】

부문비배부표

비 목	배부기준	금 액	보조부문		제조부문	
			동력부문	수선부문	절단부문	조립부문
자기부문비		1,100,000원	120,000원	80,000원	500,000원	400,000원
보조부문비						
동력부문비	Kw/h	120,000원			84,000원	36,000원
수선부문비	수선시간	80,000원			36,000원	44,000원
보조부문합계		200,000원			120,000원	80,000원
제조부문비합계		1,100,000원			620,000원	480,000원

■ 동력부문

절단부문 = 120,000원 × $\frac{35,000}{50,000}$ = 84,000원

조립부문 = 120,000원 × $\frac{15,000}{50,000}$ = 36,000원

■ 수선부문

절단부문 = 80,000원 × $\frac{450}{1,000}$ = 36,000원

조립부문 = 80,000원 × $\frac{550}{1,000}$ = 44,000원

예제2

(주)배움의 다음 자료에 의하여 단계배부법으로 보조부문비배부표를 작성하시오. 다음 자료는 당월 중에 각 부문에서 발생한 제조간접비와 보조부문이 다른 부문에 제공한 용역의 양이며 수선부문비를 먼저 배부하는 것으로 한다.

비 목	보조부문		제조부문		합 계
	동력부문	수선부문	절단부문	조립부문	
자기부문발생액	120,000원	80,000원	500,000원	400,000원	1,100,000원
제공한용역					
동력부문(Kw)	-	20,000	20,000	60,000	100,000
수선부문(시간)	600	-	600	800	2,000

【해설】

부문비배부표

비 목	배부기준	금 액	보조부문		제조부문	
			동력부문	수선부문	절단부문	조립부문
자기부문비		1,100,000원	120,000원	80,000원	500,000원	400,000원
보조부문비						
수선부문비	수선시간	80,000원	24,000원	(80,000원)	24,000원	32,000원
동력부문비	Kw/h	144,000원	(144,000원)		36,000원	108,000원
보조부문합계		224,000원			60,000원	140,000원
제조부문비합계		1,100,000원			560,000원	540,000원

- 수선부문

  절단부문 = 80,000원 × $\dfrac{600}{2,000}$ = 24,000원

  조립부문 = 80,000원 × $\dfrac{800}{2,000}$ = 32,000원

  동력부문 = 80,000원 × $\dfrac{600}{2,000}$ = 24,000원

- 동력부문

  절단부문 = 144,000원 × $\dfrac{20,000}{80,000}$ = 36,000원

  조립부문 = 144,000원 × $\dfrac{60,000}{80,000}$ = 108,000원

CHAPTER 03 제품별 원가계산

1. 개별원가계산

구 분	내 용
개별원가계산 의의	성능, 품질, 규격 등이 다른 여러 종류의 제품을 주문에 의해 소량을 개별적으로 생산하는 건설업, 기계제조업, 항공기제조업, 가구제조업, 조선업 등에서 사용하는 원가계산제도
개별원가계산 절차	1단계: 개별작업에 대한 제조직접비(직접노무비, 직접재료비)를 직접부과 2단계: 개별작업에 직접부과 할 수 없는 제조간접비를 집계 3단계: 제조간접비 배부기준을 설정 4단계: 설정된 배부기준율에 따라 제조간접비의 배분
실제 개별원가계산	개별작업에 실제로 발생한 직접재료비와 직접노무비를 추적·부과하고 제조간접비는 일정기간동안 실제 발생한 제조간접비를 동일기간의 실제 배부기준 총수로 나눈 실제배부율에 의하여 개별제품에 배부하는 원가계산방법 ■ 제조간접비 실제배부율 = $\dfrac{\text{실제제조간접비 총액}}{\text{실제배부기준의 총계}}$ ■ 제조간접비 배부액 = 제조간접비 실제배부율 × 제품별 실제배부기준
정상 개별원가계산	정상개별원가계산은 **직접재료비와 직접노무비**는 실제개별원가계산과 같이 **실제발생액**을 개별작업에 직접 부과하며, 개별작업에 직접 부과할 수 없는 **제조간접비**는 회계연도 초에 연간 제조간접비 예산과 연간 예정조업도를 예측하여 **예정배부율을 이용하여 제조간접비를 먼저 배부**하여 제품원가 계산을 하고 추후 실제발생 제조간접비를 집계하는 원가계산방법 ⇨ [CHAPTER 02 원가의 배분 및 부문별 원가계산] 참고 1단계: 회계연도 연초에 예정배부율 산출 제조간접비 예정배부율 = $\dfrac{\text{예정제조간접비 총액}}{\text{예정배부기준의 총계}}$ 2단계: 기중에 실제 조업도에 따라 제조간접비 배부 ① 제조간접비 예정배부액 = 예정배부율 × 제품별 실제배부기준 ② 제조간접비 실제발생액 집계 ③ 제조간접비 배부차이 집계 3단계: 회계연도 말에 제조간접비 배부차이를 조정

2. 종합원가계산

구 분	내 용
종합원가계산 의의	동종한 제품을 연속적으로 대량생산(방직업, 정유업, 식품가공업, 제지업, 제분업 등)하는 기업에서 사용하는 제품 원가계산방법
종합원가계산 종류	① **단순 종합원가계산** : 단일공정을 통하여 단일제품을 연속적으로 생산하는 형태의 원가계산방법(예 : 얼음 및 벽돌제조업 등) ② **공정별 종합원가계산** : 두 개 이상의 제조공정을 통하여 동일 종류의 제품을 연속적으로 대량생산하고 있는 형태에서 사용하고 있는 원가계산방법(예 : 제지업, 제당업 등) ③ **조별 종합원가계산** : 이종제품을 연속적으로 대량생산하는 경우에 제품의 종류마다 조를 설정하여 조별로 원가계산을 하는 방법(예 : 자동차제조업, 통조림제조업 등) ④ **등급별 종합원가계산** : 동일한 재료와 동일한 공정을 통하여 계속적으로 동일한 종류의 제품을 생산하나 규격, 모양, 무게, 품질 등이 서로 다른 제품을 생산하는 경우 사용하는 원가계산방법(예 : 정유업, 제화업 등) ⑤ **연산품 종합원가계산** : 동일한 재료를 사용하고 동일한 공정을 거쳐 계속적으로 생산되는 서로 다른 두 종류 이상의 제품을 생산하는 경우 사용하는 원가계산방법(예 : 정유업, 정육업 등)
종합원가계산 절차		1단계	물량의 흐름을 파악한다.
2단계	원가요소별로 완성품환산량을 계산한다.
3단계	원가요소별로 발생한 원가를 집계한다.
4단계	원가요소별로 완성품환산량 단위당원가를 산출한다.
5단계	완성품제조원가와 기말재공품원가를 계산한다.	
완성품환산량	일정기간에 투입한 원가를 그 기간에 완성품만을 생산하는데 투입했더라면 완성되었을 완성품수량으로 나타낸 수치를 말함 	완성품	당해 생산공정에서 생산이 완료된 것을 말하는 것으로 가공비 완성도는 100%이다.
기말재공품	당해 생산공정에서 생산이 완료되지 않고 가공 중에 있는 것으로 가공비 완성도가 100% 미만에 해당한다.

완성품환산량	완성품(100% 가공)과 기말재공품(100% 미만 가공)을 동등한 자격으로 일치시켜 주는 척도가 필요한데 이것이 완성품환산량이다.
	▪ 완성품에 대한 완성품환산량 = 완성품수량 × 완성도(진척도)
	▪ 기말재공품에 대한 완성품환산량 = 기말재공품수량 × 완성도(진척도)
	▪ 완성도는 원가요소별로 파악되어야 함 |
	
	▪ **재료비 및 가공비의 완성품환산량 계산방법** : 월말수량 100개(완성도 60%)
	① 재료비가 공정의 착수시점에 전부 투입되는 경우
	   재료비의 완성도 100%로 계산 ⇨ 월말재공품완성품환산량 100개 × 100% = 100개
	② 재료비가 제조진행에 따라 투입되는 경우
	   완성도를 적용하여 계산 ⇨ 월말재공품완성품환산량 100개 × 60% = 60개
	③ 가공비는 항상 제조진행에 따라 투입하는 것으로 본다.

구 분		내 용
종합원가계산방법	평균법	당월에 완성된 제품은 그것이 월초재공품에서 완성된 것이든, 당월착수분에서 완성된 것이든 구분 없이 당월에 완성된 것으로 보는 방법 기초재공품원가 ─┐ 　　　　　　　　(혼합) → 당기완성품 → 당기완성품원가 당기발생원가 ───┘　　　　　　　기말재공품 → 기말재공품원가 ① 완성품환산량 = 당기완성수량 + 기말재공품환산량 ② 완성품환산량단위당원가 = $\dfrac{(기초재공품원가 + 당기투입원가)}{완성품환산량}$ ③ 기말재공품원가 = 완성품환산량단위당원가 × 기말재공품환산량 　⇨ 기말재공품 평가는 직접재료비와 가공비를 구분하여 계산한 후 합산한다.
	선입선출법	월초재공품을 우선적으로 가공하여 완성시키고, 당월 착수분을 완성시키는 방법으로 기말재공품을 당월 착수분으로만 이루어지는 방법 기초재공품원가 → (기초재공품 전부 대체) → 당기완성품 → 당기완성품원가 당기발생원가 → (당기착수) ↗ 　　　　　　　　(당기착수) → 기말재공품 → 기말재공품원가 ① 완성품환산량 = 당기완성수량 − 기초재공품환산량 + 기말재공품환산량 　　　　　　　= 기초재공품수량 × (1 − 완성도) + 당기제조착수수량 중 완성수량 　　　　　　　+ 기말재공품수량 × 완성도 ② 완성품환산량단위당원가 = $\dfrac{당기투입원가}{완성품환산량}$ ③ 기말재공품원가 = 완성품환산량단위당원가 × 기말재공품환산량 　⇨ 기말재공품 평가는 직접재료비와 가공비를 구분하여 계산한 후 합산한다.
	비교	① 기초재공품원가가 없다면 평균법과 선입선출법은 동일 ② 평균법은 기초재공품도 당기 투입분으로 보아 완성품환산량을 계산하므로 간편한 방법 ③ 선입선출법은 기초재공품원가와 당기발생원가를 구분하여 작업하므로 계산과정이 복잡함

다음 자료를 보고 평균법에 의한 완성품원가 및 월말재공품 원가를 계산하시오.

- 기초재공품 10,000개 (가공비 진척도 50%) (재료비 48,000원, 가공비 6,000원)
- 당기투입량 70,000개 (재료비 392,000원, 가공비 150,000원)
- 기말재공품 20,000개 (가공비 진척도 25%)
- 재료비는 공정초에 전량 투입되고, 가공비는 공정전반에 걸쳐 균등하게 발생한다.

【해설】

- 제1단계 : 물량의 흐름(단위 : 개)

재 공 품			
기초	10,000개(50%)	완성	60,000개
착수	70,000개	기말	20,000개(25%)
	80,000개		80,000개

- 제2단계 : 완성품환산량의 계산

	물량흐름	완성품환산량	
		재료비	가공비
완 성 품	60,000개(100%)	60,000개	60,000개
기말재공품	20,000개(25%)	20,000개*	5,000개**
계		80,000개	65,000개

* 재료비 기말재공품(공정초 전량 투입 : 완성도 100%) = 20,000개 × 100% = 20,000개
** 가공비 기말재공품(공정전반 투입 : 완성도 25%) = 20,000개 × 25% = 5,000개

- 제3단계 : 총원가의 계산

	재료비	가공비
기초재공품	48,000원	6,000원
당기발생원가	392,000원	150,000원
계	440,000원	156,000원

- 제4단계 : 완성품환산량의 단위당 원가

① 재료비의 완성품환산량 단위당 원가 = $\frac{440,000원}{80,000개}$ = @5.5원

② 가공비의 완성품환산량 단위당 원가 = $\frac{156,000원}{65,000개}$ = @2.4원

- 제5단계 : 월말재공품 평가

① 완성품원가 : (60,000개 × @5.5원) + (60,000개 × @2.4원) = 474,000원
② 기말재공품원가 : 재료비(20,000개 × @5.5원) + 가공비(5,000개 × @2.4원) = 122,000원

 **예 제2**

다음 자료를 보고 선입선출법에 의한 월말재공품 원가를 계산하시오.

- 기초재공품   200개 (완성도 60%) (재료비 180,000원, 가공비 70,000원)
- 기말재공품   600개 (완성도 70%)
- 당기투입량 2,400개 (재료비 480,000원, 가공비 345,000원)
- 완성품수량 2,000개
- 재료비는 공정초에 전량 투입되고 가공비는 공정전반에 걸쳐 균등하게 발생한다.

【해설】

- 제1단계 : 물량의 흐름(단위 : 개)

재 공 품			
기초	200개(60%)	완성	2,000개
착수	2,400개	기말	600개(70%)
	2,600개		2,600개

⇨ 기초 200개, 착수 1,800개

- 제2단계 : 완성품환산량의 계산

	물량흐름	완성품환산량	
		재료비	가공비
완 성 품	2,000개		
	기초재공품 200개(40%)	0개	80개
	당기투입분 1,800개(100%)	1,800개	1,800개
기말재공품	600개(70%)	600개	420개
계		2,400개	2,300개

① 재료비 : 2,000개 − 200개 + 600개 = 2,400개
② 가공비 : 2,000개 − 120개 + 420개 = 2,300개

- 제3단계 : 총원가의 계산

	재료비	가공비
당기발생원가	480,000원	345,000원

- 제4단계 : 완성품환산량의 단위당 원가

① 재료비의 완성품환산량 단위당 원가 = $\dfrac{480,000원}{2,400개}$ = @200원

② 가공비의 완성품환산량 단위당 원가 = $\dfrac{345,000원}{2,300개}$ = @150원

- 제5단계 : 월말재공품 평가

① 완성품원가 : 기초재공품원가 250,000원 + (1,800개 × @200원) + (1,880개 × @150원) = 892,000원
② 기말재공품원가 : 재료비(600개 × @200원) + 가공비(420개 × @150원) = 183,000원

3. 개별원가계산과 종합원가계산의 비교

구 분	종합원가계산	개별원가계산
생산형태	동종 제품의 연속 대량 생산	고객의 주문에 따라 제품을 생산하는 주문생산 형태
적용대상업종	정유업, 제분업, 제당업, 방직업, 철강업, 제지업, 화학품제조업	건설업, 조선업, 인쇄업, 기계제작업, 항공기제조업, 회계서비스업
제조지시서	계속제조지시서	특정제조지시서
원가계산방법	공정별, 기간별원가계산을 하므로 직접재료비와 가공비의 구분과 완성품환산량의 계산이 중요	제조지시서별 원가계산을 위하여 직접비, 간접비의 구분과 제조간접비의 배부가 중요
기말재공품의 평가	제조원가를 완성품원가와 기말재공품으로 분배하는 절차가 필요하고 기말재공품 완성품 환산량에 단위당 원가를 곱하여 계산한다.	미완성된 제조지시서의 원가를 집계하면 된다.
완성품 단위당원가	완성품제조원가(= 기초재공품원가 + 당기 제조원가투입액 - 기말재공품원가)를 완성 수량으로 나눈다.	완성된 제품의 원가계산자료의 합계액을 완성수량으로 나누어 구한다.
원가계산의 정확성	상대적으로 정확성이 떨어진다.	제품별 정확한 원가계산이 가능
원가계산의 비용	상대적으로 덜 복잡하여 비용이 많이 들지 않는다.	상세한 기록이 필요하여 원가계산 비용이 많이 소요된다.
보고서식	제조원가보고서	작업원가표

4. 공손품, 작업폐물, 부산물의 구분

구 분	내 용
공손품	① **공손품의 의의** : 재료의 불량, 작업기술의 미숙, 기계 등의 정비불량 등으로 가공과정에 실패한 불합격품을 공손이라 함 <table><tr><td rowspan="2">정상적 공손</td><td rowspan="2">제품의 원가로 처리</td><td>기말재공품 **검사시점 통과** : 완성품과 기말재공품에 배부</td></tr><tr><td>기말재공품 **검사시점 미통과** : 완성품에만 배부</td></tr><tr><td>비정상 공손</td><td colspan="2">기간비용인 영업외비용으로 처리</td></tr></table>② **정상공손수량의 의의** : 정확한 제품원가계산과 원가통제를 위하여 정상공손으로 인정할 수 있는 허용한도를 정하는데 이를 정상공손허용률이라고 부르며, 이 범위 내에서 발생한 공손수량을 정상공손수량으로, 공손수량 중 정상공손허용량을 초과한 수량은 비정상공손으로 간주됨

구 분	내 용
공손품	③ **정상공손수량 파악** 　㉠ 검사시점 통과기준(당기 중 검사를 통과한 합격품, 양품) 　　　　정상공손허용량 = 당기 중 검사를 통과한 정상품 × 정상공손허용률 　㉡ 검사시점 도달기준(당기 중 검사시점에 도달한 수량) 　　　　정상공손허용량 = 당기 중 검사를 받은 수량* × 정상공손허용률 　　＊ 당기 중 검사를 받은 수량 = 당기 중 검사를 통과한 정상품 + 공손수량 ④ **정상품(양품, 합격품)** : 정상적인 판매가치를 지니는 생산물을 말함 　■ 기말재공품 완성도 > 검사시점 : 기말재공품이 검사를 통과함 　　　　　⇨ **기말재공품도 정상품에 포함됨** 　■ 기말재공품 완성도 < 검사시점 : 기말재공품이 검사를 통과하지 않음 　　　　　⇨ **기말재공품은 정상품에 포함되지 않음**
작업폐물	제품의 제조과정에 투입된 원재료로부터 발생하는 찌꺼기나 조각을 말하며 판매가치가 상대적으로 작은 것을 말한다. 예를 들어 가구제작업의 나무토막, 톱밥 등의 부스러기인 잔폐물 등이 대표적이다. ① 작업폐물이 발생한 제조지시서의 직접재료비에서 차감하여 제조원가에서 차감하고 작업폐물이 발생한 부문의 부문비에서 차감한다. ② 작업폐물의 금액이 적은 경우 처분하여 잡이익(영업외수익)으로 처리한다.
부산물	제품제조과정에서 발생한 이용가치나 매각가치가 작은 제2차적인 생산물인 비누공장에서의 글리세린 같은 제품을 부산물이라 함

(주)배움은 단일제품을 대량으로 생산하고 있다. 원재료는 공정초기에 모두 투입되고 가공비는 공정전반에 걸쳐 균등하게 발생한다. 8월의 원가계산은 다음과 같다.

- 기초재공품 : 수량　200개 (완성도 40%)
- 당기완성품 : 수량　1,000개
- 공 손 품 : 수량　150개
- 당기착수량 : 수량　1,200개
- 기말재공품 : 수량　250개 (완성도 60%)
- 품질검사에 합격한 수량의 10%에 해당하는 공손수량은 정상공손으로 간주한다.

검사가 공정의 20%, 50% 완성시점에서 이루어진다고 가정할 경우 (주)배움에서 발생한 공손품 중 제품원가와 영업외비용으로 포함시켜야 할 공손수량은 각각 얼마인가?

【해설】

- 정상공손과 비정상공손 수량 파악

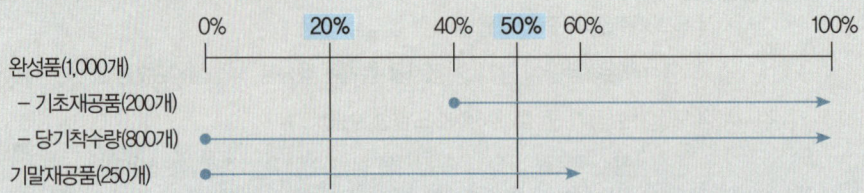

완성도	내 용
20% 시점	기초재공품(40%)은 전기에 검사시점(20%)을 통과하였으며 당기착수완성품(100%)과 기말재공품(60%)은 당기에 검사시점을 통과하였다. ■ 정상공손수량 = (800개 + 250개) × 10% = 105개(제품원가) ■ 비정상공손수량 = 150개 − 105개 = 45개(영업외비용)
50% 시점	기초재공품(40%)은 전기에 검사시점(50%)을 통과하지 않았으며 당기착수완성품(100%) 및 기말재공품(60%)과 함께 당기에 검사시점을 통과하였다. ■ 정상공손수량 = (200개 + 800개 + 250개) × 10% = 125개(제품원가) ■ 비정상공손수량 = 150개 − 125개 = 25개(영업외비용)

CHAPTER 04 실무이론 평가

[원가회계의 개념 및 원가흐름]

01. 다음 중 원가계산에 관련된 설명 중 타당하지 않은 것은?
   ① 원가회계는 일반적으로 회사내부 정보이용자에게도 유용한 정보를 제공한다.
   ② 제조원가명세서가 작성되었더라도 제품매출원가를 알 수 있는 것은 아니다.
   ③ 제조과정에 있는 모든 제조기업의 원가계산은 기업회계기준에서 정한 동일한 원가계산방식에 의해서 하여야 한다.
   ④ 제조원가에 해당하는 금액을 발생즉시 비용처리 하였다면 당기총제조원가를 과소계상하게 된다.

02. 다음 중 원가회계의 목적과 관련이 없는 것은?
   ① 경영자들의 각종 의사결정 및 통제에 필요한 자료를 제공한다.
   ② 일반 재무제표의 작성에 필요한 원가를 집계한다.
   ③ 경영자에게 원가관리에 필요한 원가자료를 제공한다.
   ④ 회계원칙의 기준에 따라 작성되어야 한다.

03. 원가의 개념에 대한 다음 설명 중 틀린 것은?
   ① 매몰원가란 특정의사결정과 직접적으로 관련있는 원가를 말한다.
   ② 고정원가란 관련범위 내에서 조업도 수준과 관계없이 총원가가 일정한 원가형태를 말한다.
   ③ 직접원가란 특정 원가 집적대상에 추적이 가능하거나 식별 가능한 원가이다.
   ④ 기간원가란 제품생산과 관련없이 발생된 원가로써 발생된 기간에 비용으로 처리되는 원가를 말한다.

04. 다음의 원가에 관한 설명 중 가장 적절하지 않은 것은?
   ① 직접비란 특정제품의 제조에만 소비되어 직접 그 특정제품에 관련시킬 수 있는 원가를 말한다.
   ② 가공원가란 직접재료비와 직접노무비만을 합한 금액을 말한다.
   ③ 노무비란 제품을 제조하기 위하여 노동력을 소비함으로써 발생되는 원가를 말한다.
   ④ 간접비란 여러 종류의 제품제조를 위하여 공통적으로 소비되어 특정제품과 직접 관련시킬 수 없는 원가를 말한다.

05. 다음은 제조원가에 관련한 내용이다. 가장 옳지 않는 것은 무엇인가?
   ① 제조원가는 직접재료비와 직접노무비에 제조관련한 간접비를 가산하여 계산한다.
   ② 직접노무비와 제조간접비는 변동비에 해당한다.
   ③ 제품의 가격을 결정시에는 제조원가만을 고려하지 않고 판매비와관리비도 고려하는 것이 보다 합리적이다.
   ④ 고정비는 관련 조업도범위 내에서 제품생산량에 무관하게 발생하는 비용이다.

06. 자동차 제조업체인 (주)상용의 회계담당자는 제조원가를 다음과 같이 분류하였다. 잘못 분류된 것은?

① 타이어 : 직접재료비
② 공장장의 임금 : 직접노무비
③ 망치, 못 등의 소모성 비품 : 간접재료비
④ 공장내 의무실에 근무하는 의사의 급여 : 제조간접비

07. 직접노무비는 다음 중 어느 원가에 해당하는가?

	기본원가	가공비	제품원가	기간비용
①	예	예	예	아니오
②	예	아니오	예	아니오
③	예	아니오	예	예
④	아니오	예	예	아니오

08. 일반적으로 제조부문에서 발생하는 노무비에 대한 설명 중 가장 옳은 것은?

① 손익계산서상 판매비와 관리비에 해당한다.
② 변동비에 해당한다.
③ 제품원가계산시 당기총제조비용에 반영된다.
④ 재료비 계정으로 대체된다.

09. 특정 원가대상에 대한 원가요소의 추적가능성에 따른 분류는?

① 통제가능원가와 통제불능원가　　② 직접비와 간접비
③ 실제원가와 표준원가　　　　　　　④ 변동비와 고정비

10. 관련 범위내에서 조업도의 변화에 따라 총원가가 어떻게 변화하느냐를 구분하는 것을 원가형태(원가행태)에 따른 분류라고 한다. 다음 중 원가형태(원가행태)에 따른 원가의 구분(분류)으로 적당한 것은?

① 제품원가, 기간비용　　② 변동원가, 고정원가
③ 직접원가, 간접원가　　④ 기초원가, 전환원가

11. 다음 중 원가에 대한 설명으로 틀린 것은?

① 노무비 : 제품 제조를 위하여 투입된 노동력에 대한 대가
② 혼합비 : 직접비의 성격과 간접비의 성격이 혼합된 원가
③ 변동비 : 조업도가 증가함에 따라 총원가가 비례적으로 증가되는 원가
④ 고정비 : 조업도가 증가함에 따라 단위당 원가가 감소되는 원가

12. 다음 중 원가의 분류에 대한 설명 중 틀린 것은?

① 조업도가 증가하는 경우 총고정비와 단위당고정비는 일정하다.
② 조업도가 증가하는 경우 총원가가 증가하지만 조업도가 0인 경우에도 일정액이 발생하는 원가를 준변동비 또는 혼합비라고 한다.
③ 임금, 급여, 상여금 등 명칭에 불구하고 제품제조를 위해 투입된 노동력에 대하여 지급된 원가를 노무비라고 한다.
④ 여러 종류의 제품제조를 위하여 공통적으로 소비되어 특정 제품에 추적할 수 없는 원가를 간접원가라고 한다.

13. 과자를 만들 때 과자 10개당 포장지 한 개가 소요된다고 한다면 포장지 재료비의 원가행태를 그래프로 가장 적절하게 표현한 것은? (x : 과자생산량, y : 포장지 재료원가)

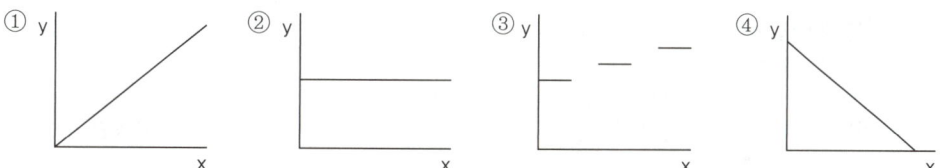

14. 다음 표에 보이는 원가행태와 관련한 설명으로 잘못된 것은?

조업도(시간)	10	20	30
총원가(원)	100,000	100,000	100,000

① 조업도 수준에 관계없이 관련범위 내에서 원가총액은 항상 일정하다.
② 생산량이 증가할수록 단위당 원가부담은 감소한다.
③ 상기와 같은 원가행태에 속하는 예로는 전력비나 임차료가 있다.
④ 제품 제조과정에서 가공비로 분류된다.

15. 다음은 (주)강남의 제품 한 개에 대한 원가이다. 자료를 보고 (주)강남의 2025년도 제품 단위당 변동제조원가를 구하시오.

- 판매가격 : 1,500원
- 직접재료비 : 500원
- 직접노무비 : 300원(시간당 노무비는 100원)
- 변동제조간접비 : 시간당 30원이 발생

① 800원 ② 830원 ③ 890원 ④ 930원

16. 다음 자료에 의하여 제조원가를 계산하면?

- 판매부서급료 : 20,000원
- 공장장급료 : 30,000원
- 대손상각비 : 20,000원
- 본사건물보험료 : 30,000원
- 제품외주가공비 : 15,000원
- 기계감가상각비 : 20,000원

① 60,000원 ② 65,000원 ③ 75,000원 ④ 80,000원

17. 다음 중 일반적인 제조기업의 원가계산흐름을 바르게 설명한 것은?

① 부문별 원가계산 → 요소별 원가계산 → 제품별 원가계산
② 부문별 원가계산 → 제품별 원가계산 → 요소별 원가계산
③ 요소별 원가계산 → 부문별 원가계산 → 제품별 원가계산
④ 요소별 원가계산 → 제품별 원가계산 → 부문별 원가계산

18. 다음 중 원가에 관한 설명 중 가장 적절하지 않은 것은?

① 재공품이란 생산 중에 있는 미완성품을 말한다.
② 공장의 전화요금을 정액제로 가입하면 이는 고정원가에 해당된다.
③ 기초원가란 재료비와 노무비를 합한 금액을 말한다.
④ 개별원가계산은 서로 다른 종류의 제품을 주문 생산하는 경우에 적합하다.

19. 다음 자료를 보고 당기에 투입된 원재료원가를 계산하면 얼마인가?

- 당기 원재료 매입액   10억원
- 기초대비 당기말 원재료재고 증가액   3억원
- 당기 총 제조원가   13억원

① 7억원   ② 10억원   ③ 13억원   ④ 16억원

20. 다음 중 당월에 발생한 재료비 중 간접재료비 100,000원을 대체하는 분개로 맞는 것은? 다만, 당사는 재료비 계정을 설정하여 회계처리를 하고 있다.

① (차변) 재료비   100,000원   (대변) 원재료   100,000원
② (차변) 제조간접비 100,000원   (대변) 재공품   100,000원
③ (차변) 원재료   100,000원   (대변) 제조간접비 100,000원
④ (차변) 제조간접비 100,000원   (대변) 재료비   100,000원

21. 다음 중 재공품계정의 대변에 기입되는 사항은?

① 제조간접비 배부액   ② 직접재료비 소비액
③ 당기 제품제조원가   ④ 재공품 전기이월액

22. 다음 중 제조원가명세서의 당기제품제조원가에 영향을 미치지 않는 회계거래는?

① 당기에 투입된 원재료를 과소계상 하였다.
② 당기의 기말재공품원가를 과소계상 하였다.
③ 공장 직원의 복리후생비를 과대계상 하였다.
④ 기초의 제품원가를 과대계상 하였다.

23. 다음 자료를 이용하여 당기제품제조원가를 구하면 얼마인가?

- 기초원재료재고 : 70,000원   - 기말원재료재고 : 40,000원   - 당기원재료매입액 : 200,000원
- 직접노무비   : 150,000원   - 제조간접비   : 100,000원   - 기초재공품재고 : 80,000원
- 기말재공품재고 : 100,000원 - 기초제품재고 : 60,000원   - 기말제품재고   : 150,000원

① 460,000원   ② 470,000원   ③ 390,000원   ④ 480,000원

24. 삼일(주)는 악기를 제조하고 있는 회사이다. 당 회사의 2025년 원가는 다음과 같다. 다음 자료를 참고하여 2025년말 제품재고액을 구하라.

(1) 재무상태표상 금액

	2024년말	2025년말
■ 원재료	?	?
■ 재공품	12,000원	15,000원
■ 제 품	26,000원	?

(2) 제조원가명세서와 손익계산서상의 금액
- 직접노무비   21,000원   ■ 제조간접비   8,000원
- 직접재료비   26,000원   ■ 제품매출원가 60,000원

① 15,000원   ② 16,000원   ③ 18,000원   ④ 20,000원

25. 다음은 세무(주)의 당월 원가자료이다. 세무(주)는 당기총제조원가(비용)에 당월 판매비와 관리비를 가산하여 판매원가를 계산하고 있다. 자료에 의하여 판매원가에 포함된 판매비와 관리비를 계산하면 얼마인가?

- 직접재료비 3,000,000원   - 제조간접비 3,000,000원   - 직접노무비 2,000,000원   - 판매원가 11,000,000원

① 1,700,000원   ② 3,000,000원   ③ 3,700,000원   ④ 4,700,000원

26. 당기의 기말재공품이 기초재공품보다 더 큰 경우에 대한 상황을 가장 적절하게 설명한 것은?
① 당기총제조비용이 당기제품제조원가보다 클 것이다.
② 당기총제조비용이 당기제품제조원가보다 작을 것이다.
③ 당기제품제조원가가 매출원가보다 클 것이다.
④ 당기제품제조원가가 매출원가보다 작을 것이다.

27. 다음 중 제조원가명세서에서 확인할 수 없는 내용은?
① 기말 원재료 재고액
② 재공품에 투입된 가공비
③ 기말 재공품 재고액
④ 기말 제품 재고액

28. 제조원가명세서와 손익계산서 및 재무상태표와의 관계에 대한 설명이다. 다음 중 설명이 틀린 것은?
① 제조원가명세서의 기말원재료재고액은 재무상태표의 원재료계정에 계상된다.
② 제조원가명세서의 기말재공품의 원가는 재무상태표의 재공품계정으로 계상된다.
③ 제조원가명세서의 당기제품제조원가는 손익계산서의 매출원가에 계상된다.
④ 손익계산서의 기말제품재고액은 재무상태표의 제품계정금액과 같다.

29. 다음의 요약 제조원가명세서에 대한 설명으로 틀린 것은?

	과 목	금 액(단위 : 원)
Ⅰ	재료비	140,000
	기초재료재고액	10,000
	당기재료매입액	160,000
	기말재료재고액	30,000
Ⅱ	노무비	180,000
Ⅲ	경 비	150,000
Ⅳ	당기총제조비용	(?)
Ⅴ	기초재공품원가	20,000
Ⅵ	기말재공품원가	40,000
Ⅶ	(㉮)	(?)

① 재무상태표에 반영될 기말재고자산가액은 50,000원이다.
② 손익계산서상 매출원가계산시 반영되는 금액은 450,000원이다.
③ 당기총제조비용은 470,000원이다.
④ ㉮의 과목은 당기제품제조원가이다.

30. 2024년 1월 5일 영업을 시작한 A회사는 2024년 12월 31일에 원재료 재고 5,000원, 재공품 재고 10,000원, 제품 재고 20,000원을 가지고 있었다. 2025년에 영업실적이 부진하자 이 회사는 2025년 6월에 원재료와 재공품 재고를 남겨두지 않고 제품으로 생산한 후 싼 가격으로 처분하고 공장을 폐쇄하였다. 이 회사의 2025년 원가를 큰 순서대로 나열한 것은?

① 매출원가, 제품제조원가, 총제조원가　　② 매출원가, 총제조원가, 제품제조원가
③ 총제조원가, 제품제조원가, 매출원가　　④ 모두 같음

[원가의 배분]

01. 제조간접비에 대한 설명으로서 틀린 것은?
① 제품에 배부되는 원가를 직접 추적할 수 없는 간접원가이다.
② 인과관계에 의한 배부기준 선택이 용이하다.
③ 실제원가배부법의 경우 동일한 제품에 매기 상이한 제품단위당 원가가 계산되는 단점이 있다.
④ 신속한 원가계산 및 제품판매가의 결정시 의사결정의 필요성에 따라 예정원가배부법이 적용된다.

02. 다음은 제조간접비 배부에 관한 내용이다. 옳지 않은 것은?
① 제조간접비란 두 종류 이상의 제품을 제조하기 위하여 공통적으로 발생하는 원가를 말한다.
② 제조간접비는 재료비, 노무비에서 발생되는 경우도 있다.
③ 제조간접비 배부방법 중 실제배부법은 제조간접비 실제 발생총액이 집계되어야 하므로 기중에 제조원가를 계산하기 불편한 점이 있다.
④ 제조간접비 배부차이는 반드시 제조원가에 반영되도록 해야 한다.

03. 다음 중 제조간접비 예정배부액의 계산 방법은?
① 제품별 배부기준의 실제발생액 × 예정배부율
② 제품별 배부기준의 실제발생액 × 실제배부율
③ 제품별 배부기준의 예정발생액 × 예정배부율
④ 제품별 배부기준의 예정발생액 × 실제배부율

04. (주)세무는 직접원가를 기준으로 제조간접비를 배부한다. 다음 자료에 의해 작업지시서 No.1의 제조간접비 배부액은 얼마인가?

	공장전체발생원가	작업지시서 No.1
직접재료비	1,000,000원	300,000원
직접노무비	1,500,000원	400,000원
기계 시간	150시간	15시간
제조간접비	7,500,000원	( )

① 700,000원　　② 2,100,000원　　③ 3,000,000원　　④ 3,651,310원

05. 다음 자료에 의하여 제조간접비 배부액과 제조원가를 구하시오. 단, 제조간접비는 기계작업시간을 기준으로 예정배부한다.

- 제조간접비 총액(예정) : 3,000,000원
- 직접노무비 : 4,000,000원
- 직접재료비 : 1,500,000원
- 실제기계작업시간 : 8,000시간
- 예정 기계작업시간 : 10,000시간

	제조간접비 배부액	제조원가
①	2,400,000원	7,900,000원
②	2,400,000원	8,500,000원
③	3,000,000원	7,900,000원
④	3,000,000원	8,500,000원

06. (주)한국의 제조간접비 예정배부율은 "1,000원/직접노동시간"이며, 실제발생한 제조간접비는 3,100,000원이다. 당기의 제품제조와 관련한 자료가 다음과 같을 때 제조간접비 배부차이를 구하시오.

구 분	작업1	작업2	계
직접재료비	2,500,000원	2,000,000원	4,500,000원
직접노무비	1,000,000원	500,000원	1,500,000원
직접노동시간	2,000시간	1,000시간	3,000시간

① 100,000원(과소배부) ② 100,000원(과대배부)
③ 200,000원(과소배부) ④ 200,000원(과대배부)

07. 간접재료비 50,000원, 간접노무비 30,000원, 간접경비 20,000원이 실제로 발생하였으며, 제조간접비 배부차이는 5,000원을 과소배부하였다면 제조간접비 예정배부액은 얼마인가?

① 150,000원   ② 105,000원   ③ 100,000원   ④ 95,000원

08. (주)백두의 제조간접비예정배부율은 '작업시간당 10,000원'이다. 작업시간이 500시간이고, 제조간접비배부차이가 200,000원 과소배부일 때 제조간접비 실제발생액은?

① 5,000,000원   ② 4,800,000원   ③ 5,200,000원   ④ 4,600,000원

09. 다음 분개내용을 바르게 추정한 것은?

(차변) 제조간접비 125,000원   (대변) 제조간접비배부차이 125,000원

① 제조간접비 실제소비액이 예정배부액보다 125,000원 적다.
② 제조간접비 예정배부액이 실제소비액보다 125,000원 적다.
③ 제조간접비 실제소비액은 125,000원이다.
④ 제조간접비 예정배부액은 125,000원이다.

10. 강남상사는 개별원가계산제도를 채택하고 있다. 5월 중 원장의 재공품계정에는 다음과 같은 사항이 기록되어 있다. 강남상사는 직접노무비의 70%를 제조간접비로 배부하고 있다. 5월 말에 아직 가공 중에 있는 유일한 작업인 제조명령서 101호에는 직접노무비 1,000원이 발생되었다. 제조명령서 101호에 부과될 직접재료비는 얼마인가?

- 5월 1일 : 잔액 3,000원
- 5월 3일 : 직접노무비 투입 6,000원
- 5월 31일 : 제품계정으로 대체 20,000원
- 5월 2일 : 직접재료비 투입 10,000원
- 5월 4일 : 제조간접비 투입 4,200원

① 1,000원   ② 1,500원   ③ 2,000원   ④ 3,000원

11. 제조간접비가 과소배부 되었다면, 다음 설명 중 옳은 것은?
① 실제제조간접비는 예정제조간접비보다 적다.
② 재공품에 배부된 제조간접비는 실제제조간접비 발생액보다 적다.
③ 예정배부율이 너무 높게 설정되었기 때문이다.
④ 제조간접비 통제계정이 기말에 대변잔액이 발생하였다.

12. 다음 내용은 개별원가계산의 제조간접비에 관한 내용이다. 가장 옳지 않은 것은 무엇인가?
① 제조간접비의 예정배부액이 실제 발생액보다 작은 경우가 발생할 수 있으며, 이때에는 과소배부액이 발생한다.
② 제조간접비의 배부율은 공장전체배부율을 적용할 수도 있고, 부문별로 적용할 수도 있다.
③ 재료비는 직접원가이므로 제조간접비를 구성하지 않는다.
④ 제조간접비의 배부율은 노동시간 또는 기계시간 등 가장 합리적인 기준을 적용할 수 있다.

[부문별 원가계산]

01. 다음 중 부문별원가계산시 각 보조부문원가를 제조부문에 배부하는 기준으로 가장 적합한 것은?
① 식당부문비 : 매출액
② 전력부문비 : 전력사용량
③ 감가상각비 : 종업원 수
④ 각 부문의 노무비

02. 다음은 A와 B 두 종류의 제품을 제조하는 하늘산업(주)의 원가 내역 중 일부이다. A제품은 납을 주재료로 하여 절단부문 - 성형부문 - 염색부문 - 조립부문을 거쳐 제조되는 제품이며, B제품은 동을 주재료로 하여 압축부문 - 성형부문 - 염색부문 - 건조부문을 거쳐 제조되는 제품이라면 다음 중 원가의 분류로 잘못된 것은?
① 성형부문의 플라스틱 소비액 - 재료비 - 간접비
② 절단부문 근로자의 임금액 - 노무비 - 직접비
③ 납 원재료의 소비액 - 재료비 - 직접비
④ 염색부문 근로자의 임금액 - 노무비 - 직접비

03. 다음 자료를 보고 부문별원가계산 절차를 순서대로 나열한 것은?

> ⓐ 보조부문비를 제조부문에 배부한다.   ⓑ 부문공통비를 각 부문에 배부한다.
> ⓒ 제조부문비를 각 제품에 배부한다.   ⓓ 부문개별비를 각 부문에 부과한다.

① ⓐ-ⓑ-ⓒ-ⓓ   ② ⓑ-ⓐ-ⓒ-ⓓ   ③ ⓒ-ⓓ-ⓐ-ⓑ   ④ ⓓ-ⓑ-ⓐ-ⓒ

04. 다음은 보조부문원가의 배부에 관한 설명이다. 틀린 것은?
① 보조부문원가를 어떻게 배부하더라도 회사의 총이익은 변동이 없다.
② 보조부문원가의 배부시에는 수혜기준을 최우선적으로 고려하여야 한다.
③ 보조부문원가의 제조부문에 대한 배분방법에는 직접배분법, 단계배분법, 상호배분법 등이 있다.
④ 상호배분법은 보조부문의 수가 여러 개일 경우 시간과 비용이 많이 소요되고 계산하기가 어렵다는 단점이 있다.

05. 다음 중 보조부문 상호간의 용역수수를 고려하여 배분하는 방법만 모두 고른 것은?

> A. 상호배부법   B. 단계배부법   C. 직접배부법

① A, C   ② B, C   ③ A, B   ④ A, B, C

06. 보조부문비를 각 제조부분에 배부하는데 있어 보조부문간의 배부순서에 따라 배부액이 달라질 수 있는 방법은?
① 이중배부율법   ② 단계배부법   ③ 상호배부법   ④ 직접배부법

07. 다음 중 보조부문 원가를 제조부문에 배부하는 방법에 대한 설명으로 틀린 것은?
① 직접배부법을 사용하는 경우에는 특정 보조부문 원가가 다른 보조부문에 배부되지 아니한다.
② 단계배부법을 사용하는 경우 가장 먼저 배부되는 보조부문 원가는 다른 보조부문에도 배부될 수 있다.
③ 상호배부법을 사용하는 경우에는 배부순서에 따라 특정 제조부문에 대한 배부액이 달라지게 된다.
④ 직접배부법, 단계배부법, 상호배부법의 차이는 보조부문 상호간의 용역수수를 인식할 것인지 무시할 것인지의 차이라고 할 수 있다.

08. 보조부문의 원가를 다음과 같은 비율에 의해 제조부문에 배분할 때, 제조부문 A에 배분될 보조부문의 원가총액은 얼마인가? (단, 단계배분법에 의하며, 수선부문원가를 먼저 배부한다.)

구 분	보조부문		제조부문		배분대상원가
	수선부문	관리부문	A	B	
수선부문	0	0.3	0.6	0.1	50,000원
관리부문	0	0	0.2	0.8	40,000원

① 40,000원   ② 41,000원   ③ 42,000원   ④ 43,000원

09. (주)세무는 직접배부법을 이용하여 보조부문 제조간접비를 제조부문에 배부하고자한다. 보조부문 제조간접비를 배분한 후 조립부문의 총원가는 얼마인가?

구 분	보조부문		제조부문	
	전력부문	수선부문	조립부문	절단부문
전력부문 공급(kw)		40kw	80kw	80kw
수선부문 공급(시간)	100시간		300시간	200시간
자기부문원가(원)	100,000원	200,000원	500,000원	420,000원

① 670,000원 ② 644,000원 ③ 692,000원 ④ 700,000원

10. (주)형진의 보조부문에서 발생한 변동제조간접원가는 1,500,000원, 고정제조간접원가는 3,000,000원이 발생하였다. 이중배분율법에 의하여 보조부문의 제조간접원가를 제조부문에 배분할 경우 절단부문에 배분할 제조간접원가는 얼마인가?

	실제기계시간	최대기계시간
절단부문	2,500시간	7,000시간
조립부문	5,000시간	8,000시간

① 1,500,000원 ② 1,700,000원 ③ 1,900,000원 ④ 2,100,000원

[제품별 원가계산]

01. 다음 중 원가회계에 대한 설명으로 틀린 것은?
① 표준원가회계는 사전에 설정된 표준가격, 표준사용량을 이용하여 제품원가를 계산하는 방법으로서 주로 대외적인 보고목적으로 사용되는 원가회계방법이다.
② 전부원가회계에서는 변동비뿐만 아니라 고정비까지도 포함하여 원가계산을 하는 방법이다.
③ 개별원가회계는 건설업, 조선업 등 다품종소량생산 업종에서 주로 사용되는 원가계산 방법이다.
④ 예정원가회계는 과거의 실제원가를 토대로 예측된 미래원가에 의하여 원가계산을 하므로 사전원가회계라고 할 수 있다.

02. 개별원가계산에 대한 설명이다. 잘못된 것은 어느 것인가?
① 평균화 과정으로 원가계산을 단순화시킬 수 있다.
② 실제배부율과 예정배부율의 구분은 제조간접비와 관련된 문제이다.
③ 부문별 제조간접비 배분율을 사용하는 것이 공장전체 제조간접비 배분율 적용보다 더 정확하다.
④ 고객의 주문에 따라 제품을 생산하는 주문생산형태에 적합한 원가계산이다.

03. 다음 중 개별원가계산을 적용하기에 가장 적절하지 않은 것은?
① 대형선박의 제조원가
② 주문생산하는 고가의 승용차의 제조원가
③ 저가의 볼펜 제조원가
④ 비행기의 제조원가

04. 다음 중 종합원가계산에 적합한 업종은?
① 군함조선업 ② 라면제조업 ③ 비행기제작 ④ 상가건설

05. 다음 중 종합원가계산 방법들에 대한 설명으로 틀린 것은?
① 조별 종합원가계산 – 동종의 제품을 여러 단계의 제조공정에서 생산하는 경우
② 단일 종합원가계산 – 얼음제조업 등 하나의 제품을 하나의 공정에서 제조하는 경우
③ 연산품 종합원가계산 – 동일한 재료를 투입하여 동일한 공정에서 이종제품을 생산하는 경우
④ 등급품 종합원가계산 – 동일한 재료를 투입하여 동일한 공정에서 동종제품을 생산하는 경우

06. 다음 원가계산방법과 관련된 내용 중 가장 틀린 것은?
① 선박의 제조와 같이 다품종 소량생산의 경우에는 개별원가계산이 적합하다.
② 종합원가계산과 공정별원가계산은 병행할 수 없다.
③ 표준원가계산이란 원가발생의 예외를 관리하여 통제하기에 적절한 원가계산 방법이다.
④ 휘발유, 등유 등을 생산하는 정유회사의 경우에는 연산품원가계산을 적용하는 것이 적합하다.

07. 종합원가계산방법에 대한 설명으로 가장 적절하지 않은 것은?
① 제지업, 섬유업 등 소품종을 대량생산하는 업종의 원가계산에 적합하다.
② 작업지시서별로 작업원가표를 작성한다.
③ 완성품환산량을 기준으로 원가를 배분한다.
④ 여러 공정이 있는 경우에도 사용될 수 있는 원가계산 방법이다.

08. 신발을 제조하는 제화업처럼 동일한 공정에서 동일한 재료를 사용하여 제품의 모양, 크기, 품질규격 등이 서로 다른 동종제품을 계속적으로 생산하는 경우에 가장 적합한 원가계산방법은?
① 공정별 종합원가계산 ② 등급별 종합원가계산
③ 결합원가계산 ④ 개별원가계산

09. 다음은 개별원가계산과 종합원가계산에 대한 내용이다. 틀린 것은?
① 개별원가는 제조원가보고서에 원가를 집계하나, 종합원가는 작업원가계산표에 원가를 집계하여 통제한다.
② 개별원가는 원가를 개별 작업별로 집계하나, 종합원가는 공정별로 집계한다.
③ 개별원가는 원가를 직접비와 간접비로 구분하나, 종합원가는 재료비와 가공비로 구분한다.
④ 개별원가는 이종제품을 소량으로 생산하는 기업에 적합하며, 종합원가는 동종제품을 대량으로 연속적인 제조과정에서 생산하는 기업에 적합하다.

10. 종합원가계산에서 평균법으로 당기의 완성품환산량 단위당 원가를 계산하고자 할때 고려하여야 할 원가는?
① 당기투입원가 ② 당기투입원가와 기초재공품원가의 합
③ 당기총제조비용 ④ 당기투입원가와 기말재공품원가의 합

11. 종합원가계산에 있어서 선입선출법과 평균법에 의한 완성품환산량 단위당 원가가 동일하게 산출되는 경우는?
① 생산품의 성격이 동질적일 때
② 기초재공품이 전혀 없는 경우
③ 기말제품이 전혀 없는 경우
④ 기초제품이 전혀 없는 경우

12. 신라공업(주)는 종합원가계산을 채택하고 있다. 재료비는 공정초기에 전량 투입되며, 가공비는 공정기간 동안 균등하게 투입이 될 경우에 평균법에 의하여 완성품환산량을 구하면 얼마인가?

구분	물량	완성도	구분	물량	완성도
기초재공품	300개	70%	완성품	1,300개	–
당기투입	1,500개	–	기말재공품	500개	40%
계	1,800개	–	계	1,800개	–

    재료비   가공비   재료비   가공비
① 1,800개 1,500개   ② 1,800개 1,800개
③ 1,500개 1,500개   ④ 1,500개 1,800개

13. 다음 자료에 의하여 평균법에 의한 기말재공품 원가를 계산하면 얼마인가? 단, 모든 원가요소는 제조 진행정도에 따라 투입된다.

- 기초재공품 원가 : 직접재료비 320,000원, 노무비 830,000원, 경비 280,000원
- 당기제조원가 : 직접재료비 3,700,000원, 노무비 4,300,000원, 경비 2,540,000원
- 완성품 수량 : 2,000개
- 기말재공품 수량 : 200개(완성도 50%)

① 520,000원   ② 550,000원   ③ 570,000원   ④ 590,000원

14. (주)양산의 종합원가계산하의 물량흐름에 관한 자료를 참고하여 기말재공품의 원가를 계산하라.

- 재료비는 공정초기에 모두 발생하며 가공비는 공정전체에 균일하게 발생한다.
- 기초재공품 : 1,000단위, 당기 착수량 : 4,000단위, 당기 완성품 : 3,000단위
- 제조원가 발생액 내역

	재료비	가공비
기초재공품원가	5,000원	4,000원
당기제조원가	20,000원	12,000원

- 기말재공품의 가공비 완성도 50%, 평균법에 의하여 계산한다.

① 11,000원   ② 12,000원   ③ 13,000원   ④ 14,000원

15. 다음 자료를 보고 선입선출법에 의한 가공비의 완성품환산량을 계산하면 얼마인가?

- 기초재공품 : 10,000단위 (완성도 : 60%)
- 기말재공품 : 20,000단위 (완성도 : 50%)
- 착 수 량 : 30,000단위
- 완성품수량 : 20,000단위
- 원재료는 공정 초에 전량 투입되고, 가공비는 공정전반에 걸쳐 균등하게 발생한다.

① 10,000단위   ② 20,000단위   ③ 24,000단위   ④ 30,000단위

16. 종합원가계산시 선입선출법에 의한 당기 기말재공품의 원가는 얼마인가?

- 기초재공품 5,000단위(완성도 30%)이다.
- 당기 총 26,000단위가 완성되었다.
- 당기 총 발생원가는 634,000원이다.
- 당기 중 30,000단위를 새로이 투입하다.
- 기말재공품은 9,000단위(완성도 80%)이다.

① 200,000원   ② 180,000원   ③ 144,000원   ④ 100,000원

17. 종합원가계산에서 완성품환산량 계산시 다음의 원가항목 중 완성도가 항상 가장 높은 것은?
① 직접재료원가   ② 노무원가   ③ 전공정원가   ④ 가공비

18. 다음 중 종합원가계산에서 재료비와 가공비를 구분할 필요가 없는 경우는?
① 재료비와 가공비의 제조과정에 투입시점이 같다.
② 제조과정에 투입되는 재료비와 가공비의 물량이 같다.
③ 제조과정에 투입되는 재료비와 가공비의 금액이 같다.
④ 재료비와 가공비의 기말잔액이 같다.

19. 종합원가계산방법 중 원가흐름에 대한 내용이 다른 것은 무엇인가?
① 기초재공품 완성분과 당기착수 완성분을 구분하지 않는다.
② 환산량 단위당 원가의 배부대상이 되는 원가에서 기초재공품원가가 포함되지 않는다.
③ 완성품 원가의 계산시 기초재공품 원가가 별도로 가산된다.
④ 당기발생원가는 당기에 수행된 작업량의 완성품환산량에만 배분한다.

20. 종합원가계산하에서 선입선출법과 평균법에 대한 설명 중 틀린 것은?
① 선입선출법은 평균법보다 실제물량흐름을 반영하며 원가통제 등에 더 유용한 정보를 제공한다.
② 선입선출법은 완성품환산량 계산시 순수한 당기발생작업량만으로 계산한다.
③ 선입선출법은 기초재공품원가와 당기발생원가를 구분하지 않고, 모두 당기발생원가로 가정하여 완성품과 기말재공품에 배분한다.
④ 기초재공품이 없다면 선입선출법과 평균법의 결과는 차이를 보이지 않는다.

21. 다음은 공손원가에 대한 설명이다. 틀린 것은?
① 공손품이란 품질검사시 표준 규격이나 품질에 미달하는 불합격품을 말한다.
② 공손품원가는 정상공손원가와 비정상공손원가로 구분되는데, 정상공손원가는 제조비용에 가산하고, 비정상공손원가는 영업외비용으로 처리한다.
③ 공손품의 발생시점(불량품 검사시점)이 기말재공품의 완성도 이후인 경우에는 정상공손품의 원가를 완성품과 기말재공품에 산입한다.
④ 작업폐물이란 원재료를 가공하는 과정에서 발생하는 매각 또는 이용가치가 있는 폐물로써 공손품과는 별개의 개념이다.

22. 다음은 (주)세원의 제조활동과 관련된 물량흐름이 다음과 같을 때 다음 중 잘못된 것은?

| ▪ 기초재공품 200개 | ▪ 당기완성수량 800개 | ▪ 당기착수량 800개 | ▪ 기말재공품 50개 |

① 공손품 물량은 150개이다.
② 정상공손품의 기준을 완성품의 10%라고 할 경우에는 비정상공손의 수량은 70개이다.
③ 정상공손원가는 완성품 또는 재공품에 배분한다.
④ 비정상공손원가는 작업폐물로 처리되므로 제조원가에 가산되면 안 된다.

23. 제조공정에서 작업폐물의 처분가액은 어떻게 처리하는가?
① 제조간접비계정의 증가
② 제조간접비계정의 감소
③ 제품계정의 증가
④ 제품계정의 감소

24. (주)한국제조는 품질검사를 통과한 정상품(양품)의 10%만을 정상공손으로 간주하며 나머지는 비정상공손이다. 다음 중 틀린 것은?

재 공 품			
기초재공품	1,000개(완성도 30%)	당기완성품	7,000개
		공손품	1,000개
당기투입분	9,000개	기말재공품	2,000개(완성도 45%)
계	10,000개	계	10,000개

① 품질검사를 공정의 50%시점에서 한다고 가정하였을 경우에 정상공손품은 700개이다.
② 품질검사를 공정의 40%시점에서 한다고 가정하였을 경우에 정상공손품은 900개이다.
③ 품질검사를 공정의 50%시점에서 한다고 가정하였을 경우에 정상공손원가는 당기 완성품원가와 기말재공품원가에 각각 배부하여야 한다.
④ 비정상공손원가는 품질검사시점과 상관없이 제조원가에 반영되어서는 안 된다.

	NO	정답	해설
원가회계의 개념 및 원가흐름	01	③	재무회계는 일반적으로 인정된 회계원칙에 의하여 작성되어야 하나 원가회계는 일정한 원칙이 없다.
	02	④	재무회계는 일반적으로 인정된 회계원칙에 의하여 작성되어야 하나 원가회계는 일정한 원칙이 없다.
	03	①	①의 경우는 관련원가의 의미이다. 매몰원가란 이미 발생된 원가로 현재의 의사결정에는 아무런 영향을 미치지 못하는 원가를 말한다.
	04	②	가공(또는 전환)원가는 직접노무비와 제조간접비를 합한 금액이다.
	05	②	직접재료비와 직접노무비는 변동비에 해당하며, 제조간접비는 변동비와 고정비가 동시에 발생하는 것이 일반적이다.
	06	②	생산라인에 직접 투입되지 않는 공장장의 임금은 간접노무비로 분류한다.
	07	①	▪ 기본원가 : 직접재료비, 직접노무비 ▪ 가공비 : 직접노무비, 제조간접비

NO	정답	해설
08	③	① 손익계산서상의 제품매출원가에 해당한다. ② 변동비 및 고정비 모두 해당한다. ③ 재공품 계정으로 대체된다.
09	②	추적 가능한 원가를 직접비라 하며, 추적 불가능한 원가를 간접비라 한다.
10	②	변동원가와 고정원가를 원가행태에 따른 분류라고 한다.
11	②	혼합비(준변동비)란 고정비와 변동비가 혼합된 원가를 의미하므로, 조업도가 0인 경우에도 일정액이 발생하며 조업도가 증가함에 따라서 총원가가 비례적으로 증가되는 원가를 말한다.
12	①	조업도 증가시 총고정비는 일정하지만, 단위당고정비는 체감한다.
13	③	지문은 준고정비에 대한 내용이므로 ③의 그래프가 해당한다. ①은 변동비, ②는 고정비에 대한 그래프이다.
14	③	전력비는 변동비와 고정비의 성격을 동시에 지니고 있어 상기(고정비)의 내용과는 거리가 멀다.
15	③	직접재료비 500원 + 직접노무비 300원 + 변동제조간접비 90원(30 × 3시간) = 890원
16	②	제조원가 = 공장장급료 + 제품외주가공비 + 기계감가상각비 = 30,000원 + 15,000원 + 20,000원 = 65,000원
17	③	
18	③	기초원가는 직접재료비와 직접노무비를 합한금액이다.
19	①	10억원 − 3억원 = 7억원
20	④	재료비 계정에 집계된 당기 재료비 중 간접재료비는 제조간접비 계정 차변으로 대체된다.
21	③	재공품계정 대변에는 제품제조원가와 기말재공품이 기입된다.
22	④	기초의 제품원가 계상 오류는 손익계산서의 제품매출원가에 영향을 미치나 당기제품제조원가에는 영향을 미치지 않는다.
23	①	■ 원재료비 = 기초원재료재고액 + 당기원재료매입액 − 기말원재료재고액 = 70,000원 + 200,000원 − 40,000원 = 230,000원 ■ 당기총제조원가 = 직접재료비 + 직접노무비 + 제조간접비 = 230,000원 + 150,000원 + 100,000원 = 480,000원 ■ 당기제품제조원가 = 기초재공품재고액 + 당기총제조원가 − 기말재공품재고액 = 80,000원 + 480,000원 − 100,000원 = 460,000원
24	③	■ 당기 제품 제조원가 = 12,000원 + 26,000원 + 21,000원 + 8,000원 − 15,000원 = 52,000원 ■ 제품매출원가 = 26,000원 + 52,000원 − X = 60,000원 X = 18,000원
25	②	판매가 11,000,000원에서 제조원가 8,000,000원을 차감한 3,000,000원이 판매원가에 포함될 판매비와 관리비가 된다.
26	①	기초재공품재고액 + 당기총제조비용 − 기말재공품재고액 = 당기제품제조원가 기초재공품재고액 + 당기총제조비용 = 당기제품제조원가 + 기말재공품재고액 ∴ "기초재공품재고액 < 기말재공품재고액 = 당기제품제조원가 < 당기총제조비용"인 경우이다.
27	④	기말제품재고액은 손익계산서 및 재무상태표에서 확인이 가능하다.
28	③	제조원가명세서의 당기제품제조원가는 손익계산서의 당기제품제조원가에 계상된다.
29	①	재무상태표에 반영될 재고자산은 기말원재료와 기말재공품이다. 따라서 가액은 70,000원이다. 손익계산서상 매출원가계산시 반영되는 금액은 당기제품제조원가를 의미한다.

NO	정답	해설

<table>
<tr><th colspan="3">원가회계의 개념 및 원가흐름</th></tr>
<tr><td rowspan="1">30</td><td rowspan="1">①</td><td>

원재료			
기초	5,000	사용	x + 5,000
당기매입	x	기말	0
	x + 5,000		x + 5,000

재공품			
기초	10,000	당기제품제조원가	x + y + 15,000
재료비	x + 5,000		
가공비	y	기말	0
	x + y + 15,000		x + y + 15,000

제 품			
기초	20,000	매출원가	x + y + 35,000
당기제품제조원가	x + y + 15,000	기말	0
	x + y + 35,000		x + y + 35,000

- 당기총제조원가 = x + y + 5,000원
- 당기제품제조원가 = x + y + 15,000원
- 매출원가 = x + y + 35,000원

</td></tr>
</table>

	NO	정답	해설
원가의 배분	01	②	제조간접비는 인과관계에 따라 제품원가의 추적이 불가능하여 다양한 원가배부방법이 존재한다.
	02	④	제조간접비 배부차이의 조정시 회계처리 방법에는 매출원가조정법, 비례배분법, 영업외손익법이 있다. 따라서 제조간접비 배부차이를 영업외손익으로도 처리가능하다.
	03	①	■ 예정배부율 = 제조간접비 연간예산액 ÷ 예정배부기준 ■ 예정배부액 = 배부기준의 실제발생액 × 예정배부율
	04	②	■ 제조간접비 배부율 = 제조간접비/직접원가 = 7,500,000원/2,500,000원 = @₩3/직접원가 ■ 제조간접비 배부액 = 700,000원 × @3원 = 2,100,000원
	05	①	■ 예정배부율 = 3,000,000원 / 10,000시간 = 1시간당 300원 ■ 제조간접비 배부액 = 300원 × 8,000시간 = 2,400,000원 ■ 제조원가 = 1,500,000원 + 4,000,000원 + 2,400,000원 = 7,900,000원
	06	①	예정배부액 : (작업1) 1,000원 × 2,000시간 = 2,000,000원 　　　　　　(작업2) 1,000원 × 1,000시간 = 1,000,000원 　합 계　　　　　　　　　　　　　　　3,000,000원 　실제발생액　　　　　　　　　　　　　3,100,000원 　과소배부액　　　　　　　　　　　　　　100,000원
	07	④	■ 예정배부액 > 실제발생액 → 과대배부액　　■ 예정배부액 < 실제발생액 → 과소배부액 ■ 실제발생액 50,000원 + 30,000원 + 20,000원 = 100,000원 　배부차이(과소)　　　　　　　　　5,000원 ■ 예정배부액 = 실제발생액 100,000원 − 배부차이(과소) 5,000원 = 95,000원
	08	③	■ 예정배부액 : 10,000원 × 500시간 = 5,000,000원 　배부차이(과소)　　　　　　　　　　200,000원 ■ 실제발생액 = 예정배부액 5,000,000원 + 배부차이(과소) 200,000원 = 5,200,000원
	09	①	제조간접비 배부차이에 대한 회계처리이다. ■ 과대배부 : (차) 제조간접비　×××　　(대) 제조간접비배부차이　××× ■ 과소배부 : (차) 제조간접비배부차이　×××　　(대) 제조간접비　×××
	10	②	기초재공품 + 당기총제조원가 = 당기제품제조원가 + 기말재공품 3,000원 + (10,000원 + 6,000원 + 4,200원) = 20,000원 + (1,000원 + 700원 + 직접재료비) 따라서 직접재료비 = 1,500원
	11	②	① 실제제조간접비는 예정제조간접비보다 크다. ③ 예정배부율이 너무 낮게 설정되었기 때문이다. ④ 제조간접비 통제계정이 기말에 차변잔액이 발생한다. 　　(차) 재공품(예정배부액)　×××　　(대) 제조간접비(실제발생액)　××× 　　　　제조간접비배부차이(과소배부액)　×××
	12	③	재료비는 직접비와 간접비 모두 있으므로 제조간접비를 구성할 수 있다.

	NO	정답	해설
부문별 원가계산	01	②	① 식당부문비 : 종업원수, ③ 감가상각비 : 기계사용시간, ④ 창고부문비 : 사용(점유)면적
	02	④	염색부문 근로자의 임금액은 A제품과 B제품의 공통원가이므로 간접비로 구분된다.
	03	④	
	04	②	원가배분기준의 적용순서는 인과관계기준을 우선적용하되 인과관계기준을 알 수 없는 경우에는 부담능력기준, 수혜기준 등을 적용한다.
	05	③	직접배부법은 보조부문 상호간의 용역수수를 완전히 무시하고 배분하는 방법이다.
	06	②	단계배부법은 보조부문 간의 배부순서에 따라 배액이 달라진다.
	07	③	상호배부법은 배부순서에 영향을 받지 아니한다.
	08	②	■ 수선부문 원가배분 　① 관리부문 : 50,000원 × 0.3 = 15,000원 　② A : 50,000원 × 0.6 = 30,000원 　③ B : 50,000원 × 0.1 = 5,000원 ■ 관리부문 원가배분 　① 관리부문 배분대상 원가 = 40,000원 + 15,000원 = 55,000원 　② A : 55,000원 × 0.2(0.2/1) = 11,000원 　③ B : 55,000원 × 0.8(0.8/1) = 44,000원 ■ 제조부문 A에 배분될 보조부문의 원가총액 = 30,000원 + 11,000원 = 41,000원
	09	①	■ 전력부문이 조립부문에 배분한 금액 = 100,000원 × 80kw/160kw = 50,000원 ■ 수선부문이 조립부문에 배분한 금액 = 200,000원 × 300시간/500시간 = 120,000원 ■ 조립부문 총원가 = 50,000원 + 120,000원 + 500,000원 = 670,000원
	10	③	■ 변동제조간접원가 = 1,500,000원 × 2,500시간/7,500시간 = 500,000원 ■ 고정제조간접원가 = 3,000,000원 × 7,000시간/15,000시간 = 1,400,000원 ■ 합　　　계 = 1,900,000원
제품별 원가계산	01	①	표준원가회계는 내부목적으로 사용하는 원가계산이다.
	02	①	개별원가계산은 평균화 과정과 관련이 없으며 종합원가계산에 적합하다.
	03	③	소품종 대량생산이 이루어지는 경우 종합원가계산이 더 적합하다.
	04	②	①, ③, ④는 개별원가계산을 적용한다.
	05	①	동종의 제품을 여러 단계의 제조공정에서 생산하는 경우는 공정별 종합원가계산에 해당하며 조별 종합원가계산은 이종제품을 연속적으로 대량생산하는 경우에 제품의 종류마다 조를 설정하여 생산하는 방식을 말한다.
	06	②	종합원가계산하에서 공정별 원가계산을 적용할 수 있다.
	07	②	②는 개별원가계산에 대한 설명이다.
	08	②	
	09	①	개별원가는 작업원가계산표에 개별작업의 원가를 집계하여 통제하나, 종합원가는 공정별제조원가보고서에 공정원가를 집계하여 통제한다.
	10	②	
	11	②	선입선출법과 평균법의 완성품환산량의 차이는 기초재공품에 의한 차이이므로 기초재공품이 없는 경우 완성품환산량 및 단위당원가는 동일하다.

NO		정답	해설
제품별 원가계산	12	①	■ 재료비 : 1,300개 + 500개 = 1,800개 ■ 가공비 : 1,300개 + 500개 × 40% = 1,500개

	13	③	■ 완성품환산량 = 2,000개 + (200개 × 50%) = 2,100개
			■ 완성품환산량 단위당단가 = (기초재공품원가 + 당기제조원가) / 완성품환산량
			      = (1,430,000원 + 10,540,000원) / 2,100개 = 5,700원/개
			■ 기말재공품원가 = 완성품환산량단위당원가 × 기말재공품환산량
			     = 5,700원 × 100개 = 570,000원

	14	④	■ 완성품환산량계산과 단위원가계산 |	재료비	가공비
---	---	---
완성품	3,000단위	3,000단위
기말재공품	2,000단위	1,000단위(= 2,000단위 × 0.5)
합계	5,000단위	4,000단위
단위원가	25,000원/5,000단위 = 5원	16,000원/4,000단위 = 4원	 ∴ 기말재공품원가 = 2,000단위 × 5원 + 1,000단위 × 4원 = 14,000원
	15	③	기초재공품수량 × 40% + (완성품수량 − 기초재공품수량) + 기말재공품수량 × 50% = 10,000원 × 40% + (20,000 − 10,000) + 20,000 × 50% = 24,000

	16	③	■ 완성품환산량 = 26,000단위 + (9,000단위 × 80%) − (5,000단위 × 30%) = 31,700단위
			■ 완성품환산량 단위당단가 = 당기 총 발생원가 / 완성품환산량
			     = 634,000원 / 31,700단위 = 20원/단위
			■ 기말재공품원가 = 완성품환산량단위당원가 × 기말재공품환산량
			     = 20원 × 7,200개 = 144,000원

	17	③	다음 공정으로 넘어갈 때의 전공정원가는 전공정에서 원가가 모두 발생한 것이므로 항상 완성도를 100%로 환산한다.
	18	①	종합원가계산에서 재료비와 가공비로 구분하는 이유는 재료비와 가공비의 투입시점이 다르기 때문이다. 따라서 재료비와 가공비의 투입시점이 같다면 굳이 재료비와 가공비를 구분하는 실익이 없다.
	19	①	선입선출법은 기초재공품 완성분과 당기착수 완성분으로 구분이 가능하다고 가정하는 원가흐름이며, 평균법은 기초재공품 완성분과 당기착수 완성분으로 구분하지 않고, 모두 당기에 착수되어 완성된 것으로 가정한다. ② · ③ · ④는 선입선출법, ①은 평균법 원가흐름이다.
	20	③	선입선출법은 당기발생원가만을 완성품과 기말재공품에 배분하고, 기초재공품원가는 완성품 원가에 가산한다. ③은 평균법에 대한 설명이다.
	21	③	공손품의 발생시점(불량품 검사시점)이 기말재공품의 완성도 이후인 경우에는 기말재공품은 불량품 검사를 받지 않았으므로 기말재공품에는 정상공손품원가가 배분되지 아니한다.
	22	④	① 공손품 : 기초재공품(200개) + 당기착수량(800개) − 당기완성수량(800개) − 기말재공품(50개) = 150개 ② 비정상공손품 : 공손품(150개) − 완성수량(800개) × 10% = 70개 ④ 공손은 불량품을 말하며 비정상공손원가는 영업외비용으로 처리하고 생산과정에서 부수적으로 발생하는 폐물을 작업폐물이라 한다.
	23	②	
	24	③	품질검사를 공정의 50% 시점에서 한다고 가정하였을 경우에 공손품은 완성품에서만 발생되므로 기말재공품에 공손품 원가를 배부할 필요가 없다.

PART 03

부가가치세

CHAPTER 01 부가가치세의 기본개념
CHAPTER 02 과세거래
CHAPTER 03 영세율과 면세
CHAPTER 04 거래징수와 세금계산서
CHAPTER 05 과세표준과 납부세액
CHAPTER 06 부가가치세 신고·납부절차
CHAPTER 07 간이과세
CHAPTER 08 실무이론 평가

실무이론

직무명	분류번호	능력단위명	수준	능력단위요소
세무	0203020205_23v6	부가가치세 신고	3	1 세금계산서 발급·수취하기 2 부가가치세 부속서류 작성하기 3 부가가치세 신고하기

능력단위정의: 부가가치세신고란 상품의 거래나 서비스의 제공에서 얻어지는 부가가치에 대해 과세되는 금액에 대하여 부가가치세법에 따라 신고 및 납부 업무를 수행하는 능력이다.

NCS 능력단위	능력단위요소	수 행 준 거
0203020205_23v6 부가가치세 신고	0203020205_23v6.1 세금계산서 발급·수취하기	1.1 세금계산서의 발급방법에 따라 세금계산서를 발급하고 세금계산서합계표를 국세청에 전송할 수 있다. 1.2 수정세금계산서 발급사유에 따라 세금계산서를 수정 발행할 수 있다. 1.3 부가가치세법에 따라 세금계산서합계표를 작성할 수 있다.
	0203020205_23v6.2 부가가치세 부속서류 작성하기	2.1 부가가치세법에 따라 수출실적명세서를 작성할 수 있다. 2.2 부가가치세법에 따라 대손세액공제신고서를 작성하여 세액공제를 받을 수 있다. 2.3 부가가치세법에 따라 공제받지 못할 매입세액명세서와 불공제분에 대한 계산근거를 작성할 수 있다. 2.4 부가가치세법에 따라 신용카드매출전표 등 수령명세서를 작성해 매입세액을 공제받을 수 있다. 2.5 부가가치세법에 따라 부동산임대공급가액명세서를 작성하고 간주임대료를 계산할 수 있다. 2.6 부가가치세법에 따라 건물 등 감가상각자산취득명세서를 작성할 수 있다. 2.7 부가가치세법에 따라 의제매입세액공제신고서를 작성하여 의제매입세액공제를 받을 수 있다.
	0203020205_23v6.3 부가가치세 신고하기	3.1 부가가치세법에 따른 과세기간을 이해하여 예정·확정 신고를 할 수 있다. 3.2 부가가치세법에 따라 납세지를 결정하여 상황에 맞는 신고를 할 수 있다. 3.3 부가가치세법에 따른 일반과세자와 간이과세자의 차이를 판단할 수 있다. 3.4. 부가가치세법에 따른 재화의 공급과 용역의 공급의 범위를 판단할 수 있다. 3.5 부가가치세법에 따른 부가가치세신고서를 작성할 수 있다.

CHAPTER 01 부가가치세의 기본개념

1. 부가가치세 의의 및 특징

구 분		내 용
의의		재화나 용역이 생산·제공되거나 유통되는 모든 단계에서 창출된 부가가치를 과세표준으로 하여 과세하는 조세
특징	국세	국가를 과세의 주체로 함
	간접세	납세의무자와 담세자가 서로 다르며, 납세의무자는 부가가치세법상 사업자이고 담세자는 최종소비자임
	일반소비세	면세로 열거되지 않는 한 모든 재화·용역의 공급이 과세대상임
	물세	담세력을 고려하지 않고 수입이나 재산 그 자체에 대하여 부과하는 조세
	다단계거래세	재화·용역이 최종소비자에게 도달될 때까지의 모든 거래단계마다 부가가치세를 과세함
	소비형 부가가치세	각 거래 단계에서 발생하는 부가가치세에 과세하는 일반소비세
	전단계 세액공제법	매출세액에서 매입세액을 차감하여 납부세액을 계산함 납부세액 = (매출 공급가액 × 세율) − (매입 공급가액 × 세율) = 매출세액 − 매입세액
	면세제도	부가가치세의 역진성 완화를 목적으로 함
	소비지국 과세원칙	외국으로 수출하는 경우에는 영세율('0'의 세율)을 적용하여 수출국(생산지국)에서는 부가가치세를 과세하지 않고, 외국에서 수입하는 경우에는 국내산과 동일하게 세관장이 과세하도록 함

2. 납세의무자(사업자)

구 분		내 용
사업자 요건	영리성	부가가치세법상 사업자는 영리목적 유무와는 무관
	사업성	부가가치를 창출할 수 있을 정도의 사업형태를 갖추고 사회통념상 인정될 수 있는 정도의 계속적 또는 반복적으로 재화 또는 용역을 공급하게 되면 사업성이 있다고 할 수 있음
	독립성	독립성을 갖추어야 함
	과세대상 재화·용역의 공급	① 과세대상인 재화 또는 용역을 공급하는 자 또는 과세대상인 재화를 수입하는 자 ② 신탁재산과 관련된 재화 또는 용역을 공급하는 때에는 수탁자가 수탁재산별로 각각 납세의무자임

유 형			구분기준	납부세액 계산구조	증빙발급
사업자의 분류	과세사업자	일반과세자	법인사업자	매출세액 − 매입세액	세금계산서
			개인사업자		
		간이과세자	개인사업자로서 직전연도의 공급대가 합계액 1억400만원에 미달하는 자	공급대가 × 부가가치율 × 10%	세금계산서 및 영수증
	겸영사업자		과세사업과 면세사업을 겸영(업)하는 사업자 ⇨ 부가가치세법상 사업자등록		세금계산서 및 계산서
	면세사업자		부가가치세법상 사업자가 아니고 법인세법(또는 소득세법)상 사업자		계산서

* 국가, 지방자치단체, 지방자치단체 조합도 납부의무자이다.
** 간이과세자 중 직전연도 공급대가 합계액 4,800만원 미만인 경우 세금계산서 대신 영수증을 발급한다.

3. 과세기간(과세표준과 세액계산의 기초가 되는 기간)

구 분	과 세 기 간
계속사업자	① 일반과세자 : 제1기 : 1.1 ~ 6.30 제2기 : 7.1 ~ 12.31 ② 간이과세자 : 1.1 ~ 12.31 ③ 예정신고 과세기간 | 일반과세자	▪ 제1기 : 1월 1일 ~ 3월 31일 ▪ 제2기 : 7월 1일 ~ 9월 30일
간이과세자	1월 1일 ~ 6월 30일	
신규사업자	① 사업개시일 ~ 해당 과세기간 종료일 ② 사업개시전 등록의 경우 : 등록일(등록신청일) ~ 해당 과세기간의 종료일 ③ 예정신고 과세기간 : 사업개시일 ~ 그 예정신고기간의 종료일
폐업자	① 해당 과세기간 개시일 ~ 폐업일 ② 사업개시전에 등록한 후 사업을 시작하지 아니하게 되는 경우 등록일(등록신청일) ~ 사실상 그 사업을 시작하지 아니하게 되는 날 ⇨ 사업개시전 등록신청을 한 사업자가 6개월이 되는 날까지 정당한 사유 없이 재화와 용역의 공급실적이 없는 때에는 그 6개월이 되는 날에 사업을 시작하지 아니하게 되는 것으로 봄
과세유형 변경시	① 일반과세자가 간이과세자로 변경되는 경우 : 그 변경 이후 7월 1일 ~ 12월 31일 ② 간이과세자가 일반과세자로 변경되는 경우 : 그 변경 이전 1월 1일 ~ 6월 30일
간이과세 포기자	① 간이과세자로서의 과세기간 : 포기신고일이 속하는 과세기간의 개시일부터 그 신고일이 속하는 달의 말일까지의 기간 ② 일반과세자로서의 과세기간 : 포기신고일이 속하는 다음달 1일부터 해당 과세기간의 종료일까지의 기간

4. 납세지(사업장)

1 사업장의 범위

구 분	사업장별 납세지
광업	광업사무소의 소재지
제조업	최종 제품을 완성하는 장소(단, 제품 포장만 하는 장소는 제외)

건설업·운수업
·부동산매매업
	① 법인사업자 : 법인의 등기부상의 소재지(등기부상 지점소재지 포함)
	② 개인사업자 : 사업에 관한 업무를 총괄하는 장소
	③ 법인명의로 등록된 차량을 개인이 운용하는 경우 : 법인의 등기부상소재지
	  (등기부상 지점소재지 포함)
	④ 개인명의로 등록된 차량을 다른 개인이 운용하는 경우 : 그 등록된 개인이
	  업무를 총괄하는 장소

부동산 임대업	그 부동산의 등기부상의 소재지
다단계판매업	등록한 다단계판매업자의 주된 사업장의 소재지
이동통신역무를 제공하는 전기통신사업	① 법인사업자 : 법인의 본점소재지 ② 개인사업자 : 사업에 관한 업무를 총괄하는 장소
수자원 개발사업, 무인자동판매기를 통한 사업	그 사업에 관한 업무를 총괄하는 장소
한국철도공사가 경영하는 사업	그 사업에 관한 업무를 지역별로 총괄하는 장소
비거주자 또는 외국 법인	비거주자 또는 외국법인의 국내사업장
기타	위 이외의 장소도 사업자의 신청에 의하여 사업장으로 등록할 수 있고 사업장을 설치하지 않은 경우에는 사업자의 주소지나 거소지를 사업장으로 한다.

2 직매장·하치장·임시사업장

구 분	내 용
직매장	사업자가 자기의 사업과 관련하여 생산 또는 취득한 재화를 직접 판매하기 위하여 특별히 판매시설을 갖춘 장소를 말한다. 따라서 직매장에서는 판매행위(재화의 공급)가 이루어지므로 사업장에 해당함
하치장	사업자가 재화의 보관·관리시설만을 갖춘 장소를 말한다. 따라서 하치장에서는 판매행위(재화의 공급)가 이루어지지 아니하므로 사업장에 해당하지 아니함
임시사업장	사업장이 있는 사업자가 기존사업장 외에 각종 경기대회·전람회·국제회의 그 밖에 이와 유사한 행사가 개최되는 장소에서 임시로 개설한 사업장으로 임시사업장은 기존사업장에 포함되는 것으로 함

3 주사업장 총괄납부와 사업자단위 과세제도 비교

구 분	주사업장 총괄납부	사업자단위 과세제도
의의	둘 이상의 사업장이 있는 사업자는 부가가치세를 주된 사업장에서 총괄하여 납부(환급)하는 제도	둘 이상의 사업장이 있는 사업자는 해당 사업자의 본점 또는 주사무소의 관할세무서장에게 사업자등록을 하고 신고·납부 등을 이행할 수 있는 제도
주사업장 (총괄사업장)	■ 법인사업자 : 본점(주사무소) 또는 지점 ■ 개인사업자 : 주사무소	■ 법인사업자 : 본점(주사무소) ■ 개인사업자 : 주사무소
신청	■ 기존사업자 : 총괄납부하고자 하는 과세기간 개시 20일 전까지 신청 ■ 신규사업자 : 주사업장의 사업자등록증을 교부받은 날부터 20일 이내 신청	■ 기존사업자 : 적용받고자 하는 과세기간 개시 20일 전까지 신청 ■ 신규사업자 : 사업개시일로부터 20일 이내 사업자단위로 사업자등록 신청
포기	각 사업장에서 납부하고자 하는 과세기간 개시 20일 전에 포기신고	각 사업장에서 납부하고자 하는 과세기간 개시 20일 전에 포기신고

5. 사업자등록

구 분	내 용
신청	사업자는 사업장마다 사업개시일로부터 **20일 이내**에 사업장 관할세무서장에게 등록 (다만, 신규로 사업을 개시하고자 하는 자는 사업개시일 전이라도 등록 가능) **사업개시일** ① 제조업 : 제조장별로 재화의 제조를 시작하는 날 ② 광업 : 사업장별로 광물의 채취·채광을 시작하는 날 ③ 기타의 사업 : 재화 또는 용역의 공급을 시작하는 날
발급	사업자등록증을 신청일로부터 **2일 이내**에 신청자에게 발급(사업장시설이나 사업현황을 확인하기 위하여 국세청장이 필요하다고 인정하는 경우에는 발급기한을 5일 이내에서 연장가능)
사후관리	사업자가 다음에 해당하는 경우에는 **지체 없이** 사업자등록정정신고서를 관할세무서장에게 제출 **재발급기한** **신고일 당일** ① 상호를 변경하는 때 ② 통신판매업자가 사이버몰의 명칭 또는 인터넷 도메인이름을 변경하는 때 **신고일부터 2일 이내** ① 법인 또는 국세기본법에 의하여 법인으로 보는 단체 외의 단체 중 소득세법상 1거주자로 보는 단체의 대표자를 변경하는 때(개인사업자의 대표자 변경 : 폐업사유) ② 상속으로 인하여 사업자의 명의가 변경 되는 때 ③ 임대인, 임대차 목적물·그 면적, 보증금, 차임 또는 임대차기간의 변경이 있거나 새로이 상가건물을 임차한 때 ④ 사업자단위 과세사업자가 종된 사업장을 신설 또는 이전하는 때 ⑤ 사업자단위 과세사업자가 종된 사업장의 사업을 휴업하거나 폐업하는 때 ⑥ 사업의 종류에 변동이 있는 때 ⑦ 사업장(사업단위 과세사업자는 사업자단위 과세적용사업장)을 이전하는 때 ⑧ 공동사업자의 구성원 또는 출자지분의 변경이 있는 때 ⑨ 사업자단위 과세사업자가 사업자단위 과세 적용사업장을 변경하는 때

CHAPTER 02 과세거래

과세거래간 부가가치세의 과세대상이 되는 거래를 말한다. 부가가치세법상 과세대상이 되는 거래는 ① **재화의 공급**, ② **용역의 공급**, ③ **재화의 수입**이다.

1. 재화의 공급

구 분	내 용
재화의 개념	재화란 재산가치가 있는 모든 유체물과 무체물을 말함 <table><tr><td>유체물</td><td>상품, 제품, 원재료, 건물, 구축물, 기계장치, 차량운반구, 비품 등 모든 유형적 물건</td></tr><tr><td>무체물</td><td>가스, 전기, 열 등 관리할 수 있는 자연력 또는 특허권, 실용신안권, 디자인권, 상표권, 어업권, 댐사용권 등</td></tr></table>※ 화폐, 어음, 수표, 주식, 사채 등은 재화로 보지 아니한다. (소비의 대상이 아님)
공급의 범위	공급은 실지공급과 간주공급으로 나누어짐 <table><tr><td>실질공급</td><td>대가를 받고 재화를 인도한 거래</td></tr><tr><td>간주공급</td><td>대가를 받지 않고 재화를 인도했거나 재화의 인도 자체가 없는 거래</td></tr></table>
재화의 실질공급	재화의 실지공급은 계약상 원인에 따른 공급과 법률상 원인에 따른 공급으로 구분 ① 계약상의 원인에 의한 공급 : 매매계약, 가공계약, 교환계약, 현물출자 등 그 밖의 계약상 원인에 따라 재화를 양도하는 것 [가공계약의 구분] ㉠ 자기가 주요자재의 전부 또는 일부를 부담하고 상대방으로부터 인도받은 재화에 공작을 가하여 새로운 재화를 만드는 것은 재화의 공급으로 봄 ㉡ 상대방으로부터 인도받은 재화에 자기가 주요자재를 전혀 부담하지 않고 단순히 가공만 하여 주는 것은 용역의 공급으로 구분됨(단, 건설업의 경우 건설업자가 건설자재의 전부 또는 일부를 부담하는 경우에도 용역의 공급으로 봄) ② 법률상의 원인에 의한 공급 : 경매·수용 그 밖의 법률상 원인에 따라 재화를 인도하거나 양도하는 것 [법률상의 원인에 의한 공급으로 보지 않는 경우] ㉠ 국세징수법에 따른 공매, 지방세 징수를 위한 공매, 민사집행법에 따른 경매에 의하여 재화를 인도·양도하는 것 ㉡ 도시 및 주거환경정비법, 공익사업을 위한 토지 등의 취득 및 보상에 관한 법률 등에 따른 수용절차에 있어서 수용대상인 재화의 소유자가 해당 재화를 철거하는 조건으로 그 재화에 대한 대가를 받는 경우

1 재화의 간주공급(당초 매입세액 공제분에 한함)

구 분	내 용
자가 공급	사업자가 자기의 사업과 관련하여 생산하거나 취득한 재화를 자기의 사업을 위하여 직접 사용·소비하는 경우로 본래 재화의 공급에 해당하지 않지만 다음의 3가지 경우에는 이를 재화의 공급으로 의제 ① **면세사업에의 전용** : 자기의 사업과 관련하여 생산·취득한 재화를 자기의 면세사업을 위하여 직접 사용·소비하는 것 ② **개별소비세 과세대상 자동차(비영업용소형승용차)와 그 유지를 위한 재화** : 자기의 사업과 관련하여 생산·취득한 재화를 비영업용 소형승용차로 사용하거나 그 유지에 사용·소비하는 것 ③ **판매목적 타사업장 반출** : 2 이상의 사업장이 있는 사업자가 자기 사업과 관련하여 생산·취득한 재화를 타인에게 직접 판매할 목적으로 자기의 다른 사업장에 반출하는 것 | 구 분 | 판매목적 타사업장 반출 | |---|---| | 일반적인 경우 | 재화의 공급으로 봄(세금계산서 발급 ○) | | 주사업장 총괄납부 또는 사업자단위과세의 경우 | 원칙 : 재화의 공급으로 보지 않음 | | | 세금계산서를 발급한 경우 : 재화의 공급으로 봄 | [간주공급이 아닌 자가공급 사례] ㉠ 자기의 다른 사업장에서 원료·자재 등으로 사용·소비하기 위하여 반출하는 경우 ㉡ 자기 사업장의 기술개발을 위하여 시험용으로 사용·소비하는 경우 ㉢ 수선 및 사후 무료서비스 제공을 위하여 사용·소비하는 경우 ㉣ 불량품 교환·광고선전을 위한 상품 진열 등의 목적으로 자기의 타사업장에 반출하는 경우
개인적 공급	자기의 사업과 관련하여 생산·취득한 재화를 사업과 직접 관계없이 사업자나 그 사용인의 개인적 목적 또는 기타의 목적을 위하여 사업자가 재화를 사용·소비하는 것 [간주공급이 아닌 개인적공급 사례] 실비변상적이거나 복리후생인 목적으로 사용인에게 재화를 무상으로 공급하는 것에 해당하는 경우 ① 사업을 위해 착용하는 작업복·작업모·작업화, 직장체육비·직장연예비에 사용·소비하는 경우 ② ㉠, ㉡, ㉢의 경우로 구분하여 각각 1인당 연간 10만원 이하 재화(연간 10만원 초과하는 경우 초과금액에 대해서는 재화의 공급으로 봄) ㉠ 경조사와 관련된 재화 ㉡ 설날, 추석과 관련된 재화 ㉢ 창립기념일, 생일 등과 관련된 재화
사업상 증여	자기의 사업과 관련하여 생산·취득한 재화를 자기의 고객이나 불특정 다수인에게 그 대가를 받지 않거나 현저히 낮은 대가를 받고 증여하는 것 [간주공급이 아닌 사업상 증여 사례] ① 증여하는 재화의 대가가 주된 거래인 재화공급의 대가에 포함되는 것 ② 무상으로 견본품을 인도·양도하거나 불특정다수인에게 광고선전물을 배포하는 것 ③ 재난 및 안전관리 기본법의 적용을 받아 특별재난지역에 공급하는 물품(기부목적사용) ④ 자기적립마일리지등으로만 전부를 결제받고 공급하는 재화
폐업시 잔존 재화	사업자가 사업을 폐업하는 경우 남아 있는 재화는 자기에게 공급하는 것으로 봄 [폐업시 잔존재화에 해당하지 않는 사례] ① 사업의 종류변경 시 변경 전 사업의 잔존재화 ② 겸영사업자가 그 중 일부를 폐지 시 폐지사업 관련 잔존재화 ③ 직매장을 폐지하고 다른 사업장으로 이전 시 직매장의 잔존재화

[재화의 간주공급 요약]

구 분		매입세액 공제여부	간주공급 여부	과세표준	공급시기	세금계산서 발급여부
자가 공급	면세사업전용	○	○	시가	사용·소비되는 때	×
	개별소비세 과세대상 자동차와 그 유지를 위한 재화					
	직매장(타사업장) 반출			원가	반출하는 때	○
개인적공급		○	○	시가	사용·소비되는 때	×
사업상증여		○	○	시가	증여하는 때	×
폐업시잔존재화		○	○	시가	폐업하는 때	×

2 재화의 공급으로 보지 아니하는 경우

① **담보의 제공** : 담보제공은 채권담보의 목적에 불과하므로 재화의 공급으로 보지 않는다.
② **포괄적인 사업의 양도** : 사업장별로 그 사업에 관한 모든 권리와 의무를 포괄적으로 승계시키는 사업의 양도는 재화의 공급으로 보지 않는다.
③ **조세의 물납** : 사업자가 사업용 자산을 상속세 및 증여세법, 종합부동산세법, 지방세법 규정에 의하여 물납을 하는 것은 재화의 공급으로 보지 않는다.
④ **공매·강제경매에 대한 재화의 양도** : 국세징수법에 의한 공매 및 민사집행법에 의한 강제경매에 의하여 재화를 인도 또는 양도하는 것은 재화의 공급으로 보지 않는다.
⑤ **하치장 반출** : 하치장은 사업장에 해당하지 않으므로 하치장반출은 재화의 공급으로 보지 않는다.
⑥ **화재·도난 등으로 인한 재화의 망실**

2. 용역의 공급

구 분	내 용
용역의 범위	용역의 공급은 계약상 또는 법률상의 모든 원인에 의하여 역무를 제공하거나 재화, 시설물 또는 권리를 사용하게 하는 것을 말함 ① 건설업　　　　　　　　　　② 숙박 및 음식점업 ③ 운수 및 창고업　　　　　　④ 정보통신업 ⑤ 금융 및 보험업　　　　　　⑥ 교육서비스업 ⑦ 부동산업(논·밭·과수원·목장용지·임야 또는 염전임대업, 공익사업 관련 지역권·지상권 설정 및 대여사업 제외) ⑧ 보건업 및 사회복지서비스업　⑨ 공공행정, 국방 및 사회보장행정 ⑩ 전문, 과학 및 기술 서비스업과 사업시설 관리, 사업 지원 및 임대서비스업 ⑪ 예술, 스포츠 및 여가관련 서비스업 ⑫ 협회 및 단체, 수리 및 기타 개인서비스업과 제조업 중 산업용 기계 및 장비 수리업 ⑬ 가구내 고용활동 및 달리 분류되지 않은 자가소비 생산활동 ⑭ 국제 및 외국기관의 사업

구 분	내 용
공급의 범위	① 실지공급 : 계약상 또는 법률상의 모든 원인에 따라 역무를 제공하거나 재화·시설물 또는 권리를 사용하게 하는 것을 말함 [용역의 공급사례] ㉠ 건설업의 경우 건설사업자가 건설자재의 전부 또는 일부를 부담하는 것 ㉡ 자기가 주요자재를 전혀 부담하지 아니하고 상대방으로부터 인도받은 재화를 단순히 가공만 해주는 것 ㉢ 산업상·상업상 또는 과학상의 지식·경험 또는 숙련에 관한 정보를 제공하는 것 ② 간주공급 : 자가공급, 무상공급, 근로제공 등은 **용역의 공급으로 보지 아니한다.** 다만, **사업자가 특수관계인에게 사업용 부동산의 임대용역을 무상으로 제공하는 것은 용역의 공급으로 본다.**

3. 부수재화 또는 용역

1 부수재화 또는 용역의 범위

구분	부수재화 또는 용역의 범위	사례
거래와 관련된 경우	① 해당 대가가 **주된 거래**인 재화 또는 용역의 공급대가에 통상적으로 포함되어 공급되는 재화 또는 용역	재화의 공급시 배달·운반용역
	② 거래의 관행으로 보아 통상적으로 **주된 거래**인 재화 또는 용역의 공급에 부수하여 공급되는 것으로 인정되는 재화 또는 용역	보증수리용역
사업과 관련된 경우	① **주된 사업**과 관련하여 우발적 또는 일시적으로 공급되는 재화 또는 용역	은행의 사업용 고정자산 매각
	② **주된 사업**과 관련하여 주된 재화의 생산에 필수적으로 부수하여 생산되는 재화	부산물 매각

2 부수재화 또는 용역의 과세대상여부 판정

구 분	부수재화 또는 용역의 과세대상여부 판정
거래와 관련된 경우	① 주된 재화 또는 용역 : **과세** ⇨ 부수되는 재화 또는 용역 : **과세**
	② 주된 재화 또는 용역 : **면세** ⇨ 부수되는 재화 또는 용역 : **면세**
사업과 관련된 경우	① 우발적·일시적 공급 : 주된 사업이 **면세**이면 부수재화 또는 용역은 과세·면세를 불문하고 **무조건 면세**이나, 주된 사업이 **과세**이면 부수재화 또는 용역은 해당 부수재화 또는 용역이 **과세면 과세, 면세면 면세**된다. (예) 은행 또는 보험사가 업무용차량을 매각시 계산서 교부
	② 부산물 : 주산물이 **과세면 과세, 면세면 면세**된다.

4. 재화의 수입

구 분	내 용
재화의 수입으로 보는 경우	① 외국으로부터 우리나라에 도착된 물품 ② 외국의 선박에 의하여 공해에서 체포된 수산물을 인취 ③ 수출신고가 수리된 물품으로서 선적(기적포함)이 완료된 물품을 우리나라에 인취하는 것
재화의 수입으로 보지 않는 경우	① 수출신고가 수리된 물품으로서 선(기)적되지 아니한 것을 보세구역으로부터 인취하는 것 ② 외국에서 보세구역(수출자유지역 포함)으로 재화를 반입하는 것

5. 공급시기(= 거래시기)

1 재화의 공급시기

구 분		재화의 공급시기
일반적인 공급시기	재화의 이동이 필요한 경우	재화가 인도되는 때
	재화의 이동이 필요하지 아니한 경우	재화가 이용가능하게 되는 때
	위 이외의 경우	재화의 공급이 확정되는 때
거래형태에 따른 공급시기	현금, 외상, 할부판매	재화가 인도·이용가능하게 되는 때
	상품권등 판매 후 그 상품권이 현물과 교환되는 경우	재화가 실제로 인도되는 때
	재화의 공급으로 보는 가공계약	가공된 재화를 인도하는 때
	반환조건부·동의조건부·기타 조건부판매	그 조건이 성취되어 판매가 확정되는 때
	기한부 판매	기한이 경과되어 판매가 확정되는 때
	장기할부, 완성도기준, 중간지급조건부 판매	대가의 각 부분을 받기로 한 때
	자가공급·개인적공급	재화가 사용 또는 소비되는 때
	자가공급 중 직매장반출	재화를 반출하는 때
	사업상증여	재화를 증여하는 때
	폐업시 잔존재화	폐업하는 때
	무인판매기에 의한 재화공급	무인판매기에서 현금을 인취하는 때
	수출재화 - 내국물품의 국외반출·중계무역방식의 수출	수출재화의 선적일(또는 기적일)
	수출재화 - 원양어업·위탁판매수출	수출재화의 공급가액이 확정되는 때
	수출재화 - 위탁가공무역방식의 수출·외국인도수출	외국에서 해당 재화가 인도되는 때

2 용역의 공급시기

구 분		용역의 공급시기
일반적인 공급시기	① 역무가 제공되거나 재화, 시설물 또는 권리가 사용되는 때 ② 통상적인 용역공급의 경우에는 역무의 제공이 완료되는 때	
거래형태에 따른 공급시기	완성도기준・중간지급조건, 장기할부, 부동산임대	대가의 각 부분을 받기로 한 때
	임대보증금 등에 대한 간주임대료, 부동산임대 공급에 대한 대가를 선불 또는 후불로 받는 경우	예정신고기간 또는 과세기간의 종료일
	위 기준을 모두 적용할 수 없는 때	역무의 제공이 완료되고 그 공급가액이 확정되는 때

3 공급시기의 특례

구 분	내 용
공급시기 전 세금계산서 발급	① 재화 또는 용역의 **공급시기 전에 재화 또는 용역에 대한 대가의 전부 또는 일부를 받고**, 그 받은 대가에 대하여 세금계산서(또는 영수증)을 발급하면 그 세금계산서 등을 발급하는 때를 각각 그 재화 또는 용역의 공급시기로 본다. ② 사업자가 재화 또는 용역의 공급시기가 되기 전에 세금계산서를 발급하고 **그 세금계산서 발급일부터 7일 이내에 대가를 받으면** 해당 세금계산서를 발급한 때를 재화 또는 용역의 공급시기로 본다. ③ 위 ②에도 불구하고 다음 어느 하나에 해당하는 경우에는 재화 또는 용역을 공급하는 사업자가 그 재화 또는 용역의 공급시기가 되기 전에 세금계산서를 발급하고 그 세금계산서 발급일로부터 7일이 지난 후 대가를 받더라도 해당 세금계산서를 발급한 때를 재화 또는 용역의 공급시기로 본다. 　㉠ 거래 당사자 간의 **계약서・약정서** 등에 대금 청구시기(세금계산서 발급일을 말함)와 지급시기를 따로 적고, **대금 청구시기와 지급시기 사이의 기간이 30일 이내인 경우** 　㉡ 재화 또는 용역의 공급시기가 세금계산서 **발급일이 속하는 과세기간 내**(공급받는 자가 조기환급을 받은 경우에는 세금계산서 발급일로부터 30일 이내)에 도래하는 경우 ④ 다음의 경우에는 **공급시기가 도래하기 전에 대가를 받지 않고** 세금계산서 또는 영수증을 발급하는 경우에는 그 발급하는 때를 재화 또는 용역의 공급시기로 본다. 　㉠ 장기할부판매로 재화를 공급하거나 장기할부조건부로 용역을 공급하는 경우의 공급시기 　㉡ 전력이나 그 밖에 공급단위를 구획할 수 없는 재화를 계속적으로 공급하는 경우의 공급시기 　㉢ 그 공급단위를 구획할 수 없는 용역을 계속적으로 공급하는 경우의 공급시기
폐업하는 경우	폐업 전에 공급한 재화 또는 용역의 공급시기가 폐업일 이후에 도래하는 경우에는 그 **폐업일**을 공급시기로 한다.

4 재화의 수입시기

재화의 수입시기는 "관세법"에 따른 수입신고가 수리된 때로 한다.

CHAPTER 03 영세율과 면세

1. 영세율 적용대상의 범위

구 분	영 세 율 대 상

수출하는 재화	① 내국물품을 외국으로 반출하는 것(우리나라 선박에 의하여 공해에서 채취한 수산물 포함)
	② 내국신용장 또는 구매확인서에 의하여 공급하는 재화
	③ 국내의 사업장에서 계약과 대가수령 등 거래가 이루어지는 것
	    ㉠ 외국인도수출 : 수출대금은 국내에서 영수하지만 국내에서 통관되지 아니한 수출품 등을 외국으로 인도하는 수출
	    ㉡ 중계무역수출 : 수출목적으로 물품 등을 수입하여 국내에 반입하지 않고 바로 해외에서 인도하는 수출
	    ㉢ 위탁판매수출 : 물품을 무환으로 수출하여 당해 물품이 판매된 범위 안에서 대금을 결제하는 계약에 의한 수출
	    ㉣ 위탁가공무역수출 : 가공임지급조건으로 외국에서 가공(제조, 조립, 재생, 개조를 포함)할 원료의 전부 또는 일부를 거래상대방에게 수출하거나 외국에서 조달하여 가공한 후 가공물품을 외국으로 인도하는 수출
	④ 한국국제협력단 · 한국국제보건의료재단 · 대한적십자사에 공급하는 재화
	⑤ 비거주자 및 외국법인에게 공급하는 수탁가공무역 수출용으로 공급하는 재화

국외제공용역	우리나라 거주자 또는 내국법인이 제공하는 용역으로서 해외건설공사와 같이 용역제공의 장소가 국외인 경우를 말함
선박 · 항공기의 외국항행용역	▪ 선박 또는 항공기에 의하여 여객이나 화물을 국내에서 국외로, 국외에서 국내로 또는 국외에서 국외로 수송하는 것 ▪ 외국항행용역에 있어서 국내거래와 국제거래가 혼합된 경우 이를 구분하기가 곤란하므로 그 전체를 영세율로 적용

기타 외화획득
재화 · 용역
	① 국내에서 비거주자 또는 외국법인에게 공급하는 특정 재화 또는 사업에 해당하는 용역
	② 수출재화임가공용역(직접도급계약에 의한 임가공용역만 영세율 적용)
	③ 기타 외화획득 재화 · 용역의 공급
	    ㉠ 국내사업장이 없는 경우 : 그 대금을 외국환은행에서 원화로 받는 것
	    ㉡ 국내사업장이 있는 경우 : 국외의 비거주자 또는 외국법인과 직접계약에 의해 공급하는 재화 · 용역으로서 그 대금을 당해 국외의 비거주자 또는 외국법인으로부터 외국환은행을 통하여 원화로 받는 것

조세특례제한법상 영세율 적용대상	① 방위산업물자, 석유류(국군 조직법에 의하여 설치된 기관 또는 부대) ② 도시철도 건설용역(민간투자법에 따른 사업시행자가 공급하는 경우 제외) ③ 사회간접자본 시설 · 건설용역 ④ 농 · 축 · 임 · 어업용 기자재 ⑤ 장애인용 보장구 등

2. 면세

1 면세 적용대상의 범위

구 분	면 세 대 상
기초생활 필수품	① 미가공 식료품 등(식용에 공하는 농산물·축산물·수산물·임산물 포함) ⇨ 국적불문 ② 국내에서 생산된 식용에 공하지 아니하는 미가공 농·축·수·임산물 ③ 수돗물 ⇨ 생수는 과세 ④ 연탄과 무연탄 ⇨ 유연탄·갈탄·착화탄(연탄용 불쏘시개)은 과세 ⑤ 여성용 생리처리 위생용품과 영유아용 기저귀와 분유(액상분유 포함) ⑥ 여객운송용역 ⇨ 시내버스, 지하철, 일반 고속버스(우등 제외) 등(항공기·고속철도, 우등고속버스·전세버스운송사업, 택시, 항해시속 20노트 이상의 여객선 등은 과세) ⑦ 주택과 이에 부수되는 토지의 임대용역(도시계획안 5배, 외 10배)

국민후생
용역
	① 의료보건용역과 혈액
	  ㉠ 의사·치과의사·한의사 등이 제공하는 용역
	    ⇨ 미용목적 성형수술(쌍꺼풀수술, 코성형수술, 유방확대·축소술, 주름살제거술, 지방흡인술)은 과세, 단, 유방재건술은 면세
	  ㉡ 접골사·침사 등이 제공하는 용역
	  ㉢ 임상병리사·방사선사·물리치료사 등이 제공하는 용역
	  ㉣ 약사가 제공하는 의약품의 조제용역 ⇨ 의약품의 단순판매는 과세
	  ㉤ 수의사가 제공하는 용역
	    ⇨ 가축·수산동물·장애인보조견·수급자가 기르는 동물에 대한 진료용역과 질병 예방 및 치료 목적의 동물 진료용역이 면세이며, 수의사 및 동물병원이 제공하는 애완동물 진료용역은 과세
	  ㉥ 장의업자가 제공하는 장의용역
	  ㉦ 분뇨의 수집·운반·처리 및 정화조청소용역, 적축물처리용역
	  ㉧ 노인장기요양보험법에 따른 장기요양기관이 장기요양인정을 받은 자에게 제공하는 신체활동·가사활동의 지원 또는 간병 등의 용역 등 ⇨ 간병, 산후조리, 보육용역(사회적기업·협동조합)
	② 인가·허가 받은 교육용역(사회적기업·협동조합 포함)
	  ⇨ 무허가·무인가 교육용역, 성인대상 영리학원인 무도학원 및 자동차운전학원은 과세

문화관련 재화용역	① 도서(도서대여 및 실내 도서열람 용역포함)·신문·잡지·관보·뉴스통신 ⇨ 방송과 광고는 과세 ② 예술창작품·예술행사·문화행사·비직업운동경기 ③ 도서관·과학관·박물관·미술관·동물원·식물원의 입장 ⇨ 오락 및 유흥시설과 함께 있는 동·식물원 및 해양수족관은 과세
부가가치 구성요소	① 금융·보험용역(치료·예방·진단 목적으로 조제한 동물의 혈액 포함) ② 토지의 공급 및 주택과 이에 부수되는 토지의 임대용역 | 구분	공 급	임 대 | |---|---|---| | 토지 | ■ 토지의 공급 : 면세 | ■ 일반적인 토지의 임대 : 과세 ■ 주택부수토지의 임대 : 면세 | | 건물 | ■ 건물의 공급 : 과세 ■ 국민주택규모이하 주택의 공급 : 면세 | ■ 건물의 임대 : 과세 ■ 주택의 임대 : 면세 | ③ 저술가 등이 직업상 제공하는 인적용역 ⇨ 변호사업·공인회계사업·세무사업·관세사업·기술사업·건축사업 등의 인적용역은 과세

구 분	면 세 대 상
그 밖의 재화용역	① 우표 · 인지 · 증지 · 복권 · 공중전화 ⇨ 수집용 우표는 과세 ② 판매가격이 200원 이하인 담배 ⇨ 일반 담배는 과세 ③ 종교 · 학술 · 자선 · 구호 · 기타 공익을 목적으로 하는 단체가 공급하는 재화 · 용역 ④ 국가 · 지방자치단체 · 지방자치단체조합이 공급하는 재화 · 용역 ⑤ 국가 · 지방자치단체 · 지방자치단체조합 또는 공익단체에 **무상** 공급하는 재화 · 용역 　⇨ **유상공급은 과세** ⑥ 시내버스 · 마을버스 · 농어촌버스로 공급되는 전기 · 수소전기 버스(2025.12.31.까지)

2 면세포기

구 분	내 용
면세포기 대상	① 영세율 적용대상이 되는 재화 · 용역 ② 학술연구단체 또는 기술연구단체가 공급하는 재화 · 용역
면세포기의 효과	① 효력발생시기 : 일반적인 경우 면세포기의 효력은 **사업자등록 이후의 공급분부터 적용**되며, 신규사업자가 사업자등록신청과 함께 면세포기신청을 한 경우에는 사업개시일부터 면세포기의 효력이 발생한다. ② 면세의 재적용 : 면세포기신고를 한 사업자는 **신고한 날로부터 3년간**은 부가가치세의 면세를 적용받지 못한다. 이와 같이 면세포기신고를 한 사업자가 3년이 경과한 후 다시 부가가치세의 면세를 적용받고자 하는 때에는 면세적용신고서와 함께 발급받은 사업자등록증을 제출하여야 한다.

3. 영세율과 면세의 비교

구 분	면 세	영 세 율
목적	소득대비 세부담의 역진성 완화	① 국가간 이중과세의 방지 ② 수출산업의 지원 · 육성
대상	기초생활필수품 등	수출 등 외화획득 재화 · 용역
면세정도	부분면세(불완전면세)	완전면세
거래중간단계에서의 적용시	환수효과와 누적효과 발생	환수효과 발생
과세대상여부	부가가치세 과세대상에서 제외	부가가치세 과세대상에 포함
사업자여부	부가가치세법상 사업자가 아님	부가가치세법상 사업자임
의무이행여부	부가가치세법상 각종 의무를 이행할 필요가 없으나 다음의 협력의무는 있다. ① 매입처별세금계산서합계표 제출의무 ② 대리납부의무	영세율 사업자는 부가가치세법상 사업자이므로 부가가치세법상 제반의무를 이행하여야 한다.

CHAPTER 04 거래징수와 세금계산서

1. 거래징수

구분	내용
의의	사업자에게 부가가치세의 징수의무와 권한을 부여하고 있는 것으로서 이로 인하여 부가가치세는 최종소비자에게 전가되므로 부가가치세는 최종소비자가 부담하는 것이다. [거래징수 시 유의사항] ① 사업자란 과세사업자를 의미하므로 면세사업자는 거래징수의무가 없다. ② 거래징수는 공급받는 자와는 관련이 없으므로 과세되는 재화·용역을 공급하는 사업자는 해당 공급받는 자가 과세사업자·면세사업자·최종소비자인지를 구분하지 아니하고 거래징수의무를 진다.
특례	① **재화의 수입** : 재화의 수입 시 공급자는 국외의 사업자이므로 현실적으로 거래징수를 할 여지가 없다. 이에 따라 부가가치세법에서는 재화의 수입 시 세관장이 관세법에 따라 부가가치세를 징수하도록 규정하고 있음 ② **대리납부** : 국내사업장이 없는 비거주자 등으로부터 과세용역을 제공받고 대가를 지급하는 자가 용역공급자를 대신하여 부가가치세를 징수하여 납부하는 것을 말함

2. 세금계산서

1 세금계산서의 기재사항

필요적 기재사항	① 공급하는 사업자의 등록번호와 성명 또는 명칭 ③ 공급가액과 부가가치세액	② 공급받는 자의 등록번호 ④ 작성년월일
임의적 기재사항	① 공급하는 자의 주소 ③ 공급품목과 공급연월일	② 공급받는자의 상호·성명·주소 ④ 단가와 수량 등

2 세금계산서의 종류

구분			발급의무	비고
사업자	과세 사업자	일반과세자	세금계산서	최종소비자대상업종은 영수증 발급
		간이과세자	세금계산서	신규사업자 등 예외적으로 영수증 발급
	면세사업자		계산서	최종소비자대상업종은 영수증 발급
세관장(수입재화에 대해 발급)			수입세금계산서	과세대상은 세금계산서, 면세대상은 계산서 발급

※ 영수증 범위 : 신용카드매출전표·직불카드영수증·기명식선불카드영수증·현금영수증·금전등록기계산서

3. 전자세금계산서

구 분	내 용
발급	■ 법인사업자와 소득세법상 직전연도의 사업장별 재화 및 용역의 공급가액(면세공급가액 포함)의 합계액이 8천만원 이상(2024.6.30.이전은 1억원)인 개인사업자(그 이후 직전연도의 사업장별 재화 및 용역의 공급가액이 8천만원 미만이 된 개인사업자를 포함)는 재화 또는 용역의 **공급시기가 속하는 달의 다음달 10일까지** 국세청 홈택스 등을 통해 전자세금계산서를 발급(다만, 다음달 10일이 공휴일 또는 토요일일 때에는 바로 다음 영업일까지 전자세금계산서를 발급) ■ 전자세금계산서 **의무발급 개인사업자**는 사업장별 재화 및 용역의 공급가액의 합계액이 **8천만원 이상**인 해의 다음해 제2기 과세기간이 시작하는 날부터 **전자세금계산서를 발급해야** 한다.
전송	사업자가 전자세금계산서를 발급하였을때에는 해당 전자세금계산서 **발급일의 다음날까지** 세금계산서 발급명세를 국세청장에게 전송(**세금계산서합계표 제출의무 면제**)

4. 매입자발행세금계산서

구 분	내 용
정의	■ 납세의무자로 등록한 사업자(세금계산서 발급의무가 있는 간이과세자 포함)로서 재화 또는 용역을 공급하고 세금계산서 발급시기에 세금계산서를 발급하지 아니한 경우(사업자의 부도·폐업, 공급 계약의 해제·변경 등의 사유가 발생한 경우로서 사업자가 수정세금계산서를 발급하지 않은 경우 포함) 그 재화 또는 용역을 공급받은 자는 **재화 또는 용역의 공급시기가 속하는 과세기간의 종료일로부터 1년 이내**에 관할 세무서장의 확인을 받아 매입자발행세금계산서를 발행할 수 있음 ■ 거래사실의 확인신청 대상이 되는 거래는 **거래 건당 공급대가가 5만원 이상**인 경우로 함
매입세액 공제대상	법령에 의해 공급받는 자가 발행한 매입자발행세금계산서에 기재된 그 부가가치세액은 부가가치세 신고시 매입자발행세금계산서합계표를 제출한 경우에는 매입세액으로 공제받을 수 있다.

5. 세금계산서의 발급·발급시기

구 분	내 용
발급	사업자가 재화 또는 용역을 공급하는 경우에는 공급자가 공급받는 자에게 세금계산서를 발급
발급시기	① 원칙적인 발급시기 : 세금계산서는 원칙적으로 재화 또는 용역의 공급시기에 발급 ② 공급시기 전 발급(선 발행 세금계산서) : 재화 또는 용역의 공급시기 전에 대가의 전부 또는 일부를 받고 받은 대가에 대하여 세금계산서를 발급한 경우에는 그 발급하는 때를 재화 또는 용역의 공급시기로 본다. ③ 공급시기 후 발급(월합계 세금계산서) : 재화 또는 용역의 공급일이 속하는 달의 다음달 10일(다음달 10일이 공휴일 또는 토요일인 경우에는 바로 다음 영업일을 말함)까지 세금계산서를 발급 ※ 1역월이란 달력에 의한 1개월을 의미한다. 따라서 2월 16일부터 3월 15일까지의 기간은 1역월이 아니므로 해당 거래분을 합하여 세금계산서를 작성할 수 없다.

6. 세금계산서의 수정(세금계산서 발급 후 정정사유가 발생하면 당초 분 수정 재발급)

수정세금계산서 사유	발급방법
처음 공급한 재화가 환입된 경우	재화가 환입된 날을 작성일로 적고 비고란에 처음 세금계산서 작성일을 덧붙여 적은 후 붉은색 글씨로 쓰거나 음(陰)의 표시를 하여 발급
계약의 해제로 인하여 재화 또는 용역이 공급되지 아니한 경우	계약이 해제된 때에 그 작성일은 계약해제일로 적고 비고란에 처음 세금계산서 작성일을 덧붙여 적은 후 붉은색 글씨로 쓰거나 음(陰)의 표시를 하여 발급
계약의 해지 등에 따라 공급가액에 추가되거나 차감되는 금액이 발생한 경우	증감 사유가 발생한 날을 작성일로 적고 추가되는 금액은 검은색 글씨로 쓰고, 차감되는 금액은 붉은색 글씨로 쓰거나 음(陰)의 표시를 하여 발급 ⇨ 비고란에 당초 세금계산서 작성일자 기재
재화 또는 용역의 공급 후 내국신용장이나 구매확인서가 과세기간 종료 후 25일이내 개설·발급된 경우	영세율 적용분은 검은색 글씨로 세금계산서를 작성하여 발급하고, 추가하여 처음에 발급한 세금계산서의 내용대로 세금계산서를 붉은색 글씨로 또는 음(陰)의 표시를 하여 작성하고 발급 ⇨ 비고란에 내국신용장 등의 개설·발급일자 기재
필요적 기재사항 등이 착오로 잘못 기재된 경우	처음에 발급한 세금계산서의 내용대로 세금계산서를 붉은색 글씨로 쓰거나 음(陰)의 표시를 하여 발급하고, 수정하여 발급하는 세금계산서는 검은색 글씨로 작성하여 발급 [사례] ① 작성연월일을 착오로 작성한 경우 ② 공급가액을 착오로 기재한 경우 ③ 과세표준에 포함되지 아니한 대가를 과세표준에 산입한 경우 ④ 포괄적인 사업양수도에 의해 세금계산서를 발급한 경우
세율을 잘못 적용하여 발급한 경우	처음에 발급한 세금계산서의 내용대로 세금계산서를 붉은색 글씨로 쓰거나 음(陰)의 표시를 하여 발급하고, 수정하여 발급하는 세금계산서는 검은색 글씨로 작성하여 발급
면세 등 발급대상이 아닌 거래 등에 대하여 발급한 경우	처음에 발급한 세금계산서의 내용대로 붉은색 글씨로 쓰거나 음(陰)의 표시를 하여 발급
필요적 기재사항 등이 착오 외의 사유로 잘못 적힌 경우	재화나 용역의 공급시기가 속하는 과세기간의 확정 신고기한 다음날부터 1년까지 세금계산서를 작성하되, 처음에 발급한 세금계산서의 내용대로 세금계산서를 붉은색 글씨로 쓰거나 음(陰)의 표시를 하여 발급하고, 수정하여 발급하는 세금계산서는 검은색 글씨로 작성하여 발급
전자세금계산서를 이중으로 발급한 경우	처음에 발급한 세금계산서의 내용대로 음(陰)의 표시를 하여 발급
과세유형 전환에 따른 수정 (일반과세자 ↔ 간이과세자)	간이과세자(일반과세자)에서 일반과세자(간이과세자)로 과세유형이 전환된 후 과세유형 전환 전에 공급한 재화 또는 용역에 대해 환입 또는 계약의 해지(해제) 사유가 발생한 경우에는 처음에 발급한 세금계산서 작성일을 수정(전자)세금계산서의 작성일로 하여 추가금액은 검은색 글씨, 차감금액은 붉은색 글씨(또는 음의 표시)로 기재하여 발급 ⇨ 비고란에 사유 발생일을 기재

7. 영수증

구 분	내 용
영수증 유형	① 신용카드매출전표 · 직불카드영수증 · 기명식 선불카드영수증 · 현금영수증 ② 금전등록기계산서 ③ 승차권 · 항공권 · 입장권 · 관람권 등 ④ 전기사업자가 발급하는 비산업용 전력사용료에 대한 영수증 ⑤ 그 밖에 ① ~ ④와 유사한 영수증

영수증 발급 사업자 범위	① 간이과세자(신규사업자 및 직전연도 공급대가 합계액이 4,800만원 미만인 사업자)
	② 최종소비자를 대상으로 하는 다음의 사업을 영위하는 일반과세사업자
	   ㉠ 소매업 ㉡ 음식점업(다과점업 포함)
	   ㉢ 숙박업 ㉣ 미용, 욕탕 및 유사서비스업
	   ㉤ 여객운송업(전세버스운송사업자는 제외) ㉥ 입장권을 발행하여 영위하는 사업
	   ㉦ 변호사, 공인회계사, 세무사 등 인적용역의 과세사업과 행정사업
	      (**사업자에게 공급하는 분 제외**)
	   ㉧ 주로 사업자가 아닌 최종소비자에게 재화 · 용역을 공급하는 사업으로서 세법이 정하는
	      사업(운수업 및 주차장 운영법, 부동산중개업, 사회서비스업 및 개인서비스업 등)
	③ 영수증교부의무자(①에 해당하는 간이과세자는 제외)라도 공급을 받는 사업자가 사업자등록
	   증을 제시하고 세금계산서의 발급을 요구하는 때에는 세금계산서를 발급하여야 한다. 다만,
	   다음의 사업자는 세금계산서를 발급할 수 없다.
	   ㉠ 미용, 욕탕 및 유사서비스업 ㉡ 여객운송업(전세버스운송사업자는 제외)
	   ㉢ 입장권을 발행하여 영위하는 사업 ㉣ 의료보건용역, 응급환자 이송용역 등

발급시기	영수증의 발급시기는 재화 또는 용역의 공급시기

세금계산서 및 영수증 발급 의무 면제	① 택시운송사업자, 노점, 행상, 무인판매기를 이용하여 재화 또는 용역을 공급하는 자
	② 소매업을 영위하는 자가 제공하는 재화 · 용역 ⇨ **공급받는 자가 요구하는 경우 세금계산서 발급**
	③ 미용, 욕탕 및 유사서비스업을 영위하는 자가 공급하는 용역
	④ 간주공급에 해당하는 재화의 공급 ⇨ **직매장 반출은 세금계산서 발급**
	⑤ 부동산임대용역 중 간주임대료
	⑥ 영세율 적용대상 재화 또는 용역
	   ㉠ 수출하는 재화 ⇨ 내국신용장 · 구매확인서에 의한 공급, 한국국제협력단 · 한국국제보건
	      의료재단 · 대한적십자사에 공급하는 재화의 경우에는 세금계산서 발급
	   ㉡ 국외에서 제공하는 용역 ㉢ 항공기의 외국항행용역
	   ㉣ 선박의 외국항행용역 ⇨ 공급받는 자가 국내사업장이 있는 경우에는 세금계산서 발급
	   ㉤ 그 밖의 외화획득 재화 · 용역
	⑦ 전자서명법에 따른 전자서명인증사업자가 인증서를 발급하는 용역
	   ⇨ 다만, 공급받는 자가 요구하는 경우에는 세금계산서 발급
	⑧ 도로 및 관련 시설 운영용역을 공급하는 자 ⇨ 공급받는 자가 요구하는 경우에는 발급
	⑨ 전력(또는 도시가스)을 실지로 소비하는 자(사업자가 아닌 자에 한함)를 위하여 전기사업자
	   (또는 도시가스사업자)로부터 전력(또는 도시가스)을 공급받는 명의자가 공급하는 재화 · 용역
	⑩ 국내사업장이 없는 비거주자 또는 외국법인에게 공급하는 재화 · 용역

CHAPTER 05 과세표준과 납부세액

1. 부가가치세의 계산구조

일반과세자가 각 과세기간별로 신고·납부하는 부가가치세의 계산구조는 다음과 같다.

	과 세 표 준	재화·용역의 공급가액(VAT 제외 금액)
(×)	세 율	10% (영세율 : 0%)
	매 출 세 액	(±) 대손세액가감
(−)	매 입 세 액	세금계산서상의 매입세액, 신용카드매출전표 등 수령명세서의 매입세액, 의제매입세액 등
	납 부 세 액	
(−)	공 제 세 액	신용카드매출전표등 발행세액공제, 예정신고미환급세액, 예정고지세액, 조세특례제한법상 공제·경감세액
(+)	가 산 세	
	차감납부세액	(△) 환급세액

2. 과세표준(= 공급가액)과 매출세액

1 과세표준과 매출세액의 계산구조

매출세액 = (공급가액 × 10% 또는 0%) ± 대손세액가감

2 공급유형별 과세표준

구 분	과 세 표 준
금전으로 대가를 받은 경우	그 금전가액
금전 이외의 물건으로 받은 경우	자신이 공급한 재화 또는 용역의 시가
특수관계인 거래에서 부당하게 낮은 대가를 받은 경우(신탁재산 포함)	자신이 공급한 재화 또는 용역의 시가
폐업하는 경우	폐업 시 남아 있는 재화의 시가
간주공급(자가공급의 직매장반출은 제외)	자기가 공급한 재화 또는 용역의 시가
직매장반출에 따라 재화를 공급하는 것으로 보는 경우	해당 재화의 취득가액 등을 기준으로 매입세액을 공제받은 해당 재화의 가액. 다만, 취득가액에 일정액을 더하여 공급하여 자기의 다른 사업장에 반출하는 경우에는 그 취득가액에 일정액을 더한 금액을 공급가액으로 본다.

구 분	과 세 표 준
외상거래, 할부거래 등의 재화 또는 용역을 공급하는 경우	공급한 재화의 총 공급가액
장기할부판매, 완성도기준지급 · 중간지급조건부 또는 계속적인 재화 · 용역의 공급	계약에 따라 받기로 한 대가의 각 부분
위탁가공무역방식으로 수출하는 경우	완성된 제품의 인도가액

※ 시가란 사업자가 특수관계인이 아닌 자와 해당 거래와 유사한 상황에서 계속적으로 거래한 가격 또는 제3자간에 일반적으로 거래된 가격을 말한다.

- **공급가액** : 부가가치세가 포함되지 않은 금액 ⇨ 일반과세자 과세표준
- **공급대가** : 부가가치세가 포함된 금액 ⇨ 간이과세자 과세표준

③ 일반적인 과세표준의 계산식

구 분	내 용
과세표준에 포함하는 항목	① 할부판매, 장기할부판매의 경우 이자 상당액 ② 대가의 일부로 받는 운송비, 포장비, 하역비, 운송보험료, 산재보험료 등 ③ 개별소비세, 주세, 교통세, 교육세 및 농어촌특별세 상당액
과세표준에 포함하지 않는 항목	① 매출에누리와 매출환입, 매출할인 ② 공급받는 자에게 도달하기 전에 파손 · 훼손 또는 멸실된 재화의 가액 ③ 재화 · 용역의 공급과 직접 관련되지 아니하는 국고보조금과 공공보조금 ④ 계약에 의하여 확정된 공급대가의 지급지연으로 인하여 받은 연체이자 등 ⑤ 반환조건의 물건의 용기대금과 포장비용 ⑥ 대가와 구분하여 기재한 경우로서 해당 종업원에 지급된 사실이 확인된 봉사료
과세표준에서 공제해서는 안 되는 항목	① 대손금 ② 금전으로 지급하는 판매장려금 (현물지급 ⇨ 사업상증여로 보아 과세함) ③ 하자보증금

④ 대가를 외국통화나 그 밖의 외국환으로 받은 경우의 과세표준

구 분	외화환산액(= 과세표준)
공급시기 되기 전에 원화로 환가한 경우	그 환가한 금액
공급시기 이후에 외화통화나 그 밖의 외국환 상태로 보유하거나 지급받는 경우	공급시기의 외국환거래법에 따른 **기준환율 또는 재정환율**에 따라 계산한 금액

※ 기준(또는 재정)환율 조회 : 서울외국환중개(주) (http://www.smbs.biz)

⑤ 수입재화의 과세표준

과세표준 = 관세의 과세가격 + 관세 + 개별소비세 + 주세 + 교육세 + 농어촌특별세 + 교통 · 에너지 · 환경세

6 과세표준의 계산특례

구 분	내 용
간주공급의 과세표준	① 일반적인 경우는 해당 재화의 **시가**를 과세표준으로 한다. ② 예외적으로 비상각자산인 직매장 반출의 경우 원칙은 해당 재화의 취득가액이며, 감가상각자산인 경우는 해당재화의 **간주시가**로 한다.
간주임대료의 과세표준	간주임대료 = 해당 과세기간의 전세금·임대보증금 × $\dfrac{해당 과세기간일수}{365(윤년 366)}$ × 계약기간 1년의 정기예금이자율

7 대손세액공제

구분	내 용
의의	사업자가 공급한 재화 또는 용역에 대한 외상매출금 등 채권이 대손되어 관련 부가가치세를 거래징수하지 못하는 경우 대손이 확정된 날이 속하는 과세기간의 확정신고 기간의 매출세액에서 해당 거래징수하지 못한 부가가치세 상당액을 차감할 수 있도록 하는 제도 대손세액공제액 = 대손금액(공급대가) × $\dfrac{10}{110}$
대손 사유	① 상법·어음법·수표법·민법에 따른 소멸시효가 완성된 채권(외상매출금·미수금·어음·대여금 등) ② 채무자 회생 및 파산에 관한 법률에 따른 회생계획인가의 결정 또는 법원의 면책결정에 따라 회수불능으로 확정된 채권 ③ 민사집행법에 따라 채무자의 재산에 대한 경매가 취소된 압류채권 ④ 채무자의 파산, 강제집행, 형의 집행, 사업의 폐지, 사망, 실종 또는 행방불명으로 회수할 수 없는 채권 ⑤ 부도발생일부터 6개월 이상 지난 수표 또는 어음상의 채권 및 외상매출금(중소기업의 외상매출금으로서 부도발생일 이전의 것에 한함). 다만, 해당 법인이 채무자의 재산에 대하여 저당권을 설정하고 있는 경우는 제외한다. ⑥ 중소기업의 외상매출금 및 미수금으로서 회수기일이 2년 이상 지난 외상매출금 등(특수관계인 거래는 제외) ⑦ 재판상 화해 등 확정판결과 같은 효력을 가지는 것으로서 법으로 정하는 것에 따라 회수불능으로 확정된 채권 ⑧ 회수기일이 6개월 이상 지난 채권 중 채권가액이 30만원 이하(채무자별 채권가액의 합계액 기준)인 채권
범위 및 시기	재화 또는 용역의 **공급일로부터 10년이 지난 날이 속하는 과세기간에 대한 확정신고기한**까지 대손세액공제대상이 되는 사유로 인하여 확정되는 대손세액(대손 사실을 증명하는 서류 제출)

3. 세율

우리나라 부가가치세의 세율 구조는 단일비례세율(10%)이며, 일정한 재화 또는 용역에 대하여 "0"의 세율을 적용한다.

4. 매입세액공제와 납부세액의 계산

1 납부세액과 매입세액의 계산구조

납부(환급)세액 = 매출세액 ± 대손세액가감 - 매입세액

2 매입세액

구 분	내 용
공제받을 수 있는 매입세액	① **공제되는 매입세액의 범위** : 사업자가 재화 또는 용역을 공급받을 때 거래징수를 당한 매입세액 중 ㉠자기의 사업을 위하여 사용하였거나 사용할 목적으로 공급받은 재화 또는 용역의 공급에 대한 세액과 ㉡자기의 사업을 위하여 사용하였거나 사용할 목적으로 수입하는 재화의 수입에 대한 세액은 매출세액에서 공제 ② **매입세액의 공제시기** : 재화 또는 용역을 공급받을 때 거래징수당한 매입세액은 재화 또는 용역을 공급받은 시기가 속하는 과세기간의 매출세액에서 공제하며, 재화의 수입 시 거래징수당한 매입세액은 재화의 수입시기가 속하는 과세기간의 매출세액에서 공제 ③ **세금계산서 등에 의한 매입세액** ㉠ 세금계산서에 의한 매입세액(매입자발행세금계산서 포함) ㉡ 신용카드 매출전표등의 수령명세서 제출분 ㉢ 의제매입세액(= 면세농산물등의 매입가액 × 공제율) ㉮ 매입가액은 운임 등의 부대비용을 제외한 매입원가 ㉯ 공제율 : 일반업종은 2/102(중소제조업 4/104) 등 ㉰ 예정신고 및 확정신고시에 의제매입세액공제를 받으며 확정신고시 정산에 의한 한도액 계산을 한다. ㉣ 재활용폐자원 등 매입세액 재활용폐자원 매입세액 = 공제대상 매입가액 × 3/103(단, 중고자동차 10/110) ㉤ 과세사업전환 매입세액　　㉥ 재고매입세액　　㉦ 대손변제세액
공제하지 아니하는 매입세액	① **매입처별 세금계산서합계표의 미제출 등** ㉠ 매입처별 세금계산서합계표를 제출하지 아니한 경우 ㉡ 제출한 매입처별세금계산서합계표의 기재사항 중 거래처별 등록번호 또는 공급가액의 전부 또는 일부가 기재되어 있지 아니하였거나 사실과 다르게 기재된 경우 ② **세금계산서의 미제출 등(단, 공급가액이 사실과 다른 경우에는 실제가액과의 차액)** ㉠ 세금계산서 미수취 또는 필요적 기재사항 불분명한 경우 ㉡ 발급받은 매입세액계산서의 필요적 기재사항의 전부 또는 일부가 기재되지 않았거나 사실과 다르게 기재된 경우 ③ **사업과 관련 없는 지출에 대한 매입세액** ㉠ 사업자가 그 업무와 관련 없는 자산을 취득·관리함으로써 발생하는 취득비·유지비·수선비와 이와 관련되는 필요경비 ㉡ 사업자가 그 사업에 직접 사용하지 아니하고 타인(종업원을 제외한다)이 주로 사용하는 토지·건물 등의 유지비·수선비·사용료와 이와 관련되는 지출금 ④ **개별소비세법 과세대상 자동차의 구입과 임차 및 유지에 관한 매입세액** ㉠ 영업으로 직접 사용되지 아니하는 자동차(= 비영업용 자동차) 　운수업, 자동차판매업, 자동차임대업, 운전학원업 및 이와 유사한 업종에서와 같이 자동차를 직접 영업에 사용하는 것 이외의 목적으로 사용하는 자동차 ㉡ 개별소비세법 과세대상 자동차의 범위 　8인승 이하의 일반형 승용자동차 및 배기량 1,000cc 초과 자동차 및 125cc 초과 2륜 자동차

구 분	내 용
공제하지 아니하는 매입세액	⑤ 토지 관련 매입세액(토지의 조성 등을 위한 자본적 지출) 　㉠ 토지의 취득 및 형질변경, 공장부지 및 택지의 조성 등에 관련된 매입세액 　㉡ 건축물이 있는 토지를 취득하여 그 건축물을 철거하고 토지만을 사용하는 경우에는 철거한 건축물의 취득 및 철거비용과 관련된 매입세액 　㉢ 토지의 가치를 현실적으로 증가시켜 토지의 취득원가를 구성하는 비용에 관련된 매입세액 ⑥ 기업업무추진비 지출과 관련된 매입세액 ⑦ 면세사업 등(면세사업 등을 위한 투자에 관련된 매입세액 포함)에 관련된 매입세액 　㉠ 겸영사업자의 공통매입세액 안분·정산·재계산에 의한 매입세액불공제분 포함 　㉡ 공통매입세액 안분계산 생략(공통매입세액 전액 공제) 　　㉮ 해당 과세기간의 공통매입세액이 5백만원 미만으로서 총공급가액 중 면세공급가액이 5% 미만인 경우의 공통매입세액 　　㉯ 해당 과세기간의 공통매입세액이 5만원 미만인 경우의 매입세액 　　㉰ 재화를 공급하는 날이 속하는 과세기간에 신규로 사업을 시작하여 직전 과세기간이 없는 경우 ⑧ 사업자등록을 신청하기 전의 매입세액 　사업자등록을 하기전의 매입세액은 매출세액에서 공제하지 아니한다. (다만, 공급시기가 속하는 과세기간이 끝난 후 20일 이내에 등록을 신청한 경우 등록 신청일로부터 공급시기가 속하는 과세기간 기산일까지 역산한 기간 이내의 매입세액은 공제 가능)

5. 차가감납부(환급)할 세액의 계산

차감·가감하여 납부(환급)할 세액 = 납부(환급)세액 − 경감·공제세액 − 예정신고미환급세액 + 가산세액

구 분	내 용
경감·공제 세액	① 전자신고세액공제 : 사업자가 직접 전자신고방법에 의하여 부가가치세 **확정신고**를 하는 경우에는 당해 납부세액에서 **1만원**을 공제하거나 환급세액을 가산한다. ② 전자세금계산서 발급 세액공제 : 직전연도 재화 및 용역의 공급가액 합계액이 **3억원 미만인 개인사업자(간이과세자 포함)**가 전자세금계산서를 발급하고 발급일의 다음 날까지 국세청장에게 전송하면 해당 납부세액에서 **연간 100만원 한도 내 금액(발급건수 당 200원)**까지 전자세금계산서 발급에 대한 세액공제를 적용받을 수 있다. (2027.12.31.까지) ③ 신용카드매출전표 등 발행세액공제 : 일반과세자 중 영수증 교부의무자(법인 제외)가 신용카드 매출전표(직불카드영수증·기명식선불카드영수증·현금영수증 포함)을 발행하거나 전자화폐로 대금결제를 받는 경우에는 신용카드매출전표 발행세액공제를 적용받을 수 있다. (단, 직전연도 공급가액 10억 초과자는 제외) (2026.12.31.까지) 　세액공제액 = MIN[① 발행금액 또는 결제금액×1.3%, ② 연간 1,000만원]
예정신고 미환급세액	조기환급을 제외하고는 부가가치세법상 환급세액은 **확정신고기한 경과 후 30일 내에 환급**하므로 예정신고기간 중에 발생한 환급세액은 예정신고시 환급되지 아니하고, 확정시고시의 납부세액에서 공제세액으로 차감한다.

※ 부가가치세신고와 관련한 가산세는 [전산실무 PART 04 부가가치세신고서 및 부속서류작성]에서 서술함.

CHAPTER 06 부가가치세 신고 · 납부절차

구 분		내 용
예정신고와 납부	일반적인 경우	사업자는 각 예정신고기간에 대한 과세표준과 납부세액 또는 환급세액을 그 예정신고기간이 끝난 후 25일 이내에 각 사업장 관할 세무서장에게 신고 · 납부(단, 직전 과세기간의 과세표준이 1억 5천만원 미만인 영세 법인사업자는 개인사업자와 같이 예정고지 납부)
	개인 사업자의 경우	개인사업자는 예정신고기간마다 직전과세기간에 대한 납부세액의 50%에 상당하는 금액을 결정하여 해당 예정신고기간이 끝난 후 25일까지 **예정고지에 의한 징수가 원칙**
		예정고지 예외 [예정신고기간에 예정고지하지 아니하는 경우] ① 징수하여야 할 금액이 **50만원 미만인 경우** ② 간이과세자에서 해당 과세기간 개시일 현재 일반과세자로 변경된 경우 ③ 납세자가 재난등 사유로 관할 세무서장이 징수하여야 할 금액을 사업자가 납부할 수 없다고 인정되는 경우
		예정신고 예외 [개인사업자 예정신고 · 납부하는 경우] ① 휴업 또는 사업 부진으로 인하여 각 예정신고기간의 공급가액 또는 납부세액이 직전 과세기간의 공급가액 또는 납부세액의 1/3에 미달하는 자 ② 각 예정신고기간분에 대해 **조기환급**을 받고자 하는 자 ③ 예정부과 기간에 세금계산서를 발급한 간이과세자(**강제규정**)
확정신고와 납부		사업자는 각 과세기간에 대한 과세표준과 납부세액 또는 환급세액을 그 **과세기간이 끝난 후 25일(폐업하는 경우 폐업일이 속한 달의 다음 달 25일) 이내**에 대통령령으로 정하는 바에 따라 납세지 관할 세무서장에게 신고 · 납부(다만, 예정신고 및 조기환급을 받고자 신고한 납부 · 환급세액은 제외)
환급	일반환급	① 각 과세기간별로 해당 과세기간에 대한 환급세액을 그 **확정신고기한 경과 후 30일 이내**에 사업자에게 환급 ② 예정신고기간에 대한 일반환급세액은 환급하지 않고 확정신고시 납부세액에서 공제
	조기환급	각 과세기간별 · 예정신고기간별(3개월) 또는 조기환급기간별(매월 또는 매 2월)로 환급세액을 **확정신고기한 · 예정신고기한 또는 조기환급신고기한 경과 후 15일 이내**에 환급하는 것
		조기환급 대상 ① 영세율이 적용되는 경우 ② 사업설비(감가상각자산)를 신설 · 취득 · 확장 또는 증축하는 경우 ③ 재무구조개선계획을 이행 중인 경우
		조기환급 방법 ① 예정 또는 확정신고기간별 신고와 환급은 그 예정 또는 확정신고기한 경과 후 15일 이내 환급 ② 매 1월 또는 매 2월 단위로 조기환급기간 종료일로부터 25일 내에 신고하여 조기환급신고 기간경과 후 15일 이내에 환급

CHAPTER 07 간이과세

구 분	내 용
간이과세자 개요	직전 연도 공급에 대한 대가의 합계액이 1억400만원에 미달하는 개인사업자(법인제외)로 영수증 발급대상을 제외하고 세금계산서(매입자발행세금계산서 포함) 발급 의무가 있음 [영수증 발급대상(2021.07.01.이후)] ① 신규사업자 ② 직전연도 공급대가 합계액이 4,800만원 미만인 사업자 ③ 주로 사업자가 아닌 자에게 재화·용역을 공급하는 사업자(소매업, 음식점업, 숙박업, 미용, 욕탕 및 유사 서비스업, 여객운송업 등) → 다만, 소매업, 음식점업, 숙박업 등은 공급받는 자가 요구하는 경우 세금계산서 발급 의무가 있음
간이과세자 배제업종	① 간이과세가 적용되지 아니하는 다른 사업장을 보유하고 있는 사업자 ② 광업·제조업·도매업·부동산매매업·건설업 : 최종소비자에게 직접 공급시에는 적용 가능 ③ 과세유흥장소 영위업, 특정 부동산임대업 ④ 변호사업, 변리사업, 공인회계사업, 세무사업, 건축사업, 약사업, 의료업 등 전문직 사업자 ⑤ 소득세법상 복식부기의무자가 영위하는 사업 ⑥ 부동산임대업 또는 과세유흥장소를 경영하는 사업자로서 해당 업종의 직전연도의 공급대가의 합계액이 4,800만원 이상인 사업자 ⑦ 2 이상의 사업장이 있는 사업자로서 그 둘 이상의 사업장의 직전연도 공급대가의 합계액이 1억400만원 이상인 경우 ⑧ 일반과세자로부터(재화의 공급으로 보지 않는 사업의양도)의 규정에 따라 양수한 사업
간이과세자 계산구조	① 납부세액(매출세액) = 공급대가(과세표준) × 업종별부가가치율(15% ~ 40%) × 세율(10%) ② 공제세액 　㉠ 매입세금계산서 등 수취세액공제 : 매입세금계산서 등에 기재된 매입액 × 0.5% 　㉡ 신용카드매출전표 등 발행세액공제(연간 1,000만원 한도) ③ 매입세금계산서 등 수취세액공제 등의 공제세액 합계액이 각 과세기간의 납부세액을 초과하는 때에는 그 초과액은 없는 것으로 보며 일반과세자와 달리 환급세액은 발생하지 않음
간이과세자 신고납부	**과세기간** : 과세기간(01.01 ~ 12.31 : 1년)이 끝난 후 25일(폐업하는 경우 폐업일이 속한 달의 다음 달 25일) 이내에 납세지 관할 세무서장에게 확정신고·납부 **예정부과** : ① 예정부과기간 : 1월 1일부터 6월 30일까지의 납부세액으로 결정하여 예정부과기간이 끝난 후 25일 이내까지 징수 ② 고지징수 : 간이과세자에 대하여 직전 과세기간에 대한 납부세액의 50%를 징수(다만, 징수하여야 할 금액이 50만원 미만인 소액부징수인 경우는 제외) ③ 예외 : 사업부진(직전예정부과기간의 3분의 1에 미달하는 간이과세자 등 – 선택 규정) 및 예정부과기간에 세금계산서를 발급한 간이과세자(강제 규정)는 신고·납부 가능
간이과세 납부의무면제	해당과세기간(1과세기간 = 1월 1일 ~ 12월 31일)에 대한 공급대가가 4,800만원 미만인 경우에는 해당과세기간에 대한 납부세액 면제(단, 신고의무는 이행하며 재고품등 매입세액은 납부)
간이과세자 포기	간이과세자에 관한 규정의 적용을 포기하고 일반과세자에 관한 규정을 적용받으려는 경우에는 적용받으려는 달의 전달의 마지막 날까지 납세지 관할 세무서장에게 신고(일반과세자 적용일로부터 3년이 되는 날이 속하는 과세기간까지는 간이과세자에 관한 규정을 적용받지 못함)

CHAPTER 08 실무이론 평가

[부가가치세의 기본개념]

01. 다음 중 현행 부가가치세법상 특징과 거리가 먼 것은?

① 영세율을 제외한 모든 부가가치세 과세대상에 대하여 10%의 단일세율을 적용한다.
② 이익이 발생하지 않았을 경우에는 부가가치세가 발생하지 않아 납부할 필요가 없다.
③ 최종소비하는 자가 실질적인 세부담을 하는 소비세이다.
④ 수출을 장려하기 위한 취지에서는 면세제도보다는 영세율제도가 더 적합하다.

02. 부가가치세법상 납세의무자인 사업자의 요건과 관련이 없는 것은?

① 사업성이 있어야 한다.
② 영리목적이 있어야 한다.
③ 사업상 독립성을 갖추어야 한다.
④ 과세대상인 재화나 용역을 공급하는 자이어야 한다.

03. 다음 중 부가가치세의 과세기간에 대한 설명으로 틀린 것은?

① 일반과세자의 부가가치세의 과세기간은 제1기와 제2기로 나누어진다.
② 일반과세자의 경우 1월 20일에 사업을 개시한 경우 최초의 과세기간은 1월 1일부터 6월 30일까지가 된다.
③ 사업자가 사업을 영위하다 폐업하는 경우 과세기간은 폐업일이 속하는 과세기간의 개시일부터 폐업일까지로 한다.
④ 간이과세를 포기하여 일반과세자로 전환되는 경우 간이과세 포기의 신고일이 속하는 과세기간의 개시일부터 그 신고일이 속하는 달의 말일까지가 1과세기간이 된다.

04. 다음 중 부가가치세법상 사업장으로 잘못된 것은?

① 부동산임대업 : 그 사업에 관한 업무를 총괄하는 장소
② 제조업 : 최종제품을 완성하는 장소
③ 광　업 : 광업사무소 소재지
④ 사업장을 설치하지 않는 경우 : 사업자의 주소 또는 거소

05. 다음 중 부가가치세법상의 납세의무가 없는 경우는?

① 소규모 식당을 운영하는 간이과세 대상 사업자
② 대가를 받고 대한민국 정부에 복사기를 판매하는 상인
③ 화장품을 중국에 수출하는 무역업자
④ 서울에 소재하는 소아과전문병원

06. 다음 중 부가가치세법상 사업자등록과 관련된 설명 중 틀린 것은?
① 사업자는 사업장마다 사업개시일부터 20일내에 사업자등록을 하여야 한다.
② 신규로 사업을 시작하려는 자는 사업개시일 전이라도 사업자등록을 할 수 있다.
③ 사업자등록의 신청을 받은 관할세무서장은 신청일부터 2일이내에 사업자등록증을 신청자에게 발급하는 것이 원칙이다.
④ 상속으로 인하여 사업자의 명의가 변경되는 때에는 폐업을 하고 신규로 사업자등록을 하여야 한다.

07. 다음 부가가치세법상 사업자등록에 관한 설명 중 잘못된 것은?
① 사업자는 사업자등록의 신청을 사업장 관할 세무서장이 아닌 다른 세무서장에게도 할 수 있다.
② 사업장이 둘 이상인 사업자는 사업자 단위로 해당 사업자의 본점 또는 주사무소 관할 세무서장에게 등록을 신청할 수 있다.
③ 사업자등록의 신청을 받은 사업장 관할 세무서장은 신청자가 사업을 사실상 시작하지 아니할 것이라고 인정될 때에는 등록을 거부할 수 있다.
④ 사업자 단위로 사업자등록신청을 한 경우에는 사업자단위 과세가 적용되는 각각의 사업장마다 다른 사업자등록번호를 부여한다.

[과세거래]

01. 다음 중 부가가치세법상 재화의 공급에 해당하지 않는 것은?
① 현금판매, 외상판매, 할부판매, 장기할부판매, 조건부 및 기한부 판매, 위탁판매와 그 밖의 매매계약
② 자기가 주요자재의 전부 또는 일부를 부담하고 상대방으로부터 인도받은 재화를 가공하여 새로운 재화를 만드는 가공계약
③ 재화의 인도 대가로서 다른 재화를 인도받거나 용역을 제공받은 교환계약
④ 국세징수법에 따른 공매 민사집행법에 따른 경매에 따른 재화를 인도하거나 양도하는 것

02. 다음 중 부가가치세법상 재화의 공급의제에 해당하는 것은? (모두 매입세액 공제를 적용받은 것으로 가정함)
① 생산직 근로자에게 작업복과 작업화를 지급하는 경우
② 택시회사가 영업용 택시로 취득한 승용차(3천cc, 5인승)를 업무용으로 사용하는 경우
③ 다른 사업장에서 원료나 자재 등으로 사용 또는 소비하기 위하여 반출하는 경우
④ 광고선전을 위한 상품진열 목적으로 자기의 다른 사업장으로 반출하는 경우

03. 다음 중 부가가치세법상 직매장반출에 대한 설명으로 옳지 않은 것은?
① 직매장반출에 대해서는 재화의 공급으로 보더라도 세금계산서의 발급의무가 면제된다.
② 직매장은 사업장에 해당되나, 하치장은 사업장에 해당되지 않는다.
③ 자기의 다른 사업장에서 원료 등으로 사용하기 위하여 반출하는 경우에는 이를 재화의 공급으로 보지 않는다.
④ 총괄납부승인을 얻은 사업자가 자기의 타사업장으로 재화를 반출하는 경우에는 이를 재화의 공급으로 보지 않는다.

04. 부가가치세법상 재화의 간주공급에 해당하지 않는 것은? 단, 아래의 모든 재화는 매입 시에 매입세액공제를 받은 것으로 한다.
① 주유소를 운영하는 사업자가 배달용 운반 트럭에 주유소의 경유를 무상으로 주유하는 경우
② 주유소를 운영하는 사업자가 사업주의 승용차에 휘발유를 무상으로 주유하는 경우
③ 가구점을 운영하는 사업자가 사업을 폐지하는 경우에 잔존하는 판매용 가구가 있는 경우
④ 가구점을 운영하는 사업자가 자기의 고객에게 판매용인 가구를 무상으로 공급하는 경우

05. 다음 중 부가가치세법상 용역의 공급에 해당하지 않는 것은?
① 건설업의 건설용역
② 부동산임대업의 임대용역
③ 특허권의 대여
④ 전기의 공급

06. 다음 중 부가가치세가 과세되는 거래는?
① 쌀가게를 운영하는 사업자인 김민국씨는 쌀을 식당에 판매하였다.
② 부동산 임대업자인 김임대씨는 사업용건물인 상가를 포괄양도(사업양도) 하였다.
③ 페인트를 판매하는 김사업씨는 매입세액공제를 받고 구입한 상품인 페인트를 친구에게 무상(시가 10만원)으로 공급하였다.
④ 휴대폰 판매사업을 하고 있는 김판매씨는 거래처로부터 판매장려금 100만원을 금전으로 수령하였다.

07. 현행 부가가치세 과세제도의 내용 중 틀린 것은?
① 부가가치세의 납세의무자는 국가 및 지방자치단체도 포함한다.
② 사업자가 특수관계자가 아닌 타인에게 무상으로 공급하는 용역은 과세대상이 아니다.
③ 고용관계에 따라 근로를 제공하는 것은 용역의 공급으로 보지 아니한다.
④ 직전과세기간의 납부세액이 없는 일반과세자인 개인사업자는 예정신고를 하여야 한다.

08. 다음은 부가가치세법상 주된 재화 또는 용역의 공급에 부수되어 공급되는 재화와 용역에 대한 과세 및 면세 여부에 관한 내용이다. 다음 중 연결이 틀린 것은?

주된 공급	부수재화 또는 용역	부수재화 또는 용역의 과세 여부
㉠ 과세거래인 경우	과세대상 재화와 용역	과세
㉡ 과세거래인 경우	면세대상 재화와 용역	과세
㉢ 면세거래인 경우	과세대상 재화와 용역	과세
㉣ 면세거래인 경우	면세대상 재화와 용역	면세

① ㉠　　② ㉡　　③ ㉢　　④ ㉣

09. 다음 중 부가가치세 과세대상 거래는?
① 컴퓨터 교재(면세서적)와 그에 부수되는 CD를 함께 판매한 경우
② 주주에 대하여 출자지분의 반환대가로 제품인 꽁치통조림으로 지급하는 경우
③ 헬스클럽에서 고객으로부터 입회금(일정기간 거치 후 전액 반환 조건임)을 받은 경우
④ 의류공장에서 유형자산인 토지를 양도하는 경우

10. 다음 중 부가가치세법상 재화 및 용역의 공급시기에 대한 내용으로 올바르지 않은 것은?
   ① 폐업 전에 공급한 재화의 공급시기가 폐업일 이후에 도래하는 경우 : 폐업일 전일
   ② 임대보증금에 대한 간주임대료 : 예정신고기간 또는 과세기간의 종료일
   ③ 장기할부판매 : 대가의 각 부분을 받기로 한 때
   ④ 공급시기 전에 재화에 대한 대가를 받고 동시에 그에 대한 세금계산서를 발급한 경우 : 세금계산서를 발급하는 때

11. 다음은 갑회사의 거래내역이다. 부가가치세법상의 재화·용역의 공급시기는?

> 갑회사는 을회사와 제품공급계약(수량 1개, 공급가액 1억원)을 맺고, 다음과 같이 이행하기로 하였다.
> - 대금지급방법 : 계좌이체
> - 대금지급일   ⓐ 계약금 (10,000,000원) : 2024. 08. 01
>   ⓑ 중도금 (40,000,000원) : 2024. 12. 01
>   ⓒ 잔 금 (50,000,000원) : 2025. 04. 01
> - 제품인도일 : 2025. 04. 01

   ① 2024. 08. 01   ② 2024. 12. 01
   ③ 2025. 04. 01   ④ 2024. 08. 01, 2024. 12. 01, 2025. 04. 01 모두

[영세율과 면세]

01. 부가가치세법상 영세율 적용 대상이면서 세금계산서를 발급하여야 하는 거래는?
   ① 내국신용장에 의해 공급하는 재화   ② 국외제공용역
   ③ 주택과 이에 부수되는 토지의 임대용역   ④ 금융·보험용역

02. 다음 중 부가가치세법상 영세율과 관련된 설명 중 가장 틀린 것은?
   ① 영세율 적용대상은 부가가치세법 및 조세특례제한법에서 규정하고 있다.
   ② 영세율 적용대상 거래는 세금계산서 발행의무가 없다.
   ③ 영세율이 적용되는 과세표준에 관하여 영세율 첨부서류를 제출하지 않은 경우 가산세를 부담하여야 한다.
   ④ 면세사업자라 하더라도 영세율 적용대상이 되면 면세를 포기하고 영세율을 적용받을 수 있다.

03. 다음 중 부가가치세가 면세되는 재화 또는 용역의 개수는?

| ⓐ 신문·잡지 | ⓑ 수집용우표 | ⓒ 복권 | ⓓ 토지의 임대 | ⓔ 과일 | ⓕ 보험용역 |

   ① 2개   ② 3개   ③ 4개   ④ 5개

04. 다음 중 부가가치세법상 면세에 대한 설명으로 틀린 것은?
① 가공되지 아니한 식료품 및 우리나라에서 생산된 식용에 공하지 아니하는 농산물은 부가가치세를 면세한다.
② 면세대상이 되는 재화 또는 용역만을 공급하는 경우 부가가치세법상 사업자등록의무를 부담하지 아니하여도 된다.
③ 면세대상이 되는 재화가 영세율적용의 대상이 되는 경우에는 면세포기신청서를 제출하고 승인을 얻은 경우에 한하여 면세포기가 가능하다.
④ 면세포기신고를 한 사업자는 신고한 날로부터 3년간은 부가가치세의 면세를 받지 못한다.

05. 다음 중 부가가치세법상 납세의무가 있는 사업자가 아닌 자는?
① 상가건물을 임대하고 있는 사업자
② 제품을 생산하여 전량 수출하고 있는 영세율적용 사업자
③ 산후조리원을 운영하고 있는 사업자
④ 음식업을 운영하고 있는 간이과세자

06. 다음 중 부가가치세법상 영세율과 면세에 대한 설명 중 틀린 것은?
① 영세율은 완전면세제도이고 면세는 불완전면세제도이다.
② 영세율은 부가가치세법상 사업자만이 적용받을 수 있고, 면세사업자인 상태에서 영세율을 적용받을 수 없다.
③ 영세율과 면세가 동시에 적용되는 경우에는 면세를 포기하고 영세율을 적용받을 수 있다.
④ 영세율과 면세의 경우 모두 부가가치세 신고의무는 면제된다.

[거래징수와 세금계산서]

01. 다음 중 부가가치세법상 세금계산서에 반드시 기재해야 하는 사항이 아닌 것은?
① 공급하는 자의 등록번호와 성명 또는 명칭
② 공급받는자의 업태, 종목
③ 공급가액과 부가가치세액
④ 세금계산서의 작성연월일

02. 다음 중 부가가치세법상 세금계산서 수수와 관련한 설명으로서 옳지 않은 것은?
① 원칙적으로 세금계산서는 각 사업장별로 수취, 발급하여야 한다.
② 사업자가 재화 또는 용역의 공급시기가 도래하기 전에 세금계산서를 발급하더라도 그 세금계산서 발급일부터 7일 이내에 대가를 지급받는 경우에는 적법하게 세금계산서를 교부한 것으로 본다.
③ 당초 공급한 재화가 환입된 경우에는 당초 공급한 날을 작성일자에 기재하고, 당해 금액에 부의 표시를 하여 수정세금계산서를 발급하여야 한다.
④ 사업의 포괄양도에 해당되는 경우에는 세금계산서를 교부할 수 없다.

03. 다음은 부가가치세법상 세금계산서의 발급에 관한 사항이다. 적절하게 교부하지 않은 것의 개수는?

> A. 공급시기 전에 세금계산서를 발급하고 발급일로부터 7일 이내에 대가를 지급받음.
> B. 단기할부판매에 관하여 대가의 각 부분을 받기로 한 때마다 각각 세금계산서를 발급함.
> C. 반복적 거래처에 있어서 월합계금액을 공급가액으로 하고, 매월 말일자를 공급일자로 하여 다음달 말일까지 세금계산서를 발급함.
> D. 이미 공급한 재화가 환입된 경우에는 환입된 날을 공급일자로 하고, 비고란에 당초세금계산서 작성일자를 부기하여 발급함.

① 1개 ② 2개 ③ 3개 ④ 4개

04. 다음 중 부가가치세 일반과세사업자가 세금계산서를 발급할 수 있는 경우는?
① 부동산(점포)임대사업자가 임대보증금만을 받고 점포를 임대한 경우
② 사업자가 생산한 과세대상재화를 거래처에 선물로 기증한 경우
③ 사업자가 생산한 과세대상재화를 종업원의 개인용도로 사용하는 경우
④ 사업자가 구매확인서에 의하여 수출대행사에 과세대상재화를 공급하는 경우

05. 부가가치세법상 세금계산서와 관련한 다음 설명 중 잘못된 것은?
① 소매업을 영위하는 자가 영수증을 발급할 경우 상대방이 세금계산서를 요구하는 경우에는 세금계산서를 발급하여야 한다.
② 매입자발행세금계산서는 거래 건당 공급대가 5만원 이상을 발행대상으로 한다.
③ 수탁자가 재화를 인도하는 경우에는 수탁자 명의로 세금계산서를 발급하고 비고란에 위탁자의 사업자등록번호를 부기한다.
④ 공급가액에 증감사유가 발생하여 수정세금계산서를 발급하는 경우 증감사유가 발생한 날을 작성일자로 하여 세금계산서를 발급한다.

06. 다음은 부가가치세법상 전자세금계산서에 대한 설명이다. 틀린 것은?
① 전자세금계산서는 원칙적으로 발급일의 다음날까지 국세청에 전송해야 한다.
② 국세청에 전송된 전자세금계서는 출력하여 별도 보관할 필요가 없다.
③ 전자세금계산서 발급대상 사업자가 적법한 발급기한 내에 전자세금계산서 대신에 종이세금계산서를 발급한 경우 공급가액의 1%의 가산세가 적용된다.
④ 당해 연도의 사업장별 재화와 용역의 공급가액의 합계액이 8천만원 이상인 개인사업자는 반드시 전자로 세금계산서를 발행하여야 한다.

07. 다음은 세금계산서의 작성, 발급, 전송 등에 관한 사항이다. 설명이 잘못된 것은?
① 2025년 1월 15일을 작성일자로 한 세금계산서를 2월 15일에 발급한 경우 매출자에게는 세금계산서 관련 가산세가 적용된다.
② 2025년 1월 15일을 작성일자로 한 세금계산서를 2월 15일에 발급받은 경우 매입자에게는 세금계산서 관련 가산세가 적용된다.
③ 2025년 1월 15일을 작성일자로 한 세금계산서를 7월 15일에 발급한 경우 매출자에게는 세금계산서 관련 가산세가 적용된다.
④ 2025년 1월 15일을 작성일자로 한 세금계산서를 7월 15일에 발급받은 경우 매입자에게는 매입세액이 공제되지 않는다.

08. 부가가치세법에 따른 수정세금계산서에 대한 다음의 설명 중 옳은 것은?

① 수정세금계산서는 반드시 전자로 발급하여야 한다.
② 과세표준 또는 세액을 경정할 것을 미리 알고 있는 경우는 적법한 수정세금계산서의 발급사유에 해당하지 않는다.
③ 필요적 기재사항 등이 착오 외의 사유로 잘못 적힌 경우 재화나 용역의 공급시기가 속하는 과세기간에 대한 확정신고기한까지 수정세금계산서를 발급할 수 있다.
④ 일반과세자에서 간이과세자로 과세유형이 전환되기 전에 공급한 재화 또는 용역에 수정발급 사유가 발생하는 경우의 작성일은 그 사유가 발생한 날을 작성일로 한다.

09. 다음 중 부가가치세법상 수정세금계산서 작성 일자로 옳지 않은 것은?

① 당초 공급한 재화가 환입된 경우 재화가 환입된 날
② 재화를 공급한 후에 공급 시기가 속하는 과세기간 종료 후 25일 이내에 내국신용장이 개설된 경우 당초 세금계산서 작성일
③ 계약이 해지 등에 따라 공급가액에 증감액이 발생한 경우 증감사유가 발생한 날
④ 계약의 해지로 재화가 공급되지 않은 경우 당초 세금계산서 작성일

10. 다음 중 부가가치세법상 세금계산서 발급의무 면제에 해당하지 않는 것은?

① 내국신용장에 의하여 공급하는 수출대상재화
② 임대보증금에 대한 간주임대료
③ 항공기의 외국항행용역
④ 국외에서 제공하는 용역

11. 다음에 열거한 것 중에서 부가가치세법상 세금계산서 교부의무가 면제되지 않는 것은?

① 수출대행수수료를 지급받는 경우
② 자가공급, 개인적 공급, 사업상 증여에 의한 재화의 공급
③ 국내에 주재하는 외국정부기관 등에 공급하는 재화의 공급
④ 욕탕, 미용업자가 공급하는 용역의 공급

[과세표준과 납부세액 / 부가가치세 신고 · 납부절차]

01. 다음 중 부가가치세법상 과세표준에 포함되는 것은?

① 비반환조건부 용기 대금
② 대가와 구분 기재된 봉사료
③ 매출할인
④ 재화 또는 용역의 공급과 관련없이 수령한 국고보조금

02. 다음 중 부가가치세법상 대손세액공제와 관련된 설명 중 틀린 것은?

① 대손세액공제는 확정신고시에만 가능하다.
② 어음은 부도가 발생하면 즉시 대손세액공제가 가능하다.
③ 대손세액공제액은 대손금액에 110분의 10을 곱한 금액이다.
④ 대손금액을 회수한 경우 대손세액을 회수한 날이 속하는 과세기간의 매출세액에 가산한다.

03. 다음 자료에 의해 부가가치세 과세표준을 계산하면? 단, 당해 사업자는 주사업장총괄납부승인을 받지 아니하였다.

- 상품 외상판매액(공급가액) : 30,000,000원
- 자기의 타사업장으로의 반출액 (공급가액) : 2,000,000원
- 판매처로 운송하는 도중 교통사고로 인해 파손된 상품(원가) : 1,000,000원
  ※ 단, 위 외상판매액에는 반영되어 있지 않다.
- 판매실적에 따라 거래처에 현금으로 지급한 장려금 : 3,000,000원

① 30,000,000원   ② 31,000,000원   ③ 32,000,000원   ④ 33,000,000원

04. 다음 자료를 보고 거래내역에 대한 부가가치세 과세표준을 구하시오.

3월 15일 대만의 웬디사에 제품을 총 $20,000에 수출하기로 하고, 계약금으로 $2,000을 수령하여 동일자로 원화로 환전하였다.
4월 15일 제품을 인천항에서 선적하고 중도금으로 $10,000을 수령하였다.
4월 30일 잔금 $8,000을 수령하고 동 금액을 원화로 환전하였다.
(3월 15일 ₩1,200/$, 4월 15일 ₩1,300/$, 4월 30일 ₩1,100/$)

① 22,200,000원   ② 24,000,000원   ③ 25,800,000원   ④ 26,000,000원

05. 다음 중 부가가치세법상 일반과세사업자가 당해 과세기간분 부가가치세 확정신고시 공제받을 수 있는 매입세액은?

① 면세사업용도에 사용할 재화를 구입하고 발급받은 세금계산서상 매입세액
② 간이과세자(신규사업자)로부터 재화를 구입하고 발급받은 세금계산서상 매입세액
③ 세금계산서 대신에 발급받은 거래명세표상의 매입세액
④ 당해 과세기간 부가가치세 예정신고 시 누락된 상품매입 세금계산서상의 매입세액

06. 다음 자료에 의하면 부가가치세법상 공제받을 수 있는 매입세액공제액은 얼마인가?

- 2000cc인 비영업용소형승용자동차의 렌탈요금으로 세금계산서 수령 : 공급대가 550,000원
- 종업원 사고 치료비를 병원에서 신용카드로 결제   : 결제금액 110,000원
- 국내 항공기 이용 요금을 신용카드로 결제   : 결제금액 88,000원

① 68,000원   ② 58,000원
③ 18,000원   ④ 공제받을 금액 없음

07. 다음은 부가가치세법상 의제매입세액공제에 관한 내용이다. 가장 옳은 것은?

① 의제매입세액의 공제대상이 되는 원재료의 매입가액에는 운임 등의 부대비용을 포함한 매입원가로 한다.
② 간이과세자(2021.7.1.이후)는 의제매입세액공제를 받을 수 있다.
③ 일반과세자인 음식점은 정규증빙 없이 농어민으로부터 구입시 의제매입세액공제를 받을 수 없다.
④ 의제매입세액공제는 예정신고 시에는 공제받을 수 없다.

08. 다음 부가가치세법상 일반과세사업자가 과세사업용으로 수취한 매입세액 중 매입세액이 공제되지 않는 것은?

① 공장에서 사용할 화물차를 구입하고 법인카드로 결제한 후 신용카드매출전표를 받았다.
② 본사건물에 대한 임차료를 지급하고 세금계산서를 받았다.
③ 원재료를 6월 30일에 구입하고 세금계산서는 7월 12일로 작성된 세금계산서를 수취하였다.
④ 공장의 사업용 기계장치를 수리하고 수리비에 대한 세금계산서를 받았다.

09. 다음 중 과세사업과 면세사업에 공통으로 사용되는 매입세액을 안분계산하지 않고 전액 공제하는 사유가 아닌 것은?

① 해당 과세기간의 면세공급가액 비율이 직전과세기간에 비해 5% 이상 증감한 경우
② 해당 과세기간 중의 공통매입세액이 5만원 미만인 경우
③ 해당 과세기간에 신규로 사업을 개시한 사업자가 해당 과세기간에 공급한 공통사용재화인 경우
④ 해당 과세기간의 총공급가액 중 면세공급가액이 5% 미만이면서 공통매입세액이 5백만원 미만인 경우

10. 다음 중 부가가치세신고 시 현금매출명세서 제출대상이 아닌 것은?

① 음식점업 ② 경영지도사업
③ 감정평가사업 ④ 법무사업

11. 다음 중 부가가치세의 납부방법에 대한 설명으로 옳은 것은?

① 확정신고시 납부할 세액이 1천만원을 초과하는 경우 분납할 수 있다.
② 예정신고기간에 신규로 사업을 개시한 일반과세자는 예정신고·납부를 하여야 한다.
③ 개인사업자의 경우 예정고지가 면제되는 기준금액은 30만원이다.
④ 간이과세자로서 해당 과세기간(6개월)의 공급대가가 4,800만원 미만인 경우 납부의무를 면제한다.

12. 다음 중 현행 부가가치세법에 대한 설명으로 바르지 않은 것은?

① 음식점을 영위하는 과세사업자 홍길동은 음식재료인 야채를 구입하고 받은 계산서로 의제매입세액공제를 받았다.
② 상품을 직접 수출하는 일반과세사업자 김삿갓은 부가가치세 환급액이 발생하여 조기환급신청을 하였다.
③ 부동산임대업을 영위하는 간이과세사업자 이현주는 간이과세신고기간의 임대수입이 1,000만원이어서 납부의무를 면제받았다.
④ 학원사업을 영위하는 면세사업자 박사장은 학원시설투자비에 대한 세금계산서를 수취하여 매입세액을 전액 공제받았다.

13. 과일 도매업만을 영위하는 개인사업자 박과일씨에 대한 부가가치세법 관련 설명 중 가장 옳은 것은?
① 청과물 배달용 트럭을 중고차매매상사에 유상 처분할 경우, 그에 대하여 세금계산서를 발급하여서는 아니된다.
② 신용카드매출분에 대하여는 부가가치세 신고 시 과세표준에 포함하여야 한다.
③ 당해 업종이 소득세법상 면세대상이므로 종합소득세 신고의무는 없다.
④ 부가가치세 신고시 당해 사업장 임차료에 대한 매입세액은 공제받을 수 있다.

14. 다음 중 현행 부가가치세법의 내용을 잘못 적용하고 있는 사례는?
① 간이과세자로 음식업을 하고 있는 이사장씨는 부가가치세 신고시 신용카드발행액의 1.3%인 260만원을 세액공제 받았다.
② 부동산임대사업자(개인)인 김사장씨는 부가가치세 1기 예정분에 대한 부가가치세 15만원이 고지되어 납부하였다.
③ 간이과세자인 김간이씨는 매출이 영세율에 해당되어 부가가치세 신고시 영세율로 신고한 매출액이 있다.
④ 일반과세자인 공인중개사(부동산중개업) 이강남씨는 2025년 1기 부가가치세 확정신고시 현금매출명세서를 제출하였다.

15. 다음 중 부가가치세법상 환급과 관련된 설명으로 가장 틀린 것은?
① 납세지 관할세무서장은 환급세액을 원칙적으로 확정신고기한이 지난 후 30일 이내에 환급하여야 한다.
② 납세지 관할세무서장은 조기환급세액이 발생하는 경우 조기환급신고기한이 지난 후 20일 이내에 환급하여야 한다.
③ 조기환급신고는 개인사업자와 법인사업자 구분 없이 가능하며, 조기환급신고를 한 부분은 확정신고시에는 신고분을 제외하여 신고한다.
④ 법인사업자의 예정신고기간의 환급세액은 조기환급 대상에 해당하지 않는 경우 확정신고시 납부할 세액에서 차감된다.

16. 다음 중 부가가치세법상 조기환급과 관련한 설명 중 틀린 것은?
① 영세율이 적용되는 사업자의 경우에는 당해 영세율이 적용되는 공급분과 관련된 매입세액에 대해서만 조기에 환급받을 수 있다.
② 사업설비를 취득하였거나 과세표준에 영세율이 적용되는 경우에는 조기환급신고를 할 수 있다.
③ 조기환급기간은 예정신고기간 또는 과세기간 최종 3월중 매월 또는 매2월을 말한다.
④ 조기환급을 적용받는 사업자가 예정신고서 또는 확정신고서를 제출한 경우에는 조기환급에 관하여 신고한 것으로 본다.

17. 다음은 과세사업만을 영위하는 (주)세미의 지출내역이다. 다음 중 조기환급의 대상이 아닌 것은?
① 재고자산을 일시적으로 대량 매입한 경우
② 사업설비를 확장하는 경우
③ 감가상각자산을 취득하는 경우
④ 영세율적용대상인 경우

[간이과세]

01. 다음 중 부가가치세법상 간이과세자가 될 수 있는 사업자는?
① 일반과세자로부터 사업에 관한 모든 권리와 의무를 포괄적으로 승계받아 양수한 개인사업자
② 전자세금계산서 의무발급대상사업을 영위하는 개인사업자
③ 손해사정사업을 영위하는 개인사업자
④ 최종소비자를 대상으로 하는 소매업을 영위하는 개인사업자

02. 다음 부가가치세법상 간이과세자에 대한 설명 중 틀린 것은?
① 간이과세자는 그 공급대가를 과세표준으로 하며 직전연도 공급대가 1억400만원에 미달하는 개인사업자이다.
② 간이과세자의 1기 과세기간은 1월 1일부터 6월 30일까지이다.
③ 간이과세자가 일반과세자에 관한 규정을 적용받으려는 경우에는 그 적용받으려는 달의 전달 마지막 날까지 세무서장에게 신고하여야 한다.
④ 간이과세자도 영세율이 아닌한 부가가치세율은 10%를 적용한다.

03. 다음 중 부가가치세법상 음식업을 하고 있는 간이과세자(개인사업자)에 대한 설명으로서 틀린 것은?
① 신용카드매출액의 1.3%를 세액공제 한다.
② 간이과세자는 과세사업과 면세사업 등을 겸영할 수 있으며 도매업은 간이과세자가 될 수 없다.
③ 사업과 관련 있는 주방설비를 구입하고 발급받은 세금계산서에 기재되어 있는 부가가치세는 전액 공제를 받을 수 있다.
④ 직전연도 공급대가 합계액이 4,800만원 이상인 경우 공급받는 자가 사업자등록증을 제시하고 세금계산서 발급을 요구하면 교부해야 한다.

04. 다음 중 부가가치세법상 간이과세에 대한 설명으로 가장 틀린 것은?
① 일반과세자인 부동산임대사업자가 신규로 음식점 사업을 하는 경우 간이과세자가 될 수 있다.
② 원칙적으로 간이과세자 중 해당 과세기간에 대한 공급대가의 합계액이 4,800만원 미만이면 납부의무를 면제한다.
③ 2021년 7월 1일 이후 재화 또는 용역을 공급하는 분부터는 4,800만원 이상 간이과세자는 세금계산서 발급이 원칙이다.
④ 다른 사업자로부터 세금계산서 등을 발급받은 경우 공급대가의 0.5%를 납부세액에서 공제한다.

05. 부가가치세법상 일반과세자와 간이과세자를 비교한 다음 내용 중 가장 옳지 않은 것은?

	항목	일반과세자	간이과세자
①	납부의무면제	해당사항 없음	과세기간 공급대가가 4,800만원 미만인 경우
②	포기제도	포기제도 없음	간이과세자를 포기하고 일반과세자가 될 수 있음
③	영세율 적용	적용 가능	적용 가능
④	신용카드매출전표등 수취에 따른 공제	매입세액 공제 가능	납부세액에서 공제 불가능

	NO	정답	해설
부가가치세의 기본개념	01	②	부가가치세는 이익 발생여부에 관계없이 과세거래에 대하여 징수하여 납부하는 세금이다.
	02	②	부가가치세법상 사업자는 영리목적과는 관계가 없다.
	03	②	1월 20일에 사업을 개시한 경우 최초의 과세기간은 1월 20일부터 6월 30일까지가 된다.
	04	①	부동산임대업은 부동산의 등기부상 소재지가 사업장이다.
	05	④	면세사업자는 부가가치세법상 납세의무가 존재하지 않는다.
	06	④	상속으로 인하여 사업자의 명의가 변경되는 것은 사업자등록의 정정사유이다.
	07	④	등록번호는 사업장마다 관할 세무서장이 부여한다. 다만, 사업자 단위로 등록신청을 한 경우에는 사업자단위과세 적용 사업장에 한 개의 등록번호를 부여한다.
과세거래	01	④	국세징수법에 따른 공매나 민사집행법에 따른 경매는 재화의 공급으로 보지 아니한다.
	02	②	영업용 택시는 매입세액공제가 가능하며, 자기의 사업을 위하여 개별소비세가 발생되는 자동차를 전환하면 자가공급에 해당하며 간주공급이다.
	03	①	직매장반출이 과세거래에 해당되는 경우에는 반드시 세금계산서를 발급하여야 한다.
	04	①	비영업용소형승용차의 그 유지를 위한 재화로 사용하는 경우 이를 자가공급으로 보아 부가가치세를 과세한다. 주유소의 배달용 운반 트럭에 주유소의 경유를 무상으로 주유하는 것은 자가공급에 해당되지 않아 부가가치세 과세대상이 아니다. ②는 자가공급, ③은 폐업시 잔존재화, ④는 사업상 증여에 해당한다.
	05	④	전기의 공급은 재산적 가치가 있는 무체물에 해당하여 재화의 공급에 해당한다.
	06	③	매입세액 공제를 받은 과세재화를 사업과 관계없이 개인적으로 사용하는 것은 간주공급에 해당되어 시가로 부가가치세를 과세한다.
	07	④	개인사업자는 원칙적으로 예정신고의무가 없다.
	08	③	ⓒ은 면세에 해당된다. 부수재화 및 용역의 공급에 대하여 주된 공급에 흡수되어 주된재화 및 용역에 따라 과세 여부가 결정된다.
	09	②	① 주된 재화인 컴퓨터 교재가 면세이므로 전체 대가가 면세 적용을 받는다. ③ 일정기간 거치 후 전액 반환하는 것은 보증금이므로 과세대상이 아니다. ④ 토지의 공급은 면세대상이므로 주된 사업에 관계없이 면세된다.
	10	①	폐업일 전에 공급한 재화와 용역의 공급시기가 폐업일 이후에 도래하는 경우에는 그 폐업일을 공급시기로 본다.
	11	④	중간지급조건부 거래형태의 공급시기는 각 대가를 받기로 한 때이므로 모두 공급시기이다.
영세율과 면세	01	①	국내에서 발생하는 영세율 적용대상인 내국신용장에 의해 공급하는 재화는 영세율이 적용되며, 세금계산서를 발급하여야 한다.
	02	②	영세율 적용대상은 세금계산서 발급의무가 있는 것과 없는 것으로 나누어진다.
	03	③	ⓐ, ⓒ, ⓔ, ⓘ의 항목이 면세 재화 또는 용역에 해당한다. 토지의 공급은 면세이지만 임대는 과세이다.
	04	③	면세포기는 승인을 요하지 않는다.
	05	③	산후조리원을 운영하고 있는 사업자는 면세사업자에 속한다.
	06	④	영세율의 경우에는 부가가치세 제반의무가 존재한다. 면세는 일정한 협력의무 외의 부가가치세법상의 의무사항은 없다.

	NO	정답	해설
거래징수와 세금계산서	01	②	세금계산서 필요적 기재사항은 ①, ③, ④에 공급받는 자의 사업자등록번호가 추가되면 된다.
	02	③	당초 공급한 재화가 환입된 경우 : 재화가 환입된 날을 작성일자로 기재하고 비고란에 당초 세금계산서 작성일자를 부기한 후 붉은색 글씨로 쓰거나 부(負)의 표시를 하여 교부한다.
	03	②	■ B(단기할부판매) : 단기할부는 인도시점에 세금계산서를 발급하며, 장기할부의 경우는 대가의 각 부분을 받기로 한 때로 세금계산서를 발급한다. ■ C(월합계세금계산서) : 월합계세금계산서 다음달 10일까지 세금계산서를 발급한다.
	04	④	① 부동산(점포)임대사업자가 임대보증금만을 받고 점포를 임대한 경우 ② 사업자가 생산한 과세대상재화를 거래처에 선물로 기증한 경우 ③ 사업자가 생산한 과세대상재화를 종업원의 개인용도로 사용하는 경우
	05	③	위탁자 명의로 세금계산서 교부하고 비고란에 수탁자의 사업자등록번호 부기한다.
	06	④	직전연도의 공급가액의 합이 8천만원 이상(2024.6.30. 이전은 1억원)인 개인사업자는 전자로 세금계산서를 발행하여야 한다.
	07	④	2017년부터는 공급시기가 속하는 과세기간의 확정신고기한 이내에 세금계산서를 수취하면 매입세액공제를 받을 수 있다.
	08	②	① 수정세금계산서는 전자세금계산서 및 종이세금계산서 모두 수정발급이 가능하다. ③ 필요적 기재사항 등이 착오 외의 사유로 잘못 적힌 경우 재화나 용역의 공급시기가 속하는 과세기간의 확정신고기한 다음날부터 1년까지 수정세금계산서를 발급할 수 있다. ④ 일반과세자에서 간이과세자로 과세유형이 전환되기 전에 공급한 재화 또는 용역에 수정발급 사유가 발생하는 경우는 처음에 발급한 세금계산서 작성일을 수정발급의 작성일로 한다.
	09	④	계약의 해제로 재화 또는 용역이 공급되지 아니한 경우에는 작성일을 계약해제일로 기입한다.
	10	①	내국신용장에 의해 수출할 물품을 영세율로 제공하는 경우에도 국내사업자에 제공하는 경우이므로 세금계산서를 발행해야한다.
	11	①	무역업자가 공급하는 수출대행 용역은 단순히 국내에서 제공하는 용역의 공급에 불과하므로 과세 세금계산서 교부의무가 있다.
과세표준과 납부세액 / 부가가치세 신고·납부절차	01	①	비반환조건부 용기대금은 과세표준에 포함하여야 한다.
	02	②	어음은 부도발생일로부터 6개월이 지난시점에서 대손세액공제가 가능하다.
	03	③	■ 과세표준 = 30,000,000원 + 2,000,000원 = 32,000,000원 주사업장총괄납부승인을 받지 아니한 사업장에 대한 반출분에 대하여는 재화의 공급에 해당되어 과세표준에 포함되나, 공급받는자에게 도달하기 전에 파손된 재화는 과세표준에 포함하지 아니하며, 장려금은 과세표준에서 공제하지 아니한다.
	04	③	■ 공급시기 도래전에 원화로 환가한 경우 : 환가한 금액 ■ 공급시기 이후에 외화로 수령한 경우 : 공급시기의 기준(또는 재정)환율로 계산한 금액 ($2,000 × 1,200) + ($18,000 × 1,300) = 25,800,000원
	05	④	①, ②, ③ 매입세액 불공제사유에 해당한다.
	06	④	여객운송업(전세버스운송사업은 제외)은 공급받는 자가 요구하더라도 세금계산서를 발급하지 않는 업종으로서, 신용카드로 결제하더라도 매입세액공제를 받을 수 없다.
	07	③	① 원재료 매입가액에는 운임 등의 부대비용은 제외한다. ② 간이과세자(2021.7.1.이후)인 음식점업은 의제매입세액공제가 배제된다. ④ 의제매입세액공제는 예정신고 또는 확정신고시에 공제 가능하다.

	NO	정답	해설
과세표준과 납부세액 / 부가가치세 신고·납부절차	08	③	공급일이 속하는 과세기간 이후의 작성일자로 발급받은 매입세금계산서는 매입세액공제를 받을 수 없다.
	09	①	①의 경우는 공통매입세액에 대한 납부(환급)세액 재계산에 해당한다.
	10	①	세무사, 변호사, 공인회계사, 변리사, 건축사, 법무사, 심판변론인, 경영지도사, 감정평가사, 기술지도사, 손해사정인업, 통관업, 기술사업, 건축사업, 측량사업, 공인노무사 등 전문직 사업서비스업 등이 제출한다.
	11	②	부가가치세는 분납제도가 없으며, 예정고지가 면제되는 기준금액은 50만원 미만이다. 간이과세자로서 해당 과세기간(1년)의 공급대가가 4,800만원 미만인 경우 납부의무를 면제한다.
	12	④	면세사업자는 매출세액이 없으므로 매입세액을 공제 받을 수 없다.
	13	①	청과물 도·소매업은 부가가치세 면세사업자이다. 따라서, 면세사업과 관련한 고정자산을 매각한 경우에는 주된 사업이 면세이므로 그 고정자산도 면세분 매출에 해당되어 부가가치세법상 세금계산서 발급대상은 아니다. 즉, 소득세법상 계산서 교부대상임에 유의한다.
	14	②	부가가치세 예정고지세액 50만원 미만은 없는 것으로 보아 고지를 생략한다.
	15	②	관할세무서장은 조기환급세액이 발생하는 경우 각 조기환급 예정신고기간별로 그 예정신고 기한이 지난 후 15일 이내에 예정신고한 사업자에게 환급하여야 한다.
	16	①	영세율이 적용되는 사업자의 경우에는 당해 영세율이 적용되는 공급분과 관련된 매입세액과 관계없이 전액 조기에 환급받을 수 있다.
	17	①	재고자산의 대량 매입은 조기환급의 사유에 해당하지 않는다.
간이과세	01	④	도매업은 간이과세 배제대상이나 소매업은 가능하다.
	02	②	간이과세자의 과세기간은 1월 1일부터 12월 31일까지이다.
	03	③	매입액(공급대가)에 0.5%를 곱한 금액만큼 공제가 가능하다.
	04	①	간이과세가 적용되지 아니하는 다른 사업장을 보유하고 있는 사업자는 간이과세자가 될 수 없다.
	05	④	간이과세자가 다른 사업자로부터 신용카드매출전표 등을 발급받은 경우 신용카드매출전표 등에 기재된 공급대가에 0.5%를 곱하여 계산한 금액을 납부세액에서 공제한다.

PART 04

소득세

CHAPTER 01 소득세의 기본개념
CHAPTER 02 과세표준과 세액의 계산
CHAPTER 03 납부절차
CHAPTER 04 실무이론 평가

실무이론

직무명	분류번호	능력단위명	수준	능력단위요소
세무	0203020204_23v6	원천징수	3	1 금융소득 원천징수하기 2 사업소득 원천징수하기 3 근로소득 원천징수하기 4 기타소득 원천징수하기 6 근로소득 연말정산하기
	0203020206_23v6	종합소득세 신고	4	3 종합소득세 신고하기

능력단위정의

원천징수란 금융소득, 사업소득, 근로소득, 기타소득, 퇴직소득을 소득자에게 지급할 때 소득자가 납부해야 할 세금을 원천징수의무자가 대신 징수하여 과세당국에 납부하기 위하여 수반되는 소득 및 세액 계산, 세무신고 및 납부, 연말정산 등을 수행하는 능력이다.

종합소득세신고란 사업소득을 포함한 종합소득금액을 계산하고 종합소득세 과세표준 확정신고서를 작성하고 신고하는 능력이다.

NCS 능력단위	능력단위요소	수 행 준 거
0203020204_23v6 원천징수	0203020204_23v6.1 금융소득 원천징수하기	1.1 세법에 의한 과세, 비과세 이자소득과 원천징수대상 배당소득을 구분하여 원천징수세액을 계산할 수 있다. 1.2 이자소득과 배당소득에 대한 원천징수 결과에 따라 세무정보시스템을 활용하여 원천징수이행상황신고서를 작성하고 신고 후 세액을 납부할 수 있다. 1.3 세법이 정한 서식에 따라 이자소득과 배당소득에 대한 원천징수영수증 발급·교부하고 지급명세서를 기한 내에 제출할 수 있다.
	0203020204_23v6.2 사업소득 원천징수하기	2.1 세법에 의한 원천징수 대상 사업소득을 구분하여 원천징수세액을 계산할 수 있다. 2.2 사업소득에 대한 원천징수 결과에 따라 세무정보시스템을 활용하여 원천징수이행상황신고서를 작성하고 신고 후 세액을 납부할 수 있다. 2.3 세법이 정한 서식에 따라 사업소득에 대한 원천징수영수증을 발급·교부하고 지급명세서를 기한 내에 제출할 수 있다. 2.4 사업소득에 대한 간이지급명세서 및 지급명세서를 기한 내에 제출할 수 있다.
	0203020204_23v6.3 근로소득 원천징수하기	3.1 소득세법에 따라 세무정보시스템 또는 급여대장을 통해 임직원의 인적공제사항을 작성·관리할 수 있다. 3.2 회사의 급여규정에 따라 임직원의 기본급, 수당, 상여금 등의 급여금액을 정확하게 계산할 수 있다. 3.3 세법에 의한 임직원의 급여액에 대한 근로소득금액을 과세근로소득과 비과세 근로소득으로 구분하여 계산할 수 있다. 3.4 간이세액표에 따라 급여액에 대한 산출된 세액을 공제 후 지급할 수 있다.

NCS 능력단위	능력단위요소	수 행 준 거
0203020204_23v6 원천징수	0203020204_23v6.3 근로소득 원천징수하기	3.5 중도퇴사자에 대한 근로소득 정산에 의한 세액을 환급 또는 추징할 수 있다. 3.6 일용근로자에 대한 근로소득은 비과세 기준을 고려하여 계산할 수 있다. 3.7 근로소득에 대한 원천징수 결과에 따라 세무정보시스템을 활용하여 원천징수이행상황신고서를 작성하고 신고 후 세액을 납부할 수 있다. 3.8 환급받을 원천징수세액이 있는 경우 납부세액과 상계 및 환급신청할 수 있다. 3.9 기 신고한 원천징수 수정 또는 경정요건이 발생할 경우 수정신고 및 경정청구 할 수 있다. 3.10 근로소득에 대한 간이지급명세서를 기한 내에 제출할 수 있다. 3.11 일용근로자에 대한 지급명세서를 기한 내에 제출할 수 있다.
	0203020204_23v6.4 기타소득 원천징수하기	4.1 세법에 의한 원천징수 대상 기타소득을 구분하여 원천징수세액을 계산할 수 있다. 4.2 기타소득에 대한 원천징수 결과에 따라 세무정보시스템을 활용하여 원천징수이행상황신고서를 작성하고 신고 후 세액을 납부할 수 있다. 4.3 기타소득의 원천징수영수증을 발급·교부하고 지급명세서를 기한 내에 제출할 수 있다.
	0203020204_23v6.6 근로소득 연말정산하기	6.1 연말정산대상소득과 연말정산시기에 대해서 파악할 수 있다. 6.2 근로자의 근로소득원천징수부를 확인하여 총 급여 및 원천징수세액을 파악할 수 있다. 6.3 세법에 따라 연말정산대상자의 소득공제신고서와 소득공제증명자료를 처리할 수 있다. 6.4 연말정산결과에 따라 세무정보시스템을 활용하여 근로소득원천징수영수증을 소득자에게 발급할 수 있다. 6.5 연말정산결과에 따라 세무정보시스템을 활용하여 근로소득지급명세서를 전자제출 할 수 있다. 6.6 연말정산결과에 따라 세무정보시스템을 활용하여 원천징수이행상황신고서 전자신고 할 수 있다.
0203020206_23v6 종합소득세 신고	0203020206_23v6.3 종합소득세 신고하기	3.1 세법 절차에 따라 종합소득세 과세표준 확정신고서 및 납부계산서를 작성할 수 있다. 3.2 세법에 따라 소득공제신고서를 작성할 수 있다. 3.3 전자신고 절차에 따라 변환 파일을 만들 수 있다. 3.4 전자신고 절차에 따라 국세청에 파일을 전송할 수 있다. 3.5 전자신고에 따른 오류발생을 검증하고 수정할 수 있다.

CHAPTER 01 소득세의 기본개념

PART 04 소득세

1. 소득세의 기초개념

1 소득세의 정의 및 특징

구 분		내 용
정의		개인의 소득을 과세대상으로 하여 부과하는 국세이며, 소득금액을 과세표준으로 하는 조세로서 납세자와 담세자가 일치하므로 직접세에 해당한다.
특징	개인단위 과세제도	개인별로 과세하며, 세대별 혹은 부부별로 합산하지 않는다. 다만, 조세를 회피하기 위하여 공동사업을 경영하는 것으로 확인되는 경우 합산하여 과세한다.
	열거주의 과세방식	과세소득을 규정하는 방식으로 열거된 소득에 대해서만 과세하는 방식(소득원천설)을 채택하고 있으며, 이자소득·배당소득은 유형별포괄주의 방식을 채택하고 있다.
	소득세 과세방법	■ **종합과세** : 소득의 종류에 관계없이 모든 소득을 하나의 계산구조에 종합하여 합산 계산하는 것으로 이자소득, 배당소득, 사업소득, 근로소득, 연금소득, 기타소득이 해당한다. ■ **분류과세** : 간헐적으로 발생하는 퇴직소득, 양도소득은 다른 소득과 합산하지 않고 그 종류별로 구분하여 각각 별도로 과세하는 방식을 말한다. ■ **분리과세** : 다른 소득들과 합산하지 않고 그 소득별로 소득이 지급될 때 소득세를 원천징수함으로써 납세의무를 종결하는 과세방식을 말한다.
	초과누진 세율적용 (8단계)	단계별 초과누진세율(6% ~ 45%)을 적용하여 소득이 많은 개인에게 상대적으로 많은 세금을 납부하게 하여 소득 재분배를 한다.
	인적 공제제도	소득세는 개인소득에 대하여 부과되는 세금이므로 부양가족에 따른 개인별 부담능력이 다르므로 이를 고려하여 소득에 대한 인적공제제도를 채택하고 있다.
	원천징수	소득을 지급하는 사람이 소득 또는 수입금액을 지급할 때 그 지급 받는 사람이 내야 할 세금을 미리 징수하여 정부에 납부하는 제도 ■ **완납적 원천징수** : 원천징수만으로 납세의무가 종결되는 것으로 종합소득 중 분리과세 대상소득이 이에 해당한다. ■ **예납적 원천징수** : 원천징수로서 납세의무가 종결되지 않고 소득을 지급받는 자가 추후에 해당 소득을 다른 소득과 합산하여 소득세 신고·납부하여야 하며 이미 원천징수된 세액은 기납부세액으로 공제받는다.
	신고 납부제도	종합소득, 퇴직소득, 양도소득에 대한 소득세를 다음연도 5월 1일 ~ 5월 31일에 신고·납부한다.

2 소득의 구분

구 분		원천징수	분리과세	필요경비
종합소득	이자소득	○	○	×
	배당소득	○	○	×
	사업소득	○	○(주택임대소득)	○
	근로소득	○	○	×
	연금소득	○	○	×
	기타소득	○	○	○
퇴직소득		○		×
양도소득		×		○

3 납세의무자

구 분	의 의	납세의무 범위
거주자	국내에 주소가 있거나 183일 이상 거소를 둔 경우	국내원천소득 + 국외원천소득 (무제한 납세의무자)
비거주자	거주자가 아닌 개인	국내원천소득 (제한적 납세의무자)

4 과세기간

구 분	과세기간	확정신고기한
일반적인 경우	매년 1월 1일 ~ 12월 31일까지	다음연도 5월 1일 ~ 5월 31일
거주자가 사망한 경우	1월 1일부터 사망한 날	상속개시일이 속하는 달의 말일로부터 6개월이 되는 날
출국으로 비거주자가 되는 경우	1월 1일부터 출국한 날	출국일 전일

법인은 임의로 사업년도(과세기간)를 정할 수 있으나 개인은 사업자라도 임의로 사업연도를 정할 수 없다. 사업소득 외 다른 소득이 있는 경우 이를 과세하기 위함이다.

5 납세지

구 분		납 세 지
일반	거주자	원칙 : 주소지(주소지가 없는 경우 : 거소지)
	비거주자	원칙 : 국내사업장의 소재지(국내사업장이 둘 이상 있는 경우에는 주된 국내사업장의 소재지) 국내사업장이 없는 경우 : 국내원천소득이 발생하는 장소

구 분		납 세 지
납세지의 지정		국세청장 또는 관할 지방국세청장은 사업소득이 있는 거주자가 사업장 소재지를 납세지로 신청한 경우에는 납세지를 따로 지정할 수 있음
납세지의 변경		납세지가 변경된 때에는 **그 변경된 날부터 15일 이내**에 납세지변경신고서를 변경 후의 납세지 관할세무서장에게 신고하여야 한다. **부가가치세법** 규정에 의하여 **사업자등록정정**을 한 경우에는 납세지의 변경신고를 한 것으로 보며 별도의 소득세법상의 변경신고를 할 필요가 **없다**.
원천징수	거주자	해당 거주자의 주된 사업장 소재지(사업장이 없는 경우에는 그 거주자의 주소지 또는 거소지)
	비거주자	해당 비거주자의 주된 국내사업장 소재지 (사업장이 없는 경우에는 그 비거주자의 거류지 또는 체류지)

2. 금융소득(이자·배당소득)

1 이자소득의 범위 및 수입시기

구 분	수입시기
채권 등의 이자와 할인액	① 무기명의 경우 : 그 지급을 받은 날 ② 기명의 경우 : 약정에 의한 이자지급일
보통예금·정기예금·적금 또는 부금의 이자	① 원칙 : 실제로 이자를 지급받은 날 ② 원본전입 특약이 있는 이자 : 원본전입일 ③ 해약으로 인하여 지급되는 이자 : 해약일 ④ 계약기간을 연장하는 경우 : 그 연장하는 날
통지예금의 이자	인출일
저축성보험의 보험차익	보험금 또는 환급금의 지급일. 다만 기일전에 해지하는 경우에는 그 해지일
채권·증권의 환매조건부 매매차익	약정에 의한 해당 채권 또는 증권의 환매수일 또는 환매도일. 다만, 기일전에 환매수 또는 환매도하는 경우에는 그 환매수일 또는 환매도일
직장공제회 초과반환금	약정에 따른 납입금 초과이익 및 반환금 추가이익의 지급일
비영업대금의 이익	약정에 의한 이자지급일. 다만, 이자지급일의 약정이 없거나 약정에 의한 이자지급일 전에 이자를 지급 받는 경우 또는 총수입금액 계산에서 제외하였던 이자를 지급받는 경우에는 그 이자지급일 | 구 분		소득구분
---	---	---
금융업의 자금 대여	사업적 : 영업대금	사업소득
금융업이외의 자금 대여	일시·우발적 : 비영업대금	이자소득	
유사 이자소득 및 결합파생상품의 이익	약정에 따른 상환일. 다만 기일 전에 상환하는 때에는 그 상환일

2 배당소득의 범위 및 수입시기

구 분	수입시기
일반적인배당	① 무기명주식의 이익이나 배당 : 그 지급을 받은 날 ② 잉여금처분에 의한 배당 : 당해 법인의 잉여금 처분결의일
인정배당	당해 법인 사업연도의 결산확정일
의제배당	① 잉여금의 자본전입으로 인한 의제배당 : 자본전입 결정일 ② 해산으로 인한 의제배당 : 잔여재산가액 확정일 ③ 합병·분할로 인한 의제배당 : 합병·분할 등기일
집합투자기구 및 조각투자상품으로부터의 이익	이익을 지급받은 날
출자공동사업자가 받는 손익분배비율에 상당하는 금액	과세기간 종료일
기타 수익분배금의 성격이 있는 배당 또는 분배금	그 지급을 받은 날
파생금융상품의 배당	그 지급을 받은 날

3 금융소득 과세방식

구 분		원천징수세율
무조건 분리과세	분리과세를 신청한 장기채권의 이자등	30%(2018년 이후 발행분부터 14% 원천징수 후 조건부종합과세)
	직장공제회 초과반환금	기본세율
	비실명금융소득	45%(금융실명제 90%)
	법원보증금 및 경락대금에서 발생하는 이자소득	14%
무조건 종합과세	국내에서 원천징수되지 않는 국외금융소득	-
	출자공동사업자의 배당소득	25%
조건부 종합과세	금융소득 ≤ 종합과세기준금액(2천만원)	무조건 종합과세금융소득만 종합과세
	금융소득 > 종합과세기준금액(2천만원)	무조건 종합과세금융소득과 조건부 종합과세금융소득 모두를 종합과세

4 금융소득금액의 계산

구 분	내 용
이자소득금액	이자소득총수입금액(비과세소득과 분리과세소득은 제외)
배당소득금액	배당소득 총수입금액(비과세, 분리과세 소득은 제외) + Gross-up 금액(10%)

※ 이자소득 및 배당소득에 대해서는 필요경비가 인정되지 아니한다.

3. 사업소득

1 사업소득의 범위

사업소득금액 = 총수입금액(비과세 소득 제외) - 필요경비

① 농업·임업 및 어업, 고소득 작물재배업
  (곡물 및 기타 식량작물재배업은 제외)
② 광업·제조업
③ 전기·가스·증기 및 공기조절공급업
④ 수도, 하수·폐기물처리, 원료재생업
⑤ 도매·소매업, 운수·창고업, 정보통신업
⑥ 건설업(주택신축판매업 포함)
⑦ 숙박 및 음식점업
⑧ 전문, 과학 및 기술서비스업
⑨ 금융 및 보험업
⑩ 부동산업 및 임대업(공익사업과 관련없는 지역권·지상권 설정 및 대여소득 포함)
⑪ 사업시설관리 및 사업지원·임대서비스업
⑫ 교육서비스업
⑬ 보건업 및 사회복지서비스업
⑭ 예술, 스포츠 및 여가관련 서비스업
⑮ 협회 및 단체, 수리 및 기타 개인서비스업
⑯ 가구내 고용활동에서 발생하는 소득

2 비과세 사업소득

구 분	내 용	비과세 범위
농지대여소득	농지대여소득 (논·밭을 주차장으로 이용 시 과세)	논·밭의 작물생산
주택 소유자 주택임대소득	주택 소유자의 주택임대소득 (고가주택과 국외소재주택은 과세)	1주택을 소유한자(고가주택 기준시가 12억원 이하 주택) ⇨ 배우자 소유주택은 생계와 무관하게 합산한다.
	겸용주택의 경우 부가가치세법상 겸용주택의 임대시 규정과 같다.	
농어가부업소득	농어가부업규모의 축산	젖소 : 50마리, 돼지 : 700마리, 닭 : 15,000마리, 양봉 : 100군 등
	고공품제조·민박·음식물판매·특산물제조·전통차제조 등 기타 농어가부업소득	농가부업 소득으로 연간 3,000만원 이하의 금액
전통주 제조 소득	전통주를 수도권지역 밖의 읍·면지역에서 제조함으로써 발생하는 소득	연 1,200만원 이하의 금액
임목의 벌채·양도소득	조림기간 5년 이상인 임지의 임목의 벌채 또는 양도로 발생하는 소득	연 600만원 이하의 금액
작물재배업	작물재배업에서 발생하는 소득	연 10억원 이하의 금액
어로어업 또는 양식어업	연근해어업과 내수면어업에서 발생하는 소득	연 5,000만원 이하의 금액

3 총수입금액

총수입금액 산입 항목	총수입금액 불산입 항목
① 사업수입금액(주택임대소득을 포함하며 2,000만원 이하는 분리과세 선택 가능, 매출에누리·환입·할인 제외) ② 사업과 관련하여 거래상대방으로부터 받은 장려금 기타 이와 유사한 성질의 금액 ③ 필요경비로서 지출된 세액이 환입되었거나 환입될 금액(관세환급금 등) ④ 사업과 관련된 자산수증이익·채무면제이익 ⑤ 사업과 관련하여 생긴 보험차익(퇴직연금운용자산) ⑥ 가사용으로 소비된 재고자산 ⑦ 복식부기의무자의 사업용 유형고정자산(부동산 제외) 양도가액 ⑧ 간주임대료 ⑨ 기타 사업과 관련된 수입금액으로서 해당 사업자에게 귀속되었거나 귀속될 금액	① 소득세 등의 환급액 ② 자산수증이익과 채무면제이익 중 이월결손금의 보전에 충당한 금액 ③ 전년도로부터 이월된 소득금액 ④ 생산된 제품 등을 타제품 등의 원재료로 소비한 금액 ⑤ 부가가치세 매출세액 ⑥ 개별소비세 등의 수입금액 ⑦ 국세 등의 과오납금 환급이자 ⑧ 자산임의평가차익 ⑨ 재고자산 이외의 자산의 처분이익(복식부기의무자는 제외)

4 필요경비

필요경비 산입 항목	필요경비 불산입 항목
① 판매한 상품·제품에 대한 매입가액과 그 부대비용(매입에누리·환출·할인 제외) ② 판매한 상품·제품의 보관료, 포장비, 판매장려금 등 판매와 관련된 부대비용 ③ 종업원의 급여 및 근로자에게 지급하는 출산·양육 지원금 ④ 사업용 자산에 대한 비용 및 감가상각비 ⑤ 사업과 관련있는 제세공과금 ⑥ 복식부기의무자의 사업용 유형고정자산 양도 시 장부가액 ⑦ 근로자퇴직급여보장법에 따라 사용자가 부담하는 부담금 ⑧ 국민건강·고용보험·노인장기요양보험법에 의하여 사용자로서 부담하는 보험료 또는 부담금 ⑨ 단체순수보장성보험 및 단체환급부보장성보험의 보험료 ⑩ 국민건강·노인장기요양보험법에 의한 직장가입자로서 부담하는 사용자 본인의 보험료(지역가입 보험료 포함) ⑪ 자산의 평가차손 ⑫ 대손금 ⑬ 사업과 관련하여 거래수량 또는 거래금액에 따라 상대편에게 지급하는 장려금 그 밖에 이와 유사한 성질의 금액 ⑭ 매입한 상품·제품 등 중 재해로 인하여 멸실된 것의 원가를 그 재해가 발생한 연도에 필요경비로 산입한 경우의 해당 원가 등	① 소득세와 지방소득세(소득세분)·농어촌특별세 ② 벌금·과료와 과태료 ③ 국세징수법 기타 조세에 관한 법률에 따른 가산금과 강제징수비 ④ 조세에 관한 법률에 따른 징수의무 불이행으로 인하여 납부하였거나 납부할 세액 ⑤ 가사의 경비와 이에 관련된 경비 ⑥ 고정자산 등의 평가차손 ⑦ 반출필 미판매 제품에 대한 개별소비세, 주세의 미납액 ⑧ 부가가치세 매입세액 ⑨ 차입금 중 건설자금에 충당한 금액의 이자 ⑩ 채권자 불분명한 차입금의 이자 ⑪ 업무와 관련이 없는 경비 ⑫ 선급비용 ⑬ 대표자의 급여와 퇴직급여 ⑭ 재고자산 이외의 자산의 처분손실 ⑮ 초과인출금에 대한 이자 ⑯ 충당금 및 기업업무추진비 등 한도초과액 ⑰ 비지정기부금 ⑱ 복식부기의무자의 업무용승용차 관련비용 한도초과액과 업무외사용액

5 사업소득의 수입시기

구 분	수입시기
상품·제품 또는 그 밖의 생산품의 판매	그 상품등을 인도한 날
상품등 이외의 자산 매매(건물건설업과 부동산 개발 및 공급업의 경우의 부동산 포함)	대금을 청산한 날
상품등의 시용판매	상대방이 구입의 의사를 표시한 날
상품등의 위탁판매	수탁자가 그 위탁품을 판매하는 날
장기할부조건에 의한 상품등의 판매	그 상품등을 인도한 날
건설·제조 기타 용역(도급공사 및 예약매출을 포함)의 제공	용역의 제공을 완료한 날
무인판매기에 의한 판매	무인판매기에서 현금을 인출하는 때
인적용역의 제공	용역대가를 지급받기로 한 날 또는 용역의 제공을 완료한 날 중 빠른 날
금융보험업에서 발생하는 이자 및 할인액	실제로 수입된 날
자산을 임대하거나 지역권·지상권을 설정하여 발생하는 소득	계약 또는 관습에 따라 지급일이 정해진 것은 그 정해진 날, 이외는 그 지급을 받은 날

※ 월수의 계산은 해당 계약기간의 개시일이 속하는 달이 1개월 미만인 경우에는 1개월로 하고 해당 계약기간의 종료일이 속하는 달이 1개월 미만인 경우에는 이를 산입하지 아니한다.

4. 근로소득

1 근로소득금액 계산

근로소득금액 = 총급여액(비과세 소득 제외) − 근로소득공제(연 2,000만원 한도)

근로소득공제	
총 급 여 액	공 제 율
500만원 이하	총 급여액의 70%
500만원 초과 ~ 1,500만원 이하	350만원 + 500만원 초과금액의 40%
1,500만원 초과 ~ 4,500만원 이하	750만원 + 1,500만원 초과금액의 15%
4,500만원 초과 ~ 1억원 이하	1,200만원 + 4,500만원 초과금액의 5%
1억원 초과	1,475만원 + 1억원 초과금액의 2%

2 근로소득의 범위

① 근로의 제공으로 인하여 받은 봉급·급료·보수·임금·상여·수당과 이와 유사한 성질의 급여
② 법인의 주주총회·사원총회 또는 이에 준하는 의결기관의 결의에 따라 상여로 받는 소득

③ 법인세법에 의하여 상여로 처분된 금액(인정상여)
④ 퇴직함으로써 받는 소득으로서 퇴직소득에 속하지 아니하는 소득
⑤ 종업원 등 또는 대학의 교직원이 지급받는 직무발명보상금으로 고용관계 종료 전 지급되는 보상금(**퇴직 후 지급받으면 기타소득으로 과세**)
⑥ 사업자나 법인이 생산·공급하는 재화 또는 용역을 그 사업자나 법인(「독점규제 및 공정거래에 관한 법률」에 따른 계열회사를 포함)의 사업장에 종사하는 임원등에게 시가보다 낮은 가격으로 제공하거나 구입할 수 있도록 지원함으로써 해당 임원등이 얻는 이익

근로소득에 포함되는 항목	근로소득으로 보지 아니하는 소득

① 기밀비·교제비(업무를 위하여 사용된 것이 분명하지 아니한 급여), 여비(정기적으로 받는 연액 또는 월액의 급여)
 ② 종업원이 받는 공로금, 위로금, 학자금, 장학금(직계비속의 학자금, 장학금 포함) 등
 ③ 각종 수당 : 근로수당·가족수당·출납수당·직무수당·기술수당·보건수당·연구수당·직급수당·모집수당 등
 ④ 회사로부터 받는 경제적이익
  ㉠ 주택을 제공받음으로써 얻는 이익
  ㉡ 종업원이 주택(주택에 부수된 토지를 포함)의 구입·임차에 소요되는 자금을 저리 또는 무상으로 대여 받음으로써 얻는 이익
  ㉢ 종업원이 계약자이거나 종업원 또는 그 배우자 및 그 밖의 가족을 수익자로 하는 보험·신탁 또는 공제와 관련하여 사용자가 부담하는 보험료·신탁부금 또는 공제부금
  ㉣ 계약기간 만료전 또는 만기에 종업원에게 귀속되는 단체환급부보장성보험의 환급금
  ㉤ 법인의 임원 또는 종업원이 회사로부터 부여받은 주식매수선택권을 해당 법인등에서 근무하는 기간 중 행사함으로써 얻은 이익(**퇴직 이후 행사이익은 기타소득**)
 ⑤ 법인세법에 따라 손금불산입된 퇴직급여
	① 사용자가 종업원에게 지급한 경조금 중 사회통념상 타당하다고 인정되는 금액
	 ② 퇴직급여로 지급하기 위하여 적립되는 급여(종업원의 퇴직위로금·공로금은 당연 퇴직소득)
	 ③ 사내 근로복지기금으로부터 받는 장학금 등

3 비과세 근로소득 범위

(1) 실비변상적 성질의 급여

구 분	한도
① 일직료·숙직료 또는 여비로서 실비변상적정도의 금액, 선원법에 의하여 받는 식료	-
② **자가운전보조금** : 종업원의 소유차량(공동명의 중 배우자 허용) 및 본인 명의로 임차한 차량을 종업원이 직접 운전하여 사용자의 업무수행에 이용하고 시내출장 등에 소요된 여비를 받는 대신에 그 소요경비를 해당 사업체의 규칙 등에 의하여 정하여진 지급기준에 따라 받는 금액	월 20만원
③ 선원이 받는 월 20만원 이내의 승선수당, 경찰공무원이 받는 함정근무수당·항공수당, 소방공무원이 받는 함정근무수당·항공수당·화재진화수당 등	-

구 분	한도
④ 연구보조비 또는 연구활동비 ■ 유아교육법, 초·중등교육법(H06), 고등교육법(H07) 및 특별법에 따른 교육기관과 이에 준하는 학교(H08)의 교원 ■ 특정연구기관, 정부출연연구기관, 지방자치단체출연연구원에서 연구활동에 직접 종사하는 자 및 동 연구기관 등에서 직접적으로 연구활동을 지원하는 자(H09) ■ 중소기업·벤처기업의 기업부설연구소와 연구개발전담부서(중소기업·벤처기업내 전담부서에 한함)에서 연구활동에 직접 종사하는 자(H10)	월 20만원
⑤ 방송·뉴스통신·신문사 등의 기자가 받는 취재수당(인터넷 기자 포함)	월 20만원
⑥ 근로자가 벽지에 근무함으로 인하여 받는 벽지수당	월 20만원
⑦ 국가 또는 지방자치단체가 지급하는 보육교사의 처우개선을 위하여 지급하는 근무환경개선비(사립유치원 수석교사·교사의 인건비 포함), 전문과목별 전문의의 수급 균형을 유도하기 위하여 전공의에게 지급하는 수련보조수당	전액
⑧ 제복을 착용해야 하는 자가 받는 제복·제모 및 제화(사내에서 현물로 제공하는 것만 비과세)	-
⑨ 병원·시험실·금융회사·공장·광산 등에서 근무하는 사람이 받는 작업복이나 그 직장에서만 착용하는 피복	-
⑩ 특수분야에 종사하는 군인이 받는 낙하산강하위험수당·수중파괴작업위험수당·잠수부위험수당·고전압위험수당·폭발물위험수당·항공수당(유지비행훈련수당 포함)·비무장지대근무수당·전방초소근무수당·함정근무수당(유지항해훈련수당 포함) 및 수륙양용궤도차량승무수당, 특수분야에 종사하는 경찰공무원이 받는 경찰특수전술업무수당과 경호공무원이 받는 경호수당	-
⑪ 광산근로자가 받는 입갱수당 및 발파수당, 특수분야에 종사하는 군인이 받는 낙하산강하위험수당 등	-
⑫ 수도권 외의 지역으로 이전하는 공공기관 소속 공무원 또는 직원에게 한시적으로 지급하는 이전지원금	월 20만원

(2) 근로자가 제공받는 식사 또는 식사대

구 분	한도
① 사내급식 등을 통하여 근로자가 제공받는 식사 기타 음식물	전액
② 식사·음식물을 제공받지 아니하는 근로자가 받는 식사대 단, 식사 기타 음식물을 제공받으면서 식사대를 지급받으면, **전액 과세됨에 유의**	월 20만원

(3) 복리후생적 급여

① 비출자임원, 소액주주 임원, 임원이 아닌 종업원(비영리법인 또는 개인의 종업원을 포함) 및 국가·지방자치단체로부터 **근로소득을** 지급받는 사람이 **사택을 제공받음으로써 얻는 이익**
② **중소기업 종업원**(개인사업자의 친족관계·법인의 지배주주등은 제외)이 **주택**(주택에 부수된 토지 포함)의 **구입·임차**에 소요되는 **자금을 저리** 또는 **무상으로 대여** 받음으로써 **얻는 이익**

③ 영유아보육법에 따라 **직장어린이집을 설치·운영하거나 위탁보육을 하는 사업주가 그 비용을 부담**함으로써 해당 사업장의 종업원이 얻는 이익

④ 종업원이 계약자이거나 종업원 또는 그 배우자 및 그 밖의 가족을 수익자로 하는 보험·신탁 또는 공제와 관련하여 사용자가 부담하는 보험료·신탁부금 또는 공제부금 중 다음의 **보험료** 등

> ⊙ 종업원의 사망·상해 또는 질병을 보험금의 지급사유로 하고 종업원을 피보험자와 수익자로 하는 보험으로써 만기에 납입보험료를 환급하지 아니하는 보험(단체순수보장성보험)과 만기에 납입보험료를 초과하지 아니하는 범위 안에서 환급하는 보험(단체환급부보장성보험)의 보험료 중 **연 70만원 이하**의 금액
> ⓒ 임직원의 고의(중과실 포함) 외의 **업무상 행위로 인한 손해의 배상청구**를 보험금의 지급사유로 하고 임직원을 피보험자로 하는 보험의 보험료

⑤ 공무원이 국가 또는 지방자치단체로부터 공무 수행과 관련하여 받는 상금과 부상 중 연 240만원 이내의 금액

(4) 생산직등의 근로자가 받는 연장근로수당 등

구 분	내 용
비과세 요건	① 적용 대상(한국표준직업분류 기준) 　⊙ 공장 또는 광산에서 근로를 제공하는 자로서 생산 및 관련종사자 　ⓒ 어업을 영위하는 자에게 고용되어 근로를 제공하는 자 　ⓒ 운전 및 운송 관련직 종사자, 돌봄·미용·여가 및 관광·숙박시설·조리 및 음식 관련 서비스직 종사자, 매장 판매 종사자, 상품 대여 종사자, 통신 관련 판매직 종사자, 운송·청소·경비·가사·음식·판매·농림·어업·계기·자판기·주차관리 및 기타 서비스 관련 단순 노무직 종사자 ② **월정액급여가 210만원 이하**이면서 직전 과세기간의 **총급여액이 3,000만원 이하**인 근로자 　월정액급여 　= 급여총액 − 상여등 부정기적급여 − 비과세되는 실비변상적 급여 − 비과세되는 복리후생적 급여 − 시간외 근무수당 ③ 통상임금에 가산하여 받는 **연장근로·휴일근로·야간근로수당**일 것(선원은 선원법에 의하여 받는 생산수당일 것)
비과세 금액	① 광산근로자·일용근로자 : **전액** 비과세 ② ① 외의 생산직근로자(선원 포함) 등 : **연 240만원** 비과세

(5) 국외근로자의 비과세급여

구 분	내 용
일반근로자	국외 또는 「남북교류협력에 관한 법률」에 따른 북한지역에서 근로를 제공하는 경우 **월 100만원**[원양어업 선박, 국외 등을 항행하는 선박 또는 국외등의 건설현장 등에서 근로(감리 및 설계업무를 포함)를 제공하고 받는 보수의 경우에는 **월 500만원**] 이내의 금액
공무원 등	국외등에서 근무하고 받는 수당 중 해당 근로자가 국내에서 근무할 경우에 지급받을 금액 상당액을 초과하여 받는 금액 중 실비변상적 성격의 급여로서 협의하여 고시하는 금액

(6) 근로자 또는 그 배우자의 출산이나 자녀의 보육과 관련하여 지급받는 급여

구 분	내 용	한도
출산지원금	근로자(사용자와 **특수관계**에 있는 자는 **제외**) 또는 그 배우자의 출산과 관련하여 **자녀의 출생일 이후 2년 이내**에 사용자로부터 **최대 2 차례**에 걸쳐 지급받는 급여 (이직 시 이직 전에 지급받은 횟수 미합산하며 기업의 공통 지급규정에 의해 지급)	전액
보육수당	근로자 또는 그 배우자의 해당 과세기간 개시일을 기준으로 **6세 이하**(6세가 되는 날과 그 이전 기간을 말함)인 **자녀의 보육**과 관련하여 사용자로부터 지급받는 급여	월 20만원

(7) 종업원 할인혜택 비과세 급여

기업이 생산하는 재화 또는 용역을 그 기업(계열사 포함)에 종사하는 임원등에게 **시가보다 낮은 가격**으로 제공함으로써 임원등이 얻는 일정 이익을 근로소득으로 보며, **연 240만원 이내** 금액까지 비과세한다.

구 분	내 용
비과세 요건	■ 임원 또는 종업원 본인이 소비하는 것을 목적으로 제공받거나 지원을 받아 구입한 재화 또는 용역으로서 **일정기간 동안 재판매가 허용되지 아니할 것** ① 자동차, 대형가전, 고가재화(귀금속제품 · 고급시계 · 고급융단 · 고급가방) : 2년 ② 그 외 재화 : 1년 ■ 해당 재화 또는 용역의 제공과 관련하여 모든 임원등에게 공통으로 적용되는 기준이 있을 것
비과세 금액	■ Max [시가의 20%, 연 240만원] ■ 비과세 금액 : 연간 구입한 모든 재화 · 용역의 시가를 합산한 금액기준

(8) 기타의 비과세 근로소득

구 분	내 용
① 각종 법률에 의하여 받는 금액	㉠ 복무 중인 병(兵)이 받는 급여 ㉡ 법률에 따라 동원된 사람이 그 동원 직장에서 받는 급여 ㉢ 산업재해보상보험법 등에 따라 지급받는 요양급여 · 휴업급여 · 장해급여 · 유족급여 등 ㉣ 고용보험법에 따라 받는 실업급여, 육아휴직급여와 산전후 급여, 배우자 출산휴가급여 등 ㉤ 국민연금법에 따라 받는 반환일시금(사망에 한함) 및 사망일시금
② 요건을 갖춘 본인 학자금	㉠ 사업체의 업무와 관련 있는 교육 · 훈련목적일 것 ㉡ 규칙 등에 정하여진 지급기준에 따라 지급받을 것 ㉢ 교육 · 훈련기간이 6개월 이상인 경우 해당 교육기관을 초과하여 근무하지 않는 경우에는 지급받은 금액을 반납할 것을 조건으로 할 것
③ 건강보험료 등의 사용자부담금	고용보험법 또는 노인장기요양법에 따라 국가 · 지방자치단체 또는 사용자가 부담하는 국민건강보험료, 고용보험료, 노인장기요양보험료 ⇨ 종업원이 부담하는 국민건강보험료, 고용보험료, 노인장기요양보험료는 특별소득공제 중 보험료공제로 공제한다.

구 분	내 용
④ 근로장학금	대학생(기초생활수급자)이 대학에 근로로 제공하고 지급받는 장학금
⑤ 직무발명보상금	종업원 등 또는 대학의 교직원이 받는 직무발명보상금으로서 **700만원 이하**의 보상금 (개인사업자의 친족관계 · 법인의 지배주주등은 제외)

4 일용근로자

구 분	내 용
범위	근로를 제공한 날 또는 시간에 따라 근로대가를 계산하여 받는 자로서 계약에 따라 **동일한 고용주에게 3월 이상 계속하여 고용되어 있지 않은 자**를 말한다. (건설용역은 1년 이내, 하역노동자는 기간제한 없음)
과세방법 (완납적 원천징수)	일 급 여 액 (−) 근 로 소 득 공 제 일급여액의 **15만원** 공제 ───────────── 과 세 표 준 종합소득공제는 적용하지 않음 (×) 세 율 무조건 **6%** ───────────── 산 출 세 액 (−) 근 로 소 득 세 액 공 제 산출세액의 **55%**(한도없음) ───────────── 원 천 징 수 할 세 액 일용직근로자 원천징수 세액(간편법) = (일급여액 − 150,000원) × **2.7%**

5 근로소득의 수입시기

구 분	수입시기
급 여	근로를 제공한 날
잉여금처분에 의한 상여	당해 법인의 잉여금처분 결의일
인정상여	해당 사업연도 중의 근로를 제공한 날
주식매수선택권	주식매수선택권을 행사한 날
근로소득에 해당하는 임원의 퇴직금 한도초과액 등	지급받거나 지급받기로 한 날

6 근로소득에 대한 원천징수

구 분	내 용
원천징수 시기	원천징수의무자가 매월분의 근로소득을 지급하는 때 근로소득간이세액표에 따라 소득세를 원천징수한다. ① 원천징수한 소득세를 그 징수일이 속하는 달의 다음달 10일까지 신고·납부 ② 직전연도의 상시고용인원이 20인 이하(금융·보험업 제외)인 원천징수의무자는 관할세무서에 신청하여 반기별 신고·납부할 수 있다.
지급시기 의제	실제로 지급하지는 아니하였지만 지급한 것으로 보아 원천징수를 하는 경우를 지급시기 의제라 한다. ■ 1월부터 11월까지의 급여 ⇨ 12월 31일에 지급한 것으로 본다. ■ 12월분 급여 ⇨ 2월말일 지급한 것으로 본다.

5. 연금소득

1 연금소득금액 계산

연금소득금액 = 총연금액(비과세 소득 제외) − 연금소득공제(900만원 한도)

연금소득공제	
총연금액	연금소득공제
350만원 이하	총 연 금 액
350만원 초과 ~ 700만원 이하	350만원 + 350만원 초과금액의 40%
700만원 초과 ~ 1,400만원 이하	490만원 + 700만원 초과금액의 20%
1,400만원 초과	630만원 + 1,400만원 초과금액의 10%

2 연금소득의 범위 및 비과세 연금소득

구 분		내 용
범위	공적연금소득	국민연금법, 공무원연금법, 군인연금법, 사립학교교직원연금법, 별정우체국법 또는 국민연금과 직역연금의 연계에 관한 법률에 의한 소득을 말하며 2001.12.31. 이전 불입분 연금수령 시 과세대상 소득이 아님에 유의한다.
	사적연금소득	① 금융회사와의 계약에 따라 '연금저축'이라는 명칭으로 설정하는 계좌 ② 근로자퇴직급여보장법에 따른 확정기여형퇴직연금제도(확정급여형 퇴직연금제도 제외)·개인형퇴직연금제도·중소기업퇴직연금기금제도에 가입하여 설정하는 계좌 ③ 과학기술인공제회법에 따라 퇴직연금급여를 지급하기 위해 설정하는 계좌
비과세 연금소득		① 국민연금법에 의하여 지급받는 유족연금 또는 장애연금 ② 공무원연금법·군인연금법·사립학교교직원연금법 또는 별정우체국법에 의하여 지급받는 유족연금·장애연금·상이연금 ③ 산업재해보상보험법에 의하여 지급받는 각종 연금 ④ 국군포로 대우 등에 관한 법률에 따른 국군포로가 지급받는 연금

3 연금소득에 대한 과세방식

구 분		내 용
원천징수	공적연금	원천징수의무자가 공적연금 소득을 지급하는 때에는 연금소득간이세액조견표에 의하여 소득세를 원천징수한다. 이후 다음 연도 1월분 연금소득 지급시 연말정산을 한다.
	사적연금	① 퇴직연금 및 연금저축 : 요건이 동시에 충족하는 경우 낮은 세율 적용 | 나이(연금수령일 현재)	세율	종신계약
70세 미만	5%	사망할 때까지 연금수령하는 종신계약에 따라 받는 연금소득 : 4%
70세 이상 80세 미만	4%	
80세 이상	3%	| ② 원천징수되지 아니한 퇴직소득을 연금수령하는 연금소득 : 연금소득을 연금외수령하였다고 가정할 때 계산한 원천징수세액을 연금외수령한 금액으로 나눈 비율의 70%(10년 초과 60%)
연금소득 종합과세		연금소득은 원칙적으로 종합소득에 합산하여 과세한다. 단, 공적연금소득을 제외한 연금소득의 합계액이 **연 1,500만원 이하**인 거주자는 해당 거주자의 **선택에 의하여 분리과세**하거나 종합과세한다. 연금소득이 1,500만원을 초과하는 경우 종합과세하나, 15%의 세율로 분리과세를 선택할 수 있다.

4 연금소득의 수입시기

구 분	수입시기
공적연금소득	연금을 지급받기로 한 날
연금계좌에서 연금형태로 인출하는 연금소득	연금수령한 날
그 밖의 연금소득	해당 연금을 지급받은 날

6. 기타소득

1 기타소득의 범위

(1) 80% 추정필요경비가 적용되는 기타소득

필요경비 : MAX[㉠, ㉡] ㉠ 실제발생 필요경비, ㉡ 총수입금액의 80%

기타소득의 범위	필요경비
① 공익법인이 주무관청의 승인을 얻어 시상하는 상금과 부상 및 다수가 순위 경쟁하는 대회에서 입상한 자가 받는 상금 및 부상	80% 추정필요경비
② 계약의 위약 또는 해약으로 인하여 받는 위약금과 배상금 중 주택입주 지체상금	
③ 점당 6,000만원 이상인 서화·골동품(제작 후 100년 초과분)의 양도로 발생하는 소득. 단, 양도일 현재 생존해 있는 국내원작자의 작품은 제외한다. (단, 보유기간 10년 이상인 경우 필요경비는 90%)	90% 추정필요경비 (양도가액 1억 초과분 : 80% 추정필요경비)

(2) 60% 추정필요경비가 적용되는 기타소득

> 필요경비 : MAX[㉠, ㉡] ㉠ 실제발생 필요경비, ㉡ 총수입금액의 60%

기타소득의 범위	필요경비
① 다음에 해당하는 인적용역을 일시적으로 제공하고 지급받는 대가 　㉠ 고용관계가 없이 다수인에게 강연을 하고 받은 강연료 등의 대가를 받는 용역 　㉡ 라디오·텔레비전 방송 등을 통하여 해설·계몽 또는 연기의 심사 등을 하고 받는 보수 또는 이와 유사한 성질의 대가를 받는 용역 　㉢ 변호사·공인회계사·세무사 등 그 밖의 전문적 지식 또는 기능을 활용하여 보수 또는 그 밖의 대가를 받고 제공하는 용역 　㉣ 그 밖의 용역으로서 고용관계 없이 수당 또는 이와 유사한 성질의 대가를 받고 제공하는 용역 ② 문예창작소득(원고료, 저작권사용료인 인세, 미술·음악·사진 등 창작품) ③ 광업권, 어업권, 양식업권, 산업재산권, 산업정보, 산업상 비밀, 상표권, 영업권(일정한 점포임차권 포함), 토사석의 채취허가에 관한 권리, 지하수개발·이용권, 그 밖에 이와 유사한 자산이나 권리를 양도하거나 대여하고 그 대가로 받는 금품 ④ 공익사업과 관련된 지역권·지상권을 설정 또는 대여하고 받는 금품 ⑤ 통신판매중개를 통한 물품 또는 장소 대여소득(연 500만원 초과시 전액 사업소득으로 과세)	60% 추정필요경비

(3) 실제발생경비만 필요경비로 인정되는 기타소득

기타소득의 범위	필요경비
① 상금·현상금·포상금·보로금 또는 이에 준하는 금품 ② 계약의 위약 또는 해약으로 인하여 받는 위약금과 배상금 ③ 저작자 또는 실연자·음반제작자·방송사업자 외의 자가 저작권 또는 저작인접권의 양도 또는 사용의 대가로 받는 금품(저작자에게 귀속되는 소득은 사업소득) ④ 물품(유가증권포함) 또는 장소를 일시적으로 대여하고 사용료로서 받는 금품 ⑤ 유실물의 습득 또는 매장물의 발견으로 보상금을 받거나 새로 소유권을 취득하는 경우 그 보상금 또는 자산 ⑥ 소유자가 없는 물건의 점유로 소유권을 취득하는 자산 ⑦ 재산권에 관한 알선수수료, 사례금 ⑧ 뇌물·알선수재 및 배임수재에 의하여 받는 금품 ⑨ 법인세법에 따라 처분된 기타소득 ⑩ 연금외수령한 소득(연금계좌세액공제를 받은 금액, 운용실적에 따라 증가한 금액) ⑪ 퇴직 전에 부여받은 주식매수선택권을 퇴직 후에 행사하거나 고용관계 없이 주식매수선택권을 부여받아 이를 행사함으로써 얻는 이익 ⑫ 소기업·소상공인 공제부금의 해지일시금 및 가상자산소득(2027.1.1. 이후) ⑬ 복권·경품권, 그 밖의 추첨권에 당첨되어 받는 금품 ⑭ 종업원 등 또는 대학의 교직원이 퇴직 후에 받는 직무발명보상금 및 학생이 받는 직무발명보상금 중 700만원 초과액	실제발생경비
⑮ 한국마사회법에 따른 승마투표권 및 경륜·경정법에 따른 승자투표권 및 국민체육진흥법에 따른 체육진흥투표권의 구매자가 받는 환급금	단위투표금액 합계액
⑯ 슬롯머신(비디오게임 포함) 및 투전 기타 이와 유사한 기구를 이용하는 행위에 참가하여 받는 당첨금품 등	당첨 당시 슬롯머신 등에 투입한 금액

(4) 근로소득으로 신고하지 않은 종교인의 기타소득

필요경비 : MAX[㉠, ㉡] ㉠ 실제발생 필요경비, ㉡ 의제필요경비

구 분	의제필요경비
2천만원 이하	총수입금액의 80%
2천만원 초과 4천만원 이하	1,600만원 + 2천만원 초과금액의 50%
4천만원 초과 6천만원 이하	2,600만원 + 4천만원 초과금액의 30%
6천만원 초과	3,200만원 + 6천만원 초과금액의 20%

2 비과세 기타소득

① 국가유공자등 예우자 및 국가보안법, 상훈법에 의해 지급받는 보상금, 상금, 보로금, 부상
② 종업원 등 또는 대학의 교직원이 퇴직한 후에 지급받거나 대학의 학생이 소속 대학에 설치된 산학협력단으로부터 받는 직무발명보상금으로서 **700만원 이하의 금액(근로소득 비과세 적용분 차감)**
③ 국군포로의 송환 및 대우 등에 관한 법률에 따라 받는 장려금 등
④ 문화재보호법에 따라 국가지정문화재로 지정된 서화·골동품의 양도로 발생하는 소득
⑤ 서화·골동품을 박물관 또는 미술관에 양도함으로써 발생하는 소득 및 점당 양도가액 6,000만원 이하의 금액
⑥ 학자금, 식사대, 실비변상적급여, 보육수당, 사택제공 이익의 종교인 소득

3 기타소득의 과세방식

구 분	내 용
원천징수	원천징수세액 = **기타소득금액**(지급금액 − 필요경비 또는 의제필요경비) × 20%
무조건 분리과세	① 복권당첨소득, 승마투표권 및 승자투표권, 소싸움경기투표권, 체육진흥투표권이 환급금, 슬롯머신 등은 20%(3억원을 초과하는 경우 그 초과하는 분에 대하여는 30%) ② 서화·골동품의 양도소득 및 가상자산소득(2027.1.1. 이후)은 20% ③ 연금계좌에서 연금외수령한 기타소득 지급금액은 15%
무조건 종합과세	뇌물, 알선수재 및 배임수재에 의하여 받는 금품
조건부 분리과세	① 무조건 분리과세와 무조건 종합과세를 제외한 기타소득금액의 합계액이 **연 300만원 이하**(직무발명 보상금 포함)이면 분리과세와 종합과세 중 선택 가능. **80%(또는 60%) 필요경비**가 인정되는 기타소득의 경우 그 소득이 **연 1,500만원(또는 750만원) 이하**이면 **분리과세 선택이 가능** ② 계약의 위약 또는 해약으로 받는 위약금·배상금 중 **매수자 귀책사유**에 의해 계약금이 위약금·배상금으로 대체되는 금액은 **원천징수 의무가 배제**되며 기타소득금액 300만원 이하인 경우 분리과세 선택이 가능

구 분	내 용
과세최저한	다음의 기타소득에 대해서는 **소득세를 과세하지 아니한다.** | 구 분	과세최저한
① 승마투표권·승자투표권, 소싸움경기투표권, 체육진흥투표권의 구매자가 받는 환급금	매건마다 승마투표권 또는 승자투표권 등의 권면에 표시된 금액의 합계액이 10만원 이하이고 단위투표금액당 환급금이 단위 투표금액의 100배 이하이면서 적중한 개별투표당 환급금이 200만원 이하인 때
② 복권당첨금 또는 슬롯머신 등을 이용하는 행위에 참가하여 받는 당첨금품 등	매건마다 200만원 이하인 때
③ 가상자산소득	연 250만원 이하인 때
위 ①, ②, ③ 외의 기타소득금액	매건마다 5만원 이하인 때	

4 기타소득의 수입시기

구 분	수입시기
원칙	그 지급을 받은 날(현금주의)
법인세법에 의하여 처분된 기타소득	당해 법인의 사업연도의 결산확정일
광업권 등의 자산·권리를 양도	그 대금을 청산한 날, 자산을 인도한 날 또는 사용·수익일 중 빠른 날
계약의 위약 또는 해약으로 인하여 받는 소득	계약의 위약 또는 해약이 확정된 날

7. 소득금액계산의 특례

1 부당행위계산의 부인

구 분	내 용
적용요건	① 배당소득(출자공동사업자)·사업소득·기타소득 또는 양도소득이 있는 거주자의 행위 ② 해당 거주자와 특수관계인과의 거래 ③ 해당 소득에 대한 조세의 부담이 부당하게 감소시킨 것으로 인정되는 경우
부당거래 유형	① 특수관계인으로부터 시가보다 높은 가격으로 자산을 매입하거나 특수관계인에게 시가보다 낮은 가액으로 양도한 때 ② 특수관계자에게 금전이나 그 밖의 자산 또는 용역을 무상 또는 낮은 이율 등으로 대부하거나 제공한 경우. 다만, 직계존비속에게 주택을 무상으로 사용하게 하고 직계존비속이 그 주택에 실제 거주하는 경우에는 국민정서를 감안하여 부당행위계산부인대상에서 제외한다. ③ 특수관계인으로부터 금전이나 그 밖의 자산 또는 용역을 무상 또는 높은 이율 등으로 차용하거나 제공받는 경우 ④ 특수관계인으로부터 무수익자산을 매입하여 그 자산에 대한 비용을 부담하는 경우 ⑤ 그 밖의 특수관계인과 거래로 인하여 조세부담을 부당하게 감소시킨 것으로 인정되는 경우

2 공동사업 소득분배 및 공동사업 합산과세

구 분	내 용
공동 사업 소득 분배	① 사업소득이 발생하는 사업을 공동으로 경영하고 그 손익을 분배하는 공동사업(출자공동사업자 포함)의 경우에는 해당 사업을 경영하는 장소를 1거주자로 보아 **공동사업장별로 그 소득금액을 계산**한다. ② 공동사업에서 발생한 소득금액은 해당 공동사업을 경영하는 각 거주자 간에 약정된 **손익분배비율**(약정된 손익분배비율이 **없는** 경우에는 **지분비율**을 말함)에 의하여 분배되었거나 분배될 소득금액에 따라 각 공동사업자별로 분배한다. (가산세액 및 원천징수된 세액 포함하여 분배) **공동사업 소득분배 순서** : 1거주자 공동사업장 소득금액 계산 ⇨ 손익분배비율에 의한 각 공동사업자별로 소득금액 분배 ⇨ 분배된 소득금액을 자신의 종합소득금액에 합산 ③ 구성원이 동일한 공동사업장이 2 이상인 경우에는 직전연도의 수입금액을 합산하여 기장의무를 판단하며 각 구성원의 다른 개별사업장 또는 다른 공동사업장과는 별개로 본다. ④ 공동사업장에서 발생한 결손금은 공동사업장 단위로 이월되거나 이월결손금 공제 후 소득금액을 배분하는 것이 아니라 각 공동사업자별로 분배되어 공동사업자 각각의 다른 소득금액과 통산한다.
공동 사업 합산 과세	거주자 1인과 그의 특수관계인과 공동사업자가 소득세법에 의하여 제출한 신고서와 첨부서류에 기재한 **사실과 현저하게 다르거나 조세를 회피하기 위하여 공동으로 사업을 경영하는 것이 확인되는 경우** 분배하지 않고 주된 공동사업자의 소득금액으로 본다. 주된 공동사업자 외의 특수관계인은 그의 손익분배비율에 해당하는 소득금액을 한도로 주된 공동사업자와 연대납세의무를 진다. **[주된 공동사업자의 판정 순서]** ① 공동사업에 대한 손익분배비율이 큰 공동사업자 ② 공동사업소득 외의 종합소득금액이 많은 자 ③ 공동사업소득 외의 종합소득금액이 같은 경우에는 직전연도의 종합소득금액이 많은 자 ④ 직전연도의 종합소득금액이 같은 경우에는 해당 사업에 대한 종합소득과세표준을 신고한 자

3 결손금(사업소득, 양도소득)과 이월결손금(사업소득) 공제

구 분	내 용
결손금 공제	공제 순서 : 근로소득 ⇨ 연금소득 ⇨ 기타소득 ⇨ 이자소득 ⇨ 배당소득 사업소득 중 **부동산임대업(주거용건물 임대업 제외)에서 발생한 결손금은 타소득에서 공제할 수 없고, 추후 발생하는 해당 부동산임대업의 소득금액에서만 공제가능**하다.
이월결손금* 공제 (2020년 발생분부터 15년 이내공제)	공제 순서 : 사업소득 ⇨ 근로소득 ⇨ 연금소득 ⇨ 기타소득 ⇨ 이자소득 ⇨ 배당소득 사업소득 중 부동산임대업소득에서 발생한 이월결손금은 해당 부동산임대업의 소득금액에서 공제한다. 또한, 결손금이 발생하고 이월결손금이 있는 경우에는 **그 과세기간의 결손금을 먼저 소득금액에서 공제**한다.
이월결손금 공제 배제	소득금액을 추계신고, 결정, 경정하는 경우에는 이월결손금공제를 배제한다. 다만, 천재지변 기타 불가항력으로 인하여 장부·기타 증빙서류가 멸실되어 추계하는 경우에는 이월결손금공제를 적용한다.
결손금 소급공제	① **중소기업**의 사업소득(부동산임대업의 결손금은 제외)에서 발생한 결손금 ② 결손금 발생연도와 그 직전연도의 소득세를 신고기간 내에 신고한 경우 ③ 과세표준 확정신고 기한 내에 소급공제환급신청을 한 경우

* 2020.01.01. 이전 발생한 결손금은 10년(2009.01.01. 이전 발생분은 5년)

CHAPTER 02 과세표준과 세액의 계산

PART 04 소득세

1. 종합소득 과세표준

종합소득 과세표준 = 종합소득금액 − 종합소득공제

2. 종합소득 인적공제

인적공제 = 기본공제 + 추가공제

1 기본공제 (공제대상수 1인당 150만원공제)

구분	공제대상	생계요건	나이요건[주3]	소득금액요건
본인공제	당해 거주자	동거 여부 불문	해당없음	해당없음
배우자공제	거주자의 배우자		해당없음	
부양가족 공제	직계존속	생계를 같이하는 부양가족	주민등록상 동거원칙 (주거 형편상 별거 포함)	60세 이상	연간 소득금액 합계액 100만원 이하[주5]
	직계비속, 입양자[주1]		동거 여부 불문	20세 이하	
	형제자매		주민등록상 동거 원칙 (다만 취학, 질병의 요양 등의 사유에 의한 일시퇴거 허용)	20세 이하 또는 60세 이상	
	국민기초생활보장법에 의한 수급자			해당 없음	
	위탁아동[주2]			18세 미만[주4]	

주1) 직계비속(입양자 포함)과 그 배우자가 모두 장애인인 경우에는 그 배우자를 포함
주2) 아동복지법에 따른 가정위탁을 받아 양육하는 아동으로서 **해당 과세기간에 6개월 이상** 직접 양육한 위탁아동. 다만, 직전 과세기간에 소득공제를 받지 못한 경우에는 해당 위탁아동에 대한 직전 과세기간의 위탁기간을 포함하여 계산한다.
주3) 나이산정방법 : **신고대상 귀속연도(2025년) − 태어난 연도** = 나이요건 충족 여부
주4) 보호기간이 연장된 위탁아동 포함(20세 이하인 경우)
주5) 연간 소득금액합계액 100만원 이하 금액 : 연말정산시 배우자를 포함한 부양가족을 기본공제대상자로 하기 위해서는 해당 부양가족의 **연간 소득금액의 합계액(무조건 분리과세 제외)이 100만원 이하 요건을 충족**하여야 한다.

소득종류		소득금액 계산	소득금액 100만원 이하 사례
① 종합소득	근로소득	총급여액 (연간근로소득 − 비과세소득) − 근로소득공제	■ 총급여액 333만원 − 근로소득공제 233만원 = 100만원 ■ 부양가족이 근로소득만 있는 경우 해당 과세기간의 **총급여액이 500만원 이하**인 경우도 포함 함
	연금소득	총연금액 − 연금소득공제	■ 공적연금(노령연금) : 총연금액은 516만원 − 416만원 = 100만원 ■ 사적연금의 총연금액 1,500만원 이하는 분리과세소득으로 종합소득금액에서 제외되어 기본공제 가능
	사업소득	총수입금액 − 필요경비	총수입금액에서 필요경비를 차감한 금액이 100만원이 되는 경우
	기타소득	총수입금액 − 필요경비	총수입금액에서 필요경비를 차감한 금액이 100만원인 경우가 이에 해당하나, 기타소득금액 300만원 이하는 분리과세소득으로 종합소득금액에서 제외되어 공제 가능
	이자·배당소득	총수입금액	이자소득과 배당소득의 **합계 금액이 2천만원 이하**인 경우 분리과세소득으로 종합소득금액에서 제외되어 공제 가능
	소계	위의 소득금액의 합계액이 종합소득금액이 된다.	종합소득금액 100만원 (단, 비과세 및 분리과세소득은 제외)
② 퇴직소득		퇴직소득 = 퇴직소득금액	비과세소득을 제외한 금액이 100만원인 퇴직금
③ 양도소득		양도가액 − 필요경비 − 장기보유 특별공제	필요경비와 장기보유특별공제금액을 차감한 금액이 100만원인 양도소득금액
연간 소득금액의 합계액 (① + ② + ③)			종합소득·퇴직소득·양도소득이 있는 경우 각 소득금액을 합계한 금액으로 함

TIP

[인적공제 유의사항]
① 직계존속에는 **배우자의 직계존속(장인, 장모, 시부, 시모), 계부·모를 모두 포함**하며, 양자의 경우 양부모와 친생부모가 모두 직계존속의 범위에 해당한다.
② 공제대상 여부 판정 시기는 원칙적으로 **과세기간 종료일(12월 31일) 현재의 상황**에 의하나, **과세기간 중 사망자는 사망일 전일, 장애가 치유된 자는 치유일 전일 상황**에 의해 판정한다. 또한, 적용대상 나이가 있는 경우로서 **과세기간 중에 해당 나이에 해당되는 날이 하루라도 있는 경우에는 공제대상자**로 본다.
③ **장애인은 나이요건의 제한(21세~59세)을 받지 않으나 소득금액요건은 적용**된다.
④ 직계비속이 기본공제대상인 장애인인 경우 **자녀세액공제대상자에도 해당**한다.
⑤ 기본공제 대상자인 **직계비속이 장애인인 경우 배우자(며느리 또는 사위) 또한 장애인(소득금액합계액 100만원 이하)에 해당하면 그 배우자도 공제대상자에 해당**한다.

2 추가공제(기본공제 대상자에 한하여 추가공제가 가능)

구 분	사 유	공제금액	비 고
경로우대자 추가공제	만 70세 이상인 경우	1명당 연 100만원	소득금액 연 100만원 이하자
장애인 추가공제	장애인인 경우(나이제한 없음)	1명당 연 200만원	
부녀자 추가공제	종합소득금액 3천만원(총급여액 41,470,588원) 이하인 거주자 본인으로 ① 또는 ②에 해당하는 경우 ① 배우자가 없는 여성으로서 기본공제대상 부양가족이 있는 세대주인 경우 ② 배우자가 있는 여성인 경우	연 50만원	-
한부모 추가공제	배우자가 없는 근로자가 기본공제대상자인 직계비속을 부양하는 경우(부녀자추가공제 중복시 한부모추가공제 적용)	연 100만원	-

[추가공제 유의사항]
① 추가공제는 기본공제대상자가 해당 사유에 해당하는 경우 해당 사유별로 공제하는 것이므로 기본공제대상자 1인이 장애인이면서 경로우대자에 해당되는 경우 기본공제와 더불어 장애인추가공제, 경로우대자추가공제가 모두 적용되는 것이다.
② 부녀자추가공제와 한부모추가공제에 모두 해당되면 **한부모추가공제를 받는다**.

3. 종합소득 물적공제

1 연금보험료공제(본인 실제 부담분 전액 공제, 근로기간 제한 불문)

구 분	내 용
공제대상 연금보험료	① 『국민연금법』에 따라 본인이 부담하는 연금보험료(사용자부담금은 제외) ② 『공무원연금법』·『군인연금법』·『사립학교교직원연금법』 또는 『별정우체국법』에 따라 근로자 본인이 부담하는 기여금 또는 부담금

2 특별소득공제

특별소득공제 = 보험료 소득공제 + 주택자금 소득공제

(1) 보험료공제(전액공제, 근로기간에 지출한 비용만 공제)

보험료 공제액 = 국민건강보험료 · 고용보험료 · 노인장기요양보험료 근로자 부담 보험료

(2) 주택자금공제(근로기간에 지출한 비용만 공제)

구 분	공제대상자
청약저축 납입액 (40%)	해당 과세기간의 **총급여액이 7,000만원 이하**이며 해당 과세기간 중 **주택을 소유하지 않은 세대의 세대주 또는 세대의 배우자**가 해당 과세연도에 청약저축 또는 주택청약종합저축에 납입한 금액(2025.12.31.까지 납입하는 분) ① 연 납입액이 300만원을 초과하는 경우에는 그 초과금액은 없는 것으로 한다.

임차를 위한 차입금 원리금 상환액 (40%)	① 대상요건 : **무주택 세대주** 및 세대원(요건충족)도 공제 적용(외국인 포함)
	② **국민주택규모(오피스텔 포함)**의 주택을 임차하기 위하여 차입하고 그 원리금을 상환하는 경우
	   ㉠ 대출기관 : 금융기관 차입금
	   ㉡ 거주자 : 총급여액 5천만원 이하인 근로자가 거주자로부터 법정이율 이상으로 차입한 원리금 상환액

장기주택 저당차입금 이자상환액	취득당시 기준시가 5억원 이하(2013.12.31. 이전 취득분은 3억원, 2018.12.31. 이전 취득분은 4억원 이하)인 주택을 취득하기 위하여 그 주택(2013.12.31. 이전 취득분은 국민주택규모 충족)에 저당권을 설정하고 금융회사 등 또는 국민주택기금으로부터 **장기차입금 요건**을 갖추어 **차입한 장기주택저당차입금의 이자상환액** ① 대상요건 : 세대주 및 세대원(요건충족)도 공제 적용(외국인 포함) ② 거주자가 2주택 이상 보유시 보유기간이 속한 과세연도는 공제를 배제 ③ 세대구성원이 보유한 주택을 포함하여 과세기간 종료일 현재 2주택 이상을 보유한 경우에는 적용하지 아니한다.

※ 주택마련저축은 "특별소득공제"가 아닌 "그 밖의 소득공제"에 해당하나 한도 규정으로 인하여 함께 표기함.
※ 국민주택규모의 면적 : 주거전용 면적이 85m² 이하 주택(다만, 수도권을 제외한 도시지역이 아닌 읍·면지역은 100m² 이하 주택)

3 그 밖의 소득공제(조세특례제한법상 소득공제)

(1) 신용카드 등 사용금액 소득공제(소득금액요건 적용, 나이요건 불문, 형제자매 제외)

구 분	내 용
신용카드 등 사용금액	신용카드 등 사용금액은 해당 과세기간의 **근로제공기간에 사용**한 신용카드 사용금액, 현금영수증에 기재된 금액 및 직불카드 등 사용금액의 합계액으로 한다. (2025.12.31.까지)
신용카드 등 소득공제 금액	신용카드 등 사용금액이 해당연도 **총급여액의 25%를 초과(최저사용금액)**하는 경우 그 **초과사용금액**을 소득공제 대상으로 한다. (1) 사용구분에 따른 공제율 <table><tr><th>구 분</th><th>공제율</th></tr><tr><td>① 전통시장 사용분</td><td>40%</td></tr><tr><td>② 대중교통 이용분</td><td>40%</td></tr><tr><td>③ **총급여 7천만원 이하자**의 문화체육사용분(도서·신문·공연·박물관·미술관·영화상영관·수영장·체력단련장)</td><td>30%</td></tr></table>

구 분	내 용
신용카드 등 소득공제 금액	<table><tr><th>구 분</th><th>공제율</th></tr><tr><td>④ 직불카드 · 선불카드 · 현금영수증 사용분(① · ② · ③ 사용분에 포함된 금액 제외)</td><td>30%</td></tr><tr><td>⑤ 신용카드 사용분(① · ② · ③ 사용분에 포함된 금액 제외)</td><td>15%</td></tr></table> (2) 공제한도(**최대 600만원**) : 기본공제 한도 + 추가공제 한도 <table><tr><th colspan="2">공제한도 \ 총급여액</th><th>7천만원 이하</th><th>7천만원 초과</th></tr><tr><td colspan="2">기본공제 한도</td><td>300만원</td><td>250만원</td></tr><tr><td rowspan="3">추가공제 한도</td><td>전통시장</td><td rowspan="3">300만원</td><td rowspan="2">200만원</td></tr><tr><td>대중교통</td></tr><tr><td>문화체육</td><td>—</td></tr></table>
카드사용자 범위	① 연간 **소득금액 합계액이 100만원 이하**인 배우자 또는 직계존비속 명의의 신용카드 등 사용금액은 당해 거주자의 신용카드 등 소득공제금액에 이를 포함할 수 있음 ⇨ 거주자와 생계를 같이하는 직계존비속으로서 배우자의 직계존속과 동거입양자를 포함하되, 다른 거주자의 기본공제를 적용받는 자는 제외 ② 다만, **형제자매, 기초생활수급자, 위탁아동**의 신용카드 등 사용금액은 기본공제대상자라 하더라도 공제대상 사용금액에 포함되지 않음
신용카드 등 사용금액 중 소득공제 대상에서 제외되는 경우	① **사업소득의 비용인 경우 또는 법인의 비용인 경우** ② 국민건강보험료, 고용보험료, 연금보험료 및 각종 보험계약에 의한 보험료 및 공제료 ③ 영유아보육시설의 보육비용, 유치원 · 초 · 중 · 고 · 대학 · 대학원의 수업료, 입학금 ⇨ **취학전 아동의 학원 또는 체육시설 등 수강료는 카드사용액에 포함됨** ⇨ 가족에 대한 대학원 교육비는 교육비공제는 물론 신용카드 등 사용금액에 대한 소득공제 대상이 아니다. ④ **외국**에서 사용한 신용카드사용액(시내 · 출국장 · 기내 면세점 사용금액 포함) ⑤ **국세 · 지방세 및 공과금**(전기료, 수도료, 가스료, 전화료, 아파트관리비, 텔레비전시청료 및 고속도로통행료) ⑥ 상품권 등 유가증권 구입비, 리스료(자동차대여료 포함) ⑦ 차입금 이자상환액, 증권거래수수료 등 금융 · 보험용역과 관련한 지급액, 수수료, 보증료 및 이와 비슷한 대가 ⑧ 지방세법에 의하여 취득세 또는 등록세가 부과되는 재산(신차 · 중고자동차 등)의 구입비용(**중고자동차의 경우 구입금액의 10% 공제**) ⑨ 정치자금법에 따라 정당에 신용카드 등으로 결재하여 기부하는 정치자금 및 고향사랑기부금 (세액공제를 **적용받은 경우에 한함**) ⑩ 국가 · 지방자치단체 또는 지방자치단체조합이 부동산임대업, 도 · 소매업, 음식숙박업, 골프장 · 스키장 운영업, 기타 운동시설운영업 외의 업무를 수행하면서 공급하는 재화 또는 용역을 공급받고 지급하는 사용료, 수수료 등의 대가

구 분	내 용
신용카드 등 사용금액 중 소득공제 대상에서 제외되는 경우	⑪ 현금서비스 금액 ⑫ 비정상적인 사용행위인 물품 또는 용역의 거래 없이 신용카드 등의 매출전표를 교부받거나 실제 매출금액을 초과하여 신용카드 등의 매출전표를 교부받는 행위, 위장카드가맹점에서 교부받은 매출전표 ⑬ **월세** 세액공제를 **적용받은** 월세액
중복공제 검토	■ 신용카드 등 사용금액 소득공제와 특별세액공제 **중복 적용 여부** | 구 분		특별세액공제 항목	신용카드공제
---	---	---	---
신용카드로 결제한 의료비		의료비 세액공제 가능	신용카드공제 가능
신용카드로 결제한 보장성보험료		보험료 세액공제 가능	신용카드공제 불가
신용카드로 결제한 학원비	취학전 아동	교육비 세액공제 가능	신용카드공제 가능
	그 외	교육비 세액공제 불가	
신용카드로 결제한 교복구입비		교육비 세액공제 가능	신용카드공제 가능
신용카드로 결제한 기부금		기부금 세액공제 가능	신용카드공제 불가	

(2) 개인연금저축 소득공제(2000.12.31 이전 가입, 본인지출분만 해당)

$$소득공제액 = 연간\ 납입금액 \times 40\%(연\ 72만원\ 한도)$$

4 소득공제 종합한도

구 분		내 용
공제한도		공제금액의 합계액이 **2,500만원을 초과**하는 경우에는 그 **초과하는 금액은 없는 것으로 함**
소득공제 종합한도 합계액	소득세법	특별소득공제(건강보험료, 고용보험료, 노인장기요양보험료는 제외)
	조세특례 제한법	① 중소기업창업투자조합 출자 등에 대한 소득공제 ② 소기업·소상공인 공제부금에 대한 소득공제 ③ 청약저축·주택청약종합저축에 대한 소득공제 ④ 우리사주조합 출자에 대한 소득공제 ⑤ 장기집합투자증권저축에 대한 소득공제 ⑥ 신용카드 등 사용금액에 대한 소득공제

4. 종합소득 세액공제·감면

1 종합소득 산출세액

$$종합소득\ 산출세액 = 종합소득\ 과세표준(= 종합소득금액 - 종합소득공제) \times 세율(6\% \sim 45\%)$$

	과세표준	가산법	간편법	
			세율	누진공제액
기본세율	1,400만원 이하	과세표준의 6%	6%	-
	1,400만원 초과 ~ 5,000만원 이하	84만원 + 1,400만원 초과액의 15%	15%	126만원
	5,000만원 초과 ~ 8,800만원 이하	624만원 + 5,000만원 초과액의 24%	24%	576만원
	8,800만원 초과 ~ 1억 5천만원 이하	1,536만원 + 8,800만원 초과액의 35%	35%	1,544만원
	1억5천만원 초과 ~ 3억원 이하	3,706만원 + 1억5천만원 초과액의 38%	38%	1,994만원
	3억원 초과 ~ 5억원 이하	9,406만원 + 3억원 초과액의 40%	40%	2,594만원
	5억원 초과 ~ 10억원 이하	17,406만원 + 5억원 초과액의 42%	42%	3,594만원
	10억원 초과	38,406만원 + 10억원 초과액의 45%	45%	6,594만원

2 종합소득 결정세액

종합소득 결정세액 = 종합소득산출세액 − 종합소득 세액감면 − 종합소득 세액공제

(1) 종합소득 세액감면

감면세액 = 종합소득산출세액 × 감면대상소득금액/종합소득금액 × 감면율

① 소득세법 : 정부간의 협약에 따른 외국인근로소득 세액감면 등
② 조세특례제한법 : 중소기업 취업자에 대한 소득세 감면, 외국인기술자에 대한 소득세 감면 등

(2) 종합소득 세액공제

구분	세액공제	내 용
소득세법	① 배당세액공제	Gross-up금액(종합소득 산출세액에서 비교산출세액을 차감한 금액이 공제한도)
	② 기장세액공제	간편장부대상자가 복식부기에 의해 장부를 기장한 경우 [산출세액 × (기장된 소득금액/종합소득금액)] × 20%, (연간 100만원 한도)
	③ 전자계산서 발급 세액공제	직전연도 수입금액 합계액이 **3억원 미만인 개인사업자**가 전자계산서를 발급하고 발급일의 다음 날까지 국세청장에게 전송하면 소득세에서 **연간 100만원 한도 내 금액(발급건수 당 200원)**까지 세액공제를 적용(2027.12.31.까지)
	④ 외국납부세액공제 (10년간 이월공제)	Min : ㉠ 외국납부세액, ㉡ 종합소득 산출세액 × 국외원천소득금액/종합소득금액
	⑤ 재해손실세액공제	산출세액 × 재해 상실비율(재해로 자산총액 20% 이상 상실된 경우)
	⑥ 근로소득세액공제	근로소득이 있는 근로자에 대하여 공제

구분	세액공제	내 용
소득세법	⑦ 자녀세액공제	거주자의 기본공제대상 자녀(입양자·위탁아동·손자녀 포함)에 대한 세액공제
	⑧ 연금계좌세액공제	종합소득자 본인이 납입한 연금저축
	⑨ 특별세액공제	보험료세액공제, 의료비세액공제, 교육비세액공제, 기부금세액공제
조세특례제한법	① 고향사랑기부금 세액공제	거주자 본인이 지방자치단체에 기부한 고향사랑기부금에 대한 세액공제
	② 정치자금세액공제	거주자 본인이 정당에 기부한 정치자금에 대한 세액공제
	③ 혼인에 대한 세액공제	거주자가 혼인신고를 한 경우 1회에 한정하여 세액공제
	④ 성실신고확인비용에 대한 세액공제	Min [① 성실신고확인에 직접 사용한 비용 × 60% / ② 120만원(법인사업자는 150만원)]
	⑤ 전자신고세액공제	납부세액에서 2만원(양도소득세 포함) 공제
	⑥ 그 밖의 세액공제	연구 및 인력개발비세액공제, 각종 투자세액공제(10년간 이월공제)

3 근로소득 세액공제

구 분	내 용	
공제대상	근로소득이 있는 거주자에 대하여 당해 근로소득에 대한 산출세액에서 공제한다.	
세액공제액	130만원 이하	근로소득 산출세액 × 55%
	130만원 초과	715,000원 + (근로소득 산출세액 − 130만원) × 30%

4 혼인에 대한 세액공제

구 분	내 용
공제대상	거주자가 혼인신고(혼인신고 후 그 혼인이 무효가 되어 무효신고를 한 경우는 제외)를 한 경우에는 혼인신고를 한 날이 속하는 과세기간의 종합소득산출세액에서 공제한다.
적용기간	2024년 ~ 2026년 혼인신고 분
세액공제액	생애 1회에 한정하여 50만원 공제

5 자녀 세액공제

구 분	내 용
공제대상	종합소득이 있는 거주자의 기본공제대상자에 해당하는 자녀(입양자 및 위탁아동, 손자·손녀 포함)가 있는 경우에 종합소득산출세액에서 공제한다.
세액공제액	(아래 표 참조)

구 분	세액공제액
기본 세액공제 (만 8세 미만 아동수당 중복적용 제외)	만 8세 이상의 자녀가 있을 경우 ① 2명 이하 : 1명 25만원 + 1명 30만원 ② 3명 이상 : 연 55만원 + 2명 초과하는 1명당 연 40만원
출산·입양 세액공제 (위탁아동 및 손자녀 제외)	해당 과세기간에 출산·입양 자녀가 있는 경우 첫째 : 연 30만원, 둘째 : 연 50만원, 셋째이상 : 연 70만원

6 연금계좌 세액공제(2001.1.1 이후 가입분)

구 분	내 용
공제대상	종합소득이 있는 거주자(본인)이 연금계좌에 납입한 금액이 있는 경우

세액공제액	Min[①, ②] × 12%
	다만, 종합소득금액 4,500만원 또는 총급여액 5,500만원 이하인 거주자는 15% 적용
	
	① 연금저축계좌 납입액 + 퇴직연금계좌 납입액 + ISA 연금 전환금액
	② 한도 : 900만원
	   ㉠ 연금저축계좌 납입액 : 600만원
	   ㉡ 퇴직연금계좌 납입액 : 300만원
	   ㉢ ISA 연금 전환금액 : 개인종합자산관리계좌(ISA) 만기시 연금계좌로 전환한 금액 10%로 300만원 한도(㉠ 연금저축계좌에 포함)

7 특별세액공제

특별세액공제 = 보험료세액공제 + 의료비세액공제 + 교육비세액공제 + 기부금세액공제

(1) 특별세액공제와 표준세액공제와의 관계

구 분	내 용
근로소득자	다음 중 선택하여 공제 ① 특별소득공제 + 특별세액공제 + 월세액세액공제 ② 표준세액공제(연 13만원)
소득세법상 성실사업자	다음 중 선택하여 공제(2026.12.31.까지) ① 의료비세액공제 + 교육비세액공제 + 월세액세액공제 ② 표준세액공제(연 12만원)
위 이외의 자의 경우	표준세액공제(연 7만원)

(2) 소득공제·세액공제 적용 시 나이·소득(금액)요건과 근로기간에 대한 제한

구분	특별소득공제		연금저축	특별세액공제					기부금	월세
	주택자금	신용카드		보험료		의료비	교육비			
				일반	장애인		일반	장애인		
나이	×	×	×	○	×	×	×	×	×	×
소득(금액)	△	○	×	○	○	×	○	×	○	○
근로기간	○	○	×	○		○	○		×	○

※ 충족(제한) : ○, 미충족(불문) : ×, 요건에 따라 상이 : △

(3) 보험료 세액공제(소득금액요건, 나이요건 제한 있음)

구 분	내 용
세액공제액	① 보장성 보험료 : 만기에 환급되는 금액이 납입보험료를 초과하지 아니하는 보험의 보험계약과 주택임차보증금(보증대상 3억원 이하) 반환 보증 보험료(**저축성보험료·태아보험료 공제 제외**) ② 장애인전용보장성 보험료 : 보험계약 또는 보험료 납입영수증 등에 '장애인전용 보험'으로 표시된 보험 ③ 일반보장성보험료와 장애인전용보장성보험료 규정이 동시에 적용되는 경우에는 그 중 하나만 선택하여 적용한다. 다만, 보험료공제 적용 시 보험종류별로 적용하는 것으로 동일 보험계약인 경우에 한한다. (동일인이 아닌 경우 제외) {세액공제 대상 보험료 / 대상금액 한도 / 세액공제액} 보장성 보험료 / 연 100만원 / 보험료 납입액 × 12% 장애인전용보장성 보험료 / 연 100만원 / 보험료 납입액 × 15%
공제시기	보험료 불입일이 속하는 과세기간에 세액공제

(4) 의료비 세액공제(소득요건, 나이요건 제한 없음)

구 분	내 용
세액공제액	[① + ②] 공제대상금액 × 15%(단, 미숙아·선천성이상아 의료비 20%, 난임시술비 30%) ① 전액공제대상금액 = [의료비지출액 − ②의 의료비 지출액이 총급여액의 3% 미달금액] 　㉠ 본인　　㉡ 65세 이상자　　㉢ 장애인　　㉣ 6세 이하자 　㉤ 중증질환자, 희귀난치성질환자 또는 결핵환자 　㉥ 미숙아·선천성이상아 의료비, 난임시술비(보조생식술에 소요된 비용) ② ①외의 배우자 및 부양가족(연 700만원 한도) = [의료비지출액 − 총급여액 × 3%]
세액공제 대상 의료비	① 진찰·진료·질병예방(**건강검진비**)을 위한 의료기관 지출액 ② **치료·요양**을 위한 의약품(한약은 포함하나 보약은 제외) 구입비 ③ 장애인보장구 구입·임차비용 ④ 의사·치과의사·한의사 등의 처방에 따른 의료기기 구입·임차비용 ⑤ **시력보정용** 안경·콘택트렌즈 구입비(1명당 50만원 이내 금액) ⑥ 보청기 구입비, 보철비, 임플란트와 스케일링비, 라식 수술비 및 근시교정시술비 ⑦ 장기요양급여에 대한 비용으로서 실제 지출한 본인일부부담금 ⑧ **산후조리원** 비용(출산 1회당 200만원 이내 금액)
세액공제 제외 의료비	① **미용·성형수술**을 위한 비용　　② **건강증진**을 위한 의약품 구입비용 ③ **국외의료기관** 지출한 의료비　　④ 간병인에 대한 간병비용 ⑤ **실손의료보험금**으로 보전받은 금액

(5) 교육비 세액공제(소득금액요건 제한, 나이요건 제한 없음, 직계존속은 제외)

구 분	내 용
세액공제액	교육비 공제대상금액(본인과 장애인특수교육비는 한도 없음) × 15%
세액공제 대상 교육비	① 취학 전 아동, 초·중·고등학생 | 공제대상 교육비	공제한도	공제대상기관
---	---	---
■ 보육료, 입학금, 보육비용, 그 밖의 공납금 및 학원·체육시설 수강료(1주 1회 이상 이용) ■ 방과 후 수업료(특별활동비 포함) ※ 유치원 종일반 운영비 포함	1인당 300만원	유치원, 보육시설, 학원·체육시설, 국외교육기관 (유치원)
■ 방과 후 학교 수업료(도서구입비 포함, 재료비 제외) ■ 학교 급식법에 의한 급식비 ■ 학교에서 구입한 교과서대 ■ 교복구입비용(중·고생 1인당 50만원 이내) ■ 초·중·고등학생 수련활동, 수학여행 등 현장체험학습비(1인당 30만원 이내) ■ 대학입학전형료, 수능응시료 등		초·중·고등학교, 인가된 외국인학교, 인가된 대안학교, 국외교육기관	

구 분	내 용
세액공제 대상 교육비	② 대학생

공제대상 교육비	공제한도	공제대상기관
▪ 수업료, 입학금 등 ▪ **본인** 든든 학자금 및 일반 상환학자금 대출의 원리금 상환액(대학 재학시 공제받지 않은 것에 한하며, 대출금 상환연체로 인하여 추가 지급하는 금액과 생활비대출금액은 제외)	1인당 900만원	대학교, 특수학교, 특별법에 의한 학교(원격대학, 학점제 등), 국외 교육기관

③ 본인

공제대상 교육비	공제한도
▪ 대학교, **대학원**, 직업능력개발훈련비(수강료 - 수강지원금), 학자금 대출의 원리금 상환액	전액

④ 장애인특수교육비(직계존속 포함)

공제대상 교육비	공제한도	공제대상기관
▪ 장애인교육비 수업료, 입학금, 재활교육비 등	전액	장애인특수학교, 사회복지시설 등	
세액공제 제외 교육비	① 직계존속의 교육비(**장애인특수교육비는 제외**) ② 본인 **이외의** 대학원 교육비 ③ 학원수강료(**취학 전 아동의 경우는 제외**) ④ 소득세 또는 증여세가 비과세되는 장학금 ⑤ 학교기숙사비, 학생회비, 학교버스이용료 ⑥ 학자금 대출을 받아 지급하는 교육비(자녀등)

(6) 기부금 세액공제(소득금액요건 제한, 나이요건 제한 없음)

구 분	내 용
공제대상	거주자 및 기본공제대상자(**소득금액요건 제한, 나이요건 제한 없음**)가 지급한 기부금
세액공제액	기부금 공제대상금액 × 15%(공제대상금액 1,000만원 초과 30%)
세액공제 대상 기부금	▪ 특례기부금(구 법정기부금) ① 국가나 지방자치단체에 무상으로 기증하는 금품 ② 국방헌금과 국군장병 위문금품의 가액 ③ 사립학교 및 병원 등에 시설비·교육비·장학금·연구비로 지출한 기부금 ④ 사회복지법인 사회복지공동모금회에 지출한 기부금 ⑤ 독립기념관, 대한적십자사에 지출한 기부금(2022.12.31.까지) ⑥ 천재지변으로 생기는 이재민을 위한 구호금품의 가액 ⑦ 특별재난지역을 복구하기 위하여 자원 봉사한 경우 그 용역 가액(8시간 기준 8만원) ⑧ **본인의 정치자금기부금 및 고향사랑기부금**(연 2,000만원 이하) **10만원까지는 각각 정치자금세액공제 및 고향사랑기부금세액공제를 적용받고, 10만원을 초과하는** 금액은 **특례기부금**으로 보며, 해당금액이 3,000만원 초과분은 25% 세액공제 | 세액공제액	10만원 이하	기부금 × 100/110(90,909원) | | | 10만원 초과 | 특례기부금으로 공제(15%) |

구 분	내 용
세액공제 대상 기부금	■ 우리사주조합기부금 　우리사주조합에 지출하는 기부금 (우리사주조합원이 **아닌** 거주자 **본인**에 한함) ■ 일반기부금(구 지정기부금) 　① 종교단체 기부금 　② 노동조합에 납부한 회비(노조 회계 **미공시**한 경우 기부금 공제 **배제**) 　③ 사내근로복지기금에 지출한 기부금 　④ 무료 또는 실비 사회복지시설, 불우이웃돕기 결연기관 기부 　⑤ 노인여가복지시설(경로당, 노인복지관, 노인교실)에 지출하는 기부금 　⑥ 공공기관(독립기념관, 대한적십자사) 등에 지출하는 기부금
세액공제 제외 기부금	향우회, 친목회, 동창회, 종친회, 새마을금고 등에 기부한 비지정기부금
기부금 이월공제	■ 기부금이 한도액을 초과한 경우와 기부금세액공제를 받지 못한 경우(산출세액 초과)에 **10년간 이월**(정치자금·고향사랑·우리사주조합기부금 제외)하여 기부금세액공제를 받을 수 있다. | 구 분	이월공제기간		
	2014년 이전	2014년 이후	2019년 이후
특례기부금	3년	5년	10년 (2013년 이후 지출분부터 적용)
일반기부금	5년			 ■ 기부금 공제시 **이월된 기부금 공제 후 당해연도 지출 기부금을 공제**한다.

8 월세액 세액공제

구 분	내 용
공제대상	거주자가 **무주택** 세대의 세대주로서 **총급여액 8천만원 이하**인 근로소득자(외국인 포함)가 **국민주택규모**의 주택(오피스텔, 다중생활시설(고시원) 포함) 또는 **기준시가 4억원 이하** 주택을 임차하고 지급하는 월세액이 있는 경우(월세계약은 본인뿐만 아니라 **기본공제 대상자도 체결 가능**)
세액공제액	월세 지급액(연 1,000만원 한도) × 15% | 총급여액	공제율
5,500만원 이하 (종합소득금액이 4,500만원 이하인 자)	17%
5,500만원 초과 8,000만원 이하 (종합소득금액이 4,500만원 초과 7,000만원 이하인 자)	15%	

CHAPTER 03 납부절차

1. 원천징수제도

1 원천징수 의의

소득의 원천이 되는 소득금액 또는 수입금액을 지급하는 자(원천징수의무자)가 이를 지급하는 때에 세법에 따라 납세의무자로부터 일정금액의 국세를 징수하여 국가에 납부하게 하는 제도를 말한다.

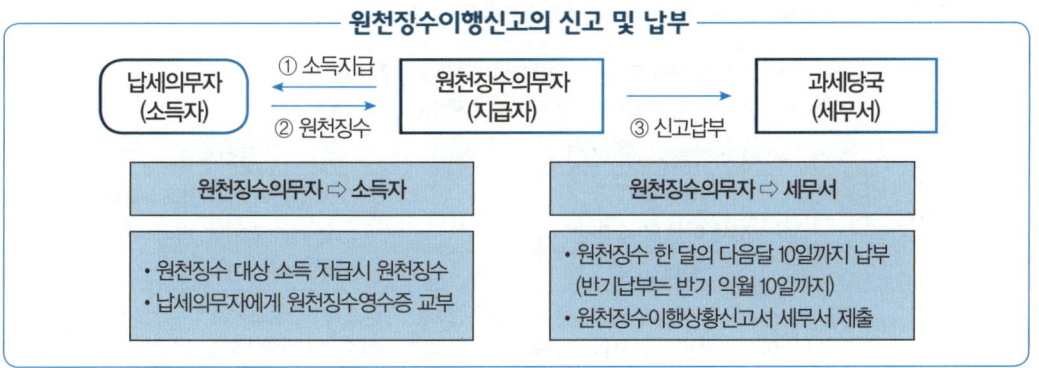

2 원천징수의무자

국내에서 거주자나 비거주자에게 원천징수대상 소득 또는 수입금액을 지급하는 자로서 소득을 지급받는 거주자 또는 비거주자(내·외국법인 포함)로부터 소득세·법인세·농어촌특별세를 원천징수하여 국가에 납부하여야 할 의무가 있는 자를 말한다.

① 거주자 ② 비거주자 ③ 내국법인
④ 외국법인의 국내지점 또는 국내영업소(출장소 기타 이에 준하는 것 포함)
⑤ 그 밖에 소득세법에서 정하는 원천징수의무자

3 원천징수의 종류

구 분	내 용
완납적 원천징수	원천징수만으로 납세의무가 종결되는 것으로 종합소득 중 분리과세대상소득이 이에 해당한다.
예납적 원천징수	원천징수로서 납세의무가 종결되지 않고 소득을 지급받는 자가 추후에 해당 소득을 다른 소득과 합산하여 소득세 신고·납부하여야 하며 이미 원천징수된 세액은 기납부세액으로 공제받는다.

4 원천징수세율

원천징수 대상소득	원천징수세율
이자소득	① 일반 : 14%　　　　　　　　　　② 비실명 이자소득 : 45%(90%) ③ 비영업대금이익 : 25%　　　　　④ 장기채권의 이자소득 : 14%(2018년 이전 30%)
배당소득	① 일반 : 14%　　　　　　　　　　② 비실명 배당소득 : 45%(90%) ③ 출자공동사업자에 대한 배당소득 : 25%
사업소득	① 부가가치세가 면세되는 인적용역 : 3%(외국인 직업운동가 20%) ② 봉사료수입금액 : 5%(봉사료가 공급가액의 20%를 초과하는 경우에 한함)
근로소득	① 상용근로자의 급여 : 기본세율(매월분 지급시에는 간이세액표 적용) ② 일용근로자의 급여 : 6%(1일 150,000원 근로소득공제)
연금소득	① 국민연금 및 공무원 등 연금 : 기본세율(연금소득 간이세액표) ② 퇴직연금 및 연금저축 : 요건이 동시에 충족하는 경우 낮은 세율 선택 | 나이(연금수령일 현재) | 세율 | 종신계약 | |---|---|---| | 70세 미만 | 5% | 사망할 때까지 연금수령하는 종신계약에 따라 받는 연금소득 : 4% | | 70세 이상 80세 미만 | 4% | | | 80세 이상 | 3% | | ③ 원천징수되지 아니한 퇴직소득을 연금수령하는 연금소득 : 연금소득을 연금외수령하였다고 가정할 때 계산한 원천징수세액을 연금외수령한 금액으로 나눈 비율의 70%(10년초과 60%)
기타소득	① 소기업·소상공인 공제부금의 해지일시금 및 기타소득에 해당하는 연금외수령액 : 15% ② 복권당첨금, 승마투표권·승자투표권·소싸움경기투표권·체육진흥투표권의 환급금, 슬롯머신 당첨금 : 소득금액 3억원까지는 20%, 3억원 초과분은 30% ③ 위 외의 기타소득 : 20%
퇴직소득	기본세율(연분연승법 특례적용)

5 원천징수 신고·납부

원천징수의무자는 원천징수한 소득세를 그 징수일이 속하는 달의 다음 달 10일까지 원천징수이행상황신고서를 제출 및 납부를 하여야 한다.

구 분	내 용
원칙	징수일이 속하는 달의 다음 달 10일까지 정부에 납부(매월 납부)
예외	직전 과세기간의 상시고용인원이 20명 이하인 원천징수의무자(금융·보험업자는 제외)로서 원천징수 관할세무서장의 승인을 받거나 국세청장이 정하는 바에 따라 지정을 받은 자는 원천징수한 소득세를 그 징수일이 속하는 반기의 마지막 달의 다음 달 10일까지 납부할 수 있다(반기별 납부).

2. 연말정산제도

연말정산이란 근로소득(일반적으로 월급·봉급생활자가 지급받는 급여 등을 말함)을 지급하는 자(원천징수의무자)가 다음 연도 2월분(연금소득은 1월분)의 급여(또는 퇴직하는 달의 급여)를 지급하는 때에 1년간의 총급여액에 대한 근로소득세액을 세법에 따라 정확하게 계산한 후, 매월 급여 지급시 간이세액조견표에 의하여 이미 원천징수한 세액과 비교하여 많이 징수한 경우에는 돌려주고 부족하게 징수한 경우에는 추가 징수하여 납부하는 절차를 말한다.

구 분		내 용
연말정산대상 소득		① 간편장부대상자(직전연도 수입금액 7,500만원 미만)인 보험모집인, 방문판매원, 음료품배달판매원의 사업소득 ② 근로소득(일용근로자 제외) ③ 공적연금소득
연말정산 시기	원칙	원천징수의무자가 해당 과세기간의 다음 연도 2월(공적연금소득은 1월) 연말정산대상소득을 지급하는 때에 연말정산 한다.
	예외	① 보험모집인 등과 거래계약을 해지하는 경우에는 해지하는 달의 사업소득을 지급할 때 ② 근로소득자가 퇴직하는 경우에는 퇴직하는 달의 근로소득을 지급하는 때 ③ 연금소득자가 사망하는 경우에는 사망일이 속하는 달의 다음 다음 달 말일까지 연말정산 한다.
연말정산 신고·납부기한		① 월별(매월)신고자 : 다음 연도 3월 10일까지 ② 반기별신고자 : 다음 연도 7월 10일까지(환급신청시는 3월 10일까지)
지급명세서 제출기한		다음 연도 3월 10일까지

3. 소득세 신고·납부절차

1 중간예납

구 분	내 용
의의	납세지 관할세무서장은 종합소득이 있는 거주자에 대하여 중간예납세액으로 납부하여야 할 세액을 결정하여 11월 30일(분납세액은 다음 연도 1월 말일)까지 징수하여야 한다. (고지납부원칙)
대상자	**사업소득**이 있는 거주자는 **중간예납 의무**가 있으나 다음에 해당하는 경우에는 중간예납대상자에서 **제외**한다. ① 사업소득 중 수시부과하는 소득만 있는 경우 ② 과세기간 개시일 현재 사업자가 아닌 자로서 과세기간 중 사업을 시작한 경우 ③ 사업소득 중 속기·타자 등 사무관련 서비스업 등에서 발생한 소득만 있는 경우 ④ 납세조합이 중간예납기간 중 그 조합원의 해당 소득에 대한 소득세를 매월 징수하여 납부한 경우 ⑤ 보험모집인·방문판매원·음료배달원 등 연말정산대상 사업소득으로서 원천징수의무자가 직전 연도에 사업소득세의 연말정산을 한 경우 ⑥ 분리과세 주택임대소득

구 분	내 용
중간 예납세액	중간예납세액 = 중간예납기준액(직전 과세기간의 종합소득세액) × 1/2 다만, 중간예납세액이 **50만원 미만**인 경우에는 징수하지 않으며, 중간예납기간 중의 토지 등 매매차익 예정신고납부세액이 있는 경우 차감한다.
중간예납 추계액의 신고	① 중간예납추계액이 **중간예납기준액의 30%**에 **미달**하는 경우(임의규정) ② 중간예납기준액이 없는 거주자가 당해 연도의 중간예납기간 중 종합소득이 있는 경우(강제규정. 단, 복식부기의무자가 아닌 사업자는 제외) ⇨ 11월 1일부터 11월 30일까지의 기간 내에 납세지 관할세무서장에게 신고·납부

2 사업장 현황신고(개인 면세사업자)

　개인 면세사업자(해당 과세기간 중 사업을 폐업 또는 휴업한 사업자 포함)가 5월의 종합소득 확정신고를 하기 전에 1년간 수입금액을 미리 신고하는 제도를 사업장 현황신고라 하며, 다음 연도 2월 10일까지 사업장 소재지 관할 세무서장에게 신고하여야 한다.

3 지급명세서 제출의무

구 분		제출기한
원칙		다음 연도 2월 말일 단, 간이지급명세서를 제출한 인적용역 기타소득은 제출의무 면제
근로소득, 퇴직소득, 사업소득, 종교인소득		다음 연도 3월 10일 단, 간이지급명세서를 제출한 사업소득은 제출의무면제(연말정산 사업소득은 제외)
일용근로소득(매월)		① 원칙 : 지급일이 속하는 달의 다음 달 말일 ② 예외 : 휴업·폐업·해산일이 속하는 달의 다음 달 말일
폐업(휴업)		폐업(휴업)일이 속하는 달의 다음 다음 달 말일
간이 지급명세서	상용직 근로소득	① 원칙 : 지급일이 속하는 반기의 마지막 달의 다음 달 말일 ■ 1월 ~ 6월 지급분 → 7월 31일까지 ■ 7월 ~ 12월 지급분 → 1월 31일까지 ② 예외 : 휴업·폐업·해산일이 속하는 반기의 마지막 달의 다음 달 말일
	원천징수대상 사업소득 및 인적용역 관련 기타소득	① 원칙 : 지급일이 속하는 달의 다음 달 말일 ② 예외 : 휴업·폐업·해산일이 속하는 달의 다음 달 말일

※ 지급명세서 미제출시 지급액에 대하여 1%(일용직 근로소득 제외) 가산세 적용(3개월 이내 제출시 50% 감면)

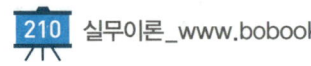

4 소액부징수

다음의 어느 하나에 해당하는 경우에는 해당 **소득세**를 징수하지 **아니한다**.
① 원천징수세액이 **1천원 미만**인 경우(이자소득 및 인적용역 사업소득은 제외)
② 납세조합의 징수세액이 1천원 미만인 경우
③ 중간예납세액이 **50만원 미만**인 경우

5 확정신고와 납부

구 분	확정신고
의의	당해 연도의 소득금액(종합, 퇴직, 양도소득)이 있는 거주자는 당해 소득의 과세표준을 당해 연도의 **다음 연도 5월 1일부터 5월 31일까지**(성실신고확인대상사업자는 5월 1일부터 6월 30일까지) 납세지 관할세무서장에게 신고하여야 한다. 이러한 과세표준 확정신고는 해당 과세기간의 과세표준이 없거나 결손금액이 있는 경우에도 하여야 한다. ① 거주자 사망시 : 상속인이 상속개시일이 속하는 달의 말일부터 6개월이 되는 날까지 신고 ② 거주자 출국시 : 출국일이 속하는 과세기간의 과세표준을 출국일 전날까지 신고
확정신고 예외	다음 어느 하나에 해당하는 경우 거주자는 해당 소득에 대하여 과세표준확정신고를 하지 아니할 수 있다. ① 근로소득만 있는 자 ② 퇴직소득만 있는 자 ③ 공적연금법에 따른 연금소득만 있는 자 ④ 연말정산대상 사업소득만 있는 자 ⑤ 기타소득으로서 종교인소득만 있는 자 ⑥ 위 ①, ② 또는 ②, ③ 또는 ②, ④ 또는 ②, ⑤ 소득만 있는 자 ⑦ 분리과세(이자소득, 배당소득, 연금소득, 기타소득)만 있는 자 ⑧ 위 ①부터 ⑤에 해당하는 자로서 분리과세(이자소득, 배당소득, 연금소득, 기타소득)만 있는 자
자진납부 및 분납	거주자는 해당 연도의 과세표준에 대한 종합소득·퇴직소득·양도소득 산출세액에서 감면세액·공제세액·기납부세액을 공제한 금액을 과세표준확정신고기한까지 납세지 관할세무서에 납부한다. 또한, 납부할 세액(가산세는 제외)이 **1천만원을 초과**할 경우 납부기한 경과 후 **2월** 이내에 분납할 수 있다. ① 납부할 세액이 2천만원 이하인 때에는 1천만원을 초과하는 금액 ② 납부할 세액이 2천만원을 초과하는 때에는 그 세액의 50% 이하의 금액

CHAPTER 04 실무이론 평가

[소득세 총론]

01. 다음 중 소득세법에 관한 설명으로 가장 옳은 것은?
① 소득세의 과세기간은 1/1 ~12/31일은 원칙으로 하나, 사업자의 선택에 의하여 이를 변경할 수 있다.
② 사업소득이 있는 거주자의 소득세 납세지는 사업장소재지로 한다.
③ 소득세법은 종합과세제도이므로 거주자의 모든 소득을 합산하여 과세한다.
④ 소득세의 과세기간은 사업개시나 폐업에 의하여 영향을 받지 않는다.

02. 다음 중 소득세에 대한 설명으로 틀린 것은?
① 종합소득세 과세표준 계산 시에는 부양가족 수, 배우자 유무 등 개인적인 인적사항이 고려되므로 조세의 분류 중 인세에 해당한다고 할 수 있다.
② 퇴직, 양도소득과 같은 분류과세소득을 제외한 모든 소득은 예외 없이 개인별로 다른 소득과 합산되어 종합과세된다.
③ 종합소득에 산출세액 계산 시에는 과세표준금액에 따라 6% ~ 45%의 8단계 누진세율이 적용된다.
④ 이자, 배당소득 등 일부 소득을 제외하고는 원칙적으로 열거주의 과세방식을 적용한다.

03. 다음 중 소득금액 계산시 실제 지출된 필요경비를 인정받을 수 있는 소득은?
① 이자소득   ② 배당소득   ③ 근로소득   ④ 기타소득

04. 우리나라 부가가치세와 소득세의 공통점이 아닌 것은?
① 국세   ② 신고납부제도   ③ 종가세   ④ 누진세제도

05. 다음 내용을 보고, 소득세법 및 부가가치세법 내용으로 잘못된 것은?

> 거주자인 갑은 서울 강남구 역삼동에서 ○○의류샵을 운영하고, 서울 서초구 서초동에서 ××음식점을 운영하고 있다. 갑의 주소지는 서울 서초구 서초동에 있다. 갑은 사업자단위과세제도 및 주사업장총괄납부 대상자가 아니며 역삼동과 서초동은 각각 역삼세무서와 서초세무서 관할이다.

① 갑의 부가가치세 대한 관할세무서는 ○○의류샵에 대하여는 역삼세무서이고, ×× 음식점에 대하여는 서초세무서이다.
② 갑의 소득세 신고에 대한 관할세무서는 ○○의류샵에 대하여는 역삼세무서이고, ×× 음식점에 대하여는 서초세무서이다.
③ 갑이 부가가치세 신고 시에는 ○○의류샵에서 발생한 내역과 ×× 음식점에서 발생한 내역을 별도의 신고서에 작성하여 각각 신고하여야 한다.
④ 갑이 소득세 신고 시에는 ○○의류샵에서 발생한 내역과 ×× 음식점에서 발생한 내역을 합산하여 하나의 신고서에 작성하여 신고하여야 한다.

[금융소득]

01. 다음 중 소득세법상 배당소득에 해당하지 않는 것은?

① 법인으로 보는 단체로부터 받는 분배금
② 공동사업에서 발생한 소득금액 중 출자공동사업자의 손익분배비율에 해당하는 금액
③ 법인세법에 따라 배당으로 처분된 금액
④ 저축성보험의 보험차익

02. 다음 중 소득세법상 소득의 종류가 다른 하나는?

① 내국법인으로부터 받은 이익이나 잉여금의 분배금
② 비영업대금의 이익
③ 저축성보험의 보험차익
④ 국가가 발행한 채권의 할인액

03. 다음 중 소득세법상 분리과세 이자소득이 아닌 것은?

① 직장공제회초과반환금
② 원천징수되지 않은 이자소득
③ 종합과세 기준금액 이하의 이자소득
④ 비실명이자소득

[사업소득]

01. 다음 중 소득세법상 소득의 구분으로 옳은 것은?

① 장소를 일시적으로 대여하고 사용료로서 받는 금품 : 부동산임대소득
② 일시적인 금전대여로 인한 비영업대금의 이익 : 기타소득
③ 공동사업 중 출자공동사업자(경영에 참여하지 않고 출자만 하는 자)로써 얻는 이익 : 배당소득
④ 사업용고정자산(간편장부대상자)의 처분으로 인하여 발생한 이익 : 사업소득

02. 다음 중 소득세가 과세되지 않는 경우는?

① 임대인이 임차인으로부터 건물임대차계약에 근거하여 받는 위약금
② 부동산임대업자가 건물을 임대해 주고 받는 임대료
③ 3개의 주택을 소유한 자가 그 중 2개의 주택을 임대해 주고 받는 임대료
④ 조림기간이 5년 이상인 임지의 임목의 벌채 또는 양도로 발생하는 소득으로서 연 600만원 이하의 금액

03. 다음 중 소득세법상 사업소득금액 계산시 총수입금액에 산입되는 항목은?

① 사업무관자산의 자산수증이익
② 소득세의 환급액
③ 전년도로부터 이월된 소득금액
④ 거래상대방으로부터 받은 판매장려금

04. 다음 중 일반적으로 부가가치세법상의 과세표준과 소득세법상의 총수입금액이 일치하지 않는 항목은?

① 매출할인
② 임대업자의 임대료수입
③ 유형고정자산처분이익(간편장부대상자)
④ 개인적공급

05. 사업소득의 총수입금액에 대한 설명이다. 가장 틀린 것은?
① 환입된 물품의 가액과 매출에누리는 해당 과세기간의 총수입금액에 산입하지 아니한다.
② 부가가치세의 매출세액은 해당 과세기간의 소득금액을 계산할 때 총수입금액에 산입하지 아니한다.
③ 관세환급금등 필요경비에 지출된 세액이 환급되었거나 환입된 경우에 그 금액은 총수입금액에 이를 산입한다.
④ 사업과 관련하여 확정급여형퇴직연금제도의 보험차익은 이자소득으로 총수입금액에 이를 산입하지 아니한다.

06. 다음 중 소득세법상 사업소득에 대한 설명으로 가장 옳지 않은 것은?
① 거주자가 재고자산을 가사용으로 소비하기 위하여 타인에게 지급한 경우에도 총수입금액에 산입하고, 재고자산 장부가액은 필요경비에 산입한다.
② 국세환급가산금은 총수입금액에 산입하지 아니한다.
③ 선급비용은 필요경비에 산입하지 않는다.
④ 기업업무추진비 50,000원을 현금으로 지출하고 법정정규증빙이 아닌 간이영수증을 수취한 경우 기업업무추진비 한도초과액에 대해서만 필요경비 불산입한다.

07. 소득세법상 사업소득과 관련된 다음 설명 중 적절하지 않은 것은?
① 복식부기의무 사업자의 사업용유형고정자산 양도로 인해 발생한 양도차익은 총수입금액에 포함시킨다.
② 사업소득에 대해서도 원천징수하는 경우가 있다.
③ 사업소득의 이월결손금은 당해 연도의 다른 종합소득에서 공제될 수 있다.
④ 사업소득에서 발생한 은행예금에 대한 이자수익은 영업외수익으로 총수입금액에 산입된다.

08. 다음 중 소득세법상 사업소득금액 계산시 필요경비에 산입되는 항목은?
① 대표자의 급여와 퇴직급여 ② 초과인출금에 대한 지급이자
③ 부가가치세의 가산세 ④ 거래수량에 따라 지급하는 판매장려금

09. 소득세법에 따른 사업소득 필요경비에 해당하지 않는 것은?
① 해당 사업에 직접 종사하고 있는 사업자의 배우자 급여
② 판매한 상품 또는 제품의 보관료, 포장비, 운반비
③ 운행기록을 작성비치한 업무용승용차 관련비용 중 업무사용비율에 해당하는 금액(복식부기의무자)
④ 새마을금고에 지출한 기부금

10. 다음 중 해당 과세기간에 전액 필요경비에 불산입하는 항목이 모두 몇 개인지 고르시오.

> 가. 사업과 직접적인 관계없이 무상으로 지급하는 법령에서 정한 기부금
> 나. 가사의 경비와 이에 관련되는 경비   다. 벌금, 과료, 과태료
> 라. 충당금 한도초과액   마. 대손금

① 2개 ② 3개 ③ 4개 ④ 5개

11. 다음 중 소득세법상 부동산임대업에 대한 설명 중 틀린 것은?

① 1주택자의 기준시가 12억원을 초과하는 주택에 대한 월세임대소득은 소득세를 과세한다.
② 1주택 소유자가 1개의 주택을 임대하고 있는 경우 주택의 임대보증금에 대한 간주임대료 계산을 하지 않는다.
③ 주거용 건물 임대업에서 발생한 수입금액 합계액이 4천만원 이하인 경우 분리과세를 선택할 수 있다.
④ 부동산을 임대하고 받은 선세금에 대한 총수입금액은 그 선세금을 계약기간의 월수로 나눈 금액의 각 과세기간의 합계액으로 한다. (월수계산은 초월산입·말월불산입)

[근로소득]

01. 다음 중 소득세법상 소득의 분류에 대한 설명으로서 잘못된 것은?

① 사업용고정자산을 제외하고 양도하는 영업권은 기타소득에 해당한다.
② 퇴직함으로써 받는 소득으로서 퇴직소득에 속하지 아니하는 임원의 퇴직금한도초과액은 기타소득이다.
③ 근로자퇴직급여보장법에 따라 받는 연금은 연금소득이다.
④ 법인의 주주총회·사원총회 또는 이에 준하는 의결기관의 결의에 따라 상여로 받는 소득은 근로소득이다.

02. 다음 중 근로소득에 포함되지 않는 것은?

① 근로를 제공하고 받은 보수
② 주주총회 등 의결기관의 결의에 따라 받은 상여
③ 퇴직함으로써 받은 소득으로 퇴직소득에 속하지 않은 소득
④ 사업주가 종업원을 위하여 직장회식비로 지출한 금액

03. 다음 중 소득세법상 근로소득 비과세 대상이 아닌 것은?

① 광산근로자가 받는 입갱수당 및 발파수당
② 근로자가 천재, 지변 기타 재해로 인하여 받는 급여
③ 공장직원에게 무상으로 지급되는 작업복
④ 출장여비 등의 실제비용을 별도로 받는 직원에 대한 자가운전보조금 월 20만원 금액

04. 다음 중 비과세근로소득이 아닌 것은?

① 근로자 또는 배우자의 6세 이하인 자녀의 보육과 관련하여 받는 월 20만원의 육아수당
② 일직·숙직료 또는 여비로서 실비변상정도의 금액
③ 회사에서 식사를 제공하는 근로자에게 별도로 지급하는 월 20만원의 식대
④ 종업원의 소유차량 및 임대차량을 종업원이 직접 운전하여 사용자의 업무수행에 이용하고 시내출장 등에 소요된 실제여비를 받는 대신에 그 소요경비를 당해 사업체의 규칙 등에 의하여 정하여진 지급기준에 따라 받는 금액으로서 월 15만원의 자가운전보조금

05. 다음 중 소득세법상 근로소득의 수입시기에 대한 설명으로 옳지 않은 것은?
① 잉여금처분에 의한 상여 : 근로를 제공한 날
② 환율 인상에 따라 추가지급되는 급여액 : 근로를 제공한 날
③ 급여를 소급인상하고 이미 지급된 금액과의 차액을 추가로 지급하는 경우 : 근로를 제공한 날
④ 근로소득으로 보는 임원퇴직소득 한도를 초과하는 금액 : 지급받거나 지급받기로 한 날

06. 소득세법상 일용근로자에 대한 설명이다. 틀린 것은?
① 일용근로자의 근로소득이 일당(日當)으로 15만원 이하인 경우에는 부담할 소득세는 없다.
② 일용근로자의 산출세액은 일반근로자와 마찬가지로 근로소득금액에서 기본세율이 적용된다.
③ 일용근로자의 근로소득세액공제는 산출세액의 55%를 공제한다.
④ 일용근로자의 근로소득은 항상 분리과세한다.

[연금소득 및 기타소득]

01. 다음 중 소득세법상 연금소득과 관련된 설명 중 적절하지 않은 것은?
① 2002년 이전 가입분에 대한 연금소득금액은 비과세 대상이 아닌 연금 수령액 전체금액에서 연금소득공제를 적용하여 계산한다.
② 당해연도에 받은 총 연금액이 3,500,000원 이하인 경우 납부할 소득세는 없다.
③ 근로자퇴직급여보장법에 따라 지급받는 퇴직연금도 연금소득으로 과세된다.
④ 연금소득도 원칙적으로 종합과세 대상이다.

02. 다음 중 소득세법상 소득의 구분이 다른 하나는?
① 영업권의 대여
② 공장재단의 대여
③ 점포임차권의 양도
④ 공익사업과 관련된 지상권의 대여

03. 다음 중 소득세법상 기타소득에 해당되지 않은 것은?
① 물품 또는 장소를 일시적으로 대여하고 사용료로서 받는 금품
② 근로소득으로 신고하지 않은 종교인의 소득
③ 저작자가 자신의 저작권 사용의 대가로 받는 금품
④ 상금, 현상금, 포상금, 보로금

04. 당해연도 7월에 지급한 기타소득 중 소득세법상 총수입금액의 60%를 필요경비로 의제하여 주는 것은?
① 승마투표권 등의 구매자에게 지급하는 환급금
② 알선수재 및 배임수재에 의하여 받은 금품
③ 복권, 경품권 기타 추첨권에 의하여 받는 당첨금품
④ 고용관계없이 다수인에게 강연을 하고 받는 강연료

05. 소득세법상 기타소득 중 종합소득과세표준 계산에 항상 합산하지 아니하는 것(=무조건 분리과세 대상)은?
① 복권당첨금
② 뇌물 및 알선수재 등에 의하여 받는 금품
③ 원천징수대상이 아닌 기타소득
④ 당연분리과세를 제외한 기타소득금액이 연 300만원인 경우

06. 과세최저한을 초과하는 기타소득금액 중 원천징수되지 않는 것은?
① 일시적인 봉사료 지급금액
② 계약금이 위약금으로 대체된 위약금(매수자 귀책사유)
③ 알선수수료(사업소득자 아님)
④ 복권 당첨금

07. 대학교수인 김태환씨가 일시적으로 4월에 공무원교육기관에서 공무원을 대상으로 강연을 하였다. 김태환씨가 공무원교육기관으로부터 지급받은 강연료 1,200,000원(원천징수전 금액)인 경우, 김태환씨의 소득세법상 소득구분과 원천징수세액(지방소득세 포함)을 바르게 연결한 것은? 단, 김태환씨는 당해연도에 이 건 외의 강연료를 지급받은 적이 없다.
① 기타소득 105,600원
② 사업소득 105,600원
③ 기타소득 158,400원
④ 사업소득 158,400원

08. 다음 중 소득세가 과세되지 않는 경우는?
① 학원사업으로 인하여 발생되는 순수익 1억원
② 회사에 근로를 제공한 대가로 받는 급여 1억원
③ 복식부기의무자인 제조업자의 유형자산인 차량의 처분으로 발생되는 1,000만원의 매매차익
④ 일시강연으로 받은 강연료 120,000원

09. 다음 중 소득세법에 관련된 설명 중 틀린 것은?
① 미술품을 사업적으로 판매하는 개인사업자인 화랑의 미술품을 양도하는 경우 기타소득으로 과세된다.
② 당기 개시일 전 15년(2020.1.1.이전 발생분은 10년) 이내에 사업소득에서 발생한 세무상 결손금 중 미소멸분은 당기 사업소득에서 공제할 수 있다.
③ 일용근로자가 하루 150,000원의 일당을 받는 경우 원천징수할 금액은 없다.
④ 특례기부금에 대해서도 이월공제가 허용된다.

[소득금액계산의 특례]

01. 다음은 소득세법상 결손금과 이월결손금에 관한 내용이다. 옳지 않은 것은?
① 소득금액의 추계시에는 원칙적으로 이월결손금의 공제를 할 수 없다.
② 사업소득의 결손금(2020년 귀속분부터)은 10년간만 이월공제 가능하다.
③ 결손금은 소득세법상 사업소득(개정 전의 부동산임대소득 포함), 양도소득에 대하여 인정된다.
④ 중소기업의 경우에는 소급공제가 가능하다.

02. 사업소득의 결손금 공제순서로 올바른 것은?
① 이자소득금액 ⇨ 배당소득금액 ⇨ 기타소득금액 ⇨ 근로소득금액 ⇨ 연금소득금액
② 근로소득금액 ⇨ 연금소득금액 ⇨ 기타소득금액 ⇨ 이자소득금액 ⇨ 배당소득금액
③ 기타소득금액 ⇨ 이자소득금액 ⇨ 배당소득금액 ⇨ 근로소득금액 ⇨ 연금소득금액
④ 기타소득금액 ⇨ 근로소득금액 ⇨ 연금소득금액 ⇨ 이자소득금액 ⇨ 배당소득금액

03. 소득세법상 종합소득금액을 계산함에 있어서 옳은 것은?
① 사업소득에서 발생한 결손금에 대해서는 다른 종합소득금액에서 공제한다.
② 부동산임대소득에서 발생한 결손금에 대해서는 다른 종합소득금액에서 공제한다.
③ 이자소득, 배당소득, 사업소득, 근로소득, 연금소득, 기타소득은 반드시 모두 합산하여 종합소득금액으로 신고해야 한다.
④ 아버지와 아들이 공동으로 사업을 하는 경우에는 당연히 합산하여 소득금액을 계산하다.

[과세표준과 세액의 계산]

01. 거주자 이세원씨의 2025년 각 소득별 소득금액은 다음과 같다. 이세원씨의 2025년 과세되는 종합소득금액은 얼마인가?

> - 사업소득금액(무역업) : 40,000,000원
> - 사업소득금액(비거주용 부동산임대업) : △20,000,000원
> - 사업소득금액(음식점업) : △10,000,000원
> - 근로소득금액 : 25,000,000원

① 30,000,000원   ② 35,000,000원   ③ 55,000,000원   ④ 65,000,000원

02. 다음 중 소득세법상 사업소득금액(성실사업자가 아님)에서 소득공제 및 세액공제를 할 수 있는 것은?
① 보장성 보험료 세액공제
② 한부모 소득공제
③ 교육비 세액공제
④ 신용카드 소득공제

03. 다음 중 금융소득 종합과세대상인 배당소득만이 있는 거주자로서, 종합소득세 확정신고시 적용받을 수 있는 세액공제는?
① 기장세액공제   ② 배당세액공제   ③ 재해손실세액공제   ④ 근로소득세액공제

04. 소득세법상 근로소득자와 사업소득자(성실사업자 아님)에게 공통으로 적용될 수 있는 특별소득공제 및 특별세액공제 항목을 모두 나열한 것은?

> 가. 부녀자 공제   나. 한부모 추가공제   다. 보험료 세액공제
> 라. 주택자금 공제   마. 기부금 세액공제   바. 연금계좌 세액공제

① 가 - 다 - 마   ② 나 - 라 - 바
③ 가 - 나 - 라 - 마   ④ 가 - 나 - 바

05. 다음 중 소득세법상 사업소득자(성실사업자)와 근로소득자에게 모두 적용되는 소득공제내역이 아닌 것은?
① 본인이 부담하는 본인 자동차보험의 보험료
② 본인의 명의로 납부한 대학원 수업료
③ 소득이 없는 26세 자녀에 대한 장애인추가공제 200만원
④ 본인이 납부한 국민연금보험료

06. 소득세법상 인적공제대상 여부의 판정에 대한 내용으로 옳지 않은 것은?

① 추가공제는 해당 거주자의 기본공제를 적용받는 경우에만 공제할 수 있다.
② 과세기간 종료일 전에 사망한 경우 사망일 전일의 상황에 따라 공제여부을 판정한다.
③ 거주자의 공제대상 배우자가 다른 거주자의 공제대상 부양가족에 해당하는 경우 공제대상 배우자로 한다.
④ 본인이 부녀자로써 배우자 없이 20세 이하 직계비속을 부양하는 경우 부녀자공제 및 한부모공제를 중복공제가 가능하다.

07. 다음 중 소득세법상 종합소득금액과 관련한 설명 중 가장 옳은 것은?

① 종합소득금액은 이자소득, 배당소득, 사업소득, 근로소득, 퇴직소득, 기타소득, 연금소득을 모두 합산한 것을 말한다.
② 원천징수된 소득은 종합소득금액에 포함될 수 없다.
③ 부가가치세법상 영세율적용대상에서 발생하는 소득은 소득세법상 소득금액에서 제외한다.
④ 당해연도 사업소득에서 발생한 결손금은 당해연도 다른 종합소득금액에서 공제한다.

08. 다음 중 소득금액이 3,000만원인 김갑동씨의 소득공제 또는 특별세액공제대상이 아닌 것은?

① 5세인 소득이 없는 자녀에 대한 150만원인 기본소득공제
② 기본공제대상자인 형제자매가 교회에 기부한 지정기부금 100,000원
③ 퇴직소득(500만원)이 있는 배우자를 피보험자로 가입하고 김갑동씨가 납부한 생명보험료 500,000원
④ 본인이 납부한 연금보험료 3,000,000원

[납부절차]

01. 다음 중 소득세법상 원천징수 대상소득이 아닌 것은?

① 연금소득   ② 부동산임대용역   ③ 면세인적용역   ④ 퇴직소득

02. 다음 중 소득세법상 원천징수대상 소득인 것은?

① 뇌물
② 알선수재 및 배임수재에 의하여 받는 금품
③ 부동산임대업자가 임차인(간이과세자)으로부터 받는 임대료
④ 일용근로자의 일급여

03. 다음 중 소득세법상 분리과세소득이 없는 종합소득은?

① 근로소득   ② 양도소득   ③ 기타소득   ④ 배당소득

04. 다음의 소득세법상 원천징수세율 중 옳은 것은?

① 일용근로자의 근로소득 : 8%
② 모든 원천징수대상 사업소득 : 3%
③ 주택복권의 당첨소득 중 2억 초과분 : 30%
④ 이자소득 중 비영업대금의 이익(사채이자) : 25%

05. 다음 중 소득세법상 소득에 대해 적용되는 원천징수세율이 가장 낮은 것부터 순서대로 나열한 것은?

| 가. 비영업대금의 이익 | 나. 3억원 이하의 복권당첨소득 |
| 다. 분리과세를 신청한 장기채권의 이자와 할인액(2025년) | 라. 일당 15만원의 일용근로소득 |

① 가-나-다-라 ② 나-다-라-가 ③ 라-다-나-가 ④ 나-가-다-라

06. 다음 사례에서 소득세법상 원천징수세액이 가장 큰 경우는?
① 이만복씨가 로또복권에 당첨된 1,000,000원(복권구입비는 1,000원이다)
② 세무사업을 하는 이세무씨가 일시적인 강의를 하고 받은 1,000,000원
③ 호텔종업원이 봉사료로 받은 사업소득금액 1,000,000원
④ 이금융씨가 은행에 예금을 하고 이자로 받은 1,000,000원

07. 다음에 해당하는 소득을 각각 1,000,000원씩 지급하는 경우 원천징수세액이 가장 작은 소득은?
① 비영업대금의 이익
② 부가가치세가 면세되는 인적용역 사업소득
③ 일시적인 문예창작소득에 해당하는 기타소득
④ 실지명의가 확인되지 아니하는 배당소득

08. 다음 중 소득세법상 중간예납세액 및 분납에 대한 설명으로 가장 올바르지 않은 것은?
① 신규사업자, 보험모집인과 방문판매원, 음료배달원, 주택조합의 조합원이 영위하는 공동사업에서 발생하는 소득만 있는 자는 중간예납의무가 없다.
② 고지서에 의하여 발급할 중간예납세액이 30만원 미만인 경우에는 징수하지 않는다.
③ 납부할 세액이 2천만원을 초과하는 때에는 그 세액의 50% 이하의 금액을 납부기한이 지난 후 2개월 이내에 분납할 수 있다.
④ 분납에 관한 규정은 종합소득 및 퇴직소득에 대하여도 적용된다.

09. 다음은 모두 성실히 납세의무를 이행하고 있는 개인사업자들이다. 이들 중 소득세법상 사업장현황신고를 하지 않아도 되는 사업장은?
① 소아과 병원
② 인가를 받아 운영하는 입시학원
③ 신문발행과 광고업을 같이 운영하는 신문사
④ 시내버스와 마을버스를 같이 운영하는 버스회사

10. 다음 중 당해 소득세를 징수하는 것은?
① 납세조합의 징수세액이 1천원 미만인 경우
② 근로소득에 따른 원천징수세액이 1천원 미만인 경우
③ 이자소득에 따른 원천징수세액이 1천원 미만인 경우
④ 중간예납세액이 50만원 미만인 경우

11. 다음 중 소득세법상 종합과세대상이 아닌 소득은?
① 국외에서 받은 이자소득(원천징수대상이 아님)이 1,200만원 있는 경우
② 로또에 당첨되어 받은 3억원의 복권당첨소득
③ 소득세법상 성실신고대상사업자가 업무용 차량을 매각하고 200만원의 매각차익이 발생한 경우
④ 회사에 근로를 제공한 대가로 받은 급여 2,000만원

12. 다음 중 소득세법상 과세표준 확정신고를 반드시 해야만 하는 경우는?
① 기타소득금액이 2,000,000원 있는 경우
② 퇴직소득이 50,000,000원 발생한 경우
③ 한 과세기간에 근로소득이 두 군데 사업장에서 발생했는데 연말정산시 합산해서 신고하지 않은 경우
④ 분리과세되는 이자소득만 있는 경우

13. 소득세법과 관련한 다음 설명 중 잘못된 것은?
① 중간예납세액이 150,000원에 불과하다면 징수되지 아니한다.
② 근로소득과 퇴직소득이 있는 자는 종합소득세 확정신고 의무 대상자이다.
③ 부당한 방법으로 과세표준 또는 세액신고를 위반하는 경우 가산세가 중과된다.
④ 거주자는 국내원천소득과 국외원천소득 모두에 대하여 소득세 납세의무가 있다.

14. 다음의 거주자 중 종합소득세 확정신고를 하지 않아도 되는 거주자는 누구인가? (단, 제시된 소득 이외의 다른 소득은 없다.)
① 복권에 당첨되어 세금을 공제하고 10억원을 수령한 이재민씨
② 과세기간 중 다니던 회사를 퇴사하고 음식점을 개업하여 소득이 발생한 오유미씨
③ 소유 중인 상가에서 임대소득이 발생한 서영춘씨
④ 개인사업을 영위하여 사업소득이 발생한 송태승씨

15. 다음 중 소득세법상 중간예납세액에 대한 설명으로 틀린 것은?
① 중간예납대상자는 사업소득이나, 당해 사업연도 중 최초로 사업을 개시한 신규사업자는 중간예납 의무가 없다.
② 중간예납에 대한 고지를 받은 자는 11월 30일까지 고지된 세액을 납부하여야 한다.
③ 중간예납은 과세관청 입장에서 다음 연도 5월 31일에 징수할 세액을 조기에 확보한다는 장점이 있다.
④ 중간예납은 원칙적으로 신고 납부하여야 하지만, 전년도 수입금액이 일정금액 미만인 경우에는 관할 세무서장의 고지에 의하여 납부할 수도 있다.

	NO	정답	해설
소득세총론	01	④	① 소득세의 과세기간은 1/1 ~ 12/31을 원칙으로 하며, 사망이나 출국으로 비거주자가 되는 경우 등만이 예외에 해당한다. ② 거주자의 납세지는 주소지(없는 경우 거소지)로 하며, 비거주자는 주된 국내사업장의 소재지로 한다. ③ 소득세법은 종합과세제도와 분리과세제도가 병행하여 적용된다.
	02	②	종합소득인 경우에는 비과세소득과 분리과세소득은 종합과세되지 아니한다.
	03	④	이자소득, 배당소득, 근로소득은 소득금액 계산시 필요경비를 공제하지 않는다.
	04	④	소득세법은 6%~45%의 8단계 누진세제도를 취하나, 부가가치세는 10% 또는 0%의 비례세제도를 취하고 있다.
	05	②	종합소득세 납세지는 주소지로 한다.
금융소득	01	④	저축성보험의 보험차익은 이자소득이다.
	02	①	①만 배당소득에 해당하고 나머지는 이자소득이다.
	03	②	원천징수되지 않은 이자소득은 언제나 종합소득과세표준에 합산된다. 따라서 거주자의 이자소득과 배당소득 등 금융소득의 합계액이 2천만원 이하인 경우에도 모두 종합소득과세표준에 합산하여 과세한다.
사업소득	01	③	① 장소를 일시적으로 대여하고 사용료로서 받는 금품 : 기타소득 ② 일시적인 금전대여로 인한 비영업대금의 이익 : 이자소득 ④ 사업용고정자산(간편장부대상자)의 처분으로 인하여 발생한 이익 : 미열거소득으로 과세되지 않는 소득이며, 복식부기의무자의 경우는 사업소득에 포함한다.
	02	④	산림에서 발생하는 사업소득으로 비과세되는 소득이다.
	03	④	①, ②, ③은 사업소득 총수입금액에 불산입되는 소득이며, 수령한 판매장려금은 총수입금액에 산입한다.
	04	③	① 매출할인은 양자 모두 매출액(과세표준, 총수입금액)에서 차감한다. ③ 고정자산처분이익은 부가가치세법상 과세표준을 형성하지만, 소득세법상 복식부기의무자는 총수입금액에 포함하고 간편장부대상자는 제외된다. (미열거소득) ④ 재고자산을 가사용으로 소비하는 경우(개인적 공급 = 자가소비) 그 소비한 때의 가액으로 한다.
	05	④	일반적인 보험차익은 이자소득에 해당하나 사업과 관련하여 확정급여형퇴직연금제도의 보험차익은 사업소득으로 총수입금액에 산입하여야 한다.
	06	④	30,000원을 초과하는 기업업무추진비 중 신용카드 등 미사용분은 한도계산 없이 직접 필요경비를 불산입한다.
	07	④	은행예금이자는 이자소득으로 과세된다.
	08	④	①, ②, ③은 필요경비 불산입항목이며, 판매장려금 지급액은 필요경비에 산입한다.
	09	④	사업과 직접적인 관계없이 무상으로 지급하는 법령에서 정한 기부금은 필요경비에 산입하나 새마을금고에 지출한 기부금은 비지정기부금에 해당하여 필요경비에 산입하지 않는다.
	10	②	■ 필요경비 항목 : 가, 마 ■ 필요경비 불산입 항목 : 나, 다, 라
	11	③	주거용 건물 임대업에서 발생한 수입금액 합계액이 2천만원 이하인 경우 분리과세를 선택할 수 있으며, 2,000만원을 초과하는 경우 종합과세 대상이다.

	NO	정답	해설
근로소득	01	②	퇴직함으로써 받는 소득으로서 퇴직소득에 속하지 아니하는 임원의 퇴직금한도초과액은 근로소득이다.
	02	④	근로자의 근로소득이 아닌 사업자의 복리후생비로 본다.
	03	④	출장여비 등을 별도로 지급받는 경우에는 자가운전보조금은 과세대상이다.
	04	③	식사를 제공받는 경우(현물제공) 비과세가 적용되지 않는다.
	05	①	잉여금처분에 의한 상여 : 당해 법인의 잉여금처분결의일
	06	②	일용근로소득은 6%의 단일세율을 적용한다.
연금소득 및 기타소득	01	①	연금소득은 2002년 1월 1일 이후에 불입된 연금기여금 및 사용자부담금을 기초로 하거나 2002년 1월 1일 이후 근로의 제공을 기초로 하여 지급받는 연금소득으로 하며, 연금소득은 실제 소득공제 또는 세액공제를 받은 금액을 기초로 하여 지급받는 연금소득으로 한다.
	02	②	①, ③, ④는 기타소득, ②는 부동산임대소득에 해당한다.
	03	③	저작자이외의 자에게 귀속되는 소득은 기타소득이지만 저작자 자신에게 귀속되는 소득은 사업소득이다.
	04	④	
	05	①	복권당첨소득은 무조건 분리과세소득에 해당한다.
	06	②	기타소득 중 계약금이 위약금 등으로 대체되는 경우(매수자 귀책사유)에는 원천징수하지 않는다.
	07	①	세차감전 지급총액 = 1,200,000원 ∴ [1,200,000원 - (1,200,000원 × 60%)] × 0.22 = 105,600원 ⇨ 고용관계없이 다수인에게 강연을 하고 받는 강연료는 기타소득은 수입금액의 60%를 필요경비로 의제
	08	④	기타소득금액 5만원이하는 과세최저한에 해당하여 징수되는 소득세가 없다.
	09	①	화랑의 미술품을 양도하는 경우 사업소득으로 과세된다.
소득금액계산의 특례	01	②	사업소득의 결손금은 2020년 귀속분부터 15년간 이월공제할 수 있다.
	02	②	사업자가 비치·기록한 장부에 의하여 해당 과세기간의 사업소득금액을 계산할 때 발생한 결손금은 그 과세기간의 종합소득과세표준을 계산할 때 근로소득금액·연금소득금액·기타소득금액·이자소득금액·배당소득금액에서 순서대로 공제한다.
	03	①	부동산임대소득의 결손금은 타소득과 통산하지 않으며, 이자소득과 배당소득은 2,000만원 초과인 경우 합산신고하고, 공동사업의 경우에도 원칙적으로 각각 소득금액을 계산한다.
과세표준 및 세액의 계산	01	③	비주거용 부동산임대업에서 발생한 결손금은 해당 연도의 타 소득금액에서 공제할 수 없다. 종합소득금액 = 40,000,000원 - 10,000,000원 + 25,000,000원 = 55,000,000원
	02	②	사업소득자도 인적공제는 가능하며 성실사업자인 경우는 의료비와 교육비 세액공제도 가능하다.
	03	②	금융소득발생여부와 관련 없이 기장세액공제, 재해손실세액공제는 사업소득 또는 부동산임대소득이 있는 경우, 근로소득세액공제는 근로소득이 있는 경우에 적용된다.
	04	④	인적공제와 연금계좌세액공제는 공제가 가능하다. 사업소득자만 있는 경우에는 기부금(추계신고자는 제외)은 필요경비로만 허용된다.

	NO	정답	해설
과세표준 및 세액의 계산	05	①	인적공제 및 연금보험료공제, 의료비 및 교육비 세액공제는 근로소득자와 성실사업자인 사업소득자 모두 가능하다. 자동차보험의 보험료 세액공제는 근로소득자만 공제가능하다.
	06	④	본인이 부녀자 공제와 한부모 공제 모두 해당하는 경우 둘 중 하나만 공제를 받아야 하며, 세부담을 최소화하고자 한다면 "한부모 공제(100만원)"를 선택한다.
	07	④	① 종합소득금액은 이자소득, 배당소득, 사업소득, 근로소득, 기타소득, 연금소득을 모두 합산한 것을 말한다. ② 원천징수된 소득 중 예납적 원천징수 소득은 종합소득금액에 포함되어야 한다. ③ 부가가치세법상 영세율적용대상에서 발생하는 소득은 소득세법상 비과세소득과는 무관하다.
	08	③	종합소득금액, 양도소득금액, 퇴직소득금액 합계가 100만원을 초과하는 자는 보험료 세액공제가 되지 않는다.
납세절차	01	②	사업소득 중 면세인적용역의 경우는 3%(지방소득세 별도)로 원천징수한다.
	02	④	①, ②, ③은 원천징수 없이 종합과세 되는 소득이다.
	03	②	양도소득은 분리과세되는 소득이 없으며 사업소득 중 주택임대소득은 2019년부터 2,000만원 이하는 분리과세가 가능하다.
	04	④	① 6% : 2011.1.1.이후 발생하는 소득분부터 8%에서 6%로 변경 ② 3%(20%) 또는 5% : 대통령령이 정하는 봉사료는 5%, 외국인 직업운동가는 20% ③ 30% : 3억 이하는 20%, 3억 초과분은 30%
	05	③	가. 25% 나. 20% 다. 14%(2018.1.1.이후 발생분부터, 이전분은 30%) 라. 6%
	06	①	복권당첨소득으로 3억원 이하인 경우의 기타소득에 대한 원천징수세율은 20%이다.
	07	②	① 25%, ② 3%, ③ 소득금액의 20%(필요경비 60%인 경우 8%), ④ 45%(또는 90%)
	08	②	고지서에 의하여 발급할 중간예납세액은 50만원 미만인 때에 징수하지 아니한다.
	09	③	사업장현황신고는 부가가치세 신고를 하지 않는 면세사업만 하는 사업자가 하는 것으로 과세사업과 면세사업의 겸영사업자의 경우에는 사업장현황신고를 할 필요가 없다.
	10	③	이자소득은 소액부징수 규정이 적용되지 않는다.
	11	②	기타소득은 원칙적으로 종합소득과세표준에 합산하여 신고한다. 예외적으로 복권 당첨금 등의 소득은 무조건 분리과세가 적용된다.
	12	③	이중 근로소득이 있는데 연말정산시 합산신고하지 않은 경우 종합소득세 확정신고를 하여야 된다.
	13	②	근로소득과 퇴직소득만 있는 자는 확정신고를 하지 아니하여도 된다. (면제)
	14	①	기타소득은 원칙적으로 종합소득과세표준에 합산하여 신고한다. 예외적으로 복권 당첨금 등 열거된 소득은 무조건 분리과세가 적용된다.
	15	④	중간예납은 고지 납부하는 것이 원칙이다.

PART 05

보론

CHAPTER 01 재무비율분석
CHAPTER 02 비영리회계
CHAPTER 03 지방세신고

실무이론

직무명	분류번호	능력단위명	수준	능력단위요소
회계 · 감사	0203020106_20v4	재무비율분석	3	2 재무비율 계산하기
	0203020109_20v4	비영리회계	4	1 비영리대상 판단하기 2 비영리회계 처리하기

능력단위정의	재무비율분석이란 재무제표상의 관련항목을 대응시켜 수익성, 활동성, 안정성, 유동성, 성장성, 기타 재무비율 등의 비율을 산출하고 분석하는 능력이다.
	비영리회계란 비영리조직의 회계보고를 위하여 비영리대상 파악, 비영리 회계처리, 비영리회계 보고서를 작성하는 능력이다.

NCS 능력단위	능력단위요소	수 행 준 거
0203020106_20v4 재무비율분석	0203020106_20v4.2 재무비율 계산하기	2.1 재무제표를 이용하여 수익성 비율을 계산할 수 있다. 2.2 재무제표를 이용하여 활동성 비율을 계산할 수 있다. 2.3 재무제표를 이용하여 안정성 비율을 계산할 수 있다. 2.4 재무제표를 이용하여 성장성 비율을 계산할 수 있다. 2.5 재무제표를 이용하여 기타 재무비율을 계산할 수 있다.
0203020109_20v4 비영리회계	0203020109_20v4.1 비영리대상 판단하기	1.1 비영리조직에 관한 일반적 정의에 의거하여 비영리조직 여부를 판단할 수 있다. 1.2 비영리조직 관련규정에 따라 비영리법인 여부를 판단할 수 있다. 1.3 비영리조직 관련규정에 따라 회계단위를 구분할 수 있다.
	0203020109_20v4.2 비영리회계 처리하기	2.1 비영리조직 관련규정에 따라 영리활동으로 인한 거래와 비영리활동으로 인한 거래를 구분할 수 있다. 2.2 비영리활동으로 인한 거래가 발생하면 해당 비영리조직의 개별적인 특성에 따라 회계처리할 수 있다. 2.3 비영리활동으로 인한 거래가 발생하면 복식부기 기반의 발생주의회계를 사용하여 회계처리할 수 있다.

직무명	분류번호	능력단위명	수준	능력단위요소
세무	0203020208_23v6	지방세 신고	3	1 지방소득세 신고하기 2 취득세 신고하기 3 주민세 신고하기

능력단위정의	지방세신고란 지방세를 납부하기 위하여 지방세관계법과 지방자치단체의 조례에 따라 과세권자인 지방자치단체에 지방세의 과세표준, 세율, 납부세액 등 필요한 사항을 기재한 각 지방세목별로 신고하는 능력이다.

NCS 능력단위	능력단위요소	수 행 준 거
0203020208_23v6 지방세 신고	0203020208_23v6.1 지방소득세 신고하기	1.1 개인지방소득 및 법인지방소득의 범위 및 소득을 계산할 수 있다. 1.2 개인지방소득 및 법인지방소득의 소득분지방소득세 과세표준과 세액을 계산할 수 있다.
	0203020208_23v6.2 취득세 신고하기	2.1 취득세의 과세대상과 납세의무자에 대하여 구분할 수 있다. 2.2 취득의 종류 및 취득시기에 따른 과세표준과 세율을 적용할 수 있다.
	0203020208_23v6.3 주민세 신고하기	3.1 사업소분주민세와 종업원분주민세의 과세대상과 납세의무자에 대해서 파악할 수 있다. 3.2 사업소분주민세와 종업원분주민세의 과세표준과 세율을 파악하여 계산할 수 있다.

CHAPTER 01 재무비율분석

구 분			내 용
재무비율분석 의의			재무비율분석은 재무제표상의 관련 항목들을 대응시켜 비율을 산출하고, 산출된 비율을 통해 기업의 수익성과 재무적 위험, 성장성 등을 평가하는 분석 방법이다. 재무비율분석은 간편하고 이용하기 쉽기 때문에, 전통적으로 기업 분석을 위한 예비적인 분석 방법으로 많이 사용되어 왔다.
수익성 분석 비율		의의	수익성이란 일정 기간 동안의 경영 성과를 의미하는 것으로, 수익성 분석 비율에는 자본 수익성 비율과 매출 수익성 비율 그리고 자산의 활용도를 측정하는 활동성(효율성)비율이 있다.
	자본 수익성 비율	자기자본 이익율	자기자본 이익률(ROE : return on equity)은 당기순이익을 자기 자본으로 나눈 비율로서 주주 입장에서의 투자 수익률을 나타내기도 하고, 기업의 입장에서는 사후적인 자기 자본 비용의 대용치이다. 따라서 자기 자본 이익률이 자기 자본비용보다 크다면 기업 가치는 증가하고, 반대의 경우에는 기업 가치가 감소한다. $$\text{자기자본 이익률} = \frac{\text{당기순이익}}{(\text{기초자기자본} + \text{기말자기자본}) \div 2} = \frac{\text{당기순이익}}{\text{평균자기자본}}$$
		총자산 이익률	총자산 이익률(ROA : return on assets)은 당기 순이익을 총자산으로 나눈 비율로서, 기업의 종합적인 경영 성과를 나타낸다. $$\text{총자산이익률} = \frac{\text{당기순이익}}{(\text{기초총자산} + \text{기말총자산}) \div 2} = \frac{\text{당기순이익}}{\text{매출액}} \times \frac{\text{매출액}}{\text{총자산(평균)}}$$ $$= \text{매출액순이익률} \times \text{총자산 회전율}$$
	매출 수익성 비율	매출액 총이익률	매출액 총이익률은 기업의 생산과 관련된 수익성을 측정하는 비율이다. • $\text{매출액 총이익률} = \dfrac{\text{매출총이익}}{\text{매출액}}$ • $\text{매출원가율} = 1 - \text{매출액 총이익률}$
		매출액 영업 이익률	매출액 영업이익률은 기업의 영업 활동(생산 및 판매 관리 활동)의 수익성을 평가한다. $$\text{매출액 영업이익률} = \frac{\text{영업이익}}{\text{매출액}}$$
		매출액 순이익률	매출액 순이익률은 영업 활동과 재무 활동 및 투자 활동을 총망라한 경영 활동의 성과를 최종적으로 평가하는 비율이다. $$\text{매출액 순이익률} = \frac{\text{당기순이익}}{\text{매출액}}$$

구 분		내 용
수익성 분석 비율	의의	활동성 비율은 기업의 영업 활동에 투입된 자산을 얼마나 효율적으로 사용하고 있는 가를 나타내는 비율로 효율성 비율이라고도 한다. 활동성 비율은 매출액을 투입된 자산으로 나눈 회전율로 측정되는데, 이때 분모에 해당하는 투입 자산은 자본수익성 비율을 계산할 때와 마찬가지로 기초와 기말의 평균값을 사용한다.
	총자산 회전율	총자산 회전율은 총자본 회전율이라고도 하며 총자산 회전율이 높다는 것은 한 단위의 자산에서 보다 높은 매출액이 실현되었다는 것을 의미하므로 자산이 효율적으로 사용되었다는 것을 뜻한다. 그러나 총자산 회전율이 낮으면, 기업의 자산 투자가 과다하였거나 또는 자산이 비효율적으로 이용되고 있다는 것을 의미한다. $$총자산\ 회전율 = \frac{매출액}{총자산(평균)}$$
	비유동 자산 회전율	비유동자산 회전율의 비율이 낮은 경우에는 비유동자산 투자가 과다하였거나 또는 비유동자산이 비효율적으로 이용되고 있음을 의미한다. 비유동자산의 대표 항목인 유형자산에 대한 투자 효율성을 측정하는 유형자산 회전율도 많이 이용된다. ■ $비유동자산\ 회전율 = \dfrac{매출액}{비유동자산(평균)}$ ■ $유형자산\ 회전율 = \dfrac{매출액}{유형자산(평균)}$
	재고자산 회전율	재고자산 회전율은 재고자산관리의 효율성을 나타내며 재고자산 비율이 높다는 것은 적은 재고 자산으로 일정액의 매출을 달성한 것이므로 재고 자산이 효율적으로 관리되고 있음을 의미한다. 재고자산 회전율을 계산할 때 매출액 대신 매출원가를 분자로 사용하는 것은 매출액은 시가로 표시되고 재고자산은 원가로 표시되기 때문에 분자 분모가 서로 다른 기준에 의해 평가되는 문제점을 해결하기 위한 것이다. 한편 재고자산 회전율을 기간 형태로 바꾼 것을 재고자산 보유기간(재고자산 회전기간)이라고 하는데 이는 재고자산이 판매되기까지 평균적으로 얼마의 시간이 소요되는가를 나타낸다. ■ $재고자산\ 회전율 = \dfrac{매출원가}{재고자산(평균)}$ ■ $재고자산\ 보유기간 = \dfrac{365}{재고자산\ 회전율} = \dfrac{재고자산(평균)}{매출원가 \div 365} = \dfrac{재고자산(평균)}{일평균\ 매출원가}$
	매출채권 회전율	매출채권 회전율은 매출 채권의 투자효율성 즉, 매출 채권이 현금화되는 속도를 나타낸다. 매출채권 회수기간은 매출채권 회전율을 기간 형태로 표현한 것으로 365일을 매출채권 회전율로 나누어 계산된다. 재고자산 보유기간과 매출채권 회수기간을 더한 것을 영업 순환주기라고도 부른다. ■ $매출채권\ 회전율 = \dfrac{매출액}{매출채권(평균)}$ ■ $매출채권\ 회수기간 = \dfrac{365}{매출채권\ 회전율} = \dfrac{매출채권(평균)}{매출액 \div 365} = \dfrac{매출채권(평균)}{일평균\ 매출액}$

구 분			내 용
재무적 위험 분석 비율		의의	재무적 위험 분석 비율은 기업의 지급 불능 위험을 나타내는 비율로서, 단기적 지급능력을 나타내는 유동성 비율과 장기적 지급 능력을 평가하는 레버리지 비율로 구성된다.
	유동성 비율	의의	유동성 비율은 기업의 단기적 지급 능력을 평가하는 비율로, 주로 유동자산과 유동부채를 비교하여 산정된다.
		유동비율	유동비율은 유동성을 평가하는데 가장 보편적으로 사용된다. 유동 자산이 유동 부채보다 충분히 많으면 단기지급능력이 양호한 것으로 평가하게 된다. $$유동비율 = \frac{유동자산}{유동부채}$$
		당좌비율	당좌비율은 유동자산에서 재고 자산을 차감한 자산인 당좌자산을 유동부채로 나눈 비율이다. 재고자산은 판매 과정을 거쳐야만 현금화될 수 있고, 재고자산 평가방법에 따라 그 가치가 다르게 나타날 수 있으며, 또 진부화 되어 판매가 어려운 재고 자산이 발생할 수도 있다. 따라서 재고 자산을 제외한 당좌자산을 유동부채와 비교함으로써 보다 엄격한 기업의 단기 지급 능력을 평가할 수 있다. $$당좌비율 = \frac{유동자산 - 재고자산}{유동부채}$$
		현금비율	현금비율은 당좌자산 중 대손 가능성이 있는 매출채권을 제외하고 측정된 것으로 가장 보수적인 유동성 비율이다. $$현금비율 = \frac{현금및현금성자산}{유동부채}$$
	레버리지 비율	의의	기업이 부채를 사용하게 되면 고정비 성격의 이자비용이 발생하는데, 이 이자비용은 영업성과에 따라 손익을 확대시키는 효과를 가져온다. 이러한 손익 확대 효과 때문에 부채가 많을수록 기업의 지급 불능 위험은 높아지게 되는데, 이를 측정하는 것이 레버리지 비율이다. 즉, 레버리지 비율은 부채 의존에 따른 장기적인 지급 능력을 평가하는 비율이다.
		부채비율	부채비율은 기업의 타인 자본 의존도를 평가하는 것으로, 이 비율이 높아질수록 재무 위험이 증가하고, 기업의 지급 불능 위험은 높아진다. $$부채비율 = \frac{부채}{자기자본}$$
		비유동 비율	기업이 조달한 자금은 유동자산과 비유동자산에 투자하게 되는데, 유동자산에 투자된 자금은 단기간에 회수할 수 있지만 비유동자산에 투자된 자금은 회수하는데 장기간이 소요된다. 따라서 유동자산에 투자되는 자금은 단기자금으로 조달하고, 비유동자산에 투자되는 자금은 장기 자금으로 조달하는 것이 자금 운용의 안정성을 확보하는 방법일 것이다. 이러한 자금 운용과 자금 조달 사이의 재무적 안정성과 지급 능력 정도를 평가하는 비율이 비유동비율과 비유동 장기 적합률이다.

구 분		내 용
재무적 위험 분석 비율	레버리지 비율	비유동 비율
		■ 비유동비율 = $\dfrac{\text{비유동자산}}{\text{자기자본}}$ ■ 비유동 장기 적합률 = $\dfrac{\text{비유동자산}}{\text{비유동부채 + 자기자본}}$
		이자 보상 비율
		부채비율이 일정 시점의 부채 의존도를 알려준다면, 이자보상비율은 부채 사용에 따른 일정 기간의 이자비용에 대한 안전도를 나타내준다. 이자보상비율 = $\dfrac{\text{이자 및 법인세비용 차감 전 순이익}}{\text{이자비용}}$ = $\dfrac{\text{당기순이익 + 법인세비용 + 이자비용}}{\text{이자비용}}$
성장성 분석 비율	의의	성장성 분석 비율은 일정 기간 동안 기업의 규모나 성과가 얼마나 증가하였는지를 나타내는 비율로 표시된다.
	매출액 증가율	매출액 증가율은 기업의 매출액이 전기에 비해 얼마나 증가하였는지를 측정하는 비율로 기업의 외형적 성장을 평가하는데 사용된다. 매출액 증가율 = $\dfrac{\text{당기말 매출액 − 전기말 매출액}}{\text{전기말 매출액}}$
	순이익 증가율	순이익 증가율은 당기 순이익이 전기에 비해 얼마나 증가하였는지를 측정하는 비율로서 실질적인 기업의 성장을 평가하는데 사용된다. 순이익 증가율 = $\dfrac{\text{당기순이익 − 전기순이익}}{\text{전기순이익}}$
	총자산 증가율	총자산 증가율은 전기 말에 비해 기업의 총자산 규모가 얼마나 증가하였는지를 나타내는 비율로 매출액 증가율과 함께 기업의 외형적 성장을 평가하는데 주로 사용된다. 총자산 증가율 = $\dfrac{\text{당기말 총자산 − 전기말 총자산}}{\text{전기말 총자산}}$
	자기자본 증가율	자기자본 증가율은 전기 말에 비해 기업의 자기 자본이 얼마나 증가하였는지를 나타내는 비율이다. 자기자본의 증가는 유상 증자와 이익의 사내 유보에 의해서 나타난다. 자기자본 증가율 = $\dfrac{\text{당기말 자기자본 − 전기말 자기자본}}{\text{전기말 자기자본}}$

구 분		내 용
기타 재무 비율	주가 이익 비율	주가 이익 비율(PER : price-earnings ratio)은 투자자가 기업의 미래에 대한 전망을 어떻게 하고 있는가를 보여주는 지표이다. $$\text{주가 이익 비율} = \frac{\text{주가}}{\text{주당 순이익}}$$
	주가 순자산 비율	주가 순자산 비율(PBR : price-to-book value ratio)은 기업의 미래 수익성(자기 자본 이익률)과 위험(자기 자본 비용)의 관계를 보여주는 것으로, 기업의 자기 자본 이익률이 자기 자본 비용보다 높을 것으로 예상 된다면 주식 가격은 주당 순자산보다 크게 되어 주가 순자산 비율은 1보다 커진다. $$\text{주가 순자산 비율} = \frac{\text{주가}}{\text{주당 순자산}}$$
	주가 매출액 비율	주가 매출액 비율(PSR : price-sales ratio)은 미래 수익성 전망과 위험에 따라 결정되는데, 적자 기업에도 적용이 가능하다는 장점이 있다. $$\text{주가 매출액 비율} = \frac{\text{주가}}{\text{주당 매출액}}$$
	주가 현금흐름 비율	주가 현금흐름 비율(PCR : price-to-cash flow ratio)은 보통 현금흐름은 현금흐름표상 영업활동 현금 흐름을 사용한다. 이 비율은 기업의 회계 처리 방법의 선택에 따라 달라지는 순이익과 달리, 기업의 회계 정책에 거의 영향을 받지 않는 영업 활동 현금 흐름을 사용하였다는 특징이 있다. $$\text{주가 현금흐름 비율} = \frac{\text{주가}}{\text{주당 영업활동 현금흐름}}$$

CHAPTER 02 비영리회계

PART 05 보론

1. 비영리 조직

비영리 조직은 영리를 추구하지 않는 조직체이다. 비영리 조직은 정부·공공 부문·비영리 법인(기관)·자선 단체 등을 포함한다.

구 분	내 용
미국회계학회의 정의	미국회계학회(AAA)는 다음에 열거하는 특성 중에 하나 이상을 충족하면 비영리 조직체로 규정하고 있다. ① 의도적·개인적 이윤 추구 동기가 없을 것 ② 개인 또는 개별적으로 지분을 소유하고 있지 않을 것 ③ 지분이 매각 또는 교환되지 않을 것 ④ 자본의 출자자 또는 기증자로부터 제공 자원에 대해 직접적이거나 비례적으로 재무적 편익을 요구받지 않을 것
한국회계기준원의 정의	'비영리 조직'은 일반 사회의 공익 등을 목적으로 설립되어 비영리 사업을 영위하는 모든 조직을 말하며, 특정인의 이익과 영리를 목적으로 설립되어 운영되고 있는 영리 조직과 대조되는 개념이다. 예를 들면, 비영리 조직에는 사회 복지 사업, 교육 사업, 연구와 학술 활동의 영위 또는 지원, 교화, 종교, 자선 등의 사업을 영위하는 조직이 있다.
비영리 조직체의 종류	미국회계학회의 정의에 따라 비영리 조직체를 규정하면 대학, 종교 단체, 종합 병원, 자발적인 보건 복지 기관, 자선 단체, 정부 기관 등이 대표적이다. 반면에 협동조합, 노동조합, 무역협회, 골프 클럽 등은 조직의 구성원, 회원 등에게 재무상의 효익을 제공할 수 있기 때문에 비영리 조직체가 아니다.

2. 비영리 법인

법인은 설립 목적에 따라 영리 법인과 비영리 법인으로 구분할 수 있다. 영리란 사업 목적이 이윤을 추구하고, 그 이익을 구성원에게 분배하여 경제적 이익을 도모하는 것을 의미한다.

구 분	내 용
영리 법인	영리 법인은 영리를 목적으로 「상법」에 의해 설립된 주식회사, 합자 회사, 합명 회사, 유한 회사 등이 대표적이다.
비영리 법인	비영리 법인은 학술, 종교, 자선, 기예, 사교, 기타 영리 아닌 사업을 목적으로 「민법」 등에 의해 설립된다. 「민법」에 의해 설립되는 비영리 법인은 사단 법인과 재단법인이 있고, 특별법에 근거하여 설립되는 재단 법인으로 학교 법인(사립학교법), 의료법인(의료법), 사회 복지 법인(「사회복지사업법」) 등이 있다.

구 분		내 용
비영리 법인	사단법인	사단 법인은 일정 목적을 위해 사람들이 결합한 단체로서 주무 관청의 허가를 받아 설립한 단체이다. 사단 법인은 사람이라는 구성원이 필수 요소이고, 사단 법인의 의사 결정은 사원 총회를 통해 이루어진다. 사단 법인은 임의 해산이 가능하고, 그 설립 목적이 영리를 추구하든, 비영리를 추구하든 설립할 수 있다.
	재단법인	재단 법인은 특정한 목적을 위해 주무 관청의 허가를 받아 설립된 재단을 말한다. 재단법인은 일정한 목적을 위해 출연한 재산이 필수 요소이고, 재단 법인의 운영은 설립자의 설립 목적에 따라 운영된다. 재단 법인은 임의 해산을 할 수 없고, 그 설립 목적이 비영리를 추구하는 경우에만 설립할 수 있다.
	특별법에 의해 설립된 비영리 법인	① 「사립학교법」: 학교 법인 ② 「의료법」: 의료 법인 ③ 「사회복지사업법」: 사회 복지 법인 ④ 「공익법인의 설립·운영에 관한 법률」의 규정
	세법상 비영리 법인	(1) 「법인세법」 ① 법인세의 납세 의무와 관련하여 「민법」에 의하여 설립된 법인 ② 「사립학교법」의 규정에 의하여 설립된 학교 법인 ③ 기타 특별법에 의하여 설립된 법인 등으로 「민법」 제32조의 규정에 명시된 설립 목적 및 기타 그와 유사한 설립 목적을 가진 법인 (2) 「상속세 및 증여세법」 ① 종교의 보급, 기타 교화에 현저히 기여하는 사업 ② 교육법의 규정에 의한 교육 기관을 운영하는 사업 ③ 「사회복지사업법」의 규정에 의하여 설립한 사회 복지 법인이 운영하는 사업 ④ 「의료법」 또는 「정신보건법」의 규정에 의한 의료 법인 또는 정신 의료 법인이 운영하는 사업 ⑤ 공익 법인의 설립·운영에 관한 법률의 적용을 받는 법인이 운영하는 사업 ⑥ 예술 및 문화에 현저히 기여하는 사업으로서 영리를 목적으로 하지 아니하는 사업 ⑦ 공중위생 및 환경 보호에 현저히 기여하는 사업으로서 영리를 목적으로 하지 아니하는 사업 ⑧ 공원, 기타 공중이 무료로 이용하는 시설을 운영하는 사업 ⑨ 「법인세법 시행령」 또는 「소득세법 시행령」이 정하는 지정 기부금 단체가 운영하는 고유 목적 사업 ⑩ 기타 기획재정부령이 정하는 사업을 영위하는 자를 비영리 조직(공익 법인 등)

3. 비영리 회계처리

1 영리 조직과 비영리 조직의 특성

　영리는 재산상의 이익을 의미하고, 영리 조직은 재산상의 이익을 얻을 목적으로 활동하는 조직을 말한다. 반면에 비영리는 재산상의 이익을 추구하지 않는 것이고, 비영리 조직은 공공 목적에 봉사하는 정부와 기업 외의 자발적 비영리 단체를 의미한다.

[영리 조직과 비영리 조직의 비교]

구 분	영리 조직	비영리 조직
조직 목적	이익 추구	사회복지, 공익 서비스 제공
자원 조달 방법	자기자본, 타인자본 조달	조세, 기부금, 보조금, 회비
자원 활용	자유 활동	법규, 규칙, 정관 등 적용
정보 이용자	주주, 채권자 등	자원 제공자
재무정보	재무상태, 현금흐름 등	지속 가능한 서비스 등

2 영리 활동과 비영리 활동의 구분

구 분	내 용
수익 사업	수익 사업은 일반적으로 경제적 효익을 얻는 사업을 말하며, 「법인세법」에서는 다음에 해당하는 사업을 수익 사업으로 규정하고 있다. 비영리 조직의 수익 사업에 대해서도 과세하고 있다. ① 제조업, 건설업, 도·소매 및 소비자 용품 수리업, 부동산·임대 및 사업 서비스업 등 수익이 발생하는 사업 ② 「소득세법」에 의한 이자·할인액·배당금 ③ 주식·출자 지분 등의 양도로 인하여 생기는 수입 ④ 고정 자산의 처분으로 인하여 생기는 수입
고유 목적 사업	고유 목적 사업은 법인의 설립 목적이 되는 사업을 말한다. 영리 법인은 영리를 목적으로 설립된 법인이므로 영리 사업이 고유 목적 사업이고, 비영리 법인은 영리외의 것을 고유 목적으로 하여 설립된 법인이다.
비영리 법인의 고유 목적 사업	비영리 법인의 고유 목적 사업은 학술·종교·자선·사교 등이다. 비영리 법인이 당해 고정 자산 처분일 현재 3년 이상 계속하여 법령 또는 정관에 규정된 고유 목적 사업에 직접 사용한 경우 당해 고정 자산의 처분으로 인한 수입에 대하여 법인세를 과세하지 않는다.

3 비영리 조직의 수익 사업

비영리 조직이 목적 달성을 위해 필요한 범위 내에서 수익 사업을 영위할 수 있는데, 수익 사업을 영위하기 위해서는 법인의 정관에서 정하는 바에 따라 운영해야 한다.

구 분	내 용

대학 회계 규칙상 수익 사업	「사립학교법」에서 사립 대학은 교육 재원을 마련하기 위한 수단으로 수익 사업을 허용하고 있다.
	① 수익 사업 유형
	   사립 대학의 수익 사업 유형은 부동산 임대업, 의료업, 금융업, 출판사업, 건설업, 여행업, 전산 교육 사업, 어학 사업 등 다양하게 수행할 수 있다.
	② 구분 회계 처리
	   사립 대학의 수익 사업은 「법인세법 시행령」에 의해 구분하여 별도 회계 처리하고, 실무 차원에서 수익 사업별 예산과 결산서도 구분, 작성해야 한다.

의료 법인의 부대 사업	「의료법」은 의료 기관이 의료 업무 외에 다음의 부대 사업을 할 수 있으며, 이 경우 부대 사업으로 얻은 수익에 관한 회계는 의료 법인의 다른 회계와 구분하여 계산해야 한다. ① 의료인과 의료 관계자 양성이나 보수 교육 ② 의료나 의학에 관한 조사 연구 ③ 노인 의료 복지 시설의 설치·운영 ④ 장례식장의 설치·운영 ⑤ 부설 주차장의 설치·운영 ⑥ 의료업 수행에 수반되는 의료 정보 시스템 개발·운영 사업 ⑦ 기타 휴게 음식점, 일반 음식점, 이용업, 미용업 등 환자 또는 의료 법인이 개설한 의료 기관 종사자 등의 편의를 위한 사업
사회복지 사업법상의 수익 사업	사회복지사업법은 사회복지법인이 목적사업의 경비에 충당하기 위하여 필요할 때에는 법인의 설립 목적 수행에 지장이 없는 범위 내에서 수익사업을 영위할 수 있도록 규정하고 있다.

4 영리 회계와 비영리 회계의 차이점 분석

구 분	영리 회계	비영리 회계
이윤 추구	이윤 추구, 기간 성과 측정	이윤 동기 없음, 일방적 소비와 지출
원가 회수	이윤에 의한 원가 회수	원가 회수 없음(공공성, 사회성)
수익 창출	수익에 근거한 원가 지출	수익과 관련 없이 서비스 제공
순이익 계산	순자산, 잔여재산 등 계상	지분이 없어 순이익 계산하지 않음
회계 단위	기업 전체	사업 목적별 회계
예 산	임의적, 내부 통제 목적	예산에 의해 규제, 한정
성과 측정	화폐적 평가	화폐적 평가, 양적·질적 평가
세무회계	모든 수익에 과세	수익 사업에 한해 과세

CHAPTER 03 지방세신고

1. 지방소득세

구 분		내 용
의의	개인 지방소득	소득세법에 따른 거주자 또는 비거주자의 소득을 말한다. ① 거주자의 개인지방소득 : 거주자의 개인지방소득은 종합소득(이자소득, 배당소득, 근로소득, 사업소득, 연금소득, 기타소득), 퇴직소득, 양도소득으로 구분하며, 각 소득의 범위는 소득세법에서 정하는 바에 따른다. ② 비거주자의 개인지방소득 : 비거주자의 개인지방소득은 소득세법에 의한 국내 원천소득으로 한다.
	법인 지방소득	법인세법상 내국법인 또는 외국법인의 소득을 말한다. 내국법인 및 외국법인의 법인지방소득은 각 사업연도의 소득, 청산소득, 양도소득, 미환류소득으로 구분되며, 법인의 종류에 따른 각 호의 소득의 범위는 법인세법에서 정하는 바에 따른다.
과세표준 및 세율	개인 지방소득세	① 거주자의 종합소득 과세표준 　거주자의 종합소득 과세표준은 이자소득, 배당소득, 사업소득, 근로소득, 연금소득, 기타소득 등의 각 소득에서 필요경비 등을 차감한 후 종합소득공제(인적공제 및 물적공제)를 차감한 금액을 말한다. ② 거주자의 종합소득 과세표준에 대한 세율 　거주자의 종합소득 과세표준에 대한 적용세율은 구간별 최소 0.6%에서 최대 4.2%의 초과누진세율을 적용하고 있다.
	법인 지방소득세	① 법인지방소득세 과세표준 　내국법인의 각 사업연도의 소득에 대한 법인지방소득세의 과세표준은 법인세법에 따라 계산한 금액으로 한다. ② 법인지방소득세 과세표준에 대한 세율 　내국법인의 각 사업연도의 과세표준에 대한 적용세율은 구간별 최소 1%에서 최대 2.5%의 초과누진세율을 적용하고 있다.

2. 취득세

구 분	내 용
과세대상 자산	취득세의 과세대상 자산은 부동산, 차량, 기계장비, 항공기, 선박, 입목, 광업권, 어업권, 골프회원권, 승마회원권, 콘도미니엄 회원권, 종합체육시설 이용회원권 또는 요트회원권을 말한다.
납세의무자	취득세 납세의무자는 부동산등을 취득한 자이다.
과세표준	취득세의 과세표준은 취득 당시의 가액으로 한다. 다만, 연부(年賦)로 취득하는 경우에는 연부금액(매회 사실상 지급되는 금액을 말하며, 취득금액에 포함되는 계약보증금을 포함)으로 한다.
세율	지방자치단체의 장은 조례로 정하는 바에 따라 취득세의 세율의 100분의 50의 범위에서 가감할 수 있다. ■ 부동산 : 2.3% ~ 4.0%　　■ 부동산 외의 자산 : 2.0% ~ 7.0%
신고 및 납부	취득세 과세물건을 취득한 자는 그 취득한 날부터 60일 이내에 그 과세표준에 세율을 적용하여 산출한 세액을 신고하고 납부하여야 한다.

3. 주민세

구 분	균등분 주민세	재산분 주민세	종업원분 주민세
정의	■ 개인 또는 법인에 대하여 균등하게 부과하는 주민세	■ 사업소 연면적을 과세표준으로 하여 부과하는 주민세 ■ 사업소란 인적 및 물적 설비를 갖추고 계속하여 사업 또는 사무가 이루어지는 장소	■ 종업원의 급여총액을 과세표준으로 하여 부과하는 주민세 ■ 종업원의 급여총액이란 사업소의 종업원에게 지급하는 봉급, 임금, 상여금 및 이에 준하는 성질을 가지는 급여
납세 의무자	매년 8월 1일 현재 시·군내에 주소를 둔 개인, 사업소를 둔 개인 및 법인	매년 7월 1일 현재 과세대장에 등재된 사업주	종업원에게 급여를 지급하는 사업주
면세점 기준	-	해당 사업소의 연면적이 330제곱미터 이하인 경우	최근 1년간 해당 사업소 종업원 급여총액의 월평균금액이 135백만원 이하인 경우
납기	매년 8월 16일 ~ 8월 31일 (과세기준일 8월 1일)	매년 7월 1일 ~ 7월 31일 (과세기준일 7월 1일)	매월 말일을 기준으로 다음달 10일까지 신고납부
세율	■ 개인 : 1만원 범위 내에서 자채 단체별로 조례에 규정 ■ 개인사업자(직전년도 부가가치세 과세표준 4,800만원이상) : 50,000원 ■ 법인사업자 : 자본금과 종업원수에 따라 5만원 ~ 50만원	■ 연면적 1m²당 250원	■ 종업원 급여 총액의 0.5%

전산세무 **2**급 파이널

PART **01** 실무프로그램의 시작

PART **02** 회계정보시스템운용

PART **03** 전표관리

PART **04** 부가가치세 신고서 및 부속서류 작성

PART **05** 결산관리

PART **06** 근로소득 원천징수

전산실무 요약

Perfect 전산세무 2급
www.bobook.co.kr

전산실무 출제유형

전산실무는 시험의 70%(70점) 비중을 차지하며 출제 메뉴는 다음과 같다.

구분	출제 메뉴	세부사항	배점
문제 [1]	일반전표입력	부가가치세신고와 관련 없는 거래자료 입력	15점 (5문제)
문제 [2]	매입매출전표입력	부가가치세신고와 관련 있는 거래자료 입력	15점 (5문제)
문제 [3]	부가가치세신고서 및 부속명세서 작성 (전자신고 포함)	① 부가가치세신고서의 작성(가산세 포함) 및 전자신고 ② 부가가치세 부속명세서 작성	10점 ~ 13점 (2문제)
문제 [4]	결산자료입력	① 수동결산 : 일반전표입력 메뉴 ② 자동결산 : 결산자료입력 메뉴 ③ 고정자산등록(출제비중 낮음)	15점 (5문제)
문제 [5]	근로소득 원천징수 및 연말정산 (전자신고 포함)	① 사원등록 ② 급여자료입력 ③ 원천징수이행상황신고서의 작성 및 전자신고 ③ 연말정산자료입력	13점 ~ 15점 (2문제)

※ 문제 [3]·문제 [4]·문제 [5] 출제비율이 ± 서로 상충관계 됨

PART 01

실무프로그램의 시작

CHAPTER 01 실무프로그램의 시작

백데이터 다운로드 및 설치방법

1. 도서출판 배움 홈페이지(www.bobook.co.kr)에 접속한다.
2. 홈페이지 교재실습/백데이터 자료실을 클릭한다.
3. 교재실습/백데이터 자료실 ⇨ [2025_TaxFINAL_2grade] 백데이터를 선택하여 다운로드 한다.
4. 다운로드한 파일을 선택 후 실행하면 [내컴퓨터 ⇨ C: ₩KcLepDB ⇨ KcLep]에 자동으로 복구 저장된다.
5. 한국세무사회 자격시험 케이렙 프로그램 을 실행한다.

    실행화면에서 회사등록 ⇨ F4 회사코드재생성 을 실행하여야 선택하고자 하는 회사가 생성된다.

    회사등록
    ⊗ 닫기   ⋯ 코드   🗑 삭제   🖨 인쇄   👁 조회
    ≡ F3 검색   CF3 조건검색   F4 회사코드재생성   F6 회사명되돌리기   CF8 세무서코드자동변경

    본교재 연습회사 : 2000.(주)배움, 2100.(주)청송, 2200.(주)성공, 2250.(주)합격

6. 웹하드(www.webhard.co.kr) 다운로드 방법
    ① 오른쪽 상단의 [로그인] 버튼을 클릭하여 아이디와 비밀번호를 입력한다. [아이디 : bobookcokr / 비밀번호 : book9750]
    ② [내리기전용] ⇨ [전산세무회계] ⇨ [전산세무 2급 FINAL] 폴더에서 백데이터를 선택하여 다운로드 한다.
    ③ 이외의 사항은 위와 동일하다.

전산실무

PART 01 실무프로그램의 시작

01 실무프로그램의 시작

1. 프로그램의 시작

1 사용자 로그인

① 바탕화면에서  아이콘을 클릭한다.
② 사용자 설정화면에서 사용자가 작업할 "종목선택"을 선택한다.
③ 등록된 회사가 없으므로 화면하단의 회사등록 버튼을 클릭하여 작업할 회사를 먼저 등록한 다음
④ 회사코드와 회사명을 선택하고 로그인 버튼을 클릭하여 시작한다.
⑤ 백데이터를 실행 후 로그인하는 경우는 "회사코드"란에서 ⬜ 버튼을 클릭하여 작업할 회사를 선택하여 로그인 버튼을 클릭하여 시작한다.

 **TIP**

프로그램 설치 후 처음 시작할 때는 "**회사등록**"을 먼저하고, 한번 회사등록이 된 후에는 회사코드를 선택하여 로그인하여야 하나 [전산세무 2급 FINAL]은 백데이터를 활용하여 연습하고자 한다.

2 급수별 프로그램 구성

구 분	전산회계 2급	전산회계 1급	전산세무 2급	전산세무 1급
기업기준	개인기업, 도·소매업	법인기업, 제조업	법인기업, 제조업	법인기업, 제조업
재무회계	회계원리	회계원리	중급회계	고급회계
원가회계	–	기초원가	원가계산	고급원가계산
부가가치세법	–	부가가치세 기초	부가가치세 실무	부가가치세 실무
소득세법	–	–	근로소득 원천징수 실무	근로·퇴직·사업·기타·이자·배당소득 원천징수 실무
법인세법	–	–	–	법인 세무조정실무

[전산세무 2급 기본메뉴 구성]

전산세무 2급 메뉴는 회계관리, 부가가치, 원천징수로 구성되어 있다.

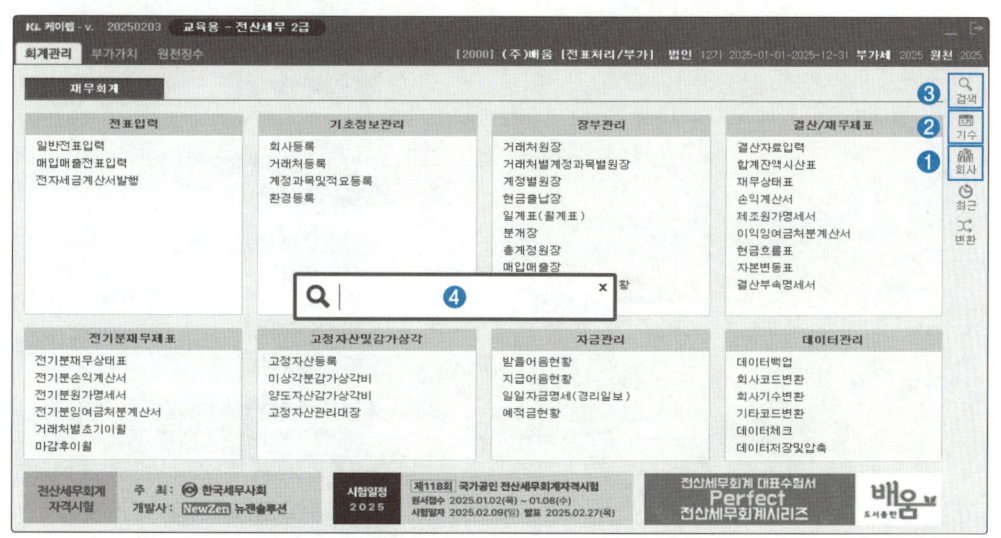

① 작업 중인 회사에서 다른 회사를 선택하여 작업하고자 할 때 활용한다.
   (회사선택은 이미 선택된 급수에서의 회사변경만 가능하다.)
② 기수, 원천 작업연도, 부가세 작업연도를 변경하고자 할 때 활용한다.
③ 검색을 선택하면 검색 가능한 메뉴화면이 활성화 되며 메뉴이름 2글자를 입력하거나 초성 2글자를 입력하면 해당모듈 안에 있는 메뉴를 검색하여 실행가능하다.
④ 찾는 방법 : 검색 버튼을 클릭하거나 화면에서 마우스 중간의 휠(단축키 : Ctrl + Enter↵)을 누르면 화면 중간에 메뉴검색창이 뜬다. ③에서와 마찬가지로 메뉴이름 2글자 또는 초성 2글자를 입력하면 프로그램 안에 있는 모든 메뉴를 검색해 준다.

3 전산세무 2급 프로세스

전산세무 2급을 구성하는 프로그램의 전체 프로세스는 다음과 같다.

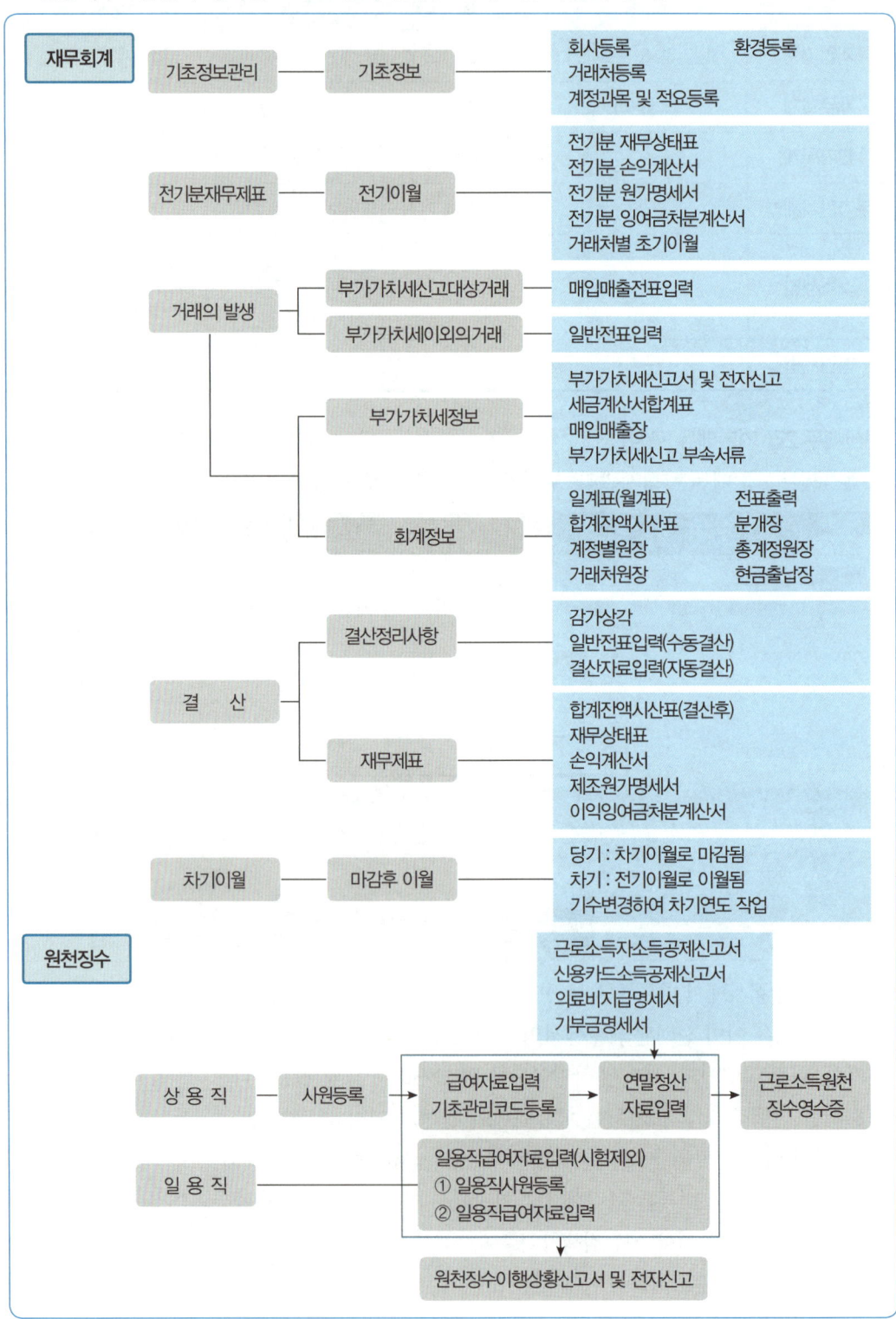

PART 02

회계정보시스템운용

CHAPTER 01 기초정보등록
CHAPTER 02 전기이월작업

전산실무

NCS 학습모듈	대분류	경영 · 회계 · 사무
	중분류	재무 · 회계
	소분류	회계
	세분류	회계 · 감사

NCS 능력단위	능력단위요소	수 행 준 거
0203020105_20v4 회계정보시스템 운용	0203020105_20v4.1 회계 관련 DB마스터 관리하기	1.1 DB마스터 매뉴얼에 따라 계정과목 및 거래처를 관리할 수 있다. 1.2 DB마스터 매뉴얼에 따라 비유동자산의 변경 내용을 관리할 수 있다. 1.3 DB마스터 매뉴얼에 따라 개정된 회계관련규정을 적용하여 관리할 수 있다.

PART 02 회계정보시스템운용

01 기초정보등록

1. 회사등록

[회사등록]은 프로그램을 운용하여 작업할 기본회사를 등록하는 메뉴로서 프로그램 운영상 가장 먼저 등록되어야 한다. [회사등록]에 등록된 사항은 프로그램 운영 전반 및 각종 신고서에 반영되므로 정확히 입력해야 한다.

2. 환경등록

[환경등록] 메뉴는 프로그램을 운용하여 작업할 기본회사의 시스템환경을 설정하기 위한 메뉴로 회사등록 후 바로 설정한다. [환경등록]은 시스템전반에 걸쳐 영향을 미치기 때문에 초기 설정 값을 신중하게 고려하여 결정한다.

3. 거래처등록

[거래처등록]은 관리하고자 하는 거래처의 기본정보를 등록하는 메뉴이다. 상품매출 등의 거래 시 외상거래 등 채권·채무에 관한 거래가 발생했을 때, 보조장부로 거래처별 장부를 만들어 관리하게 되는데, 프로그램에서는 이를 거래처코드로 등록하고 거래처코드별로 집계된 [거래처원장]을 작성할 수 있다.

TIP

[반드시 거래처코드를 입력해야 하는 계정과목]

채권계정	외상매출금	받을어음	미수금	선급금	장(단)기대여금	가지급금	임차보증금	보통예금 등
채무계정	외상매입금	지급어음	미지급금	선수금	장(단)기차입금, 유동성장기부채	가수금	임대보증금	

※ 예금 및 가수금은 시험 지문에 별도의 표시가 있는 경우 반드시 입력함에 유의

4. 계정과목 및 적요등록

계정과목은 시스템 전반에 영향을 미치므로 프로그램을 처음 사용하는 시점에서 정확하게 설정하여야 한다. 기업회계기준에 따라 가장 일반적인 계정과목은 이미 등록되어 있는 상태이므로 회사의 특성에 따라 계정과목을 계정과목코드체계에 따라 수정하거나 추가하여 사용할 수 있다. 또한, 전표입력 시 편의와 능률을 향상시키기 위해 자주 사용되는 적요를 입력하여 사용하는 메뉴이다.

CHAPTER 02 전기이월작업

당해연도 중에 개업한 경우가 아닌 전년도 이전에 개업한 회사에 대하여 시스템을 처음 사용하면서 전기분의 자료를 입력할 필요없이 전년도의 결산 재무제표를 입력하므로써 전기분과 당기분의 비교식 재무제표를 작성할 수 있게 된다.

1. 전기분 재무상태표

계속기업의 경우 전년도의 결산시 작성된 재무제표 중 재무상태표 항목은 이월을 받게 되는데 전기분 재무상태표는 각 계정별로 이월시킴과 동시에 당기분 보고용 비교식 재무상태표의 전기 자료를 제공한다.

2. 전기분 원가명세서

전기분 원가명세서는 계속기업의 비교식 원가명세서의 작성자료를 제공함과 동시에 손익계산서의 부속자료로 당기제품제조원가를 입력하는 메뉴이다. 전기분 재무상태표 및 전기분손익계산서와 마찬가지로 [마감후 이월] 메뉴에서 전년도 장부를 마감하면 자동 이월된다.

3. 전기분 손익계산서

전기분 손익계산서는 계속기업의 비교식 손익계산서의 작성 자료를 제공함과 동시에 기업의 당기순이익을 계산하는 메뉴이기도 하다. 즉, 손익계산서에서 계산된 당기순손익은 재무상태표에 주기사항으로 표시되며 손익계산서가 작성되어야만 재무상태표의 당기순손익란에 반영되고 이익잉여금처분계산서의 당기순이익에 반영된다.

4. 전기분 이익잉여금처분계산서

법인기업은 당기순이익과 전년도에서 이월된 이익 등을 주주총회를 통해 배당하거나 적립 등의 용도로 처분하게 된다. 법인은 결산일로부터 3개월 이내에 주주총회를 하여 이익에 대한 처분을 하며, 이익처분이나 전입액 등을 보고하는 서식이다. 그러나 결산일은 결산기준일일 뿐

주주총회가 있기 이전으로 처분을 할 수 없으므로 전기이월 되어 넘겨받는 시점에서는 처분내역이 없음에 유의하여야 한다. 전기분 이익잉여금처분계산서는 당기순이익 및 처분내역을 입력하고 비교식 이익잉여금처분계산서를 작성하기 위하여 입력하는 메뉴이다.

TIP

[이익잉여금처분에 대한 회계처리 사례]

처분확정일자 2025년 3월 25일

과목	계정과목명		제 11(전)기 2024년01월01일~2024년12월31일 금액	
	코드	계정과목	입력금액	합계
I.미처분이익잉여금				29,000,000
1.전기이월미처분이익잉여금			15,000,000	
2.회계변경의 누적효과	0369	회계변경의누적효과		
3.전기오류수정이익	0370	전기오류수정이익		
4.전기오류수정손실	0371	전기오류수정손실		
5.중간배당금	0372	중간배당금		
6.당기순이익			14,000,000	
II.임의적립금 등의 이입액				5,000,000
1.배당평균적립금	0358	배당평균적립금	5,000,000	
2.				
합계(I + II)				34,000,000
III.이익잉여금처분액				16,000,000
1.이익준비금	0351	이익준비금	1,000,000	
2.재무구조개선적립금	0354	재무구조개선적립금		
3.주식할인발행차금상각액	0381	주식할인발행차금		
4.배당금			15,000,000	
가. 현금배당	0265	미지급배당금	10,000,000	
주당배당금(률)		보통주(원/%)		
		우선주(원/%)		
나. 주식배당	0387	미교부주식배당금	5,000,000	
주당배당금(률)		보통주(원/%)		
		우선주(원/%)		
5.사업확장적립금	0356	사업확장적립금		
6.감채적립금	0357	감채적립금		
7.배당평균적립금	0358	배당평균적립금		
8.기 업 합 리 화 적립금	0352	기업합리화적립금		
IV.차기이월미처분이익잉여금				18,000,000

① 처분확정일자 회계처리(2025년 3월 25일)

[임의적립금 등의 이입액]
(차) 배당평균적립금 5,000,000원   (대) 이월이익잉여금 5,000,000원

[이익잉여금처분액]
(차) 이월이익잉여금 16,000,000원   (대) 이익준비금 1,000,000원
                                                         미지급배당금 10,000,000원
                                                         미교부주식배당금 5,000,000원

② 배당금지급일자 회계처리

[현금배당(개인주주 가정)]
(차) 미지급배당금 10,000,000원   (대) 예수금 1,540,000원
                                                         보통예금 등 8,460,000원

[주식배당(액면배당)]
(차) 미교부주식배당금 5,000,000원   (대) 자본금 5,000,000원

5. 거래처별초기이월

재고자산 등의 외상매입거래에 대하여 또는 특정한 계정과목에 대하여 거래처별 장부를 만들고자 할 때 사용하는 메뉴이며, 계정과목별로 관리대상 거래처와 전기말 잔액을 입력한다.

PART 03

전표관리

CHAPTER 01 일반전표입력
CHAPTER 02 매입매출전표입력

전산실무

NCS 학습모듈		
대분류	경영 · 회계 · 사무	
중분류	재무 · 회계	
소분류		회계
세분류		세무

NCS 능력단위	능력단위요소	수 행 준 거
0203020201_23v6 적격증빙관리	0203020201_23v6.2 전표 처리하기	2.1 회계상 거래를 부가가치세신고 여부에 따라 일반전표와 매입매출전표로 구분할 수 있다. 2.2 부가가치세신고와 관련이 없는 회계상 거래를 일반전표에 처리할 수 있다. 2.3 부가가치세신고와 관련이 있는 회계상 거래를 매입매출전표에 처리할 수 있다.
	0203020201_23v6.3 적격증빙 서류관리하기	3.1 발생한 거래에 따라 관련 서류 등을 확인하여 증빙여부를 검토할 수 있다. 3.2 발생한 거래에 따라 관련 규정을 준수하여 증빙서류를 구분 대조할 수 있다. 3.3 증빙서류 관련 규정에 따라 제 증빙서류를 보관 · 관리할 수 있다. 3.4 업무용승용차 관련 거래를 인식하고 차량별로 운행일지를 관리할 수 있다.

CHAPTER 01 일반전표입력

1. 일반전표입력

[일반전표입력] 메뉴는 부가가치세신고와 관련된 매입매출거래(세금계산서, 계산서, 수입세금계산서, 신용카드 등 거래) 이외의 모든 거래를 입력하는 메뉴이다.

💿 일반전표입력 필드 설명

항 목	입력내용 및 방법
	일반전표입력 메뉴가 활성화되면 우측 상단에 작업년도가 자동으로 표시되며 커서는 월에 위치한다.
월, 일	① 입력하고자 하는 전표의 해당 월 2자리 숫자를 직접 입력하거나 열람단추를 클릭, 1월~12월 중 해당 월을 선택한다. ② 일자를 직접 입력하여 일일거래를 입력하거나, 해당 월만 입력 후 일자별 거래를 연속적으로 입력한다. 일자가 동일한 경우는 일자를 입력하지 않고 Enter 를 치면 된다.
현금잔액	현금 잔액란에 표시된 금액은 전기분재무상태표의 현금으로 입력한 금액이며, 현금 계정과목의 입·출금에 따라 금액이 변경되며 버튼을 클릭하면 [현금출납장]이 조회된다.
번 호	① 전표번호는 각 일자별로 "00001"부터 자동 부여되며, 한번 부여 후 삭제된 번호는 다시 부여되지 않는다. 대체분개 입력 시는 차·대변 합계가 일치할 때까지 1개의 전표로 인식, 동일한 번호가 부여되며, 차·대변의 합계가 일치된 다음 입력되는 전표는 새로운 전표로 보아 다음 번호로 부여된다. ② 전표번호를 수정하고자 하는 경우는 "SF2번호수정"을 클릭하여 번호를 수정한다.
구 분	전표의 유형을 입력하는 란으로 해당란에 커서가 위치하면 화면의 좌측하단의 메세지란에 다음과 같은 도움말이 나타난다. 　　1. 출금　　2. 입금　　3. 차변　　4. 대변　　5. 결산차변　　6. 결산대변 ① 현금전표 - 출금전표 : 1, 입금전표 : 2 ② 대체전표 - 차변 : 3, 대변 : 4 ③ 결산전표 - 결산차변 : 5, 결산대변 : 6 (결산대체분개시만 사용함)
계정과목	거래 자료의 계정과목을 입력하며 코드번호는 3자리 입력 또는 선택으로 이루어진다. 기존에 없는 새로운 계정과목이나 계정과목명 변경 시에는 [기초정보관리 ⇨ 계정과목및적요등록] 메뉴에서 해당코드와 해당계정과목을 등록하여 사용한다. • 방법 1 : 계정코드를 모르는 경우 입력방법 　① 코드란에 커서 위치 시 코드도움(F2)을 받아 원하는 계정을 부분 검색하여 Enter 로 입력 　② 코드란에 커서 위치 시 계정과목명 앞 두 글자를 입력하여 Enter 로 입력 • 방법 2 : 계정코드를 알고 있는 경우 입력하는 방법 　코드란에서 계정과목 코드를 입력한다.

항 목	입력내용 및 방법
계정과목	[비용계정과목 선택 시 유의사항] 500번대 : 제조경비　　　　　　　　600번대 : 도급경비 700번대 : 분양경비　　　　　　　　800번대 : 판매관리비
거래처	채권 및 채무 관련계정 등의 거래처별 잔액 또는 거래내역을 관리하기 위해서는 거래처 코드를 입력하는 란이다. • 방법 1 : 거래처코드를 알고 있는 경우 입력방법 　해당 거래처코드를 입력하며 코드를 입력하면 거래처명은 자동으로 반영된다. • 방법 2 : 거래처코드를 모르는 경우 입력방법 　① 코드란에 커서 위치 시 코드도움([F2])을 받아 원하는 거래처를 부분 검색하여 [Enter]로 입력 　　(사업자등록번호로도 검색이 가능함) 　② 코드란에 커서 위치 시 "+"키 또는 "00000"을 치고 원하는 거래처명 또는 사업자등록번호를 입력하여 [Enter] • 직전거래처코드와 동일한 경우 입력방법 　"거래처명"만이 아닌 "거래처코드"까지 직전 전표와 동일한 입력을 원할 경우에는 거래처 코드란에서 "+"키를 누른 후 [Enter]키를 누르면 자동 반영된다. • 신규거래처일 경우 입력방법 　코드란에 커서 위치 시 "+"키를 입력하고 거래처명을 입력하여 [Enter] ➡ 수정(tab)을 클릭하여 기본사항을 입력
적 요	적요는 숫자 0, 1~8, [F2] 중 해당 번호를 선택, 입력한다. ① 0 또는 [Enter] : 임의의 적요를 직접 입력하고자 할 때 선택한다. ② 1~8 또는 [F2] : 화면 하단에 보여지는 내장적요로, 해당번호를 선택 입력한다. 기 내장 적요 외에 빈번하게 사용하는 적요의 경우에는 적요 코드 도움 창에서 적요편집([F8])키를 눌러 기 등록된 적요를 수정 또는 추가할 수 있다.
금 액	금액 입력 시 키보드의 "+"키는 "000"을 의미한다. 그러므로 2,000,000원을 입력할 경우 [2"+""+"로 입력]하여 활용한다.

1 출금거래 입력하기

출금거래란 현금이 지출된 거래를 말하며, 대변에 "현금" 계정과목만 기재된다.

[분　개]　(차변) 복리후생비 등　　×××　　(대변) 현　　금　　×××

2 입금거래 입력하기

입금거래란 현금이 입금된 거래를 말하며, 차변에 "현금" 계정과목만 기재된다.

[분 개]   (차변) 현   금   ×××   (대변) 외상매출금 등   ×××

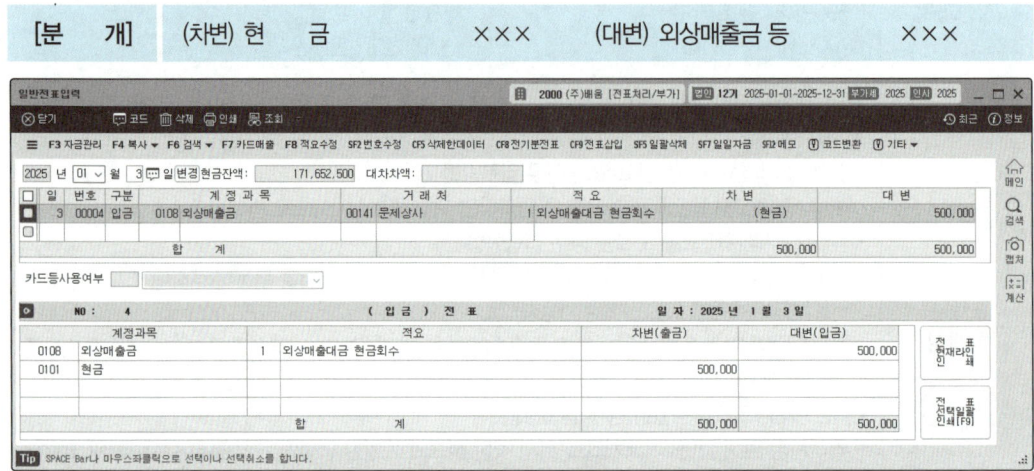

3 대체거래 입력하기

대체거래란 현금이 포함되지 않은 거래를 말하며, 현금이 일부 포함된 거래도 대체거래로 입력할 수 있다.

[분 개]   (차변) 복리후생비 등   ×××   (대변) 미지급금 등   ×××

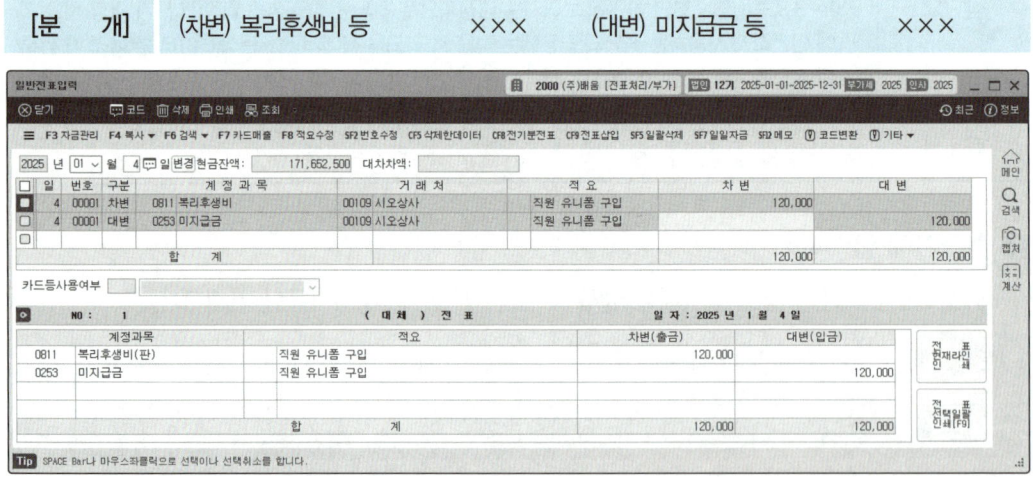

2. 신규거래처 등록

신규거래처 등록은 [기초정보관리 ⇨ 거래처등록] 메뉴에서 기존데이터에 추가하여 거래처를 등록한다. 다만, 신규거래처 등록은 [일반전표입력] 및 [매입매출전표입력] 메뉴에서도 직접 등록이 가능하다.

항목		입력내용 및 방법
거래처등록항목	등록(Enter)	자동 부여되는 번호(00101~99999의 범위에서 사용되지 않은 번호 중 빠른 번호로 부여됨) 또는 번호를 수정 후 이외의 등록사항이 필요하지 않은 경우 선택하며, 키보드의 Enter 키 이용도 가능하다.
	수정(tab)	자동 부여된 코드가 아닌 임의의 다른 코드로 등록을 원할 때나 거래처의 세부항목을 등록할 때 버튼을 선택, 클릭을 하면 전표입력화면의 "거래처내용등록" 화면에 커서가 이동하며 세부사항을 입력한다.
	취소(Esc)	신규거래처 등록을 원하지 않을 경우 선택한다.

거래처코드에서 "+"키를 누르면 "00000"이 자동 표시 되며 거래처명 입력 후 Enter 를 누른다.
▼
거래처등록 팝업화면에서 거래처코드 "00103" 입력 후 "수정[tab]"을 클릭하여 세부사항을 입력한다.
▼
일반전표 화면에서 세부사항을 입력한다.

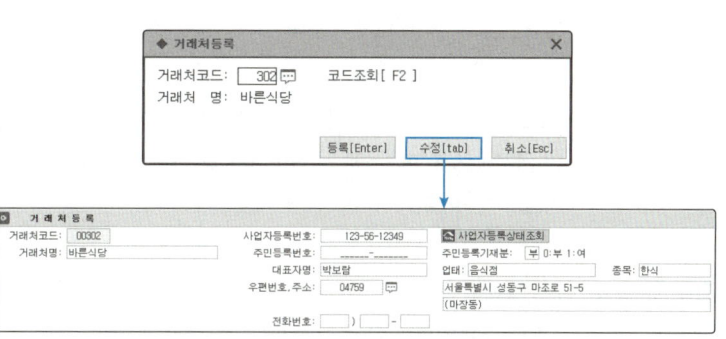

3. 일반전표입력 유형별 연습하기(회사코드 : 2000.(주)배움)

입력 시 유의사항

- 일반적인 적요의 입력은 생략하지만, 타계정 대체거래는 적요 번호를 선택하여 입력한다.
- 채권·채무와 관련된 거래는 별도의 요구가 없는 한 반드시 기등록된 거래처코드를 선택하는 방법으로 거래처명을 입력한다.
- 제조경비는 500번대 계정코드를, 판매비와관리비는 800번대 계정코드를 사용한다.
- 회계처리 시 계정과목은 별도의 지시가 없는 한 등록된 계정과목 중 가장 적절한 과목으로 한다.

[3월 거래]

[1] 3월 1일   우리테크노에 상품 @10,000원(부가세별도)짜리 100개를 주문하고 대금 중 계약금 300,000원을 현금으로 지급하고 나머지 잔액은 물건을 인도 받을 날에 지급하기로 하다.

[2] 3월 1일   당사는 (주)보이스가구에 제품을 공급하기로 계약을 맺고, 11,000,000원의 계약금을 보통예금계좌로 이체받았다.

[3] 3월 1일   당사는 제품을 교환할 수 있는 상품권(1장당 10,000원) 300장을 시중에 판매하고 현금 3,000,000원을 획득하였다. 단, 본 거래에 대해서만 거래처 입력은 생략할 것.

[4] 3월 2일   회사는 매출처인 (주)인천의 제품매출에 대한 외상매출금 잔액 5,000,000원을 보통예금으로 송금 받았다. 동 대금잔액은 2월 25일에 발생한 (2/10, n/15)의 매출할인 조건부 거래에 대한 것으로서 동 결제는 동 공급에 관한 최초의 결제이다. (단, 부가가치세는 고려하지 않는다.)

[5] 3월 2일   매입처 (주)민국기업으로부터 외상으로 매입한 상품 중 품질불량으로 인해 에누리 받은 금액이 500,000원이다. 단, 부가가치세는 고려하지 아니한다.

[6] 3월 3일   운전자금 확보를 위해 주거래처인 (주)울산으로부터 매출대금으로 받은 약속어음 30,000,000원을 곧바로 세종은행에서 할인하고 할인료 500,000원을 차감한 잔액을 현금으로 수령하다. 단, 어음할인은 매각거래로 간주한다.

[7] 3월 3일   시오상사로부터 제품을 판매하고 받은 받을어음(만기 6월 30일) 12,000,000원을 288,000원 할인한 금액으로 보통예금에 입금하였다. 할인은 거래은행인 국민은행에서 하였으며, 할인액은 이자비용으로 회계처리하기로 하며, 차입거래로 회계처리 한다.

[8] 3월 4일   공공상사에 대한 외상매입금과 (주)울산에 대한 받을어음이 각각 1,000,000원이 있었는데, 공공상사의 외상매입금을 (주)울산의 받을어음으로 배서양도 하였다.

[9] 3월 5일   (주)민국기업에 대한 외상매입금 10,000,000원 중 5,000,000원은 보통예금계좌에서 이체하였고, 나머지 금액은 다음과 같은 내용의 금전대차거래로 전환하기로 하였다.

- 이자율 : 연 12% (단, 원리금 상환지체시 연 30% 추가)   • 원금상환기한 : 차용일로부터 10개월
- 이자지급기한 : 원금 상환시 일시지급   • 차용일 : 3월 5일

[10] 3월 6일   상품 매입처인 (주)경일산업이 당사에 외상매입금 16,000,000원에 대한 상환을 요구하면서 이 중 50%를 면제하여 주다. 당사는 외상매입금을 보통예금으로 지급하다.

[11] 3월 7일   부도 발생한 (주)서울에 대한 외상매출금 1,000,000원을 대손처리 하시오. 단, 대손처리 시점의 대손충당금 내역은 입력된 자료를 조회하여 사용하며, 대손세액공제는 고려하지 않는다.

[12] 3월 7일   당사는 (주)한국물류에게 대여한 단기대여금 10,000,000원을 회수불능채권으로 보아 전액 대손처리하였다. 대손충당금의 잔액을 조회하여 처리할 것.

[13] 3월 8일   매출처인 (주)흥국제조의 부도로 전기 1월 31일에 대손처리했던 외상매출금 2억원 중 77,000,000원이 회수되었다. 회수는 전액 자기앞수표로 되었으며, 외상매출금의 대손처리가 이루어진 기간의 부가가치세 신고에서는 대손세액공제를 받지 않았다.

[14] 3월 8일   전기에 (주)팽성의 외상매출금 4,400,000원(부가가치세 포함)을 회수불능채권으로 대손처리하였으나 당일 전액 현금으로 회수되었다. 단, 상기금액은 전기 제1기 부가가치세 확정신고시 대손요건 충족으로 대손세액공제를 받은바 있다.

[15] 3월 9일   당사는 단기매매증권으로 분류되는 (주)청윤(상장회사)의 주식 5,000주를 1주당 10,000원에 매입하였다. 매입수수료는 매입가액의 1%이고 매입관련 대금은 모두 현금으로 지급하였다.

[16] 3월 12일 단기간 매매차익 목적으로 구입하였던 상장법인 (주)LG상사의 주식 300주(장부가액 : 3,000,000원)를 한국증권거래소에서 1주당 9,000원에 처분하고, 수수료 80,000원을 차감한 잔액을 보통예금계좌로 이체받았다.

[17] 3월 12일 단기보유목적으로 2024년 12월 5일에 구입한 시장성이 있는 (주)국현의 주식 1,000주를 15,000,000원에 처분하였다. 처분대금은 거래수수료 10,000원을 차감한 잔액이 보통예금에 입금되었으며, 증권거래세 45,000원은 현금으로 납부하였다.

- 2024년 12월 5일 취득시 : 2,000주, 주당 취득가액 18,000원, 취득부대비용 67,000원
- 2024년 12월 31일 시가 : 주당 16,000원

[18] 3월 13일 당사가 장기투자 목적으로 보유하던 상장주식(투자회사에 대한 지분율이 1% 미만임)을 다음과 같은 조건으로 처분하고 처분대금을 보통예금 계좌로 입금하였다. 단, 전년도(2024년)에 해당 상장주식에 대한 기말 평가는 일반기업회계기준에 따라 적절하게 회계처리 하였다.

취득가액	시 가	양도가액
취득일 2024년 1월 31일	2024년 12월 31일	
7,000,000원	5,000,000원	6,000,000원

[19] 3월 14일 (주)서울상사에서 발행한 만기 3년인 채권을 다음과 같이 구입하였다. 당사는 동 채권을 만기까지 보유할 의도 및 능력을 갖추고 있다. (하나의 전표로 처리할 것)

구 분	금 액	비 고
(주)서울상사가 발행한 채권의 구입비	1,000,000원	보통예금에서 이체함
채권구입과 관련하여 (주)한국증권에게 지급한 수수료	30,000원	보통예금에서 이체함
계	1,030,000원	-

[4월 거래]

[1] 4월 1일   3월 15일에 수입하였던 원재료에 대하여 다음과 같은 비용이 보통예금에서 지급되었다.

- 통관서류작성 수수료 : 15,000원
- 창고까지 운반한 비용 : 30,000원

[2] 4월 2일   (주)비즈로부터 투자목적으로 사용할 토지를 200,000,000원에 현금으로 매입하였다. 당일 취득세와 등록세 10,000,000원은 현금 납부하였다.

[3] 4월 3일   헤리상사에게 투자부동산 190,000,000원 전부를 250,000,000원에 매각하면서 대금은 약속어음(만기 1년)을 받았다.

[4] 4월 4일   제조설비를 취득하는 조건으로 상환의무가 없는 정부보조금 30,000,000원을 보통예금으로 수령하였다. 명칭이 동일한 계정과목이 여러개 있는 경우 문제에서 제시한 내용에 알맞은 계정과목을 선택하시오.

[5] 4월 5일   공장용 주차장부지(토지)를 취득하고, 이와 관련하여 아래와 같은 지출이 발생하였다. 단, 토지구입과 관련해서 2월에 계약금으로 50,000,000원을 지급한 사실이 있으며, 모든 거래는 비사업자와의 거래이고, 거래처등록은 생략한다.

항 목	지출액(원)	비 고
잔금지급액	257,000,000	전액 보통예금에서 이체
중개수수료	780,000	원천징수세액(기타소득세 및 지방소득세) 220,000원을 차감한 금액으로서, 전액 현금지급

[6] 4월 6일   당사는 사옥으로 사용할 목적으로 (주)동양산업으로부터 300,000,000원에 건물과 토지를 일괄 취득하였고, 대금은 약속어음(만기 당기 10월 10일)을 발행하였다. 단, 취득당시 건물의 공정가액은 160,000,000원, 토지의 공정가액은 80,000,000원이었으며, 건물과 토지의 취득원가는 상대적 시장가치에 따라 안분(소숫점 이하 첫째자리 반올림)하며, 부가가치세는 고려하지 않기로 한다.

[7] 4월 8일   새로운 공장을 짓기 위하여 건물이 있는 부지를 구입하고 동시에 건물을 철거하였다. 건물이 있는 부지의 구입비로 100,000,000원을 보통예금계좌에서 이체하고, 철거비용 5,000,000원은 당좌수표로 지불하였다. (부가가치세는 고려하지 말 것)

[8] 4월 9일   당사의 최대주주인 이재민으로부터 업무용 토지를 기증 받았다. 본 토지에 대한 취득세로 15,000,000원이 현금으로 은행에 납부되었다. 이재민이 실제 취득한 토지의 가액은 200,000,000원이었으며, 수증일 현재의 공정가액은 300,000,000원이다.

[9] 4월 11일   업무용으로 사용할 중고자동차를 비사업자로부터 취득하였다. 차량가액은 국민은행 당좌수표를 발행하여 지급하고, 취득세 및 등록면허세는 현금으로 지급하였다. (부가가치세는 고려하지 말 것)

- 차량가액 : 12,000,000원   · 취득세 : 300,000원   · 등록면허세 : 60,000원

[10] 4월 12일   업무용 차량 구입시 법령에 의하여 액면가액 1,000,000원의 공채를 액면가액에 현금 매입하였다. 다만, 공채의 매입당시 공정가액은 750,000원으로 평가되며 단기매매증권으로 분류한다.

[11] 4월 13일 공장을 건설하기 위하여 소요되는 자금을 조달하기 위하여 대한은행에서 차입한 차입금에 대한 이자 2,500,000원이 발생하여 대한은행 보통예금계좌에서 이체하였다. 당기 차입금에 대한 이자는 일반기업회계기준상 자본화대상요건을 충족하였고 공장은 현재 건설중이다.

[12] 4월 14일 사용중인 공장건물을 새로 신축하기 위하여 기존건물을 철거하였다. 철거당시의 기존건물의 취득가액 및 감가상각누계액의 자료는 다음과 같다.

> 1. 건물의 취득가액 : 100,000,000원
> 2. 철거당시 감가상각누계액 : 80,000,000원(철거시점까지 상각완료가정)
> 3. 건물철거비용 : 3,000,000원(간이과세자로부터 영수증 수취함, 가산세는 고려하지 말 것)을 현금 지급함.

[13] 4월 21일 화재로 인하여 공장의 기계장치(취득가액 10,000,000원, 감가상각누계액 4,500,000원)가 소실되었다. (화재보험 가입은 되어있지 않았고, 당기 감가상각비는 고려하지 말고, 손상차손(소실)에 대한 계정과목은 기설정된 것 중 가장 적절한 것을 선택)

[14] 4월 22일 업무용 차량에 교통사고가 발생하여 완전히 소실되었다. 소실전 감가상각비가 반영된 차량의 장부가액은 다음과 같다. (단, 해당 차량은 손해보험에 가입되어 있음)

> ■ 차량운반구의 취득원가 : 20,000,000원   ■ 감가상각누계액 : 2,000,000원

[15] 4월 23일 당좌거래개설보증금 1,700,000원을 현금으로 예치하여 우리은행 당좌거래를 개설하였다.

[16] 4월 24일 (주)일렉코리아에서 차량운반구를 구입하고 미지급한 11,000,000원에 대해 국민은행 당좌수표를 발행하여 지급하였다. 이때 당좌예금 잔액은 5,000,000원이며, 국민은행과는 당좌차월계약이 체결되어 있으므로 당좌차월 계정과목을 사용하여 회계처리 하시오.

[17] 4월 26일 거래처인 (주)웅이상사에 대한 외상매출금 25,000,000원을 금전소비대차계약으로 전환처리하여 24개월간 대여하기로 하였다.

[5월 거래]

[1] 5월 1일 대만 웬디사의 외상매출금이 전액 국민은행 보통예금에 입금되었다. 동 외상매출금에 대한 내역은 다음과 같다.

> ■ 4월 25일 제품을 선적하였다.
> ■ 환율정보 : 4월 25일(1,200원/$), 5월 1일(1,150원/$)
> ■ 수출대금 $50,000를 전액 회수하여 외화상태로 보유중임

[2] 5월 2일 미국 뉴욕은행으로부터 금년 1월 10일 차입한 단기차입금 $10,000에 대해 원화(현금)를 외화($)로 환전하여 상환하였다. 상환당시 환율은 1$당 1,200원이었고, 차입당시 환율은 1$당 1,300원이었다. 환전수수료 등 기타 부대비용은 없다고 가정한다.

[3] 5월 4일 전기에 미국 스탠다드은행으로부터 차입한 외화장기차입금 $500,000와 이자비용 $15,000를 보통예금에서 지급하여 상환하였다.

- 2024년 12월 31일 기준환율 : 1,100원/$
- 2025년 5월 4일 상환시 적용환율 : 1,050원/$

[4] 5월 6일 생산부 직원용 기숙사 제공을 위해 원룸 2채에 대하여 김사부와 임대차계약을 맺고, 이와 관련한 보증금을 당사 나라은행 당좌예금계좌에서 전액 지급하였다. 임대차 계약기간은 금일부터 2년이고 계약한 금액은 보증금 2억원이다.

[5] 5월 7일 미지급세금으로 처리되어 있던 1기 예정신고분의 부가가치세 미납분 1,000,000원을 납부지연가산세 9,000원과 함께 보통예금에서 이체하여 납부하였다. (단, 가산세는 판매비와관리비의 세금과공과로 처리한다.)

[6] 5월 8일 당사는 확정기여형 퇴직연금(DC형)을 가입하고 있는데, 당월분 퇴직연금을 다음과 같이 보통예금에서 지급하였다.

- 영업직 직원 퇴직연금 : 32,000,000원
- 생산직 직원 퇴직연금 : 19,000,000원

[7] 5월 9일 당사의 임원은 (주)최고생명 퇴직연금상품(확정급여형)에 가입하고 4,500,000원을 보통예금 계좌에서 이체하다.

[8] 5월 11일 (주)최고생명에서 당사가 가입한 퇴직연금에 대한 운용수익 500,000원이 퇴직연금계좌로 입금되었다. 현재 당사는 (주)최고생명에 확정급여형(DB)퇴직연금을 가입하고 있다.

[9] 5월 12일 퇴사한 생산부 직원(근속연수 3년)에 대한 퇴직금 8,000,000원 중 소득세와 지방소득세 합계 55,000원을 차감한 잔액을 현금으로 지급하였다. (회사는 퇴직급여충당부채를 설정하고 있으며, 잔액은 충분한 것으로 간주한다.)

[10] 5월 13일 당사는 만기 3년, 액면가액 100,000,000원의 사채를 발행하였으며, 발행가액은 보통예금으로 입금되었다. 유효이자율법에 의한 사채발행가액은 95,000,000원이다.

[11] 5월 14일 사채 12,000,000원을 발행하면서 발행금액 11,000,000원은 보통예금 통장으로 입금되었다. 사채 발행 관련 법무사수수료 300,000원이 현금으로 지급되었다. 하나의 전표로 입력하시오.

[12] 5월 15일 액면가액 100,000,000원인 3년 만기의 사채를 106,000,000원에 발행하였으며, 대금은 국민은행 보통예금으로 입금받았다.

[13] 5월 18일 액면가액 50,000,000원인 사채 중 액면가액 20,000,000원을 20,330,000원에 보통예금계좌에서 이체하여 조기에 상환하였다. 당사의 다른 사채 및 사채할인발행차금 등 사채 관련 계정금액은 없다.

[6월 거래]

[1] 6월 1일 주주총회의 특별결의로 보통주 8,000주(액면가액 1주당 5,000원)를 1주당 4,800원에 발행하고 납입액은 전액 보통예금에 예입하였으며, 주식발행에 관련된 법무사수수료 등 500,000원은 현금으로 별도 지급하였다. (주식발행초과금 잔액은 없다고 가정하며, 하나의 전표로 입력할 것)

[2] 6월 2일 유상증자를 위하여 신주 10,000주(주당 액면가액 5,000원)를 1주당 8,000원에 발행하여 대금은 당좌예금계좌로 입금되었고, 동 주식발행과 관련하여 법무사수수료 250,000원을 현금으로 지급하였다. 회사에는 현재 주식할인발행차금 2,100,000원이 존재하고 있다. (하나의 전표로 입력할 것)

[3] 6월 3일 유상증자를 위하여 신주 1,000주(액면 @10,000원)을 1주당 12,000원에 발행하고 대금은 전액 당좌예입하였으며, 주식발행과 관련한 법무사수수료 200,000원은 현금으로 지급되었다. 단, 주식할인발행차금 잔액은 없는 것으로 한다.

[4] 6월 4일 당사는 유상증자를 위해 보통주 15,000주(1주당 액면가액 10,000원)를 1주당 8,000원으로 발행하였고, 주금은 금일 보통예금으로 입금받았다. 단, 이와 관련한 주식발행비용(제세공과금 등) 2,000,000원은 즉시 보통예금에서 지급되었고, 증자일 현재 주식발행초과금 잔액은 29,450,000원이 있다. (하나의 거래로 처리할 것)

[5] 6월 5일 무상증자를 위하여 기타자본잉여금 20,000,000원을 자본금으로 전입하고 무상주 4,000주(액면가액 5,000원)를 발행하였다.

[6] 6월 6일 주주총회의 결의에 의하여 자사주식 2,000주(액면 5,000원)를 1주당 3,000원에 매입하여 소각하고, 대금은 현금으로 지급하였다.

[7] 6월 7일 보유중인 자기주식(취득원가 : 300,000원)을 240,000원에 현금처분하였다. 회사의 재무상태표에는 전기 이월된 자기주식처분이익 50,000원이 계상되어 있다.

[8] 6월 8일 전기분 이익잉여금처분계산서대로 주주총회에서 확정(배당결의일 3월 25일)된 배당액을 지급하였다. 원천징수세액 1,540,000원을 제외한 8,460,000원을 보통예금으로 지급하였고, 주식배당 5,000,000원은 주식을 발행(액면발행)하여 교부하였다.

[9] 6월 9일 (주)배움은 주주환원정책으로 다음과 같이 중간배당의 필요성을 설명하고 그 가부를 물은 바, 출석이사 전원 이의 없이 찬성하여 승인 가결하였다. 이익잉여금처분계산서에 반영되도록 중간배당에 대한 회계처리를 하시오.

종류	총발행주식수(자기주식포함)	자기주식수	액면금액	현금배당률
보통주	30,000주	2,000주	5,000원	5%

[10] 6월 11일 정기예금 10,000,000원이 금일 만기가 도래하여 은행으로부터 다음과 같은 내역서를 받고 이자를 포함한 전액이 당사 보통예금계정으로 입금되었다. 이자수익을 미수수익으로 계상한 금액은 없다. 법인세는 자산계정으로 처리하시오.

```
                         입 금 증
  성명 : (주)배움 귀하       계좌번호 : 12-1258689-123       거래일자 : 2025.6.11
  찾으신      • 정기예금 총액 : 10,000,000원    • 이자소득    :   600,000원
  거래내역    • 법인세      :     92,400원    • 차감수령액 : 10,507,600원

  항상 저희은행을 찾아주셔서 감사합니다.
  계좌번호 및 거래내역을 확인하시기 바랍니다.
  나라은행 강남 지점 (전화 :          )       취급자 : _____
```

[11] 6월 12일 본사건물에 대해 전년도에 납부한 전기요금 중 과오납부한 금액 200,000원이 당사 보통예금으로 입금되어 오류를 수정하였다. (중대한 오류가 아니다.)

[12] 6월 13일 영업부문 경리부서에 근무하는 직원인 전혜주씨에게 다음과 같이 원천징수세액을 차감한 후 6월분 급여를 법인의 보통예금 통장에서 지급하였다. (공제액은 하나의 계정과목으로 처리한다.)

사원 이름	총급여	국민연금 등 본인부담액	소득세(지방소득세 포함)	차감지급액
전혜주	2,500,000원	200,000원	40,000원	2,260,000원

[13] 6월 14일 공장건물 청소원인 김갑순에게 인건비 500,000원을 현금으로 지급하고 일용직 근로소득으로 신고하였다. 이와 관련된 원천징수세액은 없으며 동 금액은 잡급으로 처리하기로 한다.

[14] 6월 15일 5월분 국민연금 450,000원(회사부담금 : 225,000원, 본인부담금 : 225,000원)을 현금으로 납부하였다. 당사의 관리부서와 생산부서의 급여 비율은 5 : 5이며, 국민연금 기준액 비율도 이와 같다.

[15] 6월 16일 당사가 보유중인 유가증권(보통주 1,000주, 액면가액 : 1주당 5,000원, 장부가액 : 1주당 10,000원)에 대하여 현금배당액(1주당 800원)과 주식배당액을 아래와 같이 당일 수령하였다.

구 분	수령액	공정가치(1주당)	발행가액(1주당)
현금배당	현금 800,000원		
주식배당	보통주 100주	9,000원	8,000원

[16] 6월 17일 영업부서 김철수 과장이 제주에 출장을 다녀온 후 제출한 지출결의서 내역이다. 회사는 김철수 과장의 출장시 전도금 250,000원으로 처리하였다.

```
                    [지출 결의서 내역]
   ■ 항공기이용권 : 183,000원   ■ 숙박시설 이용료 : 50,000원   ■ 현금반환액 : 17,000원
```

[17] 6월 18일 당사의 제품(원가 : 100,000원, 판매가 : 120,000원)을 생산직 직원의 복리후생 목적으로 제공하였다. (재화의 간주공급에 해당하지 아니함)

[18] 6월 19일 매출처 직원과 식사를 하고 식대 120,000원을 법인카드(대한카드)로 결제하였다.

[19] 6월 20일 수출영업부에서 무역협회(법정단체임) 일반회비로 200,000원을 현금으로 지불하였다.

[20] 6월 21일 회사는 대표이사의 주소가 변경됨으로 인해서, 법인등기부등본을 변경등기하고 이에 대한 등록세로 120,000원을 현금지출하고, 등록관련 수수료로 100,000원을 현금으로 지급하였다.

[21] 6월 22일 영업부서의 난방용 유류대 350,000원과 공장 작업실의 난방용 유류대 740,000원을 보통예금 이체로 결제하였다.

[22] 6월 23일 원재료로 사용하기 위해 구입한 부품(취득원가:1,000,000원)을 생산공장의 기계장치를 수리하는데 사용하였다. 수리와 관련된 비용은 수익적 지출로 처리하시오.

[23] 6월 24일 영업사원의 직무능력향상을 위한 외부강사 강연료에 대하여 현금으로 지급하고 기타소득으로 원천징수한 내역이 다음과 같다. 적절한 회계처리를 하시오.

- 지급총액 : 3,000,000원
- 소득세율 : 20%
- 필요경비 : 지급총액의 60%
- 지방소득세 : 소득세의 10%

[24] 6월 25일 당사에서 구입했던 상품인 텐트 100개를 수재민을 도와주기 위해 서울시에 기부하였다. 텐트의 구입 원가는 10,000,000원이며 시가는 12,000,000원이다.

일반전표입력 유형별 연습하기 해설

[3월 거래 입력]

NO	월	일	구분	계정과목	거래처	차변	대변
[1]	3	1	차변	선급금	우리테크노	300,000	
			대변	현 금			300,000
[2]	3	1	차변	보통예금		11,000,000	
			대변	선 수 금	(주)보이스가구		11,000,000
[3]	3	1	차변	현 금		3,000,000	
			대변	선 수 금			3,000,000

- 상품권을 판매한 경우 수익으로 인식하지 않고 "선수금"으로 처리하며, 상품등과 교환시 매출로 인식한다.

NO	월	일	구분	계정과목	거래처	차변	대변
[4]	3	2	차변	매출할인(406)		100,000	
			차변	보통예금		4,900,000	
			대변	외상매출금	(주)인천		5,000,000
	■ 2/10, n/15 : 외상대금의 회수일 15일이나, 10일 이내 회수할 경우 2% 할인조건 ⇨ 10일 이내 결제되었으므로 2% 매출할인 적용 = 5,000,000원 × 2% = 100,000원 ■ 상품매출(401)의 매출할인(403)과 제품매출(404)의 매출할인(406)을 구분하여 입력							
[5]	3	2	차변	외상매입금	(주)민국기업	500,000	
			대변	매입환출및에누리(147)			500,000
	■ 상품(146)의 매입에누리(147)과 원재료(153)의 매입에누리(154)를 구분하여 입력							
[6]	3	3	차변	매출채권처분손실		500,000	
			차변	현　　금		29,500,000	
			대변	받을어음	(주)울산		30,000,000
	■ 어음할인 시 매각거래인 경우 할인액은 매출채권처분손실로 처리하며, 대변에 받을어음을 상계처리한다. 할인료 = 할인어음금액 × 할인율 × 할인일수/365							
[7]	3	3	차변	이자비용		288,000	
			차변	보통예금		11,712,000	
			대변	단기차입금	국민은행		12,000,000
	■ 어음할인 시 차입거래인 경우 할인액은 이자비용으로 처리하며, 단기차입금으로 대체처리한다. 또한, 만기시 받을어음과 단기차입금을 상계처리하여야 한다.							
[8]	3	4	차변	외상매입금	공공상사	1,000,000	
			대변	받을어음	(주)울산		1,000,000
[9]	3	5	차변	외상매입금	(주)민국기업	10,000,000	
			대변	보통예금			5,000,000
			대변	단기차입금	(주)민국기업		5,000,000
	■ 금전소비대차거래는 차입(또는 대여)를 의미하므로 차입금(또는 대여금)으로 처리한다.							
[10]	3	6	차변	외상매입금	(주)경일산업	16,000,000	
			대변	보통예금			8,000,000
			대변	채무면제이익			8,000,000
[11]	3	7	차변	대손충당금(109)		1,000,000	
			대변	외상매출금	(주)서울		1,000,000
	■ 대손충당금과 우선 상계 후 대손충당금 잔액 부족시 당기비용(판매비와관리비) 처리한다.							
[12]	3	7	차변	대손충당금(115)		7,000,000	
			차변	기타의대손상각비		3,000,000	
			대변	단기대여금	(주)한국물류		10,000,000
	■ 대손충당금과 우선 상계 후 대손충당금 잔액 부족시 당기비용(영업외비용) 처리한다.							

NO	월	일	구분	계정과목	거래처	차변	대변
[13]	3	8	차변	현 금		77,000,000	
			대변	대손충당금(109)			77,000,000

- 대손금 회수시 : 전·당기 구분하지 않고 대변에 무조건 관련 대손충당금으로 회계처리 한다.

NO	월	일	구분	계정과목	거래처	차변	대변
[14]	3	8	차변	현 금		4,400,000	
			대변	대손충당금(109)			4,000,000
			대변	부가세예수금			400,000

- 대손처분시 대손세액공제를 받은 대손금을 회수하는 경우 대손세액공제액 만큼은 대변에 부가세예수금으로 회계처리 한다.

NO	월	일	구분	계정과목	거래처	차변	대변
[15]	3	9	차변	단기매매증권		50,000,000	
			차변	수수료비용(984)		500,000	
			대변	현 금			50,500,000

- 단기매매증권 취득과 관련된 부대비용은 수수료비용(영업외비용)으로 처리한다.

NO	월	일	구분	계정과목	거래처	차변	대변
[16]	3	12	차변	보통예금		2,620,000	
			차변	단기매매증권처분손실		380,000	
			대변	단기매매증권			3,000,000

- 단기매매증권처분손익 = 처분(=매각)금액 − 장부가액 − 처분시 부대비용 = (+) 처분이익, (−)처분손실
  = 2,700,000원 − 3,000,000원 − 80,000원 = △380,000원(손실)

NO	월	일	구분	계정과목	거래처	차변	대변
[17]	3	12	차변	보통예금		14,990,000	
			차변	단기매매증권처분손실		1,055,000	
			대변	단기매매증권			16,000,000
			대변	현 금			45,000

- 단기매매증권처분손익 = 처분(=매각)금액 − 장부가액 − 처분시 부대비용 = (+) 처분이익, (−)처분손실
  = 15,000,000원 − 16,000,000원 − 55,000원 = △1,055,000원(손실)
- 전년도에 취득한 단기매매증권을 결산일에 평가하면 장부가액은 평가한 공정가액이다.

NO	월	일	구분	계정과목	거래처	차변	대변
[18]	3	13	차변	보통예금		6,000,000	
			차변	매도가능증권처분손실		1,000,000	
			대변	매도가능증권(178)			5,000,000
			대변	매도가능증권평가손실			2,000,000

- 매도가능증권처분손익 = 처분(=매각)금액 − 취득가액 − 처분시 부대비용 = (+) 처분이익, (−)처분손실
  = 6,000,000원 − 7,000,000원 = △1,000,000원(손실)
- 매도가능증권 처분시 매도가능증권평가손익도 반드시 장부에서 제거한다.

NO	월	일	구분	계정과목	거래처	차변	대변
[19]	3	14	차변	만기보유증권(181)		1,030,000	
			대변	보통예금			1,030,000

- 유가증권(단기매매증권 제외) 취득과 관련된 부대비용은 취득원가에 가산한다.

[4월 거래 입력]

NO	월	일	구분	계정과목	거래처	차변	대변
[1]	4	1	차변	원 재 료		45,000	
			대변	보통예금			45,000
			▪ 자산의 취득과 관련된 부대비용은 취득원가에 가산한다.				
[2]	4	2	차변	투자부동산		210,000,000	
			대변	현 금			210,000,000
			▪ 업무 사용 목적으로 구입한 토지 : 유형자산 ⇨ 토지				
			▪ 투자 목적으로 구입한 토지 : 투자자산 ⇨ 투자부동산				
[3]	4	3	차변	미 수 금	혜리상사	250,000,000	
			대변	투자부동산			190,000,000
			대변	투자자산처분이익			60,000,000
			▪ 상거래에서 어음을 수취하면 받을어음으로 처리하고 상거래 이외의 거래에서 어음을 수취하면 미수금으로 처리한다.				
[4]	4	4	차변	보통예금		30,000,000	
			대변	정부보조금(104)			30,000,000
			▪ 상환의무가 있는 경우 : ○○차입금				
			▪ 상환의무가 없는 경우 : 정부보조금(자산의 차감계정)				
[5]	4	5	차변	토 지		308,000,000	
			대변	선 급 금			50,000,000
			대변	보통예금			257,000,000
			대변	예 수 금			220,000
			대변	현 금			780,000
			▪ 중개수수료는 자산 취득 부대비용이므로 토지의 취득원가에 가산한다.				
[6]	4	6	차변	건 물		200,000,000	
			차변	토 지		100,000,000	
			대변	미지급금	(주)동양산업		300,000,000
			▪ 일괄취득 자산의 취득원가 : 구분이 불분명한 경우 상대적 시장가치(=공정가액)로 안분계산				
			① 건물 : 300,000,000원 × (160,000,000원/240,000,000원) = 200,000,000원				
			② 토지 : 300,000,000원 × (80,000,000원/240,000,000원) = 100,000,000원				
[7]	4	8	차변	토 지		105,000,000	
			대변	보통예금			100,000,000
			대변	당좌예금			5,000,000
			▪ 철거비용의 회계처리				
			① 일괄취득 후 구건물의 철거비용 : 취득원가 가산(자산처리)				
			② 사용 중 인 기존건물의 철거비용 : 당기비용처리(유형자산처분손실에 가산)				

NO	월	일	구분	계정과목	거래처	차변	대변
[8]	4	9	차변	토　　지		315,000,000	
			대변	자산수증이익			300,000,000
			대변	현　　금			15,000,000

- 증여 자산 취득세는 취득원가에 가산하고 증여 자산의 취득원가는 증여일의 공정가치로 자산수증이익(영업외수익)으로 회계처리 한다.

NO	월	일	구분	계정과목	거래처	차변	대변
[9]	4	11	차변	차량운반구		12,360,000	
			대변	당좌예금			12,000,000
			대변	현　　금			360,000
[10]	4	12	차변	단기매매증권		750,000	
			차변	차량운반구		250,000	
			대변	현　　금			1,000,000

- 유형자산 취득 시 법령에 의하여 의무적으로 취득하게 되는 공채의 공정가액을 초과하여 지급한 금액은 유형자산 취득원가에 가산한다.

NO	월	일	구분	계정과목	거래처	차변	대변
[11]	4	13	차변	건설중인자산		2,500,000	
			대변	보통예금	대한은행		2,500,000

- 자산의 취득과 관련된 자본화요건을 충족한 금융비용은 "건설중인자산"으로 처리한다.

NO	월	일	구분	계정과목	거래처	차변	대변
[12]	4	14	차변	감가상각누계액(203)		80,000,000	
			차변	유형자산처분손실		23,000,000	
			대변	건　　물			100,000,000
			대변	현　　금			3,000,000

- 유형자산처분손익 = 처분(=매각)금액 − 장부가액 − 처분시 부대비용 = (+) 처분이익, (−) 처분손실
  = 0 − 20,000,000원 − 3,000,000원 = △23,000,000원(손실)

NO	월	일	구분	계정과목	거래처	차변	대변
[13]	4	21	차변	감가상각누계액(207)		4,500,000	
			차변	재해손실		5,500,000	
			대변	기계장치			10,000,000

- 사용 중인 자산의 폐기 시 장부가액 : 유형자산처분손실
- 사용 중인 자산의 천재지변으로 인한 폐기시 장부가액 : 재해손실(보험가입 유·무 관계없이 전액 처리)
- 보험가입하여 보험금 수령시 : 보험금수익(수령액 전액)

NO	월	일	구분	계정과목	거래처	차변	대변
[14]	4	22	차변	감가상각누계액(209)		2,000,000	
			차변	유형자산처분손실		18,000,000	
			대변	차량운반구			20,000,000
[15]	4	23	차변	특정현금과예금	우리은행	1,700,000	
			대변	현　　금			1,700,000

NO	월	일	구분	계정과목	거래처	차변	대변
[16]	4	24	차변	미지급금	(주)일렉코리아	11,000,000	
			대변	당좌예금	국민은행		5,000,000
			대변	당좌차월	국민은행		6,000,000
	■ 당좌차월 약정을 한 경우 차월약정액까지 당좌수표 발행이 가능하며, 회계처리는 "당좌예금"을 먼저 사용하고 부족액만큼을 "당좌차월(부채)" 처리한다.							
[17]	4	26	차변	장기대여금	(주)웅이상사	25,000,000	
			대변	외상매출금	(주)웅이상사		25,000,000

[5월 거래 입력]

NO	월	일	구분	계정과목	거래처	차변	대변
[1]	5	1	차변	보통예금	국민은행	57,500,000	
			차변	외환차손		2,500,000	
			대변	외상매출금	웬디사		60,000,000
	■ 실제 거래와 관련된 외화자산·부채의 환율차이는 "외환차손" 또는 "외환차익" 처리한다. 　외환차손 = 60,000,000원 − 57,500,000원($50,000 × 1,150원) = 2,500,000원							
[2]	5	2	차변	단기차입금	뉴욕은행	13,000,000	
			대변	현　금			12,000,000
			대변	외환차익			1,000,000
[3]	5	4	차변	외화장기차입금	스탠다드은행	550,000,000	
			차변	이자비용		15,750,000	
			대변	보통예금			540,750,000
			대변	외환차익			25,000,000
	■ 외환차손 = U$500,000원 × (1,100원 − 1,050원) = 25,000,000원 ■ 이자비용 = U$15,000 × 1,050원/1$ = 15,750,000원							
[4]	5	6	차변	임차보증금	김사부	200,000,000	
			대변	당좌예금	나라은행		200,000,000
[5]	5	7	차변	미지급세금		1,000,000	
			차변	세금과공과(판)		9,000	
			대변	보통예금			1,009,000
	■ 부가가치세신고와 관련하여 발생되는 가산세는 "세금과공과"로 처리하고, 전자신고세액공제 등은 "잡이익"으로 처리한다.							
[6]	5	8	차변	퇴직급여(판)		32,000,000	
			차변	퇴직급여(제)		19,000,000	
			대변	보통예금			51,000,000
	■ 퇴직연금 확정기여(DC)형 불입액(당기비용처리) : (차) 퇴직급여　×××　(대) 보통예금 등　××× ■ 퇴직연금 확정급여(DB)형 불입액(자산처리) : (차) 퇴직연금운용자산　×××　(대) 보통예금 등　×××							

NO	월	일	구분	계정과목	거래처	차변	대변
[7]	5	9	차변	퇴직연금운용자산	(주)최고생명	4,500,000	
			대변	보통예금			4,500,000
[8]	5	11	차변	퇴직연금운용자산	(주)최고생명	500,000	
			대변	이자수익			500,000

■ 퇴직연금(DB) 운용손익은 영업외손익으로 처리하고 원본에 전입한다.

[9]	5	12	차변	퇴직급여충당부채		8,000,000	
			대변	예 수 금			55,000
			대변	현 금			7,945,000

■ 퇴직금 지급 시 퇴직급여충당부채와 우선상계 후 충당부채 부족시 당기비용(퇴직급여) 처리한다.

[10]	5	13	차변	보통예금		95,000,000	
			차변	사채할인발행차금		5,000,000	
			대변	사 채			100,000,000
[11]	5	14	차변	보통예금		11,000,000	
			차변	사채할인발행차금		1,300,000	
			대변	사 채			12,000,000
			대변	현 금			300,000

■ 사채발행비는 사채발행금액에서 차감하므로 사채할인발행차금에 가산 또는 사채할증발행차금에 차감한다.
 사채할인발행차금 = 12,000,000원 − 11,000,000원 + 300,000원 = 1,300,000원

[12]	5	15	차변	보통예금	국민은행	106,000,000	
			대변	사 채			100,000,000
			대변	사채할증발행차금			6,000,000
[13]	5	18	차변	사 채		20,000,000	
			차변	사채상환손실		330,000	
			대변	보통예금			20,330,000

■ 사채상환손익의 계산(조기상환시 발생)
 ① 사채상환손익 = 사채의 장부가액 − 상환가액 = (+) 상환이익, (−) 상환손실
 ② 사채상환시 반드시 "사채할인발행차금" 및 "사채할증발행차금"을 반드시 장부에서 제거한다.

[6월 거래 입력]

NO	월	일	구분	계정과목	거래처	차변	대변
[1]	6	1	차변	보통예금		38,400,000	
			차변	주식할인발행차금		2,100,000	
			대변	자 본 금			40,000,000
			대변	현 금			500,000

■ 신주발행비는 발행금액에서 차감하므로 주식할인발행차금에 가산 또는 주식발행초과금에서 차감한다.

NO	월	일	구분	계정과목	거래처	차변	대변
[2]	6	2	차변	당좌예금		80,000,000	
			대변	자 본 금			50,000,000
			대변	현 금			250,000
			대변	주식할인발행차금			2,100,000
			대변	주식발행초과금			27,650,000
	■ 주식할증(또는 할인)발행 시 기존의 주식할인발행차금(또는 주식발행초과금)이 있는 경우 우선 상계 후 잔액을 장부에 계상한다.							
[3]	6	3	차변	당좌예금		12,000,000	
			대변	자 본 금			10,000,000
			대변	현 금			200,000
			대변	주식발행초과금			1,800,000
[4]	6	4	차변	보통예금		118,000,000	
			차변	주식발행초과금		29,450,000	
			차변	주식할인발행차금		2,550,000	
			대변	자 본 금			150,000,000
[5]	6	5	차변	기타자본잉여금		20,000,000	
			대변	자 본 금			20,000,000
[6]	6	6	차변	자 본 금		10,000,000	
			대변	현 금			6,000,000
			대변	감자차익			4,000,000
	■ 주식 감자 시 감자차손(또는 감자차익)이 있는 경우 우선 상계후 잔액을 장부에 계상한다.							
[7]	6	7	차변	현 금		240,000	
			차변	자기주식처분이익		50,000	
			차변	자기주식처분손실		10,000	
			대변	자기주식			300,000
	■ 자기주식 처분 시 자기주식처분이익(또는 자기주식처분손실)이 있는 경우 우선 상계후 잔액을 장부에 계상한다.							
[8]	6	8	차변	미지급배당금		10,000,000	
			차변	미교부주식배당금		5,000,000	
			대변	예 수 금			1,540,000
			대변	보통예금			8,460,000
			대변	자 본 금			5,000,000
	■ 3월 25일 회계처리를 검색하여 배당금 지급에 대한 회계처리를 한다. 　　(차) 이월이익잉여금　　　　16,000,000원　　　(대) 이익준비금　　　　1,000,000원 　　　　　　　　　　　　　　　　　　　　　　　　　　미지급배당금　　10,000,000원 　　　　　　　　　　　　　　　　　　　　　　　　　　미교부주식배당금　5,000,000원							

NO	월	일	구분	계정과목	거래처	차변	대변
[9]	6	9	차변	중간배당금		7,000,000	
			대변	미지급배당금			7,000,000

- 당기분 이익잉여금처분계산서에 반영되도록 하려면 "372.중간배당금" 계정과목으로 회계처리하여야 한다.
  중간배당금 = (30,000주 − 2,000주) × 5,000원 × 5% = 7,000,000원

NO	월	일	구분	계정과목	거래처	차변	대변
[10]	6	11	차변	선납세금		92,400	
			차변	보통예금		10,507,600	
			대변	정기예금	나라은행		10,000,000
			대변	이자수익			600,000
[11]	6	12	차변	보통예금		200,000	
			대변	전기오류수정이익(912)			200,000

- 전기오류에 대한 회계처리
  ① 중대하지 않은 오류 : 영업외손익의 전기오류수정손익(900번대)으로 처리
  ② 중대한 오류 : 자본의 전기오류수정손익(300번대)으로 처리

NO	월	일	구분	계정과목	거래처	차변	대변
[12]	6	13	차변	급여(판)		2,500,000	
			대변	예 수 금			240,000
			대변	보통예금			2,260,000
[13]	6	14	차변	잡급(제)		500,000	
			대변	현 금			500,000
[14]	6	15	차변	예 수 금		225,000	
			차변	세금과공과(판)		112,500	
			차변	세금과공과(제)		112,500	
			대변	현 금			450,000
[15]	6	16	차변	현 금		800,000	
			대변	배당금수익			800,000

- 주식을 발행한 회사의 경우
  ① 현금배당 실시 ⇨ 현금등의 감소
  ② 주식배당 실시 ⇨ 자본금의 증가
- 주식에 투자한 회사의 경우
  ① 현금배당 수취 ⇨ 배당금수익(수익)으로 회계처리
  ② 주식배당 수취 ⇨ 회계처리 하지 않음(단, 변경된 수량과 단가는 주석 공시)

NO	월	일	구분	계정과목	거래처	차변	대변
[16]	6	17	차변	여비교통비(판)		233,000	
			차변	현 금		17,000	
			대변	전 도 금	김철수		250,000

- 출장여비 지급시 전도금 또는 가지급금으로 처리 후 정산하며 거래처 관리함에 유의한다.

NO	월	일	구분	계정과목	거래처	차변	대변
[17]	6	18	차변	복리후생비(제)		100,000	
			대변	제품(8.타계정으로 대체)			100,000
	■ 재고자산을 생산 또는 판매 이외에 사용하는 경우 반드시 적요번호 "8.타계정으로 대체~"를 선택하여야 하며, 금액은 원가로 입력한다.							
[18]	6	19	차변	기업업무추진비(판)		120,000	
			대변	미지급금	대한카드		120,000
[19]	6	20	차변	세금과공과(판)		200,000	
			대변	현　금			200,000
	■ 법정단체의 일반회비 : 세금과공과 ■ 임의단체 일반·특별회비, 법정단체 특별회비 : 기부금							
[20]	6	21	차변	세금과공과(판)		120,000	
			차변	수수료비용(판)		100,000	
			대변	현　금			220,000
[21]	6	22	차변	수도광열비(판)		350,000	
			차변	가스수도료(제)		740,000	
			대변	보통예금			1,090,000
[22]	6	23	차변	수선비(제)		1,000,000	
			대변	원재료(8.타계정으로 대체)			1,000,000
[23]	6	24	차변	교육훈련비(판)		3,000,000	
			대변	예 수 금			264,000
			대변	현　금			2,736,000
	■ 교육훈련과 관련된 강연료 원천징수(소득세) 　① 기타소득 : 기타소득금액(기타소득 - 필요경비) × 20% = 1,200,000원 × 20% = 240,000원 　② 사업소득 : 사업소득 × 3% = 3,000,000원 × 3% = 90,000원 ■ 지방소득세 : 소득세 × 10% ∴ 원천징수세액(기타소득) = 1,200,000원 × 22%(지방소득세 포함) = 264,000원							
[24]	6	25	차변	기 부 금		10,000,000	
			대변	상품(8.타계정으로 대체)			10,000,000

CHAPTER 02 매입매출전표입력

거래 자료 중 세금계산서, 영세율세금계산서, 계산서, 신용카드매출전표, 현금영수증 등 매출자료 및 매입자료, 부가가치세 신고와 관련한 거래 자료를 KcLep의 [매입매출자료입력] 메뉴에 입력하여 관리하고자 한다.

[적격증빙에 의한 매입매출전표입력 유형]

회계처리 시 순서
① 매입 or 매출 구분
② 적격증빙-유형선택
③ 품목, 금액 확인
④ 거래처
⑤ 결제내역 표기
　(P/G 입력 시)

매출	적격증빙		매입
11.과세	세금계산서 (전자발급 확인)		51.과세
12.영세	영세율세금계산서 (내국신용장, 구매확인서, 전자발급 확인)		52.영세
13.면세	계산서 (전자발급 확인)		53.면세
14.건별	(공급대가입력) 법정증빙× 간주공급 간주임대료 현금소매매출	세금계산서 수입세금계산서 (전자발급 확인)	54.불공
×	수입세금계산서(공제) (세관발급, 무조건 전자발급)		55.수입
16.수출	직수출, 중계무역 등 (외화수령 시 적용환율 확인)		×
17.카과	신용카드(과세) (P/G : 공급대가입력)		57.카과
18.카면	신용카드(면세)		58.카면
19.카영	신용카드(영세)		59.카영
20.면건	법정증빙× 면세매출	농어민 면세매입	60.면건
21.전자	전자화폐결제		×
22.현과	현금영수증(과세) (P/G : 공급대가입력)		61.현과
23.현면	현금영수증(면세)		62.현면
24.현영	현금영수증(영세)		×

※ 신용카드매출(P/G)
① 거래처 주의
② 분개유형(4.카드)
③ 재고자산 매출 시
　2. 외상(거래처변경)
　3. 혼합:외상매출금
　　　(거래처변경)

※ 불공제사유
① 기업업무추진비관련~
② 비영업용소형승용차
　1,000cc, 125cc 초과
　8인승 이하
③ 면세사업
④ 토지~
　일괄취득 후 구건물
　철거비용, 조성비
⑤ 사업무관~

※ 신용카드매입 공제(P/G)
① 거래처 주의
② 분개유형(4.카드)
③ 재고자산 매입 시
　2. 외상(거래처변경)
　3. 혼합:외상매입금
　　　(거래처변경)

※ 현금영수증매입 공제
　지출증빙용 수취

매입매출전표입력 실무예제는 **(주)배움(회사코드 : 2000)**에 추가 입력하시오.
※ P/G : PROGRAM 약자 표기임

1. 매입매출전표입력

부가가치세와 관련된 거래 자료를 입력하는 메뉴로 과세유형에 따라 부가가치세 금액과 화면 하단의 계정과목이 자동으로 표시되고 부가가치세신고서에 반영되므로 부가가치세에 대한 정확한 구분을 이해하고 입력해야 한다.

상단부는 부가가치세 관련 각 신고자료(부가가치세신고서, 세금계산서합계표, 매입매출장 등)로 활용되고, 하단부의 분개는 각 재무회계자료(총계정원장, 재무제표 등)에 반영된다. 단, 매입거래 중 **고정자산취득과 관련된 거래는 반드시 하단부의 분개를 입력하여야 부가가치세신고서의 고정자산매입분에 반영**됨에 유의한다.

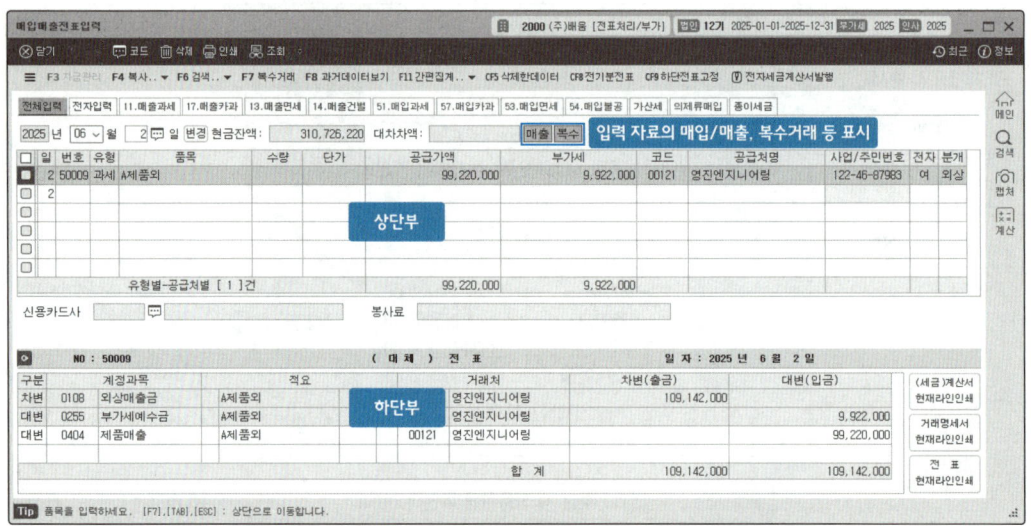

매입매출전표입력 필드 설명

항 목	입력내용 및 방법
월, 일	① 입력하고자 하는 전표의 해당 월 2자리 숫자를 직접 입력하거나 열람단추를 클릭, 1월~12월 중 해당 월을 선택한다. ② 일자를 직접 입력하여 일일거래를 입력하거나, 해당 월만 입력 후 일자별 거래를 연속적으로 입력한다. 일자가 동일한 경우는 일자를 입력하지 않고 Enter 를 치면 된다.

항 목	입력내용 및 방법
유형	입력되는 매입매출자료의 유형코드 2자리를 입력한다. 유형은 크게 매출과 매입으로 구분되어 있으며, 유형코드에 따라 부가가치세신고서 등의 각 부가가치세 관련 해당 자료에 자동 반영되므로 정확한 입력을 하여야 한다. 부 가 세 유 형 매출: 11.과세 과세매출, 16.수출 수출, 21.전자 전자회계, 12.영세 영세율, 17.카과 카드과세, 22.현과 현금과세, 13.면세 계산서, 18.카면 카드면세, 23.현면 현금면세, 14.건별 무증빙, 19.카영 카드영세, 24.현영 현금영세, 15.간이 간이과세, 20.면건 무증빙 매입: 51.과세 과세매입, 56.금전 금전등록, 61.현과 현금과세, 52.영세 영세율, 57.카과 카드과세, 62.면건 현금면세, 53.면세 계산서, 58.카면 카드면세, 54.불공 불공제, 59.카영 카드영세, 55.수입 수입분, 60.면건 무증빙
품목	세금계산서 등에 기재되는 품명을 직접 기재하며 다수의 품명을 기재하는 경우 복수거래(F7) 버튼을 클릭하여 입력이 가능하다. 복 수 거 래 내 용 (F 7) (입력가능갯수 : 100개) No 품목 규격 수량 단가 공급가액 부가세 합계 비고 1 A제품 50,000,000 5,000,000 55,000,000 2 B제품 49,220,000 4,922,000 54,142,000 3 합 계 99,220,000 9,922,000 109,142,000
수량 단가	물품 수량(해당사항이 없을 경우 Enter 키를 누르면 단가로 커서 이동)과 물품 단가(해당사항이 없을 경우 Enter 키를 누르면 공급가액으로 커서 이동)를 직접 기재하며, 수량, 단가의 소수점관리를 원하면 환경등록이 선행되어야 한다.
공급가액 부가세	수량, 단가를 입력한 경우 공급가액 및 부가가치세는 자동으로 입력되며, 공급가액을 직접 입력 시는 금액을 입력한 후 Enter 키를 치면 부가가치세(공급가액의 10%)가 자동으로 표시되며 환경등록에 따라 공급가액의 절사방법으로 "1.절사, 2.올림, 3.반올림"을 선택할 수 있다.
코드 공급처명 사업/주민번호	일반전표입력과 동일하다. ① 신규 거래처 등록 시 거래처 코드란에서 "+"키를 입력하여 "00000"을 나오게 하고 신규 공급자를 등록한다. ② 주민등록기재분 세금계산서의 입력 : 주민등록 기재분 해당 거래처일 경우는 세부항목 입력사항 "5.주민등록번호" 입력 우측에 "1.주민등록번호"를 선택하면 세금계산서합계표에 [주민기재분]으로 자동 반영된다.
전자	전자(세금)계산서 여부를 구분하여 (세금)계산서합계표의 "전자(세금)계산서"란에 집계하도록 한다. 전자인 경우 '1.여'를 선택한다.

분개	매입매출거래의 회계처리를 위한 입력 란으로서 분개의 번호를 선택하면 해당 거래 유형에 따라 최대 5개까지(환경등록 선행) 자동분개 되어 입력된다. (기본계정의 입력은 환경등록에서 등록)
	(1) **0.분개없음** : 하단부에 분개를 하지 않을 때 사용하며 예를 들어 부가가치세 신고기간이 임박하여 자료가 취합된 경우, 모든 거래를 분개까지 하려면 많은 시간이 소요되므로 분개를 생략하고자 할 때 선택한다. (부가가치세신고관련 제반사항은 분개와 상관없이 작성되며, **고정자산 매입분은 회계처리 반영하여야 [고정자산취득]으로 반영**됨에 유의 ➡ 부가가치세신고서, 세금계산서합계표 등)
	(2) **1.현금** : 전액 현금거래일 경우 선택한다.
	  ① 매출 – 부가세예수금과 기본계정으로 자동분개(부가세예수금을 제외한 계정과목 수정 및 추가분개 가능)
	  ② 매입 – 부가세대급금과 기본계정으로 자동분개(부가세대급금을 제외한 계정과목 수정 및 추가분개 가능)

항 목	입력내용 및 방법
분개	(3) 2.외상 : 전액 외상거래(외상매출금, 외상매입금)일 경우 선택한다. (환경등록에서 추가계정 설정 가능) 단, 외상거래일지라도 미수금, 미지급금의 경우는 "3.혼합"을 선택해야 한다. ① 매출 – 차변계정은 외상매출금으로, 대변계정은 부가세예수금과 기본계정으로 자동분개(부가세예수금은 수정 불가능하며, 기본계정은 수정 및 추가분개 가능) ② 매입 – 대변계정은 외상매입금으로, 차변계정은 부가세대급금과 기본계정으로 자동분개(부가세대급금은 수정 불가능하며, 기본계정은 수정 및 추가분개 가능) (4) 3.혼합 : 상기 이외의 거래로서 기타 다른 계정과목을 사용하고자 할 때 선택한다. 다만, '1.현금'과 '2.외상' 대신 '3.혼합'을 사용하여도 무방하다. ① 매출 – 대변계정은 부가세예수금과 기본계정으로 자동분개 되며, 차변계정은 비워져 있으므로 사용자가 직접 입력한다. ② 매입 – 차변계정은 부가세대급금과 기본계정으로 자동분개 되며, 대변계정은 비워져 있으므로 사용자가 직접 입력한다. 거래처코드를 입력할 때 유의하여야 할 계정과목 : 보통예금, 받을(지급)어음 등 (5) 4.카드 : 카드매출, 카드매입의 경우 카드사를 선택하면 [환경등록]에서 설정된 기본계정과 거래처에 카드사가 자동 반영된다. ② 분개유형 설정 매　　　　출　　0404　제품매출 매　출　채　권　0108　외상매출금 매　　　　입　　0153　원재료 매　입　채　무　0251　외상매입금 신용카드매출채권　0108　외상매출금 신용카드매입채무　0253　미지급금 (6) 5.추가 : [환경등록]의 "3.추가계정 설정"에 입력한 계정과목으로 회계처리하는 경우 선택하며, 다수의 업종에 경우 매출(매입)계정과목을 추가로 등록하여 사용할 수 있다.
적요	매입매출전표의 하단부의 적요는 별도로 입력하지 않으면 상단 품명란의 적요가 자동으로 입력된다. 적요를 직접 입력할 때에는 '0'을 사용하며 이미 등록된 적요를 선택하기 위해서는 코드도움([F2])을 클릭하면 된다. [적요번호를 반드시 선택해야 하는 사례] ① 재고자산의 '타계정으로 대체액'의 경우 ② 의제매입세액공제신고서 자동반영의 경우 ③ 재활용폐자원매입세액공제신고서 자동반영의 경우
간편집계표 ⇩ 예정누락분	① 부가세신고 관련하여 예정신고(1기 예정 : 1월~3월, 2기 예정 : 7월~9월) 시 누락된 전표를 표시할 때 사용하는 메뉴이다. 부가세신고서 예정신고누락분에 데이터가 반영된다. ② 예정누락분 전표를 체크하고 "[Shift]+[F5]"나 간편집계표의 "예정누락분"을 클릭 ➡ 확정신고 개시년월 ➡ 확인(Tab) 선택 입력된 자료는 세금계산서 합계표, 부가가치세 신고서에 자동 반영된다.

항 목	입력내용 및 방법
간편집계표 ⇩ 수정세금계산	발급된 세금계산서에 수정사유가 발생한 경우 반드시 "**전자수정세금계산서**"를 발급하여 부가가치세신고를 하여야 하며, **발급기한이 경과한 경우라도 법 요건을 충족하였다면 가산세는 적용되지 않는다.** 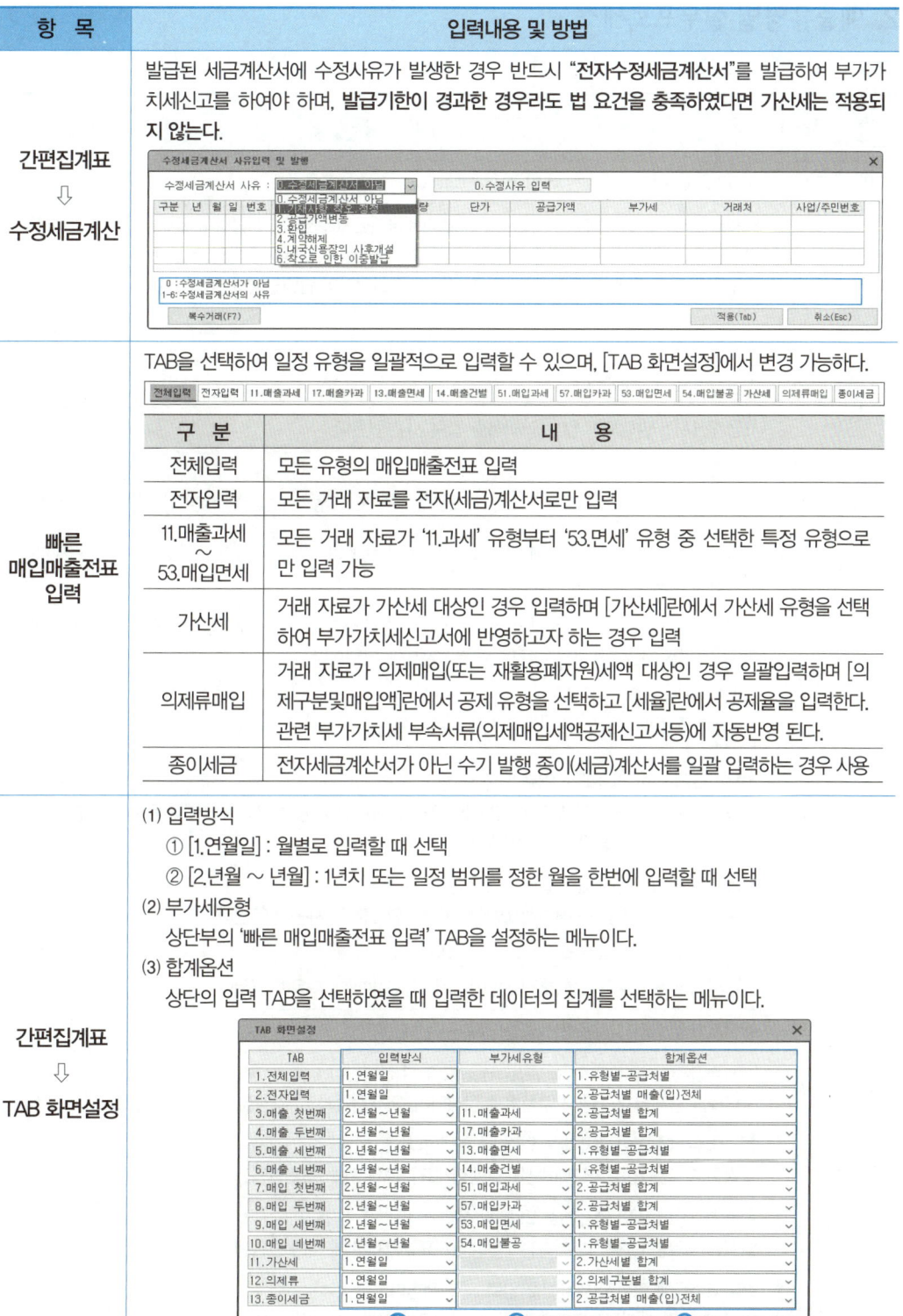

빠른 매입매출전표 입력

TAB을 선택하여 일정 유형을 일괄적으로 입력할 수 있으며, [TAB 화면설정]에서 변경 가능하다.

구 분	내 용
전체입력	모든 유형의 매입매출전표 입력
전자입력	모든 거래 자료를 전자(세금)계산서로만 입력
11.매출과세 ~ 53.매입면세	모든 거래 자료가 '11.과세' 유형부터 '53.면세' 유형 중 선택한 특정 유형으로만 입력 가능
가산세	거래 자료가 가산세 대상인 경우 입력하며 [가산세]란에서 가산세 유형을 선택하여 부가가치세신고서에 반영하고자 하는 경우 입력
의제류매입	거래 자료가 의제매입(또는 재활용폐자원)세액 대상인 경우 일괄입력하며 [의제구분및매입액]란에서 공제 유형을 선택하고 [세율]란에서 공제율을 입력한다. 관련 부가가치세 부속서류(의제매입세액공제신고서등)에 자동반영 된다.
종이세금	전자세금계산서가 아닌 수기 발행 종이(세금)계산서를 일괄 입력하는 경우 사용

간편집계표
⇩
TAB 화면설정

(1) 입력방식
 ① [1.연월일] : 월별로 입력할 때 선택
 ② [2.년월 ~ 년월] : 1년치 또는 일정 범위를 정한 월을 한번에 입력할 때 선택
(2) 부가세유형
 상단부의 '빠른 매입매출전표 입력' TAB을 설정하는 메뉴이다.
(3) 합계옵션
 상단의 입력 TAB을 선택하였을 때 입력한 데이터의 집계를 선택하는 메뉴이다.

2. 매출유형별 실무프로세스

[매출전표 유형별 설명]

매출코드	유형	내용
11	과세	부가가치세 10% 세금계산서 발급 시 선택한다.
12	영세	**영세율**(Local L/C, 구매확인서에 의한 매출) **세금계산서 발급** 시 선택하며, 전표입력 시 '**영세율구분**'을 반드시 선택하여 [영세율 매출명세서] 부가가치세 부속서류에 반영한다. [환경등록] 메뉴에서 '영세율구분' 기본 설정값을 설정하여 반영할 수도 있다. 6 유형:불공(54)의 불공제 사유　　2 유형:영세율매출(12,16) 구분
13	면세	계산서 발급 시 선택한다.
14	건별	세금계산서가 발행되지 않은 과세매출 입력 시 선택한다. [사례] 　소매매출로 영수증 또는 금전등록기 영수증 발행과 간주공급, 간주임대료 입력 시
15	간이	세금계산서가 발행되지 않는 과세매출 입력 시 선택하며 간이과세자가 사용하므로 일반과세자는 사용하지 않는다.
16	수출	영세율세금계산서 발급 의무가 면제되는 경우에 선택하며, 전표입력 시 '**영세율구분**'을 반드시 선택하여 [영세율 매출명세서] 부가가치세 부속서류에 반영한다. [사례] 　직수출(수출신고필증 등), 중계무역, 외국인도 등
17	카과	신용카드에 의한 과세매출 입력 시 선택한다. 입력된 자료는 [**신용카드매출전표발행집계표**] '**과세분**'에 자동 반영되며, 거래처등록 시 매출카드사의 가맹점등록사항을 반드시 입력해야 한다.
18	카면	신용카드에 의한 면세매출 입력 시 선택한다. 입력된 자료는 [**신용카드매출전표발행집계표**] '**면세분**'에 자동 반영된다.
19	카영	신용카드에 의한 영세율매출 입력 시 선택한다. 입력된 자료는 [**신용카드매출전표발행집계표**] '**과세분**'에 자동 반영된다.
20	면건	계산서가 발행되지 않은 면세매출 입력 시 선택한다.
21	전자	전자적결제(전자화폐) 수단으로의 매출 입력 시 선택한다. [전자화폐결제명세서]에 가맹점별로 집계되며, 거래처등록 시 가맹점등록사항을 반드시 입력한다.
22	현과	현금영수증에 의한 과세매출 입력 시 선택한다. 입력된 자료는 [**신용카드매출전표발행집계표**] '**과세분**'에 자동 반영된다.
23	현면	현금영수증에 의한 면세매출 입력 시 선택한다. 입력된 자료는 [**신용카드매출전표발행집계표**] '**면세분**'에 자동 반영된다.
24	현영	현금영수증에 의한 영세율매출 입력 시 선택한다. 입력된 자료는 [**신용카드매출전표발행집계표**] '**과세분**'에 자동 반영된다.

7월 1일 (주)전자마트에 제품을 90,000,000원(공급가액)에 인도하고, 이에 대한 전자세금계산서를 발급하였다. 단, 전월에 계약금으로 받은 9,000,000원을 제외한 판매대금 잔액은 다음 달 말일에 수취하기로 하였다.

품목	수량	단가	금액
Q 제품	1,000	50,000	50,000,000원
P 제품	2,000	20,000	40,000,000원

(차) 선수금	9,000,000원	(대) 제품매출	90,000,000원
외상매출금	90,000,000원	부가세예수금	9,000,000원

① 회계처리 일자(2025.07.01)을 입력하고 품목란에서 [F7복수거래]를 선택하여 품목을 입력한다.

No	품목	규격	수량	단가	공급가액	부가세	합계	비고
1	Q 제품		1,000	50,000	50,000,000	5,000,000	55,000,000	
2	P 제품		2,000	20,000	40,000,000	4,000,000	44,000,000	
3								
			합 계		90,000,000	9,000,000	99,000,000	

② 공급가액과 부가세는 자동반영 되며 공급처 코드란에서 "전자"를 입력하여 공급처를 선택하고 전자세금계산서이므로 "전자 - 1.여"를 선택한다. 혼합거래이므로 "분개 - 3.혼합"을 선택하고 차변에 "선수금"과 "외상매출금"을 입력한다.

□	일	번호	유형	품목	수량	단가	공급가액	부가세	코드	공급처명	사업/주민번호	전자	분개
□	1	50007	과세	Q 제품외			90,000,000	9,000,000	00172	(주)전자마트	125-85-18505	여	혼합

유형별-공급처별 [1]건   90,000,000   9,000,000

신용카드사   봉사료

NO : 50007   (대 체) 전 표

구분		계정과목	적요	거래처		차변(출금)	대변(입금)	
대변	0255	부가세예수금	Q 제품외	00172	(주)전자마트		9,000,000	(세금)계산서 현재라인인
대변	0404	제품매출	Q 제품외	00172	(주)전자마트		90,000,000	거래명세서 현재라인인
차변	0259	선수금	Q 제품외	00172	(주)전자마트	9,000,000		
차변	0108	외상매출금	Q 제품외	00172	(주)전자마트	90,000,000		전 표
					합 계	99,000,000	99,000,000	

7월 6일 미국의 James CO.,LTD에 수출계약을 맺고 Master L/C에 의해 제품 50대(개당 $750, 선적일의 매매기준율 1,000원)을 수출 선적하고 대금은 전액 외상으로 하였다.
(수출신고번호 11863-19-120643X, 영세율구분 선택할 것)

(차) 외상매출금	37,500,000원	(대) 제품매출	37,500,000원

① 회계처리 일자(2025.07.06)로 입력하고 품명, 수량, 단가를 입력하여 공급가액을 자동반영한다.
② 영세율구분란에서 코드도움(F2) 또는 을 클릭하여 "1.직접수출(대행수출 포함)"을 선택하여 적용하고 하이픈 없이 수출신고번호를 입력한다.

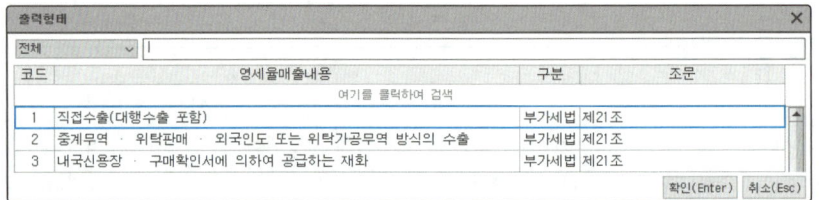

③ 외상거래이므로 "분개 - 2.외상"을 선택하고 하단의 분개내역을 확인한다.

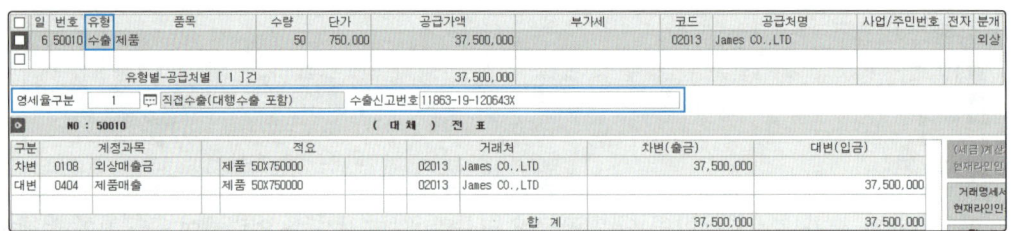

7월 8일 (주)희연에 전자제품을 10,120,000원(부가가치세 포함)에 매출하고 국민카드로 결제 받고 신용카드매출전표영수증을 발급하였다.

(차) 외상매출금	10,120,000원	(대) 제품매출	9,200,000원
		부가세예수금	920,000원

① 회계처리 일자(2025.07.08)를 입력하고 "유형:17.카과"를 입력한다.
② 공급가액에 공급대가(합계금액)를 입력한 후 Enter 키를 누르면 공급가액과 부가가치세가 자동으로 구분되어 입력되며 공급처 코드란에서 "희연"을 입력하여 공급처를 선택한다.

③ 신용카드사를 코드도움(F2) 또는 을 선택하여 입력하고 카드매출이므로 "분개 – 4.카드"를 선택한다. 하단의 분개는 [환경등록]에서 설정한 내용이 반영되고 차변계정과목의 거래처는 "카드사"가 자동반영 된다.

실무예제 4

7월 10일 (주)전자마트에 전자제품을 5,000,000원(부가가치세 별도)에 판매하고 전자세금계산서를 발급하였으며 대금결제는 국민카드로 결제 받고 신용카드매출전표영수증을 발급하였다.

예제 따라하기

(차) 외상매출금	5,500,000원	(대) 제품매출	5,000,000원
		부가세예수금	500,000원

① 회계처리 일자(2025.07.10)를 입력하고 **유형:11.과세** 및 품목을 입력한다.
② 공급가액을 입력하면 부가세는 자동반영되며 공급처 코드란에서 "전자"를 입력하여 공급처를 선택, 전자세금계산서이므로 "전자 – 1.여"를 입력한다.
③ 신용카드 결제이므로 **"분개 – 4.카드"**를 선택하며 보조창에서 신용카드(국민카드)를 입력한다. 거래처 "국민카드" 앞에 **"카"**로 표시되면 서식에 자동반영 된다.

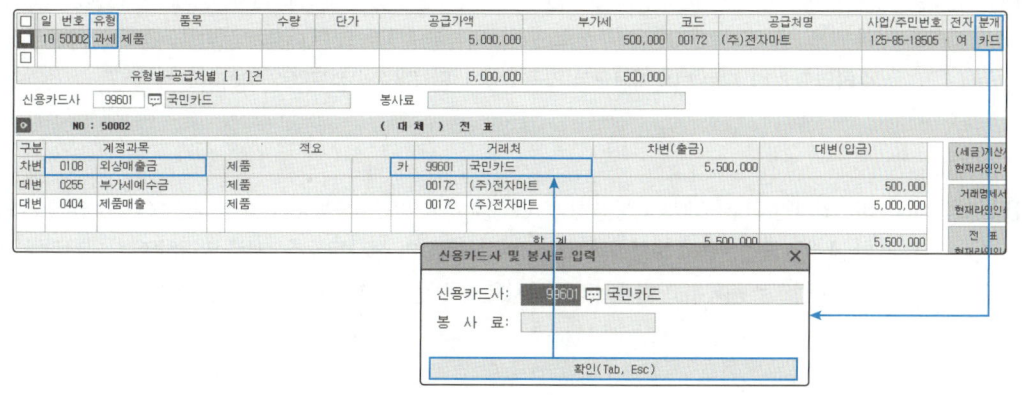

3. 매출유형별 분개 연습하기(회사코드 : 2000. (주)배움)

> **입력 시 유의사항**
> - 일반적인 적요의 입력은 생략하지만, 타계정 대체거래는 적요 번호를 선택하여 입력한다.
> - 채권·채무와 관련된 거래는 별도의 요구가 없는 한 반드시 기등록된 거래처코드를 선택하는 방법으로 거래처명을 입력한다.
> - 제조경비는 500번대 계정코드를, 판매비와관리비는 800번대 계정코드를 사용한다.
> - 회계처리 시 계정과목은 등록된 계정과목 중 가장 적절한 과목으로 한다.
> - 입력화면 하단의 분개까지 처리하고, 세금계산서 및 계산서는 전자 여부를 입력하여 반영한다.

[매출 유형 : 11.과세]

[1] 9월 1일   (주)한국물류에게 제품을 15,000,000원(부가가치세 별도)에 판매하고 전자세금계산서를 발급하였다. 매출대금 중 10,000,000원은 약속어음으로 받았고(만기일 10.31) 나머지는 보통예금으로 입금되었다. 하나의 전표로 입력하시오.

[2] 9월 30일   당사는 (주)서울과 다음의 두 가지 거래를 하고 9월 30일에 월합계전자세금계산서를 작성하여 발급하였다. 복수거래의 매입매출전표를 입력하고 회계처리는 공급일이 아닌 전자세금계산서 작성일에 두 거래를 하나의 전표로 처리하시오.

> - 9월 10일 : 제품(1,000개, 단가 10,000원)을 외상으로 판매하였다.
> - 9월 20일 : 제품(500개, 단가 10,000원)을 판매하고 대금은 어음으로 수취하였다.

[3] 9월 2일   (주)경일산업에 제품(공급가액 : 7,000,000원, 세액 : 700,000원)을 공급하고 전자세금계산서를 발급하였다. 대금은 전월에 계약금으로 받은 500,000원을 제외한 잔액을 구라전자 발행 약속어음(만기일 12.31)을 배서양도 받았다.

[4] 9월 3일   (주)일렉코리아에 제품 10,000,000원(부가가치세 별도)을 판매하고 전자세금계산서를 발급하였다. 거래대금 중 2,000,000원은 (주)일렉코리아의 부흥정밀에 대한 매출채권(받을어음이 아님)으로 양수하였고, 나머지는 보통예금으로 입금되었다. 단, 하나의 전표로 입력하시오.

[5] 9월 4일   비사업자인 이수원에게 제품을 1,000,000원(VAT 별도)을 판매하고 외상대금 500,000원을 제외한 금액은 국민은행의 보통예금계좌로 수령하였으며 전자세금계산서를 발급하였다. 거래처를 코드 950번으로 등록하고 회계처리를 하시오. (주민등록번호 : 700418 – 1234568)

[6] 9월 5일 (주)태연조명과 다음의 장기연부 조건의 제품 판매계약을 체결하고 제품을 인도하였다. 제1회차 할부금액 및 부가가치세는 제품인도와 동시에 보통예금 계좌로 입금되었고, 전자세금계산서는 부가가치세법에 따라 발행되었으며 매출수익은 판매대가 전액을 명목가액으로 인식하였다. (단, 2 · 3회차 할부금 계정과목은 외상매출금을 사용할 것)

구 분	계약서상 지급일	계약서상 지급액(VAT 별도)
제1회차 할부금	2025년 9월 5일	200,000,000원
제2회차 할부금	2026년 9월 5일	200,000,000원
제3회차 할부금	2027년 9월 5일	200,000,000원
총 계		600,000,000원

[7] 9월 6일 상품포장시 발생한 폐지를 금일자로 (주)깔끔클린에 처분하고, 현금 3,300,000원(부가가치세 포함)을 받은 후 전자세금계산서를 발급하였다. 단, 폐지에 대한 원가는 없는 것으로 하며, 손익관련 계정과목은 영업외손익 중 가장 적절한 것을 적용하시오.

[8] 9월 7일 비서실에서 사용하던 컴퓨터를 (주)하이테크에 350,000원(부가가치세 별도)에 매각하고 전자세금계산서를 발급하였다. 매각대금은 전액 현금으로 당일에 수취하였다. 컴퓨터 취득가액은 1,500,000원, 감가상각누계액은 1,300,000원이며, 매각시의 감가상각비는 고려하지 않는다.

[9] 9월 8일 랜드전자에 특허권을 양도하고 전자세금계산서를 발급하였다. 특허권의 양도대가 11,000,000원(부가가치세 포함)은 보통예금통장으로 이체받았다. 단, 특허권의 장부상 가액은 8,000,000원임

[10] 9월 10일 공공상사에 제품을 30,000,000원(부가가치세 별도)에 판매하고 전자세금계산서를 발급하였다. 대금 33,000,000원은 국민카드로 결제받았다. (카드수령분은 외상매출금으로 회계처리 할 것)

[11] 9월 11일 (주)서울에 제품을 3,000,000원(부가가치세 별도)에 판매하고 판매대가 전액에 대하여 (주)서울에 대한 단기차입금과 상계하기로 하였다. 당사는 전자세금계산서를 발급하였다.

[12] 9월 12일 (주)서울에 판매한 제품에 하자가 발견되어 금일 반품 전자세금계산서를 발급하였다. 반품된 공급가액은 500,000원, 부가가치세 50,000원이며 반품 대금은 (주)서울의 외상매출금과 상계하기로 하였다. (회계처리는 음수로 할 것)

[매출 유형 : 12.영세]
[13] 9월 13일 수출업체인 (주)경주에 구매확인서를 통해 제품 200개(단위당 가격 @100,000원)를 공급하고 영세율전자세금계산서를 발급하였으며, 대금은 전액 외상으로 하였다. (하단의 영세율 구분 입력할 것)

[14] 9월 14일   수출대행업체인 (주)태연조명에게 내국신용장에 의하여 제품(공급가액 10,000,000원)을 판매하고 전자세금계산서를 발급하였다. 판매대금 중 7,000,000원은 (주)태연조명 발행 어음(만기일 11.01)으로 받았고 나머지는 외상으로 하였다. (하단의 영세율 구분 입력할 것)

[15] 9월 15일   당사는 수출업자인 (주)건영상사와 수출재화에 대한 임가공용역(공급가액 5,000,000원)을 제공하였다. 세금계산서는 부가가치세 부담이 최소화되는 방향으로 부가가치세법 규정에 맞게 전자발행 하였으며, 대금은 다음달 10일에 받기로 하였다. (매출계정은 "용역매출"을 사용할 것)

[매출 유형 : 13.면세]

[16] 9월 16일   (주)태연조명에 면세가 적용되는 서적(상품)을 3,000,000원 판매하고 전자계산서를 발급하였으며 대금은 전액 외상으로 하였다.

[매출 유형 : 14.건별]

[17] 9월 17일   매입한 원재료 중 원가 600,000원(판매가 880,000원)을 매출처인 (주)서울에 접대용으로 제공하였다. 단, 매입 원재료는 적법하게 매입세액공제를 받았다.

[매출 유형 : 16.수출]

[18] 9월 18일   중국 상하이상사에 상품을 직수출하고, 수출대금은 전액을 이달 말일에 미국달러화로 받기로 하였다. 수출과 관련된 내용은 다음과 같다. (하단의 영세율 구분 입력하고 수출신고번호는 생략)

- 수출신고일 : 9월 15일
- 선하증권상(B/L)의 선적일 : 9월 18일
- 수출가격 : $100,000

일 자	9월 15일	9월 18일	9월 30일
기준환율	1,250원/1$	1,200원/1$	1,230원/1$

[19] 9월 19일   홍콩에 소재하는 아일랜드에게 제품을 US$100,000에 중계무역 방식으로 수출하고 대금은 다음과 같이 받기로 하고, 당일 US$60,000이 보통예금에 입금되었다. 9월 19일의 회계처리만 처리하시오. (하단의 영세율 구분 입력할 것)

판매대금	대금수령일	결제방법	비 고
US$60,000	9월 19일	외화통장으로 입금	선적일
US$40,000	9월 30일	외화통장으로 입금	잔금청산일

단, 이와 관련하여 적용된 환율은 다음과 같다.

기준환율	■ 9월 19일 : 1US$당 1,100원 ■ 9월 30일 : 1US$당 1,200원

[20] 9월 20일 중국 하이얼사에 제품을 선적(공급가액 : $10,000)완료하였다. 대금수취와 관련해서는 9월 15일에 위 공급가액 중 계약금 명목으로 송금받은 $4,000(원화환전액 : 4,000,000원)은 동일자로 선수금 계정에 반영하였으며, 나머지는 외상으로 하였다. 단, 선적일 현재 기준환율은 ₩1,100/1$이며, 회계처리시 수익의 인식은 부가가치세법상 공급시기에 따르며, 측정은 부가가치세법상 과세표준액으로 한다. (하단의 영세율 구분 입력할 것)

[21] 9월 21일 금일 일본 야마다교역에 제품을 수출(선적)하였다. 수출대금은 이미 9월 6일에 일본 엔화로 송금받아 즉시 원화로 환전하여 당사의 보통예금에 입금하였다. 단, 수출과 관련된 내용은 다음과 같으며, 회계처리는 일반기업회계기준에 따른다. (영세율구분 및 수출신고번호 입력할 것)

- 수출신고일 : 09월 19일
- 선적일 : 09월 21일
- 수출가격 : ￥10,000,000
- 수출신고번호 : 13042-10-044689X

일 자	9월 6일	9월 19일	9월 21일
재정환율	1,000원/100￥	1,100원/100￥	1,150원/100￥

[22] 9월 22일 일본 쿄토에 소재하는 파낙소니사에게 다음의 소프트웨어 개발용역(국외에서 제공하는 용역)을 제공하고 용역대가인 ￥300,000을 보통예금으로 입금받았다. 단, 매출액은 용역매출로 반영하고, 하단의 '영세율구분'도 입력하시오.

- 용역제공장소 : 일본국 쿄토시
- 용역제공완료일 : 9월 22일
- 환율
- 용역제공기간 : 9월 15일 ~ 9월 22일

일 자	9월 15일	9월 20일	9월 22일
재정환율	1,050원/￥100	1,030원/￥100	1,060원/￥100

[매출 유형 : 17.카과]

[23] 9월 23일 비사업자인 김사부에게 제품을 판매하고, 판매대금 440,000원(부가가치세 포함)은 신용카드(우리카드)로 결제받았다.

[매출 유형 : 18.카면]

[24] 9월 24일 회사를 이전하면서 직원 식사를 위해 구입하였던 쌀 10kg을 쌀 판매점인 (주)도깨비마트에 500,000원에 판매하고 국민카드로 결제 받았다. 쌀의 구입원가는 500,000원이며 구입당시 저장품으로 회계처리 하였다. 단, 쌀 판매는 (주)배움의 사업과 관련된 부수재화에 해당되지 않는 것으로 가정한다.

[매출 유형 : 22.현과]

[25] 9월 25일 개인소비자 김사부에게 제품을 880,000원(부가가치세 포함)에 판매하고 현금영수증을 발급하였다. 대금은 기존에 발행하였던 상품권 1,000,000원을 수령하고, 잔액은 현금으로 지급하였다.

[26] 9월 26일 공장에서 사용하던 기계장치(취득가액 80,000,000원 감가상각누계액 20,000,000원)를 (주)인천에 55,000,000원(부가가치세 포함)에 판매하였다. 판매대금 전액을 자기앞수표로 수령하고 현금영수증을 발급하였다.

매출유형별 분개 연습하기 해설

NO	일자	유형	품목	공급가액	부가세	공급처명	전자	분개
[1]	9/1	11.과세	제품	15,000,000	1,500,000	(주)한국물류	여	혼합
	구분	계정과목		거래처	차변		대변	
	대변	부가세예수금		(주)한국물류			1,500,000	
	대변	제품매출		(주)한국물류			15,000,000	
	차변	받을어음		(주)한국물류	10,000,000			
	차변	보통예금		(주)한국물류	6,500,000			

NO	일자	유형	품목	공급가액	부가세	공급처명	전자	분개
[2]	9/30	11.과세	제품(복수거래)	15,000,000	1,500,000	(주)서울	여	혼합
	구분	계정과목		거래처	차변		대변	
	대변	부가세예수금		(주)서울			1,500,000	
	대변	제품매출		(주)서울			15,000,000	
	차변	외상매출금		(주)서울	11,000,000			
	차변	받을어음		(주)서울	5,500,000			

NO	일자	유형	품목	공급가액	부가세	공급처명	전자	분개
[3]	9/2	11.과세	제품	7,000,000	700,000	(주)경일산업	여	혼합
	구분	계정과목		거래처	차변		대변	
	대변	부가세예수금		(주)경일산업			700,000	
	대변	제품매출		(주)경일산업			7,000,000	
	차변	선 수 금		(주)경일산업	500,000			
	차변	받을어음		구라전자	7,200,000			

- 타수어음을 배서양도 받은 경우 한국세무사회는 어음법에 의한 회계처리를 정답으로 인정하고 있으므로 거래처는 "(주)경일산업"이 아닌 "구라전자"로 입력한다.

	NO	일자	유형	품목	공급가액	부가세	공급처명	전자	분개
[4]		9/3	11.과세	제품	10,000,000	1,000,000	(주)일렉코리아	여	혼합
	구분	계정과목		거래처		차변		대변	
	대변	부가세예수금		(주)일렉코리아				1,000,000	
	대변	제품매출		(주)일렉코리아				10,000,000	
	차변	외상매출금		부흥정밀		2,000,000			
	차변	보통예금		(주)일렉코리아		9,000,000			

	NO	일자	유형	품목	공급가액	부가세	공급처명	전자	분개
[5]		9/4	11.과세	제품	1,000,000	100,000	이수원	여	혼합
	구분	계정과목		거래처		차변		대변	
	대변	부가세예수금		이수원				100,000	
	대변	제품매출		이수원				1,000,000	
	차변	외상매출금		이수원		500,000			
	차변	보통예금		국민은행		600,000			

■ 신규거래처 등록은 코드란에서 "+"키를 누르고 등록하며 지문에 은행이 명기된 경우는 반드시 은행을 거래처에 입력한다.

	NO	일자	유형	품목	공급가액	부가세	공급처명	전자	분개
[6]		9/5	11.과세	제품	200,000,000	20,000,000	(주)태연조명	여	혼합
	구분	계정과목		거래처		차변		대변	
	대변	부가세예수금		(주)태연조명				20,000,000	
	대변	제품매출		(주)태연조명				600,000,000	
	차변	보통예금		(주)태연조명		220,000,000			
	차변	외상매출금		(주)태연조명		400,000,000			

■ 부가가치세법 장기할부판매의 공급시기 : 대가의 각 부분을 받기로 한 때
■ 기업회계기준 할부판매의 수익인식기준 : 장·단기 구분하지 않고 인도 기준

	NO	일자	유형	품목	공급가액	부가세	공급처명	전자	분개
[7]		9/6	11.과세	폐지	3,000,000	300,000	(주)깔끔클린	여	현금
	구분	계정과목		거래처		차변		대변	
	입금	부가세예수금		(주)깔끔클린		(현금)		300,000	
	입금	잡 이 익		(주)깔끔클린		(현금)		3,000,000	

NO	일자	유형	품목	공급가액	부가세	공급처명	전자	분개
	9/7	11.과세	컴퓨터	350,000	35,000	(주)하이테크	여	혼합

	구분	계정과목	거래처	차변	대변
	대변	부가세예수금	(주)하이테크		35,000
[8]	대변	비 품	(주)하이테크		1,500,000
	차변	현 금	(주)하이테크	385,000	
	차변	감가상각누계액(213)	(주)하이테크	1,300,000	
	대변	유형자산처분이익	(주)하이테크		150,000

NO	일자	유형	품목	공급가액	부가세	공급처명	전자	분개
	9/8	11.과세	특허권	10,000,000	1,000,000	랜드전자	여	혼합

	구분	계정과목	거래처	차변	대변
	대변	부가세예수금	랜드전자		1,000,000
[9]	대변	특 허 권	랜드전자		8,000,000
	대변	무형자산처분이익	랜드전자		2,000,000
	차변	보통예금	랜드전자	11,000,000	

NO	일자	유형	품목	공급가액	부가세	공급처명	전자	분개
	9/10	11.과세	제품	30,000,000	3,000,000	공공상사	여	카드
	신용카드사		국민카드					

	구분	계정과목	거래처	차변	대변
[10]	차변	외상매출금	국민카드	33,000,000	
	대변	부가세예수금	공공상사		3,000,000
	대변	제품매출	공공상사		30,000,000

■ 세금계산서 매출분에 대하여 신용카드 결제를 받은 경우 [분개 - 4.카드]를 선택하고 "국민카드"를 입력한다.

NO	일자	유형	품목	공급가액	부가세	공급처명	전자	분개
	9/11	11.과세	제품	3,000,000	300,000	(주)서울	여	혼합

	구분	계정과목	거래처	차변	대변
[11]	대변	부가세예수금	(주)서울		300,000
	대변	제품매출	(주)서울		3,000,000
	차변	단기차입금	(주)서울	3,300,000	

NO	일자	유형	품목	공급가액	부가세	공급처명	전자	분개
	9/12	11.과세	반품	-500,000	-50,000	(주)서울	여	외상

	구분	계정과목	거래처	차변	대변
[12]	차변	외상매출금	(주)서울	-550,000	
	대변	부가세예수금	(주)서울		-50,000
	대변	제품매출	(주)서울		-500,000

NO	일자	유형	품목	공급가액	부가세	공급처명	전자	분개
[13]	9/13	12.영세	제품	20,000,000	0	(주)경주	여	외상
	영세율 구분			③ 내국신용장·구매확인서에 의하여 공급하는 재화				
	구분	계정과목		거래처	차변		대변	
	차변	외상매출금		(주)경주	20,000,000			
	대변	제품매출		(주)경주			20,000,000	

NO	일자	유형	품목	공급가액	부가세	공급처명	전자	분개
[14]	9/14	12.영세	제품	10,000,000	0	(주)태연조명	여	혼합
	영세율 구분			③ 내국신용장·구매확인서에 의하여 공급하는 재화				
	구분	계정과목		거래처	차변		대변	
	대변	제품매출		(주)태연조명			10,000,000	
	차변	받을어음		(주)태연조명	7,000,000			
	차변	외상매출금		(주)태연조명	3,000,000			

NO	일자	유형	품목	공급가액	부가세	공급처명	전자	분개
[15]	9/15	12.영세	임가공용역	5,000,000	0	(주)건영상사	여	외상
	영세율 구분			⑩ 수출재화임가공용역				
	구분	계정과목		거래처	차변		대변	
	차변	외상매출금		(주)건영상사	5,000,000			
	대변	용역매출(420)		(주)건영상사			5,000,000	

NO	일자	유형	품목	공급가액	부가세	공급처명	전자	분개
[16]	9/16	13.면세	상품	3,000,000		(주)태연조명	여	외상
	구분	계정과목		거래처	차변		대변	
	차변	외상매출금		(주)태연조명	3,000,000			
	대변	상품매출		(주)태연조명			3,000,000	

NO	일자	유형	품목	공급가액	부가세	공급처명	전자	분개
[17]	9/17	14.건별	접대	800,000	80,000	(주)서울		혼합
	구분	계정과목		거래처	차변		대변	
	대변	부가세예수금		(주)서울			80,000	
	대변	원재료(8.타계정대체)		(주)서울			600,000	
	차변	기업업무추진비(판)		(주)서울	680,000			

■ 간주공급(타사업장 반출 제외)은 세금계산서를 발급할 수 없으므로 "14.건별"로 입력하며 과세표준은 시가로 적용한다. 다만 회계처리 시 재고자산의 감소는 원가이므로 금액을 수정하여야 하며 거래처 관리는 필요하지 않으나 답안에 공지 되고 있으니 지문에 명기된 경우는 입력한다.

NO	일자	유형	품목	공급가액	부가세	공급처명	전자	분개
	9/18	16.수출	상품	120,000,000	0	상하이상사		외상

[18]

	영세율 구분	① 직접수출(대행수출 포함)		
구분	계정과목	거래처	차변	대변
차변	외상매출금	상하이상사	120,000,000	
대변	상품매출	상하이상사		120,000,000

■ 과세표준 = 외화 × 공급시기의 환율 = U$100,000 × 1,200원(선적일) = 120,000,000원

NO	일자	유형	품목	공급가액	부가세	공급처명	전자	분개
	9/19	16.수출	제품	110,000,000	0	아일랜드		혼합

[19]

	영세율 구분	② 중계무역 · 위탁판매 · 외국인도 또는 위탁가공무역 방식의 수출		
구분	계정과목	거래처	차변	대변
대변	제품매출	아일랜드		110,000,000
차변	보통예금	아일랜드	66,000,000	
차변	외상매출금	아일랜드	44,000,000	

■ 외화를 수령하여 보유하고 있는 경우와 공급시기 이후 대가를 외화로 수령하는 경우 선적일(공급시기)의 기준환율로 환산한 금액을 과세표준으로 한다.
과세표준 = 외화 × 공급시기의 환율 = U$100,000 × 1,100원 = 110,000,000원

NO	일자	유형	품목	공급가액	부가세	공급처명	전자	분개
	9/20	16.수출	제품	10,600,000	0	하이얼사		혼합

[20]

	영세율 구분	① 직접수출(대행수출 포함)		
구분	계정과목	거래처	차변	대변
대변	제품매출	하이얼사		10,600,000
차변	선 수 금	하이얼사	4,000,000	
차변	외상매출금	하이얼사	6,600,000	

■ 외화대금 중 선수금 수령하여 원화로 환전한 경우의 과세표준은 환가한 금액이다.
과세표준 = 선수금 + (외화 × 선적일의 기준환율) = 4,000,000원 + (U$6,000 × 1,100원) = 10,600,000원

NO	일자	유형	품목	공급가액	부가세	공급처명	전자	분개
	9/21	16.수출	제품	100,000,000	0	야마다교역		혼합

[21]

	영세율 구분	① 직접수출(대행수출 포함)		
구분	계정과목	거래처	차변	대변
대변	제품매출	야마다교역		115,000,000
차변	선 수 금	야마다교역	100,000,000	
차변	외환차손	야마다교역	15,000,000	

■ 과세표준 = 선적일 이전에 환가한 경우 그 환가한 금액 = 100,000,000원
■ 수출재화의 수익인식 = 외화 × 공급시기의 재정환율 = ¥10,000,000 × 1,150원/100¥ = 115,000,000원

NO	일자	유형	품목	공급가액	부가세	공급처명	전자	분개
[22]	9/22	16.수출	개발용역	3,180,000	0	파낙소니사		혼합

[22]	영세율 구분		⑥ 국외에서 제공하는 용역		
	구분	계정과목	거래처	차변	대변
	대변	용역매출(420)	파낙소니사		3,180,000
	차변	보통예금	파낙소니사	3,180,000	

■ 용역의 공급시기는 용역제공완료일이며 제공완료일의 환율로 계산한 금액이 과세표준이다.

NO	일자	유형	품목	공급가액	부가세	공급처명	전자	분개
[23]	9/23	17.카과	제품	400,000	40,000	김사부		카드

[23]	신용카드사		우리카드		
	구분	계정과목	거래처	차변	대변
	차변	외상매출금	우리카드	440,000	
	대변	부가세예수금	김사부		40,000
	대변	제품매출	김사부		400,000

NO	일자	유형	품목	공급가액	부가세	공급처명	전자	분개
[24]	9/24	18.카면	쌀	500,000		(주)도깨비마트		카드

[24]	신용카드사		국민카드		
	구분	계정과목	거래처	차변	대변
	차변	미 수 금	국민카드	500,000	
	대변	저 장 품	(주)도깨비마트		500,000

■ 카드매출은 분개유형을 [카드, 혼합, 외상] 모두 사용이 가능하므로 어떤 것을 사용하여도 무방하다.

NO	일자	유형	품목	공급가액	부가세	공급처명	전자	분개
[25]	9/25	22.현과	제품	800,000	80,000	김사부		혼합

[25]	구분	계정과목	거래처	차변	대변
	대변	부가세예수금	김사부		80,000
	대변	제품매출	김사부		800,000
	대변	현 금	김사부		120,000
	차변	선 수 금	김사부	1,000,000	

NO	일자	유형	품목	공급가액	부가세	공급처명	전자	분개
[26]	9/26	22.현과	기계장치	50,000,000	5,000,000	(주)인천		혼합

[26]	구분	계정과목	거래처	차변	대변
	대변	부가세예수금	(주)인천		5,000,000
	대변	기계장치	(주)인천		80,000,000
	차변	감가상각누계액(207)	(주)인천	20,000,000	
	차변	현 금	(주)인천	55,000,000	
	차변	유형자산처분손실	(주)인천	10,000,000	

4. 매입유형별 실무프로세스

[매입전표 유형별 설명]

매출코드	유형	내 용
51	과세	교부받은 **매입세금계산서(공제가능)** 입력 시 선택한다.
52	영세	교부받은 **영세율** 매입세금계산서 입력 시 선택한다.
53	면세	교부받은 **매입계산서** 입력 시 선택한다.
54	불공	**매입세액공제를 받을 수 없는 세금계산서(수입세금계산서 중 불공제분 포함)** 입력 시 선택한다. ① 사유별로 우측 해당번호 선택 ② "공제받지못할매입세액명세서" 서식에 사유별로 자동반영 ③ [9.공통매입세액 안분계산서분], [11.납부세액재계산분]은 겸영사업자가 사용하며, "공제받지 못할매입세액명세서" 서식에 자동반영하여 계산하고자 할 경우 선택 출력형태 / 전체 번호 / 불공제사유 여기를 클릭하여 검색 1 ①필요적 기재사항 누락 등 2 ②사업과 직접 관련 없는 지출 3 ③개별소비세법 제1조제2항제3호에 따른 자동차 구 4 ④기업업무추진비 및 이와 유사한 비용 관련 5 ⑤면세사업 관련 6 ⑥토지의 자본적 지출 관련 7 ⑦사업자등록 전 매입세액 8 ⑧금.구리 스크랩 거래계좌 미사용 관련 매입세액 9 ⑨공통매입세액안분계산분 10 ⑩대손처분받은 세액 11 ⑪납부세액재계산분 확인(Enter) 취소(Esc)
55	수입	재화의 수입 시 세관장이 발행한 **수입세금계산서(매입세액공제)** 입력 시 선택한다. 수입세금계서상의 과세표준(= 공급가액)은 단지 부가가치세 징수를 위한 과세표준일뿐 회계처리 대상이 아니다. 따라서 본 프로그램에서는 수입세금계산서의 경우 하단부 분개는 부가가치세만 표시 되도록 되어있다.
56	금전	매입세액공제가 가능한 금전등록기 이면확인영수증 입력 시 선택한다. (현재는 폐지)
57	카과	**매입세액공제**가 가능한 재화 등을 매입하고 **신용카드매입전표**를 수취한 경우 선택한다. 입력된 자료는 [**신용카드매출전표수령명세서**]에 자동 반영되며, 거래처등록 시 매입카드를 반드시 입력해야 한다.
58	카면	면세사업자에게 면세재화를 공급받고 신용카드매입전표를 수취한 경우 선택한다.
59	카영	영세율이 적용되는 재화 등을 매입하고 신용카드매입전표를 수취한 경우 선택한다.
60	면건	계산서가 교부되지 않은 면세 매입(무증빙) 입력 시 선택한다.
61	현과	**매입세액공제**가 가능한 재화 등을 매입하고 **현금영수증(지출증빙)**을 수취한 경우 선택한다. 입력된 자료는 [**신용카드매출전표수령명세서**]에 자동 반영된다.
62	현면	현금영수증에 의한 면세 매입을 입력 시 선택한다.

실무예제 1

7월 15일 당사는 매입처 (주)마도로부터 원재료[수량 1,250 단가 16,000원(부가가치세 별도)]를 외상으로 매입하고 전자세금계산서를 수취하였다.

예제 따라하기

(차) 원재료	20,000,000원	(대) 외상매입금	22,000,000원
부가세대급금	2,000,000원		

① 회계처리 일자(2025.07.15)를 입력하고 품목, 수량, 단가를 입력하여 공급가액, 부가세를 자동반영 한다.

② 공급처 코드란에서 "마도"를 입력하여 공급처를 선택하고 전자세금계산서이므로 "전자 – 1.여"를 선택한다.

③ 재고자산 매입 외상거래이므로 "분개 – 2.외상"을 선택하고 하단의 분개내역을 확인한다.

실무예제 2

7월 22일 영업부에서 사용할 K5(1,999cc) 5인용 승용차(공급가액 30,000,000원, 부가가치세 3,000,000원)를 (주)경기자동차로부터 구입하고 전자세금계산서를 교부받았으며 이미 지급한 계약금 2,000,000원을 제외한 나머지 금액을 (주)상호캐피탈의 할부금융에서 10개월 상환약정을 하고 차입하여 지급하였다.

예제 따라하기

(차) 차량운반구	33,000,000원	(대) 선 급 금	2,000,000원
		단기차입금	31,000,000원

① 회계처리 일자(2025.07.22)를 입력하고 품목, 공급가액을 입력하여 부가세를 자동 반영하며, 공급처 코드란에서 "경기"를 입력하여 공급처를 선택, 전자세금계산서이므로 "전자 – 1.여"를 입력한다.
② K5(1,999cc) 차량은 "비영업용소형승용차"에 해당하며 구입 및 유지와 관련된 비용은 매입세액 공제가 불가능하므로 "유형 – 54.불공"을 선택하고 불공제 사유(3.개별소비세법 제1조제2항제3호에 따른 자동차 구입·유지 및 임차)를 입력한다.
③ 상거래이외의 거래에 해당하므로 "분개 – 3.혼합"을 선택하고 차변계정과목을 "원재료"를 "차량운반구"로 대변계정과목 "선급금"과 "단기차입금"을 입력하고 거래처를 변경한다.

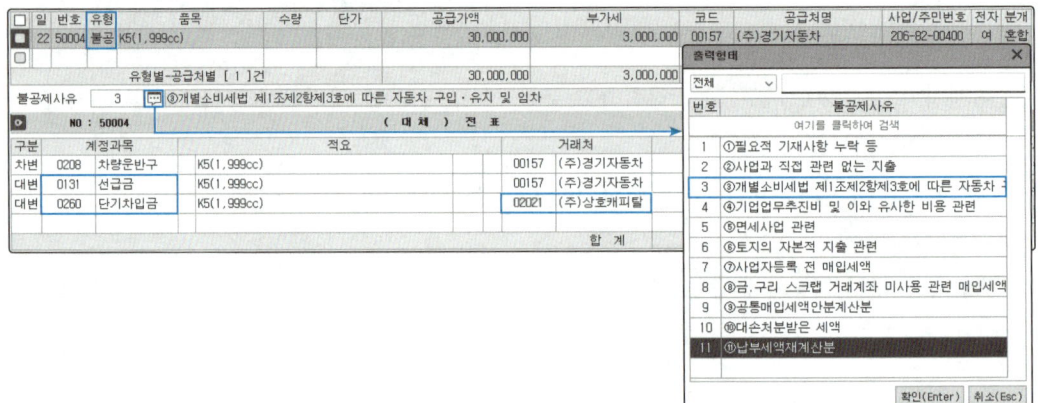

 실무예제3

7월 23일 캐나다의 벤쿠버상사로부터 원재료를 수입하면서 인천세관으로부터 전자수입세금계산서(공급대가 : 5,500,000원)를 교부받았고, 부가가치세와 관세를 합해서 900,000원을 현금으로 지급하였다. 원재료의 공급가액은 회계처리하지 않고 관세 및 부가가치세만 회계처리 하기로 한다.

 예제 따라하기

(차) 부가세대급금	500,000원		(대) 현 금	900,000원
원 재 료	400,000원			

① 회계처리 일자(2025.07.23)을 입력하고 품목, 공급가액을 입력하여 부가세를 자동반영 한다.
② 공급처 코드란에서 "인천"를 입력하여 공급처를 선택, 수입전자세금계산서이므로 "전자 – 1.여"를 입력한다.
③ 관세와 부가가치세를 현금으로 납부한 경우는 "분개 – 3.혼합"을 선택하여야 하며, 하단의 회계처리는 자동반영된 "부가세대급금", 취득과 관련하여 발생한 관세에 대하여 "원재료" 계정과목을 추가하여 취득원가로 처리한다.

□	일	번호	유형	품목	수량	단가	공급가액	부가세	코드	공급처명	사업/주민번호	전자	분개
□	23	50004	수입	원재료			5,000,000	500,000	00710	인천세관	139-02-90901	여	혼합
				유형별-공급처별 [1]건			5,000,000	500,000					

신용카드사 　　　　　　　봉사료
NO : 50004 　　　(대체) 전 표

구분		계정과목	적요		거래처	차변(출금)	대변(입금)
차변	0135	부가세대급금	원재료	00710	인천세관	500,000	
차변	0153	원재료	원재료	00710	인천세관	400,000	
대변	0101	현금	원재료	00710	인천세관		900,000
					합 계	900,000	900,000

실무예제 4

7월 24일 공장 기계장치에 사용할 등유 2,200,000원(공급대가)을 당산주유소에서 구입하고 법인명의 신용카드(대한카드)로 결제하였다. (가스수도료로 처리할 것)

예제 따라하기

(차) 가스수도료(제)	2,000,000원	(대) 미지급금	2,200,000원
부가세대급금	200,000원		

① 회계처리 일자(2025.07.24)를 입력하고 "유형:57.카과"를 선택하고 품목을 입력한다.
② **공급대가(합계금액)**를 입력한 후 Enter 키를 누르면 공급가액과 부가가치세가 자동으로 구분되어 입력된다.
③ 공급처 코드란에서 "당산"을 입력하여 공급처를 선택하고 신용카드사란에 "대한카드"를 입력한다.
④ 카드매입이므로 "분개 - 4.카드"를 선택하면 하단의 분개는 [환경등록]에서 설정한 내용이 반영되고 대변계정과목의 거래처는 "대한카드"가 자동반영 되며 차변계정과목에 "원재료"를 "가스수도료(제)"로 수정 입력한다.

□	일	번호	유형	품목	수량	단가	공급가액	부가세	코드	공급처명	사업/주민번호	전자	분개
□	24	50007	카과	등유			2,000,000	200,000	00900	당산주유소	131-08-08184		카드
				유형별-공급처별 [1]건			2,000,000	200,000					

신용카드사 99600 대한카드 　　봉사료
NO : 50007 　　　(대체) 전 표

구분		계정과목	적요		거래처	차변(출금)	대변(입금)
대변	0253	미지급금	등유	99600	대한카드		2,200,000
차변	0135	부가세대급금	등유	00900	당산주유소	200,000	
차변	0515	가스수도료	등유	00900	당산주유소	2,000,000	
					합 계	2,200,000	2,200,000

5. 매입유형별 분개 연습하기(회사코드 : 2000. (주)배움)

입력 시 유의사항

- 일반적인 적요의 입력은 생략하지만, 타계정 대체거래는 적요 번호를 선택하여 입력한다.
- 채권·채무와 관련된 거래는 별도의 요구가 없는 한 반드시 기등록된 거래처코드를 선택하는 방법으로 거래처명을 입력한다.
- 제조경비는 500번대 계정코드를, 판매비와관리비는 800번대 계정코드를 사용한다.
- 회계처리 시 계정과목은 등록된 계정과목 중 가장 적절한 과목으로 한다.
- 입력화면 하단의 분개까지 처리하고, 세금계산서 및 계산서는 전자 여부를 입력하여 반영한다.

[매입 유형 : 51.과세]

[1] 8월 1일 (주)전남기업으로부터 원재료를 9,000,000원(부가가치세 별도)에 매입하고 전자세금계산서를 교부받았으며, 대금의 50%는 당사가 발행한 약속어음을 교부하였고 나머지는 보통예금계좌에서 이체하였다.

[2] 8월 2일 (주)광주로부터 원재료 공급가액 12,000,000원(부가세별도)을 매입하고 전자세금계산서를 받았다. 대금은 7월 16일에 지급한 선급금 1,000,000원을 제외한 잔액을 보통예금으로 지급하였다.

[3] 8월 3일 (주)민국기업으로부터 원재료(공급가액 5,000,000원, 부가가치세 별도)를 매입하고 전자세금계산서를 교부받았다. 대금 중 2,000,000원은 7월 25일 계약금을 지급하였고, 나머지 금액은 제품매출 대금으로 받은 (주)울산이 발행한 어음을 배서양도 하였다.

[4] 8월 4일 전년도에 (주)경일산업에서 매입한 상품에 하자가 있어 반품하고 수정전자세금계산서(공급가액 3,000,000원, 부가가치세 300,000원, 부[負]의 세금계산서)를 교부받았다. 대금은 외상매입금과 상계처리 하였다.

[5] 8월 5일 원재료를 구입하면서 운반대가로 하인물류에게 880,000원(VAT 포함)을 현금으로 지급하고 수기로 발행한 세금계산서를 수취하였다.

[6] 8월 6일 회사 업무용 4인용 소형승용차(배기량 800cc)를 한국자동차에서 구입하면서 대금 5,000,000원 (부가가치세 500,000원)을 현금으로 결제하고 전자세금계산서를 수취하다.

[7] 8월 7일 신일중공업에 공장 기계장치 점검을 의뢰하고 수선비용으로 380,000원(부가가치세 별도)을 현금 지출한 후 종이세금계산서를 교부받았다. 기계수선내역은 수익적지출로 간주한다.

[8] 8월 8일   당사는 본사 건물 일부가 노후화 되어 안전에 문제가 있어 기존 계단시설을 폐쇄하고 엘리베이터와 현관 1층에 보안시스템을 새로 설치하였다. 공사를 담당한 (주)동양산업의 견적 내역은 다음과 같으며, 8월 8일 전자세금계산서 수취와 동시에 해당 금액은 전액 약속어음(만기일 12월 30일)을 발행하여 결제 완료되었다.

공사구분	금액(원)	비 고
엘리베이터 설치	15,000,000	
1층 보안시스템 설치	11,000,000	[주]
합 계	26,000,000	부가가치세 별도

[주] 보안시스템은 건물의 일부로 설치되어 매월 본사 물품 도난사고가 방지될 것으로 예상되며, 건물감정평가액이 높아질 것으로 기대됨

[9] 8월 9일   당사는 낡은 공장건물을 수선하고, 영진엔지니어링으로부터 아래와 같은 내용의 전자세금계산서 1매를 수취하였다. 대금 중 20,000,000원은 영진엔지니어링에 대한 외상매출금과 상계하기로 하였고, 나머지는 다음 달 말일에 지급하기로 하였다. 단, 세금계산서 입력은 복수거래로 입력할 것.

품 명	공급가액	세 액	비 고
창호공사	1,400,000원	140,000원	자본적 지출
지붕교체	25,000,000원	2,500,000원	자본적 지출
합 계	26,400,000원	2,640,000원	

[10] 8월 10일   공장의 신축이 완료되어 (주)전남기업에 잔금을 회사의 보통예금통장에서 지급하고 세법에 의한 세금계산서를 수취하다. (주)전남기업과의 공급계약은 다음과 같다. (본 계약은 계약금 및 중도금 지급 시 세금계산서를 발행하지 않았다.)

구 분	지급일자	공급대가(부가가치세 포함)
계약금	2월 28일	110,000,000원
중도금	7월 1일	550,000,000원
잔 금	8월 10일	440,000,000원

※ 계약금과 중도금은 입력된 자료를 이용하며, 건물로의 대체분개도 포함하여 회계처리할 것.

[11] 8월 11일   회사 ERP시스템 구축을 위하여 이현소프트(주)에 소프트웨어 용역을 공급받고 전자세금계산서를 수취하면서 33,000,000원(부가가치세 포함)을 현금으로 지급하다. 무형자산항목으로 처리하고, 당해 용역이 완료되었다고 가정하시오.

[12] 8월 12일   당사는 시오상사가 소유하고 있던 특허권을 구입하면서 전자세금계산서(공급가액 1,000,000원, 부가가치세 100,000원)를 교부받았고, 그 대가로 당사의 주식 150주(액면가액 5,000원)를 액면발행해서 교부하고, 나머지는 당좌수표로 지급하였다.

[13] 8월 13일 당사는 기술인력 부족으로 고열가공을 외주하기로 하였다. (주)지성상사에 당사의 원재료의 가공을 의뢰하고 11,000,000(부가가치세 별도)의 전자세금계산서를 수취하였으며, 대금은 당좌수표를 발행하여 지급하였다.

[14] 8월 14일 코리아전자에서 원재료(공급가액 1,000,000원, 부가가치세 100,000원)를 외상으로 구입하면서 세금계산서를 발급(전자분 아님) 받았다. 2기 예정 부가가치세 신고 시 해당 세금계산서를 누락하여 2기 확정 부가가치세 신고에 반영하려고 한다. 해당 세금계산서를 2기 확정 부가가치세 신고에 반영시킬 수 있도록 입력·설정하시오.

[매입 유형 : 52.영세]

[15] 8월 15일 원재료 납품업체인 (주)울산으로부터 Local L/C에 의해 수출용 제품생산에 사용될 원재료(1,000개, 단가 30,000원)를 납품받고 (영세율)전자세금계산서를 교부받았다. 대금결제는 전액 당사발행 약속어음(만기일 당기 12.30)으로 지급하였다.

[16] 8월 16일 (주)광주로부터 원재료(1,000개, 단위당 원가 20,000원)를 매입하고 영세율전자세금계산서를 수취하였다. 대금은 국민은행 기업구매자금대출(만기 6개월)로 지급하였다.

[매입 유형 : 53.면세]

[17] 8월 17일 회사의 판매부 직원 홍진주의 결혼식에 사용할 축하화환을 110,000원에 상상플라워에서 종이계산서를 발급받아 구입하고 보통예금 계좌에서 이체하였다.

[18] 8월 18일 (주)직진마트에서 한우갈비세트를 1개월 후 지급조건으로 1,000,000원에 구입하고, 전자계산서를 수취하였다. 이 중 300,000원은 복리후생 차원에서 당사 공장직원들에게 제공하였고, 나머지는 매출거래처에 증정하였다. (하나의 전표로 입력할 것)

[매입 유형 : 54.불공]

[19] 8월 19일 당사는 업무용으로 사용할 목적으로 취득가액 20,000,000원(부가가치세 별도)인 소형승용차(5인승, 1,500cc)를 (주)경기자동차에서 5개월 할부로 구입하고, 최초 할부금 4,400,000원은 당좌수표를 발행하여 지급하였으며, 전자세금계산서를 수취하였다.

[20] 8월 20일 당사는 영업사원의 업무용으로 사용하기 위하여 (주)금오렌터카로부터 2,000cc급 소나타 승용차를 임차하고, 전자세금계산서(공급가액 : 2,000,000원, 세액 : 200,000원)를 교부받았다. 단, 당월분 임차료는 다음달 10일에 지급하기로 하였다.

[21] 8월 21일 미국 자동차회사인 GM상사로부터 영업부서에서 사용할 승용차(배기량 2,000cc, 4인승)를 인천세관을 통해 수입하고 수입전자세금계산서(공급가액 50,000,000원, 부가가치세 5,000,000원)를 교부받았다. 부가가치세 5,000,000원과 관세 1,000,000원을 보통예금으로 지급하였다. 매입매출전표에서 수입세금계산서와 관세에 대해서만 회계처리 하시오.

[22] 8월 22일 매출거래처의 신규지점 개업을 축하하기 위하여 랜드전자로부터 선물세트를 1,000,000원(부가가치세 별도)에 매입하고, 전자세금계산서를 수취한 후 500,000원은 당사의 거래은행 계좌에서 당좌수표를 발행하여 지급하였고, 나머지 금액은 한 달 후에 지급하기로 하였다.

[23] 8월 23일 본사 건물의 주차장으로 사용하기 위하여 토지를 구입한 후 토지의 정지비용과 구 건물철거와 관련한 비용으로 (주)평탄산업에 32,000,000원(부가가치세 별도)을 보통예금으로 지급하고 전자세금계산서를 수취하였다.

[24] 8월 24일 출판사업부에서 사용할 기계장치를 (주)프로테크로부터 10,000,000원(부가가치세 별도)에 전액 외상으로 구입하고 전자세금계산서를 수취하였다. 당사에서는 출판사업부에서 발생한 매출액에 대하여 부가가치세를 면세로 신고해 오고 있다.

[매입 유형 : 55.수입]

[25] 8월 25일 일본 산요사로부터 수입한 원재료(¥3,500,000)와 관련하여, 인천세관으로부터 금일자를 작성일자로 하는 전자수입세금계산서를 교부받아 동 부가가치세액 3,850,000원을 인천세관에 현금으로 완납하였다. 단, 부가가치세와 관련된 것만을 회계처리 하기로 한다.

[매입 유형 : 57.카과]

[26] 8월 26일 영업부에서 회사 제품 홍보를 위하여 (주)지성상사에 티슈제작을 의뢰하면서 계약금 2,200,000원(부가가치세 200,000원 별도 기재됨)을 대한카드(법인카드)로 결제하였다.

[27] 8월 27일 경기도 용인의 (주)대한연수원에서 공장 생산직 직원들의 직무연수를 실시하고 교육훈련비로 8,800,000원(공급대가)을 하나카드로 결제하였다.

[매입 유형 : 58.카면]

[28] 8월 28일 (주)직진마트에서 한우갈비셋트(부가가치세 면세대상임) 1,100,000원을 법인명의 신용카드(대한카드)로 구입하고, 신용카드 매출전표를 수취하였다. 이 중 400,000원은 복리후생차원에서 당사 공장직원에게 제공하였고, 나머지는 특정 매출거래처에 증정하였다.

[매입 유형 : 61.현과]

[29] 8월 29일 영업부에서는 사무실 사용목적으로 임차할 건물을 강남공인중개사로부터 소개를 받았다. 이와 관련하여 당사는 중개수수료 550,000원(부가가치세 포함)을 보통예금에서 이체함과 동시에 강남공인중개사로부터 현금영수증을 수취하였다.

[매입 유형 : 62.현면]

[30] 8월 30일 영업부 사무실 신문구독료 50,000원을 동아일보사에 현금결제하고 지출증빙용 현금영수증을 교부받았다.

매입유형별 분개 연습하기 해설

[1]

NO	일자	유형	품목	공급가액	부가세	공급처명	전자	분개
	8/1	51.과세	원재료	9,000,000	900,000	(주)전남기업	여	혼합

구분	계정과목	거래처	차변	대변
차변	부가세대급금	(주)전남기업	900,000	
차변	원 재 료	(주)전남기업	9,000,000	
대변	지급어음	(주)전남기업		4,950,000
대변	보통예금	(주)전남기업		4,950,000

[2]

NO	일자	유형	품목	공급가액	부가세	공급처명	전자	분개
	8/2	51.과세	원재료	12,000,000	1,200,000	(주)광주	여	혼합

구분	계정과목	거래처	차변	대변
차변	부가세대급금	(주)광주	1,200,000	
차변	원 재 료	(주)광주	12,000,000	
대변	선 급 금	(주)광주		1,000,000
대변	보통예금	(주)광주		12,200,000

[3]

NO	일자	유형	품목	공급가액	부가세	공급처명	전자	분개
	8/3	51.과세	원재료	5,000,000	500,000	(주)민국기업	여	혼합

구분	계정과목	거래처	차변	대변
차변	부가세대급금	(주)민국기업	500,000	
차변	원 재 료	(주)민국기업	5,000,000	
대변	선 급 금	(주)민국기업		2,000,000
대변	받을어음	(주)울산		3,500,000

■ 보유중인 약속어음을 배서양도하는 경우 거래처를 반드시 변경함에 유의한다.

[4]

NO	일자	유형	품목	공급가액	부가세	공급처명	전자	분개
	8/4	51.과세	반품	-3,000,000	-300,000	(주)경일산업	여	외상

구분	계정과목	거래처	차변	대변
대변	외상매입금	(주)경일산업		-3,300,000
차변	부가세대급금	(주)경일산업	-300,000	
차변	상 품	(주)경일산업	-3,000,000	

[5]

NO	일자	유형	품목	공급가액	부가세	공급처명	전자	분개
	8/5	51.과세	운반비	800,000	80,000	하인물류		현금

구분	계정과목	거래처	차변	대변
출금	부가세대급금	하인물류	80,000	(현금)
출금	원 재 료	하인물류	800,000	(현금)

■ 원재료 매입과 관련된 부대비용은 취득원가에 가산하며 수기로 발급된 세금계산서이므로 "전자"란은 공란으로 둔다.

NO	일자	유형	품목	공급가액	부가세	공급처명	전자	분개
[6]	8/6	51.과세	승용차	5,000,000	500,000	한국자동차	여	현금
	구분	계정과목		거래처	차변		대변	
	출금	부가세대급금		한국자동차	500,000		(현금)	
	출금	차량운반구		한국자동차	5,000,000		(현금)	

■ 비영업용소형승용차 1,000cc 이하 자동차는 매입세액 공제가 가능하다.

NO	일자	유형	품목	공급가액	부가세	공급처명	전자	분개
[7]	8/7	51.과세	수선	380,000	38,000	신일중공업		현금
	구분	계정과목		거래처	차변		대변	
	출금	부가세대급금		신일중공업	38,000		(현금)	
	출금	수선비(제)		신일중공업	380,000		(현금)	

NO	일자	유형	품목	공급가액	부가세	공급처명	전자	분개
[8]	8/8	51.과세	엘리베이터외	26,000,000	2,600,000	(주)동양산업	여	혼합
	구분	계정과목		거래처	차변		대변	
	차변	부가세대급금		(주)동양산업	2,600,000			
	차변	건 물		(주)동양산업	26,000,000			
	대변	미지급금		(주)동양산업			28,600,000	

■ 상거래이외의 어음 발행 계정과목은 "미지급금"으로 처리하여야 한다.

NO	일자	유형	품목	공급가액	부가세	공급처명	전자	분개
[9]	8/9	51.과세	창호공사외(복수)	26,400,000	2,640,000	영진엔지니어링	여	혼합
	구분	계정과목		거래처	차변		대변	
	차변	부가세대급금		영진엔지니어링	2,640,000			
	차변	건 물		영진엔지니어링	26,400,000			
	대변	외상매출금		영진엔지니어링			20,000,000	
	대변	미지급금		영진엔지니어링			9,040,000	

NO	일자	유형	품목	공급가액	부가세	공급처명	전자	분개
[10]	8/10	51.과세	공장잔금	1,000,000,000	100,000,000	(주)전남기업	여	혼합
	구분	계정과목		거래처	차변		대변	
	차변	부가세대급금		(주)전남기업	100,000,000			
	차변	건 물		(주)전남기업	1,000,000,000			
	대변	건설중인자산		(주)전남기업			660,000,000	
	대변	보통예금		(주)전남기업			440,000,000	

본 건은 중간지급조건부에 해당하지 않으므로 계약금 및 중도금 지급시는 세금계산서를 발급하지 않고 잔금 지급시 발급한다.

■ 중간지급조건부에 해당하는 경우의 과세표준 및 수익인식기준
① 부가가치세법상 공급시기 및 세금계산서 발급시기 : 대가의 각부분을 받기로 한 때
② 기업회계기준상 수익인식기준 : 인도기준이므로 잔금지급 시 인식하므로 계약금 및 각 중도금에 대한 부분 은 선수금(유형자산인 경우 건설중인자산)으로 처리

NO	일자	유형	품목	공급가액	부가세	공급처명	전자	분개
[11]	8/11	51.과세	소프트웨어	30,000,000	3,000,000	이현소프트(주)	여	현금
	구분	계정과목		거래처	차변		대변	
	출금	부가세대급금		이현소프트(주)	3,000,000		(현금)	
	출금	소프트웨어		이현소프트(주)	30,000,000		(현금)	

NO	일자	유형	품목	공급가액	부가세	공급처명	전자	분개
[12]	8/12	51.과세	특허권	1,000,000	100,000	시오상사	여	혼합
	구분	계정과목		거래처	차변		대변	
	차변	부가세대급금		시오상사	100,000			
	차변	특 허 권		시오상사	1,000,000			
	대변	자 본 금		시오상사			750,000	
	대변	당좌예금		시오상사			350,000	

■ 현물출자로 취득한 자산의 취득원가 = 취득자산의 공정가치 + 취득 부대비용

NO	일자	유형	품목	공급가액	부가세	공급처명	전자	분개
[13]	8/13	51.과세	외주가공	11,000,000	1,100,000	(주)지성상사	여	혼합
	구분	계정과목		거래처	차변		대변	
	차변	부가세대급금		(주)지성상사	1,100,000			
	차변	외주가공비(제)		(주)지성상사	11,000,000			
	대변	당좌예금		(주)지성상사			12,100,000	

NO	일자	유형	품목	공급가액	부가세	공급처명	전자	분개
[14]	8/14	51.과세	원재료	1,000,000	100,000	코리아전자		외상
	구분	계정과목		거래처	차변		대변	
	대변	외상매입금		코리아전자			1,100,000	
	차변	부가세대급금		코리아전자	100,000			
	차변	원 재 료		코리아전자	1,000,000			

■ 예정신고누락분을 부가가치세신고서에 자동 반영하고자 하는 경우 [간편집계표 ⇨ 예정누락분]을 선택하고 "확정신고 개시년월 : 2025년 10월 1일"을 입력한다.

NO	일자	유형	품목	공급가액	부가세	공급처명	전자	분개
[15]	8/15	52.영세	원재료	30,000,000	0	(주)울산	여	혼합
	구분	계정과목		거래처	차변		대변	
	차변	원 재 료		(주)울산	30,000,000			
	대변	지급어음		(주)울산			30,000,000	

NO	일자	유형	품목	공급가액	부가세	공급처명	전자	분개
[16]	8/16	52.영세	원재료	20,000,000	0	(주)광주	여	혼합
	구분	계정과목		거래처	차변		대변	
	차변	원재료		(주)광주	20,000,000			
	대변	단기차입금		국민은행			20,000,000	

NO	일자	유형	품목	공급가액	부가세	공급처명	전자	분개
[17]	8/17	53.면세	화환	110,000		상상플라워		혼합
	구분	계정과목		거래처	차변		대변	
	차변	복리후생비(판)		상상플라워	110,000			
	대변	보통예금		상상플라워			110,000	

NO	일자	유형	품목	공급가액	부가세	공급처명	전자	분개
[18]	8/18	53.면세	한우갈비세트	1,000,000		(주)직진마트	여	혼합
	구분	계정과목		거래처	차변		대변	
	차변	복리후생비(제)		(주)직진마트	300,000			
	차변	기업업무추진비(판)		(주)직진마트	700,000			
	대변	미지급금		(주)직진마트			1,000,000	

- 거래처 접대목적으로 구입한 물품은 매입세액 불공제 사유에 해당하나 계산서를 수취한 부분이므로 "유형: 53.면세"로 입력하여야 한다.

NO	일자	유형	품목	공급가액	부가세	공급처명	전자	분개
[19]	8/19	54.불공	소형승용차	20,000,000	2,000,000	(주)경기자동차	여	혼합
	불공제 사유			③ 개별소비세법 제1조제2항제3호에 따른 자동차 구입·유지 및 임차				
	구분	계정과목		거래처	차변		대변	
	차변	차량운반구		(주)경기자동차	22,000,000			
	대변	당좌예금		(주)경기자동차			4,400,000	
	대변	미지급금		(주)경기자동차			17,600,000	

NO	일자	유형	품목	공급가액	부가세	공급처명	전자	분개
[20]	8/20	54.불공	임차	2,000,000	200,000	(주)금오렌터카	여	혼합
	불공제 사유			③ 개별소비세법 제1조제2항제3호에 따른 자동차 구입·유지 및 임차				
	구분	계정과목		거래처	차변		대변	
	차변	임차료(판)		(주)금오렌터카	2,200,000			
	대변	미지급금		(주)금오렌터카			2,200,000	

	NO	일자	유형	품목	공급가액	부가세	공급처명	전자	분개
[21]		8/21	54.불공	승용차	50,000,000	5,000,000	인천세관	여	혼합
		불공제 사유			③ 개별소비세법 제1조제2항제3호에 따른 자동차 구입·유지 및 임차				
	구분	계정과목		거래처	차변		대변		
	차변	차량운반구		인천세관	6,000,000				
	대변	보통예금		인천세관			6,000,000		

■ 수입세금계산서도 부가가치세법의 불공제사유에 해당하는 경우 "54.불공"으로 입력하며 부가가치세는 취득원가에 가산하거나 당기비용 처리한다.

	NO	일자	유형	품목	공급가액	부가세	공급처명	전자	분개
[22]		8/22	54.불공	선물세트	1,000,000	100,000	랜드전자	여	혼합
		불공제 사유			④ 기업업무추진비 및 이와 유사한 비용 관련				
	구분	계정과목		거래처	차변		대변		
	차변	기업업무추진비(판)		랜드전자	1,100,000				
	대변	당좌예금		랜드전자			500,000		
	대변	미지급금		랜드전자			600,000		

	NO	일자	유형	품목	공급가액	부가세	공급처명	전자	분개
[23]		8/23	54.불공	정지비외	32,000,000	3,200,000	(주)평탄산업	여	혼합
		불공제 사유			⑥ 토지의 자본적 지출 관련				
	구분	계정과목		거래처	차변		대변		
	차변	토 지		(주)평탄산업	35,200,000				
	대변	보통예금		(주)평탄산업			35,200,000		

■ 토지와 구건물 일괄 취득 후 구건물 철거비용과 토지를 사용하기 위한 정지비는 토지의 취득원가로 가산하므로 매입세액을 공제받을 수 없다. 다만, 사용중인 기존건물 철거시 발생되는 철거비는 당기 비용(유형자산처분손실)로 회계처리 하며, 매입세액공제도 가능하다.

	NO	일자	유형	품목	공급가액	부가세	공급처명	전자	분개
[24]		8/24	54.불공	기계장치	10,000,000	1,000,000	(주)프로테크	여	혼합
		불공제 사유			⑤ 면세사업 관련				
	구분	계정과목		거래처	차변		대변		
	차변	기계장치		(주)프로테크	11,000,000				
	대변	미지급금		(주)프로테크			11,000,000		

	NO	일자	유형	품목	공급가액	부가세	공급처명	전자	분개
[25]		8/25	55.수입	원재료	38,500,000	3,850,000	인천세관	여	현금
	구분	계정과목		거래처	차변		대변		
	출금	부가세대급금		인천세관	3,850,000		(현금)		

NO	일자	유형	품목	공급가액	부가세	공급처명	전자	분개
[26]	8/26	57.카과	티슈제작	2,000,000	200,000	(주)지성상사		카드
	신용카드사		대한카드					
	구분	계정과목		거래처		차변		대변
	대변	미지급금		대한카드				2,200,000
	차변	부가세대급금		(주)지성상사		200,000		
	차변	선 급 금		(주)지성상사		2,000,000		

■ 분개유형을 "3.혼합"을 사용하여도 무방하다.

NO	일자	유형	품목	공급가액	부가세	공급처명	전자	분개
[27]	8/27	57.카과	교육훈련	8,000,000	800,000	(주)대한연수원		카드
	신용카드사		하나카드					
	구분	계정과목		거래처		차변		대변
	대변	미지급금		하나카드				8,800,000
	차변	부가세대급금		(주)대한연수원		800,000		
	차변	교육훈련비(제)		(주)대한연수원		8,000,000		

NO	일자	유형	품목	공급가액	부가세	공급처명	전자	분개
[28]	8/28	58.카면	한우갈비셋트	1,100,000		(주)직진마트		카드
	신용카드사		대한카드					
	구분	계정과목		거래처		차변		대변
	대변	미지급금		대한카드				1,100,000
	차변	복리후생비(제)		(주)직진마트		400,000		
	차변	기업업무추진비(판)		(주)직진마트		700,000		

■ 분개유형을 "3.혼합"을 사용하여도 무방하다.

NO	일자	유형	품목	공급가액	부가세	공급처명	전자	분개
[29]	8/29	61.현과	중개수수료	500,000	50,000	강남공인중개사		혼합
	구분	계정과목		거래처		차변		대변
	차변	부가세대급금		강남공인중개사		50,000		
	차변	수수료비용(판)		강남공인중개사		500,000		
	대변	보통예금		강남공인중개사				550,000

NO	일자	유형	품목	공급가액	부가세	공급처명	전자	분개
[30]	8/30	62.현면	신문구독료	50,000		동아일보사		현금
	구분	계정과목		거래처		차변		대변
	출금	도서인쇄비(판)		동아일보사		50,000		(현금)

Perfect
전산세무 2급
www.bobook.co.kr

PART 04

부가가치세 신고서 및 부속서류 작성

CHAPTER 01 부가가치세 부속서류
CHAPTER 02 부가가치세신고 및 가산세

전산실무

(주)배움(회사코드 2000) ~ (주)합격(회사코드 2250)을 선택하여 실습예제를 진행하세요.

직무명	분류번호	능력단위명	수준	능력단위요소
세무	0203020205_23v6	부가가치세 신고	3	1 세금계산서 발급 · 수취하기 2 부가가치세 부속서류 작성하기 3 부가가치세 신고하기

능력단위정의	부가가치세 신고란 상품의 거래나 서비스의 제공에서 얻어지는 부가가치에 대해 과세되는 금액에 대하여 부가가치세법에 따라 신고 및 납부 업무를 수행하는 능력이다.

NCS 능력단위	능력단위요소	수 행 준 거
0203020205_23v6 부가가치세 신고	0203020205_23v6.1 세금계산서 발급 · 수취하기	1.1 세금계산서의 발급방법에 따라 세금계산서를 발급하고 세금계산서합계표를 국세청에 전송할 수 있다. 1.2 수정세금계산서 발급사유에 따라 세금계산서를 수정 발행할 수 있다. 1.3 부가가치세법에 따라 세금계산서합계표를 작성할 수 있다.
	0203020205_23v6.2 부가가치세 부속서류 작성하기	2.1 부가가치세법에 따라 수출실적명세서를 작성할 수 있다. 2.2 부가가치세법에 따라 대손세액공제신고서를 작성하여 세액공제를 받을 수 있다. 2.3 부가가치세법에 따라 공제받지 못할 매입세액명세서와 불공제분에 대한 계산근거를 작성할 수 있다. 2.4 부가가치세법에 따라 신용카드매출전표 등 수령명세서를 작성해 매입세액을 공제받을 수 있다. 2.5 부가가치세법에 따라 부동산임대공급가액명세서를 작성하고 간주임대료를 계산할 수 있다. 2.6 부가가치세법에 따라 건물 등 감가상각자산취득명세서를 작성할 수 있다. 2.7 부가가치세법에 따라 의제매입세액공제신고서를 작성하여 의제매입세액공제를 받을 수 있다.
	0203020205_23v6.3 부가가치세 신고하기	3.1 부가가치세법에 따른 과세기간을 이해하여 예정 · 확정신고를 할 수 있다. 3.2 부가가치세법에 따라 납세지를 결정하여 상황에 맞는 신고를 할 수 있다 3.3 부가가치세법에 따른 일반과세자와 간이과세자의 차이를 판단할 수 있다. 3.4 부가가치세법에 따른 재화의 공급과 용역의 공급의 범위를 판단할 수 있다. 3.5 부가가치세법에 따른 부가가치세신고서를 작성할 수 있다.

CHAPTER 01 부가가치세 부속서류

1. 세금계산서합계표

사업자가 세금계산서를 발급하였거나 세금계산서를 수취한 경우 [매출처별세금계산서합계표]와 [매입처별세금계산서합계표]를 예정신고 또는 확정신고시 관할세무서에 제출하여야 한다.

전자적으로 발급하고 기일내에 국세청에 전송된 전자세금계산서는 [전자분]탭에서 조회 되고, 종이로 발행된 세금계산서와 전자적으로 발급하였으나, 그 개별명세를 국세청에 전송하지 않거나, 과세기간 종료일 다음달 12일 이후에 국세청에 전송한 전자세금계산서는 [전자 이외분]탭에서 조회된다.

2. 계산서합계표

사업자가 계산서를 발급하였거나 계산서를 수취한 경우 부가가치세법상 사업자는 [매출처별계산서합계표]와 [매입처별계산서합계표]를 예정신고 또는 확정신고시 관할세무서에 제출하여야 한다.

전자적으로 발급하고 기일내에 국세청에 전송된 전자계산서는 [전자분]탭에서 조회 되고, 종이로 발행된 계산서와 전자적으로 발급하였으나, 그 개별명세를 국세청에 전송하지 않거나, 과세기간 종료일 다음달 12일 이후에 국세청에 전송한 전자계산서는 [전자 이외분]탭에서 조회된다.

3. 신용카드매출전표등 발행집계표

신용카드매출전표 등을 발급한 사업자(법인포함)는 부가가치세 예정신고 또는 확정신고 시에 신용카드매출전표등발행집계표를 작성하여 부가가치세신고서와 함께 제출하여야 한다. 또한 아래의 매입매출전표입력 시 아래의 유형으로 입력한 자료가 자동반영되며, 직접입력도 가능하다.

부가가치세가 과세되는 재화 또는 용역을 공급(**법인 및 매출 10억원 초과하는 개인사업자는 제외**)하고 신용카드매출전표 등을 발행하거나 전자화폐로 대금결제를 받는 경우에는 신용카드매출전표발행세액공제를 적용받을 수 있다.

세액공제액 = MIN[① 발행금액 또는 결제금액 × 1.3%, ② 연간 1,000만원]

실무예제

다음 자료를 (주)청송(회사코드 : 2100)의 제1기 예정 부가가치세신고서에 추가로 반영하고, 신고부속서류(신용카드매출전표등 발행금액집계표)를 작성하시오. (신용카드매출전표는 제시된 자료 외에는 없는 것으로 가정하며, 매입·매출전표에 입력은 생략)

① 1월 10일 : 거래처 (주)강한상사(사업자등록번호 105-81-91237)에 3,300,000원(공급대가)의 제품을 현금판매하고, 현금영수증을 교부하였다.
② 2월 25일 : 거래처 우주상사(사업자등록번호 105-81-00809)에 2,500,000원(공급가액)의 상품을 판매하고, 영세율세금계산서를 발행하고, 대금은 국민카드(가맹점번호 012345666)로 결제받았다.
③ 3월 10일 : 비사업자 김유림에게 상품 1,430,000원(공급대가)을 소매로 매출하고, 국민카드(가맹점번호 012345666)로 결제받았다.

 예제 따라하기

(1) 신용카드매출전표발행집계표(조회기간 : 2025년 01월 ~ 2025년 03월)

해당 자료를 직접 **공급대가**로 입력한다.

구 분		1월 10일	2월 25일	3월 10일
신용카드 매출전표 발행집계표	신용카드등 발행금액	해당(현금영수증) 3,300,000원	해당(신용카드) 2,500,000원	해당(신용카드) 1,430,000원
	세금계산서 교부내역	비해당	해당 2,500,000원	비해당
부가가치세 신고서	(3)란 공급가액	직접입력 3,000,000원	–	직접입력 1,300,000원
	(5)란 공급가액	–	직접입력 2,500,000원	–
	(19)란 공급대가	직접입력 3,300,000원	–	직접입력 1,430,000원

2. 신용카드매출전표 등 발행금액 현황				
구 분	합 계	신용·직불·기명식 선불카드	현금영수증	직불전자지급 수단 및 기명식선불 전자지급수단
합 계	7,230,000	3,930,000	3,300,000	
과세 매출분	7,230,000	3,930,000	3,300,000	
면세 매출분				
봉 사 료				

3. 신용카드매출전표 등 발행금액중 세금계산서 교부내역			
세금계산서발급금액	2,500,000	계산서발급금액	

(2) 부가가치세신고서(조회기간 : 2025년 1월 1일 ~ 2025년 3월 31일)

매입매출전표입력 메뉴에 자료를 입력하지 않았으므로 해당란에 **직접 입력**하여야 한다. "신용카드·현금영수증발행분(3)"란에 금액은 공급가액과 부가가치세 구분하여 입력하고 "신용카드매출전표등 발행공제등(19)"란 금액은 공급대가로 입력한다.

구분			정기신고금액			구분		금액	세율	세액
			금액	세율	세액	7.매출(예정신고누락분)				
과세표준및매출세액	과세	세금계산서발급분	1		10/100		예정누락분	과세	세금계산서	33		10/100	
		매입자발행세금계산서	2		10/100				기타	34		10/100	
		신용카드·현금영수증발행분	3	4,300,000	10/100	430,000		영세	세금계산서	35		0/100	
		기타(정규영수증외매출분)	4		10/100				기타	36		0/100	
	영세	세금계산서발급분	5	2,500,000	0/100				합계	37			
		기타	6		0/100		12.매입(예정신고누락분)				
	예정신고누락분		7						세금계산서	38			
	대손세액가감		8				예정누락분		그 밖의 공제매입세액	39			
	합계		9	6,800,000	㉯	430,000			합계	40			
경감공제세액	그 밖의 경감·공제세액		18					신용카드매출	일반매입				
	신용카드매출전표등 발행공제등		19	4,730,000				수령금액합계	고정매입				
	합계		20		㉰			의제매입세액					

4. 부동산임대공급가액명세서

부동산임대업을 영위하는 사업자는 부가가치세신고서와 함께 부동산임대공급가액명세서를 반드시 작성 제출해야 한다. 부동산 임대용역의 공급내역(과세표준)을 상세히 기록하여 부가가치세 과세표준(간주임대료 포함)을 성실히 신고하고 있는지에 활용한다.

항 목	입력내용 및 방법
과세표준	부동산임대공급가액명세서는 간주임대료 뿐만 아니라 과세표준을 신고하는 서류이므로 보증금만 있거나 보증금 없이 임대료만 있는 경우에도 작성하여 제출하여야 한다. 임대료(월세 = 차임) + 관리비 + 간주임대료
관리비	사업자가 부동산임대와 관련하여 발생하는 관리비는 과세표준에 포함한다. 다만, 임차인이 부담해야하는 보험료, 수도료 및 전기요금 등 공공요금은 별도로 징수하여 납입대행을 하는 경우 과세표준에 포함하지 아니한다.
간주임대료	사업자가 부동산임대용역을 공급하고 전세금 또는 임대보증금을 받은 경우에는 실제로 받은 임대료에 간주임대료를 가산하여 과세하여야 한다. ① 간주임대료(보증금이자) 간주임대료 = 임대보증금 × 정기예금이자율 × 과세대상기간의 일수/365(윤년 366) ※ 2025년 정기예금이자율 : 3.1%(매년 공시되며 기중에 변경될 소지가 있음) ② 간주임대료에 대한 부가가치세 회계처리 : 부담자의 **세금과공과**로 처리 **임대인이 부담하는 경우** (차) 세금과공과 ××× (대) 부가세예수금 ××× **임차인이 부담하는 경우** (차) 세금과공과 ××× (대) 보통예금 등 ××× ③ 간주임대료는 **세금계산서 발급의무 면제**이므로 [매입매출전표]에 입력 시 "**유형 : 14.건별**"로 입력하며 [부가가치세신고서 : 기타(정규영수증외매출분) 4번란]에 자동반영된다.

항 목	입력내용 및 방법
작성방법	① 조회기간 : 해당 과세기간을 입력한다. ② 거래처명(임차인)·동·층·호 : 계약건별 임차인이 사용하는 동, 층, 호를 기재하며 동은 관리사항으로 생략가능하고 **지하층**은 반드시 "B"로 구분 표시한다. ③ 계약갱신일 : 과세기간 내에 계약기간의 연장, 보증금·월세의 변동이 있는 경우 입력하며 **임대기간의 시작일과 동일**하다. ④ 임대기간 : 계약서의 **전체 임대기간**을 기재한다. ⑤ 보증금 : 보증금 및 전세금을 입력하며 간주임대료가 자동계산된다. ⑥ 월세·관리비 : 월임대료와 월관리비를 입력한다. ⑦ 전체합계 : 월세, 관리비, 간주임대료의 총합계액을 표시하며 부가가치세신고서에 반영될 과세표준이다.

실무예제

(주)청송(회사코드 : 2100)은 영업매장의 일부를 상가로 임대하고 있다. 다음 임대현황을 토대로 2025년 1기 확정 부가가치세 신고를 위한 부동산임대공급가액명세서를 작성하고 간주임대료를 매입매출전표에 입력하여 부가가치세신고서에 추가 반영하시오. 임대료에 대한 세금계산서 교부 및 입력은 이미 완료되어 있고 간주임대료에 대한 **이자율**은 3.1%로 가정한다. 간주임대료에 대한 부가가치세는 임대인이 부담한다.

건물명	동	층	호수	상호	임대기간	보증금(원)	월세(원)	인적사항
청송 빌딩	1동	지상 1	101	정화건설	2025.4.1 ~ 2026.3.31	20,000,000	2,000,000	사업자등록번호 : 206-23-76392 면적/용도 : 40㎡/사무실
		지하 1	101	퐁퐁 노래방	2025.5.1 ~ 2027.4.30	10,000,000	1,500,000	사업자등록번호 : 206-23-68849 면적/용도 : 80㎡/노래방

※ 부동산임대 업종코드 : 701201(부동산업-비주거용건물임대업)

예제 따라하기

(1) 부동산임대공급가액명세서(조회기간 : 2025년 04월 ~ 2025년 06월)

적용이자율 또는 상단의  버튼을 클릭하여 이자율(3.1%)을 확인하고 해당 임대자료를 입력한다.

① 임차인 : 정화건설

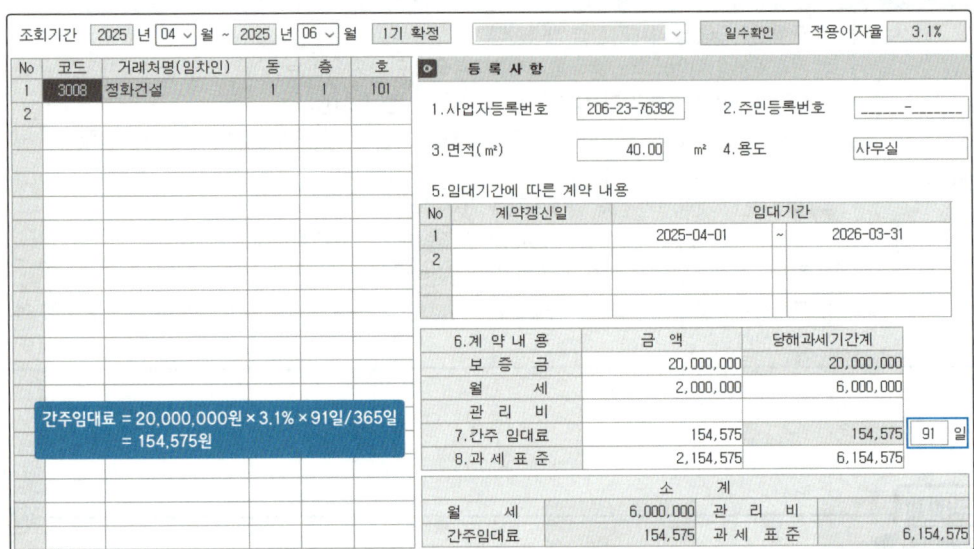

② 임차인 : 퐁퐁노래방

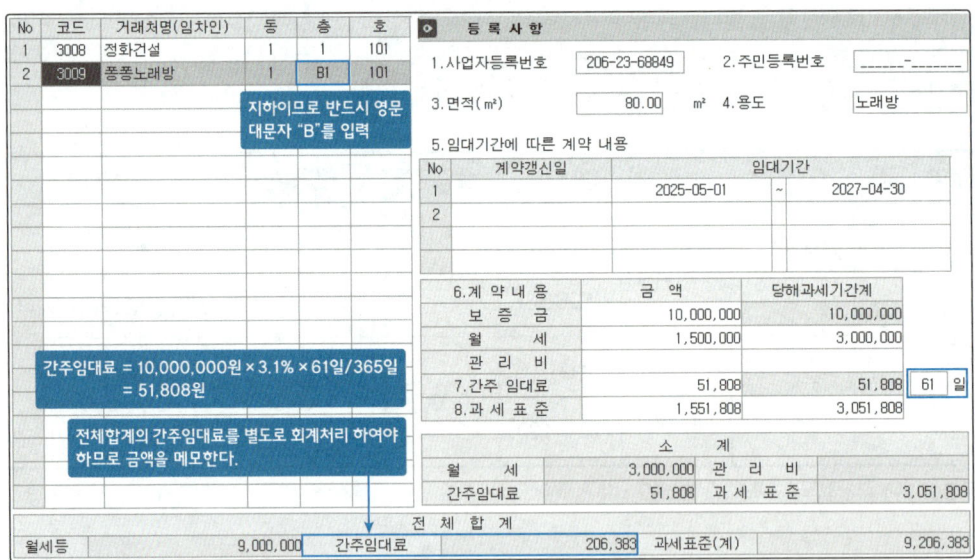

 **TIP**

간주임대료에 대한 회계처리는 [매입매출전표입력] 및 [일반전표입력] 메뉴 어떤 메뉴에서 회계처리하여도 무방하다. 다만, [일반전표입력] 메뉴에 입력한 경우 부가가치세신고서에 자동반영되지 않으므로 직접 해당란에 입력하여야 한다. 전산세무시험에서 지문에 기재된 내용을 확인하여 회계처리하도록 한다.

(2) 간주임대료 회계처리(과세기간 종료일)

과세기간 종료일이 공급시기이므로 매입매출전표에 "6월 30일", 세금계산서 발급의무 면제이므로 **"유형 : 14.건별"**로 입력한다. 공급가액란에 **공급대가(227,021원)**를 입력하면 공급가액과 부가세가 자동으로 계산된다.

(3) 부가가치세 신고서(조회기간 : 2025년 4월 1일 ~ 2025년 6월 30일)

매입매출전표입력 메뉴에 입력하면 부가가치세신고서 [과세 ⇨ 기타]란에 자동으로 반영된다. 또한, [과세표준명세]를 선택하면 **"수입금액제외(31)"란에 자동반영**되나 수입금액제외란에 간주임대료를 기재하여 **전자신고하는 경우 실무에서는 오류가 발생**하여 **부동산임대 과세표준에 합산하여 신고**한다. (국세청 전자신고 지침사항)

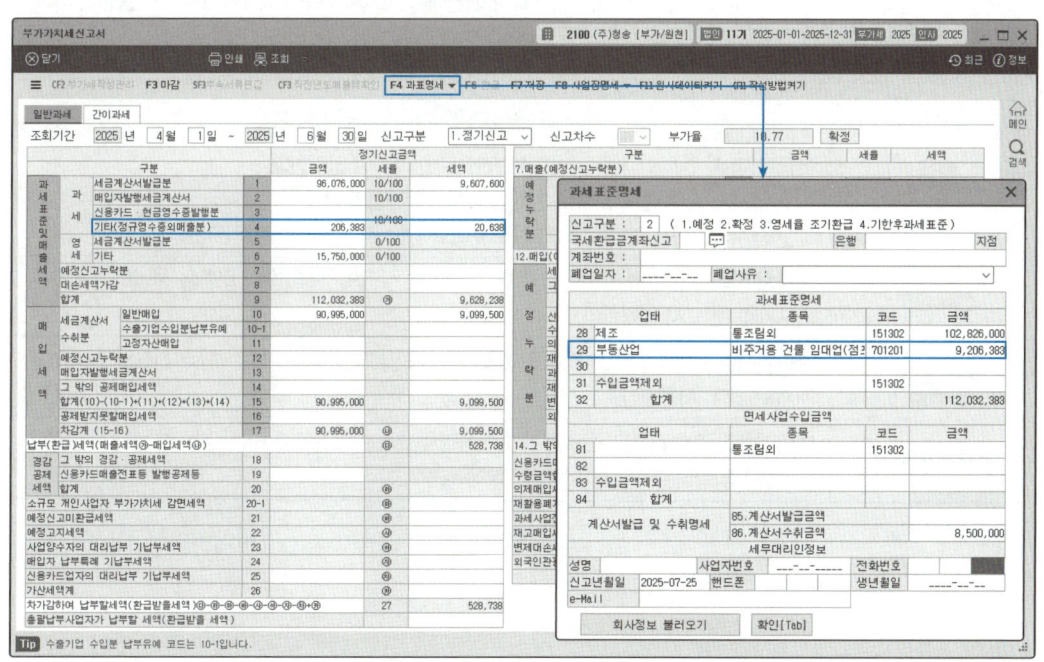

5. 영세율 첨부서류(근거서류)

내국물품 등을 국외로 반출하는 등의 수출거래에 영세율을 적용받기 위하여 부가가치세신고서와 함께 제출하는 근거서류를 영세율 첨부서류라 한다.

1 수출실적명세서

항 목	입력내용 및 방법
조회기간	당해 과세기간을 입력한다.
수출재화	직수출인 수출신고필증에 의해 수출한 총건수, 외화금액 합계, 원화금액의 합계로 하단에 입력한 내역의 ⑫합계가 자동 반영된다.
기타영세율적용	직수출하는 재화 이외의 영세율 적용분(국외제공용역 등)으로 세금계산서를 발급하지 않은 총건수, 외화금액 합계, 원화합계 금액을 입력하며 상세내역은 영세율첨부서류제출명세서에 명세를 작성할 수 있다.
수출신고번호	수출신고필증(신고서)의 신고번호를 입력한다.
선(기)적일자	부가가치세법상 공급시기를 입력하며 매입매출전표에 입력한 회계처리일자와 동일하다.
통화코드	코드도움(F2)을 클릭하여 해당 통화코드를 검색하여 선택한다.
환율	과세표준(원화금액) = 외화금액 × 환율 환율 입력 시 엔화의 경우는 반드시 1엔으로 변경하여 입력한다. ① 공급시기 도래 전에 원화로 환가한 경우 : 환가일의 환율 ② 공급시기 이후에 받거나 외화로 보유하고 있는 경우 : 공급시기의 기준(재정)환율
전표정보	거래처 입력은 필수항목이 아니며 자료 입력 후 상단의 F4 전표처리 버튼을 선택하여 전표추가 시에는 반드시 입력한다.
전표처리	수출실적명세서에 입력한 자료를 매입매출전표입력에 [유형 : 16.수출]로 전표를 전송하고자 하는 경우 사용한다.
전표불러오기	매입매출전표에 입력한 전표를 수출실적명세서에 반영하고자 하는 경우 사용하며 통화코드, 환율, 외화를 추가 입력한다.

실무예제

(주)청송(회사코드 : 2100)은 미국의 ABC Co.,Ltd에 제품을 직수출하고 신고한 수출신고필증이다. 대금은 말일에 거래은행을 통하여 청구(NEGO)하기로 하였다. (선하증권(B/L)상 선적일 2월 14일)

2월 12일 기준환율	2월 14일 기준환율
₩1,050.12/$	₩1,054.40/$

① 거래자료를 매입매출전표입력 메뉴에 입력하시오.
② 수출실적명세서를 작성하시오. (영세율매출명세서 작성 생략)
③ 영세율에 대하여 제1기 부가가치세 예정신고서에 반영하시오.

수 출 신 고 필 증(갑지) ※ 처리기간 : 즉시

제출번호 : 12345-04-0001230 ① 신고자 : 인천 관세법인 관세사 최고봉	⑤ 신고번호 11863-19-120643X	⑥ 세관.과 030-15	⑦ 신고일자 2025/02/12	⑧ 신고구분 H	⑨ C/S구분

② 수출대행자 : (주)청송 (통관고유부호) 청송-1-74-1-12-4 수출자구분 A 수출화주 : (주)청송 (통관고유부호) 청송-1-74-1-12-4 (주소) 대전광역시 중구 선화로81번길 85 (대표자) 최수지 (소재지) 214-1 (사업자등록번호) 108-83-65144	⑩ 거래구분 11	⑪ 종류 A	⑫ 결제방법 LS
	⑬ 목적국 US USA	⑭ 적재항 INC 인천항	⑮ 선박회사 (항공사) HJSC
	⑯ 선박명(항공편명) HANJIN SAVANNAH	⑰ 출항예정일자 20250214	⑱ 적재예정보세구역 03012202
	⑲ 운송형태10 BU		⑳ 검사희망일 2025/02/10
	㉑ 물품소재지한진보세장치장 인천 중구 연안동 245-1		
③ 제조자 : (주)청송 (통관고유부호) 청송-1-74-1-12-4 제조장소 214 산업단지부호	㉒ L/C번호 868EA-10-55554		㉓ 물품상태 N
	㉔ 사전임시개청통보여부 A		㉕ 반송 사유
④ 구매자 : ABC Co., Ltd (구매자부호) CNTOSHIN12347	㉖ 환급신청인 1(1:수출대행자/수출화주, 2:제조자) 간이환급 NO		

• 품명 • 규격(란번호/총란수: 999/999)

㉗ 품 명 : CAR WHEEL ONE PRECE ㉘ 거래품명 : ONE PRECE		㉙ 상표명 NO		
㉚ 모델 · 규격ONE PRECE 18"	㉛ 성분	㉜ 수량 302.5(EA)	㉝ 단가(US$) 400	㉞ 금액(US$) 121,000
㉟ 세번부호 : 1234.12-1234	㊱ 순중량 : 500KG	㊲ 수량 302.5(EA)	㊳ 신고가격(FOB)	$120,000 ₩126,254,400
㊴ 송품장번호 : AC-2013-00620	㊵ 수입신고번호	㊶ 원산지 Y	㊷ 포장갯수(종류)	300C/T
㊸ 수출요건확인(발급서류명)				

㊹ 총중량	550KG	㊺ 총포장갯수	300C/T	㊻ 총신고가격(FOB)	$120,000 ₩126,254,400
㊼ 운임(₩)	₩860,000	㊽ 보험료(₩)	₩280,000	㊾ 결제금액	CIF-$121,000
㊿ 수입화물관리번호				(51) 컨테이너번호	CKLU2005013 Y
※ 신고인기재란 수출자 : 제조/무역, 전자제품				(52) 세관기재란	
(53) 운송(신고)인 : 한라통운(주) 박운송 (54) 기간 : 2025/02/12부터 2025/03/11까지		(55) 적재의무기한 2025/03/11		(56) 담당자 990101(김태호)	(57) 신고수리일자 2025/02/12

 예제 따라하기

(1) 매입매출전표입력

직수출의 공급시기는 선적일이므로 선적일(2025.02.14)을 기준으로 회계처리하며 과세표준 환산에 적용되는 환율은 외상거래이므로 선적일의 기준환율을 적용한다. 수출신고필증의 신고번호를 수출신고번호란에 하이픈 없이 입력한다.

과세표준(원화금액) = U$121,000(결제금액) × 1,054.40원(선적일 기준환율) = 127,582,400원

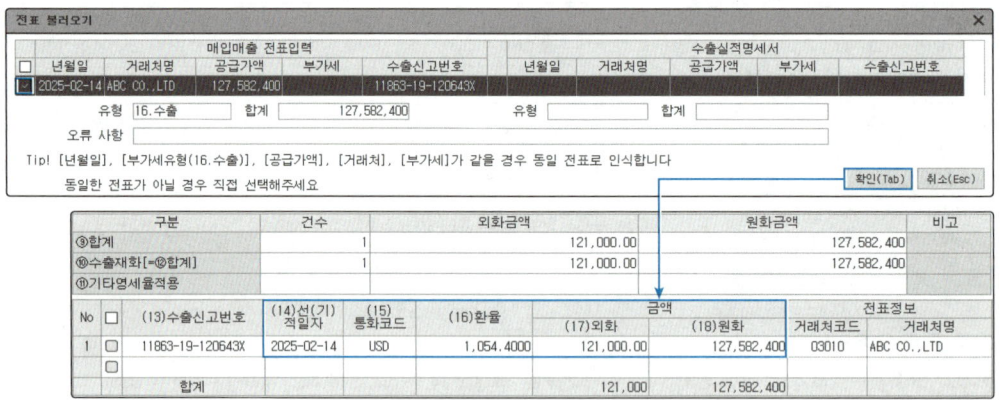

(2) 수출실적명세서(조회기간 : 2025년 01월 ~ 2025년 03월)

상단의 SF4전표불러오기 버튼을 클릭하여 매입매출전표에 입력한 전표를 반영하며 통화코드, 환율, 외화를 추가 입력한다.

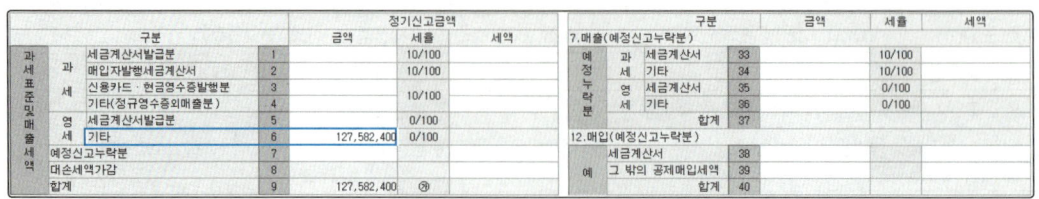

(3) 부가가치세신고서(조회기간 : 2025년 1월 1일 ~ 2025년 3월 31일)

신용카드매출전표등발행집계표 작성분은 조회 또는 "기존에 저장된 데이터를 불러오시겠습니까?" 메시지 안내시 "아니오"를 선택하면 전표 입력데이터가 아니므로 삭제됨에 유의한다.

2 영세율첨부서류제출명세서

부가가치 ▶▶ 신고서/부속명세 ▶▶ 부속명세서 I ▶▶ 영세율첨부서류제출명세서

항 목	입력내용 및 방법
서류명	개별소비세신고 시 이미 제출한 서류의 명칭을 기재한다.
발급자	코드도움(F2)을 클릭하여 해당서류의 발급자를 입력한다.
발급일자	해당서류의 발급일자를 입력한다.
선적일자	해당서류의 선적일자를 입력하며 매입매출전표에 입력하는 공급시기와 일치해야 한다.
통화코드	코드도움(F2)을 클릭하여 해당 통화코드를 검색하여 선택한다.
환율	수출재화의 공급시기의 기준(재정)환율을 입력한다.
당기제출금액	수출대금으로 받을 외화금액을 입력하면 원화금액은 이미 입력한 환율을 적용하여 계산된다.
당기신고해당분	부가가치세 영세율신고와 관련된 외화금액을 입력하면 원화금액은 자동반영 된다.
과세유형	매입매출전표에 전표를 추가하고자 하는 경우 해당 "유형"을 입력한다.
영세율구분	[영세율매출명세서]에 반영되는 영세율구분을 코드도움(F2)을 클릭하여 입력한다.

실무예제

(주)청송(회사코드 : 2100)은 다음 자료를 입력하여 제 1기 확정 부가가치세 영세율첨부서류제출명세서를 작성하고자 한다. 단, 서류는 국민은행에서 발급 받았으며 매출과 관련된 회계처리는 적정하게 이루어졌고 중계무역방식(과세유형 : 16.수출)에 의한 수출이다. (영세율매출명세서 작성 생략)

입금일자	발급일자	수출금액 외화	수출금액 원화	제출서류	서류번호	선적일자	비고
2025.4.30	2025.7.20	U$15,000	15,750,000	외화입금증명원	KB 707-07-001	2025.4.20	환율 1,050

예제 따라하기

조회기간(2025년 04월 ~ 2025년 06월)을 입력한 후 해당자료를 입력한다.

No	(10)서류명	(11)발급자	(12)발급일자	(13)선적일자	(14)통화코드	(15)환율	당기제출금액 (16)외화	당기제출금액 (17)원화	당기신고해당분 (18)외화	당기신고해당분 (19)원화	과세유형	영세율구분 코드	영세율구분 구분명
1	외화입금증명서	98001 국민은행	2025-07-20	2025-04-20	USD	1,050.0000	15,000.00	15,750,000	15,000.00	15,750,000	수출	2	중계무역
									15,000.00	15,750,000	15,000.00	15,750,000	

3 내국신용장·구매확인서전자발급명세서

부가가치 ▶▶ 신고서/부속명세 ▶▶ 부속명세서 I ▶▶ 내국신용장·구매확인서 전자발급명세서

항 목	입력내용 및 방법
조회기간	당해 과세기간을 입력한다.
구분	내국신용장, 구매확인서 중 선택한다.
서류번호	내국신용장 및 구매확인서 발급번호를 기재한다.
발급일	내국신용장 및 구매확인서 발급일을 기재한다.
거래처정보	내국신용장 등에 의한 영세율세금계산서 공급받는 자를 기재한다.
금액	영세율세금계산서 발급금액을 입력한다.
전표일자	매입매출전표에 입력한 공급시기를 입력한다.
불러오기	매입매출전표에 입력한 전표를 내국신용장·구매확인서 전자발급명세서에 반영하고자 하는 경우 사용하며 서류번호 발급일을 추가 입력한다. 또한, 불러오고자 하는 경우 해당 계정과목을 입력하여 진행한다.

 실무예제

(주)청송(회사코드 : 2100)은 수출업체인 (주)한우리상사에 제품을 3월 9일에 납품하고 동 날짜로 받은 내국신용장에 의해 영세율 전자세금계산서를 발급하였다. 대금은 전액 외상으로 처리하고 추후 물품수령증 수령 후 NEGO를 진행하기로 하였다. 회계처리 및 내국신용장·구매확인서 전자발급명세서를 작성하시오.

공급시기	서류번호	발급일	금액
2025.03.09	LCCAPP1234789	2025.03.09	10,000,000원

 예제 따라하기

(1) 매입매출전표입력

공급시기가 회계처리일자(2025.03.09)이므로 입력하고 NEGO를 통한 대금수령 예정이므로 외상으로 처리하며 영세율구분을 선택하고 서류번호를 입력한다.

□	일	번호	유형	품목	수량	단가	공급가액	부가세	코드	공급처명	사업/주민번호	전자	분개
□	9	50002	영세	제품			10,000,000		01800	(주)한우리상사	302-85-03399	여	외상
			유형별-공급처별 [1]건				10,000,000						

| 영세율구분 | 3 | 내국신용장·구매확인서에 의하 | 서류번호 | LCCAPP1234789 |

NO : 50002　　　(대 체) 전 표

구분	계정과목	적요	거래처	차변(출금)	대변(입금)
차변	0108 외상매출금	제품	01800 (주)한우리상사	10,000,000	
대변	0404 제품매출	제품	01800 (주)한우리상사		10,000,000
			합 계	10,000,000	10,000,000

(2) 내국신용장 · 구매확인서전자발급명세서(조회기간 : 2025년 01월 ~ 2025년 03월)

매입매출전표에 입력된 전표를 반영하고자 하는 경우는 상단의 F4 불러오기 버튼을 선택한다. 불러오고자 하는 구분에 해당 계정과목(예 : 404.제품매출)을 입력하여 반영한다.

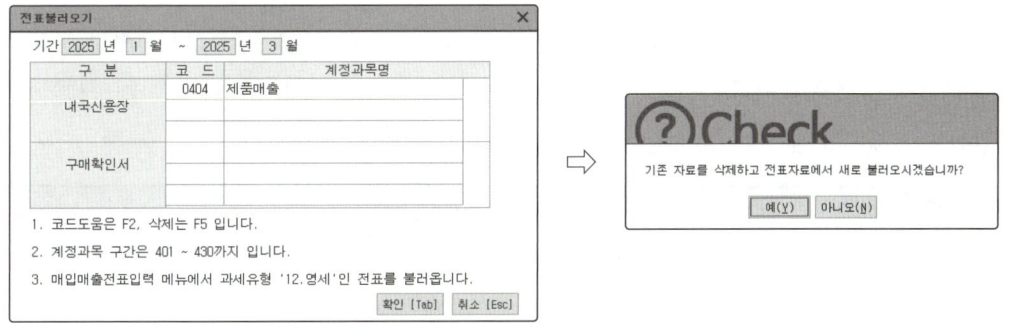

반영된 자료에 구분(내국신용장)을 확인하고 발급일을 추가 입력한다.

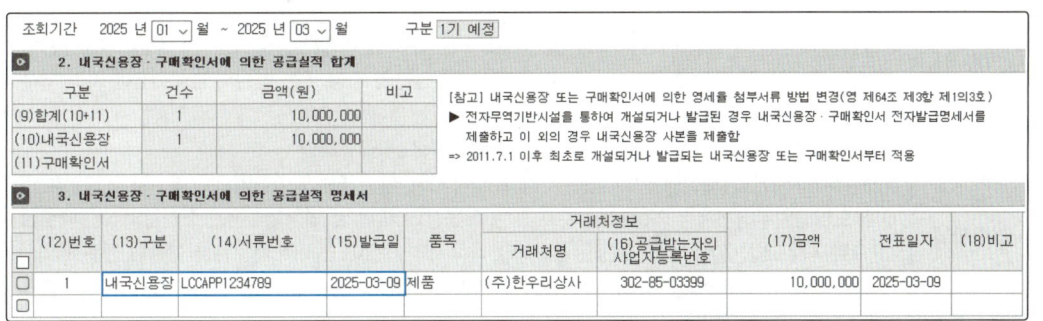

4 영세율매출명세서

사업자는 영세율이 적용되는 경우 영세율매출명세서를 작성하여 제출하여야 하며 부가가치세신고서 [과세표준및매출세액 ⇨ 영세]의 합계 금액과 **일치**하여야 한다.

조회기간	2025년 01월 ~ 2025년 03월	1기 예정		
부가가치세법	조세특례제한법			
(7)구분	(8)조문	(9)내용	(10)금액(원)	
부가가치세법	제21조	직접수출(대행수출 포함)	127,582,400	
		중계무역·위탁판매·외국인도 또는 위탁가공무역 방식의 수출		
		내국신용장·구매확인서에 의하여 공급하는 재화	10,000,000	
		한국국제협력단 및 한국국제보건의료재단에 공급하는 해외반출용 재화		
		수탁가공무역 수출용으로 공급하는 재화		
	제22조	국외에서 제공하는 용역		
	제23조	선박·항공기에 의한 외국항행용역		
		국제복합운송계약에 의한 외국항행용역		
	(11) 부가가치세법에 따른 영세율 적용 공급실적 합계		137,582,400	
	(12) 조세특례제한법 및 그 밖의 법률에 따른 영세율 적용 공급실적 합계			
	(13) 영세율 적용 공급실적 총 합계(11)+(12)		137,582,400	

6. 대손세액(변제대손세액) 공제신고서

부가가치 ▶▶ 신고서/부속명세 ▶▶ 부속명세서Ⅰ ▶▶ 대손세액공제신고서

사업자가 부가가치세가 과세되는 재화 또는 용역을 공급한 후 공급받는 자의 부도 등의 사유로 대손이 발생하게 되면 공급자는 거래징수하지 못한 부가가치세(대손세액)를 매출세액에서 차감하여 공제 받고자 하는 경우 관련 증명서류와 함께 제출 시 작성한다.

항 목	입력내용 및 방법
대손세액	대손세액공제는 사업자가 **확정신고**시 대손세액공제신고서와 대손이 발생한 사실을 증명하는 서류를 제출하는 경우에 한하여 적용한다. 대손세액공제액 = 대손금액(공급대가) × $\frac{10}{110}$
대손사유	① 상법·어음법·수표법·민법에 따른 **소멸시효가 완성**된 채권(외상매출금·미수금·어음·대여금 등) ② 채무자 회생 및 **파산**에 관한 법률에 따른 **회생계획인가**의 결정 또는 **법원의 면책결정**에 따라 회수불능으로 확정된 채권 ③ 민사집행법에 따라 채무자의 재산에 대한 **경매**가 **취소**된 압류채권 ④ 채무자의 **파산**, 강제집행, 형의 집행, 사업의 폐지, 사망, 실종 또는 행방불명으로 회수할 수 없는 채권 ⑤ **부도발생일부터 6개월 이상 지난** 수표 또는 어음상의 채권 및 외상매출금(중소기업의 외상매출금으로서 부도발생일 이전의 것에 한함). 다만, 채무자의 재산에 대하여 **저당권**을 설정한 경우 제외 ⑥ **중소기업**의 외상매출금 및 미수금으로서 **회수기일이 2년 이상** 지난 외상매출금 등(다만, **특수관계인과의 거래는 제외**) ⑦ 재판상 화해 등 확정판결과 같은 효력을 가지는 것으로서 법에 의해 회수불능으로 확정된 채권 ⑧ **회수기일이 6개월 이상 지난** 채권 중 채권가액이 **30만원 이하**(채무자별 채권가액의 합계액 기준)인 채권
대손세액 공제범위	재화 또는 용역의 공급일로부터 **10년이 지난 날이 속하는 과세기간에 대한 확정신고기한까지** 대손세액공제대상이 되는 사유로 인하여 확정되는 대손세액이어야 한다.
대손세액 처리방법	① 공급자 : 대손금 확정·회수 – 대손발생 TAB 입력 ② 공급받는자 : 대손금 변제 – 대손변제 TAB 입력

구분	대손금 확정·대손처분 받은 경우	대손금 회수·변제한 경우
공급자	대손이 확정된 날이 속하는 과세기간의 매출세액에서 대손세액을 차감 ⇨ **대손세액차감** (부가가치세신고서 8번란 음수기재)	회수한 날이 속하는 과세기간의 매출세액에 회수한 대손세액을 가산 ⇨ **대손세액가산** (부가가치세신고서 8번란 양수기재)
공급받는자	매입세액공제를 받고 동 대손이 폐업전에 확정되는 경우에는 그 확정된 날이 속하는 과세기간의 매입세액에서 대손세액을 차감 ⇨ **대손처분받은 세액** (부가가치세신고서 52번란 양수기재)	대손세액을 매입세액에서 차감(관할세무서장이 경정한 경우 포함)한 후 대손금을 변제한 경우에는 변제일이 속하는 과세기간의 매입세액에 변제한 대손세액을 가산 ⇨ **변제대손세액** (부가가치세신고서 47번란 양수기재)

다음은 **(주)청송(회사코드 : 2100)**의 2025년 제2기 부가가치세 확정신고와 관련된 자료이다. 다음 자료를 보고 대손세액공제신고서를 작성하고 부가가치세신고서에 반영하시오.

- (주)강서상사(341-83-51795)에 2024년 7월 1일 제품을 매출하고 수취한 받을어음 1,100,000원(부가가치세 포함)이 2025년 3월 1일 은행에서 부도처리 되어 6개월이 지난 시점인 2025년 9월 2일 대손이 확정되었다.
- (주)안국상사(123-81-13262)에 2024년 1월 20일에 매출하고 파산으로 인해 2024년 제2기 확정 신고기간(2024년 10월 1일 대손확정)에 대손처리하여 대손세액공제를 받았던 외상매출금 550,000원(부가가치세 포함)이 2025년 11월 3일 (주)안국상사로부터 전액 현금으로 회수되었다. (대손사유는 "7.대손채권 회수"로 직접 입력)

(1) 대손세액공제신고서(대손발생 TAB, 조회기간 : 2025년 10월 ~ 2025년 12월)

대손금액(공급대가) 입력 시 대손세액공제분은 **"양수"**로 입력하며 대손금을 회수한 경우는 **"음수"**로 입력하여야 한다. 또한, 대손사유는 등록된 사유를 선택할 수 있고 직접입력을 선택하여 직접 사유를 기재해도 무방하다.

당초공급일	대손확정일	대손금액	공제율	대손세액	거래처		대손사유
2024-07-01	2025-09-02	1,100,000	10/110	100,000	(주)강서상사	5	부도(6개월경과)
2024-01-20	2025-11-03	-550,000	10/110	-50,000	(주)안국상사	7	대손채권 회수
합 계		550,000		50,000			

성명	김강서	사업자등록번호	341-83-51795
소재지	서울특별시 성동구 마조로15가길 2 (마장동)	주민등록번호	

(2) 부가가치세신고서(조회기간 : 2025년 10월 1일 ~ 2025년 12월 31일)

대손세액공제신고서의 "대손세액"이 반영되며 **대손세액공제**를 받는 경우는 **"음수"**로 반영되고 **대손금을 회수**하여 대손세액공제분을 납부하여야 하는 경우는 **"양수"**로 반영된다. 본 건은 두 금액이 가감되어 잔액이 반영된다.

	구분		금액	세율	세액
과세표준및매출세액	과세	세금계산서발급분 1	314,454,545	10/100	31,445,454
		매입자발행세금계산서 2		10/100	
		신용카드·현금영수증발행분 3		10/100	
		기타(정규영수증외매출분) 4		10/100	
	영세	세금계산서발급분 5	20,000,000	0/100	
		기타 6		0/100	
	예정신고누락분 7				
	대손세액가감 8				-50,000
	합계 9		334,454,545	㉮	31,395,454

	구분		금액	세율	세액
7.매출(예정신고누락분)					
예정누락분	과세	세금계산서 33		10/100	
		기타 34		10/100	
	영세	세금계산서 35		0/100	
		기타 36		0/100	
	합계 37				
12.매입(예정신고누락분)					
예	세금계산서 38				
	그 밖의 공제매입세액 39				
	합계 40				

[대손금 회계처리 : 일반전표입력 메뉴에 대손확정(회수)일 또는 대손처분(변제)일로 처리]

공급자	대손금 확정	(차) 부가세예수금 대손충당금 대손상각비	××× ××× ×××	(대) 외상매출금 등	×××
	대손금 회수	(차) 보통예금 등	×××	(대) 부가세예수금 대손충당금	××× ×××
공급받는자	대손처분 받은 세액	(차) 외상매입금	×××	(대) 부가세대급금	×××
	변제 대손세액	(차) 부가세대급금 외상매입금	××× ×××	(대) 현금 등	×××

7. 건물 등 감가상각자산취득명세서

사업자가 감가상각자산에 해당하는 사업설비를 신설·취득·확장(자본적 지출 포함) 또는 증축하는 경우 건축물은 10년, 기타고정자산은 2년으로 이를 사후관리(공통매입세액 안분계산) 하기 위한 목적과 조기환급 시 첨부서류로 제출하는 서류이다.

매입매출전표 입력 시 고정자산으로 입력된 계정과목은 상단의 F4 불러오기 버튼을 누른 후 구분에 해당 계정과목을 입력하여 서식에 자동반영할 수 있다.

다음은 (주)청송(회사코드 : 2100)의 감가상각자산 취득 자료를 이용하여 2025년 1기 확정신고기간에 대한 건물등감가상각자산취득명세서를 작성하고 부가가치세신고서에 그 내용을 반영하시오. (매입매출전표입력은 생략)

일자	내 역	공급가액	부가가치세	상호	사업자등록번호
5/15	생산부서에서 사용할 비품 구입 (신용카드매출전표 수취)	2,000,000원	200,000원	(주)동양산업	109-81-61278
5/28	공장에서 사용할 제품 제작용 기계구입 (전자세금계산서 수취)	30,000,000원	3,000,000원	(주)경일산업	139-81-40783
6/30	영업부서의 업무용 승용차(990cc)인 경차 구입(전자세금계산서 수취)	15,000,000원	1,500,000원	(주)경기자동차	206-82-00400

 예제 따라하기

(1) 건물등감가상각자산취득명세서(조회기간 : 2025년 04월 ~ 2025년 06월)

세금계산서 및 신용카드 등 증빙을 수취하여 취득한 감가상각자산은 취득명세를 작성한다. 상호란에서 코드도움(F2)을 사용하여 거래처를 선택할 수도 있고 직접 입력도 가능하다.

취득내역

감가상각자산종류	건수	공급가액	세액	비고
합 계	3	47,000,000	4,700,000	
건물·구축물				
기 계 장 치	1	30,000,000	3,000,000	
차 량 운 반 구	1	15,000,000	1,500,000	
기타감가상각자산	1	2,000,000	200,000	

거래처별 감가상각자산 취득명세

No	월/일	상호	사업자등록번호	자산구분	공급가액	세액	건수
1	05-15	(주)동양산업	109-81-61278	기타	2,000,000	200,000	1
2	05-28	(주)경일산업	139-81-40783	기계장치	30,000,000	3,000,000	1
3	06-30	(주)경기자동차	206-82-00400	차량운반구	15,000,000	1,500,000	1
		합 계			47,000,000	4,700,000	3

(2) 부가가치세신고서(조회기간 : 2025년 4월 1일 ~ 2025년 6월 30일)

매입매출전표입력 메뉴에 자료를 입력하지 않았으므로 해당란에 직접 입력한다. 세금계산서 수취분에 의한 취득은 [세금계산서 수취분 ⇨ 고정자산매입], 신용카드 수취분에 의한 취득은 [그 밖의 공제매입세액 ⇨ 신용카드매출수령금액합계표 : 고정매입]에 직접 입력한다.

	구분		정기신고금액				구분		금액	세율	세액
			금액	세율	세액		14.그 밖의 공제매입세액				
매입세액	세금계산서 수취분	일반매입	10	90,995,000		9,099,500	신용카드매출 수령금액합계표	일반매입	41		
		수출기업수입분납부유예	10-1					고정매입	42	2,000,000	200,000
		고정자산매입	11	45,000,000		4,500,000	의제매입세액		43	뒤쪽	
	예정신고누락분		12				재활용폐자원등매입세액		44	뒤쪽	
	매입자발행세금계산서		13				과세사업전환매입세액		45		
	그 밖의 공제매입세액		14	2,000,000		200,000	재고매입세액		46		
	합계(10)-(10-1)+(11)+(12)+(13)+(14)		15	137,995,000		13,799,500	변제대손세액		47		
	공제받지못할매입세액		16				외국인관광객에대한환급세액		48		
	차감계 (15-16)		17	137,995,000	㉮	13,799,500	합계		49	2,000,000	200,000

8. 신용카드매출전표등 수령명세서

사업자가 일반과세자로부터 재화 또는 용역을 공급받고 부가가치세액이 별도로 구분 가능한 신용카드매출전표 등을 발급 받고 본 서류를 제출하는 경우 부가가치세를 공제받을 수 있는데 이때 작성하는 서식을 말한다.

매입매출전표 유형 [57.카과, 61.현과]로 입력한 경우 신용카드매출전표등수령명세서에 자동으로 반영된다.

[공제받지 못할 매입세액에 해당하는 사유]
- 공제대상 제외 사업자
  ① 간이과세자(영수증발급사업자)
  ② 미용·욕탕 및 이와 유사한 사업
  ③ 여객운송업(전세버스운송사업을 제외)
  ④ 입장권을 발행하여 영위하는 사업
- 세금계산서 수취분 제외
- 매입세액 불공제사유
  ① 업무와 관련 없는 지출에 대한 매입세액
  ② 비영업용 소형승용차의 구입과 유지에 대한 매입세액
  ③ 기업업무추진비 관련 매입세액
  ④ 면세사업 관련 매입세액
  ⑤ 토지관련 매입세액

항 목	입력내용 및 방법
조회기간	당해 과세기간을 입력한다.
구 분	[1.현금, 2.복지, 3.사업, 4.신용] 중 선택한다. - 1.현금 : 현금영수증 - 2.복지 : 화물운전자 복지카드 - 3.사업 : 법인/개인사업자(등록) 사업용카드 - 4.신용 : 그 밖의 신용카드로 임직원의 개인카드
공급자	공급자의 상호명을 입력한다.
공급자(가맹점) 사업자등록번호	공급자의 사업자등록 번호를 입력한다.
카드회원번호	공급받는자의 카드회원 번호를 입력한다.
거래내역 합계	건수와 공급가액 및 세액을 입력한다.
새로불러오기	매입매출전표입력에 입력한 [57.카과], [61.현과]로 입력된 모든 거래내용이 반영된다.

 실무예제

다음은 (주)청송(회사코드 : 2100)의 1월부터 3월까지 공급가액과 부가가치세를 구분 기재한 신용카드매출전표를 교부 받은 내용이다. 신용카드매출전표 등 수령명세서를 작성하고 제1기 예정 부가가치세신고서에 그 내용을 반영하시오.

사용한 신용카드내역	거래처명 (등록번호)	성명 (대표자)	거래 일자	발행금액 (VAT포함)	공급자의 업종 등	거래 내용	비고
현대카드 (법인카드, 사업용카드) (번호 : 9843-8765- 3021-1234)	(주)키토산 (220-81-14510)	김사랑	01.10	220,000원	도매업, 일반과세자	거래처 선물구입비용	세금계산서 미교부
	스머프상사 (134-81-28732)	김성환	02.03	440,000원	음식점업, 일반과세자	직원 회식대 (복리후생비)	세금계산서 미교부
	세림유통 (104-03-11251)	김말자	02.21	330,000원	소매업, 간이과세자	사무용품 구입	세금계산서 미교부

사용한 신용카드내역	거래처명 (등록번호)	성명 (대표자)	거래 일자	발행금액 (VAT포함)	공급자의 업종 등	거래 내용	비고
신한카드 (종업원 홍길동명의, 일반카드) (번호 : 1234-7896- 4510-5461)	장수탕 (610-81-16502)	김정원	02.25	110,000원	욕탕업, 일반과세자	직원의 야근 목욕비용	세금계산서 미교부
	(주)하드웨어 (110-81-21223)	송승헌	02.28	1,210,000원	소매업, 일반과세자	컴퓨터 구입 (비품처리)	세금계산서 미교부
	미네르바 (104-81-00335)	허욱영	03.05	770,000원	변호사, 일반과세자	법률 자문료	세금계산서 수취

※ 간이과세자는 영수증발급 사업자이다.

예제 따라하기

(1) 신용카드매출전표등 수령명세서(조회기간 : 2025년 01월 ~ 2025년 03월)

① (주)키토산 : 기업업무추진비, 세림유통 : 간이과세자(영수증발급), 장수탕 : 욕탕업으로 공제 불가함

② 미네르바 : 세금계산서수취분은 세금계산서로 매입세액을 공제 받으므로 신용카드매출전표로는 공제 불가함

2. 신용카드 등 매입내역 합계			
구분	거래건수	공급가액	세액
합 계	2	1,500,000	150,000
현금영수증			
화물운전자복지카드			
사업용신용카드	1	400,000	40,000
그 밖의 신용카드	1	1,100,000	110,000

3. 거래내역입력							그 밖의 신용카드 등 거래내역 합계		
No		월/일	구분	공급자	공급자(가맹점) 사업자등록번호	카드회원번호	거래건수	공급가액	세액
1		02-03	사업	스머프상사	134-81-28732	9843-8765-3021-1234		400,000	40,000
2		02-28	신용	(주)하드웨어	110-81-21223	1234-7896-4510-5461	1	1,100,000	110,000
					합계		2	1,500,000	150,000

(2) 부가가치세신고서(조회기간 : 2025년 1월 1일 ~ 2025년 3월 31일)

			정기신고금액				구분		금액	세율	세액
	구분		금액	세율	세액		14.그 밖의 공제매입세액				
매입세액	세금계산서 수취분	일반매입	10				신용카드매출 수령금액합계표	일반매입	41	400,000		40,000
		수출기업수입분납부유예	10-1					고정매입	42	1,100,000		110,000
		고정자산매입	11				의제매입세액					
	예정신고누락분		12				재활용폐자원등매입세액					
	매입자발행세금계산서		13				과세사업전환매입세액		매입매출전표에 입력하지 않았으므로 직접입력			
	그 밖의 공제매입세액		14	1,500,000		150,000	재고매입세액					
	합계(10)+(10-1)+(11)+(12)+(13)+(14)		15	1,500,000		150,000	변제대손세액		47			
	공제받지못할매입세액		16				외국인관광객에대한환급세액		48			
	차감계 (15-16)		17	1,500,000	㉰	150,000		합계	49	1,500,000		150,000

9. 의제매입세액공제신고서

부가가치 ▶▶ 신고서/부속명세 ▶▶ 부속명세서 Ⅰ ▶▶ 의제매입세액공제신고서

사업자가 면세농산물 등을 원재료로 하여 제조·가공하여 재화 또는 창출한 용역의 공급이 과세되는 경우에는 그 면세농산물 등의 가액의 2/102 등에 해당하는 금액을 매입세액으로서 공제할 수 있는데 이를 의제매입세액공제라고 한다.

항 목	입력내용 및 방법
의제매입 세액의 계산	의제매입세액 = 면세농산물 등의 매입가액 × 공제율 ① 매입가액은 운임 등의 부대비용을 제외하며, 수입농산물 등의 경우 관세의 과세가격임 ② 공제율

구 분		공제율
일반 기업		2/102
중소제조업 (과자점업, 도정업, 제분업 및 떡류제조업 중 떡방앗간을 경영하는 개인사업자 : 6/106)		4/104
음식점업	유흥장소	2/102
	법인사업자	6/106
	개인사업자 (개인사업자 중 과세표준 2억원 이하 : 9/109, 2026.12.31.까지)	8/108

③ 예정신고 및 확정신고 시 의제매입세액공제액
  ㉠ 예정신고 : 예정신고기간의 면세농산물 등의 매입가액 × 공제율
  ㉡ 확정신고 : 해당 과세기간의 한도액 범위 내에서 공제 대상금액 × 공제율 − 예정신고 시 이미 공제받은 세액

한도

① 한도액 계산은 확정신고 시에만 적용한다.

공제한도 = 해당 과세기간의 과세표준(면세농산물관련 매출) × 한도비율

② 한도비율(2025.12.31.까지)

구분		개인 일반사업자			간이 과세자	법인 사업자
		과세표준 1억 이하	과세표준 1억초과 2억이하	과세표준 2억초과		
한도 비율	음식점	75%	70%	60%	제외	과세표준 × 50%
	기타	65%		55%		

항 목	입력내용 및 방법

	[매입매출전표 유형]
	■ 53.면세 : 사업자거래로 계산서 수취
	■ 58.카면 또는 62.현면 : 사업자거래로 신용카드매출전표(또는 현금영수증) 수취
	■ 60.면건 : 농어민매입분으로 별도의 증빙 필요하지 않음(제조업만 가능)
	
	① 매입매출전표입력 [**의제류매입 TAB**]에 입력하는 경우
	    당초 구입 시 의제매입세액공제액을 "**부가세대급금**"으로 처리한다. 의제구분과 세율(공제세율 분자를 입력)을 직접수정하여 공제세액을 자동 계산한다.
	
	    (차) 원재료 등 ××× (대) 외상매입금 등 ×××
	        부가세대급금 ××× ← 의제매입세액공제액
	
	| 의제
	구분
		■ 0.해당없음 : 의제매입 공제를 하지 않는 경우
		■ 1.의제매입 : 의제매입세액공제신고서에 반영하는 경우
		■ 2.재활용 : 재활용폐자원세액공제신고서에 반영하는 경우
		■ 3.구리스크랩등 : 스크랩등매입세액공제신고서에 반영하는 경우	

회계처리	(의제류매입 입력 화면)
	
	② 매입매출전표입력 [**전체입력 TAB**]에 입력하는 경우
	    ㉠ 면세농산물 구입(매입)시점 : 구입액 전체 금액을 원재료 등으로 처리하고, 적요 "**6.의제매입세액공제신고서 자동반영분**" 선택
	
	    (차) 원재료 ××× (대) 외상매입금 등 ×××
	    (**6.의제매입세액공제신고서**) ← 서식 자동반영
	
	(전체입력 화면)
	
	㉡ 의제매입세액공제액 신청 시(**일반전표입력**) : 판매 또는 생산목적 이외의 재고자산 감소는 적요 (**8.타계정으로 대체액~**)를 반드시 입력
	
	    (차) 부가세대급금 ××× (대) 원재료 ×××
	                                      (**8.타계정으로 대체액**)

(주)청송(회사코드 : 2100)은 식료품가공업을 영위하는 중소기업으로 당사의 의제매입세액공제 대상이 되는 계산서 및 신용카드매출전표에 의한 원재료 매입자료 내역이다. 다음의 자료에 의하여 거래내용을 매입매출전표에 입력(**의제류매입 TAB사용**)을 하고, 2025년 제2기 예정분 의제매입세액공제신고서를 작성하여 부가가치세신고서에 반영하시오. (의제매입세액공제 대상이 되는 거래는 다음 거래뿐이라고 가정하고, 모두 외상거래이다.)

전자계산서(공급받는자 보관용)

승인번호			
공급자 등록번호	108-91-31256	공급받는자 등록번호	108-83-65144
상호	대구농협	상호	(주)청송
성명(대표자)	김재은	성명(대표자)	최수지
사업장주소	대구 달서구 달서대로88길 5	사업장주소	대전광역시 중구 선화로81번길 85
업태	도소매업	업태	제조업외
종목	농/축/수/임산물	종목	통조림외

작성일자	2025.08.15	공급가액	10,400,000

월	일	품목	규격	수량	단가	공급가액	비고
8	15	사과		100		10,400,000	

합계금액	현금	수표	어음	외상미수금	이 금액을	영수/청구 함
10,400,000				10,400,000		✓청구

E·MART 대한민국 1등할인점
최저가격 할인점

이마트 자양점 206-85-22365   대표 : 이경상
대전광역시 중구 선화로   (042)2024-1234
[등록] 2025-9-1 14:03 POS 번호 : 1025

상품코드	단가	수량	금액
001 양배추			
8809093190580	60,000	100kg	6,000,000
002 토마토			
8888021200126	22,500	200kg	4,500,000

부가세 과세 물품가액   0
상품가격에 이미 포함된 부가세   0
합 계   10,500,000

상품코드 앞 * 표시가 되어 있는 품목은 부가세 과세 품목입니다.

0010 비씨카드   ××××/××
회원번호 : ****26817413****
카드매출 : 10,500,000
승인번호 : KIS 30021238

 예제 따라하기

(1) 매입매출전표입력 : 의제류매입 TAB

① 계산서 매입(2025년 8월 15일)

의제구분(1.의제매입)을 선택하고 세율은 중소기업이므로 "4/104"를 적용하여야 하므로 분자란에 "4"를 입력하면 세율이 "4/104"로 적용되며 공제세액이 계산된다.

의제매입세액 = 10,400,000원 × 4/104 = 400,000원

② 신용카드 매입(2025년 9월 1일)

의제구분(1.의제매입)을 선택하고 세율은 중소기업이므로 "4/104"를 적용하여야 하므로 분자란에 "4"를 입력하면 세율이 "4/104"로 적용되며 공제세액이 계산된다. 원재료 매입이므로 별도의 표기가 없는 한 외상매입금으로 처리하고 신용카드사(비씨카드)를 선택한다.

의제매입세액 = 10,500,000원 × 4/104 = 403,846원

(2) 의제매입세액공제신고서(조회기간 : 2025년 07월 ~ 2025년 09월)

매입매출전표에 입력한 자료가 자동반영되며 [전체입력 TAB]에 입력하여 반영한 경우는 공제율이 "2/102" 반영되므로 수정이 필요하며 [의제류매입 TAB]에 입력하여 반영한 경우는 수정이 필요하지 않다.

매입매출전표	공제율	의제매입세액 회계처리
전체입력 TAB	2/102 ⇨ 4/104로 수정	의제매입세액공제신고서의 공제액을 확인하여 일반전표에 별도로 회계처리 함
의제류매입 TAB	4/104로 자동반영	매입시점에 회계처리 하며 신고시점에 별도의 회계처리 필요하지 않음

(3) 부가가치세신고서(조회기간 : 2025년 7월 1일 ~ 2025년 9월 30일)

부가가치세신고서의 [그 밖의 공제매입세액 → 의제매입세액]에 자동반영된다.

실무예제2

(주)청송(회사코드 : 2100)의 제2기 확정신고기간동안 매입한 원재료 면세자료이다. 다음의 자료에 의하여 거래내용을 매입매출전표에 입력(전체입력 TAB사용)을 하고, 2025년 제2기 확정분 의제매입세액공제신고서를 작성하여 부가가치세신고서에 반영하시오. 중소기업에 해당하며 의제매입세액(부가세대급금으로 처리)에 대한 회계처리는 과세기간 종료일에 하시오.

[자료 1] 확정신고기간의 원재료 매입내역

구 분	일자	상호	매입가액	품명	수량	결제
농어민매입	10월 28일	정하나	20,000,000원	야채	100	현금

[자료2] 예정신고 자료 및 공급가액

예정신고 자료	① 예정신고 의제매입대상 원재료 매입금액 : 20,900,000원 ② 예정신고 의제매입세액공제액 : 803,846원
공급가액 (입력자료 무시)	① 2기 예정공급가액 : 40,000,000원 ② 2기 확정공급가액 : 65,000,000원(고정자산 매각액 5,000,000원 포함)

(1) 매입매출전표입력 : 전체입력 TAB(2025년 10월 28일)

농어민 매입분이므로 [유형 : 60.면건]을 선택하고 [전체입력 TAB]에서 입력하므로 적요번호 "6.의제매입세액공제신고서 자동반영분"을 반드시 선택한다.

일	번호	유형	품목	수량	단가	공급가액	부가세	코드	공급처명	사업/주민번호	전자	분개
28	50001	면건	야채	100	200,000	20,000,000		00102	정하나	700121-2122011		현금
		유형별-공급처별 [1]건				20,000,000						

신용카드사 　　　　　　　　　봉사료
NO : 50001 　　　　　　　　　(출금) 전 표

구분	계정과목	적요	거래처	차변(출금)	대변(입금)
출금	0153 원재료	06 의제매입세액공제신고서 자동반영분	00102 정하나	20,000,000	(현금)
			합 계	20,000,000	20,000,000

(2) 의제매입세액공제신고서(조회기간 : 2025년 10월 ~ 2025년 12월)

① 매입매출전표에 입력한 자료가 자동반영되며 [전체입력 TAB]에 입력하여 반영한 경우는 공제율이 "2/102" 반영되므로 "4/104"로 수정이 필요하며 상단의 F6 공제율일괄변경 버튼을 선택하여 공제율을 입력하여 일괄변경이 가능하다.

② 확정과세기간이므로 의제매입세액의 정산이 필요하다. 예정신고와 확정신고의 자료를 자동으로 반영하고자 하는 경우는 불러오기 버튼을 선택하여 과세표준과 관련된 계정과목을 입력 후 확인을 누르면 과세표준과 의제매입세액 매입자료 및 예정신고시 공제받은 세액이 자동으로 반영된다. **다만, 본 예제는 주어진 자료를 기준으로 작업해야 하므로 직접 입력한다.**

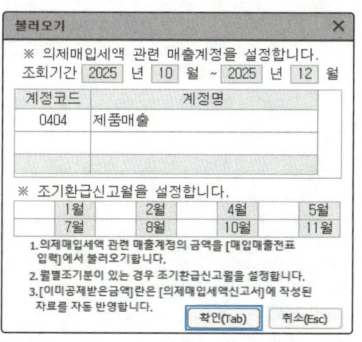

[확정신고시 공제가능 의제매입세액]
① 공제대상금액 [Min⊙, ⓒ]　⊙ 40,900,000원
　　⊙ 과세표준 × 한도율 = 100,000,000원(의제관련 매출이 아닌 고정자산매각액은 제외) × 50% = 50,000,000원
　　ⓒ 당기매입액 = 40,900,000원
② 의제매입세액 공제대상세액
　　공제대상금액 × 공제율 = 40,900,000원 × 4/104 = 1,573,076원
③ 의제매입세액 공제(납부)할 세액
　　공제대상세액 − 이미 공제받은 세액 = 1,573,076원 − 803,846원 = 769,230원

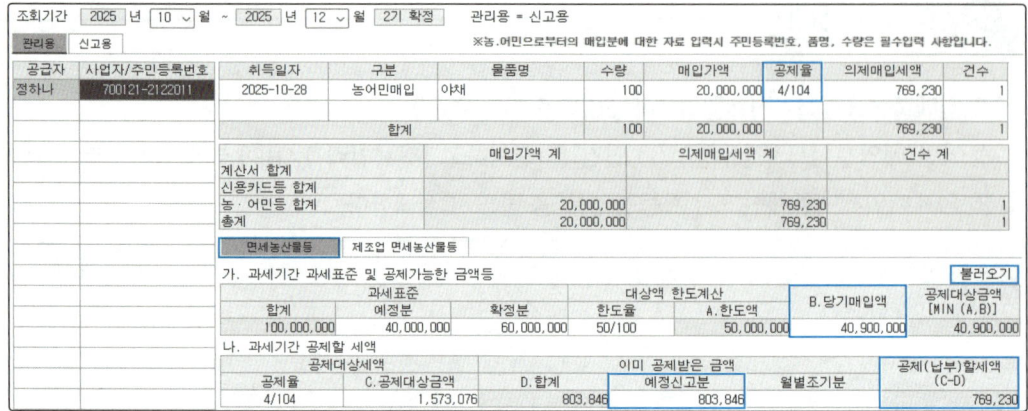

(3) 부가가치세신고서(조회기간 : 2025년 10월 1일 ~ 2025년 12월 31일)

부가가치세신고서의 [그 밖의 공제매입세액]에 "공제(납부)할세액"이 자동반영 된다.

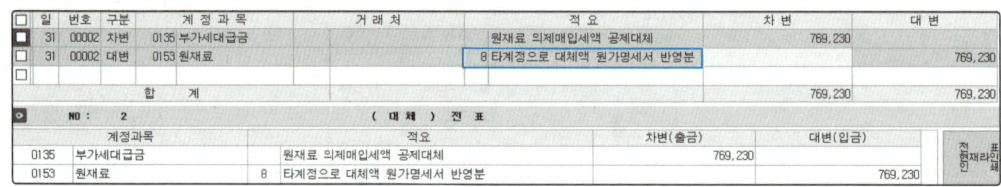

(4) 일반전표입력(과세기간종료일 : 2025년 12월 31일)

의제매입세액 공제분에 대하여 매입시점에 회계처리한 부분이 없으므로 의제매입세액 신고시점에 회계처리하여야 한다.

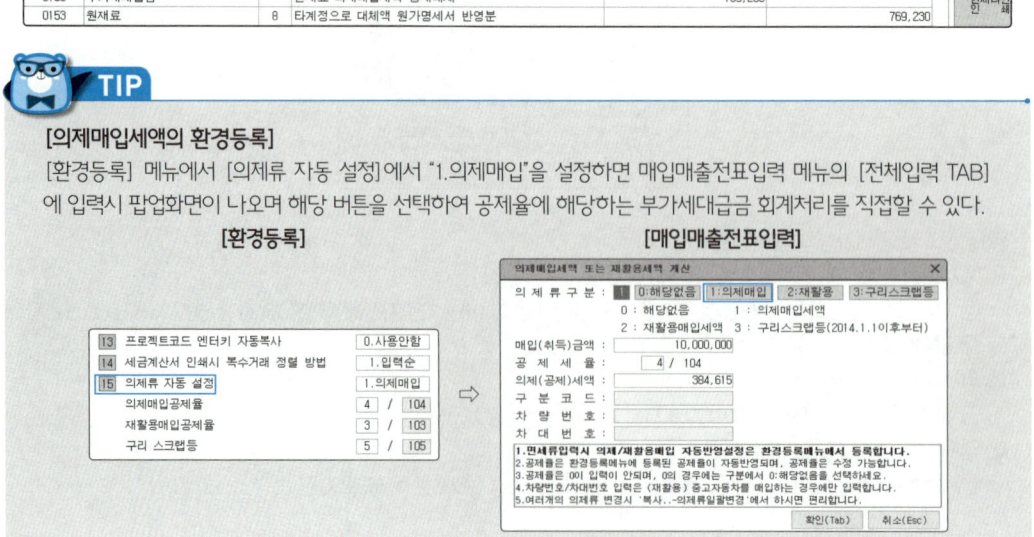

10. 재활용폐자원세액공제신고서

재활용폐자원 매입세액공제란 재활용폐자원 등을 수집하는 사업자가 부가가치세 과세사업을 하지 않는 자와 간이과세자로부터 재활용폐자원(2025.12.31.까지) 및 중고품(중고자동차, 2025.12.31.까지) 등을 취득하여 제조, 가공하거나 이를 공급하는 경우에는 일정 금액을 매입세액으로서 공제할 수 있는 제도이다. 본 서식은 **폐기물재활용 신고자, 중고자동차매매업자, 중고자동차수출자, 한국자원재생공사, 재생재료 수집 및 판매를 주된 사업으로 하는 사업자**가 작성하는 서식이다.

의제매입세액공제처럼 매입매출전표입력 시 [**의제류매입 TAB**] 또는 [**적요 : 7.재활용폐자원매입세액공제신고서 자동반영**]을 **선택**하여 서식에 자동반영할 수 있다.

항 목	입력내용 및 방법
재활용 폐자원 매입세액 계산	재활용폐자원 등 매입세액은 다음의 금액으로 하며 예정신고 시 이미 재활용폐자원 매입세액공제를 받은 금액은 확정신고시 정산(중고자동차는 제외)한다. 재활용폐자원 매입세액 = 공제대상 매입가액 × 3/103(단, 중고자동차 10/110) ■ 확정신고시 매입세액 = 공제대상 매입가액 × 3/103 - 예정신고시 공제받은 세액 ■ 공제대상 매입가액(취득가액) Min[㉠, ㉡] ㉠ 영수증과 계산서수취분 취득가액 ㉡ 공급가액 × 80% - 세금계산서수취분 매입가액
매출액	확정신고시 정산에 필요한 매출 계정과목을 설정하여 자동으로 반영하고자 하는 경우 사용한다.
불러오기	상단의 매출액 계정과목을 설정한 후 불러오기를 누르면 매출액 및 예정신고 자료가 반영된다.

실무예제

다음은 (주)청송(회사코드 : 2100)의 재활용폐자원 매입자료로 매입매출전표에 추가입력(**전체입력 TAB사용**)한 후 재활용폐자원공제신고서(구분코드 : 2.기타재활용폐자원)를 작성하고, 제1기 예정 부가가치세신고서에 추가 반영하시오. 당사를 재활용폐자원 수집 사업자로 가정(상품 계정과목 사용)하며 대금결제는 현금이다.

[재활용폐자원공제대상 매입현황]

매입처	사업자등록번호	매입일자	품명	수량	매입가액	증빙
(주)정밀소재	122-85-07805	1월 30일	고철	200kg	3,760,000원	전자계산서
김부자	651104-1245381	3월 30일	고철	300kg	7,400,000원	영수증

(1) 매입매출전표입력 : 전체입력 TAB

① 계산서 매입(2025년 1월 30일)

[전체입력 TAB]에서 입력하므로 서식에 자동반영하기 위해서는 반드시 적요번호 "7.재활용폐자원매입세액공제신고서 자동반영"을 반드시 선택한다.

② 비사업자 매입(2025년 3월 30일)

비사업자 매입분이므로 [유형 : 60.면건]을 선택하고 적요번호 "7.재활용폐자원매입세액 공제신고서 자동반영"을 반드시 선택한다.

(2) 재활용폐자원세액공제신고서(조회기간 : 2025년 01월 ~ 2025년 03월)

(3) 부가가치세신고서(조회기간 : 2025년 1월 1일 ~ 2025년 3월 31일)

상단의 [조회] 버튼을 누르면 부가가치세신고서의 [그 밖의 공제매입세액]에 자동반영 된다. 다만, 기존 신용카드매출수령금액합계표란의 금액은 전표입력자료가 아니므로 삭제된다.

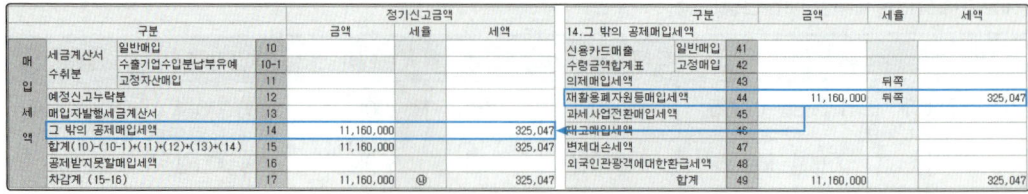

11. 공제받지못할매입세액명세서

1 공제받지못할매입세액내역

사업자가 수취한 세금계산서 중 자기의 사업을 위하여 사용되었거나 사용될 재화 또는 용역의 공급 및 재화의 수입에 대한 매입세액은 매출세액에서 공제되지만, 일정한 사유에 대해서는 매입세액을 공제해주지 않는다.

매입매출전표입력 메뉴에서 [유형 : 54.불공]을 선택하고 **불공제사유(공통매입세액안분계산 분 등)**를 입력하면 서식에 자동반영되며 직접입력도 가능하다.

[불공제사유]
① 필요적기재사항 누락 등
② 사업과 직접 관련없는 지출 매입세액
③ 개별소비세가 발생하는 비영업용 소형승용차 구입·유지 및 임차(렌트비용 포함) 매입세액
　▪ 배기량 : 1,000cc(이륜자동차 125cc) 초과
　▪ 8인승 이하의 승용자동차
④ 기업업무추진비 및 이와 유사한 비용 관련 매입세액
⑤ 면세사업 관련 매입세액
⑥ 토지의 자본적지출 관련 매입세액
　▪ 토지의 평탄화작업 및 정지비
　▪ 토지와 건축물 일괄 취득 후 그 건축물을 철거하는 경우 건축물의 취득 및 철거비용 매입세액
⑦ 사업자등록 전 매입세액
　▪ 공급시기가 속하는 과세기간이 끝난 후 20일 이내에 신청한 경우 그 과세기간내의 것은 공제 가능
⑧ 금거래·구리 스크랩 거래계좌 미사용 관련 매입세액

다음 자료는 과세사업과 면세사업을 겸영하는 (주)청송(회사코드 : 2100)의 2025년 제1기 예정신고기간의 거래내용이다. 아래의 거래내용을 보고 (주)청송의 제1기 예정신고기간의 공제받지 못할 매입세액명세서를 작성하시오.
(전표입력은 생략하며, 모든 거래는 세금계산서 수취거래로서 부가가치세 별도의 금액임)

① 한성전자에 휴대폰을 10대(단가 : 400,000원) 구입하여 전량 거래처에 무상으로 제공하다.
② 대표자의 업무용승용차(1,600cc)의 고장으로 인해 이의 수리비 500,000원을 오토자동차에 지출하다.
③ 면세사업에만 사용할 목적으로 난방기를 온방산업에서 1,300,000원에 구입하고 당기 비품으로 처리하다.
④ 기린상사로부터의 상품매입액 3,000,000원 세금계산서합계표상의 공급받는자의 등록번호가 착오로 일부 오류 기재되었다. (세금계산서는 정확히 기재됨)
⑤ 건물신축과 관련하여 토지의 정지비 5,000,000원을 지출하다.

세금계산서 수취분 중 공제받지 못할 매입세액에 해당하는 경우 매입매출전표입력 메뉴에 [유형 : 54.불공]을 선택하여 **불공제사유**를 선택하면 [공제받지 못할 매입세액명세서]에 자동반영된다. 그러나 시험은 전표입력은 생략하고 해당 자료를 직접 입력하는 문제를 출제하고 있어 실무예제는 서식에 직접 입력하고자 한다.

① 접대목적 구입 : 불공제 사유
② 비영업용승용차로 개별소비세법 제1조제2항제3호에 따른 자동차 유지 : 불공제 사유
③ 면세사업 전용 : 불공제 사유
④ 세금계산서는 정상이나 착오로 세금계산서합계표 작성을 잘못한 경우 매입세액 공제 가능
⑤ 토지의 정지비는 토지 자본적지출에 해당 : 불공제 사유

[공제받지 못할 매입세액명세서 TAB(조회기간 : 2025년 01월 ~ 2025년 03월)]

매입세액 불공제 사유	매수	세금계산서 공급가액	매입세액
①필요적 기재사항 누락 등			
②사업과 직접 관련 없는 지출			
③개별소비세법 제1조제2항제3호에 따른 자동차 구입·유지 및 임차	1	500,000	50,000
④기업업무추진비 및 이와 유사한 비용 관련	1	4,000,000	400,000
⑤면세사업등 관련	1	1,300,000	130,000
⑥토지의 자본적 지출 관련	1	5,000,000	500,000
⑦사업자등록 전 매입세액			
⑧금·구리 스크랩 거래계좌 미사용 관련 매입세액			
합계	4	10,800,000	1,080,000

2 공통매입세액의 안분(예정신고)

납부세액을 계산할 때 과세사업과 관련된 매입세액은 공제되지만 면세사업(비과세사업에 대한 수입금액 포함)과 관련된 매입세액은 공제되지 않는다. 겸영사업자의 매입세액 중 과세사업과 면세사업 중 어느 사업에 대한 매입세액인지의 구분이 불분명한 경우 이를 공통매입세액이라 하며 예정신고시 안분계산하여 불공제매입세액을 신고한다.

항 목	입력내용 및 방법

안분계산 방법	① 원칙
	$$\text{불공제매입세액} = \text{공통매입세액} \times \frac{\text{당해과세기간의 면세공급가액}}{\text{당해과세기간의 총공급가액}}$$
	② 동일과세기간에 매입·공급시
	$$\text{불공제매입세액} = \text{공통매입세액} \times \frac{\text{직전과세기간의 면세공급가액}}{\text{직전과세기간의 총공급가액}}$$
	③ 공급가액이 없는 경우
	   ⊙ 원칙 : 매입가액비율 ⇨ 예정공급가액비율 ⇨ 예정사용면적비율
	   ⊙ 건물신축시 : 예정사용면적비율 ⇨ 매입가액비율 ⇨ 예정공급가액비율

안분계산 생략	다음의 경우에는 **안분계산하지 않고 공통매입세액 전액을 공제받는 매입세액**으로 한다. ① 해당 과세기간의 공통매입세액이 5백만원 미만으로서 총공급가액 중 면세공급가액이 5% 미만인 경우의 공통매입세액 ② 해당 과세기간의 공통매입세액이 5만원 미만인 경우의 매입세액 ③ 재화를 공급하는 날이 속하는 과세기간에 신규로 사업을 개시하여 직전 과세기간이 없는 경우

작성방법	① 산식
	   ⊙ 당해 과세기간 중 과세사업과 면세사업의 공급가액이 있는 경우 : **1번** 선택
	   ⊙ 당해 과세기간 중 과세사업과 면세사업의 공급가액이 없거나 그 어느 한 사업의 공급가액이 없는 경우 : **2번** ⇨ **3번** ⇨ **4번** 순으로 선택
	② 구분 : 필수 입력사항은 아니며 인쇄시 산식명에 반영된다.
	③ 과세·면세사업 공통매입
	   예정신고기간에 공통으로 매입한 재화 및 용역의 공통매입세액을 입력한다. 매입매출전표입력에서 [유형 : 54.불공 ⇨ ⑨ **공통매입세액안분계산분**]을 입력한 경우에 공급가액과 세액이 자동으로 반영된다.
	
	④ 면세비율(⑬ 면세공급가액등 ÷ ⑫ 총공급가액등)
	   ⊙ 총공급가액등(⑫) : 예정신고기간의 총공급가액 등을 입력
	   ⊙ 면세공급가액등(⑬) : 예정신고기간의 면세공급가액 등을 입력

(주)청송(회사코드 : 2100)은 과세사업과 면세사업을 겸영하고 있는 사업자로서 2025년 1기 예정 부가가치세 신고시 공통매입세액을 안분계산하고자 한다. 기존의 입력된 자료는 무시하고 2025년 1기 예정분 자료가 다음과 같다고 가정하여 부가가치세 신고 부속서류 중 공제받지 못할 매입세액명세서(공통매입세액의 안분계산 서식 포함)을 작성하시오. 2025년 1기 예정 신고 시 주어진 자료 이외에 매입세액 불공제내역은 없다고 가정한다.

- 과세매입가액 : 1,440,000,000원, 면세매입가액 : 160,000,000원
- 과세공급가액 : 300,000,000원, 면세공급가액 : 200,000,000원
- 과세사업예정사용면적 : 600㎡, 면세사업예정사용면적 : 200㎡
- 공통매입가액 : 240,000,000원, 공통매입세액 : 24,000,000원

 예제 따라하기

① 조회기간(2025년 01월 ~ 2025년 03월)을 입력, 예정신고이므로 [공통매입세액안분계산내역 TAB]을 선택한다.
② 다수의 안분기준 중 원칙인 **공급가액이 있는 경우 원칙을 적용**한다.
③ [1.당해과세기간의 공급가액기준]을 선택하면 "전표데이타를 불러오시겠습니까?" 메시지가 나오며 직접 입력할 것이므로 "아니오(N)"을 선택한다.
④ 구분은 필수 사항이 아니므로 생략하고 과세·면세사업 공통매입 및 공급가액을 입력하여 불공제매입세액을 계산한다.

[공통매입세액 안분 계산 내역 TAB(조회기간 : 2025년 01월 ~ 2025년 03월)]

산식	구분	과세·면세사업 공통매입		⑫총공급가액등	⑬면세공급가액	면세비율 (⑬÷⑫)	⑭불공제매입세액 [⑪×(⑬÷⑫)]
		⑩공급가액	⑪세액				
1.당해과세기간의 공급가액기준		240,000,000	24,000,000	500,000,000.00	200,000,000.00	40.000000	9,600,000
합계		240,000,000	24,000,000	500,000,000	200,000,000		9,600,000

불공제매입세액 (9,600,000) = 세액(24,000,000) * 면세공급가액 (200,000,000) / 총공급가액 (500,000,000)

3 공통매입세액의 정산(확정신고)

사업자가 공통매입세액을 예정신고기간에 안분 계산한 경우에는 해당 재화의 취득으로 과세사업과 면세사업의 공급가액이 확정되는 과세기간에 대한 납부세액을 확정신고 때 정산하여야 한다.

항 목	입력내용 및 방법
가산 또는 공제되는 세액	① 가액비율로 안분계산시 불공제매입세액 = 총공통매입세액 × (당해과세기간의 면세공급가액 / 당해과세기간의 총공급가액) − 기불공제매입세액 ② 면적비율로 안분계산시 불공제매입세액 = 총공통매입세액 × (당해과세기간의 면세사용면적 / 당해과세기간의 총사용면적) − 기불공제매입세액

작성방법	① 산식
	  예정신고시 안분계산한 방식으로 확정신고 시 정산한다.
	② 구분 : 필수 입력사항은 아니며 인쇄시 산식명에 반영된다.
	③ 총공통매입세액
	  과세기간(1월 ~ 6월, 7월 ~ 12월)에 공통으로 매입한 재화 및 용역의 공통매입세액을 입력한다.
	  매입매출전표입력에서 [유형 : 54.불공 ⇨ ⑨ 공통매입세액안분계산분]을 입력한 경우에 공급가액과 세액이 자동으로 반영된다.
	④ 면세사업확정비율
	  ㉠ 총공급가액 : 과세기간(1월 ~ 6월, 7월 ~ 12월)의 총공급가액을 입력
	  ㉡ 면세공급가액 : 과세기간(1월 ~ 6월, 7월 ~ 12월)의 면세공급가액을 입력
	⑤ 불공제매입세액총액 : 총공통매입세액 × 면세사업확정비율
	⑥ 기불공제매입세액
	  예정신고기간의 기 불공제된 매입세액을 입력하며 기 입력된 자료가 있으면 자동으로 반영할 수 있다.

실무예제

(주)청송(회사코드 : 2100)은 과세 및 면세사업을 영위하는 겸영사업자이다. 다음의 자료를 이용하여 2025년 1기확정신고기간에 대한 공제받지못할매입세액명세서 중 공통매입세액의 정산내역 탭을 입력하시오. 단, 2025년 1기 부가가치세 예정신고서에 반영된 **공통매입세액 불공제분은 9,600,000원**이며, 공급가액 기준으로 안분계산하고 있다. (입력된 전표는 무시할 것)

구 분		1기예정(1월 ~ 3월)		1기확정(4월 ~ 6월)		전체(1월 ~ 6월)	
		공급가액	세액	공급가액	세액	공급가액 합계	세액 합계
매출	과세	300,000,000원	30,000,000원	700,000,000원	70,000,000원	1,000,000,000원	100,000,000원
	면세	200,000,000원		300,000,000원		500,000,000원	
공통매입세액		240,000,000원	24,000,000원	100,000,000원	10,000,000원	340,000,000원	34,000,000원

 **예제 따라하기**

① 조회기간(2025년 04월 ~ 2025년 06월)을 입력, 확정신고이므로 [공통매입세액의정산내역 TAB]을 선택한다.
② 예정신고 시 **공급가액**으로 **안분**하였으므로 확정신고 시에도 **동일한 방법으로 계산**한다.
③ [1.과세기간의 공급가액기준]을 선택하면 "전표데이타를 불러오시겠습니까?" 메시지가 나오며 직접 입력할 것이므로 "아니오(N)"을 선택한다.
④ 구분은 필수 사항이 아니므로 생략하고 1월 ~ 6월의 전체 총공통매입세액 및 면세사업확정비율을 입력하여 불공제매입세액총액을 계산하고 예정신고시 불공제처리한 금액을 기불공제매입세액을 입력하여 "가산 또는 공제되는 매입세액"을 계산한다.

[공통매입세액의 정산 내역 TAB(조회기간 : 2025년 04월 ~ 2025년 06월)]

산식	구분	(15)총공통매입세액	(16)면세 사업확정 비율			(17)불공제매입세액총액 ((15)*(16))	(18)기불공제매입세액	(19)가산또는공제되는매입세액((17)-(18))
			총공급가액	면세공급가액	면세비율			
1.당해과세기간의 공급가액기준		34,000,000	1,500,000,000.00	500,000,000.00	33.333333	11,333,333	9,600,000	1,733,333
합계		34,000,000	1,500,000,000	500,000,000		11,333,333	9,600,000	1,733,333

가산또는공제되는매입세액 (1,733,333) = 총공통매입세액(34,000,000) * 면세비율(%)(33.333333) - 기불공제매입세액(9,600,000)

4 납부세액(또는 환급세액)의 재계산

공통매입세액 안분계산에 따라 매입세액을 공제한 후 나중에 면세사업의 비중이 증가 또는 감소하는 경우에는 당초 매입세액공제가 과대 또는 과소해지는 결과가 된다. 따라서 이에 대한 증감의 조정이 필요하여 공제된 매입세액을 납부세액에 가산(또는 공제)하거나 환급세액에 가산(또는 공제)하게 되는데 이를 납부세액 또는 환급세액의 재계산이라 한다.

항 목	입력내용 및 방법
재계산의 요건	① 공통사용재화이어야 한다. ② 감가상각자산(건축물은 10년, 기타의 감가상각자산은 2년 이내의 것을 말한다)에 대해서만 납부(환급)세액 재계산을 한다. (상품, 제품, 토지 등은 제외) ③ 취득일 또는 그 후 재계산한 과세기간의 면세비율이 해당과세기간의 **면세비율과 5% 이상(증감)** 차이가 나는 경우에 한해서 납부세액 재계산을 한다.
재계산 방법	다음 산식에 계산된 금액을 납부세액에 가산(또는 공제)하거나 환급세액에 가산(또는 공제)한다. 가산(공제)되는 매입세액 = 해당 재화의 공통매입세액 × (1 − 감가율 × 경과된 과세기간 수) × 증감된 면세비율 ① 체감률 : 건물·구축물의 경우에는 5%, 기타의 감가상각자산의 경우에는 25% ② 경과된 과세기간 수 : 취득과세기간은 **포함**하며, 신고하는 해당과세기간은 **불포함**

항 목	입력내용 및 방법
작성방법	① 자산 　　[1.건물,구축물]과 [2.기타자산] 중 선택하며, 선택에 따라 체감률이 자동 반영된다. ② 해당재화의 매입세액 　　재계산대상의 공통매입세액을 입력한다. ③ 경감률 　　취득년월을 입력하면 경과과세기간이 자동반영되어 경감률이 계산된다. ④ 증가 또는 감소된 면세공급가액(사용면적)비율 　　면세비율 증가에 대한 금액 입력시 재계산을 신고한 시점과 비교하는 것이며, 면세비율 증감이 5% 미만인 경우에는 재계산을 배제한다. 　　　　■ 면세비율 증가 : 양수　　　　■ 면세비율 감소 : 음수

(주)청송(회사코드 : 2100)은 과세 및 면세사업을 영위하는 겸영사업자이다. 다음의 내용을 토대로 2025년 1기 확정 부가가치세신고시 납부세액재계산을 하여 공제받지못할매입세액명세서(매입세액불공제내역)를 작성하시오.

(1) 과세사업과 면세사업에 공통으로 사용되는 자산의 구입내역

계정과목	취득일자	공급가액	부가가치세	비고
기계장치	2023. 07. 01.	10,000,000원	1,000,000원	
공장건물	2022. 08. 10.	100,000,000원	10,000,000원	
상　품	2024. 10. 20.	1,000,000원	100,000원	

※ 2024년 제2기 부가가치세 확정신고시 공통매입세액에 대한 안분계산 및 정산은 정확히 신고서에 반영되었다.

(2) 2024년 및 2025년의 공급가액 내역

구 분	2024년 제1기	2024년 제2기	2025년 제1기
과세사업	1,000,000,000원	1,300,000,000원	1,000,000,000원
면세사업	300,000,000원	200,000,000원	500,000,000원
합　계	1,300,000,000원	1,500,000,000원	1,500,000,000원

 **예제 따라하기**

① 조회기간(2025년 04월 ~ 2025년 06월)을 입력, 재계산이므로 [납부세액또는환급세액재계산 TAB]을 선택한다.
② 감가상각자산이 아닌 재고자산인 상품은 제외하고 입력한다.
③ 자산을 선택하면 "전표데이타를 불러오시겠습니까?" 메시지가 나오며 직접 입력할 것이므로 "아니오(N)"을 선택한다.
④ 면세비율 증감과 관련된 공급가액을 입력하면 "가산 또는 공제되는 매입세액"이 계산된다.

구 분	2024년 제1기	2024년 제2기	2025년 제1기
면세비율	23.076923% (3억/13억 × 100)	13.333333%(9.743590% 감소) (2억/15억 × 100)	33.333333%(20% 증가) (5억/15억 × 100)

[납부세액 또는 환급세액 재계산 TAB(조회기간 : 2025년 04월 ~ 2025년 06월)]

자산	(20)해당재화의 매입세액	(21)경감률[1-(체감률*경과된과세기간의수)]				(22)증가 또는 감소된 면세공급가액(사용면적)비율					(23)가산또는 공제되는 매입세액 (20)*(21)*(22)
		취득년월	체감률	경과과세기간	경감률	당기		직전		증가율	
						총공급	면세공급	총공급	면세공급		
2.기타자산	1,000,000	2023-07	25	3	25	1,500,000,000.00	500,000,000.00	1,500,000,000.00	200,000,000.00	20.000000	50,000
1.건물,구축물	10,000,000	2022-08	5	5	75	1,500,000,000.00	500,000,000.00	1,500,000,000.00	200,000,000.00	20.000000	1,500,000
합계											1,550,000

가산또는공제되는매입세액 (50,000) = 해당재화의매입세액(1,000,000) * 경감률(%)(25) * 증가율(%)(20.000000)

 **TIP**

[공통매입세액 불공제분 부가가치세신고서 반영]
공통매입세액의 불공제 처리분은 [공제받지못할 매입세액명세서]를 작성하면 부가가치세신고서 공제받지못할매입세액(16)란에 자동반영된다.

		구분		정기신고금액			구분		금액	세율	세액
				금액	세율	세액	16.공제받지못할매입세액				
매입세액	세금계산서수취분	일반매입	10				공제받지못할 매입세액	50	10,800,000		1,080,000
		수출기업수입분납부유예	10-1				공통매입세액면세등사업분	51	96,000,000		9,600,000
		고정자산매입	11				대손처분받은세액	52			
	예정신고누락분		12				합계	53	106,800,000		10,680,000
	매입자발행세금계산서		13								
	그 밖의 공제매입세액		14	11,160,000		325,047					
	합계(10)-(10-1)+(11)+(12)+(13)+(14)		15	11,160,000		325,047					
	공제받지못할매입세액		16	106,800,000		10,680,000					
	차감계 (15-16)		17	-95,640,000	㉰	-10,354,953					

CHAPTER
02 부가가치세신고 및 가산세

1. 부가가치세신고서

부가가치세신고서는 각 신고기간에 대한 부가가치세 과세표준과 납부세액 또는 환급세액 등을 기재하여 관할세무서에 신고하는 서류로 부가가치세법에 규정된 서식이다.

부가가치세신고는 예정신고, 확정신고, 영세율등 조기환급신고, 수정신고가 있으며, 신고 시 부가가치세신고서의 상단에 해당신고를 표시하고 신고내용을 증명하는 부속서류를 같이 제출해야 한다. 또한 부가가치세는 자진신고납부제도로 신고기한과 납부기한이 동일하므로 기한 내에 신고와 함께 납부를 하여야 하고 이렇게 함으로써 부가가치세 납세의무가 종결된다.

항 목	입력내용 및 방법
조회기간	당해 과세기간을 입력한다.
신고구분	[1.정기신고], [2.수정신고] 중 선택하며, [2.수정신고]를 선택한 경우는 [신고차수]를 반드시 입력하여 수정신고서를 작성한다.
원시데이타 켜기	해당란에 커서를 두고 [원시데이타 켜기] 버튼을 누르면 매입매출전표입력 자료 및 부속서류 조회가 가능하여 신고서 작성시 비교 대조할 수 있다.
작성방법 켜기	[작성방법 켜기] 버튼을 누르고 해당란에 커서를 두면 작성요령에 대한 보조화면이 나타난다.

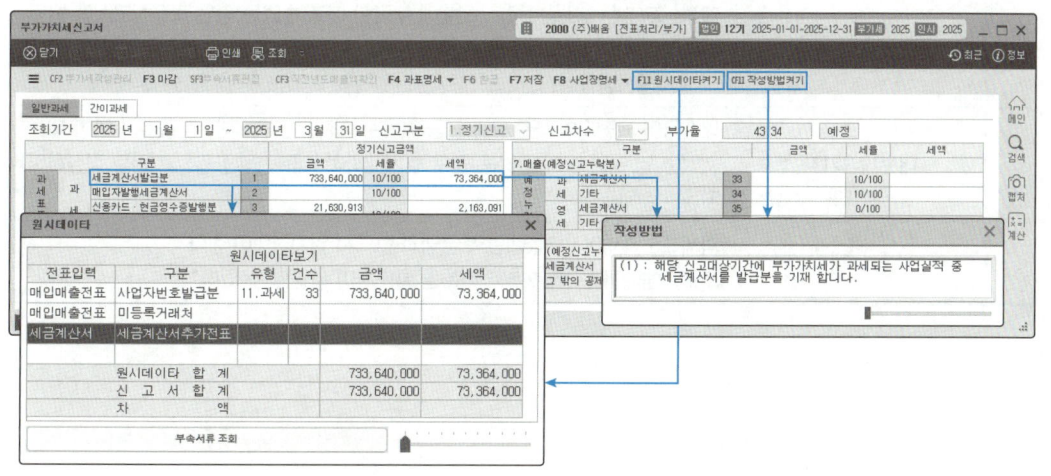

1 과세표준 및 매출세액

	구분		정기신고금액		
			금액	세율	세액
과세표준및매출세액	과세	세금계산서발급분	1		10/100
		매입자발행세금계산서	2		10/100
		신용카드·현금영수증발행분	3		10/100
		기타(정규영수증외매출분)	4		
	영세	세금계산서발급분	5		0/100
		기타	6		0/100
	예정신고누락분		7		
	대손세액가감		8		
	합계		9		㉮

	구분		금액	세율	세액
7.매출(예정신고누락분)					
예정누락분	과세	세금계산서	33		10/100
		기타	34		10/100
	영세	세금계산서	35		0/100
		기타	36		0/100
	합계		37		

항 목		입력내용 및 방법
과세표준및매출세액	과세 — 세금계산서 발급분	① 과세(10%) 세금계산서 발급 ⇨ **유형 : 11.과세** 입력분 자동반영 ② 매출처별세금계산서합계표 제출
	과세 — 매입자발행 세금계산서	① 매입자발행세금계산서 수취(세무서 직권에 의한 발급) ⇨ **유형 : 11.과세**로 입력하며 [간편집계표 : 매입자 발행] 선택시 자동반영 ② 매출처별세금계산서합계표 제출
	과세 — 신용카드·현금영수증발행분	① 과세(10%) 신용카드매출전표 및 현금영수증 발급 ⇨ **유형 : 17.카과, 22.현과** 입력분 자동반영 ② 신용카드매출전표등발행집계표 제출 ③ [경감·공제세액 ⇨ 신용카드매출전표등 발행공제등(19란)]에 공급대가(발행금액) 반영
	과세 — 기타	과세(10%) 매출로 법정증빙 발급이 없는 매출 ⇨ **유형 : 14.건별** 입력분 자동반영 ① 영수증에 의한 현금매출 ② **간주공급**(타사업장 반출 제외) ③ **간주임대료**
	영세 — 세금계산서 발급분	① 영세(0%) 세금계산서 발급 ⇨ **유형 : 12.영세** 입력분 자동반영 ② 매출처별세금계산서합계표 및 내국신용장·구매확인서 전자발급명세서 등 제출
	영세 — 기타	① 영세(0%) 재화·용역을 공급하는 경우로 세금계산서를 발급하지 않는 거래 ⇨ **유형 : 16.수출, 19.카영, 24.현영** 입력분 자동반영 ② 수출실적명세서, 영세율첨부서류제출명세서 등 제출
	예정신고누락분	예정신고(1월 ~ 3월, 7월 ~ 9월)에 누락한 매출이 있는 경우 확정신고서에 반영하여 신고하며 매입매출전표입력 메뉴에서 [간편집계표 ⇨ **예정누락분**]을 선택하여 자동반영할 수 있다.
	대손세액가감	대손금이 확정되어 대손세액을 **공제(음수 기재)** 받거나 대손금을 회수하여 대손세액을 **납부(양수 기재)**하는 경우에 기재하며 [대손세액공제신고서]를 작성하여 자동반영한다.
	합 계	**과세표준명세의 합계(32)란의 금액**과 반드시 **일치**하여야 한다. 프로그램에서는 F4 과표명세 버튼을 클릭하여 확인할 수 있다.

2 과세표준명세

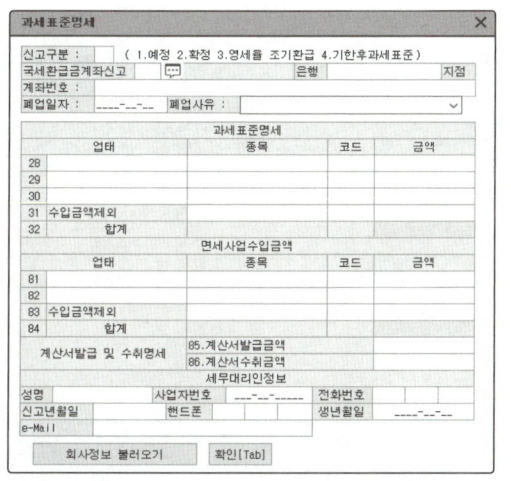

항 목		입력내용 및 방법
신고구분		[1.예정, 2.확정, 3.영세율 조기환급, 4.기한후과세표준] 중 유형을 선택한다. 다만, 조회기간(=과세기간)을 입력하면 예정과 확정은 자동으로 설정되며 "3"과 "4"는 직접 선택하여야 한다.
국세환급금계좌신고		"환급받을 세액"이 발생한 사업자가 기재하며 [회사등록] 메뉴의 "국세환급금계좌"에 입력하여 반영할 수 있다.
폐업일자 · 폐업사유		사업을 폐업하고 확정신고하는 사업자만 기재한다.
과세표준명세	(28) ~ (30)	손익계산서에 기재되는 업태와 종목별 과세표준을 기재하며 회사등록에 등록된 정보가 자동 반영된다. 매입매출전표입력 시 계정과목을 매출계정 "401 ~ 430"으로 회계처리한 정보가 반영된다. | 구 분 | 내 용 | |---|---| | 상품매출(401) | 업태 : 도소매로 입력되어야 자동집계 | | 제품매출(404) | 업태 : 제조로 입력되어야 자동집계 | | 기타매출(401 · 404 이외코드) | 기타매출로 집계 |
	(31)수입금액제외	고정자산매각, 간주공급 등 소득세법상 수입금액에서 제외되는 금액을 입력한다. 다만, 법인사업자의 경우는 법인세법상 수입금액제외를 기재한다.
	(32)합계	**과세표준의 합계(9)란과 일치**하여야 한다.
면세사업수입금액		부가가치세가 면세되는 사업의 수입금액을 업태, 종목별로 구분하여 입력하며 [유형 : 13.면세, 18.카면, 20.면건, 23.현면] 입력분이 자동반영 된다.
계산서 발급 및 수취명세	계산서 발급금액	부가가치세가 과세되지 아니한 재화 또는 용역을 공급하고 발급한 계산서 합계액을 입력하며 [유형 : 13.면세] 입력분이 자동반영 된다.
	계산서 수취금액	부가가치세가 면세되는 재화 등을 공급받고 수취한 계산서 합계액을 입력하며 [유형 : 53.면세] 입력분이 자동반영 된다.
신고년월일		부가가치세 신고일자를 입력하며 조회기간을 입력하면 신고기한이 자동반영 된다.

3 매입세액

구분			정기신고금액		
			금액	세율	세액
매입세액	세금계산서수취분	일반매입	10		
		수출기업수입분납부유예	10-1		
		고정자산매입	11		
	예정신고누락분		12		
	매입자발행세금계산서		13		
	그 밖의 공제매입세액		14		
	합계(10)-(10-1)+(11)+(12)+(13)+(14)		15		
	공제받지못할매입세액		16		
	차감계 (15-16)		17		ⓔ
납부(환급)세액(매출세액ⓐ-매입세액ⓔ)					ⓔ

구분		금액	세율	세액
16.공제받지못할매입세액				
공제받지못할 매입세액	50			
공통매입세액면세사업분	51			
대손처분받은세액	52			
합계	53			

구분		금액	세율	세액
12.매입(예정신고누락분)				
예정누락분	세금계산서	38		
	그 밖의 공제매입세액	39		
	합계	40		
	신용카드매출 수령금액합계	일반매입		
		고정매입		
	의제매입세액			
	재활용폐자원등매입세액			
	과세사업전환매입세액			
	재고매입세액			
	변제대손세액			
	외국인관광객에대한환급세액			
	합계			
14.그 밖의 공제매입세액				
신용카드매출 수령금액합계표	일반매입	41		
	고정매입	42		
의제매입세액		43	뒤쪽	
재활용폐자원등매입세액		44	뒤쪽	
과세사업전환매입세액		45		
재고매입세액		46		
변제대손세액		47		
외국인관광객에대한환급세액		48		
합계		49		

항 목			입력내용 및 방법
매입세액	세금계산서 수취분	일반매입	① 과세(10%), 영세(0%) 매입세금계산서 수취 ⇨ **유형 : 51.과세, 52.영세, 54.불공, 55.수입** 입력분 반영 ② 고정자산매입은 유형·무형자산 매입분이 반영되며 토지의 취득원가로 인한 정지비 등은 일반매입에 기재 ③ 수입분 중 부가가치세 납부유예신청분은 별도로 기재하여 불공제처리 ⇨ 회사등록의 추가사항 TAB에서 [수입부가가치세 납부유예 : 여] 설정, 매입매출전표입력 메뉴의 [간편집계표 : 수입분납부유예]를 선택하여 자동 반영할 수 있다. ④ 매입처별세금계산서합계표 및 건물등감가상각자산취득명세서 제출
		수출기업수입분납부유예	
		고정자산매입	
	예정신고누락분		예정신고(1월 ~ 3월, 7월 ~ 9월)에 누락한 매입이 있는 경우 확정신고서에 반영하여 신고하며 매입매출전표입력 메뉴에서 **[간편집계표 ⇨ 예정누락분]**을 선택하여 자동반영할 수 있다.
	매입자발행세금계산서		① 매입자발행세금계산서 발급(세무서 직권에 의한 발급) ⇨ **[간편집계표 : 매입자발행]** 선택시 자동반영 ② 매입자발행세금계산서합계표 작성 제출
	그 밖의 공제매입세액	신용카드매출 수령합계표 일반매입	① 과세(10%) 신용카드 및 현금영수증 수취한 경우로 매입세액공제가 가능한 부분만 기재 ⇨ **유형 : 57.카과, 61.현과** 입력분 반영 ② 일반매입과 고정자산(유형·무형자산) 매입 구분 기재 ③ 신용카드매출전표등수령명세서 및 건물등감가상각자산취득명세서 작성 제출
		고정매입	
		의제매입세액	농산물 등 면세 원재료를 사용하여 과세 재화 또는 용역을 제공하여 의제매입세액을 공제받는 경우 기재하며 [의제매입세액공제신고서] 작성분 반영
		재활용폐자원등 매입세액	재활용폐자원 등에 대한 매입세액을 공제받고자 하는 경우 기재하며 [재활용폐자원세액공제신고서] 작성분 반영
		과세사업전환 매입세액	면세사업자가 과세사업 전환 시 잔존재화에 대하여 매입세액공제를 신고하는 경우 기재하며 [과세사업전환 감가상각자산신고서] 작성분 반영
		재고매입세액	간이과세자가 일반과세자 전환 시 잔존재화에 대하여 매입세액공제를 신고하는 경우 기재하며 [일반(간이)과세전환시의 재고품등신고서] 작성분 반영

항 목		입력내용 및 방법
매입세액	그 밖의 공제매입세액	
	변제대손대세액	대손처분받은 세액에 대하여 대손금 변제를 한 경우로 [대손세액공제신고서] 작성하여 자동 반영한다.
	외국인관광객에 대한 환급세액	외국인관광객 특례적용관광호텔 사업자가 숙박용역의 공급시기에 정상적으로 부가가치세를 과세(10%)로 신고한 후 해당 부가가치세를 공제받는 경우 기재
	공제받지 못할 매입세액	
	공제받지못할 매입세액	① [세금계산서 수취분] 중 매입세액 불공제 사유에 해당하는 경우 기재 ⇨ 유형 : 54.불공 입력분 반영 ② 공제받지못할매입세액명세서 작성 제출
	공통매입세액면세등 사업분	겸영사업자의 공통매입세액 중 안분 · 정산 · 재계산하여 면세사업에 해당하는 부분을 계산하여 기재하며 [공제받지못할매입세액명세서]를 작성하여 자동 반영한다.
	대손처분받은세액	과세당국으로부터 매입 부가가치세에 대하여 대손처분 통지를 받은 경우 기재

4 차감·가감하여 납부할세액

항 목		입력내용 및 방법
경감공제세액	그 밖의 경감 · 공제 세액	
	전자신고 세액공제	사업자가 직접 전자신고(국세청홈택스)하는 경우 확정신고시 "10,000원" 공제하거나 환급세액에 더한다.
	전자세금계산서 발급세액공제	직전연도 사업장별 공급가액이 3억원 미만인 개인사업자(간이과세자 포함)가 전자세금계산서를 발급일의 다음 날까지 국세청장에게 전송한 경우 발급 건수에 따라 200원 공제(연 100만원 한도, 2027.12.31.까지)
	택시운송사업자 경감세액	일반택시운송사업자에 대해서는 부가가치세 납부세액의 100분의 99를 2026년 12월 31일까지 경감하는 제도로 택시운송사업자만 기재
	대리납부 세액공제	대리납부제도 도입에 따른 신용카드사가 대리납부한 세액에 대해서 1%의 세액공제를 해주는 제도
	현금영수증 사업자세액공제	현금영수증 발급기를 각 사업장에 설치하여 주는 사업자에게 일정부분 세액을 공제해 주는 경우 기재
	신용카드매출전표등 발행공제등	개인사업자(법인 및 직전연도 공급가액 10억 초과 개인사업자 제외) 중 신용카드 등 매출전표를 발행한 경우 연 1,000만원 한도(2026.12.31.까지) 내 금액을 세액공제 ⇨ 유형 : 17.카과, 22.현과 입력분 반영(법인도 공급대가 기재)
예정신고미환급세액		예정신고시 일반환급세액이 있을 경우 확정신고서에 반영하여 정산한다. 일반환급자의 미환급세액을 직접 양수로 입력한다.
예정고지세액		개인사업자 · 소규모법인의 해당 과세기간의 예정신고기간에 고지된 세액을 기재

항 목	입력내용 및 방법
사업양수자의 대리납부 기납부세액	사업을 양수받는 자가 대가를 지급하는 때에 그 대가를 받은 자로부터 부가가치세를 징수하여 납부한 경우에는 매입자가 납부한 세액을 공제하므로 그 금액을 기재
매입자 납부특례 기납부세액	금지금·금제품 및 구리 스크랩 등 거래에 따른 부가가치세를 신한은행에 직접 입금한 부가가치세액을 기재
신용카드업자의 대리납부 기납부세액	대리납부대상자가 유흥, 단란주점에서 부가가치세가 과세되는 재화 또는 용역을 공급하고 소비자가 신용카드(직불·선불카드 포함)로 결제하는 경우 신용카드사가 신용카드 등 결제금액의 4/110에 해당하는 금액을 부가가치세로 징수하여 대리납부대상자를 대신하여 납부하는 제도로 기납부세액을 기재
가산세액계	별도로 설명
총괄납부사업자가 납부할 세액(환급받을 세액)	총괄납부제도를 적용하는 사업자 중 주된사업장에서 총괄한 납부·환급세액을 기재하며 [사업장별 부가가치세과세표준 및 납부세액(환급세액) 신고명세서] 작성분 반영

2. 가산세

1 가산세명세(전산실무 시험에 자주 출제되는 가산세만 기재)

25.가산세명세				
사업자미등록등		61		1/100
세금계산서	지연발급 등	62		1/100
	지연수취	63		5/1,000
	미발급 등	64		뒤쪽참조
전자세금발급명세	지연전송	65		3/1,000
	미전송	66		5/1,000
세금계산서합계표	제출불성실	67		5/1,000
	지연제출	68		3/1,000
신고불성실	무신고(일반)	69		뒤쪽
	무신고(부당)	70		뒤쪽
	과소·초과환급(일반)	71		뒤쪽
	과소·초과환급(부당)	72		뒤쪽
납부지연		73		뒤쪽
영세율과세표준신고불성실		74		5/1,000
현금매출명세서불성실		75		1/100
부동산임대공급가액명세서		76		1/100
매입자 납부특례	거래계좌 미사용	77		뒤쪽
	거래계좌 지연입금	78		뒤쪽
신용카드매출전표등수령명세서미제출·과다기재		79		5/1,000
합계		80		

(1) 세금계산서 불성실가산세

구 분		내 용
부실기재	대상	발급한 세금계산서의 필요적 기재사항의 전부 또는 일부가 기재되지 않았거나 사실과 다르게 기재된 경우
	가산세	부실기재한 공급가액 × 1%
미발급등의 경우	대상	① 세금계산서를 확정신고기한(7월 25일, 1월 25일)까지 발급하지 **않은** 경우(미발급) ② 가공 세금계산서 등 : 재화 등을 **공급하지 아니하고** 세금계산서(신용카드매출전표 등 포함)등을 발급한 경우와 공급받지 아니하고 세금계산서 등을 발급받은 경우 ③ **타인명의**로 세금계산서 등(**위장** 세금계산서)을 발급하거나 발급받은 경우 ④ 재화 등을 공급하고 세금계산서 등의 **공급가액**을 **과다**하게 기재하여 공급하거나 공급받은 경우 ⑤ 둘 이상의 사업장을 보유한 사업자가 재화 또는 용역을 공급한 사업장이 아닌 **자신의 다른 사업장 명의**로 발급시기에 세금계산서를 발급한 경우

구 분		내 용
미발급등의 경우	가산세	미발급·타인명의 세금계산서 공급가액 × 2%
		가공 세금계산서 공급가액 × 3%
		④의 경우 실제보다 과다하게 기재한 부분에 대한 공급가액 × 2%
		⑤의 경우와 전자세금계산서 발급의무자가 **종이세금계산서 발급**한 공급가액 × 1%
지연발급	대상	발급시기가 **지난** 경우로서 해당 과세기간의 **확정신고기간내** 발급한 경우
		<table><tr><th>공급시기(가정)</th><th>발급기한</th><th>지연발급(1%)</th><th>미발급(2%)</th></tr><tr><td>03.20</td><td>4월 10일까지</td><td>04.11 ~ 07.25</td><td>07.25까지 미발급</td></tr></table>
	가산세	지연발급한 세금계산서 공급가액 × 1%
지연수취	대상	공급시기 이후 해당 공급시기가 속하는 과세기간의 확정신고기한까지 세금계산서 수취
	가산세	**지연수취**한 세금계산서 공급가액 × 0.5%(**매입세액 공제 가능**)
세금계산서 발급명세 미전송등	대상	전자세금계산서를 발급한 사업자가 국세청장에 세금계산서 발급명세를 전송하지 아니한 경우 ① 지연전송 : 전자세금계산서 전송기한이 지난 후 공급시기가 속하는 과세기간의 확정신고기간(25일)까지 전송 ② 미전송 : 공급시기가 속하는 과세기간의 확정신고기간(25일)까지 발급명세를 전송하지 않는 경우
		<table><tr><th>발급시기(가정)</th><th>전송기한</th><th>지연전송(0.3%)</th><th>미전송(0.5%)</th></tr><tr><td>04.07</td><td>4월 8일까지</td><td>04.09 ~ 07.25</td><td>07.25까지 미전송시</td></tr></table>
	가산세	지연전송한 공급가액 × 0.3% 미전송한 공급가액 × 0.5%

(2) 매출처별세금계산서합계표 불성실가산세

구 분		내 용
부실기재	대상	거래처별 등록번호 또는 공급가액의 전부 또는 일부가 기재되지 아니하였거나 사실과 다르게 기재된 경우
	가산세	부실기재한 공급가액 × 0.5%
미제출	대상	확정신고시 매출처별세금계산서합계표를 제출하지 아니한 경우 제출기한이 지난 후 1개월 이내에 제출하는 경우 해당가산세의 50%를 감면한다.
	가산세	미제출한 공급가액 × 0.5%
지연제출	대상	예정신고시 제출하여야 할 매출처별세금계산서합계표를 확정신고와 함께 제출한 경우 예정신고시 미제출분을 확정신고시 제출하는 경우만 지연제출에 해당한다.
	가산세	지연제출한 공급가액 × 0.3%

(3) 매입처별세금계산서합계표 불성실가산세

구 분		내 용
재화등 공급시기 이후에 발급받은 경우	대상	재화 또는 용역의 공급시기 이후에 발급받은 세금계산서로서 해당 공급시기가 속하는 과세기간의 확정신고 기한내에 발급받은 경우
	가산세	공급가액 × 0.5%
미제출	대상	매입처별세금계산서합계표를 제출하지 않고 경정시 세금계산서를 경정기관의 확인을 거쳐 매입세액을 공제받는 경우
	가산세	공급가액 × 0.5%
공급가액 과다기재	대상	제출한 매입처별세금계산서합계표의 기재사항 중 공급가액을 사실과 다르게 과다하게 기재하여 신고한 경우
	가산세	과다기재한 공급가액 × 0.5%

(4) 영세율과세표준 신고불성실가산세

구 분	내 용
대상	영세율이 적용되는 과세표준을 신고하지 않거나 신고하여야 할 금액에 미달하게 신고한 경우 또는 영세율 첨부서류를 제출하지 않은 경우
	법정신고기한 경과 후 2년 이내 수정신고(예정신고 누락분 확정신고 포함)시 과소신고 가산세 90% ~ 10% 감면한다.
가산세	무신고 또는 미달신고한 과세표준 × 0.5%

(5) 신고불성실가산세

구 분		내 용
무신고	대상	사업자가 법정신고기간까지 예정신고 또는 확정신고를 하지 않은 경우
	가산세	① 일반무신고 : 납부세액 × 20% ② 부정무신고 : 납부세액 × 40%
과소신고 (초과환급)	대상	사업자가 법정신고기한까지 예정신고 또는 확정신고를 한 경우로서 납부세액(환급세액)을 신고하여야할 금액보다 적게(많이) 신고한 경우
	가산세	① 일반과소(초과환급)신고 : 납부세액 × 10% ② 부정과소(초과환급)신고 : 납부세액 × 40%

(6) 납부지연가산세

구 분	내 용
대상	사업자가 납부기한까지 부가가치세의 납부를 하지 않거나 납부하여할 세액보다 적게 납부한 경우
가산세	납부지연가산세 = ① + ② ① 미납세액 또는 미달납부세액(초과환급세액) × 경과일수 × 2.2/10,000 ② 법정납부기한까지 납부하여야 할 세액 × 3% 　(납세고지서에 따른 납부기한까지 완납하지 아니한 경우에 한정함) ㉠ 경과일수 : 당초 납부기한의 다음날부터 자진납부일 또는 납세고지일까지의 일수 ㉡ **예정신고 누락분 확정신고 및 수정신고**시에는 과세관청으로부터 납세고지서가 발급되기 전이므로 부가가치세 가산세는 **①의 가산세만 적용됨** ㉢ 체납된 국세의 납부고지서별 · 세목별세액이 150만원 미만인 경우에는 ①의 가산세가 제외되나 부가가치세 예정신고 누락(법인) 및 수정신고는 **자진신고 · 납부**에 해당하므로 **가산세가 적용됨**

2 가산세 감면

(1) 수정신고에 따른 감면

법정신고기한 경과 후 2년 이내에 수정신고(예정신고 누락분 확정신고 포함)를 한 경우(**과소신고가산세와 초과환급신고가산세, 영세율과세표준신고불성실가산세만 해당됨**)에는 다음의 구분에 따른 금액을 감면한다.

다만, 과세관청의 경정할 것을 미리 알고 과세표준수정신고서를 제출하는 경우는 제외한다.

법정신고기한 경과 후	감면률(납부율)	법정신고기한 경과 후	감면률(납부율)
1개월 이내	90%(납부 10%)	1개월 초과 3개월 이내	75%(납부 25%)
3개월 초과 6개월 이내	50%(납부 50%)	6개월 초과 1년 이내	30%(납부 70%)
1년 초과 1년 6개월 이내	20%(납부 80%)	1년 6개월 초과 2년 이내	10%(납부 90%)

(2) 기한후 신고에 따른 감면

법정신고기한 지난 후 기한후 신고를 한 경우(**무신고가산세만 해당함**) 다음의 구분에 따른 금액을 감면한다. 또한, 기한 후 신고자도 경정청구 및 수정신고가 가능하다.

법정신고기한 경과 후	감면률(납부율)	법정신고기한 경과 후	감면률(납부율)
1개월 이내	50%(납부 50%)	1개월 초과 3개월 이내	30%(납부 70%)
3개월 초과 6개월 이내	20%(납부 80%)		

기존에 입력된 자료는 무시하고 다음의 자료를 토대로 2025년도 1기 예정신고기간(1.1~3.31)의 부가가치세 예정신고서를 작성하시오. 단, 관련전표입력 및 부속서류작성은 생략한다. [회사코드 : 2000.(주)배움]

매출 자료	▪ 제품 매출 후 전자세금계산서 발행매출 : 240,000,000원(부가가치세 별도) ▪ 제품 카드매출판매액 : 3,300,000원(부가가치세 포함) ▪ 수출신고하고 선적한 수출매출 : 50,000,000원 ▪ 당사의 제품(원가 : 7,000,000원, 시가 : 10,000,000원)을 매출처에 무상 제공 ▪ 고정자산매각 전자세금계산서 발행 : 10,000,000원(부가가치세 별도)
매입 자료	▪ 세금계산서 수취한 매입액은 90,000,000원(부가가치세 별도)인데, 이 중 공장의 기계장치를 취득한 고정자산매입분이 15,000,000원(부가가치세 별도)있고, 접대목적으로 구입한 물품 매입액 5,000,000원(부가가치세 별도)이 있다. ▪ 원재료를 구입하고 법인신용카드로 결제하여 부가가치세 매입세액공제 받는 금액이 6,600,000원(부가가치세 포함) 있다. ▪ 내국신용장에 의해 원재료를 구매하고, 영세율전자세금계산서를 수취한 매입액 20,000,000원이 있다.
기타 자료	▪ 위에서 주어진 자료 이외에는 거래내역이 없다고 가정하며 위에 매출자료를 기준으로 과세표준명세를 작성한다. ▪ 업태 및 종목, 업종코드는 다음과 같다. | 업태 | 종목 | 업종코드 | |---|---|---| | 제조 | 전자제품 | 300201 |

 예제 따라하기

① 조회기간(2025년 1월 1일 ~ 2025년 3월 31일)을 입력하고 신고구분(1.정기신고)를 선택하면 매입매출전표입력에 입력된 데이터가 조회된다. 지문에 "**기존에 입력된 자료는 무시**"라는 문구가 있으므로 조회된 데이터를 삭제 후 입력하여야 한다. **시험과 동일한 형태로 연습하고자 매입매출전표에 입력된 데이터는 삭제하지 않는다.**

② 제품 카드매출판매액(현금영수증 포함)은 (3)란과 (19)란에 입력한다.

③ 매출처에 무상제공한 제품은 **간주공급**에 해당하여 **시가**가 과세표준이며 세금계산서 발급의무가 없으므로 (4)란에 입력한다.

④ 세금계산서수취분은 고정자산매입(11)란에 금액 15,000,000원, 세액 1,500,000원을 입력하고 일반매입은 금액 95,000,000원(= 90,000,000원 - 15,000,000원 + 20,000,000원), 세액 7,500,000원을 입력한다.

⑤ 세금계산서수취분 중 접대목적 구입은 불공제 사유에 해당하므로 공제받지못할매입세액(16)란의 (50)란에 금액 5,000,000원, 세액 500,000원 입력하여 반영한다.

⑥ 신용카드 원재료 매입은 그 밖의 공제매입세액(14)란의 일반매입(41)란에 입력하여 반영한다.

구분				정기신고금액			구분		금액	세율	세액
				금액	세율	세액	14.그 밖의 공제매입세액				
과세표준및매출세액	과세	세금계산서발급분	1	250,000,000	10/100	25,000,000	신용카드매출 수령금액합계표	일반매입 41	6,000,000		600,000
		매입자발행세금계산서	2		10/100			고정매입 42			
		신용카드·현금영수증발행분	3	3,000,000	10/100	300,000	의제매입세액	43		뒤쪽	
		기타(정규영수증외매출분)	4	10,000,000		1,000,000	재활용폐자원등매입세액	44		뒤쪽	
	영세	세금계산서발급분	5		0/100		과세사업전환매입세액	45			
		기타	6	50,000,000	0/100		재고매입세액	46			
	예정신고누락분		7				변제대손세액	47			
	대손세액가감		8				외국인관광객에대한환급세액	48			
	합계		9	313,000,000	㉮	26,300,000	합계	49	6,000,000		600,000
매입세액	세금계산서 수취분	일반매입	10	95,000,000		7,500,000	16.공제받지못할매입세액				
		수출기업수입분납부유예	10-1				공제받지못할 매입세액	50	5,000,000		500,000
		고정자산매입	11	15,000,000		1,500,000	공통매입세액면세사업분	51			
	예정신고누락분		12				대손처분받은세액	52			
	매입자발행세금계산서		13				합계	53	5,000,000		500,000
	그 밖의 공제매입세액		14	6,000,000		600,000					
	합계(10)-(10-1)+(11)+(12)+(13)+(14)		15	116,000,000		9,600,000					
	공제받지못할매입세액		16	5,000,000		500,000					
	차감계 (15-16)		17	111,000,000	㉰	9,100,000					
납부(환급)세액(매출세액㉮-매입세액㉰)					㉱	17,200,000					
경감공제세액	그 밖의 경감·공제세액		18								
	신용카드매출전표등 발행공제등		19	3,300,000							
	합계		20		㉲						
소규모 개인사업자 부가가치세 감면세액			20-1		㉳						
예정신고미환급세액			21		㉴						
예정고지세액			22		㉵						
사업양수자의 대리납부 기납부세액			23		㉶						
매입자 납부특례 기납부세액			24		㉷						
신용카드업자의 대리납부 기납부세액			25		㉸						
가산세액계			26		㉹						
차가감하여 납부할세액(환급받을세액)㉱-㉲-㉳-㉴-㉵-㉶-㉷-㉸+㉹			27			17,200,000					
총괄납부사업자가 납부할 세액(환급받을 세액)											

⑦ 상단의 [과표명세] 버튼을 클릭하여 [과세표준 및 매출세액]의 **합계(9)**란의 금액과 [과세표준명세] **합계(32)**란의 금액과 **동일**하도록 입력하고 **간주공급**과 **고정자산매각**은 과세표준에는 포함되나 수입금액은 아니므로 과세표준명세의 **수입금액제외(31)**란에 기재한다.

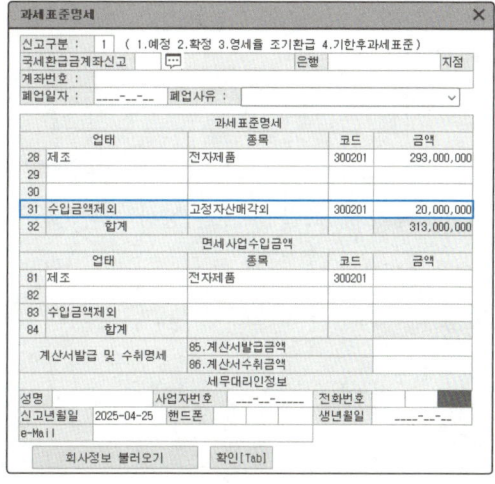

실무예제2

2025년 1기 예정 부가가치세 신고 시에 누락된 다음 자료를 포함(**전표입력 요망**)하여 2025년 1기 확정 부가가치세 신고서를 작성하시오. (확정신고분 전표입력 완료) 가산세 적용 시 미납일수는 91일(1기 예정신고기한 : 2025년 4월 25일, 확정신고·납부일자 : 2025년 7월 25일)로 하며 일반과소신고가산세율을 적용하기로 한다. [회사코드 : 2000, (주)배움]

- 2/23 : 공공상사로부터 받은 공장임차료 1,000,000원(부가가치세 별도)을 현금지급하고 교부받은 종이세금계산서
- 3/30 : 제품 2,000,000원(부가가치세 별도)을 (주)웅이상사에 현금매출하고 교부한 전자세금계산서(4월 30일에 지연 발급함)
- 4/30 : 구라전자에서 수취한 원재료 매입 20,000,000원(부가가치세 별도)의 전자세금계산서는 그 공급시기(4.30.) 이후인 확정신고기한(7.25.)까지 수취한 매입 내역이다.

(1) 매입매출전표입력

① 2025년 2월 23일 공공상사 누락분

　매입매출전표입력 메뉴 상단의 [간편집계표 ⇨ 예정 누락분]을 선택하여 누락분을 반영하고자 하는 확정신고 월(4월 ~ 6월)을 입력한다.

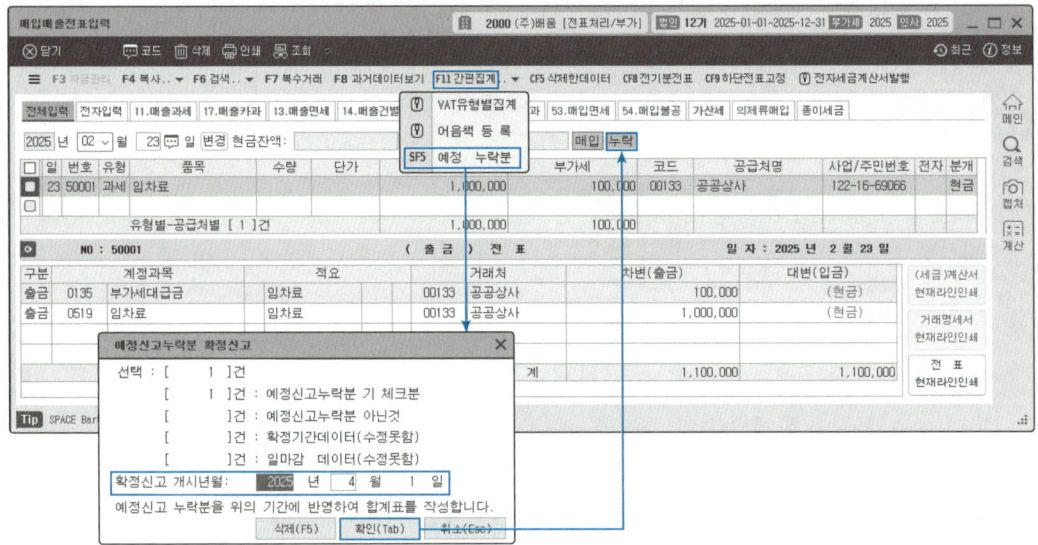

② 2025년 3월 30일 (주)웅이상사 누락분 : 공공상사 입력 방식과 동일한 방식으로 입력한다.

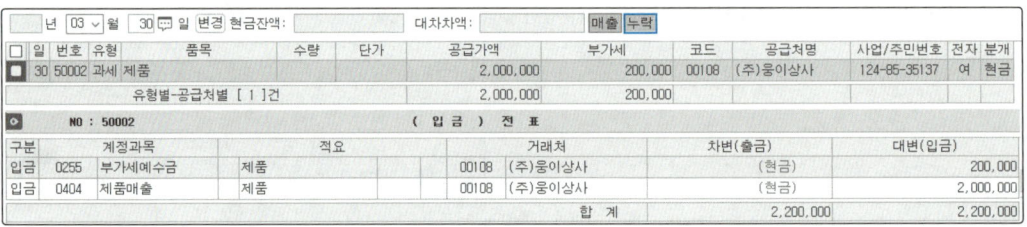

③ 확정 과세기간에 대한 전표입력은 이미 완료한 상태이므로 4월 30일 공급받은 원재료 매입은 추가 입력하지 않는다.

(2) 부가가치세신고서(조회기간 : 2025년 4월 1일 ~ 2025년 6월 30일) 작성 및 가산세

① 지연발급 가산세 = 2,000,000원 × 1%(1기 확정신고기한내 발급) = 20,000원

② 지연수취 가산세 = 20,000,000원 × 0.5% = 100,000원

　공급시기(04.30.)이후에 공급시기가 속하는 과세기간에 대한 확정신고기한(07.25.)까지 발급받은 세금계산서의 경우 매입세액공제는 가능하나, 해당 공급가액의 0.5%만큼 지연수취 가산세가 발생한다.

③ 신고불성실 가산세 = (200,000원 − 100,000원) × 10%(일반과소) × (1 − 75%) = 2,500원

　⇨ 1개월초과 3개월이내 수정신고 : 75% 감면

④ 납부지연 가산세 = (200,000원 − 100,000원) × 91일 × 2.2/10,000 = 2,002원

[납부지연일수 계산] 화면에 당초납부기한(2025년 4월 25일), 납부일(2025년 7월 25일)을 입력하면 미납일수(91일)가 계산되며 자동으로 납부지연가산세가 계산 반영된다.

실무예제3

기존에 입력된 자료는 무시하고 다음의 자료를 토대로 2025년 2기 확정신고기간(10.1 ~ 12.31)의 부가가치세신고서를 작성하며 부가가치세 관련 부속서류는 작성하지 않는다. [회사코드 : 2000.(주)배움]

매출 자료	■ 전자세금계산서 발행매출 : 200,000,000원(부가가치세 별도) ■ 수출신고하고 선적한 수출매출 : 50,000,000원 ■ 현금 과세 매출액 : 16,500,000원(부가가치세 포함), 현금영수증 미발급분임 ■ 거래처의 파산을 사유로 확정된 대손금액 : 4,400,000원(부가가치세 포함된 금액이며 법요건 충족함) ■ 2025년 2기 예정신고기간(7.1 ~ 9.30)에 발행된 카드매출을 예정신고시 신고누락하고 2기 확정신고시 신고하였는데 그 금액은 3,000,000원(부가가치세 별도)이었다. (가산세 계산시 미납일수는 92일로 가정한다.)
매입 자료	■ 세금계산서 수취한 매입액은 120,000,000원(부가가치세 별도)인데, 이 중 비영업용소형승용차(1,500cc)를 취득한 고정자산매입분 15,000,000원이 있다. ■ 비품을 구입하고 법인신용카드로 결제하여 부가가치세 매입세액공제 받는 금액이 4,400,000원(부가가치세 포함) 있다.
기타 자료	■ 위에서 주어진 자료 이외에는 거래내역이 없으며, (주)배움이 홈택스에서 직접 전자신고 하였다. ■ 2기 예정신고기한 : 2025년 10월 25일, 확정신고 · 납부일자 : 2026년 1월 25일

예제 따라하기

① 조회기간(2025년 10월 1일 ~ 2025년 12월 31일)을 입력하고 신고구분(1.정기신고)를 선택하며 "**기존에 입력된 자료는 무시**"라는 문구가 있으므로 조회된 데이터를 삭제 후 입력한다.

② 대손요건 충족에 대한 대손세액 공제분 400,000원은 **음수**로 (8)란에 입력한다.

③ 홈택스에서 직접 전자신고를 하는 경우 확정신고시 전자신고세액공제 "10,000원"을 [그 밖의 경감·공제세액(18)]란의 전자신고세액공제(54)란에 입력한다.

④ 예정신고 시 매출이 누락된 부분이 있으므로 가산세가 발생한다. 다만, 세금계산서 이외의 거래이므로 세금계산서 관련 가산세는 없으나 신고·납부에 대한 가산세가 적용된다.

　㉠ 신고불성실 가산세 = 300,000원 × 10%(일반과소) × (1 - 75%) = 7,500원
　　　⇨ 1개월초과 3개월이내 수정신고 : 75% 감면
　㉡ 납부지연 가산세 = 300,000원 × 92일 × 2.2/10,000 = 6,072원

실무예제 4

2025년 2기 부가가치세 확정신고(신고기한 2026년 1월 25일)에 대한 **수정신고**를 2026년 2월 23일에 하고자 한다. 수정신고와 관련하여 누락된 자료는 아래와 같고, 일반과소신고이며, 미납일수는 29일이다. 다음 거래(전표입력은 생략)에 대하여 **수정신고 1차분**에 직접입력방식으로 수정신고서를 작성(과세표준명세 작성 포함)하시오.

[회사코드 : 2200.(주)성공]

① 10월 13일 : 외상 제품매출누락(공급가액 3,500,000원, 세액 350,000원, 전자세금계산서 발행)
② 11월 9일 : 영업부 직원 황영업(임원 아님)에게 경조사와 관련하여 연간 시가 2,000,000원(원가 1,500,000원) 상당의 당사가 제조한 제품을 무상으로 제공
③ 11월 22일 : 신용카드 제품판매내역 누락(공급대가 1,650,000원)
④ 12월 4일 : 6인승 업무용 승용차 3개월 할부구입(전자세금계산서 수취, 공급가액 23,000,000원, 세액 2,300,000원)

 예제 따라하기

① 조회기간(2025년 10월 1일 ~ 2025년 12월 31일), **신고구분(2.수정신고)**, **신고차수(1차)**를 선택한다. 수정신고자료는 [**수정신고금액**]란에서 직접 추가입력한다.
② 세금계산서발급분(1란) : 587,800,000원 + 3,500,000원 = 591,300,000원으로 수정입력
③ 신용카드·현금영수증발행분(3란) : 신용카드 제품매출 1,500,000원 추가입력, 신용카드매출전표등 발행공제등(19란) 공급대가 1,650,000원 추가입력
④ 기타(4란) : 경조사와 관련하여 직원에게 재화를 제공하는 경우 사용인 1명당 연간 10만원 초과하는 금액에 대해서는 재화의 간주공급(개인적 공급)에 해당한다.
  간주공급의 과세표준(시가) : 2,000,000원 − 100,000원 = 1,900,000원 추가입력
⑤ 세금계산서수취분의 고정자산매입(11란) : 금액 23,000,000원, 세액 2,300,000원 추가입력, 공제받지못한매입세액(16란)에서 [TAB] 키를 누른 후 (50란)에 금액 23,000,000원, 세액 2,300,000원 추가입력

⑥ 가산세명세를 수정하는 경우는 [TAB] 키를 누른 후 입력한다.
　㉠ 매출세액 : (3,500,000원 + 1,900,000원 + 1,500,000원) × 10% = 690,000원
　㉡ 매입세액 : 6인승 승용차 구입은 비영업용소형승용차에 해당하여 불공제사유이므로 매입세액 공제분은 없음
　㉢ 신고불성실 가산세 = 690,000원 × 10%(일반과소) × (1 − 90%) = 6,900원
　　⇨ 1개월이내 수정신고 : 90% 감면
　㉣ 납부지연 가산세 = 690,000원 × 29일 × 2.2/10,000 = 4,402원(원미만 절사)

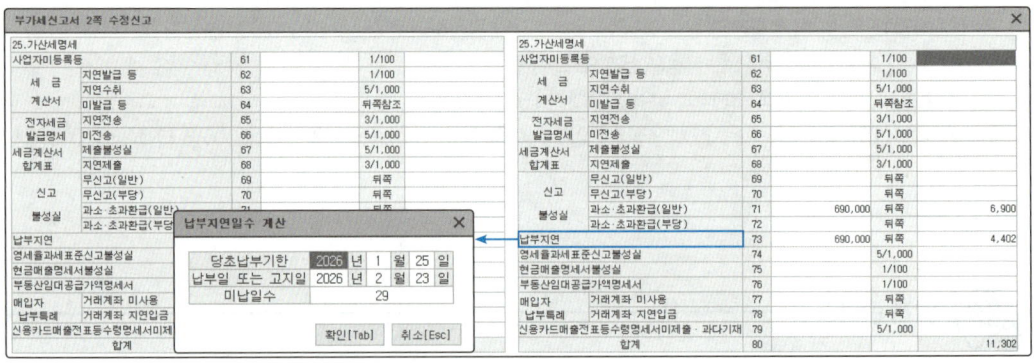

⑦ 상단의 [과표명세]를 누른 후 과세표준명세를 수정한다. 개인적공급인 간주공급은 수입금액 제외에 해당하므로 (31)란에 입력하고 신고년월일(2025-02-23)을 입력한다.

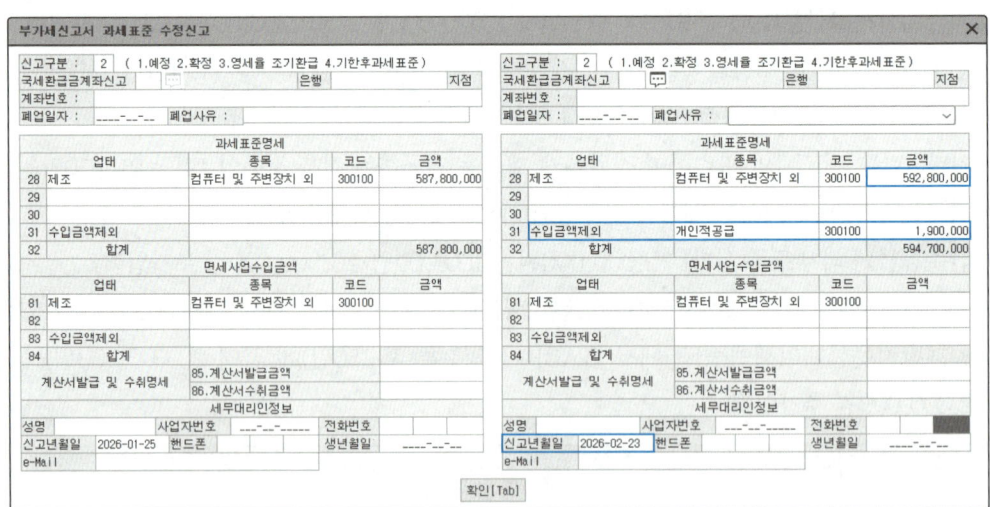

⑧ 수정 부가가치세신고서 입력화면

	구분		정기신고금액				구분		수정신고금액		
			금액	세율	세액				금액	세율	세액
과세표준및매출세액	과세	세금계산서발급분	1	587,800,000	10/100	58,780,000	과세	세금계산서발급분	1	591,300,000	10/100	59,130,000
		매입자발행세금계산서	2		10/100			매입자발행세금계산서	2		10/100	
		신용카드·현금영수증발행분	3		10/100			신용카드·현금영수증발행분	3	1,500,000	10/100	150,000
		기타(정규영수증외매출분)	4					기타(정규영수증외매출분)	4	1,900,000		190,000
	영세	세금계산서발급분	5		0/100		영세	세금계산서발급분	5		0/100	
		기타	6		0/100			기타	6		0/100	
	예정신고누락분		7				예정신고누락분		7			
	대손세액가감		8				대손세액가감		8			
	합계		9	587,800,000	㉮	58,780,000	합계		9	594,700,000	㉮	59,470,000
매입세액	세금계산서수취분	일반매입	10	320,000,000		32,000,000	세금계산서수취분	일반매입	10	320,000,000		32,000,000
		수출기업수입분납부유예	10-1					수출기업수입분납부유예	10-1			
		고정자산매입	11					고정자산매입	11	23,000,000		2,300,000
	예정신고누락분		12				예정신고누락분		12			
	매입자발행세금계산서		13				매입자발행세금계산서		13			
	그 밖의 공제매입세액		14				그 밖의 공제매입세액		14			
	합계(10)-(10-1)+(11)+(12)+(13)+(14)		15	320,000,000		32,000,000	합계(10)-(10-1)+(11)+(12)+(13)+(14)		15	343,000,000		34,300,000
	공제받지못할매입세액		16				공제받지못할매입세액		16	23,000,000		2,300,000
	차감계 (15-16)		17	320,000,000	㉯	32,000,000	차감계 (15-16)		17	320,000,000	㉯	32,000,000
납부(환급)세액(매출세액㉮-매입세액㉯)					㉰	26,780,000	납부(환급)세액(매출세액㉮-매입세액㉯)				㉰	27,470,000
경감공제세액	그 밖의 경감·공제세액		18				그 밖의 경감·공제세액		18			
	신용카드매출전표등 발행공제등		19				신용카드매출전표등 발행공제등		19	1,650,000		
	합계		20		㉱		합계		20		㉱	
소규모 개인사업자 부가가치세 감면세액			20-1		㉲		소규모 개인사업자 부가가치세 감면세액		20-1		㉲	
예정신고미환급세액			21		㉳		예정신고미환급세액		21		㉳	
예정고지세액			22		㉴		예정고지세액		22		㉴	
사업양수자의 대리납부 기납부세액			23		㉵		사업양수자의 대리납부 기납부세액		23		㉵	
매입자 납부특례 기납부세액			24		㉶		매입자 납부특례 기납부세액		24		㉶	
신용카드업자의 대리납부 기납부세액			25		㉷		신용카드업자의 대리납부 기납부세액		25		㉷	
가산세액계			26		㉸		가산세액계		26		㉸	11,302
차가감하여 납부할세액(환급받을세액)㉰-㉱-㉲-㉳-㉴-㉵-㉶-㉷+㉸			27			26,780,000	차가감하여 납부할세액(환급받을세액)㉰-㉱-㉲-㉳-㉴-㉵-㉶-㉷+㉸		27			27,481,302
총괄납부사업자가 납부할 세액(환급받을 세액)							총괄납부사업자가 납부할 세액(환급받을 세액)					

실무예제5

당사는 2025년 1기 확정신고기간(4.1 ~ 6.30)의 부가가치세 신고를 하지 않아 2025년 8월 1일에 기한후신고납부를 하고자 한다. 다음 자료를 매입매출전표에 입력(분개는 현금)하여 부가가치세 기한후 신고서를 작성하시오. 전자세금계산서는 적정하게 작성 및 전송하였고, 가산세는 미납일수를 7일로 하고, 일반무신고가산세를 적용한다. 단, 과세표준명세를 입력하고, 가산세는 원미만 절사한다. [회사코드 : 2200.(주)성공]

- 5월 22일 : 원재료 5,400,000원(부가가치세 별도)를 놀부상사로부터 매입하고 전자세금계산서를 발급받았다.
- 6월 4일 : 제품 9,100,000원(부가가치세 별도)를 (주)창조에 매출하고 전자세금계산서를 작성하고 전송하였다.
- 1기 확정신고 · 납부기한 : 2025년 7월 25일, 기한후 신고 · 납부일자 : 2025년 8월 1일

(1) 매입매출전표입력

① 2025년 5월 22일 놀부상사 거래분(매입)

□	일	번호	유형	품목	수량	단가	공급가액	부가세	코드	공급처명	사업/주민번호	전자	분개
■	22	50003	과세	원재료			5,400,000	540,000	00211	놀부상사	220-08-81087	여	현금
□													
			유형별-공급처별 [1]건				5,400,000	540,000					

NO : 50003 (출금) 전표

구분	계정과목		적요		거래처	차변(출금)	대변(입금)
출금	0135	부가세대급금	원재료		00211 놀부상사	540,000	(현금)
출금	0153	원재료	원재료		00211 놀부상사	5,400,000	(현금)
				합 계		5,940,000	5,940,000

② 2025년 6월 4일 (주)창조 거래분(매출)

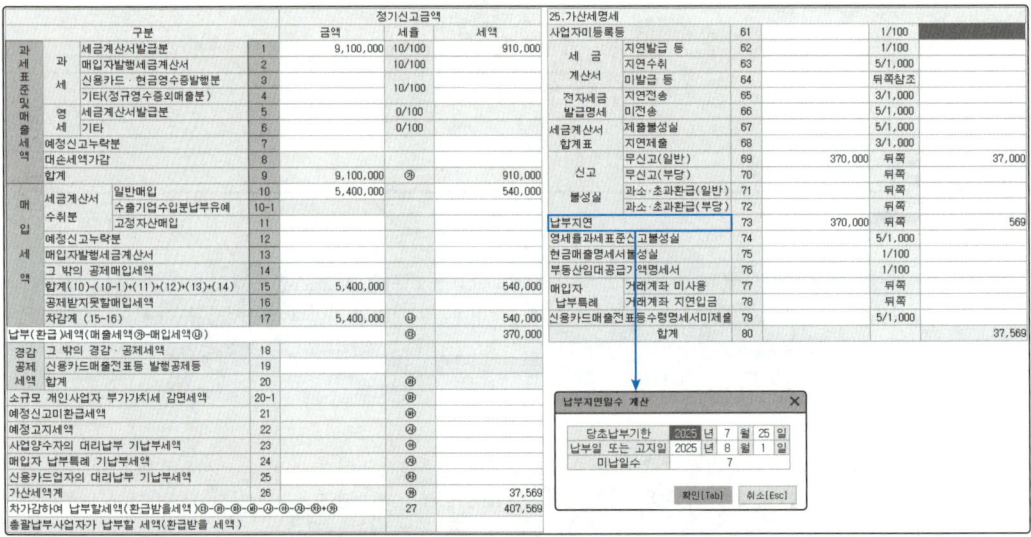

(2) 부가가치세신고서

① 조회기간(2025년 4월 1일 ~ 2025년 6월 30일), 신고구분(1.정기신고)를 선택하고 조회한다.
② 기한후 신고와 관련된 가산세를 입력한다.
　　㉠ 신고불성실 가산세 = (910,000원 - 540,000원) × 20%(일반무신고) × 50% = 37,000원
　　　　⇨ 1개월이내 신고 : 50% 감면
　　㉡ 납부지연 가산세 = (910,000원 - 540,000원) × 7일 × 2.2/10,000 = 569원

③ 과세표준명세 : 신고구분(4.기한후과세표준), 신고년월일(2025-08-01)을 입력한다.

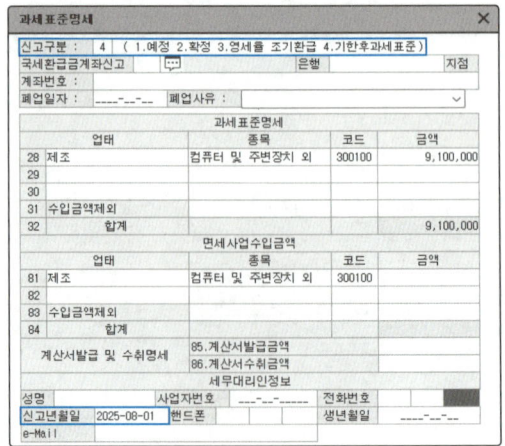

3. 부가가치세 전자신고(2022년 4월 자격시험부터 출제)

부가가치세 전자신고는 KcLep 프로그램에서 전자신고 파일 제작까지하고 파일 변환 및 신고는 국세청 홈택스에서 직접한다. 잠재적 실무 담당자를 양성하는 교육기관 등에서 홈택스 전자신고를 보다 쉽게 접근해 볼 수 있도록 교육용 프로그램에 홈택스 전자신고변환을 [국세청 홈택스 전자신고변환(교육용)] 메뉴로 개발하여 추가하였으며 **2022년 4월 자격시험부터 출제**될 예정이다.

[KcLep 프로그램 신고서 작성 및 전자신고 프로세스]

① 부가가치세 부속서류 작성 ⇨ ② 부가가치세 신고서 마감 ⇨ ③ 전자신고 파일제작 ⇨ ④ 국세청 홈택스 전자신고 [전자파일변환 → 변환결과조회 → 전자파일제출]

실무예제

2025년 1기 예정 부가가치세 전자신고를 하고자 한다. 부가가치세신고서를 작성·마감하여 가상홈택스에서 부가가치세 전자신고를 수행하시오. [회사코드 : 2250.(주)합격]

① (주)합격은 세금계산서 매출과 매입만 있으며 직접 부가가치세 자진신고를 하고자 하며, 과세표준명세는 이미 작성되어 있다.
② 전자신고 제작과 관련한 비밀번호는 "12345678"로 설정하고자 한다.

 예제 따라하기

1 부가가치세 부속서류 작성 및 신고서 마감

(1) 부가가치세 부속서류 작성(제1기 예정신고기간)

부가가치세신고서 마감 전 관련 부속서류 작성과 마감이 진행되어야 한다. 모든 부속서류가 [마감]이 필요한 것은 아니며 아래의 서식은 반드시 [마감]을 진행하고 부가가치세신고서를 마감한다. **현재 시험에서는 마감하여 제공하기도 한다.**

① 매입·매출처별 세금계산서합계표
② 매입·매출처별 계산서합계표
③ 신용카드매출전표등 수령명세서
④ 영세율관련 첨부서류(수출실적명세서, 내국신용장·구매확인서전자발급명세서 등)

① 세금계산서합계표 메뉴에서 조회기간(2025년 01월 ~ 2025년 03월), 1기 예정(1.정기신고)을 입력하여 매입매출전표입력에 입력한 내역을 반영한다.

② 상단의 F7 마감 버튼을 클릭하여 해당 과세기간의 자료를 마감한다.

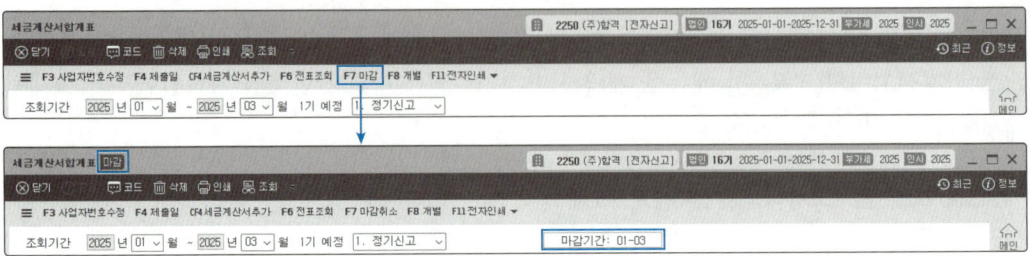

(2) 부가가치세신고서 마감

① 부가가치세신고서 메뉴에서 조회기간(2025년 1월 1일 ~ 2025년 3월 31일), 신고구분(1.정기신고)을 입력하여 해당 과세기간의 부가가치세 신고자료를 반영하고 상단의 F3 마감 버튼을 클릭한다.

② [부가세 마감] 화면에 부가가치세신고서 및 작성된 부속서류가 함께 조회되며 첨부서류를 확인하고 하단의 마감[F3] 을 클릭하여 마감한다.

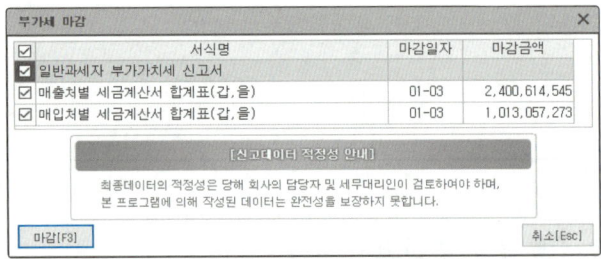

③ 부가가치세 관련 부속서류 작성 및 과세표준명세가 미비하면 "마감오류"가 발생하며 실제 신고시에는 오류가 발생하지 않도록 하여야 하며 오류가 적정한 경우에는 강제마감[F3] 버튼을 클릭한다. 본 예제는 정상적으로 마감이 진행된다.

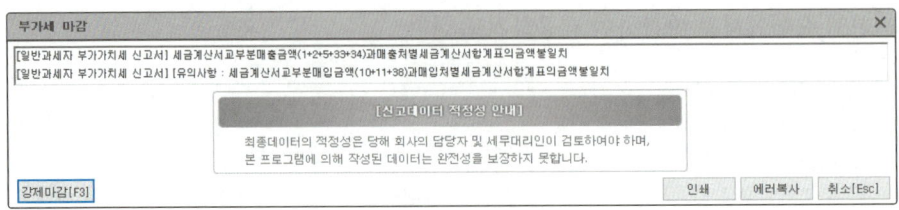

④ 부가가치세 신고 마감이 완료되면 상단에 "마감"이 표시되며 [마감] 버튼이 [마감취소]로 변경된다.

2 부가가치세 전자신고 파일제작

국세청 전자신고 변환파일을 생성하는 메뉴로 신고년월과 신고인구분을 선택하여 신고자료를 변환한다. 세무대리인이 신고하는 경우는 [세무대리인 등록 TAB]에 정보를 등록한 후 [전자신고제작 TAB]을 선택하며 기업이 직접 신고하는 경우는 [전자신고제작 TAB]을 바로 선택한다.

① [전자신고제작 TAB]을 선택하고 신고년월(2025년 01월 ~ 2025년 03월), 신고구분(1.정기신고), 신고인구분(2.납세자 자진신고), 회사코드(2250.(주)합격)를 입력한다.

② 선택한 회사코드의 마감자료가 조회되며 변환하고자 하는 회사를 선택하고 F4 제작 버튼을 클릭하여 국세청 변환파일로 변환하며 제작경로("C:\")에 저장된다.

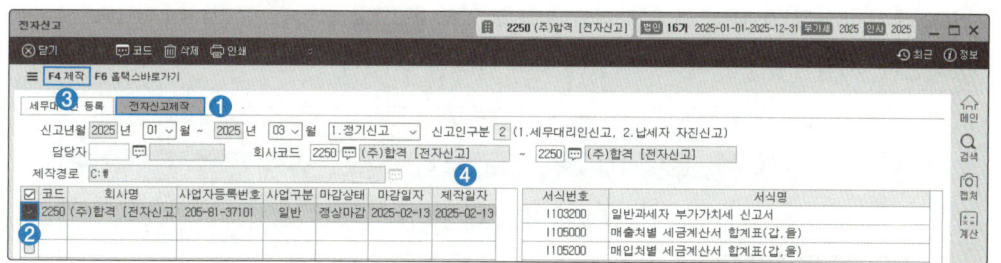

③ 제작 버튼을 클릭하면 파일 **비밀번호(8자리 이상 20자리 이하)** 입력 화면이 활성화되며 비밀번호는 제작 파일별로 각각 입력하며 국세청 제출시 필요하므로 반드시 기억하여야 한다. (주)합격은 숫자 "**12345678**"을 입력한다.

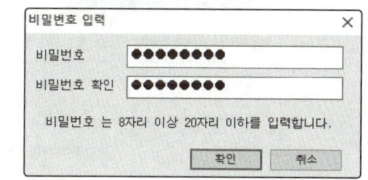

④ 전자신고 데이터 제작이 완료 메시지가 나오며 상단의 F6 홈택스바로가기 버튼을 클릭하여 직접 국세청 홈택스로 접속할 수 있다. 본서는 외부에 별도로 제공하고 있는 메뉴를 사용하고자 한다.

3 국세청 홈택스 전자신고

본 메뉴는 국세청 홈택스 전자신고 화면을 가상으로 제공하는 메뉴로 전자신고 변환에 필요한 기능 이외의 모든 기능을 막아서 사용할 수 없으며 파일만 첨부하여 테스트만 가능하다.

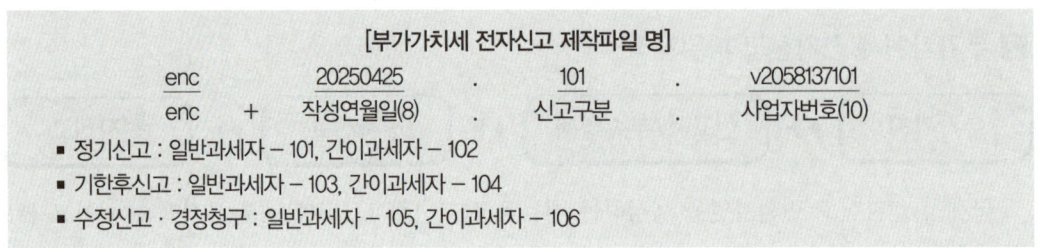

① 국세청 홈택스 [신고서 전자파일 제출] 절차 화면이 활성화되며 각 단계별 설명을 확인할 수 있다. 하단의 "닫기" 버튼을 클릭하여 국세청 홈택스 전자신고변환 화면으로 전환한다. 또한, 국세청 홈택스 전자신고 순서는 상단에 변환순서로 기재되어 있다.

> · 변환순서 : [찾아보기] → [형식검증하기] → 비밀번호 입력 → [형식검증결과확인] → [내용검증하기] → [내용검증결과확인] → [전자파일제출 이동] → 다음 화면에서 신고서요약내용 확인 후 [전자파일제출하기] → '일괄접수증' 확인 → [신고내역 조회(접수증·납부서)]

② [Step 1.세금신고] TAB에서 전자파일변환을 위해 [찾아보기] 버튼을 클릭하여 변환대상파일을 선택한다. **제작파일명은 제작연월일에 따라 달라질 수 있다.**

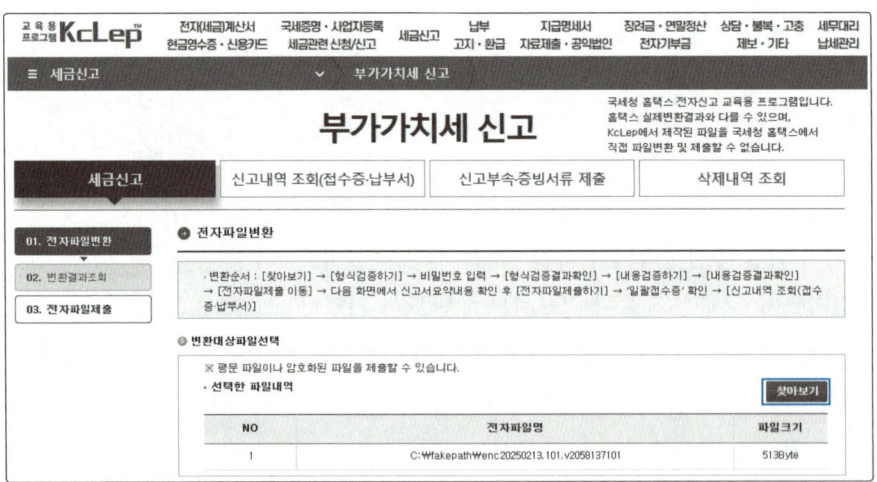

③ 전자 신고하고자 하는 파일 첨부가 끝나면 처리내역의 [**진행현황**] 검증순서별로 각각의 버튼을 클릭하여 파일의 형식 및 내용을 검증한다.

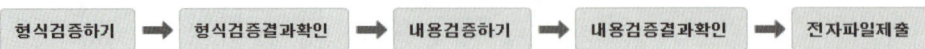

④ 형식검증하기 를 클릭하고 신고파일 생성시 입력한 비밀번호 "12345678"을 입력하여 첨부파일의 형식을 검증하고 형식검증결과확인 으로 진행상황을 확인한다.

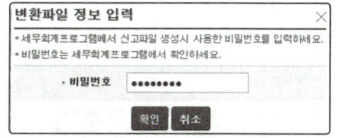

파일이름	형식검증		내용검증대상 납세자수	내용검증		정상 납세자수
	대상 납세자수	오류 납세자수		오류 (경고/안내) 납세자수		
	라인(줄)수	오류항목 건수		오류항목건수		
enc20250213.101.v2058137101	1	0	1	0		1
	6	0		0		

⑤ 하단 진행현황의 내용검증하기 를 클릭하여 신고내용을 검증하고 내용검증결과확인 으로 신고내용의 오류사항을 파일 처리내역에서 확인한다. 오류발생시 "오류" 항목을 클릭하여 [변환결과조회]에서 오류사항을 확인할 수 있으며 검증결과 오류가 발생하면 전자파일 제출이 불가능하므로 전자신고 파일을 다시 제작해야 한다.

[오류]

파일이름	형식검증		내용검증대상 납세자수	내용검증		정상 납세자수
	대상 납세자수	오류 납세자수		오류 (경고/안내) 납세자수		
	라인(줄)수	오류항목 건수		오류항목건수		
enc20250213.101.v2058137101	1	0	1	1		0
	6	0		1		

[정상]

파일이름	형식검증		내용검증대상 납세자수	내용검증		정상 납세자수
	대상 납세자수	오류 납세자수		오류 (경고/안내) 납세자수		
	라인(줄)수	오류항목 건수		오류항목건수		
enc20250213.101.v2058137101	1	0	1	0		1
	6	0		0		

• 진행현황
• [내용검증하기]가 완료 되었습니다.
[전자파일제출]버튼을 클릭하여 제출화면으로 이동하세요.

형식검증하기 → 형식검증결과확인 → 내용검증하기 → 내용검증결과확인 → 전자파일제출

⑥ 신고서에 오류가 발생하지 않으면 전자파일제출 을 클릭하여 전자파일 제출로 이동하여 전자파일을 제출한다.

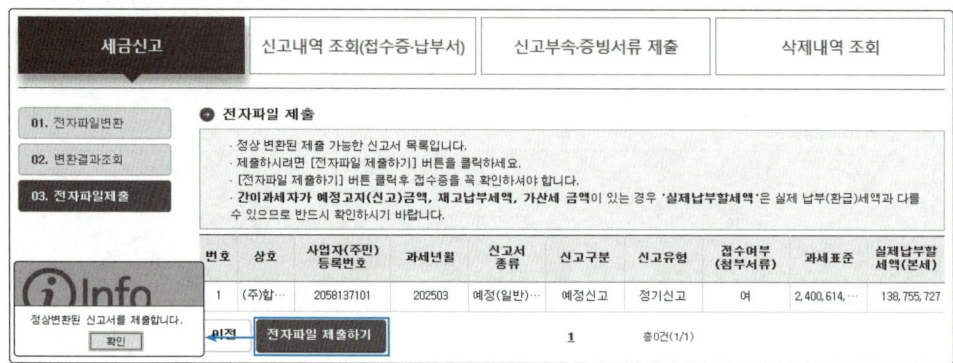

⑦ [전자파일 제출하기]를 클릭하면 가상서버(교육용)로 제출되며, "정상변환된 신고서를 제출합니다." 메시지가 나온다. [확인]을 선택하면 [부가가치세 신고서 접수증(변환파일)] 화면이 활성화 되며 신고된 내용을 확인할 수 있고 [인쇄하기]를 클릭하여 접수증을 출력하여 보관한다.

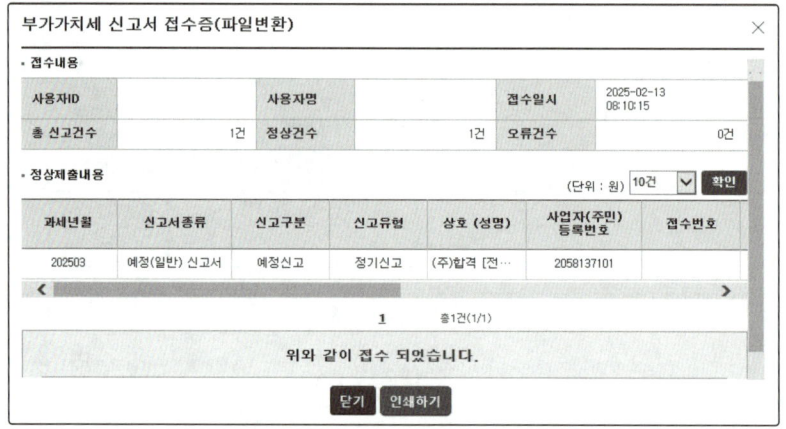

4. 매입매출전표에서 전자세금계산서 발급(시험출제 제외)

1 전자세금계산서 발급(회사코드 : 2250.(주)합격)

전자세금계산서 발급거래를 베스트빌을 이용하여 직접 발급을 할 수도 있다. 아직까지 **한국세무사회주관 시험에서 출제된 적은 없으나** "7월 8일 매출거래"를 이용하여 전자세금계산서 발급을 진행해 보기로 한다.

① 해당 거래를 [매입매출전표입력]메뉴에 입력한다. 이때, "**전자**"란은 **공란(0.부)**이어야 한다.

② [전자세금계산서발행] 메뉴에서 전자세금계산서를 발급할 거래를 조회한다. 전자세금계산서를 발급하기 위해서는 공급받는자의 이메일주소가 필요하다. 화면과 같이 "수신자" TAB에서 "사용여부"를 "사용"으로 선택하고, 담당자메일주소를 입력한다. 또는 [거래처등록] 메뉴에서 "13. 업체 담당자연락처"의 "조회/등록" 버튼을 클릭하여 담당자의 이메일주소를 입력한다. (담당자 : 김사랑, 메일주소 : happy@bestbill.com)

③ 해당 거래를 선택하고 F3 전자발행 버튼을 클릭하면 "전자세금계산서 발행" 화면이 열린다.

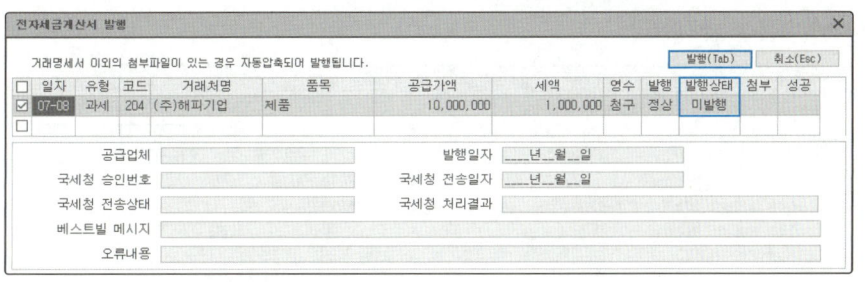

④ 위 화면에서 발행(Tab) 버튼을 클릭하면 "전자세금계산서 ○○건을 발행하시겠습니까?"라는 메시지 화면이 열린다. 여기에서 예(Y) 버튼을 클릭한다.

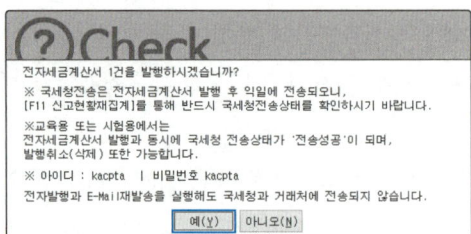

⑤ 위 화면에서 예(Y) 버튼을 클릭하면 "베스트빌 로그인" 화면이 나타난다. **아이디와 비밀번호** 모두 "**kacpta**"로 입력하고 확인(Tab) 버튼을 클릭한다. ("☑저장"으로 하면 다음번에 아이디와 비밀번호를 다시 입력하지 않아도 된다.)

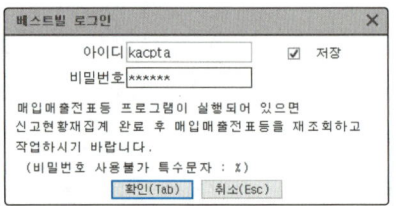

⑥ 위 화면에서 확인(Tab) 버튼을 클릭하면 국세청에 전송하기 위한 e세로 인증서 화면이 나타나는데, 수험용 프로그램에서는 인증서 암호가 미리 입력되어 있으므로 확인(Tab) 버튼만 클릭하면 된다.

⑦ 위 국세청 전송 화면에서 확인(Tab) 버튼을 클릭하면 전자세금계산서가 발급되고, 국세청에 전송되었다는 화면이 나타난다. "발행상태"가 "발행"이고, "성공"에 "○" 표시된 것을 확인하고 "닫기" 버튼을 클릭한다.

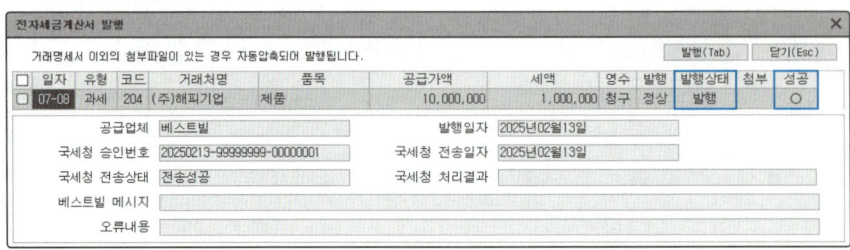

⑧ 위 프로세스가 진행된 후에 [전자세금계산서발행] 메뉴를 다시 조회했을 때 "발행상태"는 "발행", "국세청 전송상태"는 "전송성공", 승인번호가 수록되면 완료된 것이다.

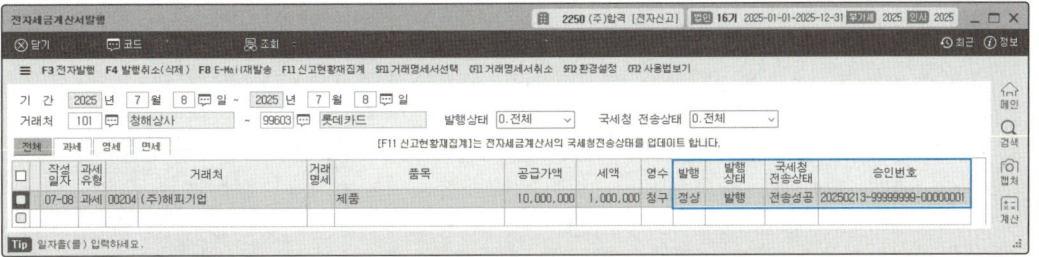

⑨ 마지막으로 [매입매출전표입력] 메뉴를 다시 조회하면 "전자"란에 "여"로 반영되어 있는 것을 확인할 수 있다.

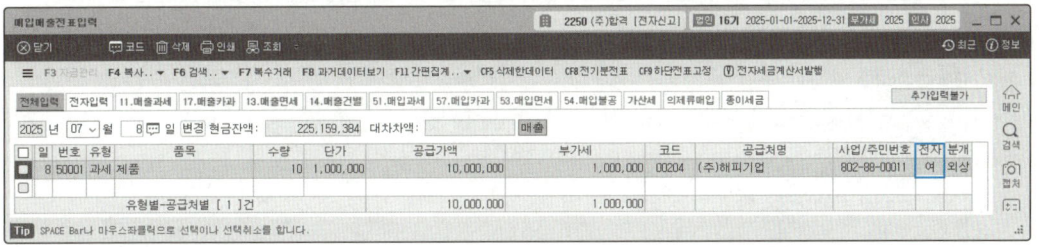

2 전자세금계산서의 발급취소

① 전자발급된 세금계산서를 발급취소 하고자 할 때는 [전자세금계산서발행] 메뉴에서 취소할 거래를 선택하고 F4 발행취소(삭제) 버튼을 클릭한다.

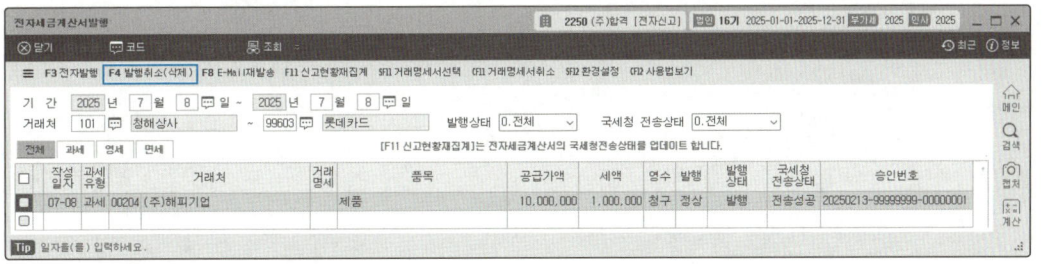

② F4 발행취소(삭제) 버튼을 클릭하면 "전자세금계산서 발행취소(삭제)" 화면이 열린다.

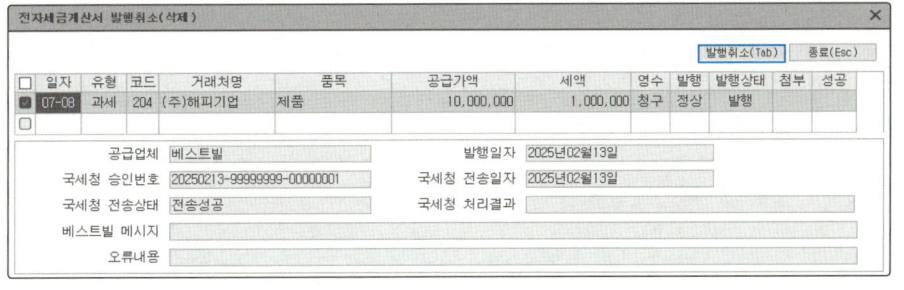

③ 위 화면에서 발행취소(Tab) 버튼을 클릭하면 "베스트
빌 로그인" 화면이 나타난다. 확인(Tab) 버튼을 클
릭한다.

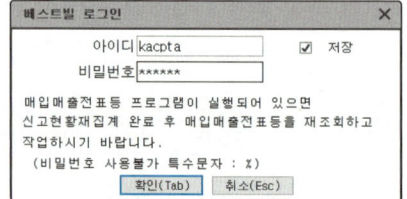

④ 선택한 전자세금계산서가 발행취소 되었다는 메시지 창
이 열린다.

⑤ 발급이 취소되면 "발행상태"가 "미발행"으로 변경된다.

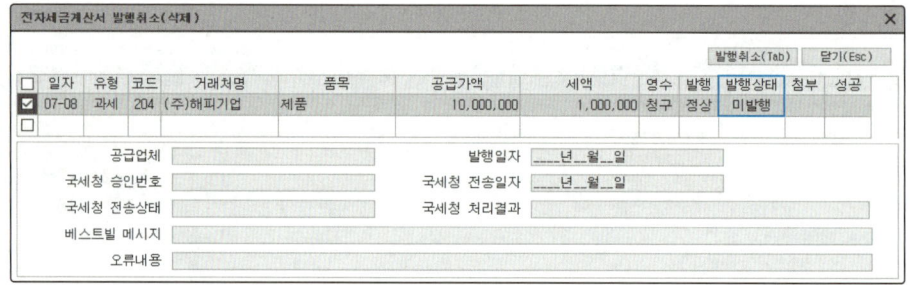

PART 05

결산관리

CHAPTER 01 고정자산등록 및 감가상각
CHAPTER 02 결산프로세스
CHAPTER 03 재무제표 작성

전산실무

NCS 학습모듈		
대분류	경영 · 회계 · 사무	
중분류	재무 · 회계	
소분류		회계
세분류		세무

NCS 능력단위	능력단위요소	수 행 준 거
0203020202_20v5 결산관리	0203020202_20v5.1 손익계정 마감하기	1.1 회계관련규정 및 세법에 따라 손익 관련 제반서류를 준비할 수 있다. 1.2 손익계정에 관한 결산정리사항을 분개할 수 있다. 1.3 손익 관련 계정과목의 오류를 수정할 수 있다. 1.4 법인세, 소득세 신고 관련 사항을 분개할 수 있다.
	0203020202_20v5.2 자산 · 부채계정 마감하기	2.1 회계관련규정 및 세법에 따라 자산 · 부채 관련 제반서류를 준비할 수 있다. 2.2 자산 · 부채계정에 관한 결산정리사항을 분개할 수 있다. 2.3 자산 · 부채 관련 계정과목의 오류를 수정할 수 있다. 2.4 부가가치세 신고 관련 사항을 분개할 수 있다.
	0203020202_20v5.3 재무제표 작성하기	3.1 회계관련규정에 따라 재무상태표를 작성할 수 있다. 3.2 회계관련규정에 따라 손익계산서를 작성할 수 있다. 3.3 회계관련규정에 따라 자본변동표를 작성할 수 있다. 3.4 회계관련규정에 따라 이익잉여금처분계산서를 작성할 수 있다.

01 고정자산등록 및 감가상각

1. 감가상각

고정자산에 대한 감가상각은 고정자산의 원가를 사용가능한 기간에 걸쳐 비용으로 배분하는 절차라 할 수 있다. 즉, 고정자산의 가치감소(소멸)액을 자산원가에서 차감하는 절차로서 해당 고정자산의 취득원가를 경제적 효익을 받는 기간에 걸쳐 합리적·체계적으로 배분하는 과정이다. 전산세무 프로그램으로 감가상각을 하는 경우 감가상각비 계산에 필요한 요소만 입력하거나 선택하면 감가상각비가 자동으로 산출되므로 쉽게 계산할 수 있다.

> **TIP**
>
> [감가상각 작업순서]
> ① 고정자산등록   ② 결산자료입력 메뉴에 반영   ③ 결산분개완성

2. 고정자산등록

회계관리 ▶▶ 재무회계 ▶▶ 고정자산및감가상각 ▶▶ 고정자산등록

상각대상인 유형, 무형의 자산을 등록하여 감가상각비를 계산하고 각종명세서를 작성하는 메뉴이다. 본 메뉴는 [기본등록사항]과 [추가등록사항]으로 구분되어 있다.

고정자산등록 필드 설명

항 목	입력내용 및 방법
자산계정과목	계정과목코드 3자리를 입력하거나 코드도움(F2) 또는 🔍를 눌러 해당계정 과목을 입력한다.
자산코드/명	계정과목을 입력하면 화면하단이 활성화되면서 자산코드와 자산명을 입력할 수 있게 된다. 자산의 구체적인 품목과 취득일자를 입력한다.
취득년월일	해당자산을 취득한 년, 월, 일 또는 사용 년, 월, 일을 입력한다.
상각방법	건물, 무형자산은 정액법으로 자동 표시되고, 이외의 유형자산은 정률법으로 자동 표시되는데 정액법으로 수정 가능하다.
기초가액	전기말 현재의 취득가액 또는 당기에 취득한 고정자산의 취득원가를 입력한다. 다만, **무형자산**의 경우 **전기의 상각액이 차감된 장부상 금액을 입력**한다.
전기말 상각누계액	전기말까지 상각한 감가상각누계액을 입력한다. ■ 신규취득자산 : 전기말상각누계액은 없음 ■ 무형자산 : 전기말상각누계액의 계정금액은 없으나 전기까지 상각한 누계금액을 입력함

항 목	입력내용 및 방법
전기말장부가액	기초가액에서 전기말상각누계액을 차감한 금액이 자동반영 된다.
당기중 취득 및 당기증가	신규취득자산의 취득원가 또는 고정자산의 자본적 지출액을 입력한다.
당기감소	고정자산의 일부를 매각하거나 폐기하는 경우 해당금액을 입력한다.
내용연수	해당자산의 상각내용연수를 입력하며 상각률은 내용연수에 따라 자동표시 된다.
상각범위액	기초가액, 상각방법, 내용연수 등 입력된 사항에 의해서 자동계산 된다. ■ 유형자산 : (기초가액 − 전기말감가상각누계액) × 상각률 = 감가상각비 ■ 무형자산 : (기초가액 + 전기말감가상각누계액) × 상각률 = 무형자산상각비
회사계상액	상각범위액이 자동 반영되며 [사용자수정] 버튼을 클릭하여 회사계상액을 직접 수정할 수 있다.
경비구분	용도에 따라 경비구분하여 결산에 반영하기 위한 선택이다. 1.500번대(제조)　　2.600번대(도급)　　3.650번대(보관) 4.700번대(분양)　　5.750번대(운송)　　6.800번대(판관비)
전체양도일자	연도 중에 양도한 자산의 양도일자를 입력한다. 양도일자가 입력된 자산은 양도자산감가상각비 메뉴와 고정자산관리대장 메뉴에서 조회된다.
전체폐기일자	연도 중에 폐기한 자산의 폐기일자를 입력한다. 폐기일자가 입력된 자산은 고정자산관리대장 메뉴에서만 조회된다.
업종	법인조정 시 감가상각조정계산서를 같은 내용연수와 업종별자산으로 그룹화하여 제출하기 위한 방법으로 선택한다.
보조금적용여부 당기말보조금잔액	국고(정부)보조금에 의해 취득한 자산인 경우 "1.여"를 선택하고 당기말보조금잔액란에 해당 국고(정부)보조금 수령액을 입력하여 결산시 반영한다.

(주)성공(회사코드 : 2200)에 다음 자료를 등록하여 결산에 반영할 감가상각비를 계산하시오.
(이외의 감가상각자산은 이미 등록되어 있다.)

계정과목 (업종)	코드	자산명	취득년월일	취득가액	감가상각 누계액	상각 방법	내용 연수	경비 구분	관리 부서
건물 (03)	101	공장건물	2023.10.13	295,000,000	12,500,000	정액법	40년	500번대	생산부
기계장치* (13)	3	산업로봇	2025.07.01	150,000,000	–	정률법	5년	500번대	생산부
특허권 (63)	501	특허권	2024.01.10	70,000,000	10,000,000	정액법	5년	800번대	관리부

* 기계장치 정부(국고)보조금은 당기에 50,000,000원 수령하였으며 2025년부터 감가상각을 적용한다.

 **예제 따라하기**

고정자산등록 시 [14.경비구분]을 정확하게 입력하여야 [결산자료입력] 메뉴에서 감가상각비를 자동으로 해당 원가에 반영할 수 있다. 무형자산 [1.기초가액] 등록 시 과거에 취득한 자산은 미상각금액(장부금액)을 입력하여야 한다.

[공장건물 감가상각비 : 7,375,000원]

[특허권 감가상각비 : 14,000,000원]

[산업로봇 감가상각비 : 33,825,000원]

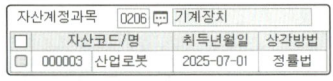

정부(국고)보조금을 수령하여 취득한 자산인 경우 [기본등록사항] TAB에 취득내용을 등록한 후 "**21.보조금적용여부 - 1:여**"를 선택한다.

상단의 [SF7 보조금상계] 버튼을 클릭하여 수령한 보조금금액 50,000,000원을 입력하면 당기 감가상각비와 상계될 보조금상계액이 자동계산되고 당기보조금잔액이 "22란"에 반영된다.

보조금상각액(상계액)
= 감가상각비 × 보조금수령액/취득가액
= 33,825,000원 × 50,000,000원/150,000,000원
= 11,275,000원

CHAPTER 02 결산프로세스

1. KcLep 결산 프로세스(법인기업)

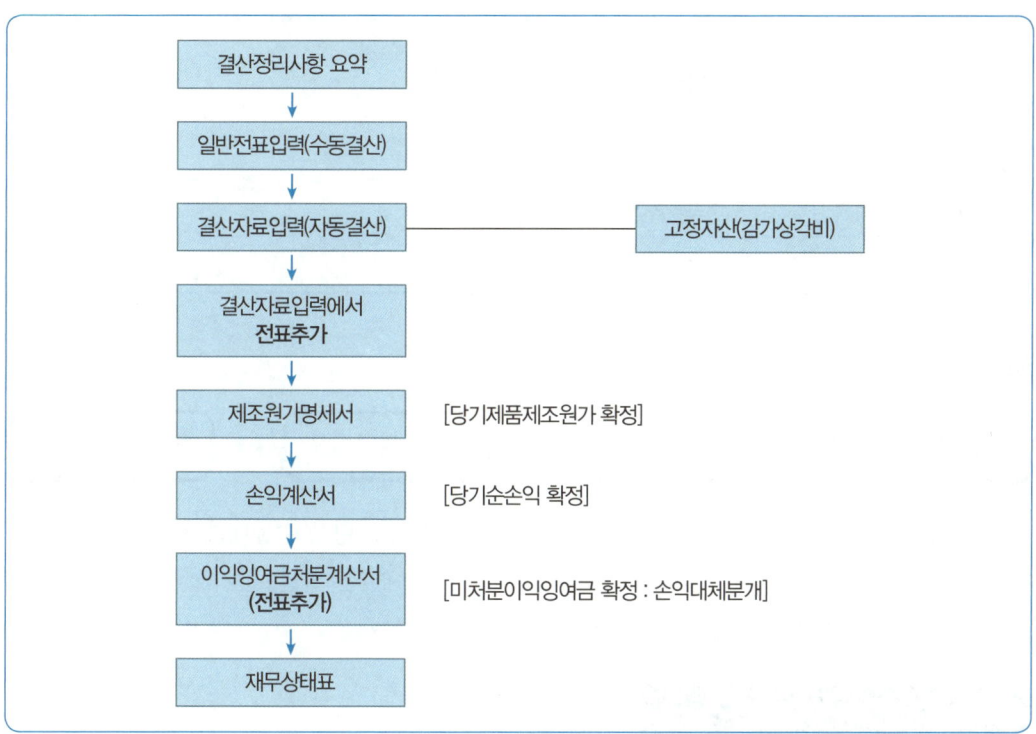

2. 수동결산 실무

결산자료 중 수동결산정리사항은 [일반전표입력] 메뉴에 재무제표보고일(=결산일)로 직접 회계처리 한다.

수동결산 정리사항	자산계정	① 재고자산의 감모·평가손실 ③ 외화자산 평가 ⑤ 현금과부족, 가지급금 등 가계정 정리	② 유가증권 평가 ④ 보통예금 마이너스 대출 정리 ⑥ 부가가치세 상계 정리
	부채계정	① 외화부채 평가	② 비유동부채 유동성대체
	수익·비용계정	① 수익이연(선수수익) ③ 수익예상(미수수익) ⑤ 소모품(저장품) 정리	② 비용이연(선급비용) ④ 비용예상(미지급비용)

3. 자동결산 실무

1 자동결산정리사항

결산기준일의 정리사항 중 [일반전표입력] 메뉴에 입력한 수동결산을 제외한 "자동결산정리사항"을 [결산자료입력] 메뉴에 해당사항의 금액을 입력하고 난 다음 F3 전표추가 키를 이용하여 결산대체분개를 자동으로 생성한다.

자동결산정리사항	자산계정	① 재고자산 계정의 정리(매출원가 대체 등) ② 대손충당금 설정 ③ 유형자산의 감가상각 ④ 무형자산 상각
	부채계정	① 퇴직급여충당부채 설정
	수익·비용계정	① 법인세(소득세) 등 설정

2 결산자료입력

결산자료입력 메뉴는 결산작업의 마지막 단계로 결산정리사항을 수동대체 분개를 하지 않고 본 화면 해당란에 해당금액을 입력하여 자동분개 하는 메뉴이다. 월별, 분기별, 반기별, 년간으로 해당월의 선택에 따라 중간결산과 기말결산을 진행한다.

결산자료입력 필드 설명

항 목	입력내용 및 방법
전표추가(F3)	해당금액을 입력 후 마지막에 F3 전표추가 키를 클릭하여 결산분개를 자동으로 생성한다.
원가설정(F4)	업종별 원가 설정 시 사용하며 [451.상품매출원가]는 입력하지 않는다. 매출원가 및 경비선택 사용여부 / 매출원가코드 및 계정과목 / 원가경비 / 화면 부 0455 제품매출원가 1 0500번대 제조 부 0452 도급공사매출원가 2 0600번대 도급 부 0457 보관매출원가 3 0650번대 보관 부 0453 분양공사매출원가 4 0700번대 분양 부 0458 운송매출원가 5 0750번대 운송 [참고사항] 1. 편집(tab)을 선택하면 사용여부를 1.여 또는 0.부로 변경하실 수 있습니다. 2. 사용여부를 1.여로 입력 되어야만 매출원가코드를 변경하실 수 있습니다. (편집(tab)을 클릭하신 후에 변경하세요) 3. 사용여부가 1.여인 매출원가코드가 중복 입력되어 있는 경우 본 화면에 입력하실 수 없습니다. 확인(Enter) 편집(Tab) 자동설정(F3) 취소(Esc)
결산분개삭제(CF5)	일반전표의 자동 결산 분개를 삭제 시 사용한다.
잔액조회(F6)	계정과목의 잔액을 확인하고자 하는 경우 사용한다.

항 목	입력내용 및 방법
감가상각(F7)	[고정자산등록]에서 저장된 당기상각비를 해당 자산에 자동으로 반영 시 선택하며 결산반영 키를 눌러서 반영한다.
대손상각(F8)	대손충당금 설정을 자동 계산하여 결산에 자동 반영 시 사용한다. ① 대손율(%) : 대손충당금 설정률을 입력한다. ② 설정전 충당금 잔액 : [합계잔액시산표]의 금액이 반영된다. ③ 추가설정액 : 결산에 반영되는 금액으로 직접 입력 및 수정·삭제가 가능하다.
퇴직충당(CF8)	퇴직급여충당부채를 결산에 자동 반영 시 사용한다. ① 퇴직급여추계액 : 보고기간 종료일 현재 지급해야 할 퇴직금을 직접 입력한다. ② 당기감소 : 전표입력 시 차변에 "퇴직급여충당부채" 감소처리 시 적요를 선택하여 자동 반영한다. ③ 잔액 : 기초금액에서 환입에 의한 당기증가는 더하고 당기감소를 차감한 금액으로 "설정전 잔액"을 의미한다. ④ 추가설정액 : "퇴직급여추계액 – 설정전 잔액"을 의미하며 결산반영 키를 누르면 결산에 반영되는 금액이다. ⑤ 유형 : 원가 구분을 의미하며 [제조 – 노무비의 퇴직급여], [판관 – 판매비와관리비의 퇴직급여]로 반영된다.

항 목		입력내용 및 방법
기 간		결산을 하고자 하는 대상기간을 입력한다.
결산반영금액	각 재고자산의 기말재고액 입력	기말상품재고액, 기말원재료재고액, 기말부재료재고액, 기말재공품재고액, 기말제품재고액 등의 각 해당란에 커서위치 시 입력한다.
	각 유형자산의 감가상각비 입력	당기상각비의 귀속에 따라 판매비와일반관리비, 제조경비의 감가상각비란에 해당자산의 당기 감가상각비 해당액을 입력한다. ■ 직접입력 : 각 경비별로 유형자산의 결산반영금액란에 입력한다. ■ 자동반영 : 툴바의 F7 감가상각 의 결산반영금액을 본 메뉴에 자동 반영하며 고정자산등록의 금액을 결산기간 만큼 안분해서 가져온다.
	퇴직급여의 입력	판매비와일반관리비, 제조경비의 퇴직급여(전입액), 퇴직연금충당금전입액란에 설정액을 입력한다. ■ 직접입력 : 퇴직급여충당부채의 추가 설정액을 결산반영금액란에 입력한다. ■ 자동반영 : 툴바의 CF8 퇴직충당 에서 추가설정액을 자동 반영한다.
	대손상각의 입력	판매비와일반관리비의 대손상각란, 영업외비용의 기타의대손상각란에 각 채권별로 해당 대손충당금 설정액을 입력한다. ■ 직접입력 : 각 경비별로 채권에 대한 회수 불가능액을 추산하여 입력한다. ■ 자동반영 : 툴바의 F8 대손상각 에 의해 반영하며 보충법에 의해 계산한 추가설정액을 자동 반영한다.
	무형자산의 상각액 입력	판매비와일반관리비의 무형자산란에 각 무형자산 해당 계정과목별 당기상각액을 입력한다. ■ 직접입력 : 무형자산의 결산반영금액란에 입력한다. ■ 자동반영 : 툴바의 F7 감가상각 의 결산반영금액을 본 메뉴에 자동 반영하며 고정자산등록의 금액을 결산기간 만큼 안분해서 가져온다.
	법인세등의 입력	선납세금 및 납부해야하는 미지급세금(추가계상액) 금액을 결산반영금액란에 입력한다.

(1) 매출원가와 원가경비 선택

[결산자료입력] 메뉴를 클릭하면 "매출원가 및 경비선택" 팝업창이 나오면 선택하고자 하는 원가를 선택하여 [사용여부 – 여]로 변경한다. 전산세무 2급은 전기분원가명세서 작성을 하였으므로 별도의 원가 설정은 필요하지 않으므로 "확인(Enter)"을 선택하고 결산자료를 입력한다.

사용여부	매출원가코드 및 계정과목		원가경비	화면
여	0455	제품매출원가	1	0500번대	제조
부	0452	도급공사매출원가	2	0600번대	도급
부	0457	보관매출원가	3	0650번대	보관
부	0453	분양공사매출원가	4	0700번대	분양
부	0458	운송매출원가	5	0750번대	운송

[참고사항]
1. 편집(tab)을 선택하면 사용여부를 1.여 또는 0.부로 변경하실 수 있습니다.
2. 사용여부를 1.여로 입력 되어야만 매출원가코드를 변경하실 수 있습니다.
   (편집(tab)을 클릭하신 후에 변경하세요.)
3. 사용여부가 1.여인 매출원가코드가 중복 입력되어 있는 경우 본 화면에 입력하실 수 없습니다.

확인(Enter) 편집(Tab) 자동설정(F3) 취소(Esc)

(2) 결산자료 전표추가

결산자료 해당사항을 모두 입력한 후 프로그램 상단의 F3 전표추가 키 클릭 시 일반전표에 결산분개를 추가할 것인지 메세지가 나온다.

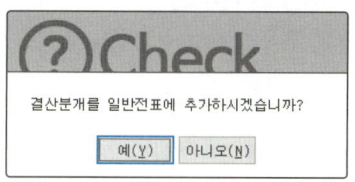

여기서 "예(Y)" 버튼을 선택하면 해당 분개가 [일반전표입력]에 추가되며 또한 결산이 완료된다. [결산자료입력] 메뉴에 자료 저장만 하고 F3 전표추가 를 하지 않으면 결산분개가 발생하지 않아 결산을 완료할 수 없다.

(3) 결산의 수정

① [결산자료입력] 메뉴를 이용한 자동 결산대체분개의 수정 및 삭제

결산분개를 자동으로 발생시킨 후 각 회사의 특성에 따라 손익계산서 등의 표시가 적정하지 않을 경우, 결산분개가 이루어진 기간을 선택하여 [결산자료입력] 메뉴의 "결산분개삭제" 버튼을 선택하여 해당 결산분개를 삭제할 수 있다.

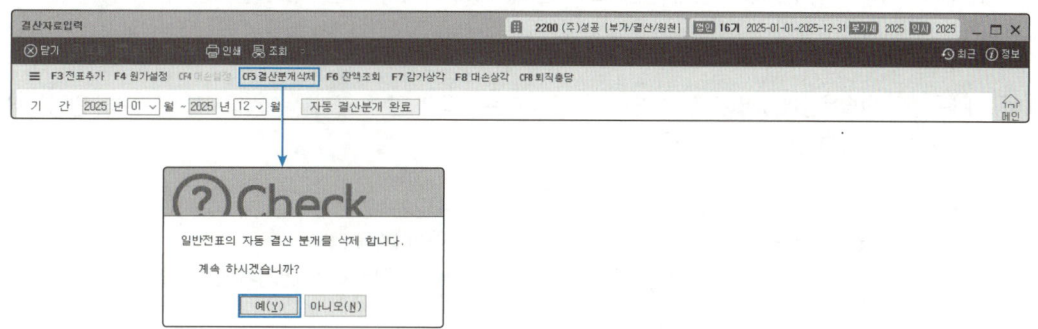

② 결산대체 분개의 일괄삭제

재결산 등의 이유로 "결산대체분개"를 삭제하고자 할 때 결산기간 입력 종료월의 해당 [일반전표입력]에서 SF5 일괄삭제 를 누르면 "일반전표 - 일괄삭제" 팝업창이 열린다.

"결산분개"에 체크표시가 되어 있는 상태에서 "확인(Tab)" 버튼을 클릭하면 다시 삭제여부를 묻는 메시지가 나타나므로 삭제를 원할시에는 "예(Y)" 버튼을 삭제를 원치 않을 때는 "아니오(N)" 버튼을 클릭한다.

다음 [결산자료]를 참고로 (주)성공(회사코드 : 2200)의 결산을 수행하고 재무제표를 완성하시오.
(단, 제시된 자료 이외의 자료는 없다고 가정함)

[1] 당사는 10월 1일 공장 화재보험료(보험기간 : 2025년 10월 1일 ~ 2026년 9월 30일) 6,000,000원을 지급하고 선급비용으로 회계처리 하였다. 기말 수정분개를 하시오. (월할계산 할 것)

[2] 당기말에 운영자금으로 사용된 대출금이 있는데, 이에 대한 대출약정 내용은 다음과 같다. 아래의 내용에 따라 이자 미지급액에 대한 결산분개 사항을 입력하라. (계정과목은 미지급비용 계정을 사용하며, 월할계산을 사용함)

- 대출기관 : 산업은행
- 대출금액 : 100,000,000원
- 이자지급방식 : 만기에 일시불로 지급함
- 대출금 사용 기간 : 2025년 9월 1일 ~ 2026년 8월 31일
- 대출이자율 : 연 12%

[3] 9월 1일 공장건물 중 일부를 12개월간 임대(임대기간 : 2025.9.1 ~ 2026.8.31)하고, 12개월분 임대료 12,000,000원(부가가치세 별도) 전액을 수령하여 임대료(영업외수익)로 회계처리 하였다. (월할계산 할 것)

[4] 거래은행인 한솔은행에 예입된 정기예금에 대한 자료는 다음과 같다. 당기분 경과이자를 인식하여 반영하시오. (단, 이자수익은 월할계산 할 것)

- 예금 금액 : 60,000,000원
- 가입연월일 : 2025년 4월 1일
- 만기일 : 2028년 3월 31일
- 만기 : 3년
- 연이자율 : 10%
- 이자지급조건 : 만기시 전액 후불

[5] 당사는 회사홍보용 우산(구입가액 6,000,000원)을 광고선전비(판관비)로 계상하였으나 결산시 미사용된 잔액 2,500,000원을 소모품(자산)으로 대체한다. 단, 회계처리 시 금액은 음수로 입력하지 아니한다.

[6] 기중 현금시재가 부족하여 현금과부족으로 계상하였던 차변금액 10,000원에 대하여 결산일 현재에도 그 원인을 알 수 없어 당기 비용(영업외비용)으로 처리하다.

[7] 한솔은행으로부터 차입한 장기차입금 100,000,000원은 결산일 현재 1년 이내에 상환기일이 도래하며 만기일에 상환할 예정이다.

[8] 기말 현재 장기 투자목적으로 보유중인 매도가능증권의 평가액은 다음과 같다.

구 분	수 량	2025년 취득원가	2025년 공정가액
(주)한양산업	1,000주	32,000,000원	35,000,000원

[9] 외화장기차입금(스탠다드은행)이 기말현재 130,000,000원(미화 $100,000) 계상되어 있으며, 결산일 현재 환율은 1,200원/$이다.

[10] 제2기 확정신고기간의 부가가치세와 관련된 내용이 다음과 같다고 가정한다. 기장된 데이터는 무시하고 12월 31일 부가세예수금과 부가세대급금을 정리하는 회계처리를 하시오. (환급세액은 미수금으로 납부세액은 미지급세금으로 전자신고세액공제는 잡이익으로 회계처리하며 수정신고는 고려하지 않는다.)

- 부가세예수금 : 58,780,000원
- 부가세대급금 : 32,000,000원
- 전자신고세액공제 : 10,000원

[11] 당사는 일반기업회계기준에 의하여 퇴직급여충당부채를 설정하고 있으며, 관련 자료는 다음과 같다.

구 분	기초금액	기중감소(사용)금액	기말금액(퇴직금추계액)
생산직 사원	6,000,000원	4,000,000원	15,000,000원
사무직 사원	4,000,000원	–	10,000,000원

[12] 유형자산 및 무형자산에 대한 감가상각비는 고정자산등록 메뉴에 등록된 자료를 결산에 반영하시오.

[13] 대손상각비는 매출채권(외상매출금과 받을어음) 잔액에 대하여 1%를 설정하기로 한다.

[14] 재고자산의 실제조사 된 기말재고액은 다음과 같으며 기말재고액을 결산에 반영하시오.

자 산 명	기말재고액
원 재 료	150,000,000원
재 공 품	25,000,000원
제 품	230,000,000원

[15] 법인세등으로 계상할 금액은 35,000,000원이다. 선납세금계정에 법인세 중간예납세액 및 원천납부세액이 계상되어 있다.

 **예제 따라하기**

[수동결산 : 일반전표입력]
일반전표입력 메뉴 12월 31일에 결산수정분개를 직접 입력한다.

[1] 비용의 이연(선급비용)

월	일	구분	계정과목	거래처	차변	대변
12	31	차변	보험료(제)		1,500,000	
		대변	선급비용			1,500,000

- 지출시점 **비용**처리 ⇨ 결산시점 미경과분 선급비용 계상
- 지출시점 **자산**처리 ⇨ 결산시점 경과분 당기비용 계상
  당기 보험료 = 6,000,000원 × 3개월/12개월 = 1,500,000원

[2] 비용의 예상(미지급비용)

월	일	구분	계정과목	거래처	차변	대변
12	31	차변	이자비용		4,000,000	
		대변	미지급비용			4,000,000

- 이자비용 = 100,000,000원 × 12% × 4개월/12개월 = 4,000,000원

[3] 수익의 이연(선수수익)

월	일	구분	계정과목	거래처	차변	대변
12	31	차변	임대료(904)		8,000,000	
		대변	선수수익			8,000,000

- 선수수익(미경과분) = 12,000,000원 × 8개월/12개월 = 8,000,000원

[4] 수익의 예상(미수수익)

월	일	구분	계정과목	거래처	차변	대변
12	31	차변	미수수익		4,500,000	
		대변	이자수익			4,500,000

- 미수이자 = 60,000,000원 × 10% × 9개월/12개월 = 4,500,000원

[5] 소모품미사용액 계상

월	일	구분	계정과목	거래처	차변	대변
12	31	차변	소모품		2,500,000	
		대변	광고선전비(판)			2,500,000

- 구입시 비용처리 : 결산시 미사용액 자산처리
- 구입시 자산처리 : 결산시 사용액 비용처리

[6] 현금과부족 정리

월	일	구분	계정과목	거래처	차변	대변
12	31	차변	잡손실		10,000	
		대변	현금과부족			10,000

[7] 비유동부채 유동성대체

월	일	구분	계정과목	거래처	차변	대변
12	31	차변	장기차입금	한솔은행	100,000,000	
		대변	유동성장기부채	한솔은행		100,000,000

[8] 매도가능증권의 평가

월	일	구분	계정과목	거래처	차변	대변
12	31	차변	매도가능증권(178)		3,000,000	
		대변	매도가능증권평가이익			3,000,000

- 매도가능증권은 보고기간 종료일의 공정가치로 평가하며, 재평가시 반드시 장부의 매도가능증권평가손익을 확인하여 상계여부를 결정한다.

[9] 화폐성 외화부채 평가

월	일	구분	계정과목	거래처	차변	대변
12	31	차변	외화장기차입금	스탠다드은행	10,000,000	
		대변	외화환산이익			10,000,000

- 외화환산이익 = ($100,000 × 1,200원) − 130,000,000원 = △10,000,000원(부채 감소)

[10] 부가가치세 상계처리

월	일	구분	계정과목	거래처	차변	대변
12	31	차변	부가세예수금		58,780,000	
		대변	부가세대급금			32,000,000
		대변	잡이익			10,000
		대변	미지급세금			26,770,000

- 부가가치세 상계처리 시 경감공제세액은 잡이익으로, 가산세는 세금과공과로 회계처리 한다.

[자동결산 : 결산자료입력]

결산자료입력 메뉴를 선택하고 기간(01월 ~ 12월)을 설정한다. 기본적으로 원가설정은 [제품매출원가]로 되어 있으므로 "확인(Enter)"을 누른다.

[11] 퇴직급여충당부채 설정

퇴직급여충당부채의 설정액은 [결산자료입력]의 해당란에 직접입력하거나 상단의 CF8 퇴직충당 키를 클릭하고 "퇴직급여추계액"란에 금액을 입력한 후 "추가설정액"이 계산되면 결산반영 을 눌러 결산자료에 자동 반영시킨다.

퇴직급여충당부채 설정액 = 퇴직급여추계액 − 퇴직급여충당부채잔액
- 생산직 : 15,000,000원 − 2,000,000원 = 13,000,000원
- 사무직 : 10,000,000원 − 4,000,000원 = 6,000,000원

퇴직충당부채

코드	계정과목명	퇴직급여추계액	설정전 잔액				추가설정액(결산반영) (퇴직급여추계액-설정전잔액)	유형
			기초금액	당기증가	당기감소	잔액		
0508	퇴직급여	15,000,000	6,000,000		4,000,000	2,000,000	13,000,000	제조
0806	퇴직급여	10,000,000	4,000,000			4,000,000	6,000,000	판관

±	코드	과목	결산분개금액	결산전금액	결산반영금액	결산후금액
		3)노 무 비		560,000,000	13,000,000	573,000,000
		1). 임금 외		560,000,000		560,000,000
	0504	임금		360,000,000		360,000,000
	0505	상여금		200,000,000		200,000,000
	0508	2). 퇴직급여(전입액)			13,000,000	13,000,000
	0550	3). 퇴직연금충당금전입액				

±	코드	과목	결산분개금액	결산전금액	결산반영금액	결산후금액
		4. 판매비와 일반관리비		549,529,650	6,000,000	555,529,650
		1). 급여 외		240,000,000		240,000,000
	0801	급여		180,000,000		180,000,000
	0803	상여금		60,000,000		60,000,000
	0806	2). 퇴직급여(전입액)			6,000,000	6,000,000
	0850	3). 퇴직연금충당금전입액				

[12] 고정자산 감가상각비 계상

감가상각비(무형자산상각비)는 [결산자료입력]의 제조경비와 판매비와일반관리비 "(일반)감가상각비"란에 각각 구분하여 직접 입력하거나 상단의 F7 감가상각 키를 클릭하여 [고정자산등록]에 등록한 감가상각비를 결산반영 을 눌러 결산자료에 자동 반영시킨다.

코드	계정과목명	경비구분	고정자산등록 감가상각비	감가상각비 X (조회기간월수/내용월수)	고정자산등록 보조금상계액	보조금상계액 X (조회기간월수/내용월수)	결산반영금액	결산반영금액 보조금상계액
0202	건물	제조	7,375,000	7,375,000			7,375,000	
0206	기계장치	제조	124,387,500	124,387,500	11,275,000	11,275,000	124,387,500	11,275,000
0208	차량운반구	제조	6,765,000	6,765,000			6,765,000	
0208	차량운반구	판관	7,000,000	7,000,000			7,000,000	
0212	비품	판관	26,000,500	26,000,500			26,000,500	
0219	특허권	판관	14,000,000	14,000,000			14,000,000	
	감가상각비(제조)합계		138,527,500	138,527,500	11,275,000	11,275,000	138,527,500	11,275,000
	감가상각비(판관)합계		47,000,500	47,000,500			47,000,500	

±	코드	과 목	결산분개금액	결산전금액	결산반영금액	결산후금액
		7) 경 비		270,286,950	127,252,500	397,539,450
		1). 복리후생비 외		270,286,950		270,286,950
	0511	복리후생비		59,947,950		59,947,950
	0512	여비교통비		25,600,000		25,600,000
	0513	기업업무추진비		7,335,000		7,335,000
	0515	가스수도료		19,800,000		19,800,000
	0521	보험료		1,500,000		1,500,000
	0524	운반비		42,500,000		42,500,000
	0530	소모품비		14,104,000		14,104,000
	0531	수수료비용		39,500,000		39,500,000
	0533	외주가공비		60,000,000		60,000,000
	0518	2). 일반감가상각비			138,527,500	138,527,500
	0202	건물			7,375,000	7,375,000
	0206	기계장치			124,387,500	124,387,500
	0208	차량운반구			6,765,000	6,765,000
	0212	비품				
	0518	2). 일반감가상각비(보조금상계)			11,275,000	11,275,000
	0206	기계장치			11,275,000	11,275,000

±	코드	과 목	결산분개금액	결산전금액	결산반영금액	결산후금액
		4. 판매비와 일반관리비		549,529,650	53,000,500	602,530,150
		1). 급여 외		240,000,000		240,000,000
	0801	급여		180,000,000		180,000,000
	0803	상여금		60,000,000		60,000,000
	0806	2). 퇴직급여(전입액)			6,000,000	6,000,000
	0850	3). 퇴직연금충당금전입액				
	0818	4). 감가상각비			33,000,500	33,000,500
	0202	건물				
	0206	기계장치				
	0208	차량운반구			7,000,000	7,000,000
	0212	비품			26,000,500	26,000,500
	0818	4). 감가상각비(보조금상계)				
	0206	기계장치				
	0835	5). 대손상각				
	0108	외상매출금				
	0110	받을어음				
	0840	6). 무형자산상각비			14,000,000	14,000,000
	0219	특허권			14,000,000	14,000,000
	0226	개발비				

[13] 대손상각비 계상

대손상각비 설정액은 [결산자료입력]의 해당란에 직접 입력하거나 상단의 F8 대손상각 키를 클릭하고 "대손율(%) : 1%"을 입력하면 "추가설정액"이 계산되며 결산반영 을 눌러 결산자료에 자동반영 시킨다. 다만, **기타채권이 설정대상 채권이 아닌 경우 반드시 "추가설정액"란의 금액을 삭제**한 후 반영하여야 한다.

대손충당금 설정액 = (채권잔액 × 대손율) - 대손충당금 잔액
- 외상매출금 : (641,416,902원 × 1%) - 2,000,000원 = 4,414,169원
- 받을어음 : (46,500,000원 × 1%) - 100,000원 = 365,000원

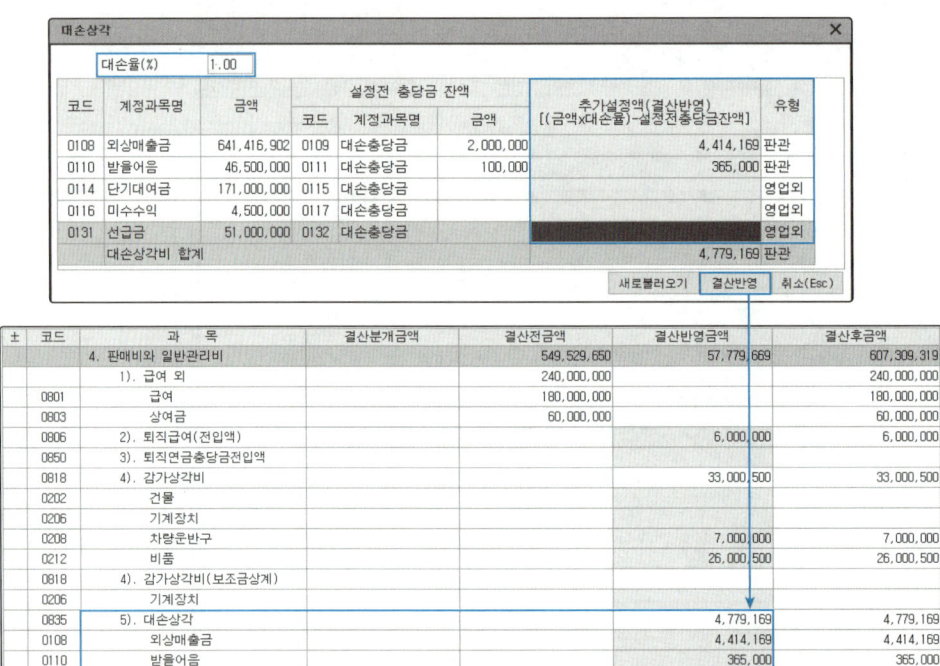

[14] 재고자산 매출원가 계상

기말재고자산의 기말재고액을 해당 결산반영금액란에 각각 직접 입력한다.

[15] 법인세비용 계상

법인세등에 해당하는 금액을 해당란에 각각 직접 입력하며 선납세금과 추가계상액을 입력하면 "9.법인세등"의 금액은 법인세등 계상액과 일치하여야 한다.

- 선납세금 : "결산전금액"에 반영된 7,423,000원을 결산반영금액란에 입력한다.
- 추가계상액 : 법인세추산액 – 선납세금 = 35,000,000원 – 7,423,000원 = 27,577,000원
  27,577,000원을 결산반영금액란에 입력한다.

±	코드	과 목	결산분개금액	결산전금액	결산반영금액	결산후금액
	0998	9. 법인세등			35,000,000	35,000,000
	0136	1). 선납세금		7,423,000	7,423,000	7,423,000
	0998	2). 추가계상액			27,577,000	27,577,000

[자동결산 : 결산자료입력 전표추가]

[결산자료입력]의 자동결산은 반드시 F3 전표추가 를 해야 결산분개가 [일반전표입력]에 자동으로 반영된다. 결산분개가 추가되면 [자동 결산분개 완료]라는 문구가 상단에 표기된다.

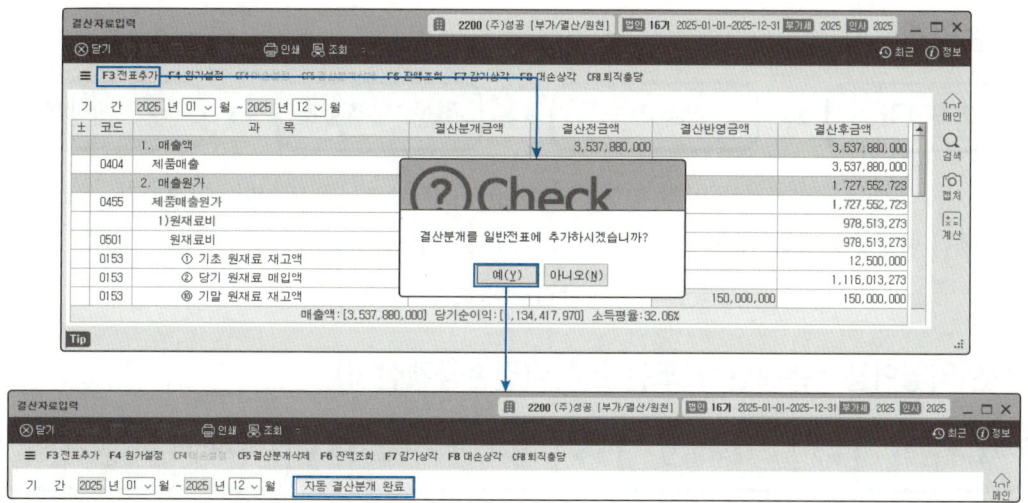

[일반전표입력 결산분개 확인]

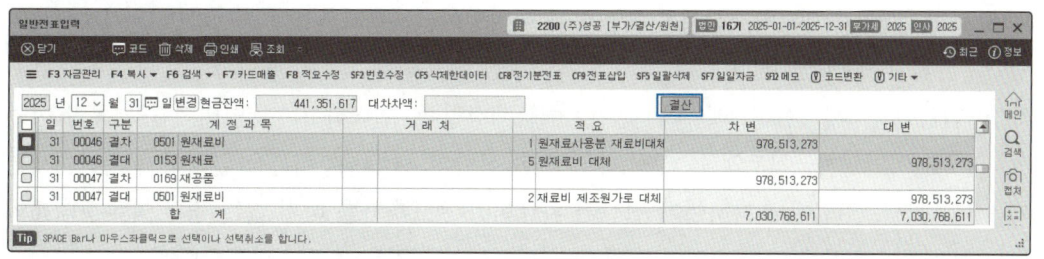

CHAPTER 03 재무제표 작성

1. 원가명세서

　원가명세서는 손익계산서의 매출원가 중 제조업의 제품매출원가에 대하여 당기제품제조원가가 어떻게 산출된 것인지 그 내역을 기록한 재무제표 부속명세서로 제조업인 경우 제조원가명세서를, 건설업인 경우에는 건설형태에 따라 도급공사원가명세서, 분양공사원가명세서 등으로 구분할 수 있다. 프로그램에서는 제조업을 대상으로 하므로 제조원가명세서를 작성하게 되며, 본 메뉴는 관리용, 제출용, 표준용으로 구분되어 작성된다.

2. 손익계산서

　손익계산서란 일정기간 동안의 경영성과를 나타내는 보고서를 말한다. 일정기간 중 실현된 수익에서 발생된 비용을 차감하여 당기순이익을 산출하는 과정을 표시한다. 프로그램에서는 관리용, 제출용, 포괄손익, 표준용으로 구분하여 조회할 수 있다.

3. 이익잉여금처분계산서(또는 미처리결손금계산서)

　이익잉여금처분계산서는 이익잉여금의 총변동사항을 명확히 보고하기 위해 작성하는 서식이며 재무제표에는 해당하지 않으나 상법에 의하여 주석으로 공시한다.
　일반기업회계기준(재무상태표일 후 발생한 사건)에 따라 이익잉여금처분내역을 재무상태표에 표시하지 않는다. 손익계산서를 작성하고 이익잉여금처분계산서에 들어가면 손익계산서의 당기순손익이 자동반영 된다.
　[이익잉여금처분계산서] 메뉴에서 "당기처분예정일"을 입력하고 "Ⅱ.임의적립금 등의 이입액" 및 "Ⅲ.이익잉여금처분액"을 입력한다. 또한 상단의 F6 전표추가 버튼을 클릭하여 손익대체분개를 [일반전표입력]에 추가하여야 결산이 완료되며 전표추가를 하지 않는 경우 재무상태표의 "미처분이익잉여금" 금액이 반영이 되지 않아 차액이 발생하는 오류가 발생한다.

다음 당기 이익잉여금 처분내역을 참고로 (주)성공(회사코드 : 2200)의 이익잉여금처분계산서를 완성하시오.
(전산세무 시험은 결산자료와 함께 출제되나 프로세스상 결산 및 필요한 재무제표는 작성하고 작업한다.)

[당기 이익잉여금 처분내역]

처분일자	■ 당기 : 2026.03.15	■ 전기 : 2025.02.25
처분내역	이익준비금	5,000,000원
	현금배당	50,000,000원
	주식배당	20,000,000원

예제 따라하기

[이익잉여금처분계산서] 메뉴에서 "당기처분예정일(2026년 3월 15일)"을 입력하고 "Ⅲ.이익잉여금처분액"을 입력한다. 또한 상단의 F6 전표추가 버튼을 클릭하여 손익대체분개를 [일반전표입력]에 추가하여야 결산이 완료되며 전표추가를 하지 않는 경우 재무상태표의 "미처분이익잉여금" 금액이 반영이 되지 않아 차액이 발생하는 오류가 발생한다.

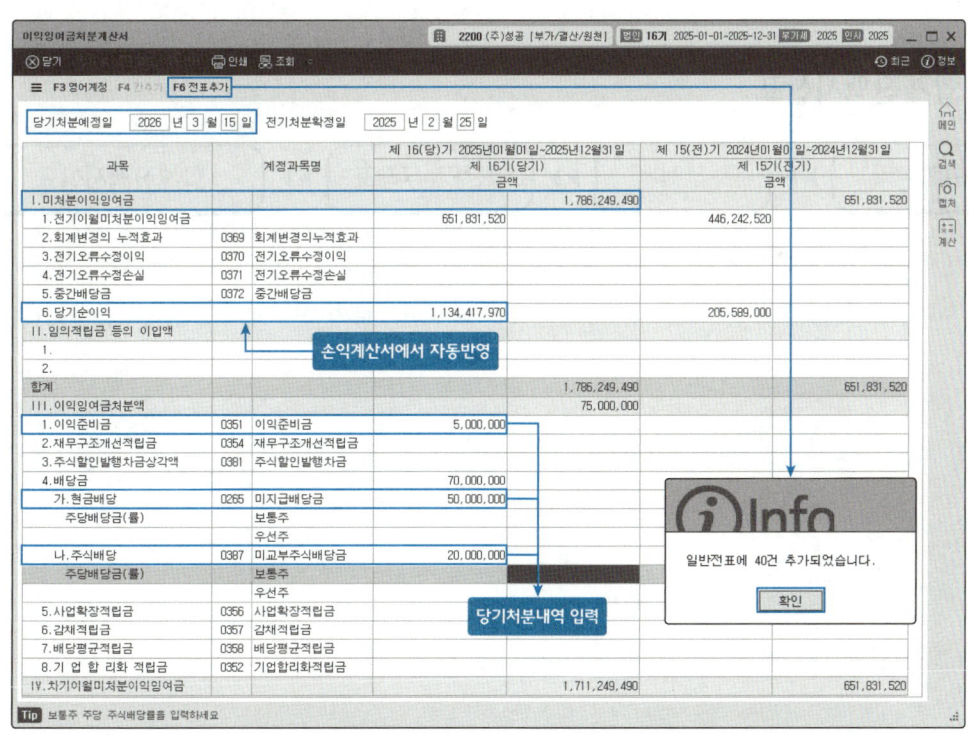

[일반전표입력 손익대체 분개 확인]

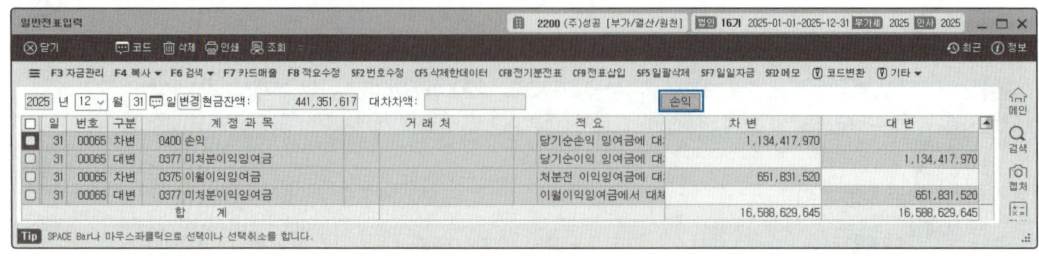

4. 재무상태표

재무상태표는 일정한 시점(회계기간 종료일 현재)의 기업의 재무상태를 나타내는 보고서이다. 입력된 자료에 의하여 매월말 또는 결산월의 재무상태표를 조회할 수 있으며, 관리용, 제출용, 표준용으로 구분하여 조회할 수 있다.

5. 합계잔액시산표

합계잔액시산표는 입력된 자료가 대차차액 없이 정확히 처리되었는지를 검증하는 기능이 있다. 따라서 "결산 전" 또는 "결산 후"에 시산표를 작성함으로써 전표처리의 정확성을 확인할 수 있다.

PART 06

근로소득 원천징수

CHAPTER 01 사원등록
CHAPTER 02 급여자료입력
CHAPTER 03 원천징수이행상황신고서
CHAPTER 04 연말정산추가자료입력

전산실무

(주)청송(회사코드 2100) ~ (주)합격(회사코드 2250)을 선택하여 실습예제를 진행하세요.

직무명	분류번호	능력단위명	수준	능력단위요소
세무	0203020204_23v6	원천징수	3	3 근로소득 원천징수하기 6 근로소득 연말정산하기

능력단위정의: 원천징수란 금융소득, 사업소득, 근로소득, 기타소득, 퇴직소득을 소득자에게 지급할 때 소득자가 납부해야 할 세금을 원천징수의무자가 대신 징수하여 과세당국에 납부하기 위하여 수반되는 소득 및 세액 계산, 세무신고 및 납부, 연말정산 등을 수행하는 능력이다.

NCS 능력단위	능력단위요소	수 행 준 거
0203020204_23v6 원천징수	0203020204_23v6.3 근로소득 원천징수하기	3.1 소득세법에 따라 세무정보시스템 또는 급여대장을 통해 임직원의 인적공제사항을 작성·관리할 수 있다. 3.2 회사의 급여규정에 따라 임직원의 기본급, 수당, 상여금 등의 급여금액을 정확하게 계산할 수 있다. 3.3 세법에 의한 임직원의 급여액에 대한 근로소득금액을 과세근로소득과 비과세 근로소득으로 구분하여 계산할 수 있다. 3.4 간이세액표에 따라 급여액에 대한 산출된 세액을 공제 후 지급할 수 있다. 3.5 중도퇴사자에 대한 근로소득 정산에 의한 세액을 환급 또는 추징할 수 있다. 3.6 일용근로자에 대한 근로소득은 비과세 기준을 고려하여 계산할 수 있다. 3.7 근로소득에 대한 원천징수 결과에 따라 세무정보시스템을 활용하여 원천징수이행상황신고서를 작성하고 신고 후 세액을 납부할 수 있다. 3.8 환급받을 원천징수세액이 있는 경우 납부세액과 상계 및 환급 신청할 수 있다. 3.9 기 신고한 원천징수 수정 또는 경정요건이 발생할 경우 수정신고 및 경정청구 할 수 있다. 3.10 근로소득에 대한 간이지급명세서를 기한 내에 제출할 수 있다. 3.11 일용근로자에 대한 지급명세서를 기한 내에 제출할 수 있다.
	0203020204_23v6.6 근로소득 연말정산하기	6.1 연말정산대상소득과 연말정산시기에 대해서 파악할 수 있다. 6.2 근로자의 근로소득원천징수부를 확인하여 총 급여 및 원천징수세액을 파악할 수 있다. 6.3 세법에 따라 연말정산대상자의 소득공제신고서와 소득공제증명자료를 처리할 수 있다. 6.4 연말정산결과에 따라 세무정보시스템을 활용하여 근로소득원천징수영수증을 소득자에게 발급할 수 있다. 6.5 연말정산결과에 따라 세무정보시스템을 활용하여 근로소득지급명세서를 전자제출할 수 있다. 6.6 연말정산결과에 따라 세무정보시스템을 활용하여 원천징수이행상황신고서 전자신고할 수 있다.

CHAPTER 01 사원등록

PART 06 근로소득 원천징수

원천징수 ▶▶ 근로/퇴직/사업 ▶▶ 근로소득관리 ▶▶ 사원등록

사원등록은 각 사원의 인적사항과 인적공제 및 관리사항을 입력한다. [기본사항], [부양가족명세], [추가사항]으로 TAB이 구성되어 있으며 상용직 근로소득자 급여지급시 간이세액조견표에 의한 원천징수세액과 연말정산에 영향을 주는 중요한 정보이다.

항 목		입력내용 및 방법	
	사번	숫자 또는 문자를 이용하여 10자 이내의 사원코드를 부여한다.	
	성명	사원명을 20자 이내로 입력한다. 외국인은 국세청 전자신고시 사원명을 한글로 풀어서 입력해야 한다.	
	주민(외국인)번호	내국인은 "1:주민등록번호"를 선택하여 주민등록번호를 입력하고, 외국인은 "2:외국인등록번호, 3:여권번호" 중 선택하여 번호를 입력한다.	
기본사항	입사년월일	해당 사원의 입사일자를 입력하며 사원관리의 기준이 되는 중요한 입력항목이므로 반드시 정확하게 입력한다.	
	내/외국인	내국인이면 "1", 외국인이면 "2"를 선택한다.	
	외국인국적	외국인인 경우 국적 및 체류자격을 입력하여 전자신고시 반영한다.	
	주민구분	주민(외국인)번호에서 입력한 정보가 자동 반영된다.	
	거주구분 거주지국코드	거주자인 경우 "1", 비거주자인 경우 "2"로 입력한다. 비거주자인 경우 거주지국코드를 선택하여 전자신고시 반영한다.	
	국외근로제공	국외근로 비과세를 입력하며 해당사항이 없으면 "0.부"를 선택한다.	
		1. 월 100만원 비과세	원양어업 선원, 건설현장근로자 이외의 **월 100만원** 비과세인 경우 선택한다.
		2. 월 500만원 비과세	원양어업 등의 선원, 해외건설근로자(감리·설계업무 포함)에 해당하여 **월 500만원** 비과세인 경우 선택한다.
		3. 전액 비과세	공무원 등 종사자로 전액 비과세인 경우 선택한다.
	단일세율적용	외국인근로자의 경우 단일세율적용(0.부, 1.여)를 선택하며 "1.여"를 선택하면 근로소득의 19%를 산출세액으로 계산한다.	
	외국법인 파견근로자	외국법인에 파견하여 근무하는 근로자인 경우 선택한다.	
	생산직여부	연장근로수당등이 비과세되는 **생산직**사원의 경우 "**1.여**", 생산직이외의 사원은 "0.부"를 입력한다. **전년도 총급여액이 3,000만원 이하인 생산직근로자인 경우 [연장근로비과세] "1.여"**를 입력한다.	

항 목		입력내용 및 방법
기본사항	주 소	해당 사원의 주소를 ⊙키 또는 코드도움(F2)를 선택하여 입력한다.
	국민연금 보수월액	보수월액을 입력하면 [기초등록]에 등록된 요율에 따라 자동으로 계산하여 보여주며 [급여자료입력] 메뉴의 사회보험 공제항목에 자동 반영된다.
	건강보험 보수월액	보수월액을 입력하면 [기초등록]에 등록된 요율에 따라 자동으로 계산하여 보여주며 [장기요양보험적용] 여부를 선택한다. 또한 [급여자료입력] 메뉴의 사회보험 공제항목에 자동 반영된다.
	고용보험적용	고용보험 적용여부(0.부, 1.여)를 선택하고 대표자인 경우 "1" 입력, 이외의 경우는 "0"를 선택한다. 고용보험적용 "1.여"를 선택한 경우 고용보험보수월액을 입력하면 [기초등록]에 등록된 요율에 따라 자동으로 계산하여 보여준다. 또한 [급여자료입력] 메뉴의 사회보험 공제항목에 자동반영된다.
	산재보험적용	산재보험 적용 대상자인 경우 "1.여"를 선택하면 사회보험보수총액에 반영되며 교육버전은 지원되지 않는다.
	퇴사년월일/ 사유	해당 사원이 퇴사한 경우 해당 "년·월·일" 및 퇴직사유를 입력하며, 퇴사년월일을 입력하면 중도퇴사자 연말정산과 퇴직소득자료입력에 자동으로 반영된다.
부양가족명세	\multicolumn{2}{l|}{소득자 본인을 포함한 부양가족에 대한 내역을 입력하며 입력된 사항을 바탕으로 급여자료입력 시 원천징수세액 계산, 연말정산자료입력의 인적공제 내역에 반영된다.}

부양가족명세	항목	입력내용 및 방법
	연말관계	하단의 메시지를 참고하여 입력하며 인적공제 대상자 범위에 해당하는 코드를 선택하며 **직계비속 배우자 중 기본공제 대상자**에 해당하면 '**5.직계비속(4 제외)**'를 선택한다. ※ 연말관계 : 0.소득자 본인, 1.소득자의 직계존속, 2.배우자의 직계존속, 3.배우자, 4.직계비속(자녀 + 손자녀 + 입양자), 5.직계비속(4 제외), 6.형제자매, 7.수급자(1~6 제외), 8.위탁아동(만 18세 미만)
	성명	부양가족의 성명을 입력한다.
	내/외국인	부양가족이 내국인이면 "1"을 외국인이면 "2"를 선택한다.
	주민(외국인) 번호	부양가족이 내국인이면 주민등록번호를 입력하고 외국인이면 외국인등록번호를 입력한다.
	기본공제	인적공제의 기본공제 대상여부를 선택하는 란이다. | 0. 부 | 부양가족에 해당하나 기본공제 대상자에 해당하지 않는 경우에 선택하며 의료비, 교육비 등 세액공제 대상자인 경우 반드시 선택 | | 1. 본인 | 소득자 본인일 때 선택하며 자동 반영된다. | | 2. 배우자 | 기본공제 대상이 배우자일 때 선택 | | 3. 20세 이하 | 기본공제 대상이 직계비속 및 형제자매일 때 선택 | | 4. 60세 이상 | 기본공제 대상이 직계존속 및 형제자매일 때 선택 | | 5. 장애인 | 부양가족이 **장애인(21세 ~ 59세)**인 경우 선택 | | 6. 기초생활대상등 | 기초생활보장법에 따른 생계급여 등의 수급자일 때 선택 | | 7. 자녀장려금대상 | 자녀장려금 대상인 경우 선택 |
	추가공제 - 부녀자	**종합소득금액 3천만원(총급여액 41,470,588원) 이하자**로 배우자가 없는 여성근로자로서 기본공제대상 부양가족이 있는 세대주 또는 배우자가 있는 여성근로자

항 목			입력내용 및 방법
부양가족명세	추가공제	한부모	배우자가 없는 자로서 기본공제 대상자인 **직계비속(입양자 포함)**이 있는 경우 선택
		경로우대	기본공제 대상자 중 **만 70세 이상**에 해당하는 경우 선택
		장애인	기본공제 대상자 중 **장애인**에 해당하는 경우 선택하며 (1.장애인복지법에 따른 장애인, 2.국가유공자등 근로능력없는자, 3.항시치료를 요하는 중증환자) 중 택일
	자녀세액공제	자녀	기본공제 대상자 중 **만 8세 이상 ~ 20세 이하**의 자녀(입양자 및 위탁아동, 손자녀 포함)가 있는 경우 선택
		출산입양	당해 연도에 **출생**하거나 **입양**한 자녀가 있는 경우 선택
	위탁관계		부양가족에 대해 본인과의 관계를 코드도움(F2)을 이용하여 입력한다. (전산세무 시험은 현재 출제되고 있지 않으나 실무는 반드시 선택)
	세대주구분		본인이 세대주이면 "1.세대주"를 세대원이면 "2.세대원"을 선택한다.
추가사항	중소기업취업감면		중소기업에 2026.12.31.이전까지 입사한 경우 취업감면자에 해당하여 소득세를 감면 받는 경우 입력한다.
		감면대상	① 청년 : 근로계약 체결일 현재 연령이 15세 이상 34세 이하인 근로자 ② 근로계약 체결일 현재 연령이 60세 이상인 근로자 ③ 장애인 근로자 ④ 경력단절 여성 근로자
		감면기간	■ 청년은 최초입사일부터 5년, 이외의 자는 3년을 적용 ■ 시작일(초일불산입)로부터 5년(3년)이 되는 날이 속하는 달의 말일까지 입력
		감면율	청년은 90%, 이외의 자는 70%를 적용하며 연간 200만원 한도까지 세액 감면
		감면입력	급여 지급시 감면을 적용하는 경우 "1.급여입력", 연말정산시 감면을 적용하는 경우 "2.연말입력"을 선택한다.

 **TIP**

[인적공제 요건 요약]

구 분	공제대상	생계요건	나이요건[주3]	소득금액요건
본인공제	당해 거주자	동거 여부 불문	해당없음	해당없음
배우자공제	거주자의 배우자		해당없음	
부양가족공제	직계존속	주민등록상 동거원칙 (주거 형편상 별거 포함)	60세 이상	연간 소득금액 합계액 100만원 이하[주5]
	직계비속, 입양자[주1]	생계를 같이하는 부양가족	동거 여부 불문	20세 이하	
	형제자매		주민등록상 동거 원칙 (다만 취학, 질병의 요양 등의 사유에 의한 일시퇴거 허용)	20세 이하 또는 60세 이상	
	국민기초생활보장법에 의한 수급자			해당 없음	
	위탁아동[주2]			18세 미만[주4]	

주1) 직계비속(입양자 포함)과 그 배우자가 모두 장애인인 경우에는 그 배우자를 포함
주2) 아동복지법에 따른 가정위탁을 받아 양육하는 아동으로서 **해당 과세기간에 6개월 이상 직접 양육**한 위탁아동. 다만, 직전 과세기간에 소득공제를 받지 못한 경우에는 해당 위탁아동에 대한 직전 과세기간의 위탁기간을 포함하여 계산한다.
주3) 나이산정방법 : **신고대상 귀속연도(2025년) – 태어난 연도** = 나이요건 충족 여부
장애인의 경우 나이요건을 적용하지 않으며, 당해 과세기간 중 공제기준일이 해당하는 날이 있는 경우 적용
주4) 보호기간이 연장된 위탁아동 포함(20세 이하인 경우)
주5) 연간 소득금액합계액 100만원 이하 금액
연말정산시 배우자를 포함한 부양가족을 기본공제대상자로 하기 위해서는 해당 부양가족의 연간 소득금액의 합계액이 100만원 이하 요건을 충족하여야 한다.

[연간 소득금액합계액 100만원 이하 금액]

소득종류		소득금액 계산	소득금액 100만원 이하 사례
① 종합소득	근로소득	총급여액 (연간근로소득 – 비과세소득) – 근로소득공제	■ 총급여액 333만원 – 근로소득공제 233만원 = 100만원 ■ 2015.12.3. 세법이 개정되어 부양가족이 **근로소득만 있는 경우** 해당 과세기간의 **총급여액이 500만원** 이하인 경우도 포함함 ■ 무조건분리과세 : 일용직근로소득
	연금소득	총연금액 – 연금소득공제	■ 공적연금(노령연금) : **총연금액은 516만원 – 416만원 = 100만원** ■ 사적연금의 총연금액 1,500만원 이하는 분리과세소득으로 종합소득금액에서 제외되어 기본공제 가능 ■ 2001.12.31. 이전 불입된 공적연금 및 기초연금은 비과세소득
	사업소득	총수입금액 – 필요경비	총수입금액에서 필요경비를 차감한 금액이 100만원이 되는 경우(결손금 발생 포함)
	기타소득	총수입금액 – 필요경비	■ 총수입금액에서 필요경비를 차감한 금액이 100만원인 경우가 이에 해당하나, **기타소득금액 300만원 이하는 분리과세소득**으로 종합소득금액에서 제외되어 공제 가능 ■ **무조건분리과세** : 복권당첨소득 등 ■ 필요경비 60% 인정 소득 : 강연료, 문예창작소득 등
	이자·배당소득	총수입금액	이자소득과 배당소득의 **합계금액이 2천만원 이하**인 경우 분리과세소득으로 종합소득금액에서 제외되어 공제 가능
	소계	위의 소득금액의 합계액이 종합소득금액이 된다.	**종합소득금액 100만원** (단, 비과세 및 분리과세소득은 제외)
② 퇴직소득		퇴직소득 = 퇴직소득금액	비과세소득을 제외한 금액이 100만원인 퇴직금
③ 양도소득		양도가액 – 필요경비 – 장기보유 특별공제	필요경비와 장기보유특별공제금액을 차감한 금액이 100만원인 **양도소득금액**(양도차손 발생시 기본공제대상 포함)
연간 소득금액의 합계액(① + ② + ③)			종합소득·퇴직소득·양도소득이 있는 경우 각 소득금액을 합계한 금액으로 함

영업부 부장 김철수(거주자, 입사일 : 2022년 7월 5일, 사원번호 : 100)를 사원등록하고 부양가족명세를 작성하시오. (주민등록표상 부양가족은 생계를 같이한다.) [회사코드 : 2100. (주)청송]

자료 1. 김철수의 주민등록표

문서확인번호			1/1

주 민 등 록 표
(등 본)

이 등본은 세대별 주민등록표의 원본내용과 틀림없음을 증명합니다.
담당자 :   전화 :
신청인 :   (   )
용도 및 목적 :
                년 월 일

세대주 성명(한자)	김철수(金鐵守)	세대구성 사유 및 일자	전입 2010-12-10

현주소 : 서울특별시 구로구 도림로 10 (구로동)

번호	세대주 관계	성 명 주민등록번호	전입일/변동일	변동사유
1	본인	김철수 760123-1200761		
2	처	박혜선 790710-2028069	2010-12-10	전입
3	자	김 혁 030606-3888019	2010-12-10	전입
4	부	김철재 520808-1756009	2010-12-10	전입
5	고모	김경희 551121-2031629	2012-10-10	전입

자료 2. 사원등록 참고자료

① 부양가족은 김철수와 생계를 같이 하며 사회보험과 관련한 보수월액은 4,500,000원이다.
② 배우자 박혜선은 일시적인 문예창작소득 5,000,000원의 소득이 있으며 필요경비를 확인할 수 없다.
③ 자녀 김혁은 장애인복지법에 의한 청각장애인에 해당하며 총급여액 6,000,000원이 있다.
④ 부친 김철재는 원천징수 배당소득 16,000,000원과 기초연금 2,400,000원이 있다.
⑤ 고모 김경희는 별도의 소득이 없으며, 시각장애인이다.

 예제 따라하기

(1) 기본사항 TAB

김철수의 주민등록 등본의 기재사항을 확인하여 정확하게 입력한다.

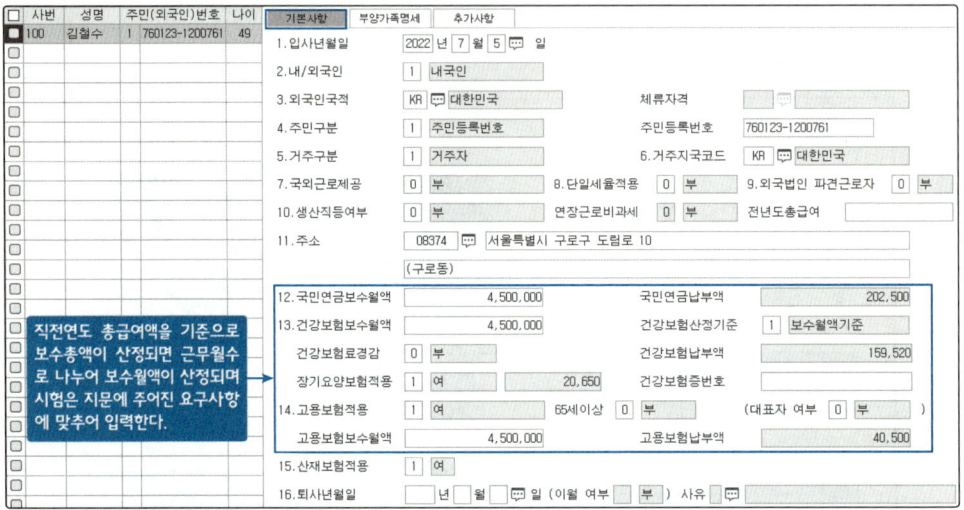

직전연도 총급여액을 기준으로 보수총액이 산정되면 근무월수로 나누어 보수월액이 산정되며 시험은 지문에 주어진 요구사항에 맞추어 입력한다.

(2) 부양가족명세 TAB

① 김철수 : 본인이므로 기본공제 가능하고 세대주 선택

② 박혜선 : 문예창작소득은 기타소득으로 필요경비 60%를 차감한 소득금액 300만원 이하는 분리과세를 선택할 수 있어 기본공제 요건을 충족하므로 공제 가능
 (5,000,000원 − 3,000,000원 = 2,000,000원)

③ 김　혁 : 청각장애인이지만 소득금액(총급여 5,000,000원) 제한을 초과하였으므로 기본공제 불가능

④ 김철재 : 금융소득은 2,000만원 이하까지는 분리과세가 가능하고, 기초연금은 비과세소득이므로 기본공제와 경로우대 추가공제 가능

⑤ 김경희 : 고모는 공제 대상 부양가족 범위에 해당하지 않으므로 입력하지 않음

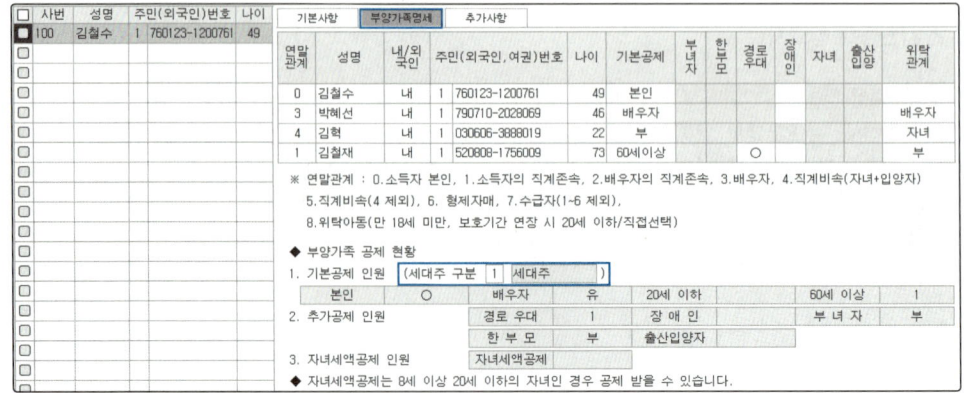

실무예제 2

2025년 9월 1일 입사한 생산직 하경자(거주자이며 세대원, 사원번호 : 200)의 가족관계증명서이다. 세부담을 최소화하는 방법을 선택하며 가족관계증명서상 부양가족은 생계를 같이한다. [회사코드 : 2100. (주)청송]

자료 1. 하경자의 가족관계증명서

[별지 제1호서식] 〈개정 2010.6.3〉

가 족 관 계 증 명 서

등록기준지	서울시 송파구 도곡로 460 (잠실동)

구분	성명	출생연월일	주민등록번호	성별	본
본인	하경자	1992년 10월 01일	921001-2036531	여	晉陽

가족사항

구분	성명	출생연월일	주민등록번호	성별	본
모	정진숙	1964년 04월 05일	640405-2649846	여	延日
배우자	이해상	1988년 10월 10일	881010-1774910	남	星州
자녀	이수빈	2011년 03월 05일	110305-4457870	여	星州
자녀	이성훈	2025년 01월 23일	250123-3052775	남	星州

자료 2. 사원등록 참고자료

① 하경자의 당해연도 종합소득금액은 30,000,000원 초과자에 해당하며, 직전연도 총급여액 2,450만원이다.
② 사회보험과 관련한 보수월액 2,500,000원이다.
③ 정진숙은 부동산임대소득금액 15,000,000원이 있다.
④ 배우자 이해상은 세대주에 해당하며 항시 치료를 요하는 중증환자로서 현재 타지역의 요양시설에서 생활하고 있으며 소득은 없다.
⑤ 자녀 이수빈은 혼인 전에 출생한 자녀로 지방 소재 중학교에 재학 중이고, 일용근로소득 5,000,000원의 소득이 있다.
⑥ 자녀 이성훈은 어린이집에 다니고 있다.
⑦ 당사는 통조림을 제조하는 중소기업으로 중소기업취업자 소득세 감면을 최대한 적용받고자 하경자는 신청하였다. 중소기업취업자 감면은 매월 급여수령시 적용하기로 하며 최초 취업일은 2025년 9월 1일이다. (전근무지에서 감면을 적용한적 없음)

 **예제 따라하기**

(1) 기본사항 TAB

하경자의 가족관계증명서의 기재사항을 확인하여 정확하게 입력한다. 생산직에 해당하므로 [10.생산직등여부 : 1.여, 연장근로비과세 : 1.여, 전년도총급여 : 24,500,000원]을 입력한다.

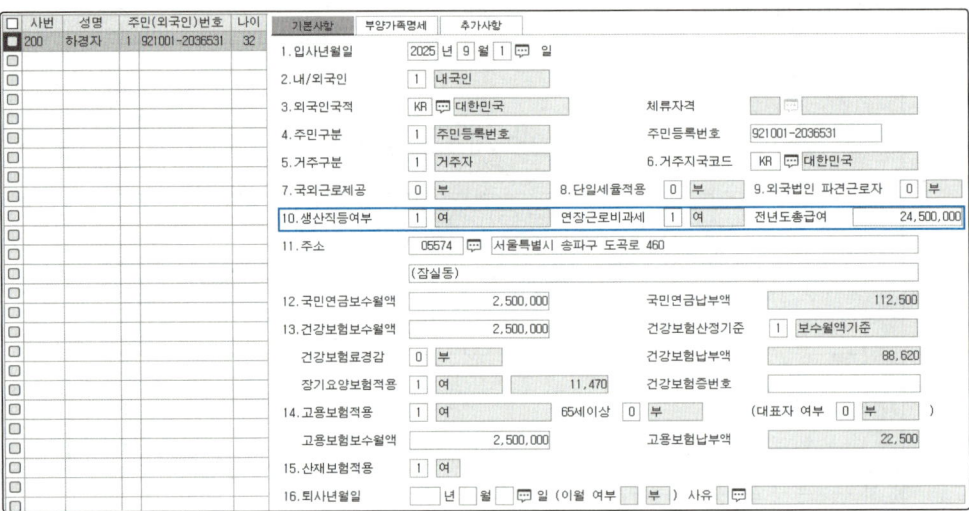

(2) 부양가족명세 TAB

① 하경자 : 세대주가 아니므로 [세대주 구분 : 2.세대원]을 선택하고, 종합소득금액이 3,000만원 초과자로 배우자가 있어도 부녀자공제 불가능
② 정진숙 : 부동산임대 사업소득금액이 100만원 초과로 기본공제 불가능
③ 이해상 : 기본공제 및 장애인(3.항시치료를 요하는 중증환자) 추가공제 가능
④ 이수빈 : 혼인 전에 출생한 자녀도 부양하는 경우 공제대상이며 동거 여부와 관계없이 공제 가능. 일용근로소득은 분리과세소득이므로 기본공제 및 자녀세액공제(기본) 가능
⑤ 이성훈 : 20세 이하이므로 기본공제 가능하고 아동수당 중복배제로 자녀세액공제(기본)는 제외되나 당해연도 출생이므로 [출산·입양]란의 둘째를 선택하여 세액공제를 적용한다.

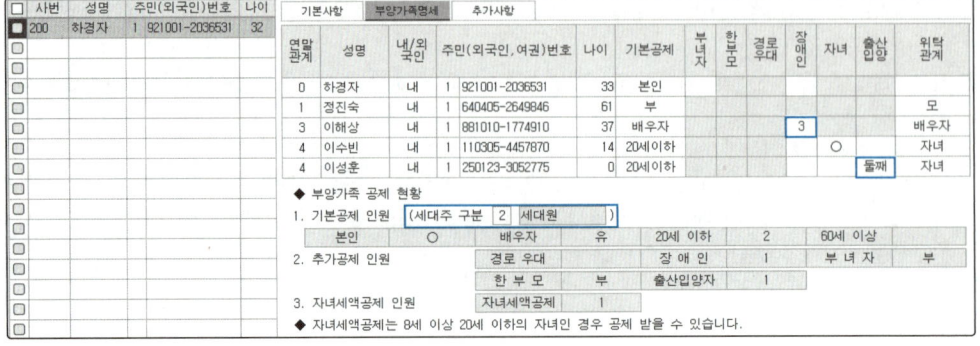

(3) 추가사항 TAB

청년에 해당하는 근로자 본인이 중소기업에 2026.12.31.까지 입사한 경우 중소기업 취업자에 해당하며 최초취업일로부터 5년간 소득세를 90% 적용받는다.

① 최초취업일이 2025년 9월 1일이므로 감면기간은 [2025-09-01 ~ 2030-09-30]을 입력한다.

② 청년에 해당하므로 감면율 "4.90%"을 선택한다.

③ 소득세 감면을 급여 지급시 적용하기로 하였으므로 감면입력을 "1.급여입력"을 선택한다.

□	사번	성명	주민(외국인)번호	나이		기본사항	부양가족명세	추가사항					
■	200	하경자	1 921001-2036531	32									

1. 급여이체(은행)   퇴직연금   가입일 ____-__-__
   (계좌)   (예금주) 하경자
2. 전화번호(일반)   -   -   (휴대폰)   -   -
3. 부서
4. 직종
5. 직위   임원여부   부
6. 현장
7. 호봉
8. 이메일
9. 회계처리(급여)   0504   임금   (상여금)   0505   상여금
10. 학자금상환공제여부   0   부   기간 ____-__ ~ ____-__   원천공제통지액
11. 감면여부   1   중소기업취업감면   나이(만)   33 세
    감면기간   2025-09-01 ~ 2030-09-30   감면율   4   90   %   감면입력   1   급여입력
    병역근무기간   ____-__-__ ~ ____-__-__   0 년   0 월
12. 소득세 적용률   1   100%
13. 두루누리사회보험여부   0   부   기간 ____-__ ~ ____-__
    고용보험 적용률   0   부   국민연금 적용률   0   부
14. 종교관련종사자여부   0   부
15. 상시근로자구분   1   상시근로자(근로계약1년이상)   0   부   기간제(청년미적용)

CHAPTER 02 급여자료입력

원천징수 ▶▶ 근로/퇴직/사업 ▶▶ 근로소득관리 ▶▶ 급여자료입력

　급여자료입력은 상용직근로자에게 지급한 급여내역과 각종 공제액(소득세 및 지방소득세 포함)을 입력하는 메뉴이다. 급여자료입력 메뉴에서 입력된 자료는 [원천징수이행상황신고서]에 자동 반영되며 추후 연말정산 시 [연말정산추가자료입력]의 [소득명세 TAB]에 반영된다.
　매월 지급하는 급여자료를 입력하기 위해서는 수당등록과 공제등록을 선행하여야 한다.

1. 수당 및 공제등록

　상단의 F4 수당공제 버튼을 선택하여 수당 및 공제항목을 등록할 수 있고, 근로기준법상 통상임금 포함여부, 임금명세서에 반영하는 지급항목 계산방법, 사원별 계산방법등록도 함께 할 수 있다.

1 수당등록

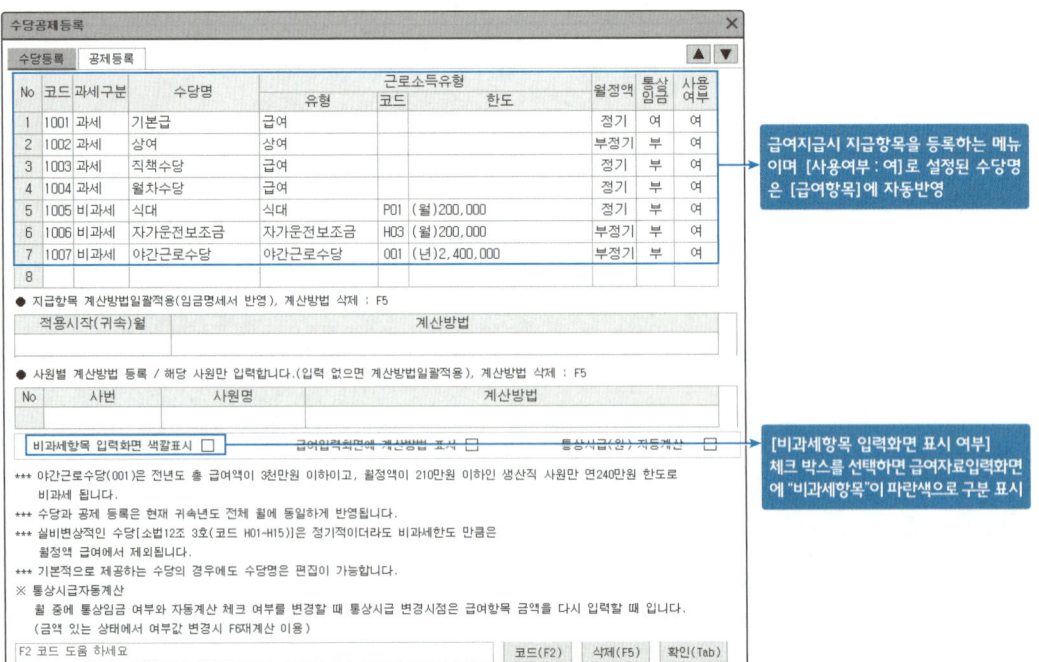

급여 지급 시 지급하는 각종 수당을 추가하거나 수정·등록하며 기본적인 비과세수당은 등록되어 있다. 기본적으로 제공하는 항목은 **"과세구분"은 변경이 불가능**하며 삭제할 수 없으므로 미사용시 "사용여부 : 부"로 선택하여야 한다. 다만 **"수당명"은 변경이 가능**하다.

항 목	입력내용 및 방법
과세구분	과세수당이면 과세, 비과세수당이면 비과세를 입력한다.
수당명	추가하고자 하는 수당명을 입력하며 기 등록된 수당명은 변경이 가능하다.
근로소득 유형	[과세구분 : 과세] 근로소득지급명세서에 반영되는 과세유형명을 코드도움(F2) 키를 누른 후 보조창에서 해당유형을 선택한다. [과세구분 : 비과세] 지급항목 중 비과세에 해당하는 경우 코드도움(F2) 키를 클릭하여 해당 비과세유형을 선택하며 항목별 "월(또는 연)" 한도액이 자동 계산된다.
월정액여부	생산직근로자의 월정기적급여액(210만원 이하) 계산 포함여부를 선택하는 메뉴이다. 월정액급여 = 급여총액 – 상여 등 부정기적 급여 – 실비변상적 급여 – 복리후생적 급여 – 연장근로수당 급여총액에서 제외해야 하는 급여는 "0:부정기"를 선택하고 포함해야 하는 급여는 "1:정기"를 선택한다.
사용여부	기본적으로 제공하는 항목 또는 등록한 항목 중 사용하지 않는 경우 "0:부"로 설정하면 급여자료 입력에 조회되지 않는다.

2 공제등록

급여지급 시 공제하는 항목을 등록하는 메뉴이며 기본적으로 등록된 고정항목은 삭제가 불가능하므로 사용하지 않을 경우에는 "사용여부 : 부"로 변경한다.

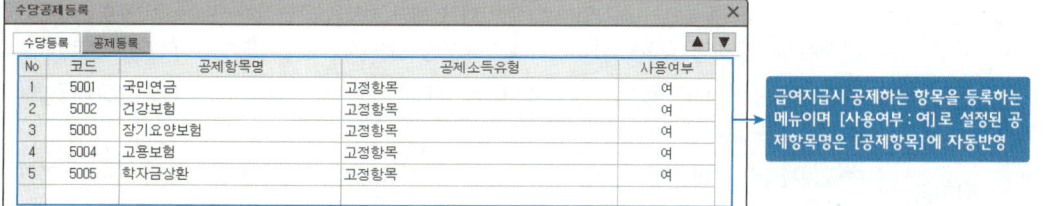

급여지급시 공제하는 항목을 등록하는 메뉴이며 [사용여부 : 여]로 설정된 공제항목명은 [공제항목]에 자동반영

항 목	입력내용 및 방법
공제항목명	추가하고자 하는 공제항목명을 입력한다.
공제소득 유형	코드도움(F2) 키를 누른 후 보조창에서 공제소득유형을 선택하며 기부금 및 사회보험정산 유형은 기부금명세서 및 사회보험정산 메뉴에 자동반영 되는 유형이다.

2. 급여자료 입력

수당 및 공제등록을 설정한 후 각각의 사원에 대한 급여항목과 공제항목을 입력하면 급여대장 및 급여명세 등을 출력할 수 있고 원천징수한 소득세를 집계하는 [원천징수이행상황신고서]에 자동으로 반영된다.

항 목	입력내용 및 방법
귀속년월	지급하는 급여 및 상여의 귀속월을 입력한다.(실제 근로를 제공한 월을 입력)
지급년월일	지급하는 급여 및 상여의 지급일자를 입력한다.
급여항목	[수당공제]의 "수당등록"에 등록된 수당항목 중 "사용 : 여"로 설정한 항목이 자동으로 반영된다.
공제항목	[수당공제]의 "공제등록"에 등록된 공제항목 중 "사용 : 여"로 설정한 항목이 자동으로 반영된다.
지급일자	귀속월별 지급내역을 확인할 수 있으며, 정기적으로 발생하는 급여나 상여금이 동일할 때 복사를 이용하여 손쉽게 작업할 수 있다. 또한 입력실수 등으로 지급일자, 지급구분 등을 변경하고자할 때 [지급일자] 버튼을 이용하여 해당내역을 삭제 후 다시 설정하여 등록할 수 있다.
재계산	과세, 비과세금액이 변경되거나 사원의 부양가족이 변경되는 등 입력된 정보의 내용을 변경하고자 하는 경우 사용한다.
마감	당월 지급분에 대한 급여자료입력을 완료했다는 의미이며, 마감시 수정, 재계산, 삭제 등의 작업을 할 수 없다. 마감 후 다시 [마감취소] 버튼을 클릭하면 마감이 취소된다.
중도퇴사자 정산	중도퇴사시 사원등록에서 퇴사일을 입력한 다음 해당 퇴사월의 급여자료입력 후 [중도퇴사자정산] 버튼을 클릭하여 [급여반영] 버튼을 클릭하면 중도퇴사자에 대한 연말정산이 반영·완료된다.
연말정산	[중도퇴사자정산] 버튼 안의 [연말정산] 버튼을 클릭하여 **전년도 연말정산 소득세를 급여자료입력에 반영**할 수 있다.
분납적용	[중도퇴사자정산] 버튼 안의 [분납적용] 버튼을 클릭하여 전년도 연말정산 소득세 납부액이 **10만원 초과시 3개월에 걸쳐 균등액 분할 납부시** 선택한다.

실무예제

다음은 당사의 2024년 급여지급내역(지급일 : 매월 25일)이다. 수당등록 및 급여자료(1월 ~ 12월)를 입력하며 12월만 상여금(기본급의 100%)이 지급된다. [회사코드 : 2100.(주)청송]

[수당항목]

사원명	기본급	식대	자가운전 보조금	야간 근로수당	보육수당	직무수당
김철수(사무직)	4,400,000원	200,000원	200,000원	200,000원	-	200,000원
하경자(생산직)	2,500,000원	200,000원	200,000원	400,000원	200,000원	100,000원

※ 12월 상여금(기본급 100%)은 급여와 함께 지급

[공제항목]

사원명	국민연금	건강보험	장기 요양보험	고용보험	소득세	지방 소득세	사우회비
김철수			프로그램에서 자동계산되는 자료 사용				30,000원
하경자							10,000원

※ 세법 개정에 따른 프로그램 업데이트시 원천징수세액이 달라질 수 있음.

[급여관련 추가자료]

① 식대는 중식대로서 이외의 별도로 식사나 기타 음식물을 제공받지 않는다.
② 자가운전보조금은 본인 소유차량을 직접 운전하여 업무상 이용하고 매월 고정비로 지급받는 것이다.
③ 야간근로수당은 연장 및 야간근로로 인하여 지급하는 수당이다.
④ 보육수당은 6세 이하 자녀와 관련하여 매월 지급하며 하경자씨는 당해연도에 출생한 자녀가 있으며 회사 지급 규정에 의해 출산지원금(1회) 10,000,000원을 12월에 지급한다.
⑤ 하경자씨는 2025년 9월 1일에 입사하였으며 12월 상여금 지급대상자에 해당한다.

예제 따라하기

① 귀속년월(2025년 1월), 지급년월일(2025년 1월 25일)을 입력하고 상단의 F4 수당공제 버튼을 선택하여 수당항목을 추가등록한다. 하경자는 당해연도 9월 1일에 입사하여 1월 ~ 8월 급여 입력 시에는 조회되지 않는다.
② 직책수당과 월차수당은 사용하지 않을 것이니 "사용여부 : 부"로 선택한다. 메뉴의 하단으로 내리고자 하는 경우 오른쪽 상단의 방향버튼(▲▼)을 눌러서 아래로 내릴 수 있다.
③ 식대는 별도의 현물제공되는 중식이 없으므로 비과세 급여이다. (월정액 : 정기)
④ 자가운전보조금은 본인 소유차량을 업무에 사용하고 별도의 경비를 받은 적이 없으니 비과세 급여이다. (월정액 : 부정기)

⑤ 야간근로수당은 사무직 및 생산직 모두에게 지급한다고 하여 과세와 비과세를 등록하는 것이 아니라 **무조건 비과세 소득**으로 **등록**한다. 이유는 [사원등록] 메뉴의 [10.생산직등여부, 연장근로비과세] 설정에 의해서 과세여부가 적용된다. (월정액 : 부정기)

구분	사원등록		급여자료입력
	생산직등여부	연장근로비과세	수당등록
사무직	부	비활성화	비과세설정 ⇨ 프로그램에서 **과세급여로** 자동계산
생산직	여	부 (직전연도 총급여액 3,000만원 초과자)	비과세설정 ⇨ 프로그램에서 **과세급여로** 자동계산
생산직	여	여	비과세설정 ⇨ 프로그램에서 **비과세급여로** 자동계산 (월정기적 급여 210만원 초과하면 과세급여로 프로그램이 자동계산)

⑥ 보육수당은 6세 이하 자녀를 양육하는 경우에는 비과세 급여이다. (월정액 : 정기)

⑦ 출산지원금은 자녀 출생일 이후 2년 이내 회사지급규정에 의해 지급받는 경우 최대 2회까지 전액 비과세 적용한다. (월정액 : 부정기)

⑧ 직무수당은 과세급여이다. (월정액 : 정기)

[수당등록 화면]

No	코드	과세구분	수당명	근로소득유형			월정액	통상임금	사용여부
				유형	코드	한도			
1	1001	과세	기본급	급여			정기	여	여
2	1002	과세	상여	상여			부정기	부	여
3	1005	비과세	식대	식대	P01	(월)200,000	정기	부	여
4	1006	비과세	자가운전보조금	자가운전보조금	H03	(월)200,000	부정기	부	여
5	1007	비과세	야간근로수당	야간근로수당	O01	(년)2,400,000	부정기	부	여
6	2001	비과세	보육수당	보육수당	Q02	(월)200,000	정기	부	여
7	2002	비과세	출산지원금(1회)	출산지원금(1회)	Q03	전액	부정기	부	여
8	2003	과세	직무수당	급여			정기	부	여
9	1003	과세	직책수당	급여			정기	부	부
10	1004	과세	월차수당	급여			정기	부	부

보육수당·출산지원금(1회)·직무수당은 추가로 신규 등록하였고, 직책수당과 월차수당은 사용하지 않으므로 사용여부를 "부"로 설정하였다.

⑨ 공제항목명에 "사우회비"를 등록하고 공제소득유형란에서 코드도움(F2) 키를 누른 후 "4.기타"를 선택한다.

[공제등록 화면]

No	코드	공제항목명	공제소득유형	사용여부
1	5001	국민연금	고정항목	여
2	5002	건강보험	고정항목	여
3	5003	장기요양보험	고정항목	여
4	5004	고용보험	고정항목	여
5	5005	학자금상환	고정항목	여
6	6001	사우회비	기타	여

비과세항목 입력화면 색활표시 ☑   급여입력화면에 계산방법 표시 ☐   통상시급(원) 자동계산 ☐

⑩ 급여자료입력 화면에 비과세항목을 별도로 표기 (파란색)하고자 한다면 [비과세항목 입력화면 표시여부]를 체크한다. 필수 항목은 아니므로 시험에서는 체크하지 않아도 된다.

[1월 급여입력 화면]

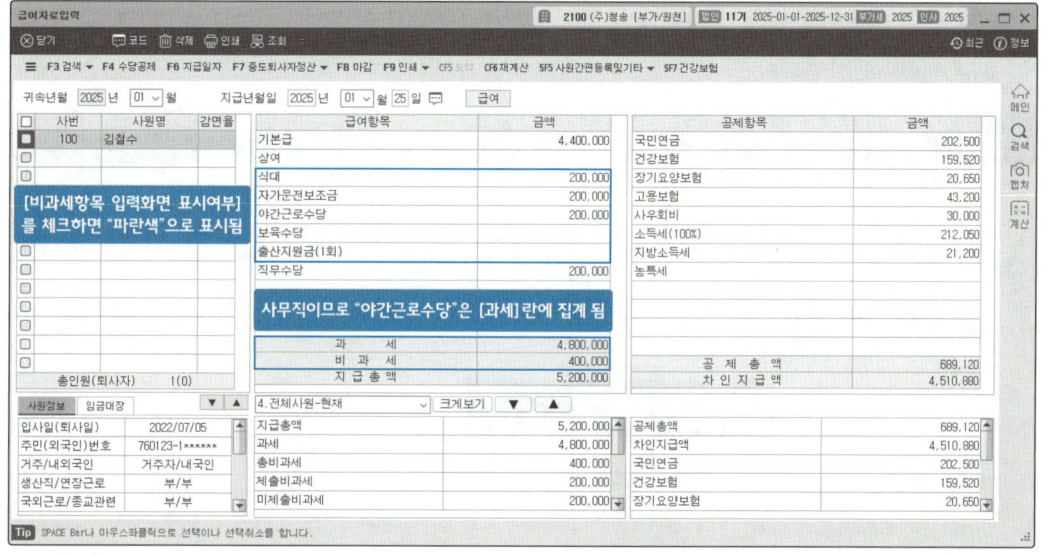

⑪ 2월 ~ 12월 : 1월 급여를 입력하고 다음 어느 하나의 방법을 선택하여 입력할 수 있다.

㉠ 차기월(귀속년월 : 2025년 2월, 지급년월일 : 2025년 2월 25일)을 선택하면 "전월 임금대장 포함(근기령 제27조에 따른 기재사항 포함)하여 복사하시겠습니까?" 메시지가 나오면 "예"를 선택하여 복사한다.

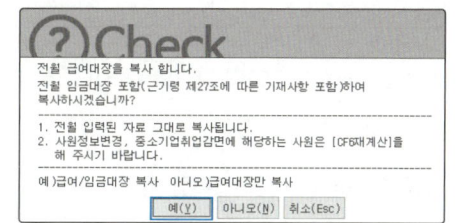

㉡ 상단의 [지급일자] 버튼 활용

F6 지급일자 버튼 클릭 ⇨ 다중복사(F7) 버튼 클릭 ⇨ [급여다중복사] 화면에서 귀속월(3월 ~ 9월)과 지급일자(당월지급)를 입력한 후 [복사]를 클릭 ⇨ 복사가 완료되면 "처리되었습니다." 메시지가 나오며 [확인]키를 누른다.

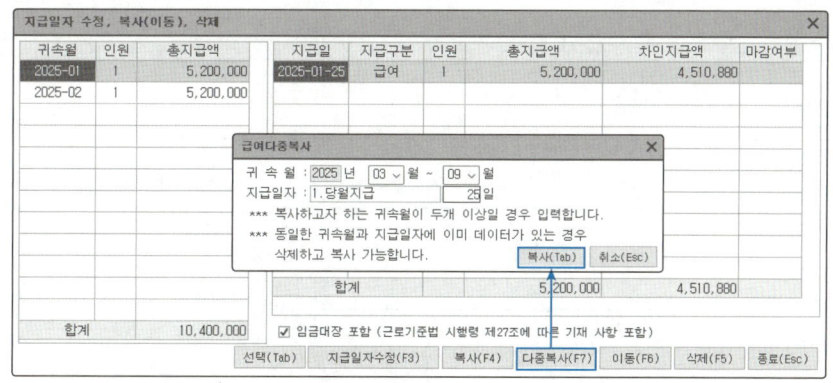

⑫ 지급월 모두 복사가 가능하나 9월 입사자 "하경자" 사원의 급여를 추가입력한 후 10월부터 12월까지 복사한다. 하경자 사원은 중소기업취업감면자로 급여지급시 적용하였으므로 "감면율(90%)"란에 반영된다.

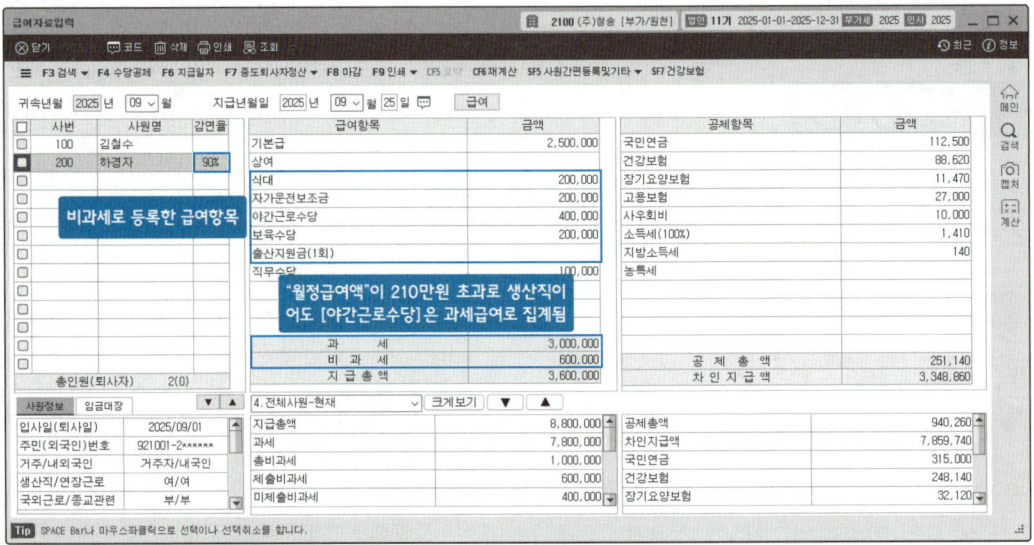

⑬ 9월 급여자료입력 후 12월급여까지 복사하고 상여 및 출산지원금(1회)을 추가 입력하여 급여 입력을 완성한다.

[김철수 12월 급 · 상여입력화면]

[하경자 12월 급 · 상여입력화면]

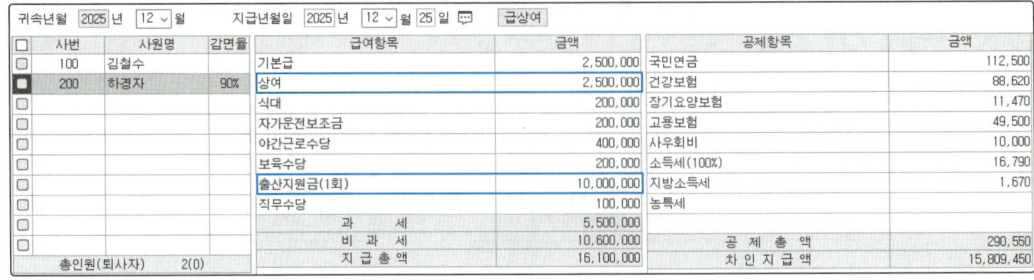

CHAPTER 03 원천징수이행상황신고서

1. 원천징수이행상황신고서 작성

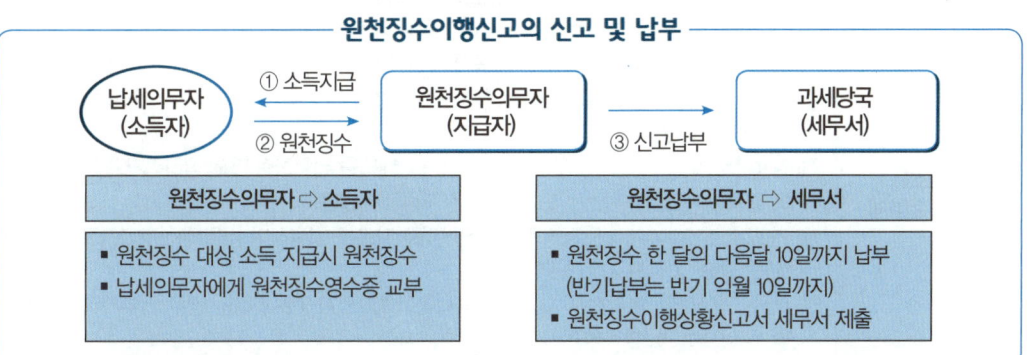

원천징수이행상황신고서는 원천징수의무자가 원천징수대상소득을 지급하면서 소득세를 원천징수한 날의 다음달 10일까지 관할세무서에 제출하여야 한다. 원천징수이행상황신고의 제출시기는 귀속기준이 아닌 지급기준임에 유의한다.

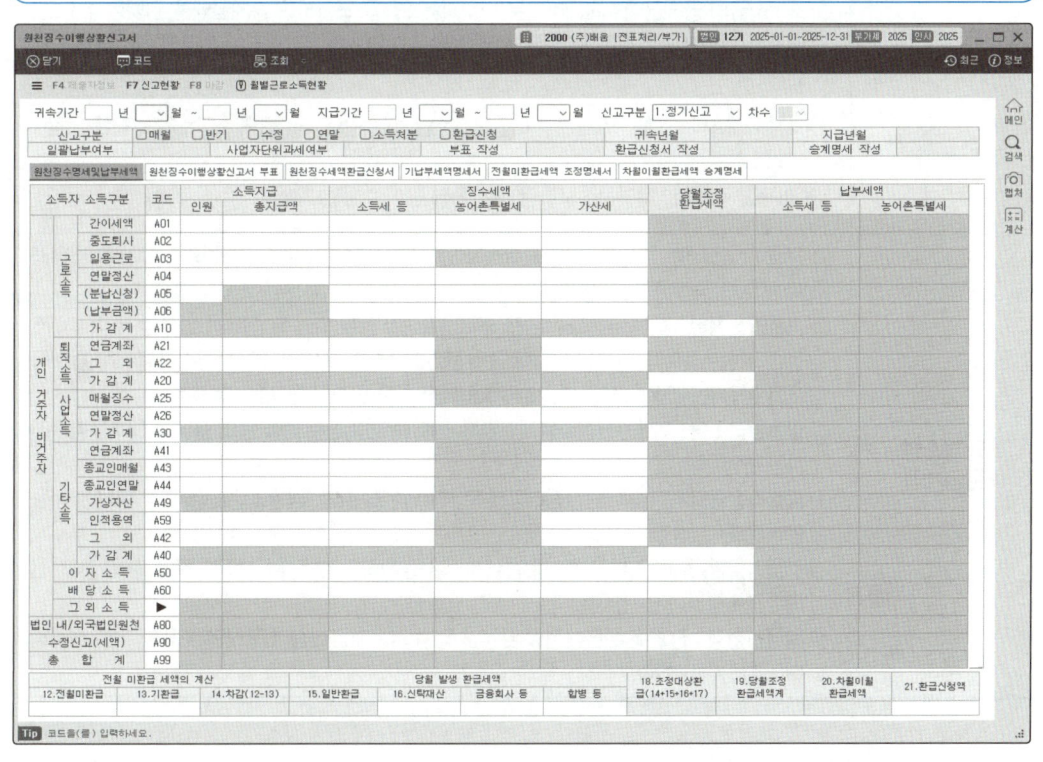

항 목	입력내용 및 방법
귀속기간	원천징수 대상소득의 소득 발생월을 기재한다.
지급기간	원천징수 대상소득의 소득 지급월을 기재한다.
신고구분	① 1.정기신고 : 정기신고할 때 선택 ② 2.기한후신고 : 정기신고 때 신고하지 않은 경우 기한후신고 시 선택 ③ 3.수정신고 : 당초 신고분을 수정신고할 때 선택
근로소득 원천징수명세	[원천징수명세및납부세액 TAB]은 근로소득, 퇴직소득, 사업소득 등이 있으나 전산세무 2급에서는 근로소득만 출제되므로 근로소득에 대한 내용만 설명하고자 한다. | 소득자 소득구분	코드	소득지급		징수세액			당월조정 환급세액	납부세액	
		인원	총지급액	소득세 등	농어촌특별세	가산세		소득세 등	농어촌특별세
개인/거주자/비거주자 근로소득	간이세액	A01								
	중도퇴사	A02								
	일용근로	A03								
	연말정산	A04								
	(분납신청)	A05								
	(납부금액)	A06								
	가 감 계	A10								| ① 간이세액(A01) : [급여자료입력] 메뉴에 입력한 자료가 자동 반영 ② 중도퇴사(A02) : 당월 중 퇴직한 상용직 사원이 있는 경우 퇴직시점에서 당해연도 중 지급한 총급여액에 대한 연말정산 자료를 입력하며 [연말정산추가자료입력]의 "중도퇴사 TAB" 자료가 자동 반영 ③ 일용근로(A03) : 일용근로자에 대한 원천징수 내역을 입력하며 [일용직급여자료입력] 메뉴에 입력한 자료가 자동 반영(교육버전은 지원하지 않음) ④ 연말정산(A04) : 계속근무자에 대한 연말정산자료를 입력하며 [연말정산추가자료입력]의 "연말 TAB" 자료가 자동 반영 ⑤ 분납금액(A05) : 연말정산 시점에 납부세액이 100,000원 초과하는 경우 납부세액을 분납할 수 있으며 그러한 경우 입력 ⑥ 소득지급의 총지급액 : 과세미달분과 비과세소득을 포함하여 총지급액을 입력한다. 다만, 비과세소득 중 근로소득 지급명세서 작성의무가 면제된 "미제출"에 해당되는 **비과세는 제외**한다. ■ **제출** 비과세 : 식대, 육아수당, 야간근로수당, 국외근로수당, 연구수당, 중소기업취업감면 등 ■ **미제출** 비과세 : 자가운전보조금, 당직수당 등
당월조정 환급세액	① 전월미환급세액 : 전월에 미환급세액이 있는 경우 입력하거나 직전월의 "⑳차월이월환급세액"란의 금액이 자동 반영된다. ② 기환급신청한 세액 : 원천징수 환급세액이 발생한 경우 다음 달 이후에 납부할 세액에서 조정환급하는 것이나, 다음달 이후에도 원천징수할 세액이 없거나 원천징수하여 납부할 소득세가 환급할 금액에 미달하여 세무서에 직접 환급 신청한 금액을 입력한다. ③ 일반환급 : 당월에 [원천징수명세및납부세액 TAB]의 징수세액 란의 금액이 (▲)인 경우에 자동 반영된다. ④ 당월조정환급세액계 : [원천징수명세및납부세액 TAB]의 "당월조정환급세액" 항목에 자동 반영된다. ⑤ 차월이월환급세액 : 환급세액과 납부세액을 상계하고 남은 환급세액으로 다음달 "⑫전월미환급세액"에 자동 반영한다. ⑥ 환급신청액 : 당월에 환급신청할 금액을 입력하며 환급신청과 관련한 부표를 함께 작성하여 제출하여야 한다.

항 목	입력내용 및 방법
당월조정 환급세액	[전월미환급세액 300,000원이 발생한 경우 사례]

실무예제

(주)청송의 급여는 귀속월과 지급월이 동일하며 원천징수신고는 매월하고 있다. 9월 원천징수이행상황신고서를 작성하라. [회사코드 : 2100.(주)청송]

예제 따라하기

귀속기간(2025년 09월 ~ 2025년 09월), 지급기간(2025년 09월 ~ 2025년 09월), 신고구분(1.정기신고)를 선택한다. 급여자료입력에 입력된 김철수 및 하경자의 총지급액 및 소득세가 반영된다.

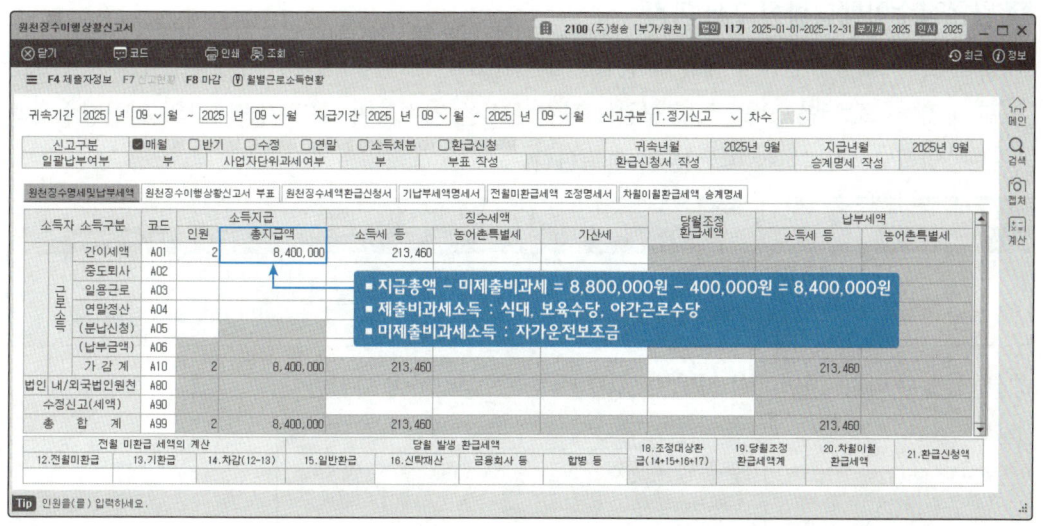

2. 원천징수 전자신고(2022년 4월 자격시험부터 출제)

소득세 원천징수 전자신고는 KcLep 프로그램에서 전자신고 파일 제작까지하고 파일 변환 및 신고는 국세청 홈택스에서 직접한다. 잠재적 실무 담당자를 양성하는 교육기관등에서 홈택스 전자신고를 보다 쉽게 접근해 볼 수 있도록 교육용 프로그램에 홈택스 전자신고변환을 [국세청 홈택스 전자신고변환(교육용)] 메뉴로 개발하여 추가하였으며 **2022년 4월 자격시험부터 출제**될 예정이다.

[KcLep 프로그램 신고서 작성 및 전자신고 프로세스]

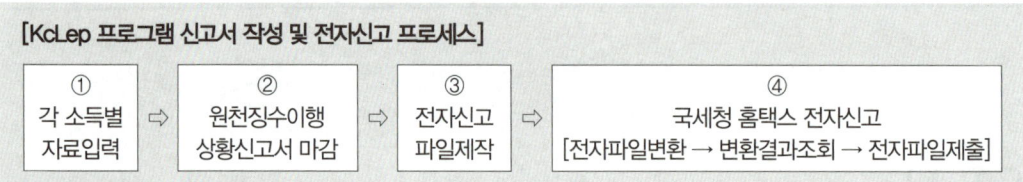

2025년 9월 귀속, 9월 지급의 원천징수이행상황신고서를 작성·마감하여 가상홈택스에서 원천징수이행상황신고서 전자신고를 수행하시오. [회사코드 : 2100.(주)청송]

① (주)청송은 소득세 원천징수세액을 매월신고하며 귀속시기와 지급시기가 동일하다.
② 전자신고 제작과 관련한 비밀번호는 "12345678"로 설정하고자 한다.

1 원천징수이행상황신고서 마감

① 원천징수이행상황신고서 메뉴에서 귀속기간(2025년 09월 ~ 2025년 09월), 지급기간(2025년 09월 ~ 2025년 09월), 신고구분(1.정기신고)을 입력하여 해당 지급기간의 원천징수세액을 반영하고 상단의 F8 마감 버튼을 클릭한다.

② [원천징수 마감] 화면에서 하단의 마 감(F8) 을 클릭하여 마감한다.

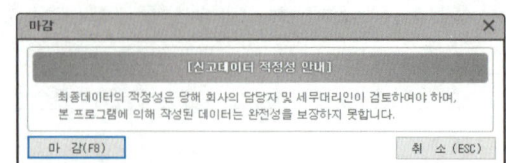

③ 원천징수이행상황신고서 마감이 완료되면 상단에 "마감"이 표시되며 [마감] 버튼이 [마감취소]로 변경된다.

2 원천징수이행상황신고서 전자신고 파일제작

국세청 전자신고 변환파일을 생성하는 메뉴로 세무대리인이 신고하는 경우는 [세무대리인등록 TAB]에 정보를 등록한 후 [원천징수이행상황제작 TAB]을 선택하며 기업이 직접 신고하는 경우는 [원천징수이행상황제작 TAB]을 바로 선택한다.

① [원천징수이행상황제작 TAB]을 선택하고 신고인구분(2.납세자자진신고), 지급기간(2025년 09월 ~ 2025년 09월), 신고(1.정기신고), 원천신고(1.매월), 제작경로(C:₩)를 입력한다.
② 선택한 회사코드의 마감자료가 조회되며 변환하고자 하는 회사를 선택하고 F4 제작 버튼을 클릭하여 국세청 변환파일로 변환한다.

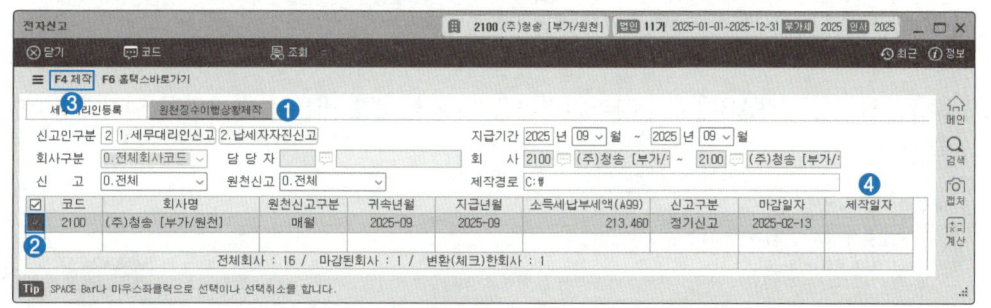

③ 제작이 완료되면 전자신고 파일이 생성되었다는 메시지가 나온다. [확인] 버튼을 클릭하면 파일 **비밀번호(8자리 이상 20자리 이하)** 입력 화면이 활성화되며 비밀번호는 제작 파일별로 각각 입력하며 국세청 제출시 필요하므로 반드시 기억하여야 한다. (주)청송은 숫자 **"12345678"** 을 입력한다.

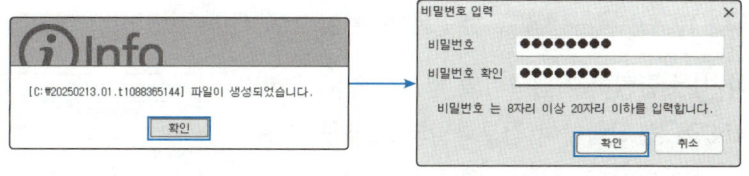

④ 전자신고 데이터 제작이 성공적으로 암호화 되었다는 메시지가 나오며 상단의  버튼을 클릭하여 직접 국세청 홈택스로 접속할 수 있다. 본서는 외부에 별도로 제공하고 있는 메뉴를 사용하고자 한다.

3 국세청 홈택스 전자신고

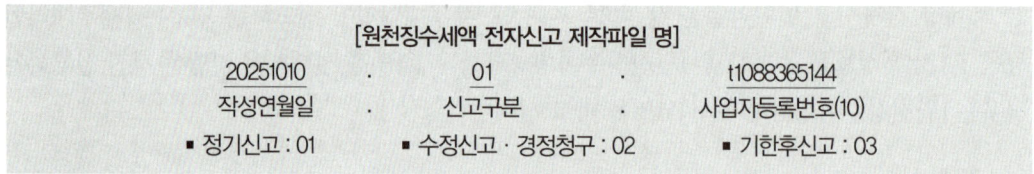

본 메뉴는 국세청 홈택스 전자신고 화면을 가상으로 제공하는 메뉴로 전자신고 변환에 필요한 기능 이외의 모든 기능을 막아서 사용할 수 없으며 파일만 첨부하여 테스트만 가능하다.

[원천징수세액 전자신고 제작파일 명]

20251010	·	01	·	t1088365144
작성연월일	·	신고구분	·	사업자등록번호(10)

- 정기신고 : 01 ■ 수정신고·경정청구 : 02 ■ 기한후신고 : 03

① 국세청 홈택스 [신고서 전자파일 제출] 절차 화면이 활성화되며 각 단계별 설명을 확인할 수 있다. 하단의 "닫기" 버튼을 클릭하여 국세청 홈택스 전자신고변환 화면으로 전환한다. 또한, 국세청 홈택스 전자신고 순서는 상단에 변환순서로 기재되어 있다.

· 변환순서 : [찾아보기] → [형식검증하기] → 비밀번호 입력 → [형식검증결과확인] → [내용검증하기] → [내용검증결과확인] → [전자파일제출 이동] → 다음 화면에서 신고서요약내용 확인 후 [전자파일제출하기] → '일괄접수증' 확인 → [신고내역 조회(접수증·납부서)]

② [Step 1.세금신고] TAB에서 전자파일변환을 위해 [찾아보기] 버튼을 클릭하여 변환대상파일을 선택한다.

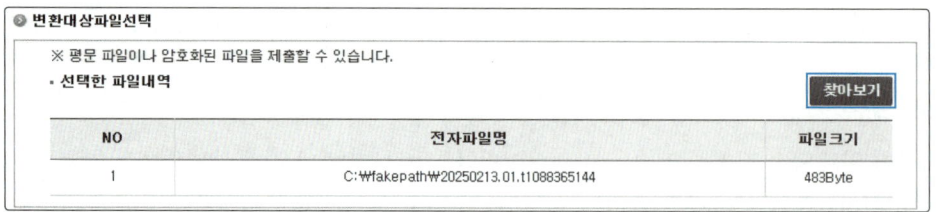

③ 전자 신고하고자 하는 파일 첨부가 끝나면 처리내역의 [진행현황] 검증순서별로 각각의 버튼을 클릭하여 파일의 형식 및 내용을 검증한다.

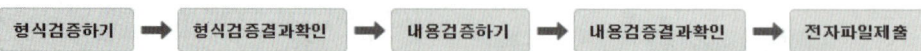

④ [형식검증하기]를 클릭하고 신고파일 생성시 입력한 비밀번호 "12345678"을 입력하여 첨부파일의 형식을 검증하고 [형식검증결과확인]으로 진행사항을 확인한다.

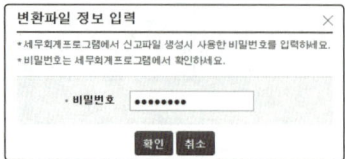

⑤ 하단 진행현황의 [**내용검증하기**]를 클릭하여 신고내용을 검증하고 [**내용검증결과확인**]으로 신고내용의 오류사항을 파일처리내역에서 확인한다.

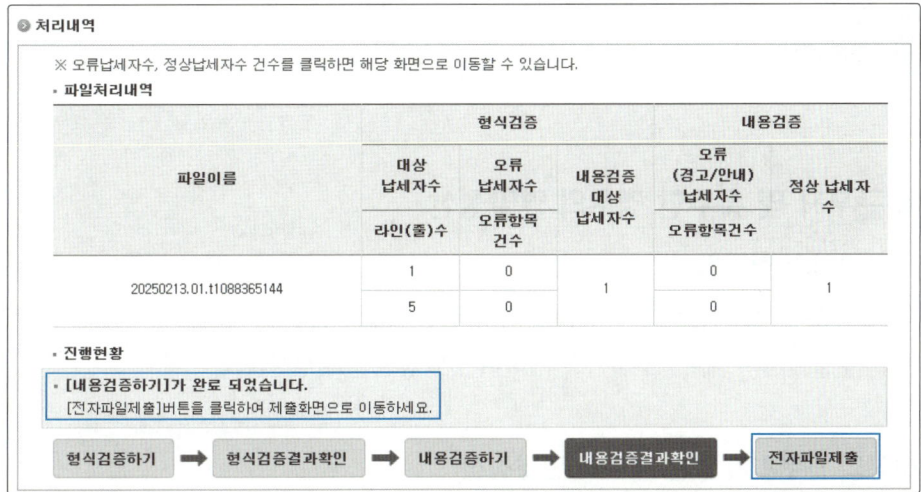

⑥ 신고서에 오류가 발생하지 않으면 [**전자파일제출**]을 클릭하여 전자파일 제출로 이동하여 전자파일을 제출한다.

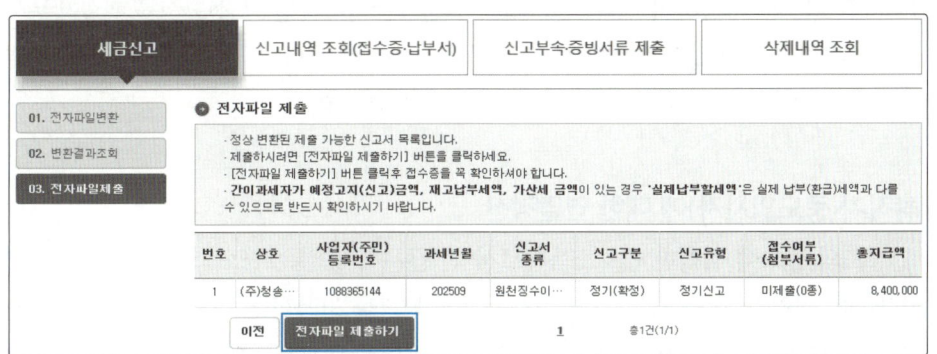

⑦ [**전자파일 제출하기**]를 클릭하면 가상서버(교육용)로 제출되며, "정상변환된 신고서를 제출합니다." 메시지가 나온다. [확인]을 선택하면 [원천세 신고서 접수증(변환파일)] 화면이 활성화 되며 신고된 내용을 확인할 수 있고 [인쇄하기]를 클릭하여 접수증을 출력하여 보관한다.

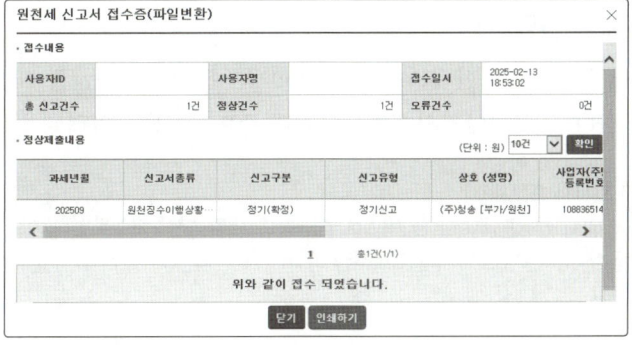

CHAPTER 04 연말정산추가자료입력

1. 계속근무자 및 특수한 경우의 연말정산

1 계속근무자의 연말정산

다음연도 2월 급여 지급시 연말정산을 진행하며 [연말정산추가자료입력] 메뉴의 상단 "전체사원" 버튼을 클릭하여 계속근무자를 반영하여 연말정산을 완성한다.

2 2 이상의 근무지가 있는 경우의 연말정산

2 이상의 근무지로부터 근로소득을 지급 받는 근로소득자는 근로소득을 지급받기 전에 2 이상의 근무지 중 주된 근무지와 종된 근무지를 결정하여 주된 근무지의 원천징수의무자에게 근무지신고서를 제출하여야 하며, 주된 근무지의 원천징수의무자는 그 신고서를 관할세무서장에게 제출하고 종된 근무지의 원천징수의무자에게 통보하여야 한다.
⇨ [연말정산추가자료입력 소득명세 TAB : 종(전)근무]에 입력

3 재취직자(중도입사자)에 대한 연말정산

당해 연도의 중도에 취직한 근로소득자로서 전 근무지가 있는 근로소득자에 대하여 근로소득을 지급하는 원천징수의무자는 그 근로소득자에게 그를 고용한 날이 속하는 연도의 다음 연도 2월분의 근로소득을 지급하는 때에 전 근무지에서 당해 연도의 1월부터 그 연도의 중도에 퇴직한 날이 속하는 달까지 받은 근로소득을 포함하여 연말정산을 하여야 한다.
⇨ [연말정산추가자료입력 소득명세 TAB : 종(전)근무]에 입력

4 중도퇴사자에 대한 연말정산

사업연도 중에 근로자가 퇴사한 경우에는 퇴직한 달의 급여를 지급할 때 중도퇴사자에 대한 연말정산을 하여야 한다. ⇨ [연말정산추가자료입력 중도 TAB]에 입력

[KcLep 프로그램 중도퇴사자 프로세스]
① 사원등록 : 퇴사일자 입력 ⇨ ② 급여자료입력(퇴사월) ⇨ ③ 연말정산추가자료입력(중도 TAB)
⇨ ④ 원천징수이행상황신고서(근로소득의 중도퇴사란 반영)

2. 연말정산추가자료입력

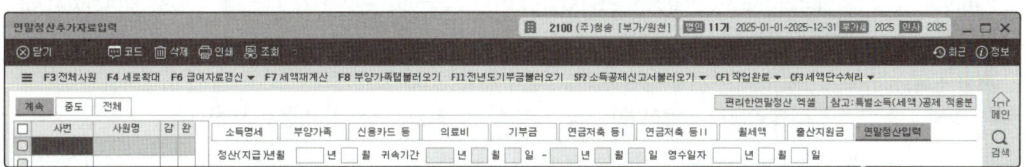

항 목	입력내용 및 방법
전체사원	사원등록에 등록되어 있는 모든 사원을 불러오고자 하는 경우 사용한다. 사번에서 코드도움 ([F2]) 키를 클릭하여 사원등록에 등록된 사원을 선택하여 입력할 수 있다.
세로확대 · 축소	[연말정산추가자료입력] 메뉴 화면상의 크기를 세로로 확대 · 축소시 사용한다.
자료갱신	① 급여자료갱신 : 현재사원에 대하여 변경된 사원, 급여정보를 반영하고자 하는 경우 사용한다. ② 추가공제갱신 : 사원 및 부양가족의 주민등록번호를 기준으로 추가공제를 자동표시하고자 하는 경우 사용한다. ③ 세액재계산 : 현재사원에 대하여 공제액만 재계산하고자 하는 경우 사용한다.
부양가족탭 불러오기	[부양가족 TAB]에 입력된 보험료, 의료비, 신용카드, 기부금 등 지출액을 [연말정산입력 TAB]의 각 항목 지출액을 반영하고자 하는 경우 사용한다.
전년도기부금 불러오기	이월기부금이 있는 경우 전년도 [기부금 TAB]에 입력된 전년도 이월금액을 반영하고자 하는 경우 사용한다.
소득공제신고서 불러오기	[신용카드소득공제신청서] 및 [근로소득공제신고서]의 지출액을 반영하고자 하는 경우 사용하며 공제금액을 재계산한다. 또한 불러오기를 적용할 경우 기존에 입력한 데이터가 삭제됨에 유의한다.
작업완료 (작업취소)	연말정산 자료입력을 완료했다는 의미로 완료된 사원에 대해 재계산, 금액변경, 삭제 등을 할 수 없으며, 완료취소는 완료된 작업을 취소할 때 사용한다.
세액단수처리	① 세액단수처리 : 입력된 사원에 절사방법(원미만절사 또는 십원미만 절사)을 선택하고 [자료갱신] 버튼을 선택하여 적용한다. ② 인정상여 : 법인조정의 [소득자료명세서]의 자료를 불러오기하여 적용하고자 하는 경우 사용한다. ③ 영수일자 변경 : 근로소득원천징수영수증의 영수일자를 일괄로 변경하고자 하는 경우 사용하며 [자료갱신] 버튼을 수행하면 초기화된다.
계속TAB 중도TAB 전체TAB	① 계속TAB : 계속근무자의 연말정산일 경우 "계속"을 선택 ② 중도TAB : 중도퇴사자의 정산데이터일 경우 "중도"를 선택 ③ 전체TAB : 계속근무자와 중도퇴사자 모두를 조회하고자 할 경우 선택
정산(지급)년월	① 계속근무자의 연말정산은 다음해 2월 급여지급월이다. ② 중도퇴사자의 연말정산은 퇴직한 달의 급여를 지급한 월을 기재한다.
귀속기간	① 계속근로자 : 매년 1월 1일부터 12월 31일 ② 해당연도에 입사하거나 퇴사한 경우 [사원등록] 메뉴에서 입력한 입사년월과 퇴사년월이 자동반영

항 목	입력내용 및 방법
영수일자	① 계속근로자 : 다음연도 2월말일이 자동 표시 ② 중도퇴사자 : 퇴사 시 원천징수세액의 영수 또는 지급일 기재(직접입력)
편리한 연말정산 엑셀	국세청의 편리한 연말정산 간편제출을 이용할 사원의 근로자 기초자료를 엑셀로 변환하고자 하는 경우 사용한다.
특별(소득) 세액 공제반영	특별소득(세액)공제와 월세세액공제 금액을 합산하여 표준세액공제(13만원)를 비교하여 근로자에게 유리한 쪽으로 반영하여야 하며 세부내역을 확인하고자 하는 경우 사용한다.
소득명세 TAB	[급여자료입력] 메뉴에 입력한 급여자료가 자동반영된다. 중도입사자(또는 2 이상 근무지가 있는 경우)의 경우에는 종(전)근무지의 소득자료를 입력하여야 하며 **노란색** 부분은 **코드도움**(F2)으로 세부사항을 선택 입력한다.
부양가족 TAB	① 사원등록의 [부양가족명세 TAB]에 입력한 자료가 자동반영되며 직접 추가, 수정, 삭제할 수 있다. 부양가족 중 소득기준초과로 기본공제 "부"에 해당하는 경우 "1:여"로 선택한다. ② 2024년부터 2026년에 혼인신고를 한 거주자가 혼인신고를 한 해(생애 1회)에 50만원 공제가 가능하다. 해당하는 경우 본인의 "**결혼세액**"란에서 "**1:여**"를 선택하여 [연말정산입력 TAB] "56.결혼세액공제"란에 반영한다. ③ 본인 및 부양가족의 **보험료**, **의료비**, **교육비**, **신용카드 등**, **기부금**의 공제 항목이 있는 경우 인명별로 직접 또는 **노란색** 화면을 **더블클릭**하여 보조화면 · 별도 탭에서 입력한다. ④ [부양가족 TAB]에 입력한 자료는 상단의 F8 부양가족탭불러오기 버튼을 선택하여 [연말정산입력 TAB]의 보험료, 의료비, 교육비, 신용카드 등, 기부금란으로 반영한다. ⑤ 공제항목별 입력방법 ■ 보험료 : [부양가족 TAB] 공제대상자 선택 후 보험료란 더블클릭 - 보험료 등 공제대상금액 보조화면에 보장성보험료 입력

항 목	입력내용 및 방법
부양가족 TAB	■ 의료비 : [부양가족 TAB] 공제대상자 선택 후 의료비란 더블클릭 → [의료비 TAB]으로 이동 – 의료비 공제대상자별 지급명세 입력 ■ 교육비 : [부양가족 TAB] 공제대상자 선택 후 지출액 입력 후 교육비 구분 선택 ■ 신용카드등 사용액 : [부양가족 TAB] 공제대상자 선택 후 기부금란 더블클릭 → [신용카드등 TAB]으로 이동 – 신용카드등 공제대상자별 지출액 입력 ■ 기부금 : [부양가족 TAB] 공제대상자 선택 후 신용카드란 더블클릭 → [기부금 TAB]으로 이동 – 기부자별 기부금 입력 ⑥ [연말정산입력 TAB]에서 **[F8 부양가족탭불러오기]**를 실행하지 않는 경우 '**빨간색**'으로 표시되며, 지출액에 반영되지 않으므로 반드시 실행한다.
신용카드등 TAB	■ **신용카드등 사용액 소득공제 반영방법** [신용카드 등 TAB] 입력 → [부양가족 TAB] 자동 반영 → [연말정산입력 TAB] : [F8 부양가족탭불러오기] 버튼을 클릭하여 반영 ① 신용카드 등 사용액(**나이 불문, 소득금액 규제**)이 있는 경우 부양가족별로 사용액을 입력한다. [부양가족 TAB]에서 더블클릭하면 [신용카드등 TAB]으로 이동하며, 직접 탭을 선택하여 입력하여도 된다. ② 도서등신용/도서등직불/도서등현금 : 총급여액 7,000만원 이하자로 문화체육사용분(도서 · 신문 · 공연 · 박물관 · 미술관 · 영화상영관 · 수영장 · 체력단련장) 지출액이 있는 경우 입력
의료비 TAB	■ **의료비 세액공제 반영방법** [의료비 TAB] 입력 → [부양가족 TAB] 자동 반영 → [연말정산입력 TAB] : [F8 부양가족탭불러오기] 버튼을 클릭하여 반영 ① 기본공제대상자(**나이 및 소득금액 불문**)를 위하여 지출한 의료비가 있는 경우 입력하며 코드도움(F2)을 이용하여 의료비 공제대상자를 선택 후 입력 ② 본인등 해당여부 : 부양가족 등록 정보에 따라 전액공제대상(○) 및 일정한도대상(×) 자동 설정되며 수정이 필요한 경우 직접 수정입력 가능 ■ 소득자 본인 : 1.본인(○) ■ 6세 이하, 65세 이상, 장애인, 건강보험산정특례자 : 2.6세이하,65세이상,장애인,건강보험산정특례자(○) ■ 이외의 자 : 3.그 밖의 기본공제대상자(×) ③ 지급처 : 증빙코드를 '1.국세청장'으로 선택한 경우 상호, 사업자등록번호, 건수는 입력하지 않으며 이외의 증빙코드는 상호, 사업자번호, 건수를 반드시 입력 ④ 지급명세 : 의료비 지출액을 금액란에 입력 ■ 실손보험수령액이 있는 경우 지출액 전액을 금액란에 입력하고 실손보험수령액 함께 입력 ■ 미숙아 및 선천성이상아 의료비, 난임시술비 지출액이 있는 경우 "1.해당(○)" 선택 ■ 산후조리원 지출액이 있는 경우 출산 1회당 200만원 한도로 입력하고 "1.해당(○)" 선택

항 목	입력내용 및 방법
기부금 TAB	■ **기부금 세액공제 반영방법** [기부금 TAB] 입력 → [부양가족 TAB] 자동 반영 → [연말정산입력 TAB] : [F8 부양가족탭불러오기] 버튼을 클릭하여 반영 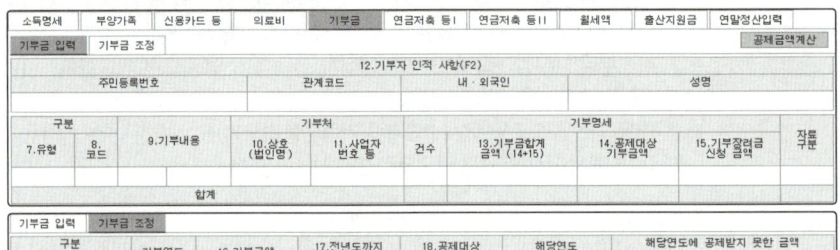 ① 기본공제대상자(**나이 불문, 소득금액 규제**)가 지출한 기부금이 있는 경우 코드도움(F2)을 이용하여 기부금 공제대상자를 선택 후 입력 ② 기부금 유형 : 코드도움(F2)을 이용하여 기부금코드 선택 ■ 10.특례기부금 : 국가나 지방자치단체, 학교 등에 기부한 기부금 ■ 20.정치자금기부금 : 본인의 정치자금기부금이 있는 경우 지출액 **전액**을 입력하며 10만원 이하의 "100/110"의 금액은 정치자금 세액공제하고 초과분은 특례기부금으로 세액공제 ■ 40.일반기부금(종교단체 외) : 종교단체 이외의 일반기부금 단체에 지출한 기부금 ■ 41.일반기부금(종교단체) : 종교단체 기부금 ■ 42.우리사주조합기부금 : 본인(비조합원)이 우리사주조합에 기부한 기부금 ■ 43.고향사랑기부금 : 본인의 고향사랑기부금이 있는 경우 지출액(2,000만원 이하) **전액**을 입력하며 정치자금기부금과 동일하게 세액공제 ③ 기부금명세서 작성순서 [기부금 입력] TAB → [기부금 조정] : "공제금액계산" 버튼 : 불러오기 > 공제금액반영 > 저장 & 종료
연금저축 등 I, II TAB	① 연금계좌 세액공제 : 근로자퇴직급여보장법에 따른 근로자 부담금이 있는 경우 입력하며 [연말정산입력 TAB]의 [연금계좌 : 59.근로자퇴직연금]란에 자동반영 ② 연금계좌 세액공제 : 개인연금저축과 연금저축 불입액이 있는 경우 입력하며 [연말정산입력 TAB]의 [연금계좌 : 37.개인연금저축, 60.연금저축]란에 자동반영 ③ 연금계좌 세액공제 : 개인종합자산관리계좌(ISA) 만기시 연금계좌로 전환한 금액이 있는 경우 입력하며 [연말정산입력 TAB]의 [연금계좌 : 60-1 ISA연금계좌전환]란에 자동반영

항 목	입력내용 및 방법
연금저축 등 I, II TAB	④ 주택마련저축 공제 : 청약저축, 주택청약종합저축이 있는 경우 입력하며 [연말정산입력 TAB] 의 [39.주택마련저축소득공제]란에 자동반영 ⑤ 장기집합투자증권저축 소득공제 : 장기집합투자액이 있는 경우 입력하며 [연말정산입력 TAB] 의 [45.장기집합투자증권저축]란에 자동반영 ⑥ 중소기업 창업투자조합 출자 등에 대한 소득공제 : 중소기업창업투자조합 등에 출자 또는 투자를 하는 경우 입력하며 [연말정산입력 TAB]의 [41.투자조합출자등 소득공제]란에 자동반영 ⑦ 청년형 장기집합투자증권저축 소득공제 : 청년 장기집합투자증권저축이 있는 경우 입력하며 [연말정산입력 TAB]의 [46.청년형 장기집합투자증권저축]란에 자동반영
월세액 TAB	① 월세액 세액공제 명세 : 총급여액 8,000만원 이하자의 월세액이 있는 경우 임차인의 정보를 입력하며 [연말정산입력 TAB]의 [70.월세액]란에 자동반영 ② 거주자간 주택임차차입금 원리금 상환액 소득공제 명세 : 주택임차차입금 원리금 중 거주자 개인에게 차입한 금액이 있는 경우 입력하며 [연말정산입력 TAB]의 [34.주택차입금원리금 : 거주자]란에 자동반영
출산지원금 TAB	[소득명세 TAB]의 비과세소득 출산지원금이 자동반영되며, 코드도움(F2)을 이용하여 자녀를 선택하거나 직접 입력한다.
연말정산입력 TAB	연금보험료 공제	[급여자료입력] 메뉴에서 입력한 자료가 자동반영되며 추가 입력 및 수정은 [부양가족소득공제 TAB]의 "보험료"란에서 더블클릭하여 입력한다.
	보험료 공제	
	주택자금 공제	① 주택차입금원리금상환액 : 대출기관란에서 더블클릭하여 보조화면에서 입력하며 거주자분은 [월세액 TAB]란에서 입력하여 반영 받는다.

항 목		입력내용 및 방법
연말정산입력TAB	주택자금공제	② 장기주택저당차입금이자상환액 : 더블클릭하여 보조화면에서 차입시기와 상환기간을 확인하여 입력한다. ③ 주택마련저축소득공제 : 청약저축 등의 불입액이 있는 경우 [연금저축 등 I TAB]란에서 입력하여 반영하며 직접 입력은 불가능하다.
	신용카드등소득공제	[신용카드등 TAB]에서 입력하며 [부양가족 TAB]에 자동반영된 자료를 반영하기 위해서는 반드시 **[F8 부양가족탭불러오기]**를 실행하여야 하며 직접 입력은 불가능하다.
	자녀세액공제	사원등록 메뉴의 [부양가족명세 TAB] 또는 연말정산추가자료 메뉴의 [부양가족 TAB]의 "자녀, 출산입양"란에 정보가 자동반영된다.
	연금계좌세액공제	본인이 지출한 연금저축이 있는 경우 입력하며 [연금저축 등 TAB]에서 입력한 자료가 자동반영되며 직접입력은 불가능하다. 개인연금저축으로 입력한 정보는 [37.개인연금저축]란에 반영된다. Min[①, ②] × 12%(총급여액 5,500만원 이하 15%) ① 연금저축계좌 납입액 + 퇴직연금계좌 납입액 + ISA 연금 전환금액　② 한도 : 900만원
	보장성보험세액공제	기본공제대상자(**나이 및 소득금액 제한**)의 일반보장성 보험료(연 100만원 한도) 및 장애인보장성 보험료(연 100만원 한도)를 [부양가족 TAB]에서 입력하고 **[F8 부양가족탭불러오기]**를 실행하여 반영하고 직접 입력은 불가능하다. 보장성 보험료 × 12%(장애인전용보장성보험료 15%)

항목		입력내용 및 방법
연말정산입력 TAB	의료비 세액 공제	기본공제대상자(**나이 및 소득금액 불문**)의 의료비를 지출한 경우 [의료비 TAB]에서 입력하며 [부양가족 TAB]에 자동반영된 자료를 반영하기 위해서는 반드시 **[F8 부양가족탭불러오기]**를 실행하여야 하며 직접 입력은 불가능하다. 	구분	지출액	공제대상금액	공제금액
---	---	---	---
62.의료비			| ⇩ | 의료비				×
---	---	---	---	---
구분	지출액	실손의료보험금	공제대상금액	공제금액
미숙아·선천성 이상아 치료비				
난임시술비				
본인				
6세이하,65세,장애인,건강보험산정특례자				
그 밖의 공제대상자					 [㉠ + ㉡] 공제대상금액 × 15%(단, 미숙아 · 선천성이상아 의료비 20%, 난임시술비 30%) ㉠ 전액공제대상금액 = [의료비지출액 − ㉡의 의료비 지출액이 총급여액의 3% 미달금액] 전액공제대상 의료비 : 본인, 6세 이하자, 65세 이상자, 장애인, 중증질환자 · 희귀난치성질환자 또는 결핵환자, 미숙아 · 선천성이상아 의료비, 난임시술비(보조생식술에 소요된 비용) ㉡ ㉠외의 배우자 및 부양가족(연 700만원 한도) = [의료비지출액 − 총급여액 × 3%]
	교육비 세액 공제	기본공제대상자(**나이 불문, 소득금액 규제**)를 위하여 지출한 교육비가 있는 경우 [부양가족 TAB]에서 입력하고 **[F8 부양가족탭불러오기]**를 실행하여 반영하고 직접 입력은 불가능하다. 	구분	지출액	공제대상금액	공제금액
---	---	---	---
63.교육비			| ⇩ | 교육비			×
---	---	---	---
구분	지출액	공제대상금액	공제금액
취학전아동(1인당 300만원)			
초중고(1인당 300만원)			
대학생(1인당 900만원)			
본인(전액)			
장애인 특수교육비(전액)				 교육비 공제대상금액(본인과 장애인특수교육비는 한도 없음) × 15%
	기부금 세액 공제	기본공제대상자(**나이 불문, 소득금액 규제**)가 지출한 기부금은 [기부금 TAB]에서 입력하며 [부양가족 TAB]에 자동반영된 자료를 반영하기 위해서는 반드시 **[F8 부양가족탭불러오기]**를 실행하여야 하며 직접 입력은 불가능하다. 	구분		지출액	공제대상금액	공제금액
---	---	---	---	---
64.기부금				
1)정치자금기부금	10만원이하			
	10만원초과			
2)고향사랑기부금	10만원이하			
	10만원초과			
3)특례기부금(전액)				
4)우리사주조합기부금				
5)일반기부금(종교단체외)				
6)일반기부금(종교단체)				| ⇩ | 기부금			×
---	---	---	---
구분	지출액	공제대상금액	공제금액
정치자금(10만원 이하)			
정치자금(10만원 초과)			
고향사랑기부금(10만원 이하)			
고향사랑기부금(10만원 초과)			
특례기부금 당기			
우리사주조합기부금			
일반기부금(종교외) 당기			
일반기부금(종교) 당기				 기부금 공제대상금액 × 15%(공제대상금액 1,000만원 초과분은 30%)

항목		입력내용 및 방법
연말정산입력 TAB	월세액 세액공제	본인(총급여액 8,000만원 이하자)이 해당 과세기간에 지출한 월세액이 있는 경우 입력하며 [월세액 TAB]에서 입력한 자료가 자동반영되며 직접입력은 불가능하다. | 구분	지출액	공제대상금액	공제금액
---	---	---	---
70.월세액			| 월세 지급액(연 1,000만원 한도) × 15% | 총급여액	공제율
---	---
5,500만원 이하(종합소득금액 4,500만원 이하)	17%
5,500만원 초과 8,000만원 이하(종합소득금액 4,500만원 초과 7,000만원 이하)	15%	

 TIP

[소득·세액공제 적용 시 나이·소득금액요건과 근로기간에 대한 제한]

구분	특별소득공제			특별세액공제						
	주택자금	신용카드	연금저축	보험료		의료비	교육비		기부금	월세
				일반	장애인		일반	장애인		
나이	×	×	×	○	×	×	×	×	×	×
소득금액	△	○	×	○	○	×	○	×	○	○
근로기간	○	○	×	○	○	○	○	○	×	○

※ 충족(제한) : ○, 미충족(불문) : ×, 요건에 따라 상이 : △

실무예제 1

다음 자료를 보고 계속근무자인 김철수씨의 연말정산을 완성하시오. 단, 김철수의 가족은 생계를 같이하고 있으며 국세청간소화서비스 제출자료로 모든 지출은 본인이 부담하였다. [회사코드 : 2100. (주)청송]

구분	내역	금액
추가급여	■ 법인세법상 소득처분 받은 인정상여	5,000,000원
주택자금	■ 장기주택저당차입금 이자상환액	5,000,000원
신용카드 (본인지출)	■ 차량구입비(중고자동차) ■ 현금서비스 ■ 기타 생활용품 구입(전통시장 사용 2,000,000원 포함) ■ 보험료 납부 ■ 국세 납부	15,000,000원 4,000,000원 18,000,000원 600,000원 2,600,000원
연금저축	■ 본인의 연간 불입액(2009.2.10 가입, (주)국민은행, 계좌번호 : 124578)	3,600,000원

구 분	내 역	금 액
보험료	■ 본인의 자동차 보험료 불입액 ■ 본인의 저축성 보험료 불입액 ■ 배우자(문예창작소득 500만원)를 피보험자로 한 생명보험료 불입액 ■ 장남(장애인, 총급여액 600만원)을 피보험자로 한 장애인전용보장성 보험료	900,000원 1,200,000원 500,000원 900,000원
의료비	■ 아버지(배당소득 1,600만원과 기초연금 240만원)의 건강기능식품 구입 ■ 본인의 치료목적 수술비(실손의료보험금 2,000,000원 수령)	4,000,000원 5,000,000원
교육비	■ 본인의 대학원 등록금 ■ 아버지의 원격대학 등록금 ■ 장남(장애인, 총급여액 600만원) 대학교 수업료 ■ 배우자 방송통신대학 등록금	8,000,000원 3,000,000원 4,800,000원 2,000,000원
기부금	■ 동창회 후원금(본인이 기부) ■ 본인의 이재민 구호금품(성남시청, 고유번호 : 456-83-12357) ■ 아버지의 교회 기부금(천국교회, 고유번호 : 123-83-12379)	120,000원 500,000원 1,000,000원

[주택자금 추가자료]

주택은 국민주택규모로 1주택을 소유하고 있으며, 세대주이다.
상환기간은 15년(고정금리, 비거치)이며, 주택명의는 배우자와 공동명의로, 주택대출금은 김철수의 명의이다. 주택 취득시점(2014년 5월 6일) 기준시가는 3억 5천만원이었으며, 취득시 잔금을 대출금으로 대체하였고, 근저당권이 설정되어있다. (그 외 장기주택저당차입금 이자상환액공제의 요건을 충족한 것으로 본다.)

 예제 따라하기

사번에서 코드도움(F2)을 누른 후 "100.김철수"를 선택하여 반영하거나 [전체사원] 버튼을 클릭하여 반영하면, [급여자료입력]에 입력한 급여자료 및 사회보험 근로자 부담금이 자동반영된다.

(1) 소득명세 TAB

법인세법상 소득처분 받은 인정상여는 근로소득에 해당하므로 "13-3.과세대상추가(인정상여추가)"란에서 **더블클릭**하여 인정상여추가분에 5,000,000원을 입력한다.

(2) 부양가족 TAB

① **인적공제**: [사원등록] 메뉴의 [부양가족명세 TAB]에 입력한 자료가 반영되며 직접 부양가족을 등록·수정·삭제가 가능하다. 김혁(자녀)은 소득금액 초과자에 해당하므로 **소득기준 초과여부를 "1:여"로 변경**하며 의료비, 교육비, 신용카드, 기부금, 보험료 소득/세액공제금액이 영향을 받는다.

② 본인, 배우자, 부양가족의 인명(개인)별 **보험료, 의료비, 교육비, 신용카드등 사용액, 기부금** 지출액을 입력한다.

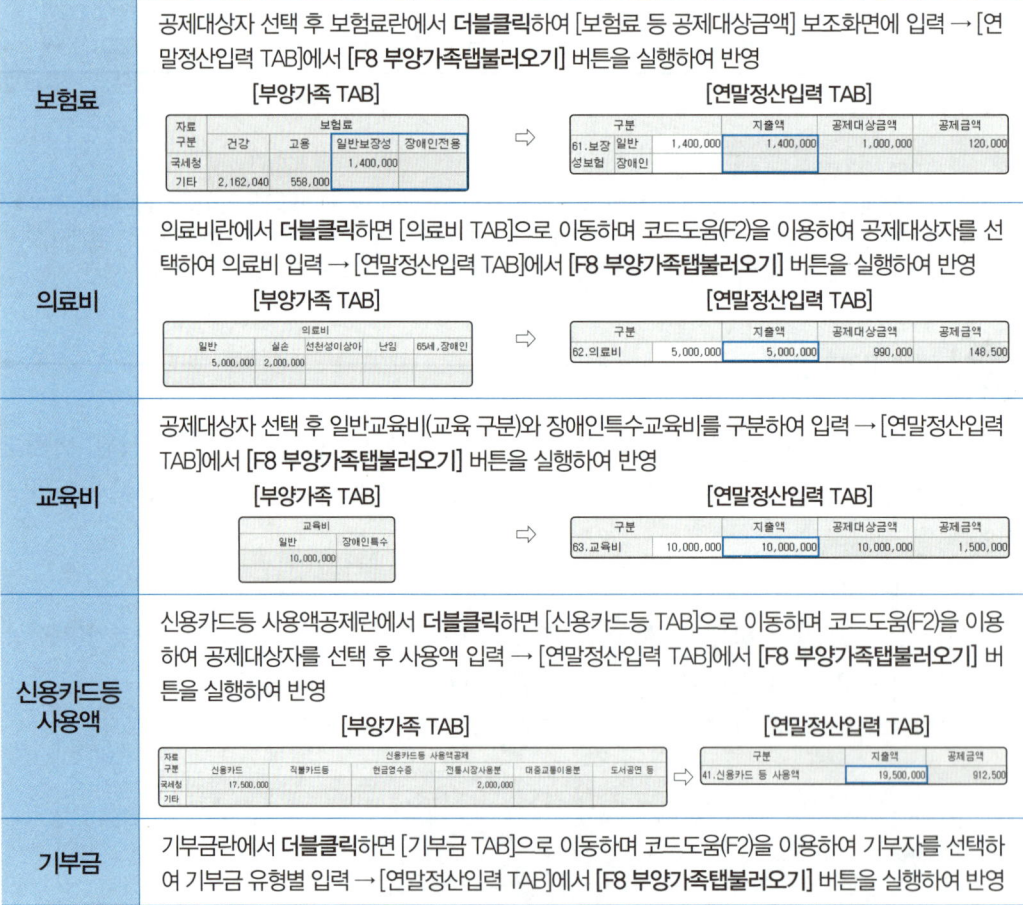

	[부양가족 TAB]	[연말정산입력 TAB]

	[부양가족 TAB]		[연말정산입력 TAB]		
기부금	기부금 1,500,000	⇨	구분	지출액	공제대상금액	공제금액
			64.기부금	1,500,000	1,500,000	225,000
			1)정치자금기부금 10만원이하			
			10만원초과			
			2)고향사랑기부금 10만원이하			
			10만원초과			
			3)특례기부금(전액)	500,000	500,000	75,000
			4)우리사주조합기부금			
			5)일반기부금(종교단체외)			
			6)일반기부금(종교단체)	1,000,000	1,000,000	150,000

③ **보험료(나이 및 소득금액 규제)** : 김철수와 박혜선의 보험료란에서 **더블클릭** 후 입력
  ㉠ 김철수(본인)의 손해보험료(저축성보험료 공제 배제) 및 박혜선(배우자) 생명보험료 공제 가능하며 [기타]란의 보험료는 [급여자료입력] 메뉴의 근로자 부담금 건강보험료 등이 반영된 것이다.
  ㉡ 김혁(장남)의 장애인전용보장성보험료는 소득금액 요건 불충족으로 공제 배제된다.

[김철수(본인)]   [박혜선(배우자)]

④ **의료비(나이 및 소득금액 불문)** : 의료비 지출액란에서 **더블클릭**하면 [의료비 TAB]으로 이동 되며 공제대상자 선택 후 입력
  ㉠ 김철재(아버지) 건강기능식품 구입비는 의료비가 아니므로 공제 배제되며, 김철수(본인)의 수술비는 의료비에 해당하므로 공제 가능
  ㉡ 의료비 공제대상자는 성명란에서 코드도움(F2)을 이용하여 반영하고 "6.본인등 해당여부"는 [부양가족 TAB]의 등록정보에 의해 반영되며 수정이 필요한 경우 하단의 메시지를 참고하여 직접 수정 입력한다.

[본인등 해당여부 코드]
1. 본인 → 전액공제 대상 : ○ 표시
2. 6세 이하 · 65세 이상 · 장애인 · 건강보험산정특례자 → 전액공제 대상 : ○ 표시
3. 그 밖의 기본공제대상자 → 일반의료비 대상 : × 표시

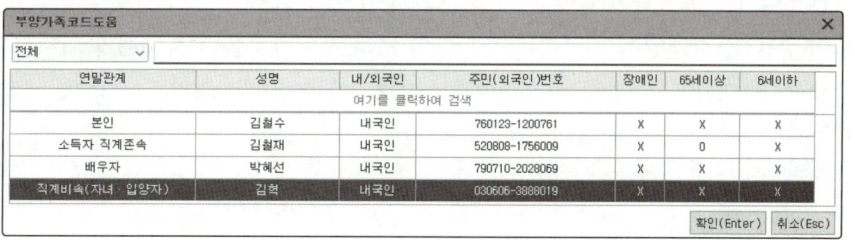

ⓒ 의료비증빙코드가 "1.국세청장"인 경우 지급처의 상호, 사업자번호, 건수를 입력하지 않으며, 이외의 "2.국민건강보험 ~ 5.기타영수증"의 지급처와 건수를 입력하여야 한다.

ⓓ 지급명세는 아래와 같이 입력하며 **지출 한도가 있는 안경구입비등은 한도내 금액까지만 입력**한다.

의료비 구분	금액	11-1. 실손 보험수령액	12. 미숙아 선천성이상아	13. 난임 여부	14. 산후 조리원
실손보험수령액	지출액 전액 입력	수령액 입력			
미숙아선천성이상아	해당 금액 입력		해당(○)		
난임시술비	해당 금액 입력			해당(○)	
산후조리원	1회 지출한도 내 금액 입력				해당(○)

ⓔ 김철수(본인) : 국세청장자료이므로 상호·사업자등록번호, 건수 입력은 생략하고 금액 "5,000,000원", 실손의료보험금 "2,000,000원"을 입력하고 미숙아선천성이상아·난임여부·산후조리원 해당여부(×)를 확인한다.

⑤ **교육비(나이 불문, 소득금액 규제)** : 지출자를 선택하고 교육비 지출액 및 구분 직접 입력

[구분 코드]
1. 취학전 아동(연300만원/1인)   2. 초중고(연300만원/1인)
3. 대학생(연900만원/1인)   4. 본인
5. 공제대상아님

ⓐ 김철수(본인) 대학원 등록금은 공제가능 : 지출액 "8,000,000원", 구분 "4.본인" 입력

ⓑ 일반교육비는 직계비속(아버지)에 대한 교육비 공제 불가

ⓒ 김혁(장남)은 장애인에 해당하나 소득금액 초과로 일반교육비는 공제가 되지 않는다.

ⓓ 박혜선(배우자)의 대학등록금은 공제가능 : 지출액 "2,000,000원", 구분 "3.대학생" 입력

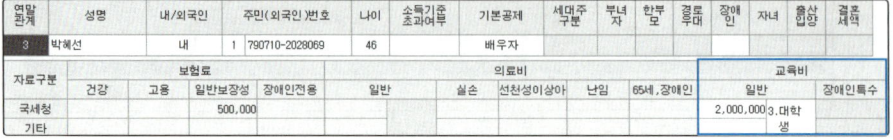

⑥ **신용카드등 사용액(나이 불문, 소득금액 규제)** : 신용카드란에서 **더블클릭**하면 [신용카드등 TAB]으로 이동하며 지출자를 선택 후 해당란에 입력한다.
  ㉠ 차량구입비(중고자동차의 10%는 공제가능), 현금서비스, 보험료·국세 납부와 관련된 지출액은 신용카드 공제제외 대상이며, 생활용품구입비는 공제가 가능하며 전통시장 사용액은 별도로 입력한다.
  ㉡ 신용카드사용액 = (중고자동차 15,000,000원 × 10%) + 생활용품구입 16,000,000원
  　　　　　　　　　 = 17,500,000원

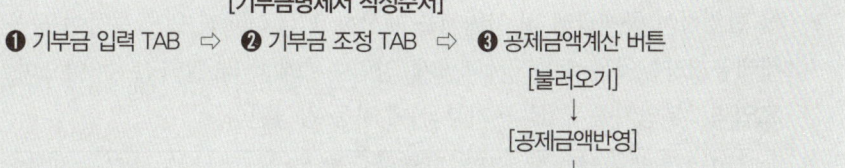

⑦ **기부금(나이 불문, 소득금액 규제)** : 기부금란에서 **더블클릭**하면 [기부금 TAB]으로 이동하며 기부자 인적사항은 코드도움(F2)을 이용하여 기부자를 선택 후 기부유형별로 입력한다.

```
         [기부금명세서 작성순서]
 ❶ 기부금 입력 TAB  ⇨  ❷ 기부금 조정 TAB  ⇨  ❸ 공제금액계산 버튼
                                                    [불러오기]
                                                        ↓
                                                   [공제금액반영]
                                                        ↓
                                                    [저장 & 종료]
```

[기부금 입력 TAB]
㉠ 본인의 동창회 후원금은 비지정기부금으로 공제 불가능하며 이재민 구호금품은 특례기부금에 입력, 아버지 교회 기부금은 종교단체기부금에 입력한다.
㉡ [기부금 입력 TAB]의 주민등록번호란에서 코드도움(F2) 키를 사용하여 기부자를 반영하고 하단의 기부명세에 유형, 기부내용, 기부처, 기부금, 자료구분(국세청)을 입력한다.

[기부금 유형]
- 10.특례기부금 – 국가·지방자치단체, 국방헌금, 사립학교 및 병원등에 시설비·교육비·장학금·연구비, 사회복지공동모금회, 이재민구호금품 등
- 20.정치자금기부금 – 본인의 정치자금
- 40.일반기부금(종교단체 외) – 노동조합비, 사내근로복지기금에 지출한 기부금 등
- 41.일반기부금(종교단체) – 종교단체 기부금
- 42.우리사주조합기부금 – 우리사주조합원이 아닌 본인이 지출한 기부금
- 43.고향사랑기부금 – 본인의 고향사랑기부금

ⓒ 김철수(본인) 기부금내역

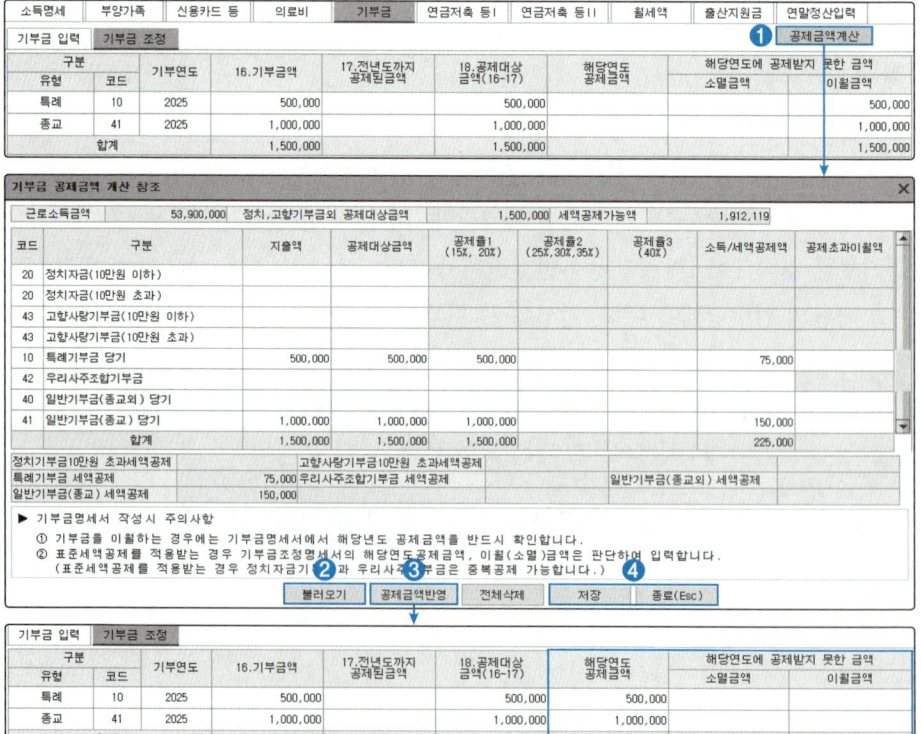

ⓔ 김철재(부친) 기부금내역

[기부금 조정 TAB]

㉠ 당해연도 기부금 공제금액계산을 위해 기부금 조정명세의 공제금액계산 버튼을 클릭하며 [기부금 공제금액 계산 참조] 화면이 활성화 된다. 불러오기 버튼을 클릭하여 기부금 내역을 반영하여 공제금액 및 이월액을 계산하고 공제금액반영 을 클릭하여 정산명세에 반영한다.

㉡ 세액공제가능액은 소득·세액공제 입력순서에 따라 달라질 수 있으며, [연말정산추가자료입력 : 부양가족 TAB → 기부금]에 자동 반영된다.

(3) 부양가족 TAB 전체합계 화면

	자료 구분	보험료				의료비				교육비	
		건강	고용	일반보장성	장애인전용	일반	실손	선천성이상아	난임	65세,장애인	일반	장애인특수
합	국세청			1,400,000		5,000,000	2,000,000				10,000,000	
계	기타	2,162,030	558,000									

	자료 구분	신용카드등 사용액공제						기부금
		신용카드	직불카드등	현금영수증	전통시장사용분	대중교통이용분	도서공연 등	
	국세청	17,500,000			2,000,000			1,500,000
	기타							

| 총급여 | 67,000,000 | 의료비 최소금액(총급여의 3%) | 2,010,000 | 신용카드 등 최소금액(총급여의 25%) | 16,750,000 |

(4) [연말정산입력 TAB]에 입력자료 반영하기

① [부양가족 TAB]에 입력된 보험료, 의료비, 교육비, 신용카드등 사용액, 기부금은 [연말정산입력 TAB]에 반영하기 전 **빨간색**으로 표시되며 지출액 및 공제대상금액이 공란으로 표시된다.

| 소득명세 | 부양가족 | 신용카드 등 | 의료비 | 기부금 | 연금저축 등I | 연금저축 등II | 월세액 | 출산지원금 | 연말정산입력 |

	구분	지출액	공제금액		구분		지출액	공제대상금액	공제금액
소	40.투자조합출자 등 소득공제				61.보장	일반	1,400,000		
득	41.신용카드 등 사용액	19,500,000		특	성보험	장애인			
공	42.우리사주조합 일반 등			별	62.의료비		5,000,000		
제	출연금 벤처 등			액	63.교육비		10,000,000		
	43.고용유지중소기업근로자				64.기부금		1,500,000		

② 상단의 F8 부양가족탭불러오기 버튼을 클릭하여 [부양가족 TAB]에 입력한 보험료, 의료비, 교육비, 신용카드등 사용액, 기부금을 반영한다. 공제금액은 이후에 입력하는 소득공제와 세액공제 자료에 따라 달라질 수 있다.

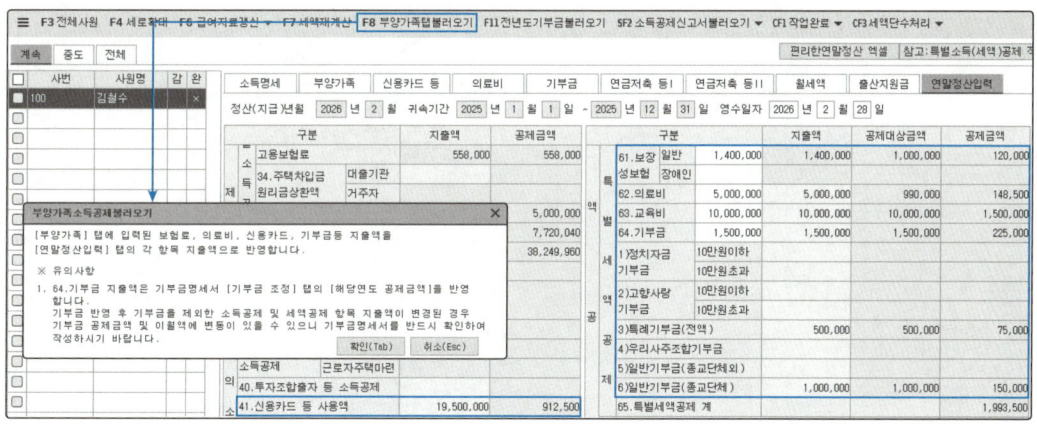

(5) 연금저축 등 I TAB

본인의 연금저축은 공제가 가능하므로 [2.연금계좌 세액공제]란에 입력하여 [연말정산입력 TAB]에 반영한다.

| 소득명세 | 부양가족 | 신용카드 등 | 의료비 | 기부금 | 연금저축 등I | 연금저축 등II | 월세액 | 출산지원금 | 연말정산입력 |

2 연금계좌 세액공제	- 연금저축계좌(연말정산입력 탭의 37.개인연금저축, 60.연금저축)				크게보기
연금저축구분	코드	금융회사 등	계좌번호(증권번호)	납입금액	공제대상금액	소득/세액공제액
2.연금저축	306	(주) 국민은행	124578	3,600,000	3,600,000	432,000
개인연금저축						
연금저축				3,600,000	3,600,000	432,000

(6) 연말정산입력 TAB

① 법정요건 충족한 주택자금을 [34.장기주택저당차입금 이자상환액]란에서 **더블클릭**하고 "2012년 이후 차입금"의 "ⓗ고정AND비거치"란에 "5,000,000원"을 입력한다.

주택자금

구분				공제한도	납입/상환액	공제금액
장기주택저당차입금이자상환액	2011년 이전 차입금	㉠15년 미만		1+2+㉠ ≤ 600만원		
		㉡15년~29년		1+2+㉡ ≤ 1,000만원		
		㉢30년 이상		1+2+㉢ ≤1,500만원		
		15년 이상	㉣고정금리AND비거치상환	1+2+㉣ ≤2,000만원		
			㉤고정금리OR비거치상환	1+2+㉤ ≤1,800만원		
	2012년 이후 차입금	15년 이상	㉥고정AND비거치	1+2+㉥ ≤2,000만원	5,000,000	5,000,000
			㉦고정OR비거치	1+2+㉦ ≤1,800만원		
			㉧그밖의대출	1+2+㉧ ≤800만원		
		10년~15년	㉨고정OR비거치	1+2+㉨ ≤600만원		
3.장기주택저당차입금이자상환액					5,000,000	5,000,000
합 계(1+2+3)					5,000,000	5,000,000

확인(Esc)

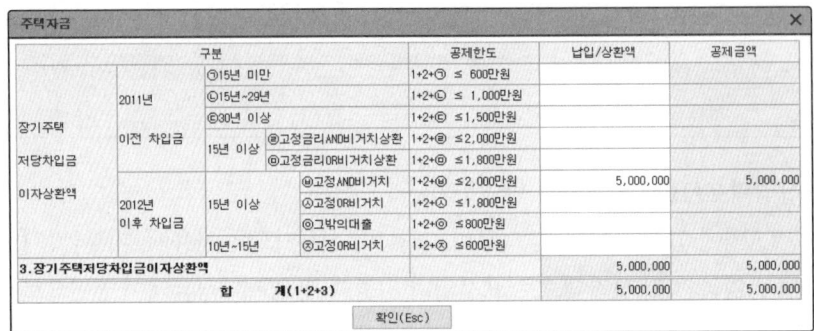

② 보험료, 의료비, 교육비, 신용카드등 사용액, 기부금은 [부양가족 TAB]에서 반영되었고, 연금저축은 [연금저축 등 TAB]에 입력한 자료가 자동 반영된다. 주택자금공제는 직접 입력한다.

계속 | 중도 | 전체 — 편리한연말정산 엑셀 | 참고:특별소득(세액)공제 작

사번	사원명	감	완
100	김철수		×

소득명세 | 부양가족 | 신용카드 등 | 의료비 | 기부금 | 연금저축 등I | 연금저축 등II | 월세액 | 출산지원금 | 연말정산입력

정산(지급)년월 2026 년 2 월 귀속기간 2025 년 1 월 1 일 ~ 2025 년 12 월 31 일 영수일자 2026 년 2 월 28 일

구분	지출액	공제금액
21.총급여		67,000,000
22.근로소득공제		13,100,000
23.근로소득금액		53,900,000
종합소득공제 기본공제 24.본인		1,500,000
25.배우자		1,500,000
26.부양가족 (1명)		1,500,000
추가공제 27.경로우대 (1명)		1,000,000
28.장애인 (명)		
29.부녀자		
30.한부모가족		
연금보험료공제 31.국민연금보험료	2,430,000	2,430,000
32.공적연금보험공제 공무원연금		
군인연금		
사립학교교직원		
별정우체국연금		
특별소득공제 33.보험료	2,720,040	2,720,040
건강보험료	2,162,040	2,162,040
고용보험료	558,000	558,000
34.주택차입금원리금상환액 대출기관		
거주자		
34.장기주택저당차입금이자상	5,000,000	5,000,000
35.특별소득공제 계		7,720,040
36.차감소득금액		38,249,960
그 밖의 소득공제 37.개인연금저축		
38.소기업,소상공인 공제부금 2015년이전가입		
2016년이후가입		
39.주택마련저축소득공제 청약저축		
주택청약		
근로자주택마련		
40.투자조합출자 등 소득공제		
41.신용카드 등 사용액	19,500,000	912,500
42.우리사주조합출연금 일반 등		
벤처 등		
43.고용유지중소기업근로자		
44.장기집합투자증권저축		
45.청년형장기집합투자증권저축		
46.그 밖의 소득공제 계		912,500
47.소득공제 종합한도 초과액		

구분		지출액	공제대상금액	공제금액
48.종합소득 과세표준				37,337,460
49.산출세액				4,340,619
세액감면 50.「소득세법」				
51.「조세특례제한법」(52제외)				
52.「조세특례제한법」제30조				
53.조세조약				
54.세액감면 계				
세액공제 55.근로소득 세액공제				660,000
56.결혼세액공제	부			
57.자녀세액공제 ㉮자녀 (명)				
㉯ 출산.입양 (명)				
연금계좌 58.과학기술공제				
59.근로자퇴직연금				
60.연금저축		3,600,000	3,600,000	432,000
60-1.ISA연금계좌전환				
특별세액공제 61.보장성보험 일반	1,400,000	1,400,000	1,000,000	120,000
장애인				
62.의료비	5,000,000	5,000,000	990,000	148,500
63.교육비	10,000,000	10,000,000	10,000,000	1,500,000
64.기부금	1,500,000	1,500,000	1,500,000	225,000
1)정치자금기부금 10만원이하				
10만원초과				
2)고향사랑기부금 10만원이하				
10만원초과				
3)특례기부금(전액)		500,000	500,000	75,000
4)우리사주조합기부금				
5)일반기부금(종교단체외)				
6)일반기부금(종교단체)		1,000,000	1,000,000	150,000
65.특별세액공제 계				1,993,500
66.표준세액공제				
67.납세조합공제				
68.주택차입금				
69.외국납부				
70.월세액				
71.세액공제 계				3,085,500
72.결정세액((49)-(54)-(71))				1,255,119
82.실효세율(%) [(72/21)]X100				1.9

총급여액	67,000,000
비과세총액	4,800,000
지급명세작성대상비과세	2,400,000
결정세액	1,255,119
기납부세액(현)	3,101,880
기납부세액(종전)	
납부세액	-1,846,760
연말(계속근무자)	1
중도(퇴사자)	

구분	소득세	지방소득세	농어촌특별세	계
73.결정세액	1,255,119	125,511		1,380,630
기납부세액 74.종(전)근무지				
75.주(현)근무지	3,101,880	310,130		3,412,010
76.납부특례세액				
77.차감징수세액	-1,846,760	-184,610		-2,031,370

실무예제2

다음 자료를 보고 중도입사자 하경자씨의 연말정산을 완성하시오. 단, 하경자씨의 가족은 생계를 같이하고 있으며 중소기업취업감면은 고려하지 않고 모든 지출은 본인이 부담하였다. [회사코드 : 2100. (주)청송]

(1) 전근무지 근로소득원천징수영수증

① 근무처명 등

근무처명	사업자등록번호	근무기간
(주)해양	120-81-34671	2025.1.1 ~ 2025.08.25

② 소득명세 등

급여총액	상여총액	보육수당 비과세	건강보험료	장기요양 보험료	고용보험료	국민연금 보험료
30,000,000원	1,000,000원	1,600,000원	1,048,500원	128,650원	240,000원	1,395,000원

③ 세액명세 등

항 목	소득세	지방소득세
결정세액	480,000원	48,000원
기납부세액	560,000원	56,000원
차감징수세액	-80,000원	-8,000원

(2) 출산지원금 내역 및 혼인관계증명서

① 2025년 12월 20일 자녀 이성훈(250123-3052775)의 출산지원금(1회차) 1,000만원을 당사 (주)청송(108-83-65144)에서 지급 받았으며, 12월 임금대장에 반영되어 원천징수 신고하였다.
② 하경자는 2025년 4월 20일 생애 최초 혼인신고하였으며 연말정산 시 [혼인관계증명서]를 제출하였다.

(3) 근로자소득공제명세서에 첨부된 증명서류의 내용(국세청간소화서비스자료)

구 분	내 용	금 액
보험료	손해보험료(계약자 및 피보험자 : 본인, 보장성)	1,550,000원
	생명보험료(계약자 및 피보험자 : 배우자, 장애인보장성)	1,230,000원
의료비	모친(부동산임대소득금액 1,500만원, 61세, 정진숙)의 척추 수술비	3,500,000원
	본인 난임시술(인공수정)비	2,500,000원
	본인 산후조리원 비용(1회)	3,000,000원
교육비	이수빈 중학교 수업료(교복구입비 600,000원 포함)	1,100,000원
	이성훈 어린이집 수업료(방과후수업료 700,000원 포함)	1,700,000원

사번에서 코드도움(F2) 키를 누른 후 "200.하경자"를 선택하여 반영한다. [급여자료입력]에 입력한 급여자료 및 사회보험 근로자 부담금이 자동 반영된다.

(1) 소득명세 TAB

① 중도입사자의 경우 전근무지가 있다면 연말정산 시점에 [근로소득원천징수영수증]을 제출받아 당사에서 지급한 소득과 반드시 합산신고를 하여야 한다.

② 보육수당비과세는 제출비과세에 해당하므로 해당란에 정확하게 입력하고 월 200,000원 비과세이므로 연 240만원을 초과하는 금액이 발생하는 경우 과세 급여란에 입력하여야 한다.

③ 전근무지의 사회보험 징수액을 입력하고 세액명세란에 "**결정세액**"을 입력한다.

구분			합계	주(현)	납세조합	종(전) [1/2]
소득명세	9.근무처명			(주)성송 [부가/원천]		(주)배양
	9-1.종교관련 종사자			부		부
	10.사업자등록번호			108-83-65144	---------	120-81-34671
	11.근무기간			2025-09-01 ~ 2025-12-31	~	2025-01-01 ~ 2025-08-25
	12.감면기간			2025-09-01 ~ 2025-12-31	~	~
	13-1.급여(급여자료입력)		40,400,000	10,400,000		30,000,000
	13-2.비과세한도과액		1,600,000	1,600,000		
	13-3.과세대상추가(인정상여추가)					
	14.상여		3,500,000	2,500,000		1,000,000
	15.계		45,500,000	14,500,000		31,000,000
	18-2.보육수당	Q02	2,400,000	800,000		1,600,000
	18-3.출산지원금(1회)	Q03	10,000,000	10,000,000		
	18-32.중소기업취업청년(90%)	T13	14,500,000	14,500,000		
	18-40.비과세식대	P01	800,000	800,000		
	20.비과세 소득 계		13,200,000	11,600,000		1,600,000
	20-1.감면소득 계		14,500,000	14,500,000		
공제보험료	직장	건강보험료(직장)(33)	1,402,980	354,480		1,048,500
		장기요양보험료(33)	174,530	45,880		128,650
		고용보험료(33)	370,500	130,500		240,000
		국민연금보험료(31)	1,845,000	450,000		1,395,000
세액	기납부세액	소득세	501,020	21,020		480,000
		지방소득세	50,090	2,090		48,000
		농어촌특별세				

(2) 부양가족 TAB

① **인적공제** : 부양가족은 사원등록의 [부양가족명세 TAB]에 등록된 정보가 반영된다.

ㄱ. 본인(하경자)이 생애 최초로 혼인신고를 하였으므로 "**결혼세액**"란을 "1:여"로 선택하여 혼인세액공제 50만원을 공제받는다.

ㄴ. 정진숙(모친)은 소득금액 초과자에 해당하므로 **소득기준 초과여부**를 "1:여"로 변경한다.

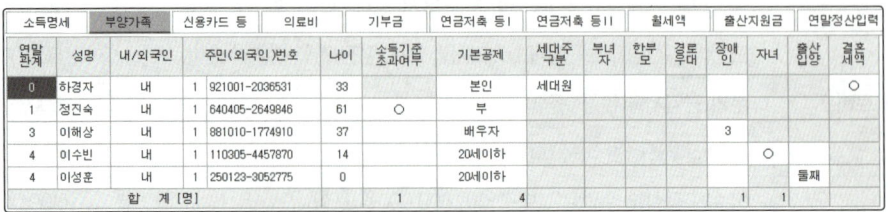

② **보험료(나이 및 소득금액 규제)** : 공제대상자 선택 후 보험료란에서 **더블클릭** 후 입력
  ㉠ 하경자(본인) : 손해보험료 155만원 일반보장성란에 입력
  ㉡ 이해상(배우자) : 동일인의 동일보험증권이 아니므로 일반보장성과 장애인보장성 보험료를 동시에 공제받을 수 있으므로 생명보험료 123만원 장애인전용란에 입력

[하경자(본인)]

자료구분	국세청간소화	급여/기타	정산	공제대상금액
국민연금_직장		1,845,000		1,845,000
국민연금_지역				
합 계		1,845,000		1,845,000
건강보험료-보수월액		1,402,980		1,402,980
장기요양보험료-보수월액		174,530		174,530
건강보험료-소득월액(납부)				
기요양보험료-소득월액(납				
합 계		1,577,510		1,577,510
고용보험료		370,500		370,500
보장성보험-일반	1,550,000			1,550,000
보장성보험-장애인				
합 계	1,550,000			1,550,000

[이해상(배우자)]

자료구분	국세청간소화	급여/기타	정산	공제대상금액
국민연금_직장				
국민연금_지역				
합 계				
건강보험료-보수월액				
장기요양보험료-보수월액				
건강보험료-소득월액(납부)				
기요양보험료-소득월액(납				
합 계				
고용보험료				
보장성보험-일반				
보장성보험-장애인	1,230,000			1,230,000
합 계	1,230,000			1,230,000

③ **의료비(나이 및 소득금액 불문)** : 의료비란에서 더블클릭하여 [의료비 TAB]에서 입력
  ㉠ 성명란에서 코드도움을 사용하여 의료비 공제대상자를 입력하며 의료증빙코드(국세청장)를 선택한다.
  ㉡ 하경자(본인)의 난임시술비 250만원은 금액을 입력하고 "13.난임여부 : 1.해당(○)"을 선택한다. 출산 1회당 산후조리원 비용 200만원 이내까지 공제가 가능하므로 금액 200만원 입력하고 "14.산후조리원 : 1.해당(○)"을 선택한다.
  ㉢ 정진숙(모친)의 척추수술비는 본인이 지출하였으므로 공제대상이며 350만원을 입력한다.

	성명	내/외	5.주민등록번호	6.본인등 해당여부	9.증빙코드	8.상호	7.사업자 등록번호	10.건수	11.금액	11-1.실손 보험수령액	12.미숙아 선천성이상아	13.난임 여부	14.산후 조리원
☐	하경자	내	921001-2036531	1	0	1			2,500,000		X	0	X
☐	하경자	내	921001-2036531	1	0	1			2,000,000		X	X	0
☐	정진숙	내	640405-2649846	3	X	1			3,500,000		X	X	X
			합계						8,000,000				
	일반의료비 (본인)		2,000,000	6세이하,65세이상인 건강보험산정특례자 장애인		일반의료비 (그 외)			3,500,000	난임시술비 미숙아.선천성이상아			2,500,000

④ **교육비(나이 불문, 소득금액 규제)** : 공제대상자 선택 후 교육비 및 구분 입력
  ㉠ 이수빈(2.초중고) : 교복구입비 1인당 50만원 한도이므로 일반교육비 100만원 입력

연말 관계	성명	내/외국인	주민(외국인)번호	나이	소득기준 초과여부	기본공제	세대주 구분	부녀자	한부모	경로 우대	장애인	자녀	출산 입양	결혼 세액
4	이수빈	내	1 110305-4457870	14		20세이하						○		

자료구분	보험료				의료비					교육비	
	건강	고용	일반보장성	장애인전용	일반	실손	선천성이상아	난임	65세,장애인	일반	장애인특수
국세청										1,000,000	2.초중고
기타											

  ㉡ 이성훈(1.취학전) : 방과후수업료도 교육비 공제대상이므로 170만원 입력

연말 관계	성명	내/외국인	주민(외국인)번호	나이	소득기준 초과여부	기본공제	세대주 구분	부녀자	한부모	경로 우대	장애인	자녀	출산 입양	결혼 세액
4	이성훈	내	1 250123-3052775	0		20세이하							둘째	

자료구분	보험료				의료비					교육비	
	건강	고용	일반보장성	장애인전용	일반	실손	선천성이상아	난임	65세,장애인	일반	장애인특수
국세청										1,700,000	1.취학전
기타											

(3) 출산지원금 TAB

[소득명세] TAB에 입력된 출산지원금 비과세 금액이 반영되며 자녀 성명란에서 코드도움(F2)을 이용하여 이성훈을 선택하여 반영하고 지급받은 날(2025-12-20)을 입력한다.

소득명세 | 부양가족 | 신용카드 등 | 의료비 | 기부금 | 연금저축 등I | 연금저축 등II | 월세액 | 출산지원금 | 연말정산입력

1 출산지원금 비과세 대상 자녀 명세

□	자녀 성명	주민등록번호	출산지원금			지급처 (사업자등록번호)
			지급받은 날	지급받은 금액	지급회차	
■	이성훈	250123-3052775	2025-12-20	10,000,000	1회	108-83-65144

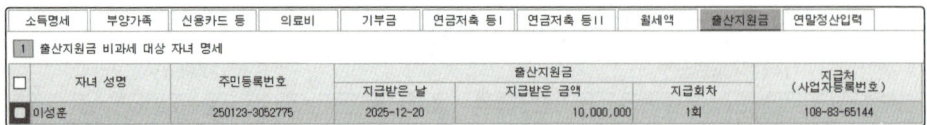

(4) 연말정산입력 TAB

상단의 [F8 부양가족탭불러오기] 버튼을 클릭하여 [부양가족 TAB]에 입력한 보험료, 의료비, 교육비를 반영한다.

□	사번	사원명	감	완
□	100	김철수		×
■	200	하경자	○	×

총급여액 ▶	112,500,000
비과세총액	18,800,000
지급명세작성대상 비과세	15,600,000
결정세액	1,255,119
기납부세액(현)	3,122,900
기납부세액(종전)	480,000
납부세액	-2,347,780
연말(계속근무자)	2
중도(퇴사자)	

소득명세 | 부양가족 | 신용카드 등 | 의료비 | 기부금 | 연금저축 등I | 연금저축 등II | 월세액 | 출산지원금 | 연말정산입력

정산(지급)년월 2026 년 2 월 귀속기간 2025 년 9 월 1 일 ~ 2025 년 12 월 31 일 영수일자 2026 년 2 월 28 일

구분	지출액	공제금액
21.총급여		45,500,000
22.근로소득공제		12,025,000
23.근로소득금액		33,475,000
종합소득공제 기본공제 24.본인		1,500,000
25.배우자		1,500,000
26.부양가족 2명)		3,000,000
추가공제 27.경로우대 명)		
28.장애인 1명)		2,000,000
29.부녀자		
30.한부모가족		
연금보험료공제 31.국민연금보험료	1,845,000	1,845,000
32. 공적연금보험공제 공무원연금		
군인연금		
사립학교교직원		
별정우체국연금		
특별소득공제 33.보험료	1,948,010	1,948,010
건강보험료	1,577,510	1,577,510
고용보험료	370,500	370,500
34.주택차입금 원리금상환액 대출기관		
거주자		
34.장기주택저당차입금이자상		
35.특별소득공제 계		1,948,010
36.차감소득금액		21,681,990
그 밖의 소득공제 37.개인연금저축		
38.소기업,소상공인 공제부금 2015년이전가입		
2016년이후가입		
39.주택마련저축소득공제 청약저축		
주택청약		
근로자주택마련		
40.투자조합출자 등 소득공제		
41.신용카드 등 사용액		
42.우리사주조합출연금 일반 등		
벤처 등		
43.고용유지중소기업근로자		
44.장기집합투자증권저축		
45.청년형장기집합투자증권저축		
46.그 밖의 소득공제 계		
47.소득공제 종합한도 초과액 ▶		

구분		지출액	공제대상금액	공제금액
48.종합소득 과세표준				21,681,990
49.산출세액 ▶				1,992,298
세액감면 50.「소득세법」 ▶				
51.「조세특례제한법」(52제외) ▶				
52.「조세특례제한법」제30조 ▶		14,500,000		571,417
53.조세조약 ▶				
54.세액감면 계				571,417
세액공제 55.근로소득 세액공제 ▶				470,703
56.결혼세액공제	여			500,000
57.자녀세액공제 ㉮자녀 1명)				250,000
㉯ 출산.입양 1명)				200,178
연금계좌 58.과학기술공제				
59.근로자퇴직연금				
60.연금저축				
60-1.ISA연금계좌전환				
특별세액공제 61.보장성보험 일반	1,550,000	1,550,000	1,000,000	
장애인	1,230,000	1,230,000	1,000,000	
62.의료비	8,000,000	8,000,000	6,635,000	
63.교육비	2,700,000	2,700,000	2,700,000	
64.기부금				
1)정치자금기부금 10만원이하				
10만원초과				
2)고향사랑기부금 10만원이하				
10만원초과				
3)특례기부금(전액)				
4)우리사주조합기부금				
5)일반기부금(종교단체외)				
6)일반기부금(종교단체)				
65.특별세액공제 계				
66.표준세액공제				
67.납세조합공제				
68.주택차입금				
69.외국납부 ▶				
70.월세액				
71.세액공제 계				1,420,881
72.결정세액((49)-(54)-(71))				
82.실효세율(%) [(72/21)]X100				

구분		소득세	지방소득세	농어촌특별세	계
73.결정세액					
기납부세액	74.종(전)근무지	480,000	48,000		528,000
	75.주(현)근무지	21,020	2,090		23,110
76.납부특례세액					
77.차감징수세액		-501,020	-50,090		-551,110

실무예제 3

이용규씨(남, 사원코드 : 101)는 2025년 3월 31일 퇴사하고 3월 급여 수령 시 중도퇴사에 대한 연말정산을 실시하였다. 이용규씨의 3월 급여명세서로 3월의 급여대장을 작성하고 3월귀속·3월지급분에 대한 원천징수이행상황신고서를 작성하시오. 3월 급여대장 작성 시 중도퇴사에 대한 연말정산 금액을 급여대장에 반영하기로 하며, 원천징수이행상황신고서에 환급발생시 전액 차월이월하기로 한다. (당사의 급여 지급일은 매월 말일이다.) [회사코드 : 2200.(주)성공]

자료. 3월 급여명세서

급여항목	금액(원)	공제항목	금액(원)
기본급	5,400,000	국민연금	247,500
직책수당	100,000	건강보험	194,970
식대(비과세)	200,000	장기요양보험	24,970
		고용보험	49,500

※ 퇴직사유 : 개인사정으로 인한 자진퇴사

예제 따라하기

(1) 사원등록

이용규를 선택하고 [16.퇴사년월일]에 "2025년 3월 31일", 사유(1)를 입력한다.

(2) 급여자료입력

① 귀속년월(2025년 03월), 지급년월일(2025년 03월 31일)을 입력하여 조회한다. "전월 급여대장을 복사합니다." 메시지가 나오면 "예"를 선택하여 전월 급여를 반영한다.

② 중도퇴사 연말정산

  퇴사월의 급여를 입력한 후 상단의 `F7 중도퇴사자정산` 버튼을 누른 후 연말정산 추가자료 입력이 있는 경우는 입력하며 상단의 영수일자를 확인한 다음 `급여반영(Tab)`를 클릭하여 [차감징수세액]을 반영한다.

③ 이용규 급여자료입력

급여항목	금액	공제항목	금액
기본급	5,400,000	국민연금	247,500
직책수당	100,000	건강보험	194,970
식대	200,000	장기요양보험	24,970
		고용보험	49,500
		소득세(100%)	
		지방소득세	
		농특세	
		중도정산소득세	-794,800
과　　세	5,500,000	중도정산지방소득세	-79,460
비 과 세	200,000	공 제 총 액	-357,320
지 급 총 액	5,700,000	차 인 지 급 액	6,057,320

(3) 연말정산추가자료입력

[급여자료입력] 메뉴에서 F7 중도퇴사자정산 버튼을 활용하여 급여대장에 정산명세를 반영하였다면 중도퇴사자 연말정산이 완료되었으므로 본 메뉴(중도 TAB)를 다시 작업할 필요는 **없다**.

(4) 원천징수이행상황신고서

귀속기간(2025년 03월 ~ 2025년 03월), 지급기간(2025년 03월 ~ 2025년 03월), 신고구분 (1.정기신고)를 선택 한다. 급여자료입력에 입력된 이용규의 총지급액 및 소득세가 반영된다. 또한 [중도퇴사]란에 이용규의 연말정산자료(총급여액 및 차감징수세액)이 반영된다.

환급세액 발생시 전액 차월로 이월하기로 하였으므로 [20.차월이월환급세액]란에 기재된 상태로 신고한다.

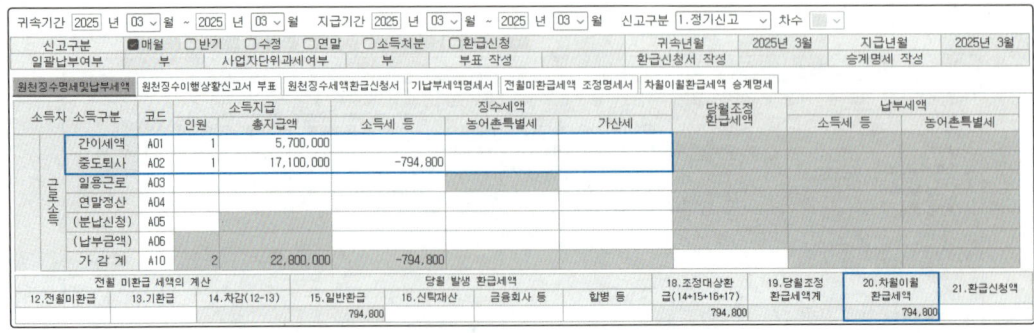

전산세무 2급 파이널

PART 01 최신기출문제
PART 02 기출문제 해답

최신기출
문제&해답

**Perfect
전산세무 2급**
www.bobook.co.kr

PART 01

최신기출문제

백데이터 다운로드 및 설치방법

1. 도서출판 배움 홈페이지(www.bobook.co.kr)에 접속한다.
2. 홈페이지 교재실습/백데이터 자료실을 클릭한다.
3. 교재실습/백데이터 자료실 ⇨ [2025_TaxFINAL_2grade] 백데이터를 선택하여 다운로드 한다.
4. 다운로드한 파일을 선택 후 실행하면 [내컴퓨터 ⇨ C: ₩KcLepDB ⇨ KcLep]에 자동으로 복구 저장된다.
5. 한국세무사회 자격시험 케이렙 프로그램 을 실행한다.

    실행화면에서 회사등록 ⇨ F4 회사코드재생성 을 실행하여야 선택하고자 하는 회사가 생성된다.

6. 웹하드(www.webhard.co.kr) 다운로드 방법
    ① 오른쪽 상단의 [로그인] 버튼을 클릭하여 아이디와 비밀번호를 입력한다. [아이디 : bobookcokr / 비밀번호 : book9750]
    ② [내리기전용] ⇨ [전산세무회계] ⇨ [전산세무 2급 FINAL] 폴더에서 백데이터를 선택하여 다운로드 한다.
    ③ 이외의 사항은 위와 동일하다.

117회 이론시험 (합격률: 27.77%) PART 01 기출문제

다음 문제를 보고 알맞은 것을 골라 [이론문제 답안작성] 메뉴에 입력하시오. (객관식 문항당 2점)

기본전제
문제에서 한국채택국제회계기준을 적용하도록 하는 전제조건이 없는 경우, 일반기업회계기준을 적용한다.

01. 다음 중 자산, 부채의 분류가 잘못 연결된 것은?
① 임차보증금 – 비유동자산
② 사채 – 유동부채
③ 퇴직급여충당부채 – 비유동부채
④ 선급비용 – 유동자산

02. 다음 중 무형자산에 대한 설명으로 옳은 것은?
① 무형자산 창출을 위한 내부 프로젝트를 연구단계와 개발단계로 구분할 수 없는 경우 그 프로젝트에서 발생한 지출은 모두 연구단계에서 발생한 것으로 본다.
② 내부적으로 창출한 영업권은 취득일의 공정가치로 자산으로 인식한다.
③ 연구단계에서 발생한 지출은 모두 무형자산으로 인식한다.
④ 무형자산의 상각기간은 어떠한 경우에도 20년을 초과할 수 없다.

03. 다음 중 채무증권으로만 분류되는 유가증권은 무엇인가?
① 단기매매증권   ② 매도가능증권   ③ 만기보유증권   ④ 지분법적용투자주식

04. 다음 중 유형자산의 감가상각에 대한 설명으로 옳지 않은 것은?
① 감가상각은 자산이 사용 가능한 때부터 시작한다.
② 감가상각대상금액은 내용연수에 걸쳐 합리적이고 체계적인 방법으로 배분한다.
③ 내용연수 도중 사용을 중단하고 처분 예정인 유형자산은 사용을 중단한 시점의 장부금액으로 표시한다.
④ 감가상각방법 중 연수합계법은 자산의 내용연수 동안 감가상각액이 매 기간 증가하는 방법이다.

05. 다음 중 일반기업회계기준상 오류수정에 대한 설명으로 옳지 않은 것은?
① 오류수정은 전기 또는 그 이전의 재무제표에 포함된 회계적 오류를 당기에 발견하여 수정하는 것을 말한다.
② 당기에 발견한 전기 또는 그 이전 기간의 오류 중 중대한 오류가 아닌 경우에는 영업외손익 중 전기오류수정손익으로 보고한다.
③ 전기 이전 기간에 발생한 중대한 오류의 수정은 발견 당시 회계기간의 재무제표 항목을 재작성한다.
④ 중대한 오류는 재무제표의 신뢰성을 심각하게 손상시킬 수 있는 매우 중요한 오류를 말한다.

117회 이론시험

06. 다음 중 공장에서 사용하는 제품 제조용 전기요금에 대한 원가행태로 옳은 것은?
① 변동원가, 가공원가
② 변동원가, 기초원가
③ 고정원가, 가공원가
④ 고정원가, 기초원가

07. 다음 중 제조원가명세서의 구성요소가 아닌 것은?
① 기초제품재고액
② 기말원재료재고액
③ 당기제품제조원가
④ 기말재공품재고액

08. 다음 중 종합원가계산 제도에 대한 설명으로 옳지 않은 것은?
① 완성품환산량이란 일정기간에 투입한 원가를 그 기간에 완성품만을 생산하는 데 투입하였다면 완성되었을 완성품 수량을 의미한다.
② 동종제품, 대량생산, 연속생산의 공정에 적합한 원가계산제도이다.
③ 정유업, 화학공업, 시멘트공업에 적합하다.
④ 원가의 정확성이 높으며, 작업원가표를 주요 원가자료로 사용한다.

09. 다음의 자료를 이용하여 제조간접원가 배부액과 제조원가를 각각 계산하면 얼마인가? 단, 제조간접원가는 기계작업시간을 기준으로 예정배부한다.

- 제조간접원가 총액(예정) : 5,000,000원
- 직접노무원가 : 4,000,000원
- 직접재료원가 : 2,000,000원
- 예정 기계작업시간 : 5,000시간
- 실제 기계작업시간 : 4,000시간

	제조간접원가 배부액	제조원가		제조간접원가 배부액	제조원가
①	6,250,000원	12,250,000원	②	6,250,000원	10,000,000원
③	4,000,000원	10,000,000원	④	4,000,000원	12,250,000원

10. 다음의 자료를 이용하여 직접배분법에 따라 보조부문의 제조간접원가를 배분한다면 제조부문 B에 배분된 보조부문원가는 얼마인가?

구 분		보조부문		제조부문		합 계
		X	Y	A	B	
자기부문 발생액		100,000원	300,000원	500,000원	750,000원	1,650,000원
제공 횟수	X	–	100회	400회	600회	1,100회
	Y	400회	–	300회	300회	1,000회

① 210,000원   ② 400,000원   ③ 850,000원   ④ 960,000원

11. 다음 중 부가가치세법상 영세율에 대한 설명으로 옳지 않은 것은?

① 사업자가 비거주자인 경우에는 그 해당 국가에서 대한민국의 거주자에 대하여 동일하게 면세하는 경우에만 영세율을 적용한다.
② 영세율이 적용되는 사업자는 부가가치세 납세의무가 면제된다.
③ 국내에서 계약과 대가의 수령이 이루어지지만 영세율이 적용되는 경우도 있다.
④ 내국물품을 외국으로 반출하는 것은 수출에 해당하므로 영세율을 적용한다.

12. 다음 중 부가가치세법상 공급시기로 옳지 않은 것은?

① 내국물품을 외국으로 수출하는 경우 : 수출 재화의 선적일
② 폐업 시 잔존재화의 경우 : 폐업하는 때
③ 위탁판매의 경우(위탁자 또는 본인을 알 수 있는 경우에 해당) : 위탁자가 판매를 위탁한 때
④ 무인판매기로 재화를 공급하는 경우 : 무인판매기에서 현금을 꺼내는 때

13. 다음 중 부가가치세법상 주사업장총괄납부와 사업자단위과세제도에 대한 설명으로 옳지 않은 것은?

① 법인의 경우 총괄납부제도의 주사업장은 분사무소도 가능하다.
② 총괄납부의 신청은 납부하려는 과세기간 종료일 20일 전에 신청하여야 한다.
③ 사업자 단위로 본점 관할세무서장에게 등록신청한 경우 적용 대상 사업장에 한 개의 등록번호만 부여된다.
④ 사업자단위과세를 적용할 경우 직매장반출은 재화의 공급의제에서 배제된다.

14. 다음 중 소득세법상 근로소득과 사업소득이 발생한 경우, 근로소득에 대한 종합소득산출세액을 초과하여 공제받을 수 있는 특별세액공제는?

① 교육비 세액공제
② 보험료 세액공제
③ 의료비 세액공제
④ 기부금 세액공제

15. 다음 중 소득세법상 과세표준의 확정신고와 납부에 대한 설명으로 옳은 것은?

① 공적연금소득과 근로소득이 있는 자로서 각각의 소득을 연말정산한 자는 종합소득세 확정신고의무가 없다.
② 두 곳 이상의 직장에서 근로소득이 발생된 자가 이를 합산하여 한 곳의 직장에서 연말정산을 했다면 종합소득세 확정신고의무가 없다.
③ 근로소득이 있는 자에게 연말정산 대상 사업소득이 추가로 발생한 경우, 해당 사업소득을 연말정산 했다면 종합소득세 확정신고의무가 없다.
④ 금융소득만 3천만원이 있는 자는 종합소득세 확정신고의무가 없다.

117회 실무시험

(주)어진상사(회사코드 : 1172)는 전자제품의 제조 및 도·소매업을 주업으로 영위하는 중소기업으로 당기(제18기)의 회계기간은 2025.1.1. ~ 2025.12.31.이다. 전산세무회계 수험용 프로그램을 이용하여 다음 물음에 답하시오.

기본전제

- 문제에서 한국채택국제회계기준을 적용하도록 하는 전제조건이 없는 경우, 일반기업회계기준을 적용하여 회계처리 한다.
- 문제의 풀이와 답안작성은 제시된 문제의 순서대로 진행한다.

문제 1 [일반전표입력] 메뉴를 이용하여 다음의 거래자료를 입력하시오. (15점)

입력 시 유의사항

- 일반적인 적요의 입력은 생략하지만, 타계정 대체거래는 적요번호를 선택하여 입력한다.
- 채권·채무와 관련된 거래는 별도의 요구가 없는 한 반드시 기등록된 거래처코드를 선택하는 방법으로 거래처명을 입력한다.
- 제조경비는 500번대 계정코드를, 판매비와관리비는 800번대 계정코드를 사용한다.
- 회계처리 시 계정과목은 별도의 제시가 없는 한 등록된 계정과목 중 가장 적절한 과목으로 한다.

[1] 1월 5일 (주)대명으로부터 사옥을 구입하기 위한 자금 600,000,000원을 6개월 내 상환하는 조건에 차입하기로 약정하여 선이자 15,000,000원을 제외한 나머지 금액이 보통예금 계좌에 입금되었다(단, 하나의 전표로 입력할 것). (3점)

[2] 4월 20일 주주총회에서 결의된 내용에 따라 유상증자를 실시하였다. 1주당 6,000원(액면가액 : 1주당 5,000원)에 10,000주를 발행하고, 대금은 보통예금으로 입금받았다(단, 주식할인발행차금을 확인하고, 회계처리 할 것). (3점)

[3] 7월 17일 전기에 회수불능으로 대손처리한 외상매출금 11,000,000원(부가가치세 포함)을 보통예금으로 회수하였다(단, 당시 대손요건을 충족하여 대손세액공제를 받았음). (3점)

[4] 8월 1일 정기예금 100,000,000원을 중도해지하여 은행으로부터 다음과 같은 내역서를 받고 이자를 포함한 전액을 당사의 보통예금 계좌로 입금받았다. 이자는 이자수익 계정으로 계상하며, 법인세와 지방소득세는 자산계정으로 처리하시오. (3점)

거래내역 확인증

계좌번호	103-9475-3561-31	거래일시	25.08.01.(15:12:59)
취급점	서울은행 강남지점	취급자	홍길동

※ 거래내용 : 중도해지 ※

- 예금주명 : (주)어진상사
- 원　　금 : 100,000,000원
- 해지이자 : 300,000원
- 세후이자 : 253,800원
- 차감지급액 : 100,253,800원

- 법인세 : 42,000원
- 지방소득세 : 4,200원
- 세금 합계 : 46,200원

항상 저희 은행을 찾아주셔서 감사합니다.
계좌번호 및 거래내역을 확인하시기 바랍니다.

[5] 11월 1일 제2기 예정분 부가가치세 고지금액을 가산세를 포함하여 보통예금 계좌에서 이체하여 납부하였다(단, 부가세예수금 계정을 사용하고 차액은 잡손실 계정으로 회계처리 한다. 이 문제에 한하여 해당 법인은 소규모 법인이라고 가정한다). (3점)

납부고지서 겸 영수증(납세자용)

납부번호	분류기호	납부연월	결정구분	세목	발행번호
	0126	2510	7	41	85521897
성명(상호)	(주)어진상사		수입징수관 계좌번호		011756
주민등록번호 (사업자등록번호)	571-85-01094	회계연도	2025	일반 회계	기획재정부 소관	조 세
		과세기간	202507			
주소(사업장)		서울시 구로구 안양천로 539길 6			

납부기한	2025년 10월 25일 까지
부가가치세	950,000
계	950,000
납기경과 2025. 10. 26.까지	납부지연가산세　　28,500
	계　　978,500
납기 후 납부시 우측(납부일자별 납부할 금액)을 참고하여 기재	
납기경과 2025. 10. 27.부터	납부할 금액　　978,500

위 금액을 한국은행 국고(수납)대리점인 은행
또는 우체국 등에 납부하시기 바랍니다.
(인터넷 등에 의한 전자납부 가능)
　　　　　　　2025년 10월 05일
　　　　　구로 세무서장 (인)

위 금액을 정히 영수합니다.

년 월 일
은　행
우체국 등

문제 2 [매입매출전표입력] 메뉴를 이용하여 다음의 거래자료를 입력하시오. (15점)

입력 시 유의사항

- 일반적인 적요의 입력은 생략하지만, 타계정 대체거래는 적요번호를 선택하여 입력한다.
- 채권·채무 관련 거래는 별도의 요구가 없는 한 반드시 기등록된 거래처코드를 선택하는 방법으로 거래처명을 입력한다.
- 제조경비는 500번대 계정코드를, 판매비와관리비는 800번대 계정코드를 사용한다.
- 회계처리 시 계정과목은 등록된 계정과목 중 가장 적절한 과목으로 한다.
- 입력화면 하단의 분개까지 처리하고, 세금계산서 및 계산서는 전자 여부를 입력하여 반영한다.

[1] 1월 4일   제조부문이 사용하는 시설장치의 원상회복을 위한 수선을 하고 수선비 330,000원을 전액 국민카드로 결제하고 다음의 매출전표를 수취하였다(부채계정은 미지급금으로 회계처리 할 것). (3점)

매 출 전 표

단말기번호 98758156   전표번호 123789

카드종류	거래종류	결제방법
국민카드	신용구매	일시불
회원번호(Card No)	취소시 원거래일자	
1234-5678-8888-9098		
유효기간	거래일시	품 명
2027.12.01.	2025.01.04.	시설장치수선
전표제출	금 액/AMOUNT	300,000
	부가세/VAT	30,000
전표매입사	봉사료/TIPS	
	합 계/TOTAL	330,000
거래번호	승인번호/(Approval No.)	
	123789	

가맹점   시설수리전문여기야
대표자   박수리   TEL   02-2673-0001
가맹점번호 123456   사업자번호 124-11-80005
주 소   서울시 송파구 충민로 66

서명(Signature)

[2] 2월 3일 생산공장에서 사용할 목적으로 플라스틱 사출기(기계장치)를 중국으로부터 인천세관을 통하여 수입하고, 수입전자세금계산서를 수취하였다. 부가가치세는 보통예금으로 지급하였다. 부가가치세와 관련된 회계처리만 입력하시오. (3점)

수입전자세금계산서						승인번호		20250203-1451412-203458			
세관명	등록번호	121-83-00561	종사업장번호		공급받는자	등록번호	571-85-01094	종사업장번호			
	세관명	인천세관	성 명	김통관		상 호(법인명)	(주)어진상사	성 명	김세종		
	세관주소	인천광역시 중구 서해대로 339 (항동7가)				사업장주소	서울 구로구 안양천로 539길 6				
	수입신고번호 또는 일괄발급기간(총건)		20250203178528			업 태	제조, 도소매	종 목	전자제품		
납부일자		과세표준		세 액		수정사유			비 고		
2025. 02. 03.		42,400,000		4,240,000							
월	일	품 목	규 격	수 량	단 가		과세표준		세 액	비 고	
02	03	사출기(기계장치)		10	4,240,000		42,400,000		4,240,000		
합계금액					46,640,000						

[3] 2월 15일 영업부서 거래처 직원의 경조사가 발생하여 화환을 주문하고, 다음의 계산서를 발급받았다. (3점)

전자계산서						승인번호		20250215-90051116-10181237			
공급자	등록번호	123-90-11117	종사업장번호		공급받는자	등록번호	571-85-01094	종사업장번호			
	상 호(법인명)	풍성화원	성 명	오미숙		상 호(법인명)	(주)어진상사	성 명	김세종		
	사업장주소	경기도 화성시 양감면 은행나무로 22				사업장주소	서울시 구로구 안양천로 539길 6				
	업 태	도소매업	종 목	화훼, 식물		업 태	제조, 도소매	종 목	전자제품		
	이메일	miso7@naver.com				이메일	happy07@naver.com				
작성일자		공급가액		수정사유			비 고				
2025. 02. 15.		100,000									
월	일	품 목	규 격	수 량	단 가		공급가액		비 고		
02	15	화환		1	100,000		100,000				
합계금액		현 금		수 표		어 음		외상미수금		위 금액을 **청구**함	
100,000								100,000			

[4] 2월 18일 공장에서 사용하던 화물용 트럭(취득가액 18,000,000원, 감가상각누계액 6,000,000원)을 10,500,000원(부가가치세 별도)에 이배달씨(비사업자)에게 매각하고 전자세금계산서를 발급하였으며 매각 대금은 2월 15일에 선수금으로 1,800,000원을 받았고 잔액은 2월 18일에 보통예금 계좌로 입금받았다. (※ 2월 18일의 회계처리를 하시오.) (3점)

전자세금계산서					승인번호			20250218-410100012-7115861	
공급자	등록번호	571-85-01094	종사업장번호		공급받는자	등록번호	680101-1240854	종사업장번호	
	상호(법인명)	(주)어진상사	성 명	김세종		상호(법인명)		성 명	이배달
	사업장주소	서울 구로구 안양천로 539길 6				사업장주소			
	업 태	제조, 도소매	종 목	전자제품		업 태		종 목	
	이메일	happy07@naver.com				이메일			
작성일자		공급가액		세 액			수정사유		
2025. 02. 18.		10,500,000		1,050,000			해당 없음		
비 고									

월	일	품 목	규 격	수 량	단 가	공급가액	세 액	비 고
02	18	화물용 트럭 판매		1	10,500,000	10,500,000	1,050,000	

합계금액	현 금	수 표	어 음	외상미수금	위 금액을 **영수**함
11,550,000	11,550,000				

[5] 3월 7일 당사의 건물 인테리어 공사를 담당한 (주)양주산업의 견적 내역은 다음과 같으며, 3월 7일 전자세금계산서 수취와 동시에 해당 금액은 전액 약속어음(만기일 25.12.31.)을 발행하여 결제 완료하였다. 계정과목은 건물로 계상하시오. (3점)

공사 구분	금 액	비 고
건물 내부 인테리어	100,000,000원	
1층 보안시스템 설치	10,000,000원	
합 계	110,000,000원	부가가치세 별도

• (주)어진상사는 1층 보안시스템의 설치로 물품 도난 사고 방지에 도움이 될 것으로 예상하며, 건물의 감정평가액이 높아질 것으로 기대하고 있다.

문제 3 부가가치세 신고와 관련하여 다음 물음에 답하시오. (10점)

[1] 다음 자료를 보고 제2기 부가가치세 확정신고 기간의 [공제받지못할매입세액명세서]([「공제받지못할매입세액내역」 및 「공통매입세액의정산내역」)를 작성하시오(단, 불러온 자료는 무시하고 다음의 자료를 참고하여 직접 입력할 것). (4점)

1. 매출 공급가액에 관한 자료

구분	과세사업	면세사업	합계
7월 ~ 12월	200,000,000원	50,000,000원	250,000,000원

2. 매입세액(세금계산서 수취분)에 관한 자료

구분	① 과세사업 관련			② 면세사업 관련		
	공급가액	매입세액	매수	공급가액	매입세액	매수
10월 ~ 12월	180,000,000원	18,000,000원	20매	20,000,000원	2,000,000원	8매

3. 총공통매입세액(7월~12월) : 5,000,000원
※ 제2기 예정신고 시 공통매입세액 중 불공제된 매입세액 : 800,000원

[2] 다음은 2025년 제2기 부가가치세 예정신고기간(7월 1일 ~ 9월 30일)의 영세율 매출과 관련된 자료이다. [수출실적명세서] 및 [내국신용장·구매확인서전자발급명세서]를 작성하시오. (4점)

1. 홈택스에서 조회한 수출실적명세서 관련 내역

수출신고번호	선적일자	통화	환율	외화금액	원화환산금액
8123458123458X	2025년 7월 22일	USD	1,400원/$	$30,000	42,000,000원

※ 위 자료는 직접수출에 해당하며, 거래처명 입력은 생략한다.

2. 홈택스에서 조회한 구매확인서 및 전자세금계산서 관련 내역

(1) 구매확인서 전자발급명세서 내역

서류구분	서류번호	발급일	공급일	금 액
구매확인서	PKT20250731555	2025년 8월 5일	2025년 7월 31일	70,000,000원

(2) 영세율전자세금계산서

영세율전자세금계산서						승인번호		20250731-33000099-11000022		
공급자	등록번호	571-85-01094	종사업장 번호		공급받는자	등록번호	551-85-12772	종사업장 번호	
	상호 (법인명)	(주)어진상사	성 명	김세종		상호 (법인명)	(주)최강전자	성 명	최강수
	사업장 주소	서울시 구로구 안양천로 539길 6				사업장 주소	경기도 광명시 디지털로 5, 301호		
	업 태	제조업	종 목	전자제품		업 태	도매업	종 목	전자제품
	이메일	happy07@naver.com				이메일	big99@naver.com		
작성일자		공급가액		세 액		수정사유			
2025. 07. 31.		70,000,000				해당 없음			
비 고									

월	일	품 목	규 격	수 량	단 가	공급가액	세 액	비 고
07	31	전자제품				70,000,000		

합계금액	현 금	수 표	어 음	외상미수금	위 금액을 **청구**함
70,000,000				70,000,000	

[3] 당사의 2025년 제1기 부가가치세 확정 신고서를 작성 및 마감하여 국세청 홈택스에서 부가가치세 신고를 수행하시오. (2점)

1. 부가가치세신고서와 관련 부속서류는 마감되어 있다.
2. [전자신고] → [국세청 홈택스 전자신고변환(교육용)] 순으로 진행한다.
3. 전자신고용 전자파일 제작 시 신고인 구분은 2.납세자 자진신고로 선택하고, 비밀번호는 "12341234"로 입력한다.
4. 전자신고용 전자파일 저장경로는 로컬디스크(C:)이며, 파일명은 "enc작성연월일.101.v5718501094"이다.
5. 최종적으로 국세청 홈택스에서 [전자파일 제출하기]를 완료한다.

문제 4 결산정리사항은 다음과 같다. 관련 메뉴를 이용하여 결산을 완료하시오. (15점)

[1] (주)어진상사는 2025년 2월 1일에 국민은행으로부터 1년 갱신 조건으로 마이너스 보통예금 통장을 개설하였다. 2025년 12월 31일 현재 통장 잔액은 (-)5,700,000원이다(단, 음수(-)로 회계처리 하지 말 것). (3점)

[2] 미국에 소재한 거래처 INSIDEOUT과의 거래로 발생한 외상매입금 60,250,000원($50,000)이 계상되어 있다 (결산일 현재 기준환율 : 1,390원/$). (3점)

[3] 당사는 생산부서의 원재료를 보관하기 위해 창고를 임차하고 임대차계약을 체결하였다. 당해 연도 9월 1일에 임대인에게 1년분 임차료 18,000,000원(2025.9.1. ~ 2026.8.31.)을 보통예금 계좌에서 이체하여 지급하고 지급일에 1년분 임차료를 선급비용으로 회계처리하였다(단, 임차료는 월할계산할 것). (3점)

[4] 당사는 외상매출금과 받을어음에 대하여 기말채권잔액의 2%를 대손예상액으로 추정하여 대손충당금을 설정하기로 한다(단, 다른 채권에 대해서는 대손충당금을 설정하지 않음). (3점)

[5] 2025년 4월 15일에 취득한 영업권의 취득원가는 54,000,000원이다. 영업권에 대한 12월 말 결산 회계처리를 하시오. 회사는 무형자산에 대하여 5년간 월할 균등 상각하고 있으며, 상각기간 계산 시 1월 미만은 1월로 간주한다. (3점)

문제 5 2025년 귀속 원천징수와 관련된 다음의 물음에 답하시오. (15점)

[1] 다음은 영업부 김성민 과장(사번 : 300)의 11월 귀속 급여 및 상여와 관련된 자료이다. [급여자료입력]과 [원천징수이행상황신고서]를 작성하시오(단, [기초코드등록] → [환경등록] → [원천] → [5.급여자료입력 화면]에서 "2.구분별로 입력"으로 변경한 후 작성할 것). (5점)

1. 11월 귀속 급여 및 상여 자료
   1) 급여 자료

급여 항목	금 액	공제항목	금 액
기 본 급	3,000,000원	국 민 연 금	135,000원
식 대 (비 과 세)	200,000원	건 강 보 험	106,350원
		장 기 요 양 보 험	13,770원
		고 용 보 험	24,000원
		소 득 세	74,350원
		지 방 소 득 세	7,430원
		공 제 총 액	360,900원
지 급 총 액	3,200,000원	차 인 지 급 액	2,839,100원

117회 실무시험

2) 상여 자료

상여 항목	금 액	공제항목	금 액
상 여	2,500,000원	고 용 보 험	20,000원
		소 득 세	207,020원
		지 방 소 득 세	20,700원
		공 제 총 액	247,720원
지 급 총 액	2,500,000원	차 인 지 급 액	2,252,280원

2. 급여의 지급시기는 2025년 11월 30일이고, 상여의 지급시기는 2026년 3월 15일이다.
3. 소득세법상 11월 귀속 근로소득이 12월까지 지급되지 않은 경우, 12월 31일에 지급한 것으로 보아 소득세를 원천징수한다.
4. 지급시기별로 각각의 [급여자료입력]과 [원천징수이행상황신고서]를 작성한다.

[2] 다음은 (주)어진상사의 사무관리직원인 이태원(사원코드 : 202번)씨의 연말정산 관련 자료이다. [연말정산추가자료입력] 메뉴의 [소득명세] 탭, [부양가족] 탭, [연말정산입력] 탭을 작성하시오(입력된 자료는 무시하고 다음의 자료만을 이용하여 입력할 것). (10점)

〈자료 1〉 근무지 현황(급여에는 기본급 외에는 없고, 급여일은 매달 말일임)

근무지	급여기간	월급여	연간 총급여
(주)경기 412-81-24785	2025.1.1. ~ 2025.11.30.(퇴사)	4,500,000원	49,500,000원
	• 국민연금 : 2,400,000원, 고용보험 : 440,000원 • 건강보험 : 1,826,000원, 장기요양보험 : 187,000원 • 원천징수 소득세 : 2,580,000원, 지방소득세 : 258,000원		
근무지	급여기간	월급여	연간 총급여
(주)어진상사	2025.12.1.(입사) ~ 2025.12.31.	5,500,000원	5,500,000원
	• 국민연금 : 218,700원, 고용보험 : 49,550원 • 건강보험 : 166,750원, 장기요양보험 : 17,090원 • 원천징수 소득세 : 289,850원, 지방소득세 : 28,980원		

〈자료 2〉 가족 현황

관계	성명	주민등록번호	비 고
본인	이태원	731210 - 1254632	총급여 55,000,000원
배우자	김진실	781214 - 2458709	소득 없음
모	최명순	450425 - 2639229	소득 있음(장애인[주1])
아들	이민석	040505 - 3569897	대학생
딸	이채영	090214 - 4452148	고등학생

※ [주1] 모친인 최명순씨는 상가임대소득에 대한 총수입금액 36,000,000원과 필요경비 16,000,000원이 있으며, 「장애인복지법」상 장애인에 해당함.

실무시험 117회

⟨자료 3⟩ 연말정산자료

※ 단, 의료비, 보험료, 교육비 입력 시 국세청간소화에 입력하고, 의료비의 증빙코드는 1.국세청장으로 입력할 것.

(1) 보험료
- 본인(이태원)
  - 자동차보험료 600,000원
  - 보장성운전자보험료 240,000원
- 본인 외
  - 모친의 장애인전용보장성보험료 960,000원
  - 배우자의 저축성생명보험료 1,800,000원

(2) 교육비
- 본인(이태원) : 경영대학원 교육비 8,000,000원
- 배우자 : 정규야간전문대학 교육비 7,000,000원
- 아들 : 대학교 수업료 7,000,000원
- 딸 : 고등학교 수업료 2,000,000원, 교복구입비용 1,000,000원, 현장체험학습비 500,000원

(3) 의료비(단, 모두 근로자 본인(이태원)이 부담하였다.)
- 모친 : 상해사고 치료비 5,000,000원(실손보험 수령액 3,000,000원)
- 아들 : 시력보정용안경 300,000원
- 배우자 : 미용목적 성형수술비 2,000,000원

116회 이론시험 (합격률: 21.01%) PART 01 기출문제

다음 문제를 보고 알맞은 것을 골라 **이론문제 답안작성** 메뉴에 입력하시오. (객관식 문항당 2점)

기본전제
문제에서 한국채택국제회계기준을 적용하도록 하는 전제조건이 없는 경우, 일반기업회계기준을 적용한다.

01. 다음 중 자본적 지출 항목을 수익적 지출로 잘못 회계처리한 경우 재무제표에 미치는 영향으로 옳은 것은?
① 자산이 과소계상 된다.
② 당기순이익이 과대계상 된다.
③ 부채가 과소계상 된다.
④ 자본이 과대계상 된다.

02. 다음 중 당좌자산에 해당하지 않는 항목은 무엇인가?
① 영업권
② 매출채권
③ 단기투자자산
④ 선급비용

03. 다음 중 회계추정의 변경에 해당하지 않는 것은 무엇인가?
① 감가상각자산의 내용연수 변경
② 감가상각방법의 변경
③ 재고자산 평가방법의 변경
④ 재고자산의 진부화 여부에 대한 판단

04. 다음 중 자본에 대한 설명으로 옳지 않은 것은?
① 유상증자 시 주식이 할인발행된 경우 주식할인발행차금은 자본조정으로 계상한다.
② 신주발행비는 손익계산서상의 당기 비용으로 처리한다.
③ 주식분할의 경우 주식수만 증가할 뿐 자본금에 미치는 영향은 발생하지 않는다.
④ 무상감자는 주식소각 대가를 주주에게 지급하지 않으므로 형식적 감자에 해당한다.

05. 다음의 자료를 이용하여 기말재고자산에 포함해야 할 총금액을 계산하면 얼마인가? 단, 창고 재고 금액은 고려하지 않는다.

- 반품률이 높지만, 그 반품률을 합리적으로 추정할 수 없는 상태로 판매한 상품 : 2,000,000원
- 시용판매 조건으로 판매된 시송품 총 3,000,000원 중 고객이 구매의사표시를 한 상품 : 1,000,000원
- 담보로 제공한 저당상품 : 9,000,000원
- 선적지 인도조건으로 매입한 미착상품 : 4,000,000원

① 15,000,000원   ② 16,000,000원   ③ 17,000,000원   ④ 18,000,000원

06. 다음 중 원가에 대한 설명으로 옳지 않은 것은?
① 조업도(제품생산량)가 증가함에 따라 단위당 변동원가는 일정하고 단위당 고정원가는 감소한다.
② 제조원가는 직접재료원가, 직접노무원가, 제조간접원가를 말한다.
③ 가공원가란 직접재료원가와 직접노무원가만을 합한 금액을 말한다.
④ 고정원가란 관련범위 내에서 조업도 수준과 관계없이 총원가가 일정한 원가를 말한다.

07. 다음 중 개별원가계산과 종합원가계산에 대한 설명으로 옳지 않은 것은?
① 개별원가계산은 개별적으로 원가를 추적해야 하므로 공정별로 원가를 통제하기가 어렵다.
② 종합원가계산 중 평균법은 기초재공품 모두를 당기에 착수하여 완성한 것으로 가정한다.
③ 종합원가계산을 적용할 때 기초재공품이 없다면 평균법과 선입선출법에 의한 계산은 차이가 없다.
④ 종합원가계산은 개별원가계산과 달리 기말재공품의 평가문제가 발생하지 않는다.

08. 다음 중 보조부문원가를 배분하는 방법에 대한 설명으로 옳지 않은 것은?
① 상호배분법은 보조부문 상호 간의 용역수수관계를 완전히 반영하는 방법이다.
② 단계배분법은 보조부문 상호 간의 용역수수관계를 전혀 반영하지 않는 방법이다.
③ 직접배분법은 보조부문 상호 간의 용역수수관계를 전혀 반영하지 않는 방법이다.
④ 상호배분법, 단계배분법, 직접배분법 중 어떤 방법을 사용하더라도 보조부문의 총원가는 제조부문에 모두 배분된다.

09. 당사의 보험료를 제조부문에 80%, 영업부문에 20%로 배분하고 있다. 당월 지급액 100,000원, 전월 미지급액 30,000원, 당월 미지급액이 20,000원인 경우 당월 제조간접원가로 계상해야 하는 보험료는 얼마인가?
① 64,000원　　② 72,000원　　③ 80,000원　　④ 90,000원

10. 종합원가계산을 적용할 경우, 다음의 자료를 이용하여 평균법과 선입선출법에 따른 가공원가의 완성품환산량을 각각 계산하면 몇 개인가?

- 기초재공품 : 300개(완성도 20%)
- 기말재공품 : 200개(완성도 60%)
- 당기착수량 : 1,000개
- 당기완성량 : 1,100개
- 원재료는 공정착수 시점에 전량 투입되며, 가공원가는 전체 공정에서 균등하게 발생한다.

	평균법	선입선출법		평균법	선입선출법
①	1,120개	1,060개	②	1,120개	1,080개
③	1,220개	1,180개	④	1,220개	1,160개

11. 다음 중 부가가치세법상 부가가치세가 과세되는 재화 또는 용역의 공급에 해당하는 것은?
① 박물관에 입장하도록 하는 용역
② 고속철도에 의한 여객운송 용역
③ 도서 공급
④ 도서대여 용역

12. 다음 중 부가가치세법상 매입세액공제가 가능한 경우는?
① 면세사업과 관련된 매입세액
② 기업업무추진비 지출과 관련된 매입세액
③ 토지의 형질변경과 관련된 매입세액
④ 제조업을 영위하는 사업자가 농민으로부터 면세로 구입한 농산물의 의제매입세액

13. 다음 중 소득세법상 근로소득의 원천징수 시기로 옳지 않은 것은?
① 2025년 05월 귀속 근로소득을 2025년 05월 31일에 지급한 경우 : 2025년 05월 31일
② 2025년 07월 귀속 근로소득을 2025년 08월 10일에 지급한 경우 : 2025년 08월 10일
③ 2025년 11월 귀속 근로소득을 2026년 01월 31일에 지급한 경우 : 2025년 12월 31일
④ 2025년 12월 귀속 근로소득을 2026년 03월 31일에 지급한 경우 : 2025년 12월 31일

14. 다음 중 소득세법상 사업소득에 대한 설명으로 가장 옳지 않은 것은?
① 간편장부대상자의 사업용 유형자산 처분으로 인하여 발생한 이익은 사업소득에 해당한다.
② 국세환급가산금은 총수입금액에 산입하지 않는다.
③ 거주자가 재고자산을 가사용으로 소비하는 경우 그 소비·지급한 때의 가액을 총수입금액에 산입한다.
④ 부동산임대와 관련 없는 사업소득의 이월결손금은 당해 연도의 다른 종합소득에서 공제될 수 있다.

15. 다음 중 소득세법상 종합소득공제 및 세액공제에 대한 설명으로 옳지 않은 것은?
① 거주자의 직계존속이 주거 형편에 따라 별거하고 있는 경우에는 생계를 같이 하는 것으로 본다.
② 재학 중인 학교로부터 받은 장학금이 있는 경우 이를 차감한 금액을 세액공제 대상 교육비로 한다.
③ 배우자가 있는 여성은 배우자가 별도의 소득이 없는 경우에 한하여 부녀자공제를 받을 수 있다.
④ 맞벌이 부부 중 남편이 계약자이고 피보험자가 부부공동인 보장성보험의 보험료는 보험료 세액공제 대상이다.

116회 실무시험

(주)선진테크(회사코드 : 1162)는 컴퓨터 및 주변장치의 제조 및 도·소매업을 주업으로 영위하는 중소기업으로서 당기(제12기)의 회계기간은 2025.1.1. ~ 2025.12.31.이다. 전산세무회계 수험용 프로그램을 이용하여 다음 물음에 답하시오.

기본전제

- 문제에서 한국채택국제회계기준을 적용하도록 하는 전제조건이 없는 경우, 일반기업회계기준을 적용하여 회계처리 한다.
- 문제의 풀이와 답안작성은 제시된 문제의 순서대로 진행한다.

문제 1 [일반전표입력] 메뉴를 이용하여 다음의 거래자료를 입력하시오. (15점)

입력 시 유의사항

- 일반적인 적요의 입력은 생략하지만, 타계정 대체거래는 적요번호를 선택하여 입력한다.
- 채권·채무와 관련된 거래는 별도의 요구가 없는 한 반드시 기등록된 거래처코드를 선택하는 방법으로 거래처명을 입력한다.
- 제조경비는 500번대 계정코드를, 판매비와관리비는 800번대 계정코드를 사용한다.
- 회계처리 시 계정과목은 별도의 제시가 없는 한 등록된 계정과목 중 가장 적절한 과목으로 한다.

[1] 1월 3일 전기에 하남상회에게 제품을 판매하고 계상했던 외상매출금 총 3,400,000원 중 1,400,000원은 하남상회가 발행한 약속어음으로 받고, 나머지는 보통예금 계좌로 즉시 입금받았다. (3점)

[2] 1월 15일 영업부에서 사용할 실무서적을 현금으로 구입하고, 다음의 영수증을 수취하였다. (3점)

영 수 증(공급받는자용)				
			(주)선진테크 귀하	
공급자	사업자등록번호	145 - 91 - 12336		
	상 호	대일서점	성 명	김대일
	사업장소재지	서울시 강동구 천호대로 1(천호동)		
	업 태	도소매	종 목	서적
작성일자	금액합계	비 고		
2025.01.15.	25,000원			
공 급 내 역				
월/일	품명	수량	단가	금액
1/15	영업전략실무	1	25,000원	25,000원
합 계	₩ 25,000			
위 금액을 영수함				

[3] 8월 20일 당사는 공장신축용 토지를 취득한 후 취득세 18,000,000원과 지방채 12,000,000원(액면가 12,000,000원, 공정가치 10,500,000원, 만기 5년, 무이자부)을 보통예금 계좌에서 지급하였다. (단, 지방채는 매도가능증권으로 분류할 것) (3점)

[4] 10월 25일 다음의 제조부서 직원급여를 보통예금 계좌에서 이체하여 지급하였다. 예수금은 하나의 계정으로 처리하시오. (3점)

2025년 10월분 급여명세서

(단위 : 원)

사원코드 : 0008   사원명 : 김하나
부서 : 제조   직급 : 과장   입사일 : 2024.05.01

지급내역	지급액	공제내역	공제액
기본급	3,500,000	국민연금	265,500
상 여	3,000,000	건강보험	230,420
		고용보험	58,500
		장기요양보험료	29,840
		소득세	530,000
		지방소득세	53,000
		공제액계	1,167,260
지급액계	6,500,000	차인지급액	5,332,740

귀하의 노고에 감사드립니다.   (주)선진테크

[5] 12월 1일   지난 9월 2일 공장에서 사용할 목적으로 (주)은성기계에서 기계장치를 구매하고 아래의 전자세금계산서를 수취하면서 미지급금으로 회계처리를 했던 거래에 대하여 12월 1일에 법인카드(신한카드)로 결제하여 지급하였다(단, 카드 결제분은 미지급금으로 처리할 것). (3점)

전자세금계산서					승인번호		20250902-31000013-44346111		
공급자	등록번호	180-81-41214	종사업장 번호		공급받는자	등록번호	130-81-53506	종사업장 번호	
	상호(법인명)	(주)은성기계	성 명	박은성		상호(법인명)	(주)선진테크	성 명	이득세
	사업장 주소	서울특별시 성북구 장월로1길 28, 상가동 101호				사업장 주소	경기도 부천 길주로 284, 105호(중동)		
	업 태	제조업	종 목	전자부품		업 태	제조, 도소매 외	종 목	컴퓨터 및 주변장치 외
	이메일	es@naver.com				이메일	jdcorp@naver.com		
작성일자		공급가액		세 액			수정사유		
2025/09/02		20,000,000		2,000,000			해당 없음		
비 고									
월	일	품 목	규 격	수 량	단 가	공급가액		세 액	비 고
09	02	기계장치				20,000,000		2,000,000	
합계금액		현 금		수 표		어 음	외상미수금	위 금액을 **청구**함	
22,000,000							22,000,000		

문제 2 [매입매출전표입력] 메뉴를 이용하여 다음의 거래자료를 입력하시오. (15점)

입력 시 유의사항

- 일반적인 적요의 입력은 생략하지만, 타계정 대체거래는 적요번호를 선택하여 입력한다.
- 채권·채무 관련 거래는 별도의 요구가 없는 한 반드시 기등록된 거래처코드를 선택하는 방법으로 거래처명을 입력한다.
- 제조경비는 500번대 계정코드를, 판매비와관리비는 800번대 계정코드를 사용한다.
- 회계처리 시 계정과목은 등록된 계정과목 중 가장 적절한 과목으로 한다.
- 입력화면 하단의 분개까지 처리하고, 세금계산서 및 계산서는 전자 여부를 입력하여 반영한다.

[1] 1월 2일   제조부문에서 사용하던 기계장치(취득원가 5,000,000원, 감가상각누계액 4,300,000원)를 미래전자에 1,000,000원(부가가치세 별도)에 매각하면서 전자세금계산서를 발급하였으며, 대금 중 부가가치세는 현금으로 받고, 나머지는 전액 미래전자가 발행한 약속어음으로 수취하였다. (3점)

116회 실무시험

[2] 2월 12일 가공육선물세트를 구입하여 영업부 거래처에 접대를 목적으로 제공하고 아래의 전자세금계산서를 수취하면서 대금은 보통예금 계좌에서 지급하였다. (3점)

전자세금계산서						승인번호		20250212-100156-956214		
공급자	등록번호	130-81-23545	종사업장번호		공급받는자	등록번호	130-81-53506	종사업장번호		
	상호(법인명)	(주)롯데백화점 중동	성 명	이시진		상호(법인명)	(주)선진테크	성 명	이득세	
	사업장주소	경기도 부천시 길주로 300 (중동)				사업장주소	경기도 부천시 길주로 284, 105호 (중동)			
	업 태	서비스	종 목	백화점		업 태	제조, 도소매	종 목	컴퓨터 및 주변장치 외	
	이메일	fhdns@never.net				이메일	1111@daum.net			
작성일자		공급가액		세 액		수정사유		비 고		
2025/02/12		7,100,000		710,000						
월	일	품 목	규 격	수 량	단 가	공급가액		세 액		비 고
02	12	가공육 선물세트 1호		100	71,000	7,100,000		710,000		
합계금액		현 금		수 표		어 음		외상미수금		위 금액을 **영수**함
7,810,000		7,810,000								

[3] 7월 17일 당사는 수출회사인 (주)봉산실업에 내국신용장에 의해 제품을 판매하고 영세율전자세금계산서를 발급하였다. 대금 중 1,800,000원은 현금으로 받고, 나머지는 외상으로 하였다. (3점)

영세율전자세금계산서						승인번호		20250717-1000000-0000415871		
공급자	등록번호	130-81-53506	종사업장번호		공급받는자	등록번호	130-81-55668	종사업장번호		
	상호(법인명)	(주)선진테크	성 명	이득세		상호(법인명)	(주)봉산실업	성 명	안민애	
	사업장주소	경기도 부천시 길주로 284, 105호 (중동)				사업장주소	서울 강남구 역삼로 1504-20			
	업 태	제조 외	종 목	컴퓨터 및 주변장치 외		업 태	도소매	종 목	전자제품	
	이메일	1111@daum.net				이메일	semicom@naver.com			
작성일자		공급가액		세 액		수정사유				
2025/07/17		18,000,000		0		해당 없음				
비 고										
월	일	품 목	규 격	수 량	단 가	공급가액		세 액		비 고
07	17	제품	set	10	1,800,000	18,000,000		0		
합계금액		현 금		수 표		어 음		외상미수금		위 금액을 **영수**함
18,000,000		1,800,000						16,200,000		

[4] 8월 20일 (주)하나로마트에서 한우갈비세트(부가가치세 면세 대상) 2,000,000원을 현금으로 결제하고 현금영수증(지출증빙용)을 수취하였다. 이 중 600,000원 상당은 복리후생 차원에서 당사 공장 직원에게 제공하였고, 나머지는 영업부서 직원에게 제공하였다. (3점)

[5] 9월 10일 아래의 세금계산서를 2025년 제2기 부가가치세 예정신고 시 누락하였다. 반드시 2025년 제2기 부가가치세 확정신고서에 반영되도록 입력 및 설정한다. (3점)

	세금계산서							책번호	권 호
								일련번호	-

공급자	사업자등록번호	113-15-53127			공급받는자	사업자등록번호	130-81-53506		
	상호(법인명)	풍성철강	성명(대표자)	이소희		상호(법인명)	(주)선진테크	성명(대표자)	이득세
	사업장주소	서울시 금천구 시흥대로 53				사업장주소	경기도 부천시 길주로 284, 105호 (중동)		
	업태	도매업	종목	철강		업태	제조업	종목	컴퓨터 및 주변장치 외

작성			공급가액					세액					비고
연 월 일 공란수	백 십 억	천 백 십 만	천 백 십 일	십 억	천 백 십 만	천 백 십 일							
2025 09 10		1 0 0 0 0 0 0			1 0 0 0 0 0								

월 일	품목	규격	수량	단가	공급가액	세액	비고
09 10	원재료				1,000,000	100,000	

합계금액	현금	수표	어음	외상미수금	이 금액을 **청구**함
1,100,000				1,100,000	

문제 13 부가가치세 신고와 관련하여 다음 물음에 답하시오. (10점)

[1] 다음의 자료를 토대로 2025년 제1기 부가가치세 확정신고기간의 [부가가치세신고서]를 작성하시오(단, 아래 제시된 자료만 있는 것으로 가정함). (6점)

매출자료	• 세금계산서 발급분 과세 매출 : 공급가액 200,000,000원, 세액 20,000,000원 - 종이(전자 외) 세금계산서 발급분(공급가액 50,000,000원, 세액 5,000,000원)이 포함되어 있다. - 그 외 나머지는 모두 전자세금계산서 발급분이다. • 당사의 직원인 홍길동(임원 아님)에게 경조사와 관련하여 연간 100,000원(시가) 상당의 제품(당사가 제조한 제품임)을 무상으로 제공하였다. • 대손이 확정된 외상매출금 1,650,000원(부가가치세 포함)에 대하여 대손세액공제를 적용한다.
매입자료	• 수취한 매입세금계산서는 공급가액 120,000,000원, 세액 12,000,000원으로 내용은 아래와 같다. - 승용자동차(배기량 : 999cc, 경차에 해당됨) 취득분 : 공급가액 20,000,000원, 세액 2,000,000원 - 거래처 접대목적으로 구입한 물품(고정자산 아님) : 공급가액 5,000,000원, 세액 500,000원 - 그 외 나머지는 일반 매입분이다.

116회 실무시험

> **유의사항**
> - 세부담 최소화를 가정한다.
> - 불러온 자료는 무시하고 문제에 제시된 자료만 직접 입력한다.
> - 해당 법인은 홈택스 사이트를 통해 전자적인 방법으로 부가가치세 신고를 직접 한다.
> - 부가가치세 신고서 이외의 과세표준명세 등 기타 부속서류의 작성은 생략한다.

[2] 다음의 자료는 2025년 제2기 확정신고 시의 대손 관련 자료이다. 해당 자료를 이용하여 2025년 제2기 확정신고 시의 [대손세액공제신고서]를 작성하시오(단, 모든 거래는 부가가치세 과세대상에 해당함). (4점)

대손 확정일	당초 공급일	계정과목	대손금	매출처 상호	대손사유
2025.10.5.	2024.5.3.	미수금 (유형자산매각대금)	11,000,000원	(주)가경	파산종결 결정공고
2025.10.24.	2022.10.10.	외상매출금	22,000,000원	(주)용암	소멸시효완성
2025.5.19. (부도발생일)	2025.4.8.	받을어음	16,500,000원	(주)개신	부도발생 (저당권설정 안 됨)
2025.12.19. (부도발생일)	2025.8.25.	받을어음	13,200,000원	(주)비하	부도발생 (저당권설정 안 됨)

문제 4 결산정리사항은 다음과 같다. 관련 메뉴를 이용하여 결산을 완료하시오. (15점)

[1] 기존에 입력된 데이터는 무시하고, 2025년 제2기 부가가치세 확정신고와 관련된 내용이 다음과 같다고 가정한다. 12월 31일 부가세예수금과 부가세대급금을 정리하는 회계처리를 하시오(단, 납부세액(또는 환급세액)은 미지급세금(또는 미수금)으로, 경감공제세액은 잡이익으로, 가산세는 세금과공과(판)로 회계처리한다). (3점)

> - 부가세대급금 : 9,500,000원
> - 부가세예수금 : 12,500,000원
> - 전자신고세액공제액 : 10,000원
> - 세금계산서 미발급가산세 : 240,000원

[2] 아래의 내용을 참고하여 2025년 말 현재 보유 중인 매도가능증권(비유동자산)에 대한 결산 회계처리를 하시오(단, 매도가능증권과 관련된 2024년의 회계처리는 적절하게 수행함). (3점)

주식명	2024년 취득가액	2024년 말 공정가치	2025년 말 공정가치
엔비디아듀	1,000,000원	800,000원	2,000,000원

[3] 9월 1일에 영업부 차량보험에 가입하고 1년치 보험료 1,200,000원을 납부하였다. 보험료 납부 당시 회사는 전액 보험료로 회계처리 하였다(단, 월할계산할 것). (3점)

[4] 당사는 2025년 1월 1일에 사채(액면가액 10,000,000원)를 발행하고 매년 결산일(12월 31일)에 이자비용을 보통예금 계좌에서 지급하고 있다. 만기 2027년 12월 31일, 액면이자율 10%, 시장이자율 7%이며 발행시점의 발행가액은 10,787,300원이다. 2025년 12월 31일 결산일에 필요한 회계처리를 하시오(단, 원단위 이하는 절사할 것). (3점)

[5] 다음은 (주)선진테크의 유형자산 명세서이다. 기존에 입력된 데이터는 무시하며 다음의 유형자산만 있다고 가정하고 감가상각과 관련된 회계처리를 하시오. (3점)

유형자산 명세서

계정과목	자산명	당기분 회사 계상 감가상각비	상각 방법	내용 연수	사용 부서
건물	공장건물	10,000,000원	정액법	20년	제조부
기계장치	초정밀검사기	8,000,000원	정률법	10년	제조부
차량운반구	그랜저	7,000,000원	정액법	5년	영업부
비품	컴퓨터	3,000,000원	정률법	5년	영업부

문제 5 2025년 귀속 원천징수와 관련된 다음의 물음에 답하시오. (15점)

[1] 다음의 자료를 바탕으로 내국인이며 거주자인 생산직 사원 임하나(750128-2436815, 세대주, 입사일 : 2025.09. 01.)의 세부담이 최소화 되도록 [사원등록] 메뉴의 [기본사항] 탭을 이용하여 아래의 내용 중에서 필요한 항목을 입력하고, 9월분 급여자료를 입력하시오(단, 급여지급일은 매월 말일이며, 사용하지 않는 수당항목은 '부'로 표시할 것). (6점)

> ※ 아래 〈자료〉를 통해 임하나의 [사원등록] 메뉴의 [기본사항] 탭에서 다음의 사항을 입력하고 9월분 급여자료를 입력하시오.
> • 10. 생산직등여부, 연장근로비과세, 전년도총급여
> • 12. 국민연금보수월액
> • 13. 건강보험보수월액
> • 14. 고용보험보수월액

116회 실무시험

〈자료〉
- 국민연금보수월액, 건강보험보수월액, 고용보험보수월액은 1,800,000원으로 신고하였다.
- 급여 및 제수당 내역은 다음과 같다.

급여 및 제수당	기본급	식대	시내교통비	출산.보육수당 (육아수당)	야간근로수당
금액(원)	1,500,000	200,000	300,000	100,000	2,200,000

- 별도의 식사는 제공하지 않고 있으며, 식대로 매월 200,000원을 지급하고 있다.
- 출퇴근용 시내교통비로 매월 300,000원을 지급하고 있다.
- 출산.보육수당(육아수당)은 6세 이하 자녀를 양육하는 직원에게 지급하는 수당이다.
- 9월은 업무 특성상 야간근무를 하며, 이에 대하여 별도의 수당을 지급하고 있다.
  (→ 임하나 : 국내 근무, 월정액급여 1,800,000원, 전년도총급여 27,000,000원)
- 2025년 9월 1일 이전의 연장 · 야간근로수당으로서 비과세되는 금액은 없다.

[2] 다음은 퇴사자 우미영 사원(사번 : 301)의 2025년 3월 급여자료이다. [사원등록] 메뉴에서 퇴사년월일을 반영하고, 3월의 [급여자료입력]과 [원천징수이행상황신고서]를 작성하시오(단, 반드시 [급여자료입력]의 「F7 중도퇴사자정산」을 이용하여 중도퇴사자 정산 내역을 급여자료에 반영할 것). (6점)

- 퇴사일은 2025년 3월 31일이고, 3월 급여는 2025년 4월 5일에 지급되었다.
- 수당 및 공제항목은 중도퇴사자 정산과 관련된 부분을 제외하고 추가 및 변경하지 않기로 하며 사용하지 않는 항목은 그대로 둔다.
- 3월 급여자료(우미영에 대한 급여자료만 입력하도록 한다.)

급여 항목	금액	공제 항목	금액
기 본 급	2,700,000원	국 민 연 금	121,500원
식 대 (비 과 세)	200,000원	건 강 보 험	95,710원
		장 기 요 양 보 험	12,390원
		고 용 보 험	21,600원
		중 도 정 산 소 득 세	−96,500원
		중 도 정 산 지 방 소 득 세	−9,640원
		공 제 총 액	145,060원
지 급 총 액	2,900,000원	차 인 지 급 액	2,754,940원

실무시험 116회

[3] 다음 자료를 이용하여 이미 작성된 [원천징수이행상황신고서]를 조회하여 마감하고, 국세청 홈택스에 전자신고를 하시오. (3점)

〈전산프로그램에 입력된 소득자료〉

귀속월	지급월	소득구분	신고코드	인원	총지급액	소득세	비고
10월	10월	근로소득	A01	2명	7,000,000원	254,440원	매월(정기)신고

〈유의사항〉
1. 위 자료를 바탕으로 [원천징수이행상황신고서]가 작성되어 있다.
2. [원천징수이행상황신고서] 마감 → [전자신고] → [국세청 홈택스 전자신고 변환(교육용)] 순으로 진행한다.
3. [전자신고] 메뉴의 [원천징수이행상황제작] 탭에서 신고인구분은 2.납세자 자진신고를 선택하고, 비밀번호는 "123456789"를 입력한다.
4. [국세청 홈택스 전자신고 변환(교육용)] → 전자파일변환(변환대상파일선택) → 찾아보기 에서 전자신고용 전자파일을 선택한다.
5. 전자신고용 전자파일 저장경로는 로컬디스크(C:)이며, 파일명은 "작성연월일.01.t사업자등록번호"다.
6. 형식검증하기 ➡ 형식검증결과확인 ➡ 내용검증하기 ➡ 내용검증결과확인 ➡ 전자파일제출 을 순서대로 클릭한다.
7. 최종적으로 전자파일 제출하기 를 완료한다.

115회 이론시험 (합격률 : 28.44%) PART 01 기출문제

다음 문제를 보고 알맞은 것을 골라 **이론문제 답안작성** 메뉴에 입력하시오. (객관식 문항당 2점)

기 본 전 제
문제에서 한국채택국제회계기준을 적용하도록 하는 전제조건이 없는 경우, 일반기업회계기준을 적용한다.

01. 다음 중 재무제표의 기본가정에 해당하지 않는 것은?
① 기업실체를 중심으로 하여 기업실체의 경제적 현상을 재무제표에 보고해야 한다.
② 기업이 계속적으로 존재하지 않을 것이라는 반증이 없는 한, 기업실체의 본래 목적을 달성하기 위하여 계속적으로 존재한다.
③ 기업실체의 지속적인 경제적 활동을 인위적으로 일정 기간 단위로 분할하여 각 기간마다 경영자의 수탁책임을 보고한다.
④ 회계정보가 유용하기 위해서는 그 정보가 의사결정에 반영될 수 있도록 적시에 제공되어야 한다.

02. 다음의 자료를 통해 2025년 12월 31일 결산 후 재무제표에서 확인 가능한 정보로 올바른 것은?

2023년 1월 1일 기계장치 취득	
• 매입가액	20,000,000원
• 취득에 직접적으로 필요한 설치비	300,000원
• 2023년에 발생한 소모품 교체비	600,000원
• 2023년에 발생한 본래의 용도를 변경하기 위한 제조·개량비	4,000,000원
• 내용연수는 6년, 정액법으로 매년 정상적으로 상각함(월할계산할 것), 잔존가치는 없음.	

① 기계장치의 취득원가는 24,000,000원으로 계상되어 있다.
② 손익계산서에 표시되는 감가상각비는 4,150,000원이다.
③ 재무상태표에 표시되는 감가상각누계액은 8,300,000원이다.
④ 상각 후 기계장치의 미상각잔액은 12,150,000원이다.

03. 다음 중 일반기업회계기준상 무형자산 상각에 대한 설명으로 옳지 않은 것은?
① 무형자산의 상각대상 금액은 그 자산의 추정 내용연수 동안 체계적인 방법에 의하여 비용으로 배분된다.
② 제조와 관련된 무형자산의 상각비는 제조원가에 포함한다.
③ 무형자산의 상각방법으로는 정액법만 사용해야 한다.
④ 무형자산의 잔존가치는 없는 것을 원칙으로 한다.

04. 다음 중 사채에 대한 설명으로 가장 옳지 않은 것은?
① 사채할인발행차금은 사채의 발행금액에서 차감하는 형식으로 표시한다.
② 액면이자율보다 시장이자율이 큰 경우에는 할인발행된다.
③ 사채할증발행차금은 사채의 액면금액에서 가산하는 형식으로 표시한다.
④ 액면이자율이 시장이자율보다 큰 경우에는 할증발행된다.

05. 다음 중 회계정책, 회계추정의 변경 및 오류에 대한 설명으로 옳지 않은 것은?
① 회계정책의 변경은 기업환경의 변화, 새로운 정보의 획득 또는 경험의 축적에 따라 지금까지 사용해 오던 회계적 추정치의 근거와 방법 등을 바꾸는 것을 말한다.
② 회계추정의 변경은 전진적으로 처리하여 그 효과를 당기와 당기 이후의 기간에 반영한다.
③ 회계변경의 효과를 회계정책의 변경효과와 회계추정의 변경효과로 구분하는 것이 불가능한 경우 회계추정의 변경으로 본다.
④ 회계추정 변경의 효과는 당해 회계연도 개시일부터 적용한다.

06. 다음 중 원가 집계과정에 대한 설명으로 옳지 않은 것은?
① 당기제품제조원가(당기완성품원가)는 원재료 계정의 차변으로 대체된다.
② 당기총제조원가는 재공품 계정의 차변으로 대체된다.
③ 당기제품제조원가(당기완성품원가)는 제품 계정의 차변으로 대체된다.
④ 제품매출원가는 매출원가 계정의 차변으로 대체된다.

07. 다음 중 개별원가계산과 종합원가계산에 대한 설명으로 옳지 않은 것은?
① 개별원가계산은 주문받은 개별 제품별로 작성된 작업원가표에 집계하여 원가를 계산한다.
② 종합원가계산은 개별 제품별로 작업원가표를 작성하여 원가를 계산한다.
③ 개별원가계산은 각 제조지시별로 원가계산을 해야하므로 많은 시간과 비용이 발생한다.
④ 조선업, 건설업은 개별원가계산이 적합한 업종에 해당한다.

08. 다음 중 제조원가명세서와 손익계산서 및 재무상태표의 관계에 대한 설명으로 옳지 않은 것은?
① 제조원가명세서의 기말원재료재고액은 재무상태표의 원재료 계정에 계상된다.
② 제조원가명세서의 기말재공품의 원가는 재무상태표의 재공품 계정으로 계상된다.
③ 제조원가명세서의 당기제품제조원가는 재무상태표의 매출원가에 계상된다.
④ 손익계산서의 기말제품재고액은 재무상태표의 제품 계정 금액과 같다.

115회 이론시험

09. 다음의 자료를 이용하여 직접노무시간당 제조간접원가 예정배부율을 구하시오.

> • 제조간접원가 실제 발생액 : 6,000,000원
> • 제조간접원가 배부차이 : 400,000원(과대배부)
> • 실제 직접노무시간 : 50,000시간

① 112원　　② 128원　　③ 136원　　④ 146원

10. 기초재공품은 1,000개이고 완성도는 30%이다. 당기투입수량은 6,000개이고 기말재공품은 800개일 경우 선입선출법에 의한 가공원가의 완성품환산량이 6,100개라면, 기말재공품의 완성도는 몇 %인가? (단, 가공원가는 전공정에 걸쳐 균등하게 발생한다.)

① 10%　　② 15%　　③ 20%　　④ 25%

11. 다음 중 부가가치세법상 과세기간에 대한 설명으로 옳지 않은 것은?

① 일반과세자의 과세기간은 원칙상 1년에 2개가 있다.
② 신규로 사업을 개시하는 것은 과세기간 개시일의 예외가 된다.
③ 매출이 기준금액에 미달하여 일반과세자가 간이과세자로 변경되는 경우 그 변경되는 해에 간이과세자에 관한 규정이 적용되는 과세기간은 그 변경 이전 1월 1일부터 6월 30일까지이다.
④ 간이과세자가 간이과세자에 관한 규정의 적용을 포기함으로써 일반과세자로 되는 경우에는 1년에 과세기간이 3개가 될 수 있다.

12. 다음 중 부가가치세법상 재화의 공급에 해당하는 것은?

① 담보의 제공　　② 사업용 상가건물의 양도
③ 사업의 포괄적 양도　　④ 조세의 물납

13. 다음 중 소득세법상 근로소득이 없는 거주자(사업소득자가 아님)가 받을 수 있는 특별세액공제는?

① 보험료세액공제　　② 의료비세액공제
③ 교육비세액공제　　④ 기부금세액공제

이론시험 115회

14. 다음 중 소득세법상 수입시기로 가장 옳지 않은 것은?

① 비영업대금의 이익 : 약정에 의한 이자 지급일
② 잉여금 처분에 의한 배당 : 잉여금 처분 결의일
③ 장기할부판매 : 대가의 각 부분을 받기로 한 날
④ 부동산 등의 판매 : 소유권이전등기일, 대금청산일, 사용수익일 중 빠른 날

15. 다음 중 소득세법상 기타소득에 대한 설명으로 가장 옳지 않은 것은?

① 「공익법인의 설립·운영에 관한 법률」의 적용을 받는 공익법인이 주무관청의 승인을 받아 시상하는 상금 및 부상과 다수가 순위 경쟁하는 대회에서 입상자가 받는 상금 및 부상의 경우, 거주자가 받은 금액의 100분의 60에 상당하는 금액을 필요경비로 한다.
② 고용관계 없이 다수인에게 강연을 하고 강연료 등 대가를 받는 용역을 일시적으로 제공하고 받는 대가는 기타소득에 해당한다.
③ 이자소득·배당소득·사업소득·근로소득·연금소득·퇴직소득 및 양도소득 외의 소득으로서 재산권에 관한 알선수수료는 기타소득에 해당한다.
④ 이자소득·배당소득·사업소득·근로소득·연금소득·퇴직소득 및 양도소득 외의 소득으로서 상표권·영업권을 양도하거나 대여하고 받는 금품은 기타소득에 해당한다.

115회 실 무 시 험

PART 01 기출문제

(주)은마상사(회사코드 : 1152)는 전자제품의 제조 및 도·소매업을 주업으로 영위하는 중소기업으로 당기(제18기)의 회계기간은 2025.1.1. ~ 2025.12.31.이다. 전산세무회계 수험용 프로그램을 이용하여 다음 물음에 답하시오.

기본전제

- 문제에서 한국채택국제회계기준을 적용하도록 하는 전제조건이 없는 경우, 일반기업회계기준을 적용하여 회계처리 한다.
- 문제의 풀이와 답안작성은 제시된 문제의 순서대로 진행한다.

문제 1 [일반전표입력] 메뉴를 이용하여 다음의 거래자료를 입력하시오. (15점)

입력 시 유의사항

- 일반적인 적요의 입력은 생략하지만, 타계정 대체거래는 적요번호를 선택하여 입력한다.
- 채권·채무와 관련된 거래는 별도의 요구가 없는 한 반드시 기등록된 거래처코드를 선택하는 방법으로 거래처명을 입력한다.
- 제조경비는 500번대 계정코드를, 판매비와관리비는 800번대 계정코드를 사용한다.
- 회계처리 시 계정과목은 별도의 제시가 없는 한 등록된 계정과목 중 가장 적절한 과목으로 한다.

[1] 4월 11일 당사가 보유 중인 매도가능증권을 12,000,000원에 처분하고 처분대금은 보통예금 계좌로 입금받았다. 해당 매도가능증권의 취득가액은 10,000,000원이며, 2024년 말 공정가치는 11,000,000원이다. (3점)

[2] 6월 25일 당사의 거래처인 (주)은비로부터 비품을 무상으로 받았다. 해당 비품의 공정가치는 5,000,000원이다. (3점)

[3] 8월 2일 (주)은마상사의 사옥으로 사용할 토지를 비사업자로부터 다음과 같이 매입하였다. 그 중 토지 취득 관련 지출은 다음과 같다. 취득세는 현금으로 납부하고 토지대금과 등기수수료, 중개수수료는 보통예금 계좌에서 이체하였다. (3점)

• 토지가액	300,000,000원
• 토지 관련 취득세	13,000,000원
• 토지 취득 관련 법무사 등기수수료	300,000원
• 토지 취득 관련 중개수수료	2,700,000원

[4] 8월 10일 당기분 퇴직급여를 위하여 영업부서 직원에 대한 퇴직연금(DB형) 5,000,000원과 제조부서 직원에 대한 퇴직연금(DC형) 3,000,000원을 보통예금 계좌에서 이체하였다. (3점)

[5] 12월 13일 자기주식(취득가액 : 주당 58,000원) 120주를 주당 65,000원에 처분하여 매매대금이 보통예금 계좌로 입금되었다. 처분일 현재 자기주식처분손실 200,000원이 계상되어 있다. (3점)

문제 2 [매입매출전표입력] 메뉴를 이용하여 다음의 거래자료를 입력하시오. (15점)

입력 시 유의사항

- 일반적인 적요의 입력은 생략하지만, 타계정 대체거래는 적요번호를 선택하여 입력한다.
- 채권·채무 관련 거래는 별도의 요구가 없는 한 반드시 기등록된 거래처코드를 선택하는 방법으로 거래처명을 입력한다.
- 제조경비는 500번대 계정코드를, 판매비와관리비는 800번대 계정코드를 사용한다.
- 회계처리 시 계정과목은 등록된 계정과목 중 가장 적절한 과목으로 한다.
- 입력화면 하단의 분개까지 처리하고, 세금계산서 및 계산서는 전자 여부를 입력하여 반영한다.

[1] 3월 12일 싱가포르에 소재하는 ABC사에 제품을 $30,000에 직수출하였다. 수출대금 중 $20,000가 선적과 동시에 보통예금 계좌에 입금되었으며 나머지 $10,000는 다음달 말일에 수취하기로 하였다(수출신고번호 입력은 생략할 것). (3점)

수출대금	대금수령일	기준환율	비 고
$20,000	2025.03.12.	1,300원/$	선적일
$10,000	2025.04.30.	1,250원/$	잔금청산일

[2] 10월 1일 업무용으로 사용할 목적으로 거래처 달려요로부터 업무용승용차(990cc)를 중고로 구입하였다. 대금은 한 달 후에 지급하기로 하고, 다음의 종이세금계산서를 발급받았다. (3점)

세금계산서(공급받는자 보관용)

책번호 권 호
일련번호 -

	공급자				공급받는자			
등록번호	106-11-56318			등록번호	688-85-01470			
상호(법인명)	달려요	성명(대표자)	정화물	상호(법인명)	(주)은마상사	성명(대표자)	박은마
사업장주소	경기도 성남시 중원구 성남대로 99			사업장주소	경기도 평택시 가재길 14			
업태	서비스	종목	화물	업태	도소매	종목	전자제품

작성			공 급 가 액								세 액							비 고
연	월	일	빈칸수	백	십	억	천	백	십	만	천	백	십	일	십	억	천	백	십	만	천	백	십	일	
25	10	01	4				2	0	0	0	0	0	0				2	0	0	0	0	0	0	

월	일	품 목	규 격	수 량	단 가	공급가액	세 액	비 고
10	01	승용차				20,000,000	2,000,000	

합 계 금 액	현 금	수 표	어 음	외상미수금	이 금액을 **청구**함
22,000,000				22,000,000	

115회 실무시험

[3] 10월 29일 업무용승용차를 (주)월클파이낸셜로부터 운용리스 조건으로 리스하였다. 영업부서에서 사용하고 임차료 1,800,000원의 전자계산서를 발급받았다. 대금은 다음 달 5일에 지급하기로 하였다. (3점)

[4] 11월 1일 (주)은마상사는 (주)진산에 아래와 같은 전자세금계산서를 발급하였다. 제품 대금은 (주)진산에게 지급해야할 미지급금(8,000,000원)과 상계하기로 상호 협의하였으며 잔액은 보통예금 계좌로 입금받았다. (3점)

전자세금계산서						승인번호		20251101-1547412-2014956	
공급자	등록번호	688-85-01470	종사업장 번호		공급받는자	등록번호	259-81-15652	종사업장 번호	
	상호(법인명)	(주)은마상사	성 명	박은마		상호(법인명)	(주)진산	성 명	이진산
	사업장 주소	경기도 평택시 가재길 14				사업장 주소	세종시 부강면 부곡리 128		
	업 태	도소매	종 목	전자제품		업 태	건설업	종 목	인테리어
	이메일					이메일			

작성일자	공급가액	세 액	수정사유	비 고
2025.11.01	10,000,000	1,000,000		

월	일	품 목	규 격	수 량	단 가	공급가액	세 액	비 고
11	01	전자제품				10,000,000	1,000,000	

합계금액	현 금	수 표	어 음	외상미수금	위 금액을 **청구**함
11,000,000	3,000,000			8,000,000	

[5] 11월 20일 (주)코스트코코리아에서 제조부 사원들을 위해 공장에 비치할 목적으로 온풍기를 1,936,000원(부가가치세 포함)에 구입하고, 대금은 보통예금 계좌에서 이체하여 지급한 후 현금영수증(지출증빙용)을 수취하였다(단, 자산으로 처리할 것). (3점)

```
Hometax. 국세청홈텍스 현금영수증
■ 거래정보
거래일시        2025-11-20
승인번호        G45972376
거래구분        승인거래
거래용도        지출증빙
발급수단번호    688-85-01470
■ 거래금액
공급가액    부가세    봉사료    총 거래금액
1,760,000  176,000   0        1,936,000
■ 가맹점 정보
상    호       (주)코스트코코리아
사업자번호     107-81-63829
대표자명       조만수
주    소       경기도 부천시 길주로 284
```

• 익일 홈택스에서 현금영수증 발급 여부를 반드시 확인하시기 바랍니다.
• 홈페이지(http://www.hometax.go.kr)
  - 조회/발급 > 현금영수증 조회 > 사용내역(소득공제) 조회
                              > 매입내역(지출증빙) 조회
• 관련문의는 국세상담센터(☎126-1-1)

문제 3 부가가치세 신고와 관련하여 다음 물음에 답하시오. (10점)

[1] 다음 자료를 보고 제2기 확정신고기간의 [공제받지못할매입세액명세서] 중 [공제받지못할매입세액내역] 탭과 [공통매입세액의정산내역] 탭을 작성하시오(단, 불러온 자료는 무시하고 직접 입력할 것). (4점)

1. 매출 공급가액에 관한 자료

구분	과세사업	면세사업	합계
7월 ~ 12월	350,000,000원	150,000,000원	500,000,000원

2. 매입세액(세금계산서 수취분)에 관한 자료

구분	① 과세사업 관련			② 면세사업 관련		
	공급가액	매입세액	매수	공급가액	매입세액	매수
10월 ~ 12월	245,000,000원	24,500,000원	18매	90,000,000원	9,000,000원	12매

3. 총공통매입세액(7월~12월) : 3,800,000원
※ 제2기 예정신고 시 공통매입세액 중 불공제매입세액 : 500,000원

[2] 다음의 자료를 이용하여 2025년 제1기 확정신고기간에 대한 [부가가치세신고서]를 작성하시오(단, 과세표준명세 작성은 생략한다). (6점)

구분	자료

매출	1. 전자세금계산서 발급 매출 공급가액 : 500,000,000원(세액 50,000,000원)
	  (→ 지연발급한 전자세금계산서의 매출 공급가액 1,000,000원이 포함되어 있음)
	2. 신용카드 매출전표 발급 매출 공급대가 : 66,000,000원
	  (→ 전자세금계산서 발급 매출 공급가액 10,000,000원이 포함되어 있음)
	3. 해외 직수출에 따른 매출 공급가액 : 30,000,000원

매입	1. 전자세금계산서 수취 매입(일반) 공급가액 : 320,000,000원(세액 32,000,000원) 2. 신용카드 매입 공급대가 : 12,100,000원 (→ 에어컨 구입비 3,300,000원(공급대가)이 포함되어 있음) 3. 제1기 예정신고 시 누락된 세금계산서 매입(일반) 공급가액 : 10,000,000원(세액 1,000,000원)
비고	1. 지난해 11월에 발생한 매출채권(5,500,000원, 부가가치세 포함)이 해당 거래처의 파산으로 대손이 확정되었다. 2. 2025년 제1기 예정신고미환급세액 : 3,000,000원 3. 국세청 홈택스에 전자신고를 완료하였다.

문제 4 결산정리사항은 다음과 같다. 관련 메뉴를 이용하여 결산을 완료하시오. (15점)

[1] 전기에 은혜은행으로부터 차입한 장기차입금 20,000,000원의 만기일은 2026년 4월 30일이다. (3점)

[2] 10월 01일에 팝업스토어 매장 임차료 1년분 금액 3,000,000원을 모두 지불하고 임차료로 계상하였다. 기말 결산 시 필요한 회계처리를 행하시오(단, 임차료는 월할 계산한다). (3점)

[3] 아래의 차입금 관련 자료를 이용하여 결산일까지 발생한 차입금 이자비용에 대한 당해연도분 미지급비용을 인식하는 회계처리를 하시오(단, 이자는 만기 시에 지급하고, 월할 계산한다). (3점)

- 금융기관 : (주)중동은행
- 대출금액 : 300,000,000원
- 대출기간 : 2025년 05월 01일 ~ 2026년 04월 30일
- 대출이자율 : 연 6.8%

[4] 결산 시 당기 감가상각비 계상액은 다음과 같다. 결산을 완료하시오. (3점)

계정과목	경비구분	당기 감가상각비 계상액
건 물	판매및관리	20,000,000원
기계장치	제조	4,000,000원
영업권	판매및관리	3,000,000원

[5] 결산일 현재 재고자산은 다음과 같다. 아래의 정보를 반영하여 결산자료입력을 수행하시오. (3점)

> 1. **기말재고자산**
>   - 기말원재료 : 4,700,000원
>   - 기말재공품 : 800,000원
>   - 기말제품 : 16,300,000원
> 2. **추가정보**(위 1.에 포함되지 않은 자료임)
>   - 도착지 인도조건으로 매입하여 운송 중인 미착원재료 : 2,300,000원
>   - 수탁자에게 인도한 위탁제품 14,000,000원 중에 수탁자가 판매 완료한 것은 9,000,000원으로 확인됨.

문제 5 2025년 귀속 원천징수와 관련된 다음의 물음에 답하시오. (15점)

[1] 다음은 영업부 사원 김필영(사번 : 1001)의 부양가족 자료이다. 부양가족은 모두 생계를 함께하고 있으며 세부담 최소화를 위해 가능하면 김필영이 모두 공제받고자 한다. 본인 및 부양가족의 소득은 주어진 내용이 전부이다. [사원등록] 메뉴의 [부양가족명세] 탭을 작성하시오(단, 기본공제대상자가 아닌 경우도 기본공제 '부'로 입력할 것). (5점)

관계	성명	주민등록번호	동거여부	비고
본인	김필영	830419-1234577	세대주	총급여 8,000만원
배우자	최하나	851006-2219121	동거	퇴직소득금액 100만원
아들	김이온	130712-3035907	동거	소득 없음
딸	김시온	200103-4035458	동거	소득 없음
부친	김경식	460103-1156796	주거형편상 별거	소득 없음, 「국가유공자법」에 따른 상이자로 장애인, 2025.03.08. 사망.
모친	이연화	500717-2155441	주거형편상 별거	양도소득금액 1,000만원, 장애인(중증환자)
장모	한수희	521111-2523467	주거형편상 별거	총급여 500만원
형	김필모	801230-1234577	동거	일용근로소득 720만원, 「장애인복지법」에 따른 장애인

115회 실무시험

[2] 다음은 회계부서에 재직 중인 이철수(사원코드 : 102) 사원의 연말정산 관련 자료이다. 아래의 자료를 이용하여 [연말정산추가자료입력] 메뉴의 [부양가족] 탭, [신용카드 등] 탭, [의료비] 탭을 입력하여 [연말정산입력] 탭을 완성하시오(단, 근로자 본인의 세부담 최소화를 가정한다). (10점)

1. 가족사항(모두 거주자인 내국인에 해당함)

성명	관계	주민등록번호	동거여부	소득금액	비 고
이철수	본인	840505-1478513		48,000,000원	총급여액(근로소득 외의 소득 없음), 세대주
강희영	배우자	850630-2547861	여	10,000,000원	양도소득금액
이명수	부친	571012-1587425	여	900,000원	부동산임대소득금액 : 총수입금액 20,000,000원 필요경비 19,100,000원
이현수	아들	150408-3852602	여	-	초등학생
이리수	딸	201104-4487125	여	-	취학 전 아동

※ 기본공제대상자가 아닌 경우도 기본공제 '부'로 입력할 것

2. 연말정산 관련 추가자료(모든 자료는 국세청에서 제공된 자료에 해당하며, 표준세액공제가 더 클 경우 표준세액공제를 적용한다.)

내역	비 고
보장성 보험료	• 이철수(본인) : 자동차보험료 300,000원 • 강희영(배우자) : 보장성보험료 200,000원 • 이명수(부친) : 생명보험료 150,000원(만기까지 납입액이 만기환급액보다 큰 경우에 해당) • 이현수(아들) : 보장성보험료 350,000원
교육비	• 이철수(본인) : 정규 교육 과정 대학원 교육비 5,000,000원 • 이현수(아들) : 국내 소재 사립초등학교(「초 · 중등교육법」상의 정규 교육기관) 수업료 8,000,000원 바이올린 학원비 2,400,000원 • 이리수(딸) : 「영유아보육법」상의 어린이집 교육비 1,800,000원
의료비	• 이철수(본인) : 질병 치료 목적 의료비 1,050,000원 • 이명수(부친) : 질병 치료 목적 국외 의료비 1,500,000원 • 이리수(딸) : 질병 치료 목적 의료비 250,000원
신용카드 사용액	• 이철수(본인) : 신용카드 사용액 32,500,000원 (신용카드사용분 중 전통시장/대중교통/도서 등 사용분은 없음)

114회 이론시험 (합격률: 55.92%) PART 01 기출문제

다음 문제를 보고 알맞은 것을 골라 [이론문제 답안작성] 메뉴에 입력하시오. (객관식 문항당 2점)

기본전제
문제에서 한국채택국제회계기준을 적용하도록 하는 전제조건이 없는 경우, 일반기업회계기준을 적용한다.

01. 다음 중 재무상태표의 목적을 설명한 것으로 옳지 않은 것은?
① 일정시점 현재 기업이 보유하고 있는 경제적 자원에 대한 정보를 제공한다.
② 회계정보이용자들이 기업의 유동성, 재무적 탄력성, 수익성과 위험을 평가하는데 정보를 제공한다.
③ 기업이 보유하고 있는 자산과 부채, 그리고 자본에 대한 정보를 제공한다.
④ 종업원의 실적을 측정하여 근무태도를 평가한다.

02. 재고자산의 단가결정방법 중 후입선출법에 대한 설명으로 바르지 않은 것은?
① 실제 물량흐름과 원가흐름이 대체로 일치한다.
② 기말재고가 가장 오래 전에 매입한 상품의 단가로 계상된다.
③ 물가가 상승한다는 가정에는 이익이 과소계상된다.
④ 물가가 상승한다는 가정에는 기말재고가 과소평가된다.

03. 다음 중 일반기업회계기준상 거래형태별 수익 인식시점으로 가장 올바른 것은?
① 배당금 수익 : 배당금을 수취한 날
② 상품권 판매 : 상품권을 발행한 날
③ 장기할부판매 : 판매가격을 기간별로 안분하여 수익으로 인식한다.
④ 건설형 공사계약 : 공사 진행률에 따라 진행기준에 의해 수익을 인식한다.

04. 다음 중 자본에 대한 설명으로 옳지 않은 것은?
① 상법 규정에 따라 자본금의 1/2에 달할 때까지 금전에 의한 이익배당액의 1/10 이상의 금액을 이익준비금으로 적립하여야 한다.
② 주식배당을 하면 자본금 계정과 자본총액은 변하지 않는다.
③ 자본은 주주의 납입자본에 기업활동을 통하여 획득하고 기업의 활동을 위해 유보된 금액을 가산하고, 기업활동으로 인한 손실 및 소유자에 대한 배당으로 인한 주주지분 감소액을 차감한 잔액이다.
④ 현금으로 배당하는 경우에는 배당액을 이익잉여금에서 차감한다.

114회 이론시험

05. 다음은 시장성 있는 유가증권의 취득 및 처분에 대한 내역이다. 다음 중 아래의 자료에 대한 설명으로 틀린 것은?

> • 2024년 07월 12일 : 주식회사 한세의 주식 10주를 주당 20,000원에 매입하였다.
> • 2024년 12월 31일 : 주식회사 한세의 공정가치는 주당 19,000원이다.
> • 2025년 05월 09일 : 주식회사 한세의 주식 전부를 주당 21,000원에 처분하였다.

① 단기매매증권으로 분류할 경우, 2024년 기말 장부가액은 200,000원이다.
② 매도가능증권으로 분류할 경우, 처분 시 매도가능증권처분이익은 10,000원이다.
③ 단기매매증권으로 분류할 경우, 처분 시 단기매매증권처분이익은 20,000원이다.
④ 매도가능증권으로 분류할 경우, 단기매매증권으로 분류하였을 경우보다 2025년 당기순이익이 감소한다.

06. 다음 중 기본원가에 해당하면서 동시에 가공원가에 해당하는 것은?
① 직접재료원가
② 직접노무원가
③ 제조간접원가
④ 직접재료원가와 직접노무원가

07. (주)미르는 동일한 원재료를 투입하여 동일한 제조공정에서 제품 A, B, C를 생산하고 있다. 세 가지 제품에 공통적으로 투입된 결합원가가 400,000원일 때, 순실현가치법으로 결합원가를 배부하는 경우 제품 B의 제조원가는 얼마인가?

제품	생산량	단위당 판매가격	추가가공원가(총액)
A	200kg	@3,000원	없음
B	250kg	@2,000원	125,000원
C	500kg	@1,200원	75,000원

① 100,000원 ② 165,000원 ③ 200,000원 ④ 225,000원

08. 다음 중 제조간접원가 배부차이 조정 방법에 해당하지 않는 것은?
① 매출원가조정법 ② 단계배분법 ③ 비례배분법 ④ 영업외손익법

09. 다음 중 개별원가계산에 대한 설명으로 옳지 않은 것은?
① 제조간접원가는 원가대상에 직접 추적할 수 없으므로 배부기준을 정하여 배부율을 계산하여야 한다.
② 조선업이나 건설업 등에 적합한 원가계산 방법이다.
③ 단일 종류의 제품을 연속적으로 대량 생산하는 경우에 적용한다.
④ 실제개별원가계산에서는 제조간접원가를 기말 전에 배부할 수 없어 제품원가 계산이 지연된다는 단점이 있다.

이론시험 114회

10. 다음 중 공손에 대한 설명으로 틀린 것을 고르시오.
① 정상품을 생산하는 과정에서 불가피하게 발생하는 계획된 공손을 정상공손이라고 한다.
② 정상공손은 예측이 가능하며 단기적으로 통제할 수 없다.
③ 비정상공손은 능률적인 생산조건 하에서는 발생하지 않을 것으로 예상되며 예측할 수 없다.
④ 비정상공손은 통제가능한 공손으로서 제품원가에 가산한다.

11. 다음 중 우리나라 부가가치세법의 특징에 대한 설명으로 옳지 않은 것은?
① 전단계세액공제법
② 간접세
③ 소비행위에 대하여 과세
④ 생산지국 과세원칙

12. 다음 중 부가가치세법상 공통매입세액 안분 계산을 생략하는 경우를 고르시오.

> 가. 해당 과세기간 중 공통매입세액이 5만원 미만인 경우
> 나. 해당 과세기간의 총공급가액 중 면세공급가액이 5% 미만이면서, 공통매입세액은 5백만원 이상인 경우
> 다. 해당 과세기간 중 공통매입세액이 없는 경우

① 가　　② 다　　③ 가, 다　　④ 가, 나, 다

13. 다음 중 부가가치세법상 신고와 납부에 대한 설명으로 옳은 것은?
① 예정신고를 한 사업자는 이미 신고한 과세표준과 납부한 납부세액 또는 환급받은 세액은 각 과세기간의 확정신고에 대한 과세표준과 납부세액 또는 환급세액을 신고할 때 신고하지 아니한다.
② 모든 법인사업자는 예정신고기간의 과세표준과 납부세액을 관할 세무서장에게 신고해야 한다.
③ 신규로 사업을 시작하는 자에 대한 최초의 예정신고기간은 그 날이 속하는 과세기간의 개시일로부터 사업 개시일까지로 한다.
④ 모든 개인사업자는 예정신고를 하고 예정신고기간의 납부세액을 납부할 수 있다.

14. 다음 중 소득세법상 과세 방법이 나머지와 다른 하나는 무엇인가?
① Gross-Up 대상 배당소득 2,400만원
② 일용근로소득 5,000만원
③ 주택임대소득이 아닌 부동산 임대소득 100만원
④ 인적용역을 일시적으로 제공하고 받은 대가 800만원

15. 다음 중 소득세법상 사업소득 총수입금액에 산입하여야 하는 것은?
① 부가가치세 매출세액
② 사업과 관련된 자산수증이익
③ 사업용 고정자산 매각액 (복식부기의무자가 아님)
④ 자가생산한 제품을 타 제품의 원재료로 사용한 경우 그 금액

114회 실무시험

(주)효원상회(회사코드 : 1142)는 전자제품의 제조 및 도·소매업을 주업으로 영위하는 중소기업으로 당기(제12기)의 회계기간은 2025.1.1. ~ 2025.12.31.이다. 전산세무회계 수험용 프로그램을 이용하여 다음 물음에 답하시오.

기본전제

- 문제에서 한국채택국제회계기준을 적용하도록 하는 전제조건이 없는 경우, 일반기업회계기준을 적용하여 회계처리 한다.
- 문제의 풀이와 답안작성은 제시된 문제의 순서대로 진행한다.

문제 1 [일반전표입력] 메뉴를 이용하여 다음의 거래자료를 입력하시오. (15점)

입력 시 유의사항

- 일반적인 적요의 입력은 생략하지만, 타계정 대체거래는 적요번호를 선택하여 입력한다.
- 채권·채무와 관련된 거래는 별도의 요구가 없는 한 반드시 기등록된 거래처코드를 선택하는 방법으로 거래처명을 입력한다.
- 제조경비는 500번대 계정코드를, 판매비와관리비는 800번대 계정코드를 사용한다.
- 회계처리 시 계정과목은 별도의 제시가 없는 한 등록된 계정과목 중 가장 적절한 과목으로 한다.

[1] 1월 25일 미지급세금으로 계상되어 있는 2024년 제2기 확정 부가가치세 납부세액 8,500,000원을 국민카드로 납부하였다. 단, 납부대행수수료는 납부세액의 0.8%이며, 세금과공과(판)로 처리한다. (3점)

[2] 1월 31일 제품 판매대금으로 수령한 약속어음을 하나은행에 할인하고, 할인수수료 85,000원을 차감한 잔액이 보통예금 계좌로 입금되었다(단, 매각거래로 회계처리 할 것). (3점)

전 자 어 음

(주)효원상회 귀하

금 일천만원정   10,000,000원

위의 금액을 귀하 또는 귀하의 지시인에게 지급하겠습니다.

지급기일	2025년 03월 31일	발행일	2024년 12월 31일
지 급 지	국민은행	발행지	
지급장소	신중동역 종합금융센터	주 소	경기도 부천시 길주로 284, 805호
		발행인	무인상사(주)

[3] 2월 4일   액면가액 10,000,000원(5년 만기)인 사채를 9,800,000원에 할인발행하였으며, 대금은 전액 보통예금 계좌로 입금되었다. (3점)

[4] 6월 17일   생산부에서 사용할 소모품을 현금으로 구입하고 아래의 간이영수증을 수령하였다(단, 당기 비용으로 처리할 것). (3점)

영 수 증(공급받는자용)				
No.	(주)효원상회 귀하			
공급자	사업자등록번호	150-45-51052		
	상 호	나래철물	성 명	이나래 (인)
	사업장소재지	서울시 강남구 도곡동		
	업 태	도소매	종 목	철물점
작성년월일	공급대가 총액		비 고	
2025.06.17.	20,000원			
위 금액을 정히 **영수**(청구)함.				
월/일	품명	수량	단가	공급가(금액)
06.17.	청소용품	2	10,000원	20,000원
합 계			20,000원	
부가가치세법시행규칙 제25조의 규정에 의한 (영수증)으로 개정				

[5] 9월 13일   매입처인 (주)제주상사로부터 일시적으로 차입한 50,000,000원에 대하여 이자를 지급하였다. 이자 200,000원에 대한 원천징수세액은 55,000원이다. 당사는 이자에서 원천징수세액을 차감한 금액을 보통예금 계좌에서 송금하였다. (3점)

114회 실무시험

문제 2 [매입매출전표입력] 메뉴를 이용하여 다음의 거래자료를 입력하시오. (15점)

입력 시 유의사항

- 일반적인 적요의 입력은 생략하지만, 타계정 대체거래는 적요번호를 선택하여 입력한다.
- 채권·채무 관련 거래는 별도의 요구가 없는 한 반드시 기등록된 거래처코드를 선택하는 방법으로 거래처명을 입력한다.
- 제조경비는 500번대 계정코드를, 판매비와관리비는 800번대 계정코드를 사용한다.
- 회계처리 시 계정과목은 등록된 계정과목 중 가장 적절한 과목으로 한다.
- 입력화면 하단의 분개까지 처리하고, 세금계산서 및 계산서는 전자 여부를 입력하여 반영한다.

[1] 7월 8일 내국신용장에 의하여 (주)한빛에 제품을 22,000,000원에 판매하고, 영세율전자세금계산서를 발급하였다. 판매대금 중 계약금을 제외한 잔금은 (주)한빛이 발행한 약속어음(만기 3개월)으로 수령하였으며, 계약금 7,000,000원은 작년 말에 현금으로 받았다(단, 서류번호 입력은 생략할 것). (3점)

[2] 7월 15일 회사 사옥을 신축하기 위하여 취득한 토지의 부동산중개수수료에 대하여 (주)다양으로부터 아래의 전자세금계산서를 수취하였다. (3점)

전자세금계산서					승인번호		20250715-10454645-53811338		
공급자	등록번호	211-81-41992	종사업장번호		공급받는자	등록번호	651-81-00898	종사업장번호	
	상호(법인명)	(주)다양	성명	오미인		상호(법인명)	(주)효원상회	성명	오미자
	사업장주소	서울시 금천구 시흥대로 198-11				사업장주소	경기도 용인시 처인구 경안천로 2-7		
	업태	서비스	종목	부동산중개		업태	제조 외	종목	전자제품
	이메일	ds114@naver.com				이메일	jjsy77@naver.com		
작성일자		공급가액		세액			수정사유		
2025/07/15		10,200,000		1,020,000			해당 없음		
비고									

월	일	품목	규격	수량	단가	공급가액	세액	비고
07	15	토지 중개수수료				10,200,000	1,020,000	

합계금액	현금	수표	어음	외상미수금	이 금액을 **청구**함
11,220,000				11,220,000	

[3] 8월 5일 생산부 직원들의 단합을 위한 회식을 하고 식사비용 275,000원(부가가치세 포함)을 현금으로 지급하였으며, 일반과세자인 (주)벽돌갈비로부터 지출증빙용 현금영수증을 적법하게 발급받았다. (3점)

Hometax. 국세청홈텍스 현금영수증

■ 거래정보

거래일시	2025-08-05 20:12:55
승인번호	G00260107
거래구분	승인거래
거래용도	지출증빙
발급수단번호	651-81-00898

■ 거래금액

공급가액	부가세	봉사료	총 거래금액
250,000	25,000	0	275,000

■ 가맹점 정보

상 호	(주)벽돌갈비
사업자번호	123-81-98766
대표자명	심재은
주 소	서울시 송파구 방이동 12-2

- 익일 홈택스에서 현금영수증 발급 여부를 반드시 확인하시기 바랍니다.
- 홈페이지(http://www.hometax.go.kr)
  - 조회/발급 > 현금영수증 조회 > 사용내역(소득공제) 조회
                              > 매입내역(지출증빙) 조회
- 관련문의는 국세상담센터(☎126-1-1)

[4] 8월 20일 영업부에서 사용하던 업무용 승용자동차(12고1234)를 헤이중고차상사(주)에 5,500,000원(부가가치세 포함)에 처분하고 전자세금계산서를 발급하였다. 대금은 전액 보통예금 계좌로 지급받았으며, 해당 차량은 20,000,000원에 취득한 것으로 처분일 현재 감가상각누계액은 16,000,000원이다. (3점)

114회 실무시험

[5] 9월 12일 제조공장의 임대인으로부터 다음의 전자세금계산서를 발급받았다. 단, 비용은 아래의 품목에 기재된 계정과목으로 각각 회계처리하시오. (3점)

전자세금계산서										
						승인번호	20250912-31000013-44346111			
공급자	등록번호	130-55-08114	종사업장번호			공급받는자	등록번호	651-81-00898	종사업장번호	
	상호(법인명)	건물주	성명		편미선		상호(법인명)	(주)효원상회	성명	오미자
	사업장주소	경기도 부천시 길주로 1					사업장주소	경기도 용인시 처인구 경안천로 2-7		
	업태	부동산업	종목		부동산임대		업태	제조 외	종목	전자제품
	이메일						이메일	jjsy77@naver.com		

작성일자	공급가액	세액	수정사유
2025/09/12	3,000,000	300,000	해당 없음

비고

월	일	품목	규격	수량	단가	공급가액	세액	비고
09	12	임차료				2,800,000	280,000	
09	12	건물관리비				200,000	20,000	

합계금액	현금	수표	어음	외상미수금	이 금액을 **청구**함
3,300,000				3,300,000	

문제 3 부가가치세 신고와 관련하여 다음 물음에 답하시오. (10점)

[1] 아래의 자료를 이용하여 2025년 제1기 부가가치세 확정신고기간의 [수출실적명세서]를 작성하시오(단, 거래처코드와 거래처명은 등록된 거래처를 조회하여 사용할 것). (3점)

거래처	수출신고번호	선적일	환가일	통화	수출액	기준환율	
						선적일	환가일
BOB	12345-77-100066X	2025.06.15	2025.04.10	USD	$80,000	1,350원/$	1,300원/$
ORANGE	22244-88-100077X	2025.06.15	2025.06.30	EUR	€52,000	1,400원/€	1,410원/€

[2] 다음의 자료만을 이용하여 2025년 제2기 확정신고기간의 [부가가치세신고서]를 작성하시오(단, 불러온 데이터 값은 무시하고 새로 입력할 것). (5점)

구분	자 료
매출 자료	1. 전자세금계산서 발급분 과세 매출액 : 공급가액 155,000,000원, 세액 15,500,000원 2. 종이세금계산서 발급분 과세 매출액 : 공급가액 12,500,000원, 세액 1,250,000원 3. 내국신용장에 의한 영세율 매출액 : 공급가액 100,000,000원, 세액 0원 4. 당기에 대손이 확정(대손세액 공제 요건 충족)된 채권 : 1,320,000원(VAT 포함)
매입 자료	1. 전자세금계산서 수취분 매입내역 	구 분	공급가액	세 액
---	---	---
일반 매입	185,000,000원	18,500,000원
일반 매입(접대성 물품)	2,400,000원	240,000원
제조부 화물차 구입	28,000,000원	2,800,000원
합 계	215,400,000원	21,540,000원 | 2. 신용카드 사용분 매입내역 | 구 분	공급가액	세 액
---	---	---
일반 매입	18,554,200원	1,855,420원
사업과 관련 없는 매입	1,363,637원	136,363원
비품(고정자산) 매입	2,545,455원	254,545원
예정신고누락분(일반 매입)	500,000원	50,000원
합 계	22,963,292원	2,296,328원	
기타	1. 당사는 법인으로 전자세금계산서 의무발급대상자이나 종이세금계산서 발급 1건이 있다. (위 매출자료의 '2. 종이세금계산서 발급분 과세 매출액') 2. 위 '기타 1.' 외 전자세금계산서의 발급 및 국세청 전송은 정상적으로 이루어졌다. 3. 예정신고누락분은 확정신고 시에 반영하기로 한다. 4. 전자신고세액공제를 받기로 한다.

[3] 다음의 자료를 이용하여 2025년 제1기 부가가치세 예정신고기간(1월 1일 ~ 3월 31일)의 [부가가치세신고서] 및 관련 부속서류를 전자신고하시오. (2점)

1. 부가가치세신고서와 관련 부속서류는 마감되어 있다.
2. [전자신고] → [국세청 홈택스 전자신고변환(교육용)] 순으로 진행한다.
3. [전자신고]의 [전자신고제작] 탭에서 신고인구분은 2.납세자 자진신고를 선택하고, 비밀번호는 "12345678"로 입력한다.
4. [국세청 홈택스 전자신고변환(교육용)] → 전자파일변환(변환대상파일선택) → 찾아보기 에서 전자신고용 전자파일을 선택한다.
5. 전자신고용 전자파일 저장경로는 로컬디스크(C:)이며, 파일명은 "enc작성연월일.101.v사업자등록번호"이다.
6. 형식검증하기 ➡ 형식검증결과확인 ➡ 내용검증하기 ➡ 내용검증결과확인 ➡ 전자파일제출 을 순서대로 클릭한다.
7. 최종적으로 전자파일 제출하기 를 완료한다.

문제 4 결산정리사항은 다음과 같다. 관련 메뉴를 이용하여 결산을 완료하시오. (15점)

[1] 당기 중 현금 시재가 부족하여 현금과부족으로 처리했던 1,200,000원의 원인이 결산일 현재 다음과 같이 확인되었다(단, 항목별로 적절한 계정과목으로 처리하고, 하나의 전표로 입력할 것). (3점)

내 용	금 액
불우이웃돕기 성금	1,000,000원
영업부 거래처 직원의 결혼 축의금	200,000원

[2] 제조부의 제품 생산공장에 대한 화재보험료 전액을 납부일에 즉시 비용으로 처리하였다. 결산일에 필요한 회계처리를 하시오(단, 보험료는 월할계산 한다). (3점)

구 분	보장기간	납부일	납부액
제조부 제품 생산공장 화재보험료	2025.06.01. ~ 2026.05.31.	2025.06.01.	3,600,000원

[3] 대표자에게 대여한 20,000,000원(대여기간 : 2025.01.01. ~ 2025.12.31.)에 대하여 당좌대출이자율(연 4.6%)로 계산한 이자 상당액을 보통예금 계좌로 입금받았다. (3점)

[4] 당사는 기말 현재 보유 중인 다음의 3가지 채권의 잔액에 대해서만 1%의 대손충당금을 보충법으로 설정하고 있다(단, 원 단위 미만은 절사한다). (3점)

구 분	기말잔액	설정 전 대손충당금 잔액
외상매출금	548,550,000원	4,750,000원
받을어음	22,700,000원	20,000원
단기대여금	50,000,000원	0원

[5] 기말 현재 당기분 법인세(지방소득세 포함)는 8,400,000원으로 산출되었다. 단, 당기분 법인세 중간예납세액과 이자소득 원천징수세액의 합계액인 5,800,000원은 선납세금으로 계상되어 있다. (3점)

문제 5. 2025년 귀속 원천징수와 관련된 다음의 물음에 답하시오. (15점)

[1] 다음은 영업부 대리 정기준(사번 : 33)의 급여 관련 자료이다. 필요한 [수당공제등록]을 하고 4월분 [급여자료입력]과 [원천징수이행상황신고서]를 작성하시오. (5점)

1. 4월의 급여 지급내역은 다음과 같다.

이름 : 정기준		지급일 : 2025년 04월 30일	
기 본 급	2,800,000원	국 민 연 금	153,000원
직 책 수 당	400,000원	건 강 보 험	120,530원
야 간 근 로 수 당	200,000원	장 기 요 양 보 험	15,600원
(비과세) 식 대	200,000원	고 용 보 험	27,200원
(비과세) 자가운전보조금	200,000원	소 득 세	114,990원
(비과세) 출산보육수당	200,000원	지 방 소 득 세	11,490원
급여 합계	4,000,000원	공 제 합 계	442,810원
		차 인 지 급 액	3,557,190원

2. 수당공제등록 시 다음에 주의하여 입력한다.
   - 수당등록 시 사용하는 수당 이외의 항목은 사용 여부를 "부"로 체크한다.
     (단, 월정액 여부와 통상임금 여부는 무시할 것)
   - 공제등록은 고려하지 않는다.
3. 급여자료입력 시 다음에 주의하여 입력한다.
   - 비과세에 해당하는 항목은 모두 비과세 요건을 충족하며, 최대한 반영하기로 한다.
   - 공제항목은 불러온 데이터를 무시하고 직접 입력하여 작성한다.
4. 원천징수는 매월하고 있으며, 전월 미환급세액은 601,040원이다.

114회 실무시험

[2] 다음은 2025.08.01. 홍보부에 입사한 홍상현(사원코드 : 1005, 세대주) 사원의 연말정산 관련 자료이다. 다음 자료를 이용하여 [연말정산추가자료입력] 메뉴의 [소득명세] 탭, [부양가족(보험료, 교육비)] 탭, [신용카드 등] 탭, [의료비] 탭을 작성하여 [연말정산입력] 탭에서 연말정산을 완료하시오(단, 근로자 본인의 세부담 최소화를 가정한다). (10점)

1. 전(前)근무지 근로소득원천징수영수증
- 근무기간 : 2025.01.01. ~ 2025.07.31.
- 근무처 : 주식회사 두섬(사업자등록번호 : 103-81-62982)
- 소득명세 : 급여 26,000,000원, 상여 1,000,000원(비과세 급여, 비과세 상여 및 감면소득 없음)

세액명세	소득세	지방소득세	공제보험료 명세		
결정세액	340,000원	34,000원		건강보험료	905,300원
기납부세액	460,000원	46,000원		장기요양보험료	115,900원
차감징수세액	-120,000원	-12,000원		고용보험료	243,000원
				국민연금보험료	1,170,000원

2. 가족사항 : 모두 동거하며, 생계를 같이함

성명	관계	주민번호	비고
홍상현	본인	870314-1287645	현근무지 총급여액 15,000,000원
이명지	배우자	870621-2044767	총급여액 6,000,000원
홍라율	자녀	210827-4842437	소득 없음
홍천운	부친	590919-1287027	소득 없음

※ 기본공제대상자가 아닌 경우, 기본공제 "부"로 입력할 것

3. 연말정산추가자료
(안경 구입비용을 제외한 연말정산 자료는 모두 국세청 홈택스 연말정산간소화서비스 자료임)

항목	내용
보험료	• 홍상현(본인) - 자동차운전자보험료 800,000원 • 이명지(배우자) - 보장성보험료 800,000원 • 홍라율(자녀) - 일반보장성보험료 500,000원

의료비	• 홍상현(본인) - 질병치료비 300,000원
	      - 시력보정용 안경 구입비용 700,000원
	       (상호 : 모든안경, 사업자등록번호 : 431-01-00574)
	• 홍라율(자녀) - 질병치료비 400,000원
	• 홍천운(부친) - 질병치료비 8,000,000원

교육비	• 홍상현(본인) - 정규 교육 과정 대학원 교육비 7,000,000원 • 홍라율(자녀) - 「영유아보육법」상의 어린이집 교육비 2,400,000원
신용카드 등 사용액	• 홍상현(본인) - 신용카드 사용액 23,000,000원(대중교통 사용분 1,000,000원 포함) - 현금영수증 사용액 7,000,000원(전통시장 사용분 4,000,000원 포함) • 홍상현의 신용카드 사용액은 위 의료비 지출액이 모두 포함된 금액이다. • 제시된 내용 외 전통시장/대중교통/도서 등 사용분은 없다.

113회 이론시험 (합격률: 28.52%) PART 01 기출문제

다음 문제를 보고 알맞은 것을 골라 **이론문제 답안작성** 메뉴에 입력하시오. (객관식 문항당 2점)

기 본 전 제

문제에서 한국채택국제회계기준을 적용하도록 하는 전제조건이 없는 경우, 일반기업회계기준을 적용한다.

---

01. 다음 중 재무상태표의 구성요소에 대한 설명으로 틀린 것은?
① 부채는 유동성에 따라 유동부채와 비유동부채로 구분한다.
② 자산과 부채는 유동성이 큰 항목부터 배열하는 것을 원칙으로 한다.
③ 자산은 유동자산과 비유동자산으로 구분하며 유동자산은 당좌자산과 투자자산으로 구분한다.
④ 자본은 자본금, 자본잉여금, 자본조정, 기타포괄손익누계액 및 이익잉여금(결손금)으로 구분한다.

02. 다음의 자료를 이용하여 기말 자본잉여금을 구하시오. 단, 기초 자본잉여금은 10,000,000원이다.

당기에 발생한 자본 항목의 증감 내역은 아래와 같다.
- 주식발행초과금 증가   2,000,000원
- 자기주식처분이익 발생   300,000원
- 이익준비금 적립   3,000,000원
- 자본금 증가   5,000,000원

① 12,000,000원   ② 12,300,000원   ③ 15,000,000원   ④ 17,000,000원

03. 다음 중 받을어음의 대손충당금을 과대 설정하였을 경우 재무제표에 미치는 영향으로 올바른 것은?
① 자산의 과소계상
② 비용의 과소계상
③ 당기순이익 과대계상
④ 이익잉여금의 과대계상

04. 다음 중 일반기업회계기준에 따른 유형자산에 대한 설명으로 옳지 않은 것은?
① 취득원가는 구입원가 또는 제작원가 및 경영진이 의도하는 방식으로 자산을 가동하는 데 필요한 장소와 상태에 이르게 하는 데 직접 관련되는 원가로 구성된다.
② 취득세, 등록면허세 등 유형자산의 취득과 직접 관련된 제세공과금은 당기비용으로 처리한다.
③ 새로운 상품과 서비스를 소개하는 데 소요되는 원가(예 : 광고 및 판촉활동과 관련된 원가)는 유형자산의 원가를 구성하지 않는다.
④ 건물을 신축하기 위하여 사용 중인 기존 건물을 철거하는 경우 그 건물의 장부금액은 제거하여 처분손실로 반영하고, 철거비용은 전액 당기비용으로 처리한다.

05. 다음 중 충당부채에 대한 설명으로 틀린 것은?
① 과거사건에 의해 충당부채를 인식하기 위해서는 그 사건이 기업의 미래행위와 독립적이어야 한다.
② 충당부채는 보고기간말마다 그 잔액을 검토하고, 보고기간말 현재 최선의 추정치를 반영하여 증감조정한다.
③ 충당부채를 발생시킨 사건과 밀접하게 관련된 자산의 예상되는 처분차익은 충당부채 금액의 측정에 고려하지 아니한다.
④ 의무발생사건의 결과로 현재의무가 존재하면 자원의 유출 가능성이 낮더라도 충당부채로 인식해야 한다.

06. (주)한국은 선입선출법에 의한 종합원가계산을 적용하고 있으며, 당기 생산 관련 자료는 아래와 같다. 품질검사는 완성도 30% 시점에서 이루어지며, 당기에 검사를 통과한 정상품의 3%를 정상공손으로 간주한다. 당기의 정상공손수량은 몇 개인가?

〈물량흐름〉
기초재공품 500개 (완성도 70%)
당기착수량 2,000개
당기완성량 2,000개
기말재공품 300개 (완성도 50%)

① 51개 ② 54개 ③ 60개 ④ 75개

07. 다음 중 원가회계의 목적과 거리가 먼 것은?
① 내부 경영 의사결정에 필요한 원가 정보를 제공하기 위함이다.
② 원가통제에 필요한 원가 정보를 제공하기 위함이다.
③ 손익계산서상 제품 원가에 대한 원가 정보를 제공하기 위함이다.
④ 이익잉여금처분계산서상 이익잉여금 처분 정보를 제공하기 위함이다.

08. 다음은 정상원가계산을 채택하고 있는 (주)서울의 2025년 원가 관련 자료이다. (주)서울은 직접노동시간에 비례하여 제조간접원가를 배부한다. 제조간접원가 배부액을 구하시오.

• 제조간접원가 예산 : 39,690,000원
• 예산 직접노동시간 : 90,000시간
• 실제 제조간접원가 : 44,100,000원
• 실제 직접노동시간 : 70,000시간

① 30,870,000원 ② 34,300,000원 ③ 47,800,000원 ④ 51,030,000원

09. 다음 중 제조원가의 분류로 잘못 구성된 것을 고르시오.
① 추적가능성에 따른 분류 : 직접재료원가, 간접재료원가, 직접노무원가, 간접노무원가
② 제조원가의 요소에 따른 분류 : 직접재료원가, 직접노무원가, 제조간접원가
③ 원가행태에 따른 분류 : 재료원가, 노무원가, 제조간접원가
④ 발생형태에 따른 분류 : 재료원가, 노무원가, 제조경비

10. 다음 중 보조부문원가의 배분 방법에 대한 설명으로 옳은 것은?
① 직접배분법은 보조부문 상호간의 용역수수관계를 전혀 인식하지 않아 항상 가장 부정확하다.
② 상호배분법은 보조부문 상호간의 용역수수관계를 가장 정확하게 배분하므로 가장 많이 이용된다.
③ 단계배분법은 보조부문 상호간의 용역수수관계를 일부 인식하며 배분 순서에 따라 결과가 달라진다.
④ 단계배분법은 우선순위가 낮은 부문의 원가를 우선순위가 높은 부문과 제조부문에 먼저 배분한다.

11. 다음 중 부가가치세법상 아래의 수정세금계산서 발급 방법에 대한 수정세금계산서 발급 사유로 옳은 것은?

> **(수정세금계산서 발급 방법)**
> 사유 발생일을 작성일로 적고 비고란에 처음 세금계산서 작성일을 덧붙여 적은 후 붉은색 글씨로 쓰거나 음의 표시를 하여 발급

① 착오로 전자세금계산서를 이중으로 발급한 경우
② 계약의 해제로 재화 또는 용역이 공급되지 아니한 경우
③ 필요적 기재사항 등이 착오 외의 사유로 잘못 적힌 경우
④ 면세 등 세금계산서 발급 대상이 아닌 거래 등에 대하여 세금계산서를 발급한 경우

12. 다음 중 부가가치세법상 공제하지 아니하는 매입세액이 아닌 것은?
① 토지에 관련된 매입세액
② 사업과 직접 관련이 없는 지출에 대한 매입세액
③ 기업업무추진비 및 이와 유사한 비용 지출에 대한 매입세액
④ 세금계산서 임의적 기재사항의 일부가 적히지 아니한 지출에 대한 매입세액

113회 이론시험

13. 다음 중 부가가치세법상 환급에 대한 설명으로 가장 옳지 않은 것은?
① 각 과세기간별로 그 과세기간에 대한 환급세액을 확정신고한 사업자에게 그 확정신고기한이 지난 후 25일 이내에 환급하여야 한다.
② 재화 및 용역의 공급에 영세율을 적용받는 경우 조기환급 신고할 수 있다.
③ 조기환급 신고의 경우 조기환급 신고기한이 지난 후 15일 이내에 환급할 수 있다.
④ 사업 설비를 신설·취득·확장 또는 증축하는 경우 조기환급 신고할 수 있다.

14. 다음 중 소득세법상 종합소득에 대한 설명으로 틀린 것은?
① 이자소득은 총수입금액과 소득금액이 동일하다.
② 퇴직소득과 양도소득은 종합소득에 해당하지 않는다.
③ 사업소득, 근로소득, 연금소득, 기타소득에는 비과세 소득이 존재한다.
④ 금융소득(이자 및 배당)은 납세자의 선택에 따라 금융소득종합과세를 적용할 수 있다.

15. 다음 중 소득세법상 결손금과 이월결손금에 대한 설명으로 가장 옳지 않은 것은?
① 비주거용 부동산 임대업에서 발생한 이월결손금은 타 소득에서 공제할 수 없다.
② 추계 신고 시에는 원칙적으로 이월결손금을 공제할 수 없다.
③ 해당 과세기간에 일반사업소득에서 결손금이 발생하고 이월결손금도 있는 경우에는 이월결손금을 먼저 다른 소득금액에서 공제한다.
④ 결손금의 소급공제는 중소기업에 한하여 적용 가능하다.

113회 실무시험

(주)파도상회(회사코드 : 1132)는 전자제품의 제조 및 도·소매업을 주업으로 영위하는 중소기업으로, 당기(제14기)의 회계기간은 2025.1.1. ~ 2025.12.31.이다. 전산세무회계 수험용 프로그램을 이용하여 다음 물음에 답하시오.

기 본 전 제

- 문제에서 한국채택국제회계기준을 적용하도록 하는 전제조건이 없는 경우, 일반기업회계기준을 적용하여 회계처리 한다.
- 문제의 풀이와 답안작성은 제시된 문제의 순서대로 진행한다.

문제 1 [일반전표입력] 메뉴를 이용하여 다음의 거래자료를 입력하시오. (15점)

입력 시 유의사항

- 일반적인 적요의 입력은 생략하지만, 타계정 대체거래는 적요번호를 선택하여 입력한다.
- 채권·채무와 관련된 거래는 별도의 요구가 없는 한 반드시 기등록된 거래처코드를 선택하는 방법으로 거래처명을 입력한다.
- 제조경비는 500번대 계정코드를, 판매비와관리비는 800번대 계정코드를 사용한다.
- 회계처리 시 계정과목은 별도의 제시가 없는 한 등록된 계정과목 중 가장 적절한 과목으로 한다.

[1] 3월 21일 정기 주주총회에서 이익배당을 결의하다. 다음은 정기 주주총회 의사록이며, 실제 배당금 지급일은 4월로 예정되었다(단, 이익배당과 관련된 회계처리를 이월이익잉여금(375) 계정을 사용하여 회계처리 할 것). (3점)

제13기 정기 주주총회 의사록

(주)파도상회
1. 일시 : 2025년 3월 21일 16시
2. 장소 : 경기도 부천시 길주로 284, 515호 (중동, 신중동역 헤리움 메트로타워)
3. 출석상황

주주총수 : 5명		주식총수 : 100,000주
출석주주 : 5명		주식총수 : 100,000주
참 석 율 : 100%		100%

의장인 사내이사 이도진은 정관 규정에 따라 의장석에 등단하여 위와 같이 법정수에 달하는 주주가 출석하여 본 총회가 적법하게 성립되었음을 알리고 개회를 선언하다.

제1호 의안 : 제13기(2024년 1월 1일부터 2024년 12월 31일까지) 재무제표 승인의 건
의장은 본 의안을 2024년 결산기가 2024년 12월 31일자로 종료됨에 따라 재무상태표 및 손익계산서를 보고하고 이에 따른 승인을 구한바 참석주주 전원의 일치로 이를 승인가결하다.

제2호 의안 : 제13기 이익배당의 건
의장은 제13기(2024년) 배당에 관한 안건을 상정하고 의안에 대한 설명 및 필요성을 설명하고 그 승인을 구한바, 만장일치로 찬성하여 다음과 같이 승인 가결하다.
  1) 배당에 관한 사항
     가. 1주당 배당금 : 보통주 1,000원   나. 액면배당률 : 보통주 10%   다. 배당총액 : 100,000,000원
  2) 기타사항
     가. 배당은 현금배당으로 하며, 이익배당액의 10%를 결의일에 이익준비금으로 적립한다.

이상으로서 금일의 의안 전부를 심의 종료하였으므로 의장은 폐회를 선언하다.
위 결의를 명확히 하기 위해 이 의사록을 작성하고 의장과 출석한 이사 및 감사 아래에 기명 날인하다.

113회 실무시험

[2] 3월 28일 남일상사에 대한 외상매입금 15,500,000원 중 7,000,000원은 보통예금 계좌에서 이체하여 지급하였으며 잔액은 대표자 개인 명의의 보통예금 계좌에서 이체하여 지급하였다(단, 가수금 계정을 사용하고, 거래처(00133)를 입력할 것). (3점)

[3] 6월 25일 외부 강사를 초청하여 영업부 직원들의 CS교육을 실시하고 강사료 2,400,000원에서 원천징수세액(지방소득세 포함) 79,200원을 차감한 금액을 보통예금 계좌에서 지급하였다. (3점)

[4] 8월 10일 단기매매차익을 얻을 목적으로 전기에 취득하여 보유하고 있던 (주)연홍의 주식(취득가액 500,000원)을 모두 1,000,000원에 처분하고 대금에서 거래수수료 등 제비용 50,000원을 차감한 잔액이 보통예금 계좌로 입금되었다. (3점)

[5] 9월 5일 제품 생산에 투입할 원재료로 사용하기 위해 구입하여 보관 중인 미가공식료품을 수재민을 도와주기 위하여 지방자치단체에 무상으로 기부하였다. 단, 취득원가는 2,000,000원이며, 시가는 2,100,000원이다. (3점)

문제 2 [매입매출전표입력] 메뉴를 이용하여 다음의 거래자료를 입력하시오. (15점)

입력 시 유의사항

- 일반적인 적요의 입력은 생략하지만, 타계정 대체거래는 적요번호를 선택하여 입력한다.
- 채권·채무 관련 거래는 별도의 요구가 없는 한 반드시 기등록된 거래처코드를 선택하는 방법으로 거래처명을 입력한다.
- 제조경비는 500번대 계정코드를, 판매비와관리비는 800번대 계정코드를 사용한다.
- 회계처리 시 계정과목은 등록된 계정과목 중 가장 적절한 과목으로 한다.
- 입력화면 하단의 분개까지 처리하고, 세금계산서 및 계산서는 전자 여부를 입력하여 반영한다.

[1] 7월 17일 비사업자인 개인 소비자 추미랑에게 제품을 판매하고 대금은 현금으로 받아 아래의 현금영수증을 발급하였다. (3점)

Hometax. 국세청홈텍스 현금영수증

■ 거래정보

거래일시	2025/07/17
승인번호	G45972376
거래구분	승인거래
거래용도	소득공제
발급수단번호	010-****-9694

■ 거래금액

공급가액	부가세	봉사료	총 거래금액
480,000	48,000	0	528,000

■ 가맹점 정보

상 호	(주)파도상회
사업자번호	124-86-94282
대표자명	이도진
주 소	경기도 부천시 길주로 284, 515호

- 익일 홈택스에서 현금영수증 발급 여부를 반드시 확인하시기 바랍니다.
- 홈페이지(http://www.hometax.go.kr)
  - 조회/발급 > 현금영수증 조회 > 사용내역(소득공제) 조회
                                            > 매입내역(지출증빙) 조회
- 관련문의는 국세상담센터(☎126-1-1)

[2] 7월 28일 비사업자인 개인에게 영업부 사무실에서 사용하던 에어컨(취득원가 2,500,000원, 감가상각누계액 1,500,000원)을 1,100,000원(부가가치세 포함)에 판매하고, 대금은 보통예금 계좌로 받았다(단, 별도의 세금계산서나 현금영수증을 발급하지 않았으며, 거래처 입력은 생략할 것). (3점)

113회 실무시험

[3] 8월 28일 해외거래처인 LQTECH로부터 제품 생산에 필요한 원재료를 수입하면서 인천세관으로부터 아래의 수입전자세금계산서를 발급받고, 부가가치세는 현금으로 납부하였다(단, 재고자산에 대한 회계처리는 생략할 것). (3점)

수입전자세금계산서						승인번호	20250828-11324560-11134567		
세관명	등록번호	135-82-12512	종사업장 번호		수입자	등록번호	124-86-94282	종사업장 번호	
	세관명	인천세관	성 명	김세관		상 호 (법인명)	(주)파도상회	성 명	이도진
	세관주소	인천광역시 미추홀구 항구로				사업장 주소	경기도 부천시 길주로 284, 515호		
	수입신고번호 또는 일괄발급기간(총건)					업 태	제조업	종 목	전자제품
납부일자		과세표준		세 액		수정사유		비 고	
2025/08/28		5,400,000		540,000		해당 없음			
월	일	품 목	규 격	수 량	단 가	과세표준	세 액	비 고	
08	28	수입신고필증 참조				5,400,000	540,000		
합계금액	5,940,000								

[4] 9월 2일 사내 행사를 위하여 영업부 직원들에게 제공할 다과류를 구입하고 법인카드(비씨카드)로 결제하였다. (3점)

```
과자나라(주)
2025.09.02.(화) 09:30:51

1,100,000원
정상승인 | 일시불

결제정보
카  드        비씨카드(1234-5678-1001-2348)
승인번호                              71942793
이용구분                                일시불

결제금액                            1,100,000원
공급가액                            1,000,000원
부가세                                100,000원
봉사료                                     0원

가맹점 정보
가맹점명                             과자나라(주)
업  종                                   도소매
사업자등록번호                     123-86-12346
대표자명                                  오나라
전화번호                            02-452-4512
주  소                    서울시 서초구 명달로 105

본 매출표는 신용카드 이용에 따른 증빙용으로 비씨카드사
에서 발급한 것임을 확인합니다.
```

[5] 9월 11일 공장에서 사용할 목적으로 지난 4월 2일 (주)오성기계와 체결한 기계장치 공급계약에 따라 절단로봇을 인도받고 시험가동을 완료하였다. 잔금은 보통예금 계좌에서 지급하고 아래의 전자세금계산서를 발급받았다. (3점)

고압제트 절단로봇 공급계약서
(생략)

제2조 위 공급계약의 총 계약금액은 22,000,000원(VAT 포함)으로 하며, 아래와 같이 지불하기로 한다.

계약금	일금 이백만 원정 (₩ 2,000,000)은 계약 시에 지불한다.
잔 금	일금 이천만 원정 (₩ 20,000,000)은 2025년 09월 30일 내에 제품 인도 후 시험가동이 완료된 때에 지불한다.

(이하 생략)

전자세금계산서

승인번호	20250911-31000013-443461111

	등록번호	130-81-08113	종사업장번호				등록번호	124-86-94282	종사업장번호	
공급자	상호(법인명)	(주)오성기계	성명(대표자)	유오성	공급받는자		상호(법인명)	(주)파도상회	성명	이도진
	사업장주소	경기도 부천시 길주로 1					사업장주소	경기도 부천시 길주로 284, 515호		
	업태	제조	종목	생산로봇			업태	제조, 도소매	종목	전자제품
	이메일	osung@naver.com					이메일	wavestore@naver.com		

작성일자	공급가액	세액	수정사유
2025/09/11	20,000,000	2,000,000	

비고							

월	일	품목	규격	수량	단가	공급가액	세액	비고
09	11	고압제트 절단 로봇	M701C			20,000,000	2,000,000	

합계금액	현금	수표	어음	외상미수금	이 금액을 **영수**함
22,000,000	22,000,000				

113회 실무시험

문제 3 부가가치세 신고와 관련하여 다음 물음에 답하시오. (10점)

[1] 이 문제에 한정하여 (주)파도상회는 음식점업만을 영위하는 법인으로 가정한다. 다음 자료를 이용하여 2025년 제1기 확정신고기간(2025.04.01. ~ 2025.06.30.)에 대한 의제매입세액공제신고서를 작성하시오. (4점)

1. 매입자료

취득일자	공급자	사업자등록번호 (주민등록번호)	물품명	수량	매입가액	구분
2025.04.10.	은성	752-06-02023	야채	250개	1,020,000원	계산서
2025.04.30.	(주)이두식자재	872-87-85496	생닭	300마리	1,830,000원	신용카드
2025.05.20.	김어부	650321-1548905	갈치	80마리	790,000원	농어민 매입

2. 제1기 예정분 과세표준은 80,000,000원이며, 확정분 과세표준은 95,000,000원이다.
3. 제1기 예정신고 시 의제매입세액 75,000원을 공제받았다.
4. 위 자료 1의 면세 매입 물품은 모두 과세사업인 음식점업에 직접 사용하였다.

[2] 다음의 자료를 이용하여 2025년 제2기 부가가치세 확정신고기간에 대한 [건물등감가상각자산취득명세서]를 작성하시오(단, 아래의 자산은 모두 감가상각 대상에 해당함). (4점)

| 취득일 | 내 용 | 공급가액 | 상호 | 비 고 |
		부가가치세액	사업자등록번호	
10.04.	영업부의 업무용승용차(2,000cc) 구입	31,000,000원	(주)원대자동차	전자세금계산서 수취
		3,100,000원	210-81-13571	
11.26.	제조부의 공장 건물 신축공사비 지급	50,000,000원	아름건설	종이세금계산서 수취
		5,000,000원	101-26-97846	
12.09.	제조부 공장에서 사용할 포장기계 구입	2,500,000원	나라포장	법인 신용카드 결제
		250,000원	106-02-56785	

[3] 2025년 제1기 예정신고기간(2025.01.01. ~ 2025.03.31.)의 [부가가치세신고서]를 전자신고하시오. (2점)

1. 부가가치세신고서와 관련 부속서류는 마감되어 있다.
2. [전자신고] → [국세청 홈택스 전자신고변환(교육용)] 순으로 진행한다.
3. [전자신고]의 [전자신고제작] 탭에서 신고인구분은 2.납세자 자진신고를 선택하고, 비밀번호는 "12341234"로 입력한다.
4. [국세청 홈택스 전자신고변환(교육용)] → 전자파일변환(변환대상파일선택) → 찾아보기 에서 전자신고용 전자파일을 선택한다.
5. 전자신고용 전자파일 저장경로는 로컬디스크(C:)이며, 파일명은 "enc작성연월일.101.v사업자등록번호"이다.
6. 형식검증하기 ➡ 형식검증결과확인 ➡ 내용검증하기 ➡ 내용검증결과확인 ➡ 전자파일제출 을 순서대로 클릭한다.
7. 최종적으로 전자파일 제출하기 를 완료한다.

문제 4 결산정리사항은 다음과 같다. 관련 메뉴를 이용하여 결산을 완료하시오. (15점)

[1] 아래의 자료를 이용하여 정기예금의 당기분 경과이자에 대한 회계처리를 하시오(단, 월할계산 할 것). (3점)

- 정기예금액 : 30,000,000원
- 예금가입기간 : 2025.04.01. ~ 2026.03.31.
- 연이자율 : 3.4%
- 이자는 만기일(2026.03.31.)에 일시 수령한다.

[2] 일반기업회계기준에 따라 2025년 말 현재 보유 중인 매도가능증권에 대하여 결산일의 적절한 회계처리를 하시오(단, 매도가능증권은 비유동자산이며, 2024년의 회계처리는 적절하게 되었다). (3점)

주식명	2024년 취득가액	2024년 말 공정가치	2025년 말 공정가치
(주)엔지	5,000,000원	6,000,000원	4,800,000원

[3] 2025년 11월 중 캐나다 ZF사에 수출한 외상매출금 $100,000은 2026년 1월 15일에 외화 통장으로 회수될 예정이며, 일자별 기준환율은 다음과 같다. (3점)

구 분	수출신고일 : 25.11.03.	선적일 : 25.11.10.	결산일 : 2025.12.31.
기준환율	900원/$	920원/$	950원/$

[4] 기존에 입력된 데이터는 무시하고 2025년 제2기 확정신고기간의 부가가치세와 관련된 내용은 다음과 같다고 가정한다. 12월 31일 부가세예수금과 부가세대급금을 정리하는 회계처리를 하시오. 단, 납부세액(또는 환급세액)은 미지급세금(또는 미수금)으로, 경감세액은 잡이익으로, 가산세는 세금과공과(판)로 회계처리 한다. (3점)

- 부가세대급금   6,400,000원
- 부가세예수금   8,240,000원
- 전자신고세액공제액   10,000원
- 세금계산서지연발급가산세   84,000원

[5] 결산일 현재 무형자산인 영업권의 전기 말 상각 후 미상각잔액은 200,000,000원으로 이 영업권은 작년 1월 초 250,000,000원에 취득한 것이다. 이에 대한 회계처리를 하시오. 단, 회사는 무형자산에 대하여 5년간 월할 균등 상각하고 있으며, 상각기간 계산 시 1월 미만은 1월로 간주한다. (3점)

113회 실무시험

문제 5 2025년 귀속 원천징수와 관련된 다음의 물음에 답하시오. (15점)

[1] 다음 자료를 이용하여 2025년 5월 귀속 [원천징수이행상황신고서]를 작성하시오. 단, 아래에 주어진 자료만을 이용하여 [원천징수이행상황신고서]를 직접 작성하고, [급여자료입력] 메뉴에서 불러오는 자료는 무시할 것. (5점)

[지급일자 : 2025년 6월 05일] 2025년 5월 귀속 급여대장 (단위 : 원)

구분	급여내역상세					공제내역상세				
성명	기본급	자격수당	식대	자가운전보조금	합계	4대보험	소득세	지방소득세	합계
김성현	2,600,000	-	200,000	200,000	3,000,000	234,000	90,000	9,000	333,000
서지은	2,700,000	300,000	200,000	-	3,200,000	270,000	-200,000	-20,000	50,000
합계	5,300,000	300,000	400,000	200,000	6,200,000	504,000	-110,000	-11,000	383,000

1. 위 급여내역 중 식대 및 자가운전보조금은 비과세 요건을 충족한다.
2. 5월 귀속 급여 지급일은 2025년 6월 5일이다.
3. 서지은(중도퇴사자) 관련 사항
   (1) 2025년 5월 31일까지 근무 후 중도퇴사하였다.
   (2) 2025년 1월부터 4월까지의 총지급액은 12,000,000원이라고 가정한다.
   (3) 소득세 및 지방소득세는 중도퇴사자 정산이 반영된 내역이며, 5월분 급여에 대해서는 원천징수하지 않았다.

[2] 함춘식 대리(사번 : 301, 입사일 : 2025년 04월 21일)의 2025년 귀속 연말정산과 관련된 자료는 다음과 같다. 아래의 자료를 이용하여 [연말정산추가자료입력] 메뉴의 [소득명세] 탭, [부양가족] 탭, [의료비] 탭, [신용카드 등] 탭, [월세액] 탭을 작성하고 [연말정산입력] 탭에서 연말정산을 완료하시오(단, 제시된 소득 이외의 소득은 없으며, 세부담 최소화를 가정한다). (10점)

현근무지	• 급여총액 : 40,600,000원(비과세 급여, 상여, 감면소득 없음) • 소득세 기납부세액 : 2,368,370원(지방소득세 : 236,800원) • 이외 소득명세 탭의 자료는 불러오기 금액을 반영한다.
전(前)근무지 근로소득 원천징수영수증	• 근무처 : (주)솔비공업사(사업자번호 : 956-85-02635) • 근무기간 : 2025.01.01. ~ 2025.04.20. • 급여총액 : 12,200,000원(비과세 급여, 상여, 감면소득 없음) • 건강보험료 : 464,810원 • 장기요양보험료 : 97,290원 • 고용보험료 : 134,320원 • 국민연금 : 508,700원 • 소득세 결정세액 : 398,000원(지방소득세 결정세액 : 39,800원)

실무시험 113회

가족사항	성명	관계	주민번호	비고
	함춘식	본인	900919-1668321	무주택 세대주임
	함덕주	부	501223-1589321	일용근로소득금액 4,300만원
	박경자	모	530807-2548718	복권 당첨소득 500만원
	함경리	누나	881229-2509019	중증환자 등 장애인으로 소득 없음

• 기본공제대상자가 아닌 경우 기본공제 여부에 '부'로 표시할 것
• 위의 가족은 모두 내국인으로 생계를 같이 하는 것으로 한다.

2025년도 연말정산자료

항목	내용
보험료	• 함덕주(부) : 일반 보장성 보험료 50만원 • 함춘식(본인) : 저축성 보험료 120만원 • 함경리(누나) : 장애인 전용 보장성 보험료 70만원
의료비	• 박경자(모) : 임플란트 비용 200만원 • 함덕주(부) : 보청기 구입비용 30만원 • 함경리(누나) : 치료를 위한 한약 30만원 ※ 위 의료비는 모두 함춘식 본인의 신용카드로 결제하였고, 치료 목적으로 지출하였다. ※ 주어진 자료만 고려하여 입력한다.

신용카드 등 사용액	• 함춘식(본인) 신용카드 사용액 : 2,100만원
	  - 대중교통 사용분 60만원, 아파트 관리비 100만원, 동거가족 의료비 260만원 포함
	• 함덕주(부) 체크카드 사용액 : 800만원
	  - 전통시장 사용분 200만원 포함

월세액	• 임대인 : 이고동(주민등록번호 691126-1904701) • 유형 및 면적 : 아파트, 84㎡ • 임대주택 주소지 : 경기도 안산시 단원구 중앙대로 620 • 임대차 기간 : 2025.01.01. ~ 2026.12.31. • 월세액 : 월 60만원

※ 위 보험료, 의료비, 신용카드 등 사용액은 모두 국세청 연말정산 간소화 서비스에서 조회된 자료이다.

112회 이론시험 (합격률 : 50.79%) PART 01 기출문제

다음 문제를 보고 알맞은 것을 골라 │이론문제 답안작성│ 메뉴에 입력하시오. (객관식 문항당 2점)

기본전제

문제에서 한국채택국제회계기준을 적용하도록 하는 전제조건이 없는 경우, 일반기업회계기준을 적용한다.

01. 다음 중 유가증권에 대한 설명으로 옳지 않은 것은?
① 유가증권은 증권의 종류에 따라 지분증권과 채무증권으로 분류할 수 있다.
② 단기매매증권은 주로 단기간 내 매매차익을 목적으로 취득한 유가증권을 의미한다.
③ 지분증권은 단기매매증권과 매도가능증권으로 분류할 수 있으나, 만기보유증권으로 분류할 수 없다.
④ 보고기간 종료일로부터 1년 이내 만기가 도래하는 만기보유증권의 경우 단기매매증권으로 변경하여 유동자산으로 재분류하여야 한다.

02. 다음의 회계상 거래가 2025년 재무제표에 미치는 영향으로 옳지 않은 것은?

> 영업부의 업무용 차량에 대한 보험료(보험기간 : 2025.07.01. ~ 2026.06.30.)를 2025년 7월 1일에 지급하고 전부 비용으로 회계처리하였다. 2025년 12월 31일 결산일 현재 별도의 회계처리를 하지 않았다.

① 자산 과대   ② 비용 과대   ③ 당기순이익 과소   ④ 부채 영향 없음

03. 다음 중 유형자산의 취득 이후 지출에 대한 설명으로 가장 옳지 않은 것은?
① 유형자산의 인식기준을 충족하는 경우에는 자본적 지출로 처리하고, 충족하지 못한 경우에는 수익적 지출로 처리한다.
② 본래의 용도를 변경하기 위한 지출은 자본적 지출에 해당한다.
③ 자산의 원상회복, 수선유지를 위한 지출 등은 자본적 지출에 해당한다.
④ 건물 벽의 도장, 파손된 유리창 대체, 일반적인 소액 수선비는 수익적 지출에 해당한다.

04. 다음 중 용역의 제공으로 인한 수익인식의 조건에 대한 설명으로 틀린 것은?
① 용역제공거래의 성과를 신뢰성 있게 추정할 수 있을 때 진행기준에 따라 인식한다.
② 이미 발생한 원가와 그 거래를 완료하기 위해 추가로 발생할 것으로 추정되는 원가의 합계액이 총수익을 초과하는 경우에는 그 초과액과 이미 인식한 이익의 합계액을 전액 당기손실로 인식한다.
③ 용역제공거래의 성과를 신뢰성 있게 추정할 수 없는 경우에는 발생한 비용의 범위 내에서 회수가능한 금액을 수익으로 인식한다.
④ 용역제공거래의 성과를 신뢰성 있게 추정할 수 없고 발생한 원가의 회수가능성이 낮은 경우에는 수익을 인식하지 않고 발생한 원가도 비용으로 인식하지 않는다.

05. 다음 중 일반기업회계기준상 보수주의에 대한 예시로 옳지 않은 것은?

① 재고자산의 평가 시 저가주의에 따른다.
② 회계연도의 이익을 줄이기 위해 유형자산의 내용연수를 임의로 단축한다.
③ 물가 상승 시 재고자산평가방법으로 후입선출법을 적용한다.
④ 우발손실은 인식하나 우발이익은 인식하지 않는다.

06. 다음 중 원가행태(조업도)에 따른 분류에 대한 설명으로 가장 틀린 것은?

① 고정원가는 조업도의 변동과 관계없이 일정하게 발생하는 원가이다.
② 조업도가 증가하면 총 변동원가도 증가한다.
③ 제조공장의 임차료는 대표적인 고정원가이다.
④ 조업도가 감소하면 단위당 변동원가는 증가한다.

07. (주)한국은 제조간접원가를 직접노무시간 기준으로 배부하고 있으며 제조간접원가 배부율은 시간당 2,000원이다. 제조간접원가 실제 발생액이 18,000,000원이고, 실제 직접노무시간이 10,000시간이 발생한 경우 제조간접원가 배부차이는 얼마인가?

① 2,000,000원 과대배부   ② 2,000,000원 과소배부
③ 3,000,000원 과소배부   ④ 배부차이 없음

08. 다음은 (주)한국의 제조활동과 관련된 물량흐름 관련 자료이다. 이에 대한 설명으로 옳은 것은?

| • 기초재공품 : 500개 | • 당기착수량 : 5,000개 | • 기말재공품 : 300개 | • 공손품수량 : 700개 |

① 완성품의 10%가 정상공손이면 완성품수량은 4,200개이다.
② 완성품의 10%가 정상공손이면 정상공손수량은 450개이다.
③ 완성품의 10%가 정상공손이면 비정상공손수량은 280개이다.
④ 완성품의 10%가 정상공손이면 정상공손수량은 420개이다.

09. 다음 중 개별원가계산에 대한 설명으로 옳지 않은 것은?

① 작업원가표를 근거로 원가계산을 한다.
② 직접원가와 제조간접원가의 구분이 중요하다.
③ 공정별 제품원가 집계 후 해당 공정의 생산량으로 나누어 단위당 원가를 계산하는 방식이다.
④ 주문생산형태에 적합한 원가계산방식이다.

10. 아래의 자료를 이용하여 평균법에 의한 가공원가의 완성품환산량을 계산하면 얼마인가?

구 분	수량	완성도
기초재공품	1,000개	50%
당기착수	3,000개	
기말재공품	2,000개	40%

① 2,800개   ② 3,800개   ③ 4,000개   ④ 4,300개

112회 이론시험

11. 다음 중 부가가치세법상 간이과세자에 대한 설명으로 가장 틀린 것은?
① 간이과세자란 원칙적으로 직전 연도의 공급대가의 합계액이 1억 400만원에 미달하는 사업자를 말한다.
② 직전 연도의 공급대가의 합계액이 4,800만원 이상인 부동산임대사업자는 간이과세자로 보지 않는다.
③ 간이과세자는 세금계산서를 발급받은 재화의 공급대가에 1%를 곱한 금액을 납부세액에서 공제한다.
④ 직전 연도의 공급대가의 합계액이 4,800만원 미만인 간이과세자는 세금계산서를 발급할 수 없다.

12. 다음 중 부가가치세법상 의제매입세액공제제도에 관한 내용으로 가장 틀린 것은?
① 의제매입세액은 면세농산물 등을 공급받거나 수입한 날이 속하는 과세기간의 매출세액에서 공제한다.
② 의제매입세액공제는 사업자등록을 한 부가가치세 과세사업자가 적용대상자이며, 미등록자는 허용되지 않는다.
③ 면세농산물 등의 매입가액에는 운임 등의 직접 부대비용 및 관세를 포함한다.
④ 면세농산물 등에 대하여 세금계산서 없이도 일정한 금액을 매입세액으로 의제하여 공제하는 것이기 때문에 의제매입세액공제라고 한다.

13. 다음 중 소득세법상 근로소득과 관련된 내용으로 틀린 것은?
① 식사나 기타 음식물을 제공받지 않는 근로자가 받는 월 20만원 이하의 식사대는 비과세 근로소득이다.
② 종업원이 지급받은 경조금 중 사회통념상 타당하다고 인정되는 범위 내의 금액은 근로소득으로 보지 않는다.
③ 고용관계에 의하여 지급받은 강연료는 근로소득이다.
④ 근로자의 가족에 대한 학자금은 비과세 근로소득이다.

14. 다음 중 소득세법상 과세표준 확정신고를 반드시 하여야 하는 경우는?
① 퇴직소득만 있는 경우
② 근로소득과 사업소득이 있는 경우
③ 근로소득과 퇴직소득이 있는 경우
④ 근로소득과 보통예금이자 150만원(14% 원천징수세율 적용 대상)이 있는 경우

15. 다음 중 소득세법상 종합소득공제에 대한 설명으로 가장 옳지 않은 것은?
① 근로소득금액 5,000,000원이 있는 40세 배우자는 기본공제 대상자에 해당한다(단, 다른 소득은 없다).
② 종합소득금액이 35,000,000원이고, 배우자가 없는 거주자로서 기본공제 대상자인 직계비속이 있는 자는 한부모공제가 가능하다.
③ 부녀자공제와 한부모공제가 중복되는 경우에는 한부모공제만 적용한다.
④ 기본공제 대상자가 아닌 자는 추가공제 대상자가 될 수 없다.

112회 실무시험

(주)시완산업(회사코드 : 1122)은 전자제품의 제조 및 도·소매업을 주업으로 영위하는 중소기업으로, 당기(제14기)의 회계기간은 2025.1.1. ~ 2025.12.31.이다. 전산세무회계 수험용 프로그램을 이용하여 다음 물음에 답하시오.

기본전제
- 문제에서 한국채택국제회계기준을 적용하도록 하는 전제조건이 없는 경우, 일반기업회계기준을 적용하여 회계처리 한다.
- 문제의 풀이와 답안작성은 제시된 문제의 순서대로 진행한다.

문제 1 [일반전표입력] 메뉴를 이용하여 다음의 거래자료를 입력하시오. (15점)

입력 시 유의사항
- 일반적인 적요의 입력은 생략하지만, 타계정 대체거래는 적요번호를 선택하여 입력한다.
- 채권·채무와 관련된 거래는 별도의 요구가 없는 한 반드시 기등록된 거래처코드를 선택하는 방법으로 거래처명을 입력한다.
- 제조경비는 500번대 계정코드를, 판매비와관리비는 800번대 계정코드를 사용한다.
- 회계처리 시 계정과목은 별도의 제시가 없는 한 등록된 계정과목 중 가장 적절한 과목으로 한다.

[1] 6월 12일 단기매매증권으로 분류되는 (주)단타의 주식 5,000주를 1주당 2,000원에 매입하였다. 매입수수료는 매입가액의 1%이고, 매입 관련 대금은 모두 보통예금 계좌에서 지급하였다. (3점)

[2] 7월 9일 5월분 급여 지급 시 원천징수한 소득세 3,000,000원 및 지방소득세 300,000원을 보통예금 계좌에서 이체하여 납부하였다(단, 소득세와 지방소득세를 합하여 하나의 전표로 입력할 것). (3점)

[3] 7월 21일 대주주로부터 업무용 토지(공정가치 350,000,000원)를 무상으로 기증받고, 같은 날에 토지에 대한 취득세 20,000,000원을 보통예금 계좌에서 납부하였다(단, 하나의 전표로 입력할 것). (3점)

[4] 9월 20일 액면금액 35,000,000원(5년 만기)인 사채를 34,100,000원에 발행하고, 대금은 전액 보통예금 계좌로 입금받았다. (3점)

[5] 10월 21일 전기에 발생한 (주)도담의 외상매출금 $100,000를 회수하고 즉시 전액을 원화로 환가하여 보통예금 계좌에 입금하였다(단, 전기 결산일에 외화자산 및 부채의 평가는 적절히 반영되었으며, 계정과목은 외상매출금을 사용할 것). (3점)

2024년 12월 31일(전기 결산일) 기준환율	2025년 10월 21일(환가일) 적용환율
1,150원/$	1,250원/$

112회 실무시험

문제 2 [매입매출전표입력] 메뉴를 이용하여 다음의 거래자료를 입력하시오. (15점)

입력 시 유의사항

- 일반적인 적요의 입력은 생략하지만, 타계정 대체거래는 적요번호를 선택하여 입력한다.
- 채권·채무 관련 거래는 별도의 요구가 없는 한 반드시 기등록된 거래처코드를 선택하는 방법으로 거래처명을 입력한다.
- 제조경비는 500번대 계정코드를, 판매비와관리비는 800번대 계정코드를 사용한다.
- 회계처리 시 계정과목은 등록된 계정과목 중 가장 적절한 과목으로 한다.
- 입력화면 하단의 분개까지 처리하고, 세금계산서 및 계산서는 전자 여부를 입력하여 반영한다.

[1] 7월 2일 기계장치의 내용연수를 연장시키는 주요 부품을 교체하고 16,500,000원(부가가치세 포함)을 대보상사에 당좌수표를 발행하여 지급하였다. 이에 대해 종이세금계산서를 수취하였다(단, 부품교체비용은 자본적지출로 처리할 것). (3점)

[2] 7월 24일 마케팅부서 직원의 야식을 참맛식당(일반과세자)에서 현금으로 구입하고, 현금영수증(지출증빙용)을 발급받았다. (3점)

Hometax, 국세청홈텍스 현금영수증

■ 거래정보

거래일시	20250724
승인번호	G00260107
거래구분	승인거래
거래용도	지출증빙
발급수단번호	609-81-40259

■ 거래금액

공급가액	부가세	봉사료	총 거래금액
80,000	8,000	0	88,000

■ 가맹점 정보

상 호	참맛식당
사업자번호	356-52-00538
대표자명	강연우
주 소	서울시 강서구 가로공원로 74

- 익일 홈택스에서 현금영수증 발급 여부를 반드시 확인하시기 바랍니다.
- 홈페이지(http://www.hometax.go.kr)
  - 조회/발급 > 현금영수증 조회 > 사용내역(소득공제) 조회
                                    > 매입내역(지출증빙) 조회
- 관련문의는 국세상담센터(☎126-1-1)

[3] 8월 1일 제품의 영업관리를 위하여 개별소비세 과세대상 승용차(1,500cc)를 (주)빠름자동차에서 구입하였다. 대금은 보통예금 계좌에서 3,000,000원을 지급하고 나머지는 외상으로 하였으며, 다음과 같은 전자세금계산서를 발급받았다. (3점)

전자세금계산서						승인번호	20250801-410000012-7c00mk5			
공급자	등록번호	123-81-12147	종사업장 번호			공급받는자	등록번호	609-81-40259	종사업장 번호		
	상호(법인명)	(주)빠름자동차	성 명	김빠름			상호(법인명)	(주)시완산업	성 명	신서윤
	사업장 주소	서울 강남구 강남대로 256					사업장 주소	서울특별시 강서구 가로공원로 173		
	업 태	제조	종 목	자동차			업 태	제조, 도소매	종 목	전자제품
	이메일						이메일			
작성일자		공급가액		세 액		수정사유		비 고		
2025-08-01		25,000,000		2,500,000		해당없음				
월	일	품 목	규 격	수 량	단 가	공급가액	세 액	비 고		
08	01	승용차(1,500cc)				25,000,000	2,500,000			

[4] 8월 17일 (주)더뷰상사에게 제품 2,000개를 개당 20,000원(부가가치세 별도)에 판매하고 전자세금계산서를 발급하였다. 이와 관련하여 공급가액의 30%는 보통예금 계좌로 받고 나머지는 외상으로 하였다. (3점)

전자세금계산서						승인번호	202508172501-45121451215-4212445			
공급자	등록번호	609-81-40259	종사업장 번호			공급받는자	등록번호	606-81-95866	종사업장 번호		
	상호(법인명)	(주)시완산업	성 명	신서윤			상호(법인명)	(주)더뷰상사	성 명	김소인
	사업장 주소	서울특별시 강서구 가로공원로 173					사업장 주소	충북 청주시 흥덕구 청주역로 105		
	업 태	제조, 도소매	종 목	전자제품			업 태	도소매	종 목	완구
	이메일						이메일			
작성일자		공급가액		세 액		수정사유		비 고		
2025-08-17		40,000,000		4,000,000						
월	일	품 목	규 격	수 량	단 가	공급가액	세 액	비 고		
08	17	모니터 외		2,000	20,000	40,000,000	4,000,000			

112회 실무시험

[5] 11월 30일 미국의 KYM사에 $60,000(수출신고일 11월 27일, 선적일 11월 30일)의 제품을 직수출하였다. 수출대금 중 $30,000는 11월 30일에 보통예금 계좌로 받았으며, 나머지 잔액은 12월 5일에 받기로 하였다. 일자별 기준환율은 다음과 같다(단, 수출신고필증은 정상적으로 발급받았으며, 수출신고번호는 고려하지 말 것). (3점)

일자	11월 27일	11월 30일	12월 05일
기준환율	1,350원/$	1,310원/$	1,295원/$

문제 3 부가가치세 신고와 관련하여 다음 물음에 답하시오. (10점)

[1] 다음 자료를 바탕으로 제2기 확정신고기간(2025.10.01. ~ 2025.12.31.)의 [부동산임대공급가액명세서]를 작성하시오(단, 간주임대료에 대한 정기예금 이자율은 3.1%로 가정한다). (3점)

동수	층수	호수	면적(㎡)	용도	임대기간	보증금(원)	월세(원)	관리비(원)
2	1	103	100	사무실	2023.11.01. ~ 2025.10.31.	50,000,000	2,000,000	500,000
					2025.11.01. ~ 2027.10.31.	60,000,000	2,000,000	500,000

- 위 사무실은 (주)삼정테크(502-86-56232)에게 2023.11.01. 최초로 임대를 개시하였으며, 계약기간 만료로 2025.11.01. 임대차계약을 갱신하면서 보증금만 인상하기로 하였다.
- 월세와 관리비 수입은 모두 정상적으로 세금계산서를 발급하였으며, 간주임대료에 대한 부가가치세는 임대인이 부담하고 있다.

[2] 다음 자료를 이용하여 2025년 제1기 예정신고기간(01.01. ~ 03.31.)의 [부가가치세신고서]를 작성하시오(단, 기존에 입력된 자료 또는 불러오는 자료는 무시하고, 부가가치세 신고서 외의 부속서류 작성은 생략할 것). (5점)

매출자료	(1) 전자세금계산서 발급분 : 공급가액 350,000,000원 세액 35,000,000원 (2) 현금영수증 발급분 : 공급가액 12,000,000원 세액 1,200,000원 (3) [부동산임대공급가액명세서]에서 계산된 간주임대료 과세표준 금액 : 287,600원 　　(단, 임대료에 대한 전자세금계산서는 적법하게 발급되었음)
매입자료	(1) 전자세금계산서 수취분 일반매입 : 공급가액 110,000,000원 세액 11,000,000원 　- 업무용 토지취득 관련 법무사비용 공급가액 350,000원 세액 35,000원이 포함되어 있다. (2) 전자세금계산서 수취분 고정자산매입 : 공급가액 40,000,000원 세액 4,000,000원 　- 개별소비세 과세 대상 업무용승용차(5인승, 1,995cc) 매입액이다. (3) 신용카드 일반매입액 : 공급가액 50,000,000원 세액 5,000,000원 　- 접대 관련 카드사용분 공급가액 5,000,000원 세액 500,000원이 포함되어 있다.
기타자료	• 매출 및 매입에 대한 전자세금계산서는 적법하게 발급되었다. • 전자신고세액공제는 고려하지 않는다.

[3] 2025년 제1기 확정 부가가치세신고서의 [전자신고]를 수행하시오. (2점)

> 1. 부가가치세신고서와 관련 부속서류는 마감되어 있다.
> 2. [전자신고] → [국세청 홈택스 전자신고변환(교육용)] 순으로 진행한다.
> 3. [전자신고]에서 전자파일 제작 시 신고인 구분은 2.납세자 자진신고로 선택하고, 비밀번호는 "13001300"으로 입력한다.
> 4. [국세청 홈택스 전자신고변환(교육용)] → 전자파일변환(변환대상파일선택) → 찾아보기 에서 전자신고용 전자파일을 선택한다.
> 5. 전자신고용 전자파일 저장경로는 로컬디스크(C:)이며, 파일명은 "enc작성연월일.101.v6098140259"이다.
> 6. 형식검증하기 ➡ 형식검증결과확인 ➡ 내용검증하기 ➡ 내용검증결과확인 ➡ 전자파일제출 을 순서대로 클릭한다.
> 7. 최종적으로 전자파일 제출하기 를 완료한다.

문제 4 다음 결산자료를 입력하여 결산을 완료하시오. (15점)

[1] 3월 22일에 장기 투자 목적으로 (주)바른상사의 비상장주식 10,000주를 7,300,000원에 취득하였다. 결산일 현재 해당 주식의 시가는 1주당 850원이다. (3점)

[2] 12월 30일에 장부상 현금보다 실제 현금이 102,000원이 적은 것을 발견하여 현금과부족으로 회계 처리하였으나 기말까지 원인을 파악하지 못했다. (3점)

[3] 결산 시 거래처원장 중 보통예금(우리은행)의 잔액이 (-)35,423,800원임을 발견하였다. 보통예금(우리은행) 계좌는 마이너스 통장으로 확인되었다(단, 마이너스 통장은 단기차입금 계정을 사용하고, 음수(-)로 회계처리하지 말 것). (3점)

[4] 2025년 3월 1일에 영업부 사무실에 대한 화재보험료(보험기간 2025.03.01. ~ 2026.02.28.) 1,200,000원을 전액 납입하고, 전액 비용으로 회계처리하였다(단, 음수(-)로 회계처리하지 말고, 월할계산 할 것). (3점)

[5] 퇴직급여추계액이 다음과 같을 때 퇴직급여충당부채를 설정하시오. 회사는 퇴직급여추계액의 100%를 퇴직급여충당부채로 설정하고 있다. (3점)

구 분	퇴직금추계액	설정 전 퇴직급여충당부채 잔액
생산부서	300,000,000원	60,000,000원
마케팅부서	100,000,000원	20,000,000원

112회 실무시험

문제 5 2025년 귀속 원천징수자료와 관련하여 다음의 물음에 답하시오. (15점)

[1] 다음 자료를 이용하여 본사 기업부설연구소의 수석연구원으로 근무하는 박정수(사번:102)의 7월분 [급여자료입력]과 [원천징수이행상황신고서]를 작성하시오(단, 전월미환급세액은 150,000원이다). (5점)

※ 수당등록 시 월정액 및 통상임금은 고려하지 않으며, 사용하는 수당 이외의 항목은 사용 여부를 "부"로 체크한다.
※ 급여자료입력 시 공제항목의 불러온 데이터는 무시하고 직접 입력하여 작성한다.
※ 원천징수이행상황신고서의 귀속월과 지급월은 동일하게 매월 작성하여 신고하고 있으며, 박정수의 급여내역만 반영하고 환급신청은 하지 않기로 한다.
※ 비과세 요건에 해당하면 최대한 반영하기로 한다.

〈7월 급여내역〉

이 름	박정수	지급일	7월 31일
기 본 급	2,000,000원	소 득 세	35,600원
직 책 수 당	300,000원	지 방 소 득 세	3,560원
식 대	200,000원	국 민 연 금	112,500원
[기업연구소] 연구보조비	200,000원	건 강 보 험	88,620원
육 아 수 당	200,000원	장 기 요 양 보 험	11,470원
		고 용 보 험	22,500원
급 여 계	2,900,000원	공 제 합 계	274,250원
		지 급 총 액	2,625,750원

• 식대 : 식대 이외에 현물식사도 함께 제공하고 있다.
• [기업연구소]연구보조비 : 연구활동에 직접 종사하는 자에게 지급하고 있다.
• 육아수당 : 사규에 따라 6세 이하 자녀의 보육과 관련하여 자녀 1인당 200,000원의 수당을 지급하고 있다.

[2] 2025년 9월 20일에 입사한 사원 김민수(사번:130, 세대주)의 2025년 귀속 연말정산 관련 자료는 다음과 같다. [연말정산추가자료입력] 메뉴에서 이전 근무지와 관련한 근로소득 원천징수영수증은 [소득명세] 탭, 나머지 연말정산 자료에 따라 [부양가족] 탭, [의료비] 탭에 입력하고, [연말정산입력] 탭을 완성하시오(단, 제시된 자료 외의 소득은 없으며, 본인의 세부담 최소화를 가정한다). (10점)

1. **가족사항**(단, 모두 생계를 같이 하며, 반드시 기본공제대상자가 아닌 경우에는 '부'로 입력할 것)

성명	관계	주민번호	비 고
김민수	본인	800205-1884520	
여민지	배우자	830120-2118534	근로소득자(총급여액 : 5,000,000원)
김수지	자녀	120810-4988231	중학생, 일시적인 문예창작소득 50만원
김지민	자녀	140520-3118523	초등학생, 소득없음.
한미녀	모친	571211-2113255	「장애인복지법」상 장애인, 원천징수 대상 금융소득금액 1,000만원

실무시험 112회

2. 김민수의 전(前)근무지 근로소득 원천징수영수증

- 근무처 : (주)강일전자(205-85-11389)
- 급   여 : 33,250,000원
- 국민연금보험료 : 1,822,500원
- 장기요양보험료 : 183,870원
- 근무기간 : 2025.01.01. ~ 2025.09.19.
- 상   여 : 8,500,000원
- 국민건강보험료 : 1,435,680원
- 고용보험료 : 364,500원

구 분		소득세	지방소득세
세액명세	결정세액	325,000원	32,500원
	기납부세액	370,000원	37,000원
	차감징수세액	-45,000원	-4,500원

3. 연말정산추가자료(모두 국세청 연말정산간소화서비스에서 조회한 자료임)

항목	내 용
보험료	• 김민수 자동차 운전자보험료(보장성) : 1,150,000원 • 한미녀 장애인전용보장성 보험료 : 1,200,000원
의료비	• 여민지(배우자) : 국내에서 지출한 질병 치료비 3,000,000원(김민수의 신용카드로 결제함) ※ 실손의료보험금 수령액 1,000,000원 • 김수지(자녀) : 시력보정용 콘택트렌즈 구입비 600,000원(김민수 신용카드로 결제함)
교육비	• 김수지(자녀) : 중학교의 수업료 및 특별활동비 200,000원, 영어학원비 1,000,000원 • 김지민(자녀) : 초등학교 현장학습체험학습비 400,000원, 태권도학원비 700,000원 • 한미녀(모친) : 평생교육법에 따른 대학교 등록금 3,000,000원 (장애인특수교육비에 해당하지 않음)

신용카드 등 사용액	• 김민수(본인) 신용카드 사용액 : 32,570,000원(아래의 항목이 포함된 금액임)
	
	  | 구 분 | 금 액 |
	  | 전통시장 | 5,200,000원 |
	  | 대중교통 | 7,500,000원 |
	
	• 여민지(배우자) 직불카드 사용액 : 12,000,000원
	• 한미녀(모친) 현금영수증 사용액 : 5,000,000원

111회 이론시험 (합격률: 27.75%) PART 01 기출문제

다음 문제를 보고 알맞은 것을 골라 **이론문제 답안작성** 메뉴에 입력하시오. (객관식 문항당 2점)

> **기본전제**
> 문제에서 한국채택국제회계기준을 적용하도록 하는 전제조건이 없는 경우, 일반기업회계기준을 적용한다.

01. 다음 중 재무제표의 기본가정에 대한 설명으로 가장 옳은 것은?
① 재무제표의 기본가정에는 기업실체의 가정, 계속기업의 가정, 수익·비용 대응의 가정이 있다.
② 기간별 보고의 가정은 자산과 부채의 분류표시를 유동성 순위에 따라 분류하여야 한다는 가정이다.
③ 기업실체의 가정은 기업실체를 소유주와는 독립적으로 보아 기업의 자산과 소유주의 자산을 분리하여 인식하여야 한다는 가정이다.
④ 계속기업의 가정은 기업실체의 지속적인 경제적 활동을 일정한 기간 단위로 분할하여 각 기간별로 재무제표를 작성하는 것을 말한다.

02. 물가가 지속해서 상승하는 경제 상황을 가정할 때, 다음 중 당기순이익이 가장 적게 계상되는 재고자산 평가방법은 무엇인가?
① 선입선출법   ② 총평균법   ③ 이동평균법   ④ 후입선출법

03. 2025년 10월 1일 (주)한국은 기계장치를 5,000,000원에 취득하였다. 기계장치의 내용연수는 3년, 잔존가치는 500,000원으로 추정되었으며, 연수합계법으로 상각한다. (주)한국이 결산일인 2025년 12월 31일에 계상하여야 할 감가상각비는 얼마인가? (단, 월할상각 할 것)
① 416,666원   ② 562,500원   ③ 625,000원   ④ 750,000원

04. 다음 중 무형자산에 대한 설명으로 옳지 않은 것은?
① 무형자산의 재무제표 표시방법으로 직접법만을 허용하고 있다.
② 무형자산 상각 시 잔존가치는 원칙적으로 '0'인 것으로 본다.
③ 무형자산은 유형자산과 마찬가지로 매입가액에 취득 관련 부대 원가를 가산한 금액을 취득원가로 처리한다.
④ 무형자산의 상각기간은 독점적·배타적인 권리를 부여하고 있는 관계 법령이나 계약에 정해진 경우를 제외하고는 20년을 초과할 수 없다.

05. 다음 중 자본 항목의 자본조정으로 분류하는 것은?
① 자기주식처분손실   ② 주식발행초과금   ③ 매도가능증권평가손익   ④ 감자차익

06. 다음 중 원가의 개념에 대한 설명으로 가장 옳지 않은 것은?
① 기회원가 : 자원을 다른 대체적인 용도로 사용할 경우 얻을 수 있는 최대금액
② 매몰원가 : 과거의 의사결정으로 이미 발생한 원가로서 의사결정에 고려하지 말아야 하는 원가
③ 회피가능원가 : 특정한 대체안을 선택하는 것과 관계없이 계속해서 발생하는 원가
④ 관련원가 : 여러 대안 사이에 차이가 나는 원가로서 의사결정에 직접적으로 관련되는 원가

07. 다음 중 변동원가와 고정원가에 대한 설명으로 가장 옳지 않은 것은?
① 변동원가는 생산량이 증가함에 따라 총원가가 증가하는 원가이다.
② 고정원가는 생산량의 증감과는 관계없이 총원가가 일정한 원가이다.
③ 생산량의 증감과는 관계없이 제품 단위당 변동원가는 일정하다.
④ 생산량의 증감과는 관계없이 제품 단위당 고정원가는 일정하다.

08. 다음 중 제조원가명세서에 대한 설명으로 가장 옳지 않은 것은?
① 제조원가명세서에는 기말 제품 재고액이 표시된다.
② 판매비와관리비는 제조원가명세서 작성과 관련이 없다.
③ 당기총제조원가는 직접재료원가, 직접노무원가, 제조간접원가의 합을 의미한다.
④ 제조원가명세서의 당기제품제조원가는 손익계산서의 당기제품제조원가와 일치한다.

09. 캠핑카를 생산하여 판매하는 (주)붕붕은 고급형 캠핑카와 일반형 캠핑카 두 가지 모델을 생산하고 있다. 모델별 제조와 관련하여 당기에 발생한 원가는 각각 아래와 같다. (주)붕붕은 직접재료원가를 기준으로 제조간접원가를 배부하고 있으며, 당기의 실제 제조간접원가는 2,400,000원이다. 일반형 캠핑카의 당기 총제조원가는 얼마인가?

구 분	고급형 캠핑카	일반형 캠핑카	합 계
직접재료원가	1,800,000원	1,200,000원	3,000,000원
직접노무원가	1,000,000원	600,000원	1,600,000원

① 2,700,000원　② 2,760,000원　③ 4,240,000원　④ 4,300,000원

10. 다음 자료를 이용하여 평균법에 따른 종합원가계산을 적용할 경우, 가공원가의 완성품환산량 단위당 원가는 얼마인가?

- 직접재료는 공정 개시 시점에 모두 투입하며, 가공원가는 공정 진행에 따라 균등하게 발생한다.
- 기초재공품 2,500개(완성도 30%), 당기투입량 30,000개, 기말재공품 4,000개(완성도 30%)
- 기초재공품원가 : 직접재료원가 200,000원, 가공원가 30,000원
- 당기제조원가 : 직접재료원가 2,400,000원, 가공원가 1,306,500원

① 25원　② 37원　③ 42원　④ 45원

111회 이론시험

11. 다음 중 부가가치세법상 면세에 해당하는 것은 모두 몇 개인가?

> 가. 시외우등고속버스 여객운송용역
> 나. 토지의 공급
> 다. 자동차운전학원에서 가르치는 교육용역
> 라. 식용으로 제공되는 외국산 미가공식료품
> 마. 형사소송법에 따른 국선변호인의 국선 변호
> 바. 제작 후 100년이 초과된 골동품

① 5개 ② 4개 ③ 3개 ④ 2개

12. 다음 중 부가가치세법상 대손세액공제에 대한 설명으로 가장 옳지 않은 것은?

① 대손 사유에는 부도발생일부터 6개월 이상 지난 어음·수표가 포함된다.
② 회수기일이 6개월 이상 지난 채권 중 채권가액이 30만원 이하인 채권은 대손사유를 충족한다.
③ 재화를 공급한 후 공급일부터 15년이 지난 날이 속하는 과세기간에 대한 확정신고기한까지 대손사유로 확정되는 경우 대손세액공제를 적용한다.
④ 대손세액은 대손이 확정된 날이 속하는 과세기간의 매출세액에서 뺄 수 있다.

13. 다음 중 소득세의 특징으로 가장 옳은 것은?

① 소득세의 과세기간은 사업자의 선택에 따라 변경할 수 있다.
② 거주자의 소득세 납세지는 거주자의 거소지가 원칙이다.
③ 소득세법은 종합과세제도에 의하므로 거주자의 모든 소득을 합산하여 과세한다.
④ 소득세는 개인별 소득을 기준으로 과세하는 개인 단위 과세제도이다.

14. 거주자 김민재 씨의 소득이 다음과 같을 경우, 종합소득금액은 얼마인가? 단, 이자소득금액은 모두 국내은행의 정기예금이자이다.

> • 양도소득금액 : 10,000,000원
> • 이자소득금액 : 22,000,000원
> • 근로소득금액 : 30,000,000원
> • 퇴직소득금액 : 8,700,000원

① 30,000,000원   ② 52,000,000원   ③ 54,700,000원   ④ 74,700,000원

15. 다음 중 소득세법상 근로소득의 원천징수 시기가 틀린 것은?

① 2025년 11월 귀속 근로소득을 2025년 12월 31일에 지급한 경우 : 2025년 12월 말일
② 2025년 11월 귀속 근로소득을 2026년 01월 31일에 지급한 경우 : 2026년 01월 말일
③ 2025년 12월 귀속 근로소득을 2026년 01월 31일에 지급한 경우 : 2026년 01월 말일
④ 2025년 12월 귀속 근로소득을 2026년 03월 31일에 지급한 경우 : 2026년 02월 말일

111회 실무시험

(주)대동산업(회사코드: 1112)은 컴퓨터 및 주변장치의 제조 및 도·소매업을 주업으로 영위하는 중소기업으로, 당기(17기)의 회계기간은 2025.1.1. ~ 2025.12.31.이다. 전산세무회계 수험용 프로그램을 이용하여 다음 물음에 답하시오.

기본전제

- 문제에서 한국채택국제회계기준을 적용하도록 하는 전제조건이 없는 경우, 일반기업회계기준을 적용하여 회계처리 한다.
- 문제의 풀이와 답안작성은 제시된 문제의 순서대로 진행한다.

문제1 [일반전표입력] 메뉴를 이용하여 다음의 거래자료를 입력하시오. (15점)

입력 시 유의사항

- 일반적인 적요의 입력은 생략하지만, 타계정 대체거래는 적요번호를 선택하여 입력한다.
- 채권·채무와 관련된 거래는 별도의 요구가 없는 한 반드시 기등록된 거래처코드를 선택하는 방법으로 거래처명을 입력한다.
- 제조경비는 500번대 계정코드를, 판매비와관리비는 800번대 계정코드를 사용한다.
- 회계처리 시 계정과목은 별도의 제시가 없는 한 등록된 계정과목 중 가장 적절한 과목으로 한다.

[1] 1월 30일 당사가 생산한 제품(원가 50,000원, 시가 80,000원)을 제조부 생산직 직원에게 복리후생 목적으로 제공하였다(단, 부가가치세법상 재화의 공급의제에 해당하지 아니함). (3점)

[2] 4월 1일 미국 LA은행으로부터 차입한 외화장기차입금 $20,000와 이자 $800에 대해 보통예금으로 달러를 구입하여 원금과 이자를 지급하였다. 4월 1일의 기준환율은 ₩1,400/$이다(단, 외화장기차입금은 거래처원장을 조회하여 회계처리하고, 하나의 전표로 처리할 것). (3점)

[3] 5월 6일 영업부 사무실로 사용하기 위하여 4월 2일에 아래와 같이 (주)명당과 체결한 부동산임대차계약에 따라 임대차계약서상의 보증금 20,000,000원 중 잔금 18,000,000원을 보통예금 계좌에서 송금하여 지급하고, 사무실의 임차를 개시하였다(단, 관련 계정을 조회하여 처리할 것). (3점)

부동산임대차계약서		
제 1 조 임대차계약에 있어 임차인은 보증금을 아래와 같이 계약금과 잔금으로 나누어 지급하기로 한다.		
보증금	일금	이천만원정 (₩ 20,000,000)
계약금	일금	이백만원정 (₩ 2,000,000)은 계약 시에 지불하고 영수함.
잔 금	일금	일천팔백만원정 (₩ 18,000,000)은 2025년 05월 06일에 지불한다.

[4] 8월 20일 전기에 회수불능으로 대손처리한 외상매출금 2,750,000원(부가가치세 포함)을 회수하여 보통예금 계좌로 입금되었다(단, 당시 대손 요건을 충족하여 대손세액공제를 받았으며, 하나의 전표로 처리할 것). (3점)

[5] 9월 19일 영업부에서 사용할 업무용 차량의 취득세 1,250,000원을 보통예금 계좌에서 납부하였다. (3점)

문제 2 [매입매출전표입력] 메뉴를 이용하여 다음의 거래자료를 입력하시오. (15점)

입력 시 유의사항

- 일반적인 적요의 입력은 생략하지만, 타계정 대체거래는 적요번호를 선택하여 입력한다.
- 채권·채무 관련 거래는 별도의 요구가 없는 한 반드시 기등록된 거래처코드를 선택하는 방법으로 거래처명을 입력한다.
- 제조경비는 500번대 계정코드를, 판매비와관리비는 800번대 계정코드를 사용한다.
- 회계처리 시 계정과목은 등록된 계정과목 중 가장 적절한 과목으로 한다.
- 입력화면 하단의 분개까지 처리하고, 세금계산서 및 계산서는 전자 여부를 입력하여 반영한다.

[1] 4월 2일 제품을 (주)이레테크에 판매하고 다음과 같이 전자세금계산서를 발급하였다. 3월 2일에 받은 선수금 5,000,000원을 제외한 대금 중 30,000,000원은 (주)이레테크가 발행한 어음으로 받고 나머지는 외상으로 하였다. (3점)

전자세금계산서					승인번호	20250402 - 000023123547		
공급자	등록번호	128-81-59325	종사업장 번호		공급받는자	등록번호	127-81-32505	종사업장 번호	
	상 호 (법인명)	(주)대동산업	성 명	지민아		상 호 (법인명)	(주)이레테크	성 명	이진주
	사업장 주소	서울시 서초구 서초대로12길 45				사업장 주소	부산시 사상구 대동로 307		
	업 태	제조 외	종 목	컴퓨터 및 주변장치		업 태	제조업	종 목	전자제품
	이메일	jjjj@daum.net				이메일	sky@naver.com		
작성일자		공급가액		세 액	수정사유	비 고		
2025/04/02		50,000,000		5,000,000	해당 없음			
월	일	품 목	규 격	수 량	단 가	공급가액	세 액	비 고
04	02	제품				50,000,000	5,000,000	
합계금액		현 금		수 표	어 음	외상미수금	위 금액을 청구함	
55,000,000		5,000,000			30,000,000	20,000,000		

[2] 4월 9일 해외 매출거래처인 BTECH에 제품을 3,000,000원에 직수출하고, 대금은 1개월 후에 받기로 하였다 (단, 반드시 수출신고번호는 「1234500123456X」를 입력할 것). (3점)

[3] 5월 29일 직원회식대로 제조부 660,000원과 영업부 440,000원을 지출하고 침산가든에서 제일카드(법인카드)로 결제하였다. (3점)

신용카드매출전표

카드종류	카드번호
제일카드	9435-2802-7580-0500
유효기간	구매자명
2026/09	
거래일시(취소일시)	품 명
2025/05/29 21:32	
거래유형	할부	승인번호
신용승인		00360380

		백		천		원
금 액/AMOUNT		1	0 0 0	0 0 0
부가세/V.A.T			1 0 0	0 0 0
합 계/TOTAL		1	1 0 0	0 0 0

공급자정보	카드사 가맹정보
공급자 상호	가맹점명
침산가든	좌동
대표자명	대표자명
	좌동
사업자등록번호	사업자등록번호
106-62-61190	좌동
사업장 주소	가맹점 주소
서울 용산구 부흥로2가 15-2	좌동
이용문의(구매, 취소, 환불)	승인관련문의
1544-4525	1545-8452

서 명 (주)대동산업

[4] 6월 5일 (주)한라상사로부터 과세사업에는 사용하지 않고 면세사업에만 사용하기 위한 기계장치를 공급가액 100,000,000원(세액 10,000,000원)에 취득하고, 전자세금계산서를 발급받았다. 대금은 보통예금 계좌에서 10,000,000원을 송금하고, 나머지는 당좌수표를 발행하여 지급하였다. (3점)

111회 실무시험

[5] 6월 15일   제조부가 사용할 청소용품을 일진상사(일반과세자)에서 현금으로 구입하고, 현금영수증을 발급받았다(단, 소모품비로 회계처리 할 것). (3점)

```
                    일진상사
211-11-10614                         박일문
경기도 부천시 신흥로 110       TEL : 031-117-2727
홈페이지 http://www.kacpta.or.kr
              현금영수증(지출증빙용)
구매 2025/06/15 17:27            거래번호 : 11511
   상품명      수량     단가       공급가액
   청소용품                         200,000원

               과 세 물 품 가 액    200,000원
               부 가 가 치 세 액     20,000원
               합           계    220,000원
               받  은  금  액     220,000원
```

문제 3 부가가치세 신고와 관련하여 다음 물음에 답하시오. (10점)

[1] 다음 자료를 보고 2025년 제1기 예정신고기간의 [수출실적명세서]와 [영세율매출명세서]를 작성하시오(단, 매입매출전표입력은 생략할 것). (4점)

거래처	수출신고번호	선적일	환가일	통화	수출액	적용환율 선적일	적용환율 환가일
제임스사	13065-22-065849X	2025.01.31.	2025.01.25.	USD	$100,000	₩1,000/$	₩1,080/$
랜덤기업	13075-20-080907X	2025.02.20.	2025.02.23.	USD	$80,000	₩1,050/$	₩1,070/$
큐수상사	13889-25-148890X	2025.03.18.	–	JPY	¥5,000,000	₩800/100¥	–

[2] 다음은 2025년 제2기 부가가치세 확정신고기간 귀속 자료이다. 다음 자료만을 이용하여 [부가가치세신고서]를 작성하시오(단, 기존의 입력된 자료는 무시하고, 부가가치세신고서 외의 부속서류 및 과세표준명세 입력은 생략할 것). (6점)

구분	자 료
매출	1. 전자세금계산서 발급분(과세분) : 공급가액 500,000,000원, 세액 50,000,000원 2. 신용카드에 의한 매출액 : 공급가액 80,000,000원, 세액 8,000,000원 3. 직수출액 : 150,000,000원 4. 영세율세금계산서 발급분 : 50,000,000원(종이 세금계산서 발급) 5. 2024년 제2기 확정신고 시 대손세액공제 받은 외상매출금 33,000,000원을 전액 회수함.

구분	자료
매입	1. 세금계산서 수취분 일반매입 : 공급가액 550,000,000원, 세액 55,000,000원(세금계산서 수취분 매입액 중 520,000,000원은 과세사업의 매출과 관련된 매입액이며, 나머지 30,000,000원은 거래처 접대와 관련된 매입액이다.) 2. 제2기 예정신고 시 누락된 종이 세금계산서 수취분 : 공급가액 20,000,000원, 세액 2,000,000원
기타	1. 예정신고 누락분은 확정신고 시 반영하기로 한다. 2. 홈택스에서 직접 전자신고하여 세액공제를 받기로 한다.

문제 4 결산정리사항은 다음과 같다. 관련 메뉴를 이용하여 결산을 완료하시오. (15점)

[1] 관리부가 2025년 9월 1일에 구입한 소모품 중 당기 말 현재까지 미사용한 소모품은 100,000원이다. (단, 비용에 대한 계정과목은 소모품비(판매관리비)를 사용하고, 반드시 해당 거래를 조회하여 적절한 회계처리를 할 것). (3점)

[2] 결산일 현재 보유 중인 매도가능증권(2024년 취득)에 대하여 일반기업회계기준에 따라 회계처리를 하시오(단, 매도가능증권은 비유동자산에 해당함). (3점)

주식명	주식 수	취득일	1주당 취득원가	2024년 12월 31일 1주당 공정가치	2025년 12월 31일 1주당 공정가치
(주)에코	100주	2024.05.23.	10,000원	8,300원	7,000원

[3] 2025년 12월 16일에 차입한 대출금에 대한 이자를 다음 달부터 매월 16일에 지급하기로 하였다. (3점)

> 2025년 12월 16일부터 2026년 1월 15일까지 1개월 동안 지급되어야 할 이자는 3,100,000원이었으며, 이 중 2025년도 12월 31일까지의 발생이자는 1,600,000원이었다.

[4] 당해연도 말 퇴직급여추계액은 생산직 75,000,000원, 관리직 35,000,000원이며, 이미 설정된 퇴직급여충당부채액은 생산직 50,000,000원과 관리직 28,000,000원이다. 당사는 퇴직급여추계액의 100%를 퇴직급여충당부채로 계상한다. (3점)

[5] 2025년 결산을 하면서 당해연도에 대한 법인세 45,000,000원, 법인지방소득세 6,000,000원을 확정하였다. 중간예납세액 23,000,000원, 이자수익에 대한 원천징수세액 3,080,000원이 자산으로 계상되어 있다. (3점)

문제 5. 2025년 귀속 원천징수자료와 관련하여 다음의 물음에 답하시오. (15점)

[1] 다음 자료는 인사부 박한별 사원(입사일 2025년 6월 1일, 국내 근무)의 부양가족과 관련된 내용이다. 제시된 자료만을 이용하여 [사원등록(사번 : 500)]을 하고, 부양가족을 모두 [부양가족명세]에 등록 후 박한별의 세부담이 최소화되도록 기본공제 및 추가공제 여부를 입력하시오. (6점)

- 박한별 사원 본인과 부양가족은 모두 내국인이며 거주자이다.
- 기본공제 대상자가 아닌 경우 '부'로 표시한다.

관계	성명	주민등록번호	동거(생계) 여부	장애인 여부	소득현황 및 기타사항
본인	박한별	820505 - 2027821	-	부	근로소득금액 2,500만원
배우자	김준호	810525 - 1056939	부	부	소득 없음, 주거형편상 별거
본인의 아버지	박인수	520725 - 1013121	여	부	「장애인복지법」상 장애인에 해당함, 소득 없음, 2025년 1월 31일에 사망
아들	김은수	060510 - 3212698	부	부	분리과세 기타소득 200만원, 국외 유학 중
딸	김아름	251225 - 4115736	여	부	소득 없음

[2] 2025년 7월 1일 입사한 김기웅(사번 : 600)의 연말정산 자료는 다음과 같다. [연말정산추가입력]에 전(前)근무지의 내용을 반영하여 [소득명세] 탭, [부양가족] 탭, [신용카드 등] 탭, [연금저축 등] 탭, [연말정산입력] 탭을 작성하시오. (9점)

1. 전(前) 근무지((주)해탈상사)에서 받은 근로소득원천징수영수증 자료를 입력한다.
2. 2025년 7월에 직장 근처로 이사하면서 전세자금대출을 받았다.

〈김기웅의 전(前)근무지 근로소득원천징수영수증〉

	구 분	주(현)	종(전)	⑯-1 납세조합	합 계
Ⅰ 근무처별 소득명세	⑨ 근 무 처 명	(주)해탈상사			
	⑩ 사업자등록번호	120-85-22227			
	⑪ 근 무 기 간	2025.1.1. ~ 2025.6.30.	~	~	~
	⑫ 감 면 기 간	~	~	~	~
	⑬ 급 여	24,000,000			
	⑭ 상 여	3,000,000			
	⑮ 인 정 상 여				
	⑮-1 주식매수선택권 행사이익				
	⑮-2 우리사주조합인출금				
	⑮-3 임원 퇴직소득금액 한도초과액				
	⑯ 계	27,000,000			

실무시험 111회

Ⅱ 비과세 및 감면소득명세	⑱ 국외근로					
	⑱-1 야간근로수당	001				
	⑱-2 보육수당	Q02	600,000			
	⑱-4 연구보조비					
	~					
	⑱-29					
	⑲ 수련보조수당	Y22				
	⑳ 비과세소득 계					
	⑳-1 감면소득 계					

Ⅲ 세액명세	구 분			⑱ 소득세	⑲ 지방소득세	⑳ 농어촌특별세
	⑫ 결 정 세 액			1,255,000	125,500	
	기납부세액	⑬ 종(전)근무지 (결정세액란의 세액을 적습니다.)	사업자 등록 번호			
		⑭ 주(현)근무지		1,350,000	135,000	
	⑮ 납부특례세액					
	⑯ 차감징수세액(⑫-⑬-⑭-⑮)			△95,000	△9,500	

(국민연금 1,610,000원   건강보험 1,388,000원   장기요양보험 189,000원   고용보험 235,600원)
위의 원천징수액(근로소득)을 정히 영수(지급)합니다.

〈김기웅의 2025년 연말정산자료 : 모든 자료는 국세청에서 제공된 자료에 해당함〉

항목	내 용
보험료	• 본인 저축성보험료 : 800,000원
교육비	• 본인 야간대학원 등록금 : 3,000,000원
의료비	• 시력보정용 안경구입비 : 600,000원(본인 신용카드 결제) • 본인 질병치료비 : 2,500,000원(실손의료보험금 500,000원 수령)
신용카드 등 사용액	• 신용카드 사용액 : 21,200,000원(대중교통 1,200,000원 포함) • 직불카드 사용액 : 1,300,000원(전통시장 300,000원 포함) • 현금영수증 사용액 : 1,200,000원(도서·공연 200,000원 포함)
주택차입금 원리금상환액	• 이자상환액 : 300,000원 • 원금상환액 : 3,000,000원 ※ 주택임차입금원리금 상환액 공제요건을 충족한다고 가정한다.

110회 이론시험 (합격률: 46.44%) PART 01 기출문제

다음 문제를 보고 알맞은 것을 골라 **이론문제 답안작성** 메뉴에 입력하시오. (객관식 문항당 2점)

> **기 본 전 제**
> 문제에서 한국채택국제회계기준을 적용하도록 하는 전제조건이 없는 경우, 일반기업회계기준을 적용한다.

01. 다음 중 재무제표의 작성과 표시에 관한 설명으로 틀린 것은?
① 자산과 부채는 유동성이 낮은 항목부터 배열하는 것을 원칙으로 한다.
② 재무제표는 재무상태표, 손익계산서, 현금흐름표, 자본변동표로 구성되며, 주석을 포함한다.
③ 자산과 부채 및 자본은 총액에 의하여 기재함을 원칙으로 하고, 자산 항목과 부채 항목 또는 자본 항목을 상계하여 그 전부 또는 일부를 재무상태표에서 제외하면 안된다.
④ 자본거래에서 발생한 자본잉여금과 손익거래에서 발생한 이익잉여금을 구분하여 표시한다.

02. 다음 자료를 이용하여 유동자산에 해당하는 금액의 합계액을 구하면 얼마인가?

| • 매출채권 1,000,000원 | • 상품 2,500,000원 | • 특허권 1,500,000원 |
| • 당좌예금 3,000,000원 | • 선급비용 500,000원 | • 장기매출채권 2,000,000원 |

① 5,500,000원 ② 6,000,000원 ③ 6,500,000원 ④ 7,000,000원

03. 다음 중 물가가 지속적으로 상승하는 상황에서 기말재고자산이 가장 크게 계상되는 재고자산의 평가방법은 무엇인가?
① 선입선출법 ② 후입선출법 ③ 총평균법 ④ 이동평균법

04. 유형자산을 보유하고 있는 동안 발생한 수익적지출을 자본적지출로 잘못 회계처리한 경우, 재무제표에 미치는 효과로 가장 올바른 것은?
① 자산의 과소계상 ② 부채의 과대계상
③ 당기순이익의 과대계상 ④ 매출총이익의 과소계상

05. 다음 중 자본에 대한 설명으로 가장 옳지 않은 것은?
① 자본금은 기업이 발행한 발행주식총수에 1주당 액면금액을 곱한 금액이다.
② 자본잉여금은 주식발행초과금과 기타자본잉여금(감자차익, 자기주식처분이익 등)으로 구분하여 표시한다.
③ 매도가능증권평가손익은 자본조정 항목으로 계상한다.
④ 미처분이익잉여금은 배당 등으로 처분할 수 있는 이익잉여금을 말한다.

06. 다음 중 원가에 대한 설명으로 가장 옳지 않은 것은?
① 직접원가란 특정원가집적대상에 직접 추적이 가능하거나 식별가능한 원가이다.
② 고정원가란 관련범위 내에서 조업도 수준과 관계없이 총원가가 일정한 원가 형태를 말한다.
③ 가공원가란 직접재료원가와 직접노무원가를 말한다.
④ 매몰원가란 과거 의사결정에 따라 이미 발생한 원가로 현재의 의사결정에 영향을 미치지 못하는 원가를 의미한다.

07. 다음의 원가 자료를 이용하여 직접재료원가를 계산하면 얼마인가?

• 총제조원가 : 4,000,000원   • 직접노무원가 : 제조간접원가의 2배   • 제조간접원가 : 총제조원가의 25%

① 1,000,000원   ② 1,500,000원   ③ 2,000,000원   ④ 2,500,000원

08. (주)한국은 직접노무시간을 기준으로 제조간접원가를 예정배부하고 있다. 당기 초 제조간접원가 예산은 2,000,000원이며, 예정 직접노무시간은 200시간이다. 당기 말 현재 실제 제조간접원가는 2,500,000원이 발생하였으며, 제조간접원가 배부차이가 발생하지 않았다면 실제 직접노무시간은 얼마인가?
① 160시간   ② 200시간   ③ 250시간   ④ 500시간

09. 다음 중 공손에 관한 설명으로 옳지 않은 것은?
① 정상적인 생산과정에서 필수불가결하게 발생하는 정상공손원가는 제조원가에 포함된다.
② 주산품의 제조과정에서 발생한 원재료의 부스러기 등 작업폐물의 순실현가치는 제조원가에서 차감한다.
③ 작업자의 부주의 등에 의하여 발생하는 비정상공손원가는 발생한 기간의 영업외비용으로 처리한다.
④ 정상공손수량과 비정상공손수량은 원가흐름의 가정에 따라 다르게 계산된다.

10. 다음 중 가중평균법에 의한 종합원가계산방법을 적용하여 완성품 단위당 원가를 산정할 때 필요하지 않은 자료는 무엇인가?
① 기말재공품의 완성도   ② 당기총제조원가
③ 완성품의 물량   ④ 기초재공품의 물량

110회 이론시험

11. 다음 중 부가가치세법상 재화의 공급의제(재화의 공급으로 보는 특례)에 해당하는 것은? 단, 일반과세자로서 매입 시 매입세액은 전부 공제받았다고 가정한다.

① 자기의 다른 과세사업장에서 원료 또는 자재 등으로 사용·소비하기 위해 반출하는 경우
② 사용인에게 사업을 위해 착용하는 작업복, 작업모, 작업화를 제공하는 경우
③ 무상으로 견본품을 인도 또는 양도하거나 불특정다수에게 광고선전물을 배포하는 경우
④ 자동차 제조회사가 자기생산한 승용자동차(2,000cc)를 업무용으로 사용하는 경우

12. 다음 중 부가가치세법상 영세율제도에 대한 설명으로 가장 옳지 않은 것은?

① 부가가치세의 역진성 완화를 목적으로 한다.
② 완전 면세제도이다.
③ 면세사업자는 영세율 적용대상자가 아니다.
④ 비거주자 또는 외국법인의 경우에는 상호면세주의에 따른다.

13. 다음은 부가가치세법상 가산세에 대한 설명이다. 빈칸에 들어갈 내용으로 알맞은 것은?

> 사업자가 재화 또는 용역을 공급하지 아니하고 세금계산서를 발급하는 경우 그 세금계산서에 적힌 공급가액의 (   )를 납부세액에 더하거나 환급세액에서 뺀다.

① 1% ② 2% ③ 3% ④ 10%

14. 다음 중 소득세법상 근로소득의 수입시기로 옳지 않은 것은?

① 잉여금처분에 의한 상여 : 결산일
② 인정상여 : 해당 사업연도 중 근로를 제공한 날
③ 일반상여 : 근로를 제공한 날
④ 일반급여 : 근로를 제공한 날

15. 다음의 자료를 이용하여 소득세법상 복식부기의무자의 사업소득 총수입금액을 구하면 얼마인가?

> • 매출액 300,000,000원
> • 차량운반구(사업용) 양도가액 30,000,000원
> • 원천징수된 은행 예금의 이자수익 500,000원
> • 공장건물 양도가액 100,000,000원

① 430,500,000원 ② 430,000,000원 ③ 330,000,000원 ④ 300,000,000원

110회 실무시험

(주)도원기업(회사코드 : 1102)은 전자제품의 제조 및 도·소매업을 주업으로 영위하는 중소기업으로, 당기(제20기)의 회계기간은 2025.1.1. ~ 2025.12.31.이다. 전산세무회계 수험용 프로그램을 이용하여 다음 물음에 답하시오.

기본전제

- 문제에서 한국채택국제회계기준을 적용하도록 하는 전제조건이 없는 경우, 일반기업회계기준을 적용하여 회계처리 한다.
- 문제의 풀이와 답안작성은 제시된 문제의 순서대로 진행한다.

문제 1 [일반전표입력] 메뉴를 이용하여 다음의 거래자료를 입력하시오. (15점)

입력 시 유의사항

- 일반적인 적요의 입력은 생략하지만, 타계정 대체거래는 적요번호를 선택하여 입력한다.
- 채권·채무와 관련된 거래는 별도의 요구가 없는 한 반드시 기등록된 거래처코드를 선택하는 방법으로 거래처명을 입력한다.
- 제조경비는 500번대 계정코드를, 판매비와관리비는 800번대 계정코드를 사용한다.
- 회계처리 시 계정과목은 별도의 제시가 없는 한 등록된 계정과목 중 가장 적절한 과목으로 한다.

[1] 1월 5일   에코전자의 상장주식 100주를 단기 투자목적으로 1주당 60,000원에 취득하고 대금은 증권거래수수료 30,000원과 함께 보통예금 계좌에서 지급하였다. (3점)

[2] 3월 31일   보유 중인 신한은행의 예금에서 이자수익 500,000원이 발생하여 원천징수세액을 제외한 423,000원이 보통예금 계좌로 입금되었다(단, 원천징수세액은 자산으로 처리할 것). (3점)

[3] 4월 30일   본사 건물 신축공사를 위한 장기차입금의 이자비용 2,500,000원을 보통예금 계좌에서 지급하였다. 해당 지출은 차입원가 자본화 요건을 충족하였으며, 신축공사 중인 건물은 2026년 2월 28일에 완공될 예정이다. (3점)

[4] 7월 10일   당사는 퇴직연금제도를 도입하면서 퇴직연금상품에 가입하였다. 생산부서 직원에 대해서는 확정급여형(DB형) 상품으로 10,000,000원, 영업부서 직원에 대해서는 확정기여형(DC형) 상품으로 7,000,000원을 보통예금 계좌에서 이체하여 납입하였다(단, 하나의 전표로 입력하고 기초 퇴직급여충당부채 금액은 고려하지 말 것). (3점)

[5] 7월 15일   (주)지유로부터 공장에서 사용할 기계장치를 구입하기로 계약하고, 계약금 5,000,000원을 즉시 당좌수표를 발행하여 지급하였다. (3점)

문제 2 [매입매출전표입력] 메뉴를 이용하여 다음의 거래자료를 입력하시오. (15점)

입력 시 유의사항

- 일반적인 적요의 입력은 생략하지만, 타계정 대체거래는 적요번호를 선택하여 입력한다.
- 채권·채무 관련 거래는 별도의 요구가 없는 한 반드시 기등록된 거래처코드를 선택하는 방법으로 거래처명을 입력한다.
- 제조경비는 500번대 계정코드를, 판매비와관리비는 800번대 계정코드를 사용한다.
- 회계처리 시 계정과목은 등록된 계정과목 중 가장 적절한 과목으로 한다.
- 입력화면 하단의 분개까지 처리하고, 세금계산서 및 계산서는 전자 여부를 입력하여 반영한다.

[1] 7월 7일 (주)신화에서 영업부서의 매출처에 선물로 증정할 와인세트 10세트를 1세트당 50,000원(부가가치세 별도)에 구입하고 전자세금계산서를 발급받았다. 대금 550,000원은 현금으로 지급하고, 선물은 구입 즉시 모두 거래처에 전달하였다. (3점)

[2] 7월 20일 공장에서 생산부서가 사용할 선풍기를 (주)하나마트에서 현금으로 구입하고, 아래와 같이 현금영수증을 발급받았다(단, 소모품비로 처리할 것). (3점)

```
(주)하나마트

(주)하나마트                         T : (02)117-2727
128-85-46204                              유하나
서울특별시 구로구 구로동 2727

영수증 미지참시 교환/환불 불가
정상상품에 한함, 30일 이내(신선 7일)

              [현금영수증(지출증빙)]
[구매] 2025-07-20  17:27    POS : 7901-9979

상품명          단가        수량        금액

맥스파워선풍기   110,000      10      1,100,000
               과세물품              1,000,000
               부 가 세                100,000
               합   계              1,100,000
               결제대상금액          1,100,000

        현금영수증 승인번호 17090235
           식별정보 3708112345
           문의 ☎ 126-1-1
```

[3] 8월 16일 미국 UFC사에 제품을 $10,000에 해외 직수출하고, 8월 31일에 수출대금 전액을 달러($)로 받기로 하였다. 일자별 환율은 다음과 같다(단, 수출신고번호 입력은 생략할 것). (3점)

구분	8월 10일(수출신고일)	8월 16일(선적일)	8월 31일(대금회수일)
기준환율	1,150원/$	1,100원/$	1,200원/$

[4] 9월 30일 (주)명학산업에 제품을 공급하고 아래와 같이 전자세금계산서를 발급하였다. 대금은 8월 31일에 기수령한 계약금 1,800,000원을 제외한 잔액을 (주)명학산업이 발행한 당좌수표로 수령하였다. (3점)

전자세금계산서							승인번호	20250930-1547412-2014956		
공급자	등록번호	370-81-12345		종사업장 번호		공급받는자	등록번호	301-81-45665	종사업장 번호	
	상호(법인명)	(주)도원기업	성 명	이세종			상호(법인명)	(주)명학산업	성 명	김연동
	사업장 주소	서울 구로구 안양천로539길 6					사업장 주소	세종시 부강면 문곡리 128		
	업 태	제조등	종 목	전자부품			업 태	제조	종 목	가전제품
	이메일						이메일			
작성일자		공급가액		세 액		수정사유		비 고		
2025/09/30		18,000,000		1,800,000						

월	일	품 목	규 격	수 량	단 가	공급가액	세 액	비 고
09	30	제품				18,000,000	1,800,000	

합계금액	현 금	수 표	어 음	외상미수금	위 금액을 **영수**함
19,800,000	1,800,000	18,000,000			

[5] 10월 31일 구매확인서에 의하여 (주)크림으로부터 수출용 원재료(공급가액 6,000,000원)를 매입하고 영세율 전자세금계산서를 발급받았다. 대금은 보통예금 계좌에서 지급하였다. (3점)

문제 3 부가가치세 신고와 관련하여 다음 물음에 답하시오. (10점)

[1] 다음의 자료를 이용하여 2025년 제2기 부가가치세 확정신고기간에 대한 [건물등감가상각자산취득명세서]를 작성하시오(단, 아래의 자산은 모두 감가상각 대상에 해당함). (3점)

취득일	내 용	공급가액	상호	비 고
		부가가치세액	사업자등록번호	
10.04.	회계부서의 컴퓨터 및 프린터 교체	20,000,000원	우리전산	종이세금계산서 수취
		2,000,000원	102-03-52877	
11.11.	생산부서의 보관창고 신축공사비	100,000,000원	(주)튼튼건설	전자세금계산서 수취
		10,000,000원	101-81-25749	
11.20.	업무용승용차(1,500cc) 구입	15,000,000원	(주)빠름자동차	전자세금계산서 수취
		1,500,000원	204-81-96316	
12.14.	영업부서의 에어컨 구입	10,000,000원	(주)시원마트	법인 신용카드 결제
		1,000,000원	304-81-74529	

[2] 아래의 자료만을 이용하여 2025년 제1기 부가가치세 확정신고기간(4월 ~ 6월)의 [부가가치세신고서]를 직접 입력하여 작성하시오(단, 부가가치세신고서 외의 부속서류와 과세표준명세의 작성은 생략하며, 불러온 데이터는 무시하고 새로 입력할 것). (5점)

매출 자료	• 전자세금계산서 매출액^{주1)} : 공급가액 320,000,000원, 세액 30,000,000원 　^{주1)}영세율세금계산서 매출액(공급가액 20,000,000원)이 포함되어 있다. • 해외 직수출 매출액 : 공급가액 15,000,000원 • 현금영수증 매출액 : 공급대가 11,000,000원			
매입 자료	• 전자세금계산서를 수취한 매입액^{주2)} : 공급가액 150,000,000원, 세액 15,000,000원 　^{주2)}운반용 화물자동차 매입액(공급가액 20,000,000원, 세액 2,000,000원)이 포함되어 있으며, 나머지 금액은 모두 재고자산 매입액이다. • 신용카드 매입액은 다음과 같다.			
	구분	내 용	공급가액	세액
	일반매입	직원 복리후생 관련 매입	8,000,000원	800,000원
		대표자 개인용 물품 매입	1,000,000원	100,000원
	고정자산매입	제품 품질 테스트 기계설비 매입	6,000,000원	600,000원
	합　계		15,000,000원	1,500,000원
기타 자료	• 예정신고 미환급세액은 900,000원으로 가정한다. • 전자신고세액공제 10,000원을 적용하여 세부담최소화를 가정한다.			

[3] 2025년 제1기 예정신고기간(2025.01.01. ~ 2025.03.31.)의 [부가가치세신고서]를 전자신고하시오. (2점)

1. 부가가치세신고서와 관련 부속서류는 마감되어 있다.
2. [전자신고] → [국세청 홈택스 전자신고변환(교육용)] 순으로 진행한다.
3. [전자신고] 메뉴의 [전자신고제작] 탭에서 신고인구분은 2.납세자 자진신고를 선택하고, 비밀번호는 "12341234"로 입력한다.
4. [국세청 홈택스 전자신고변환(교육용)] → 전자파일변환(변환대상파일선택) → `찾아보기` 에서 전자신고용 전자파일을 선택한다.
5. 전자신고용 전자파일 저장경로는 로컬디스크(C:)이며, 파일명은 "enc작성연월일.101.v3708112345"이다.
6. `형식검증하기` ➡ `형식검증결과확인` ➡ `내용검증하기` ➡ `내용검증결과확인` ➡ `전자파일제출` 을 순서대로 클릭한다.
7. 최종적으로 `전자파일 제출하기` 를 완료한다.

문제 4 결산정리사항은 다음과 같다. 관련 메뉴를 이용하여 결산을 완료하시오. (15점)

[1] 다음은 2025년 제2기 확정신고기간의 부가가치세 관련 자료이다. 아래의 자료만을 이용하여 부가세대급금과 부가세예수금을 정리하는 회계처리를 하시오. 단 입력된 데이터는 무시하고, 납부세액은 미지급세금으로, 환급세액은 미수금으로, 가산세는 세금과공과(판)로, 공제세액은 잡이익으로 처리하시오. (3점)

- 부가세예수금 : 720,000원
- 전자세금계산서지연발급가산세 : 10,000원
- 부가세대급금 : 520,000원
- 전자신고세액공제 : 10,000원

[2] 돌담은행으로부터 차입한 장기차입금 중 100,000,000원은 2026년 6월 30일에 상환기일이 도래한다. (3점)

[3] 외상매출금 및 미수금에 대하여만 기말잔액에 1%의 대손율을 적용하여 보충법에 의해 대손충당금을 설정하시오. (3점)

[4] 기말 현재 보유하고 있는 무형자산 중 영업권의 전기 말 상각 후 미상각잔액은 16,000,000원이다. 해당 영업권의 취득일은 2024년 1월 1일이며, 회사는 영업권에 대하여 5년간 월할 균등상각하고 있다. (3점)

[5] 결산일 현재 재고자산은 다음과 같다. 결산자료입력을 이용하여 결산을 수행하시오. (3점)

구분	금액	비 고
원재료	93,000,000원	선적지 인도기준(FOB)으로 매입하여 운송 중인 미착원재료 2,000,000원 미포함
재공품	70,000,000원	
제품	135,000,000원	수탁자가 보관 중인 위탁제품 5,000,000원 미포함

문제 5. 2025년 귀속 원천징수자료와 관련하여 다음의 물음에 답하시오. (15점)

[1] 다음은 (주)도원기업의 사무직 사원 김우리(사원코드 : 100)의 6월 급여자료이다. 아래 자료를 이용하여 [사원등록]의 [부양가족명세] 탭의 부양가족에 대한 기본공제 및 추가공제 여부를 반영하고, [수당공제등록] 및 [급여자료입력]을 수행하시오(단, 근로자 본인의 세부담 최소화를 가정한다). (5점)

1. 부양가족 명세(모두 거주자인 내국인에 해당함)

성명	주민등록번호	관계	동거(생계)여부	비고
김우리	801210 - 1127858	본인		세대주, 2025년 총급여액 5,200만원
이현진	821010 - 2145201	배우자	여	소득없음
김아현	190101 - 4928325	입양자녀	여	소득없음, 2025년 1월에 입양신고함

※ 제시된 자료 외의 다른 소득은 없다.

2. 6월분 급여자료

이 름	김우리	지급일	2025년 07월 10일
기 본 급	3,000,000원	소 득 세	79,670원
식 대	200,000원	지 방 소 득 세	7,960원
자가운전보조금	200,000원	국 민 연 금	166,500원
육 아 수 당	200,000원	건 강 보 험	131,160원
야 간 근 로 수 당	527,000원	장 기 요 양 보 험	16,980원
		고 용 보 험	33,540원
급 여 계	4,127,000원	공 제 합 계	435,810원
		지 급 총 액	3,691,190원

- 식대 : 당사는 현물식사와 식대를 함께 제공하고 있다.
- 자가운전보조금 : 당사는 본인 명의의 차량을 업무 목적으로 사용한 직원에게만 자가운전보조금을 지급하고 있으며, 실제 발생한 교통비를 별도로 지급하지 않는다.
- 육아수당 : 당사는 6세 이하 자녀(입양자녀 포함) 1명당 200,000원씩 육아수당을 지급하고 있다.
※ 수당등록 시 월정액 및 통상임금은 고려하지 않으며, 사용하는 수당 이외의 항목은 사용 여부를 "부"로 반영한다.
※ 급여자료입력 시 공제항목의 불러온 데이터는 무시하고 직접 입력하여 작성한다.

실무시험 110회

[2] 다음은 회계부서에 재직 중인 김갑용(사원코드 : 101) 사원의 연말정산 관련 자료이다. 다음의 자료를 이용하여 [연말정산추가자료입력] 메뉴의 [부양가족] 탭 및 관련된 탭을 모두 작성하여 연말정산을 완료하시오(단, 근로자 본인의 세부담 최소화를 가정하고, [연말정산입력] 탭은 직접 입력하지 않음). (10점)

1. 가족사항(모두 거주자인 내국인에 해당함)

성명	관계	주민등록번호	동거여부	소득금액	비 고
김갑용	본인	830505-1478521		65,000,000원	총급여액(근로소득 외의 소득없음), 세대주
강희영	배우자	840630-2547858	여	10,000,000원	근로소득금액
김수필	부친	561012-1587428	여	900,000원	부동산임대소득금액 : 총수입금액 20,000,000원 필요경비 19,100,000원
김정은	아들	140408-3852611	여	-	초등학생
김준희	딸	191104-4487122	여	-	취학 전 아동

2. 연말정산 관련 추가자료(모든 자료는 국세청에서 제공된 자료에 해당함)

구분	내 용
보장성 보험료	• 김갑용(본인) : 자동차보험료 300,000원 • 강희영(배우자) : 보장성보험료 200,000원 • 김수필(부친) : 생명보험료 150,000원(만기까지 납입액이 만기환급액보다 큰 경우에 해당) • 김준희(딸) : 보장성보험료 350,000원
교육비	• 김갑용(본인) : 정규 교육 과정 대학원 교육비 5,000,000원 • 김정은(아들) : 국내 소재 사립초등학교(「교육법」상의 정규 교육기관) 수업료 8,000,000원, 　　　　　　　바이올린 학원비 2,400,000원 • 김준희(딸) : 「영유아보육법」상의 어린이집 교육비 1,800,000원
의료비	• 김갑용(본인) : 시력보정용 안경 구입비용 650,000원 • 김수필(부친) : 질병 치료 목적 의료비 1,500,000원 • 김준희(딸) : 질병 치료 목적 의료비 250,000원
신용카드 사용액	• 김갑용(본인) : 신용카드 사용액 21,500,000원(국세청 자료) 　　　　　　　(신용카드사용분 중 전통시장/대중교통/도서 등 사용분은 없음)
연금저축	• 김갑용(본인) : 2025년 연금저축계좌 납입액 6,000,000원 　　　　　　　(계좌번호 : 농협중앙회 301-02-228451, 당해연도에 가입함)

109회 이론시험 (합격률: 47.01%) PART 01 기출문제

다음 문제를 보고 알맞은 것을 골라 **이론문제 답안작성** 메뉴에 입력하시오. (객관식 문항당 2점)

기 본 전 제

문제에서 한국채택국제회계기준을 적용하도록 하는 전제조건이 없는 경우, 일반기업회계기준을 적용한다.

01. 다음 중 금융부채에 대한 설명으로 틀린 것은?
① 금융부채는 최초 인식 시 공정가치로 측정하는 것이 원칙이다.
② 양도한 금융부채의 장부금액과 지급한 대가의 차액은 기타포괄손익으로 인식한다.
③ 금융부채는 후속 측정 시 상각후원가로 측정하는 것이 원칙이다.
④ 금융채무자가 재화 또는 용역을 채권자에게 제공하여 금융부채를 소멸시킬 수 있다.

02. 아래의 자료는 시장성 있는 유가증권에 관련된 내용이다. 이에 대한 설명으로 옳은 것은?

- 2024년 08월 05일 : A회사 주식 500주를 주당 4,000원에 매입하였다.
- 2024년 12월 31일 : A회사 주식의 공정가치는 주당 5,000원이다.
- 2025년 04월 30일 : A회사 주식 전부를 주당 6,000원에 처분하였다.

① 단기매매증권으로 분류할 경우 매도가능증권으로 분류하였을 때보다 2024년 당기순이익은 감소한다.
② 단기매매증권으로 분류할 경우 매도가능증권으로 분류하였을 때보다 2024년 기말 자산이 더 크다.
③ 매도가능증권으로 분류할 경우 처분 시 매도가능증권처분이익은 500,000원이다.
④ 매도가능증권으로 분류할 경우 단기매매증권으로 분류하였을 때보다 2025년 당기순이익은 증가한다.

03. 다음 중 회계변경으로 인정되는 정당한 사례로 적절하지 않은 것은?
① 일반기업회계기준의 제·개정으로 인하여 새로운 해석에 따라 회계변경을 하는 경우
② 기업환경의 중대한 변화에 의하여 종전의 회계정책을 적용하면 재무제표가 왜곡되는 경우
③ 동종산업에 속한 대부분의 기업이 채택한 회계정책 또는 추정방법으로 변경함에 있어서 새로운 회계정책 또는 추정방법이 종전보다 더 합리적이라고 판단되는 경우
④ 정확한 세무신고를 위해 세법 규정을 따를 필요가 있는 경우

04. 다음 중 무형자산에 대한 설명으로 가장 옳지 않은 것은?
① 개발비 중 연구단계에서 발생한 지출은 발생한 기간의 비용으로 인식한다.
② 합리적인 상각방법을 정할 수 없는 경우에는 정률법으로 상각한다.
③ 일반기업회계기준에서는 무형자산의 재무제표 표시방법으로 직접상각법과 간접상각법을 모두 허용하고 있다.
④ 무형자산의 내용연수는 법적 내용연수와 경제적 내용연수 중 짧은 것으로 한다.

05. 다음 중 자본에 대한 설명으로 틀린 것은?
① 자본은 기업의 자산에서 모든 부채를 차감한 후의 잔여지분을 나타낸다.
② 주식의 발행금액이 액면금액보다 크면 그 차액을 주식발행초과금으로 하여 이익잉여금으로 회계처리한다.
③ 납입된 자본에 기업활동을 통해 획득하여 기업의 활동을 위해 유보된 금액을 가산하여 계산한다.
④ 납입된 자본에 소유자에 대한 배당으로 인한 주주지분 감소액을 차감하여 계산한다.

06. (주)하나의 제조간접원가 배부차이가 250,000원 과대배부인 경우, 실제 제조간접원가 발생액은 얼마인가? 단, 제조간접원가 예정배부율은 작업시간당 3,000원이며, 작업시간은 1일당 5시간으로 총 100일간 작업하였다.
① 1,000,000원　② 1,250,000원　③ 1,500,000원　④ 1,750,000원

07. (주)연우가 2025년에 사용한 원재료는 500,000원이다. 2025년 초 원재료 재고액이 2025년 말 원재료 재고액보다 50,000원 적을 경우, 2025년의 원재료 매입액은 얼마인가?
① 450,000원　② 500,000원　③ 550,000원　④ 600,000원

08. 다음 중 제조원가명세서를 작성하기 위하여 필요한 내용이 아닌 것은?
① 당기 직접노무원가 발생액　② 당기 직접재료 구입액
③ 당기 기말제품 재고액　　　④ 당기 직접재료 사용액

09. (주)푸른솔은 보조부문의 원가배분방법으로 직접배분법을 사용한다. 보조부문 A와 B의 원가가 각각 1,500,000원과 1,600,000원으로 집계되었을 경우, 아래의 자료를 바탕으로 제조부문 X에 배분될 보조부문원가는 얼마인가?

사용부문 제공부문	보조부문		제조부문		합계
	A	B	X	Y	
A	-	50시간	500시간	300시간	850시간
B	200시간	-	300시간	500시간	1,000시간

① 1,150,000원　② 1,250,000원　③ 1,332,500원　④ 1,537,500원

109회 이론시험

10. 다음 중 종합원가계산에 대한 설명으로 틀린 것은?
 ① 선입선출법은 실제 물량흐름을 반영하므로 평균법보다 더 유용한 정보를 제공한다.
 ② 평균법은 당기 이전에 착수된 기초재공품도 당기에 착수한 것으로 본다.
 ③ 선입선출법이 평균법보다 계산방법이 간편하다.
 ④ 기초재공품이 없다면 선입선출법과 평균법의 적용 시 기말재공품원가는 언제나 동일하다.

11. 다음 중 부가가치세법상 용역의 공급시기에 대한 설명으로 틀린 것은?
 ① 임대보증금의 간주임대료는 예정신고기간 또는 과세기간의 종료일을 공급시기로 한다.
 ② 폐업 전에 공급한 용역의 공급시기가 폐업일 이후에 도래하는 경우 폐업일을 공급시기로 한다.
 ③ 장기할부조건부 용역의 공급의 경우 대가의 각 부분을 받기로 한 때를 공급시기로 한다.
 ④ 용역의 대가의 각 부분을 받기로 한 때 대가를 받지 못하는 경우 공급시기로 보지 않는다.

12. 다음 중 부가가치세법상 면세 대상이 아닌 것은?
 ① 항공법에 따른 항공기에 의한 여객운송용역   ② 도서, 신문
 ③ 연탄과 무연탄   ④ 우표, 인지, 증지, 복권

13. 다음 중 부가가치세법상 재화의 공급에 해당하는 거래는?
 ① 과세사업자가 사업을 폐업할 때 자기생산·취득재화가 남아있는 경우
 ② 사업장별로 그 사업에 관한 모든 권리와 의무를 포괄적으로 승계시키는 경우
 ③ 법률에 따라 조세를 물납하는 경우
 ④ 각종 법에 의한 강제 경매나 공매에 따라 재화를 인도하거나 양도하는 경우

14. 다음 중 소득세법상 과세방법이 다른 하나는?
 ① 복권 당첨금
 ② 일용근로소득
 ③ 계약금이 위약금으로 대체되는 경우의 위약금이나 배상금
 ④ 비실명 이자소득

15. 다음 중 근로소득만 있는 거주자의 연말정산 시 산출세액에서 공제하는 세액공제에 대한 설명으로 틀린 것은?
 ① 저축성보험료에 대해서는 공제받을 수 없다.
 ② 근로를 제공한 기간에 지출한 의료비만 공제 대상 의료비에 해당한다.
 ③ 직계존속의 일반대학교 등록금은 교육비세액공제 대상이다.
 ④ 의료비세액공제는 지출한 의료비가 총급여액의 3%를 초과하는 경우에만 적용받을 수 있다.

109회 실 무 시 험

PART 01 기출문제

(주)천부전자(회사코드 : 1092)는 제조 및 도·소매업을 영위하는 중소기업으로, 당기(제18기) 회계기간은 2025.1.1.~ 2025.12.31.이다. 전산세무회계 수험용 프로그램을 이용하여 다음 물음에 답하시오.

기 본 전 제
- 문제에서 한국채택국제회계기준을 적용하도록 하는 전제조건이 없는 경우, 일반기업회계기준을 적용하여 회계처리 한다.
- 문제의 풀이와 답안작성은 제시된 문제의 순서대로 진행한다.

문제 1 [일반전표입력] 메뉴를 이용하여 다음의 거래자료를 입력하시오. (15점)

입력 시 유의사항
- 일반적인 적요의 입력은 생략하지만, 타계정 대체거래는 적요번호를 선택하여 입력한다.
- 채권·채무와 관련된 거래는 별도의 요구가 없는 한 반드시 기등록된 거래처코드를 선택하는 방법으로 거래처명을 입력한다.
- 제조경비는 500번대 계정코드를, 판매비와관리비는 800번대 계정코드를 사용한다.
- 회계처리 시 계정과목은 별도의 제시가 없는 한 등록된 계정과목 중 가장 적절한 과목으로 한다.

[1] 1월 22일 (주)한강물산에 제품을 8,000,000원에 판매하기로 계약하고, 판매대금 중 20%를 당좌예금 계좌로 송금받았다. (3점)

[2] 3월 25일 거래처인 (주)동방불패의 파산으로 외상매출금 13,000,000원의 회수가 불가능해짐에 따라 대손처리하였다(대손 발생일 직전 외상매출금에 대한 대손충당금 잔액은 4,000,000원이었으며, 부가가치세법상 대손세액공제는 고려하지 않는다). (3점)

[3] 6월 30일 업무용 승용자동차(5인승, 2,000cc)의 엔진 교체 후 대금 7,700,000원을 보통예금 계좌에서 지급하고 현금영수증을 수령하였다(단, 승용자동차의 엔진 교체는 자본적지출에 해당한다). (3점)

[4] 7월 25일 이사회에서 2025년 07월 12일에 결의한 중간배당(현금배당 100,000,000원)인 미지급배당금에 대하여 소득세 등 15.4%를 원천징수하고 보통예금 계좌에서 지급하였다(단, 관련 데이터를 조회하여 회계처리 할 것). (3점)

[5] 11월 5일 액면가액 10,000,000원(3년 만기)인 사채를 10,850,000원에 할증발행하였으며, 대금은 전액 보통예금 계좌로 입금되었다. (3점)

문제 2 [매입매출전표입력] 메뉴를 이용하여 다음의 거래자료를 입력하시오. (15점)

입력 시 유의사항

- 일반적인 적요의 입력은 생략하지만, 타계정 대체거래는 적요번호를 선택하여 입력한다.
- 채권·채무 관련 거래는 별도의 요구가 없는 한 반드시 기등록된 거래처코드를 선택하는 방법으로 거래처명을 입력한다.
- 제조경비는 500번대 계정코드를, 판매비와관리비는 800번대 계정코드를 사용한다.
- 회계처리 시 계정과목은 등록된 계정과목 중 가장 적절한 과목으로 한다.
- 입력화면 하단의 분개까지 처리하고, 세금계산서 및 계산서는 전자 여부를 입력하여 반영한다.

[1] 7월 18일 취득가액은 52,000,000원, 매각 당시 감가상각누계액은 38,000,000원인 공장에서 사용하던 기계장치를 (주)로라상사에 매각하고 아래와 같이 전자세금계산서를 발급하였다(당기의 감가상각비는 고려하지 말고 하나의 전표로 입력할 것). (3점)

전자세금계산서					승인번호	20250718-000023-123547		
공급자	등록번호	130-81-25029	종사업장 번호		공급받는자	등록번호	101-81-42001	종사업장 번호	
	상호 (법인명)	(주)천부전자	성 명	정지훈		상호 (법인명)	(주)로라상사	성 명	전소민
	사업장 주소	인천시 남동구 간석로 7				사업장 주소	경기 포천시 중앙로 8		
	업 태	제조, 도소매	종 목	전자제품		업 태	제조업	종 목	자동차부품
	이메일					이메일			
작성일자		공급가액		세 액		수정사유		비 고	
2025.07.18.		11,000,000		1,100,000		해당 없음			
월	일	품 목	규 격	수 량	단 가	공급가액	세 액	비 고
07	18	기계장치 매각				11,000,000	1,100,000	
합계금액		현 금		수 표		어 음	외상미수금	위 금액을 **청구**함
12,100,000							12,100,000	

[2] 7월 30일   영업부에 필요한 비품을 (주)소나무로부터 구입하고 법인 명의로 현금영수증을 발급받았다. 법인의 운영자금이 부족하여 대표자 개인 명의의 계좌에서 대금을 지급하였다(단, 가수금(대표자)으로 처리할 것). (3점)

현금영수증 (Hometax 국세청홈택스)

■ 거래정보

거래일시	2025년 7월 30일 13:40:14
승인번호	1234567
거래구분	승인거래
거래용도	지출증빙
발급수단번호	130-81-25029

■ 거래금액

공급가액	부가세	봉사료	총 거래금액
600,000	60,000		660,000

■ 가맹점 정보

상 호	(주)소나무
사업자번호	222-81-12347
대표자명	박무늬
주 소	서울특별시 강남구 압구정동 14

- 익일 홈택스에서 현금영수증 발급 여부를 반드시 확인하시기 바랍니다.
- 홈페이지(http://www.hometax.go.kr)
  - 조회/발급 > 현금영수증 조회 > 사용내역(소득공제) 조회 > 매입내역(지출증빙) 조회
- 관련문의는 국세상담센터(☎126-1-1)

[3] 8월 31일   제2기 부가가치세 예정신고 시 누락한 제조부의 자재 창고 임차료에 대하여 아래와 같이 종이 세금계산서를 10월 30일에 수취하였다(단, 제2기 확정 부가가치세신고서에 자동 반영되도록 입력 및 설정할 것). (3점)

세금계산서(공급받는자 보관용)

책번호: 권 호
일련번호: -

	공급자					공급받는자			
등록번호	113-55-61448				등록번호	130-81-25029			
상호(법인명)	오미순부동산	성명(대표자)	오미순		상호(법인명)	(주)천부전자	성명(대표자)	정지훈	
사업장주소	경기도 부천시 신흥로 111				사업장주소	인천시 남동구 간석로 7			
업태	부동산업	종목	임대업		업태	제조 외	종목	전자제품	

작성			공급가액									세액								비고
연	월	일	빈칸수	천	백	십	억	천	백	십	만	천	백	십	일					
25	08	31	6					1	5	0	0	0	0	0		1	5	0	0	0	0

월	일	품목	규격	수량	단가	공급가액	세액	비고
08	31	자재창고 임차료				1,500,000	150,000	

합계금액	현금	수표	어음	외상미수금	이 금액을 **청구**함
1,650,000				1,650,000	

109회 실무시험

[4] 9월 28일 제품의 제작에 필요한 원재료를 수입하면서 인천세관으로부터 아래의 수입전자세금계산서를 발급받고, 부가가치세는 보통예금 계좌에서 지급하였다(단, 재고자산에 대한 회계처리는 생략할 것). (3점)

수입전자세금계산서					승인번호		20250928-16565842-11125669		
세관명	등록번호	135-82-12512	종사업장 번호		수입자	등록번호	130-81-25029	종사업장 번호	
	세관명	인천세관	성 명	김세관		상 호 (법인명)	(주)천부전자	성 명	정지훈
	세관주소	인천광역시 미추홀구 항구로				사업장 주소	인천시 남동구 간석로 7		
	수입신고번호 또는 일괄발급기간(총건)					업 태	제조, 도소매	종 목	전자제품
납부일자		과세표준		세 액	수정사유			비 고	
2025.09.28.		20,000,000		2,000,000	해당 없음				
월	일	품 목	규 격	수 량	단 가	과세표준		세 액	비 고
09	28	수입신고필증 참조				20,000,000		2,000,000	
합계금액		22,000,000							

[5] 9월 30일 영업부에서 거래처에 추석선물로 제공하기 위하여 (주)부천백화점에서 선물세트를 구입하고 아래의 전자세금계산서를 발급받았다. 대금 중 500,000원은 현금으로 결제하였으며, 잔액은 보통예금 계좌에서 지급하였다. (3점)

전자세금계산서					승인번호		20250930-100156-956214		
공급자	등록번호	130-81-01236	종사업장 번호		공급받는자	등록번호	130-81-25029	종사업장 번호	
	상 호 (법인명)	(주)부천백화점	성 명	안부천		상 호 (법인명)	(주)천부전자	성 명	정지훈
	사업장 주소	경기도 부천시 길주로 280(중동)				사업장 주소	인천시 남동구 간석로 7		
	업 태	소매	종 목	잡화		업 태	제조	종 목	전자제품
	이메일	bucheon@never.net				이메일			
작성일자		공급가액		세 액	수정사유			비 고	
2025.09.30.		2,600,000		260,000	해당 없음				
월	일	품 목	규 격	수 량	단 가	공급가액		세 액	비 고
09	30	홍삼선물세트		10	260,000	2,600,000		260,000	
합계금액		현 금		수 표	어 음	외상미수금		위 금액을 **영수**함	
2,860,000		2,860,000							

문제 3 부가가치세 신고와 관련하여 다음 물음에 답하시오. (10점)

[1] 아래의 자료를 이용하여 2025년 제1기 부가가치세 확정신고기간의 [수출실적명세서]를 작성하시오(단, 거래처코드와 거래처명은 조회하여 불러올 것). (3점)

거래처	수출신고번호	선적일	환가일	통화	수출액	기준환율	
						선적일	환가일
B&G	11133-77-100066X	2025.04.15.	2025.04.10.	USD	$80,000	₩1,350/$	₩1,300/$
PNP	22244-88-100077X	2025.05.30.	2025.06.07.	EUR	€52,000	₩1,400/€	₩1,410/€

[2] 다음의 자료만을 이용하여 2025년 제1기 부가가치세 확정신고기간(4월 1일 ~ 6월 30일)의 [부가가치세신고서]를 작성하시오(단, 기존에 입력된 자료 또는 불러온 자료는 무시하고, 부가가치세신고서 외의 부속서류 작성은 생략할 것). (5점)

구분	자료
매출	1. 전자세금계산서 발급분 제품 매출액 : 200,000,000원(부가가치세 별도) 2. 신용카드로 결제한 제품 매출액 : 44,000,000원(부가가치세 포함) 3. 내국신용장에 의한 제품 매출액(영세율세금계산서 발급분) : 공급가액 40,000,000원 4. 수출신고필증 및 선하증권으로 확인된 수출액(직수출) : 5,000,000원(원화 환산액)
매입	1. 세금계산서 수취분 일반매입 : 공급가액 120,000,000원, 세액 12,000,000원 2. 세금계산서 수취분 9인승 업무용 차량 매입 : 공급가액 30,000,000원, 세액 3,000,000원 　※ 위 1번의 일반매입분과 별개이다. 3. 법인신용카드매출전표 수취분 중 공제 대상 일반매입 : 공급가액 10,000,000원, 세액 1,000,000원 4. 제1기 예정신고 시 누락된 세금계산서 매입 : 공급가액 20,000,000원, 세액 2,000,000원
비고	1. 제1기 예정신고 시 미환급세액은 1,000,000원이라고 가정한다. 2. 전자신고세액공제는 고려하지 않도록 한다.

[3] 다음의 자료를 이용하여 2025년 제1기 부가가치세 예정신고기간(1월 1일 ~ 3월 31일)의 [부가가치세신고서] 및 관련 부속서류를 전자신고하시오. (2점)

1. 부가가치세신고서와 관련 부속서류는 마감되어 있다.
2. [전자신고] → [국세청 홈택스 전자신고변환(교육용)] 순으로 진행한다.
3. [전자신고]의 [전자신고제작] 탭에서 신고인구분은 2.납세자 자진신고를 선택하고, 비밀번호는 "12341234"로 입력한다.
4. [국세청 홈택스 전자신고변환(교육용)] → 전자파일변환(변환대상파일선택) → 찾아보기 에서 전자신고용 전자파일을 선택한다.
5. 전자신고용 전자파일 저장경로는 로컬디스크(C:)이며, 파일명은 "enc작성연월일.101.v사업자등록번호"이다.
6. 형식검증하기 ➡ 형식검증결과확인 ➡ 내용검증하기 ➡ 내용검증결과확인 ➡ 전자파일제출 을 순서대로 클릭한다.
7. 최종적으로 전자파일 제출하기 를 완료한다.

문제 4 결산정리사항은 다음과 같다. 관련 메뉴를 이용하여 결산을 완료하시오. (15점)

[1] 기말 재고조사 결과 자산으로 처리하였던 영업부의 소모품 일부(장부가액 : 250,000원)가 제조부의 소모품비로 사용되었음을 확인하였다. (3점)

[2] 기말 재무상태표의 단기차입금 중에는 당기에 발생한 (주)유성에 대한 외화차입금 26,000,000원이 포함되어 있다. 발생일 현재 기준환율은 1,300원/$이고, 기말 현재 기준환율은 1,400원/$이다. (3점)

[3] 대출금에 대한 이자지급일은 매월 16일이다. 당해연도분 미지급비용을 인식하는 회계처리를 하시오(단, 거래처 입력은 하지 않을 것). (3점)

> 대출 적용금리는 변동금리로 은행에 문의한 결과 2025년 12월 16일부터 2026년 1월 15일까지의 기간에 대하여 지급되어야 할 이자는 총 5,000,000원이며, 이 중 2025년도 12월 31일까지에 대한 발생이자는 2,550,000원이었다.

[4] 기존에 입력된 데이터는 무시하고 제2기 확정신고기간의 부가가치세와 관련된 내용이 다음과 같다고 가정한다. 12월 31일 부가세예수금과 부가세대급금을 정리하는 회계처리를 하시오. 단, 납부세액(또는 환급세액)은 미지급세금(또는 미수금)으로, 경감세액은 잡이익으로, 가산세는 세금과공과(판)로 회계처리 한다. (3점)

• 부가세대급금	12,400,000원	• 부가세예수금	240,000원
• 전자신고세액공제액	10,000원	• 세금계산서지연발급가산세	24,000원

[5] 당기분 법인세가 27,800,000원(법인지방소득세 포함)으로 확정되었다. 회사는 법인세 중간예납세액과 이자소득원천징수세액의 합계액 11,000,000원을 선납세금으로 계상하고 있었다. (3점)

문제 5 2025년 귀속 원천징수자료와 관련하여 다음의 물음에 답하시오. (15점)

[1] 다음은 자재부 사원 김경민(사번 : 101)의 부양가족 자료이다. 부양가족은 모두 생계를 함께하고 있으며 세부담 최소화를 위해 가능하면 김경민이 모두 공제받고자 한다. [사원등록] 메뉴의 [부양가족명세]를 작성하시오 (단, 기본공제대상자가 아닌 경우에는 입력하지 말 것). (5점)

성명	관계	주민등록번호	동거여부	비 고
김경민	본인	660213-1234570	세대주	총급여 : 50,000,000원
정혜미	배우자	640415-2215689	동거	퇴직소득금액 100만원
김경희	동생	710115-2157900	동거	일용근로소득 550만원, 장애인(장애인복지법)
김경우	부친	410122-1789558	주거형편상 별거	이자소득 2천만원
박순란	모친	410228-2156780	주거형편상 별거	소득없음
정지원	처남	700717-1333453	동거	양도소득금액 100만원, 장애인(중증환자)
김기정	아들	961111-1123469	주거형편상 별거	취업준비생, 일용근로소득 500만원
김지은	딸	051230-4156869	동거	사업소득금액 100만원

[2] 다음은 진도준(사번 : 15, 입사일 : 2025.01.02.) 사원의 2025년 귀속 연말정산 관련 자료이다. [연말정산추가자료입력]의 [부양가족(보험료, 교육비)] 탭, [신용카드] 탭, [의료비] 탭, [연금저축] 탭을 작성하고, [연말정산입력] 탭에서 연말정산을 완료하시오(단, 근로자 본인의 세부담이 최소화되도록 한다). (10점)

1. 가족사항(모두 동거하며, 생계를 같이한다. 아래 제시된 자료 외의 다른 소득은 없다.)

관계	성명	주민등록번호	소득	비고
본인	진도준	781030-1224125	총급여 8,000만원	세대주
어머니	박정희	500511-2148757	종합과세금융소득 2,400만원	
배우자	김선영	810115-2347241	분리과세 선택 기타소득 300만원	
아들	진도진	150131-3165617	소득 없음	초등학생
아들	진시진	180121-3165128	소득 없음	유치원생

※ 기본공제대상자가 아닌 경우 기본공제 "부"로 입력할 것

109회 실무시험

2. 연말정산 자료

※ 아래의 자료는 국세청 홈택스 및 기타 증빙을 통해 확인된 것으로, 별도의 언급이 없는 한 국세청 홈택스 연말정산간소화서비스에서 조회된 자료이다.

구분	내 용
보험료	• 진도준 보장성보험료 : 2,200,000원 • 진도진 보장성보험료 : 480,000원 • 진시진 보장성보험료 : 456,000원
교육비	• 진도준 대학원 수업료 : 8,000,000원 • 박정희 사이버대학 수업료 : 2,050,000원 • 진도진 영어보습학원비 : 2,640,000원 • 진도진 태권도학원비 : 1,800,000원 • 진시진 축구교실학원비 : 1,200,000원 (진시진의 축구교실학원비는 국세청 홈택스 연말정산간소화서비스에서 조회한 자료가 아니며, 교육비세액공제 요건을 충족하지 못하는 것으로 확인되었다.)

의료비	• 진도준 질병 치료비 : 3,000,000원(진도준 신용카드 결제)
	• 진도준 시력보정용 렌즈 구입비용 : 600,000원(1건, 진도준 신용카드 결제)
	  - 구입처 : 렌즈모아(사업자등록번호 105-68-23521)
	  - 의료비증빙코드 : 기타영수증
	• 박정희 질병 치료비 : 3,250,000원(진도준 신용카드 결제)
	  - 보험업법에 따른 보험회사에서 실손의료보험금 2,000,000원 수령

신용카드 등 사용액	• 진도준 신용카드 사용액 : 32,000,000원(전통시장 사용분 2,000,000원 포함) • 진도준 현금영수증 사용액 : 3,200,000원(전통시장 사용분 200,000원 포함) • 진도준 체크카드 사용액 : 2,382,000원(대중교통 사용분 182,000원 포함) • 진도준 신용카드 사용액은 의료비 지출액이 모두 포함된 금액이다. • 제시된 내용 외 전통시장/대중교통/도서 등 사용분은 없다.
기타	• 진도준 연금저축계좌 납입액 : 2,400,000원(2025년도 납입분) - 삼성생명보험(주) 계좌번호 : 153-05274-72339

108회 이론시험 (합격률: 25.51%) PART 01 기출문제

다음 문제를 보고 알맞은 것을 골라 **이론문제 답안작성** 메뉴에 입력하시오. (객관식 문항당 2점)

> **기본전제**
> 문제에서 한국채택국제회계기준을 적용하도록 하는 전제조건이 없는 경우, 일반기업회계기준을 적용한다.

01. 다음 중 회계정책, 회계추정의 변경 및 오류에 대한 설명으로 틀린 것은?
① 회계추정 변경의 효과는 당해 회계연도 개시일부터 적용한다.
② 변경된 새로운 회계정책은 원칙적으로 전진적으로 적용한다.
③ 매기 동일한 회계추정을 사용하면 비교가능성이 증대되어 재무제표의 유용성이 향상된다.
④ 매기 동일한 회계정책을 사용하면 비교가능성이 증대되어 재무제표의 유용성이 향상된다.

02. 다음 중 주식배당에 대한 설명으로 가장 옳지 않은 것은?
① 주식발행 회사의 순자산은 변동이 없으며, 주주 입장에서는 주식 수 및 단가만 조정한다.
② 주식발행 회사의 입장에서는 배당결의일에 미처분이익잉여금이 감소한다.
③ 주식의 주당 액면가액이 증가한다.
④ 주식발행 회사의 자본금이 증가한다.

03. 비용의 인식이란 비용이 귀속되는 보고기간을 결정하는 것을 말하며, 관련 수익과의 대응 여부에 따라 수익과 직접대응, 합리적인 기간 배분, 당기에 즉시 인식의 세 가지 방법이 있다. 다음 중 비용인식의 성격이 나머지와 다른 하나는 무엇인가?
① 감가상각비 ② 급여 ③ 광고선전비 ④ 기업업무추진비

04. 다음 중 재무상태표와 손익계산서에 모두 영향을 미치는 오류에 해당하는 것은?
① 만기가 1년 이내에 도래하는 장기채무를 유동성대체하지 않은 경우
② 매출할인을 영업외비용으로 회계처리한 경우
③ 장기성매출채권을 매출채권으로 분류한 경우
④ 감가상각비를 과대계상한 경우

05. 아래의 자료에서 기말재고자산에 포함해야 할 금액은 모두 얼마인가?

> • 선적지인도조건으로 매입한 미착상품 1,000,000원
> • 도착지인도조건으로 판매한 운송 중인 상품 3,000,000원
> • 담보로 제공한 저당상품 5,000,000원
> • 반품률을 합리적으로 추정가능한 상태로 판매한 상품 4,000,000원

① 4,000,000원 ② 8,000,000원 ③ 9,000,000원 ④ 13,000,000원

108회 이론시험

06. 제조부서에서 사용하는 비품의 감가상각비 700,000원을 판매부서의 감가상각비로 회계처리할 경우, 해당 오류가 당기손익에 미치는 영향으로 옳은 것은? (단, 당기에 생산한 제품은 모두 당기 판매되고, 기초 및 기말재공품은 없는 것으로 가정한다.)

① 제품매출원가가 700,000원만큼 과소계상된다.
② 매출총이익이 700,000원만큼 과소계상된다.
③ 영업이익이 700,000원만큼 과소계상된다.
④ 당기순이익이 700,000원만큼 과소계상된다.

07. 다음의 (주)광명의 원가 관련 자료이다. 당기의 가공원가는 얼마인가?

- 직접재료 구입액 : 110,000원
- 직접재료 기말재고액 : 10,000원
- 직접노무원가 : 200,000원
- 고정제조간접원가 : 500,000원
- 변동제조간접원가는 직접노무원가의 3배이다.

① 900,000원   ② 1,100,000원   ③ 1,300,000원   ④ 1,400,000원

08. 다음의 자료에서 설명하는 원가행태의 예시로 가장 올바른 것은?

- 조업도가 '0'이라도 일정한 원가가 발생하고 조업도가 증가할수록 원가도 비례적으로 증가한다.
- 혼합원가(Mixed Costs)라고도 한다.

① 직접재료원가   ② 임차료   ③ 수선비   ④ 전기요금

09. 종합원가계산제도하의 다음 물량흐름 자료를 참고하여 ㉠과 ㉡의 차이를 구하면 얼마인가?

- 재료원가는 공정 초에 전량 투입되며, 가공원가는 공정 전반에 걸쳐 균등하게 발생한다.
- 기초재공품 : 300개(완성도 40%)
- 당기착수량 : 700개
- 기말재공품 : 200개(완성도 50%)
- 당기완성품 : 800개
- 평균법에 의한 가공원가의 완성품환산량은 (㉠)개이다.
- 선입선출법에 의한 가공원가의 완성품환산량은 (㉡)개이다.

① 100개   ② 120개   ③ 150개   ④ 200개

10. 다음 중 공손 및 작업폐물의 회계처리에 대한 설명으로 틀린 것은?

① 정상적이면서 모든 작업에 공통되는 공손원가는 공손이 발생한 제조부문에 부과하여 제조간접원가의 배부과정을 통해 모든 작업에 배부되도록 한다.
② 비정상공손품의 제조원가가 80,000원이고, 처분가치가 10,000원이라면 다음과 같이 회계처리한다.

   (차) 공손품   10,000원   (대) 재공품 80,000원
       공손손실 70,000원

③ 작업폐물이 정상적이면서 모든 작업에 공통되는 경우에는 처분가치를 제조간접원가에서 차감한다.
④ 작업폐물이 비정상적인 경우에는 작업폐물의 매각가치를 제조간접원가에서 차감한다.

이론시험 108회

11. 다음 중 부가가치세법에 따른 과세거래에 대한 설명으로 틀린 것은?
① 자기가 주요자재의 일부를 부담하는 가공계약에 따라 생산한 재화를 인도하는 것은 재화의 공급으로 본다.
② 사업자가 위탁가공을 위하여 원자재를 국외의 수탁가공 사업자에게 대가 없이 반출하는 것은 재화의 공급으로 보지 아니한다.
③ 주된 사업과 관련하여 용역의 제공 과정에서 필연적으로 생기는 재화의 공급은 주된 용역의 공급에 포함되는 것으로 본다.
④ 사업자가 특수관계인에게 사업용 부동산의 임대용역을 제공하는 것은 용역의 공급으로 본다.

12. 다음 중 부가가치세법에 따른 신고와 납부에 대한 설명으로 틀린 것은?
① 모든 사업자는 예정신고기간의 과세표준과 납부세액을 관할 세무서장에게 신고해야 한다.
② 간이과세자에서 해당 과세기간 개시일 현재 일반과세자로 변경된 경우 예정고지가 면제된다.
③ 조기에 환급을 받기 위하여 신고한 사업자는 이미 신고한 과세표준과 납부한 납부세액 또는 환급받은 세액은 신고하지 아니한다.
④ 폐업하는 경우 폐업일이 속한 달의 다음 달 25일까지 과세표준과 세액을 신고해야 한다.

13. 다음 중 세금계산서에 대한 설명으로 가장 올바르지 않은 것은?
① 소매업을 영위하는 사업자가 영수증을 발급한 경우, 상대방이 세금계산서를 요구할지라도 세금계산서를 발행할 수 없다.
② 세관장은 수입자에게 세금계산서를 발급하여야 한다.
③ 면세사업자도 재화를 공급하는 경우 계산서를 발급하여야 한다.
④ 매입자발행세금계산서 발급이 가능한 경우가 있다.

14. 다음 중 소득세법상 비과세되는 근로소득이 아닌 것은?
① 근로자가 출장여비로 실제 소요된 비용을 별도로 지급받지 않고 본인 소유의 차량을 직접 운전하여 업무수행에 이용한 경우 지급하는 월 20만원 이내의 자가운전보조금
② 회사에서 현물식사를 제공하는 대신에 별도로 근로자에게 지급하는 월 20만원의 식대
③ 근로자가 6세 이하 자녀보육과 관련하여 받는 급여로서 월 20만원 이내의 금액
④ 대주주인 출자임원이 사택을 제공받음으로써 얻는 이익

15. 소득세법상 다음 자료에 의한 소득만 있는 거주자의 2025년 귀속 종합소득금액은 모두 얼마인가?

- 사업소득금액(도소매업) : 25,000,000원
- 사업소득금액(음식점업) : △10,000,000원
- 사업소득금액(비주거용 부동산임대업) : △7,000,000원
- 근로소득금액 : 13,000,000원
- 양도소득금액 : 20,000,000원

① 21,000,000원 ② 28,000,000원 ③ 41,000,000원 ④ 48,000,000원

108회 실무시험

(주)세아산업(회사코드 : 1082)은 제조 및 도·소매업을 영위하는 중소기업으로, 당기(12기) 회계기간은 2025.1.1. ~ 2025.12.31.이다. 전산세무회계 수험용 프로그램을 이용하여 다음 물음에 답하시오.

기 본 전 제

- 문제에서 한국채택국제회계기준을 적용하도록 하는 전제조건이 없는 경우, 일반기업회계기준을 적용하여 회계처리 한다.
- 문제의 풀이와 답안작성은 제시된 문제의 순서대로 진행한다.

문제 1 [일반전표입력] 메뉴를 이용하여 다음의 거래자료를 입력하시오. (15점)

입력 시 유의사항

- 일반적인 적요의 입력은 생략하지만, 타계정 대체거래는 적요번호를 선택하여 입력한다.
- 채권·채무와 관련된 거래는 별도의 요구가 없는 한 반드시 기등록된 거래처코드를 선택하는 방법으로 거래처명을 입력한다.
- 제조경비는 500번대 계정코드를, 판매비와관리비는 800번대 계정코드를 사용한다.
- 회계처리 시 계정과목은 별도의 제시가 없는 한 등록된 계정과목 중 가장 적절한 과목으로 한다.

[1] 2월 11일   영업부의 거래처 직원인 최민영의 자녀 돌잔치 축의금으로 100,000원을 보통예금 계좌에서 이체하였다. (3점)

[2] 3월 31일   제조공장의 직원을 위해 확정기여형(DC) 퇴직연금에 가입하고 당월분 납입액 2,700,000원을 보통예금 계좌에서 퇴직연금 계좌로 이체하였다. (3점)

[3] 5월 30일   당사는 유상증자를 통해 보통주 5,000주를 주당 4,000원(주당 액면가액 5,000원)에 발행하고, 증자대금은 보통예금 계좌로 입금되었다. 유상증자일 현재 주식발행초과금 잔액은 2,000,000원이다. (3점)

[4] 7월 10일   래인상사(주)로부터 제품 판매대금으로 수령한 3개월 만기 약속어음 20,000,000원을 하나은행에 할인하고, 할인수수료 550,000원을 차감한 잔액이 보통예금 계좌로 입금되었다(단, 차입거래로 회계처리 할 것). (3점)

[5] 12월 13일   당사의 거래처인 (주)서울로부터 기계장치를 무상으로 받았다. 동 기계장치의 공정가치는 3,800,000원이다. (3점)

문제 2 [매입매출전표입력] 메뉴를 이용하여 다음의 거래자료를 입력하시오. (15점)

입력 시 유의사항

- 일반적인 적요의 입력은 생략하지만, 타계정 대체거래는 적요번호를 선택하여 입력한다.
- 채권·채무 관련 거래는 별도의 요구가 없는 한 반드시 기등록된 거래처코드를 선택하는 방법으로 거래처명을 입력한다.
- 제조경비는 500번대 계정코드를, 판매비와관리비는 800번대 계정코드를 사용한다.
- 회계처리 시 계정과목은 등록된 계정과목 중 가장 적절한 과목으로 한다.
- 입력화면 하단의 분개까지 처리하고, 세금계산서 및 계산서는 전자 여부를 입력하여 반영한다.

[1] 10월 8일   수출업체인 (주)상상에 구매확인서에 의하여 제품을 10,000,000원에 판매하고, 영세율전자세금계산서를 발급하였다. 판매대금은 당월 20일에 지급받는 것으로 하였다(단, 서류번호의 입력은 생략한다). (3점)

[2] 10월 14일   제조공장에서 사용하는 화물용 트럭의 접촉 사고로 인해 파손된 부분을 안녕정비소에서 수리하고, 1,650,000원(부가가치세 포함)을 법인카드((주)순양카드)로 결제하였다. 단, 지출비용은 차량유지비 계정을 사용한다. (3점)

카드매출전표

카드종류 : (주)순양카드
카드번호 : 2224-1222-****-1347
거래일시 : 2025.10.14. 22:05:16
거래유형 : 신용승인
금   액 : 1,500,000원
부 가 세 :   150,000원
합   계 : 1,650,000원
결제방법 : 일시불
승인번호 : 71999995
은행확인 : 하나은행

가맹점명 : 안녕정비소

- 이하생략 -

108회 실무시험

[3] 11월 3일   (주)바이머신에서 10월 1일에 구입한 기계장치에 하자가 있어 반품하고 아래와 같이 수정세금계산서를 발급받았으며 대금은 전액 미지급금과 상계처리하였다(단, 분개는 음수(-)로 회계처리 할 것). (3점)

수정전자세금계산서						승인번호	20251103-00054021-00000086		
공급자	등록번호	105-81-72040	종사업장 번호		공급받는자	등록번호	202-81-03655	종사업장 번호	
	상호(법인명)	(주)바이머신	성명	한만군		상호(법인명)	(주)세아산업	성명	오세아
	사업장 주소	경북 칠곡군 석적읍 강변대로 220				사업장 주소	서울시 동대문구 겸재로 16		
	업태	도소매	종목	기타 기계 및 장비		업태	제조, 도소매	종목	컴퓨터부품
	이메일					이메일			
작성일자		공급가액		세액		수정사유		비고	
2025-11-03		-30,000,000원		-3,000,000원		재화의 환입		당초 작성일자(20241001), 당초 승인번호	
월	일	품목	규격	수량	단가		공급가액	세액	비고
11	03	기계장치					-30,000,000원	-3,000,000원	
합계금액		현금		수표		어음	외상미수금	위 금액을 **청구**함	
-33,000,000원							-33,000,000원		

[4] 11월 11일   빼빼로데이를 맞아 당사의 영업부 직원들에게 선물하기 위해 미리 주문하였던 초콜릿을 (주)사탕으로부터 인도받았다. 대금 2,200,000원(부가가치세 포함) 중 200,000원은 10월 4일 계약금으로 지급하였으며, 나머지 금액은 보통예금 계좌에서 지급하고 아래의 전자세금계산서를 수취하였다. (3점)

전자세금계산서						승인번호	20251111-15454645-58811886		
공급자	등록번호	178-81-12341	종사업장 번호		공급받는자	등록번호	202-81-03655	종사업장 번호	
	상호(법인명)	(주)사탕	성명	박사랑		상호(법인명)	(주)세아산업	성명	오세아
	사업장 주소	서울특별시 동작구 여의대방로 28				사업장 주소	서울시 동대문구 겸재로 16		
	업태	소매업	종목	과자류		업태	제조, 도소매	종목	컴퓨터부품
	이메일					이메일			
작성일자		공급가액		세액		수정사유		비고	
2025-11-11		2,000,000원		200,000원		해당 없음		계약금 200,000원 수령(2024년 10월 4일)	
월	일	품목	규격	수량	단가		공급가액	세액	비고
11	11	힘내라 초콜렛 외			2,000,000원		2,000,000원	200,000원	
합계금액		현금		수표		어음	외상미수금	위 금액을 **청구**함	
2,200,000원		200,000원					2,000,000원		

[5] 12월 28일 비사업자인 개인 소비자에게 사무실에서 사용하던 비품(취득원가 1,200,000원, 감가상각누계액 960,000원)을 275,000원(부가가치세 포함)에 판매하고, 대금은 보통예금 계좌로 받았다(별도의 세금계산서나 현금영수증을 발급하지 않았으며, 거래처 입력은 생략한다). (3점)

문제 3 부가가치세 신고와 관련하여 다음 물음에 답하시오. (10점)

[1] 다음은 2025년 제2기 부가가치세 예정신고기간의 신용카드 매출 및 매입자료이다. 아래 자료를 이용하여 [신용카드매출전표등발행금액집계표]와 [신용카드매출전표등수령명세서(갑)]을 작성하시오(단, 매입처는 모두 일반과세자이다). (4점)

1. 신용카드 매출

거래일자	거래내용	공급가액	부가가치세	합계	비 고
7월 17일	제품매출	4,000,000원	400,000원	4,400,000원	전자세금계산서를 발급하고 신용카드로 결제받은 3,300,000원이 포함되어 있다.
8월 21일	제품매출	3,000,000원	300,000원	3,300,000원	
9월 30일	제품매출	2,000,000원	200,000원	2,200,000원	

2. 신용카드 매입

거래일자	상호	사업자번호	공급가액	부가가치세	비 고
7월 11일	(주)가람	772-81-10112	70,000원	7,000원	사무실 문구구입 - 법인(신한)카드 사용
8월 15일	(주)기쁨	331-80-62014	50,000원	5,000원	거래처 선물구입 - 법인(신한)카드 사용
9월 27일	자금성	211-03-54223	10,000원	1,000원	직원 간식구입 - 직원 개인카드 사용

※ 법인(신한)카드 번호 : 7777-9999-7777-9999, 직원 개인카드 번호 : 3333-5555-3333-5555

[2] 다음의 자료를 이용하여 2025년 제1기 부가가치세 확정신고기간(2025년 4월 ~ 2025년 6월)에 대한 [대손세액공제신고서]를 작성하시오. (4점)

• 대손이 발생된 매출채권은 아래와 같다.

공급일자	거래상대방	계정과목	공급대가	비 고
2025. 01. 05.	정성(주)	외상매출금	11,000,000원	부도발생일(2025. 03. 31.)
2024. 09. 01.	수성(주)	받을어음	7,700,000원	부도발생일(2024. 11. 01.)
2022. 05. 10.	금성(주)	외상매출금	5,500,000원	상법상 소멸시효 완성(2025. 05. 10.)
2024. 01. 15.	우강상사	단기대여금	2,200,000원	자금 차입자의 사망(2025. 06. 25.)

• 전기에 대손세액공제(사유 : 전자어음부도, 당초공급일 : 2024.01.05, 대손확정일자 : 2024.10.01.)를 받았던 매출채권(공급대가 : 5,500,000원, 매출처 : 비담(주), 111-81-33339)의 50%를 2025.05.10.에 회수하였다.

108회 실무시험

[3] 당 법인의 2025년 제1기 예정신고기간의 부가가치세신고서를 작성 및 마감하여 부가가치세 전자신고를 수행하시오. (2점)

> 1. 부가가치세신고서와 관련 부속서류는 마감되어 있다.
> 2. [전자신고] → [국세청 홈택스 전자신고변환(교육용)] 순으로 진행한다.
> 3. 전자신고용 전자파일 제작 시 신고인 구분은 2.납세자 자진신고로 선택하고, 비밀번호는 "12341234"로 입력한다.
> 4. 전자신고용 전자파일 저장경로는 로컬디스크(C:)이며, 파일명은 "enc작성연월일.101.v2028103655"이다.
> 5. 최종적으로 국세청 홈택스에서 [전자파일 제출하기]를 완료한다.

문제 4 다음 결산자료를 입력하여 결산을 완료하시오. (15점)

[1] 2025년 6월 1일에 제조공장에 대한 화재보험료(보험기간 : 2025.06.01. ~ 2026.05.31.) 3,000,000원을 전액 납입하고 즉시 비용으로 회계처리하였다(단, 음수(-)로 회계처리하지 말고, 월할계산할 것). (3점)

[2] 보통예금(우리은행)의 잔액이 (-)7,200,000원으로 계상되어 있어 거래처원장을 확인해보니 마이너스통장으로 확인되었다. (3점)

[3] 다음은 기말 현재 보유하고 있는 매도가능증권(투자자산)의 내역이다. 이를 반영하여 매도가능증권의 기말평가에 대한 회계처리를 하시오. (3점)

회사명	2024년 취득가액	2024년 기말 공정가액	2025년 기말 공정가액
(주)대박	159,000,000원	158,500,000원	135,000,000원

[4] 결산일 현재 외상매출금 잔액과 미수금 잔액에 대해서만 1%의 대손충당금(기타채권 제외)을 보충법으로 설정하고 있다. (3점)

[5] 기말 현재 보유 중인 감가상각 대상 자산은 다음과 같다. (3점)

- 계정과목 : 특허권
- 취득원가 : 4,550,000원
- 내용연수 : 7년
- 취득일자 : 2023.04.01.
- 상각방법 : 정액법

문제 5 2025년 귀속 원천징수자료와 관련하여 다음의 물음에 답하시오. (15점)

[1] 다음은 영업부 최철수 과장(사원코드 : 101)의 3월과 4월의 급여자료이다. 3월과 4월의 [급여자료입력]과 [원천징수이행상황신고서]를 작성하시오(단, 원천징수이행상황신고서는 각각 작성할 것). (5점)

1. 회사 사정으로 인해 3월과 4월 급여는 2025년 4월 30일에 일괄 지급되었다.
2. 수당 및 공제항목은 불러온 자료는 무시하고, 아래 자료에 따라 입력하되 사용하지 않는 항목은 "부"로 등록한다.
3. 급여자료

구 분	3월	4월	비 고
기 본 급	2,800,000원	3,000,000원	
식 대	100,000원	200,000원	현물식사를 별도로 제공하고 있다.
지 급 총 액	2,900,000원	3,200,000원	
국 민 연 금	135,000원	135,000원	
건 강 보 험	104,850원	115,330원	
장 기 요 양 보 험	13,570원	14,930원	
고 용 보 험	23,200원	25,600원	
건강보험료정산	-	125,760원	공제소득유형 : 5.건강보험료정산
장기요양보험정산	-	15,480원	공제소득유형 : 6.장기요양보험정산
소 득 세	65,360원	91,460원	
지 방 소 득 세	6,530원	9,140원	
공 제 총 액	348,510원	532,700원	
차 인 지 급 액	2,551,490원	2,667,300원	

108회 실무시험

[2] 신영식 사원(사번 : 102, 입사일 : 2025년 05월 01일)의 2025년 귀속 연말정산과 관련된 자료는 다음과 같다. 아래의 자료를 이용하여 [연말정산추가자료입력] 메뉴의 [소득명세] 탭, [부양가족] 탭, [의료비] 탭, [기부금] 탭, [연금저축 등 I] 탭, [연말정산입력] 탭을 작성하여 연말정산을 완료하시오. 단, 신영식은 무주택 세대주로 부양가족이 없으며, 근로소득 이외에 다른 소득은 없다. (10점)

현근무지	• 급여총액 : 24,800,000원(비과세 급여, 상여, 감면소득 없음) • 소득세 기납부세액 : 747,200원(지방소득세 : 74,720원) • 이외 소득명세 탭의 자료는 불러오기 금액을 반영한다.
전(前)근무지 근로소득원천징수 영수증	• 근무처 : (주)진우상사(사업자번호 : 258-81-84442) • 근무기간 : 2025.01.01. ~ 2025.04.20. • 급여총액 : 20,000,000원 (비과세 급여, 상여, 감면소득 없음) • 건강보험료 : 419,300원 • 장기요양보험료 : 51,440원 • 고용보험료 : 108,000원 • 국민연금 : 540,000원 • 소득세 결정세액 : 200,000원(지방소득세 결정세액 : 20,000원)
2025년도 연말정산자료	※ 안경구입비를 제외한 연말정산 자료는 모두 국세청 홈택스 연말정산간소화서비스 자료임

항목	내용
보험료(본인)	• 일반 보장성 보험료 : 2,000,000원 • 저축성 보험료 : 1,500,000원 ※ 계약자와 피보험자 모두 본인이다.
교육비(본인)	• 대학원 교육비 : 7,000,000원

의료비(본인)	• 질병 치료비 : 3,000,000원
	  (본인 현금 결제, 실손의료보험금 1,000,000원 수령)
	• 시력보정용 안경 구입비 : 800,000원
	  (안경원에서 의료비공제용 영수증 수령)
	• 미용 목적 피부과 시술비 : 1,000,000원
	• 건강증진을 위한 한약 : 500,000원

기부금(본인)	• 종교단체 금전 기부금 : 1,200,000원 • 사회복지법인 사회복지공동모금회 금전 기부금 : 2,000,000원 ※ 지급처(기부처) 상호 및 사업자번호 입력은 생략한다.
개인연금저축 (본인)	• 개인연금저축 납입금액 : 2,000,000원 • KEB 하나은행, 계좌번호 : 253-660750-73308

107회 이론시험 (합격률: 19.06%) PART 01 기출문제

다음 문제를 보고 알맞은 것을 골라 │이론문제 답안작성│ 메뉴에 입력하시오. (객관식 문항당 2점)

기본전제

문제에서 한국채택국제회계기준을 적용하도록 하는 전제조건이 없는 경우, 일반기업회계기준을 적용한다.

01. 다음 중 재고자산의 취득원가에 포함되지 않는 것은?
① 부동산매매업자가 부동산(재고자산)을 취득하기 위하여 지출한 취득세
② 컴퓨터를 수입하여 판매하는 소매업자가 컴퓨터를 수입하기 위하여 지출한 하역료
③ 가전제품 판매업자가 가전제품을 홍보하기 위하여 지출한 광고비
④ 제품 제조과정에서 발생하는 직접재료원가

02. 다음 중 아래 자료의 거래로 변동이 있는 자본 항목끼리 바르게 짝지어진 것은?

> (주)한국은 자기주식 300주(주당 액면금액 500원)를 주당 600원에 취득하여 200주는 주당 500원에 매각하고, 나머지 100주는 소각하였다. (주)한국의 자기주식 취득 전 자본 항목은 자본금뿐이다.

① 자본금, 자본잉여금　　　　② 자본잉여금, 자본조정
③ 자본금, 자본조정　　　　　④ 자본조정, 기타포괄손익누계액

03. 아래의 자료를 이용하여 2025년 매도가능증권처분손익을 구하면 얼마인가?

> • 2024년 03월 01일 : 매도가능증권 1,000주를 주당 7,000원에 취득하였다.
> • 2024년 12월 31일 : 매도가능증권 1,000주에 대하여 기말 공정가치로 평가하고, 매도가능증권평가이익 2,000,000원을 인식하였다.
> • 2025년 03월 01일 : 매도가능증권 100주를 주당 6,000원에 처분하였다.
> • 위 거래 이외에 매도가능증권 관련 다른 거래는 없었다.

① 매도가능증권처분이익 100,000원　　② 매도가능증권처분손실 100,000원
③ 매도가능증권처분이익 200,000원　　④ 매도가능증권처분손실 200,000원

107회 이론시험

04. 다음 중 충당부채에 대한 설명으로 가장 옳지 않은 것은?

① 충당부채의 명목금액과 현재가치의 차이가 중요한 경우에는 의무를 이행하기 위해 예상되는 지출액의 미래가치로 평가한다.
② 충당부채는 최초의 인식시점에서 의도한 목적과 용도로만 사용해야 한다.
③ 충당부채로 인식하기 위해서는 과거 거래의 결과로 현재 의무가 존재하여야 하고, 그 의무를 이행하기 위해 자원이 유출될 가능성이 매우 높아야 한다.
④ 충당부채로 인식하는 금액은 현재의무를 이행하는데 소요되는 지출에 대한 보고기간 말 현재 최선의 추정치여야 한다.

05. 2025년 12월 31일 (주)순양은 영업부가 사용하던 승합자동차를 중고차 매매 중개사이트를 이용하여 8,000,000원에 처분하고, 중고차 매매 중개사이트의 중개수수료 150,000원을 차감한 후 7,850,000원을 지급받았다. 다음은 처분한 승합자동차 관련 자료로 아래의 감가상각방법에 의하여 감가상각하였다. 아래의 자료를 이용하여 계산한 유형자산처분손익은 얼마인가?

구분	사용부서	취득가액	잔존가액	취득일	감가상각방법	내용연수
승합자동차	영업부	15,000,000원	0원	2024.01.01.	정액법	5년

① 유형자산처분이익 1,000,000원
② 유형자산처분이익 850,000원
③ 유형자산처분손실 1,000,000원
④ 유형자산처분손실 1,150,000원

06. 다음 중 손익계산서에서 확인할 수 있는 항목을 고르시오.

① 당기원재료사용액
② 제조간접원가사용액
③ 당기제품제조원가
④ 기말재공품재고액

07. 다음 중 변동원가에 대한 설명으로 옳지 않은 것은?

① 조업도가 증가하면 단위당 변동원가도 증가한다.
② 조업도가 감소하면 총변동원가도 감소한다.
③ 직접재료원가는 대표적인 변동원가이다.
④ 일반적으로 단위당 변동원가에 조업도를 곱하여 총변동원가를 계산한다.

08. 다음 중 종합원가계산의 특징으로 가장 옳은 것은?

① 직접원가와 간접원가로 나누어 계산한다.
② 단일 종류의 제품을 연속적으로 대량 생산하는 경우에 적용한다.
③ 고객의 주문이나 고객이 원하는 형태의 제품을 생산할 때 사용되는 방법이다.
④ 제조간접원가는 원가대상에 직접 추적할 수 없으므로 배부기준을 정하여 배부율을 계산하여야 한다.

09. 다음 자료를 이용하여 직접노무원가를 계산하면 얼마인가?

• 직접원가(기초원가) 400,000원   • 가공원가 500,000원   • 당기총제조원가 800,000원

① 100,000원   ② 200,000원   ③ 300,000원   ④ 400,000원

10. 각 부문의 용역수수관계와 원가 발생액이 다음과 같을 때, 단계배분법(가공부문의 원가부터 배분)에 따라 보조부문원가를 제조부문에 배분한 후 3라인에 집계되는 제조원가를 구하시오.

소비부문 제공부문	보조부문		제조부문	
	가공부문	연마부문	3라인	5라인
가공부문	–	50%	30%	20%
연마부문	20%	–	35%	45%
발생원가	400,000원	200,000원	500,000원	600,000원

① 690,000원   ② 707,500원   ③ 760,000원   ④ 795,000원

11. 다음 중 부가가치세법상 신용카드매출전표 등 발급에 대한 세액공제에 관한 설명으로 틀린 것은?

① 법인사업자와 직전 연도의 재화 또는 용역의 공급가액의 합계액이 사업장별로 10억원을 초과하는 개인사업자는 적용 대상에서 제외한다.
② 신용카드매출전표 등 발급에 대한 세액공제금액은 각 과세기간마다 500만원을 한도로 한다.
③ 공제대상 사업자가 현금영수증을 발급한 금액에 대해서도 신용카드매출전표 등 발급에 대한 세액공제를 적용한다.
④ 신용카드매출전표 등 발급에 대한 세액공제금액이 납부할 세액을 초과하면 그 초과하는 부분은 없는 것으로 본다.

107회 이론시험

12. 다음은 일반과세자인 (주)한성의 2025년 제1기 매출 관련 자료이다. 부가가치세 매출세액은 얼마인가?

- 총매출액: 20,000,000원
- 매출에누리액: 3,000,000원
- 판매장려금: 1,500,000원

① 150,000원 ② 300,000원 ③ 1,550,000원 ④ 1,700,000원

13. 다음 중 부가가치세법상 의제매입세액공제에 대한 설명으로 옳은 것은?

① 법인 음식점은 의제매입세액공제를 받을 수 없다.
② 간이과세자는 의제매입세액공제를 받을 수 없다.
③ 면세농산물 등을 사용한 날이 속하는 예정신고 또는 확정신고 시 공제한다.
④ 일반과세자인 음식점은 농어민으로부터 정규증빙 없이 농산물 등을 구입한 경우에도 공제받을 수 있다.

14. 주어진 자료에 의하여 아래의 일용근로자의 근로소득에 대하여 원천징수할 세액은 얼마인가?

- 근로소득   일당 200,000원 × 4일 = 800,000원
- 근로소득공제   1일 150,000원
- 근로소득세액공제   근로소득에 대한 산출세액의 100분의 55

① 48,000원 ② 39,000원 ③ 12,000원 ④ 5,400원

15. 다음은 기업업무추진비에 관한 설명이다. 아래의 빈칸에 각각 들어갈 금액으로 올바르게 짝지어진 것은?

사업자가 한 차례의 접대에 지출한 기업업무추진비 중 경조금의 경우 (가), 그 외의 경우 (나)을 초과하는 적격 증빙 미수취 기업업무추진비는 각 과세기간의 소득금액을 계산할 때 필요경비에 산입하지 아니한다.

	가	나
①	100,000원	10,000원
②	100,000원	30,000원
③	200,000원	10,000원
④	200,000원	30,000원

107회 실무시험

(주)파쇄상회(회사코드 : 1072)는 제조 및 도·소매업을 영위하는 중소기업으로, 당기(14기) 회계기간은 2025.1.1. ~ 2025.12.31.이다. 전산세무회계 수험용 프로그램을 이용하여 다음 물음에 답하시오.

기본전제

- 문제에서 한국채택국제회계기준을 적용하도록 하는 전제조건이 없는 경우, 일반기업회계기준을 적용하여 회계처리 한다.
- 문제의 풀이와 답안작성은 제시된 문제의 순서대로 진행한다.

문제 1 [일반전표입력] 메뉴를 이용하여 다음의 거래자료를 입력하시오. (15점)

입력 시 유의사항

- 일반적인 적요의 입력은 생략하지만, 타계정 대체거래는 적요번호를 선택하여 입력한다.
- 채권·채무와 관련된 거래는 별도의 요구가 없는 한 반드시 기등록된 거래처코드를 선택하는 방법으로 거래처명을 입력한다.
- 제조경비는 500번대 계정코드를, 판매비와관리비는 800번대 계정코드를 사용한다.
- 회계처리 시 계정과목은 별도의 제시가 없는 한 등록된 계정과목 중 가장 적절한 과목으로 한다.

[1] 1월 31일   (주)오늘물산의 1월 31일 현재 외상매출금 잔액이 전부 보통예금 계좌로 입금되었다(단, 거래처원장을 조회하여 입력할 것). (3점)

[2] 3월 15일   정기주주총회에서 주식배당 10,000,000원, 현금배당 20,000,000원을 실시하기로 결의하였다(단, 이월이익잉여금(코드번호 : 0375) 계정을 사용하고, 현금배당의 10%를 이익준비금으로 적립한다). (3점)

[3] 4월 21일   외상매출금으로 계상한 해외 매출처인 CTEK의 외화 외상매출금 $23,000 전액을 회수와 동시에 즉시 원화로 환가하여 보통예금 계좌에 입금하였다. 환율은 다음과 같다. (3점)

- 2025년 01월 03일 선적일(외상매출금 인식 시점) 적용 환율 : 1,280원/$
- 2025년 04월 21일 환가일(외상매출금 입금 시점) 적용 환율 : 1,220원/$

[4] 8월 5일   단기매매차익을 얻을 목적으로 보유하고 있는 (주)망고의 주식 100주를 1주당 10,000원에 처분하고 대금은 수수료 등 10,000원을 차감한 금액이 보통예금 계좌로 입금되었다(단, (주)망고의 주식 1주당 취득원가는 5,000원이다). (3점)

[5] 9월 2일 사무실을 임차하기 위하여 (주)헤리움과 08월 02일에 체결한 임대차계약의 보증금 잔액을 보통예금 계좌에서 이체하여 지급하였다. 다음은 임대차계약서의 일부이다. (3점)

부동산임대차계약서		
제 1 조 위 부동산의 임대차계약에 있어 임차인은 보증금 및 차임을 아래와 같이 지불하기로 한다.		
보증금	일금	일천만원정 (₩ 10,000,000)
계약금	일금	일백만원정 (₩ 1,000,000)은 계약 시에 지불하고 영수함.
잔 금	일금	구백만원정 (₩ 9,000,000)은 2025년 09월 02일에 지불한다.

문제 2 [매입매출전표입력] 메뉴를 이용하여 다음의 거래자료를 입력하시오. (15점)

입력 시 유의사항

- 일반적인 적요의 입력은 생략하지만, 타계정 대체거래는 적요번호를 선택하여 입력한다.
- 채권 · 채무 관련 거래는 별도의 요구가 없는 한 반드시 기등록된 거래처코드를 선택하는 방법으로 거래처명을 입력한다.
- 제조경비는 500번대 계정코드를, 판매비와관리비는 800번대 계정코드를 사용한다.
- 회계처리 시 계정과목은 등록된 계정과목 중 가장 적절한 과목으로 한다.
- 입력화면 하단의 분개까지 처리하고, 세금계산서 및 계산서는 전자 여부를 입력하여 반영한다.

[1] 1월 15일 회사 사옥을 신축하기 위해 취득한 토지의 중개수수료에 대하여 부동산중개법인으로부터 아래의 전자세금계산서를 수취하였다. (3점)

전자세금계산서					승인번호		20250115-10454645-53811338		
공급자	등록번호	211-81-41992	종사업장번호		공급받는자	등록번호	301-81-59626	종사업장번호	
	상호(법인명)	(주)동산	성 명	오미진		상호(법인명)	(주)파쇄상회	성 명	이미숙
	사업장주소	서울시 금천구 시흥대로 198-11				사업장주소	서울시 영등포구 선유동1로 1		
	업 태	서비스	종 목	부동산중개		업 태	제조 외	종 목	전자제품
	이메일	ds114@naver.com				이메일	jjsy77@naver.com		
작성일자		공급가액		세 액		수정사유		비 고	
2025-01-15		10,000,000원		1,000,000원		해당 없음			
월	일	품 목	규 격	수 량	단 가		공급가액	세 액	비 고
01	15	토지 중개수수료					10,000,000원	1,000,000원	
합계금액		현 금		수 표		어 음	외상미수금	위 금액을 **청구**함	
11,000,000원							11,000,000원		

[2] 3월 30일   외국인(비사업자)에게 제품을 110,000원(부가가치세 포함)에 판매하고 대금은 현금으로 수령하였다(단, 구매자는 현금영수증을 요청하지 않았으나 당사는 현금영수증 의무발행사업자로서 적절하게 현금영수증을 발행하였다). (3점)

[3] 7월 20일   (주)굳딜과 제품 판매계약을 체결하고 판매대금 16,500,000원(부가가치세 포함)을 보통예금 계좌로 입금받은 후 전자세금계산서를 발급하였다. 계약서상 해당 제품의 인도일은 다음 달 15일이다. (3점)

전자세금계산서					승인번호		20250720-000023-123547		
공급자	등록번호	301-81-59626	종사업장 번호		공급받는자	등록번호	101-81-42001	종사업장 번호	
	상호 (법인명)	(주)파쇄상회	성 명	이미숙		상호 (법인명)	(주)굳딜	성 명	전소민
	사업장 주소	서울시 영등포구 선유동1로 1				사업장 주소	경기 포천시 중앙로 8		
	업 태	제조 외	종 목	전자제품		업 태	제조업	종 목	자동차부품
	이메일	jjsy77@naver.com				이메일			
작성일자		공급가액		세 액		수정사유		비 고	
2025-07-20		15,000,000원		1,500,000원		해당 없음			
월	일	품 목	규 격	수 량	단 가		공급가액	세 액	비 고
07	20	제품 선수금					15,000,000원	1,500,000원	
합계금액		현 금		수 표		어 음	외상미수금	위 금액을 **영수**함	
16,500,000원		16,500,000원							

[4] 8월 20일   미국에 소재한 해외 매출거래처인 몽키에게 제품을 5,000,000원에 직수출하고 판매대금은 3개월 후에 받기로 하였다(단, 수출신고번호 입력은 생략한다). (3점)

107회 실무시험

[5] 9월 12일 다음은 영업부 사무실의 임대인으로부터 받은 전자세금계산서이다. 단, 세금계산서상에 기재된 품목별 계정과목으로 각각 회계처리하시오. (3점)

전자세금계산서						승인번호		20250912-31000013-44346111		
공급자	등록번호	130-55-08114	종사업장 번호			공급받는자	등록번호	301-81-59626	종사업장 번호	
	상호(법인명)	미래부동산	성 명	편미선			상호(법인명)	(주)파쇄상회	성 명	이미숙
	사업장 주소	경기도 부천시 길주로 1					사업장 주소	서울시 영등포구 선유동1로 1		
	업 태	부동산업	종 목	부동산임대			업 태	제조 외	종 목	전자제품
	이메일	futureland@estate.com					이메일	jjsy77@naver.com		
작성일자		공급가액		세 액		수정사유		비 고		
2025-09-12		2,800,000원		280,000원		해당 없음				

월	일	품 목	규 격	수 량	단 가	공급가액	세 액	비 고
09	12	임차료				2,500,000원	250,000원	
09	12	건물관리비				300,000원	30,000원	

합계금액	현 금	수 표	어 음	외상미수금	위 금액을 **청구**함
3,080,000원				3,080,000원	

문제 3 부가가치세 신고와 관련하여 다음 물음에 답하시오. (10점)

[1] 아래 자료만을 이용하여 2025년 제1기 부가가치세 확정신고기간(04.01. ~ 06.30.)의 [부가가치세신고서]를 작성하시오(단, 기존에 입력된 자료 또는 불러온 자료는 무시하고, 부가가치세신고서 외의 부속서류 작성은 생략할 것). (6점)

매출자료	• 전자세금계산서 발급분 과세 매출액 : 600,000,000원(부가가치세 별도) • 신용카드매출전표 발급분 과세 매출액 : 66,000,000원(부가가치세 포함) • 현금영수증 발급분 과세 매출액 : 3,300,000원(부가가치세 포함) • 중국 직수출액 : 400,000위안 <table><tr><th>일자별 환율</th><th>4월 10일 : 수출신고일</th><th>4월 15일 : 선적일</th><th>4월 20일 : 환가일</th></tr><tr><td></td><td>180원/위안</td><td>170원/위안</td><td>160원/위안</td></tr></table>• 대손세액공제 요건을 충족한 소멸시효 완성 외상매출금 : 11,000,000원(부가가치세 포함)
매입자료	• 세금계산서 수취분 매입액(일반매입) : 공급가액 400,000,000원, 세액 40,000,000원 - 이 중 접대 물품 관련 매입액(공급가액 8,000,000원, 세액 800,000원)이 포함되어 있으며, 나머지는 과세 재고자산의 구입액이다. • 정상적으로 수취한 종이세금계산서 예정신고 누락분 : 공급가액 5,000,000원, 부가가치세 500,000원

기타 자료	• 매출자료 중 전자세금계산서 지연발급분 : 공급가액 23,000,000원, 세액 2,300,000원 • 부가가치세 신고는 신고기한 내에 당사가 직접 국세청 홈택스에서 전자신고한다. • 세부담 최소화를 가정한다.

[2] 다음 자료를 이용하여 제2기 확정신고기간의 [공제받지못할매입세액명세서](「공제받지못할매입세액 내역」 및 「공통매입세액의정산내역」)를 작성하시오(단, 불러온 자료는 무시하고 직접 입력할 것). (4점)

1. 매출 공급가액에 관한 자료

구분	과세사업	면세사업	합계
07월 ~ 12월	450,000,000원	150,000,000원	600,000,000원

2. 매입세액(세금계산서 수취분)에 관한 자료

구분	① 과세사업 관련			② 면세사업 관련		
	공급가액	매입세액	매수	공급가액	매입세액	매수
10월 ~ 12월	225,000,000원	22,500,000원	11매	50,000,000원	5,000,000원	3매

3. 제2기(07.01. ~ 12.31.) 총공통매입세액 : 15,000,000원

4. 제2기 예정신고 시 공통매입세액 중 불공제매입세액 : 250,000원

문제 4 다음 결산자료를 입력하여 결산을 완료하시오. (15점)

[1] 2023년 7월 1일에 개설한 푸른은행의 정기예금 100,000,000원의 만기일이 2026년 6월 30일에 도래한다.
(3점)

[2] 2025년 4월 1일 우리(주)에게 70,000,000원을 대여하고 이자는 2026년 3월 31일 수령하기로 하였다(단, 약정이자율은 연 6%, 월할계산 할 것). (3점)

[3] 당기 중 현금 시재가 부족하여 현금과부족으로 처리했던 623,000원을 결산일에 확인한 결과 내용은 다음과 같다(단, 하나의 전표로 입력하고, 항목별로 적절한 계정과목을 선택할 것). (3점)

내 용	금 액
불우이웃돕기 성금	500,000원
생산부에서 발생한 운반비(간이영수증 수령)	23,000원
영업부 거래처 직원의 결혼 축의금	100,000원

107회 실무시험

[4] 결산일 현재 재고자산을 실사 평가한 결과는 다음과 같다. 기말재고자산 관련 결산분개를 하시오(단, 각 기말 재고자산의 시가와 취득원가는 동일한 것으로 가정한다). (3점)

구 분	취득단가	장부상 기말재고	실사한 기말재고	수량 차이 원인
원재료	1,500원	6,500개	6,200개	정상감모
제 품	15,500원	350개	350개	
상 품	10,000원	1,500개	1,000개	비정상감모

[5] 당사는 기말 현재 보유 중인 외상매출금, 받을어음, 단기대여금의 잔액(기타 채권의 잔액은 제외)에 대해서만 1%의 대손충당금을 보충법으로 설정하고 있다(단, 원 단위 미만은 절사한다). (3점)

문제 5. 2025년 귀속 원천징수자료와 관련하여 다음의 물음에 답하시오. (15점)

[1] 다음은 생산직 근로자인 이현민(사번 : 105)의 3월분 급여 관련 자료이다. 아래 자료를 이용하여 3월분 [급여자료입력]과 [원천징수이행상황신고서]를 작성하시오(단, 전월미환급세액은 420,000원이다). (5점)

1. 유의사항
 • 수당등록 및 공제항목은 불러온 자료는 무시하고 아래 자료에 따라 입력하며, 사용하는 수당 및 공제 이외의 항목은 "부"로 체크하고, 월정액 여부와 정기 · 부정기 여부는 무시한다.
 • 원천징수이행상황신고서는 매월 작성하며, 이현민의 급여 내역만 반영하고 환급신청은 하지 않는다.

2. 급여명세서 및 급여 관련 자료

〈2025년 3월 급여명세서〉

(주)파쇄상회

이 름	이현민	지급일	2025.03.31.
기 본 급	2,600,000원	소 득 세	10,230원
상 여	600,000원	지방소득세	1,020원
식 대	100,000원	국 민 연 금	126,000원
자가운전보조금	200,000원	건 강 보 험	98,270원
야간근로수당	200,000원	장기요양보험	12,720원
월 차 수 당	300,000원	고 용 보 험	29,600원
급 여 합 계	4,000,000원	공 제 합 계	277,840원
귀하의 노고에 감사드립니다.		차인지급액	3,722,160원

실무시험 107회

- 식대 : 당 회사는 현물 식사를 별도로 제공하지 않는다.
- 자가운전보조금 : 직원 본인 명의의 차량을 소유하고 있고, 그 차량을 업무수행에 이용하는 경우에 자가운전보조금을 지급하고 있으며, 별도의 시내교통비 등을 정산하여 지급하지 않는다.
- 야간근로수당 : 생산직 근로자가 받는 시간외근무수당으로서 이현민 사원의 기본급은 매월 동일한 것으로 가정한다.

[2] 다음은 강희찬(사번 : 500) 사원의 2025년 귀속 연말정산 관련 자료이다. 아래의 자료를 이용하여 [연말정산추가자료입력] 메뉴의 [부양가족](인별 보험료 및 교육비 포함) 탭을 수정하고, [신용카드 등] 탭, [의료비] 탭, [기부금] 탭을 작성하여 연말정산을 완료하시오. (10점)

1. 가족사항

관계	성명	나이	소득	비 고
본인	강희찬	41세	총급여액 6,000만원	세대주
배우자	송은영	43세	양도소득금액 500만원	
아들	강민호	10세	소득 없음	첫째, 2025년에 입양 신고함
동생	강성찬	38세	소득 없음	장애인복지법에 따른 장애인

2. 연말정산 자료 : 다음은 근로자 본인이 결제하거나 지출한 금액으로서 모두 국세청 홈택스 연말정산간소화 서비스에서 수집한 자료이다.

구분	내 용
신용카드 등 사용액	• 본인 : 신용카드 20,000,000원 - 재직 중인 (주)파쇄상회의 비용을 본인 신용카드로 결제한 금액 1,000,000원, 자녀 미술학원비 1,200,000원, 대중교통이용액 500,000원이 포함되어 있다. • 아들 : 현금영수증 700,000원 - 자녀의 질병 치료목적 한약구입비용 300,000원, 대중교통이용액 100,000원이 포함되어 있다.
보험료	• 본인 : 생명보험료 2,400,000원(보장성 보험임) • 동생 : 장애인전용보장성보험료 1,700,000원
의료비	• 본인 : 2,700,000원(시력보정용 안경 구입비 600,000원 포함) • 배우자 : 2,500,000원(전액 난임시술비에 해당함) • 아들 : 1,200,000원(현금영수증 수취분 질병 치료목적 한약구입비용 300,000원 포함) • 동생 : 3,100,000원(전액 질병 치료목적으로 지출한 의료비에 해당함)
교육비	• 아들 : 초등학교 수업료 500,000원, 미술학원비 1,200,000원(본인 신용카드 사용분에 포함)
기부금	• 본인 : 종교단체 기부금 1,200,000원(모두 당해연도 지출액임)

3. 근로자 본인의 세부담이 최소화되도록 하고, 제시된 가족들은 모두 생계를 같이하는 동거가족이다.

106회 이론시험 (합격률: 40.67%) PART 01 기출문제

다음 문제를 보고 알맞은 것을 골라 **이론문제 답안작성** 메뉴에 입력하시오. (객관식 문항당 2점)

기 본 전 제

문제에서 한국채택국제회계기준을 적용하도록 하는 전제조건이 없는 경우, 일반기업회계기준을 적용한다.

01. 다음 중 재무제표 작성과 표시에 대한 설명으로 틀린 것은?
① 자산과 부채는 1년을 기준으로 하여 유동자산 또는 비유동자산, 유동부채 또는 비유동부채로 구분하는 것을 원칙으로 한다.
② 중요하지 않은 항목이라도 성격이나 기능이 유사한 항목과 통합하여 표시할 수 없다.
③ 자산과 부채는 유동성이 높은 항목부터 배열하는 것을 원칙으로 한다.
④ 자본은 자본금, 자본잉여금, 자본조정, 기타포괄손익누계액, 이익잉여금(또는 결손금)으로 분류된다.

02. 다음 중 현금및현금성자산으로 분류되는 것은?
① 사용 제한 기간이 1년 이내인 보통예금
② 취득 당시 만기가 1년 이내에 도래하는 금융상품
③ 당좌차월
④ 3개월 이내 환매 조건을 가진 환매채

03. 다음 자료를 이용하여 유동부채에 포함될 금액을 구하면 얼마인가?

• 외상매입금	100,000,000원	• 퇴직급여충당부채	500,000,000원
• 선수금	5,000,000원	• 사 채	50,000,000원
• 미지급금	3,000,000원		

① 655,000,000원   ② 158,000,000원   ③ 108,000,000원   ④ 58,000,000원

04. 다음 중 유가증권에 대한 설명으로 틀린 것은?
① 단기매매증권에 대한 미실현보유손익은 기타포괄손익누계액으로 처리한다.
② 단기매매증권이 시장성을 상실한 경우에는 매도가능증권으로 분류하여야 한다.
③ 매도가능증권에 대한 미실현보유손익은 기타포괄손익누계액으로 처리한다.
④ 만기가 확정된 채무증권으로서 상환금액이 확정되었거나 확정이 가능한 채무증권을 만기까지 보유할 적극적인 의도와 능력이 있는 경우에는 만기보유증권으로 분류한다.

05. 다음 중 자본에 영향을 미치는 거래에 해당하지 않는 것은?
① 보통주 500주를 1주당 500,000원에 신규발행하여 증자하였다.
② 정기주주총회에서 현금배당 1,000,000원을 지급하는 것으로 결의하였다.
③ 영업부에서 사용할 비품을 1,500,000원에 구입하고 대금은 현금으로 지급하였다.
④ 직원들에게 연말 상여금 2,000,000원을 현금으로 지급하였다.

06. 다음 중 원가 집계과정에 대한 설명으로 틀린 것은?
① 당기제품제조원가(당기완성품원가)는 재공품 계정의 차변으로 대체된다.
② 당기총제조원가는 재공품 계정의 차변으로 대체된다.
③ 당기제품제조원가(당기완성품원가)는 제품 계정의 차변으로 대체된다.
④ 제품매출원가는 매출원가 계정의 차변으로 대체된다.

07. 다음 중 의사결정과의 관련성에 따른 원가에 대한 설명으로 틀린 것은?
① 매몰원가 : 과거의 의사결정으로 이미 발생한 원가로서 어떤 의사결정을 하더라도 회수할 수 없는 원가
② 기회원가 : 자원을 현재 용도 이외에 다른 용도로 사용했을 경우 얻을 수 있는 최대 금액
③ 관련원가 : 의사결정 대안 간에 차이가 나는 원가로 의사결정에 영향을 주는 원가
④ 회피불능원가 : 어떤 의사결정을 하더라도 절약할 수 있는 원가

08. 다음의 그래프가 나타내는 원가에 대한 설명으로 가장 옳은 것은?

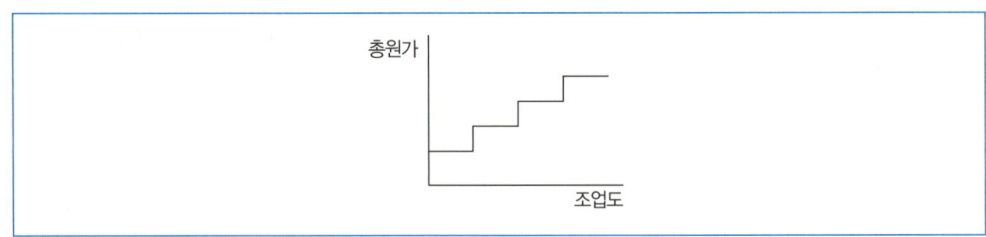

① 변동원가와 고정원가가 혼합된 원가이므로 혼합원가(Mixed Costs)라고도 한다.
② 일정한 범위의 조업도 내에서는 총원가가 일정하지만 조업도 구간이 달라지면 총액(총원가)이 달라진다.
③ 대표적인 예로는 전기요금, 수도요금 등이 있다.
④ 조업도의 변동과 관계없이 일정하게 발생하는 고정원가와 조업도의 변동에 따라 비례하여 발생하는 변동원가의 두 가지 요소를 모두 가지고 있다.

106회 이론시험

09. (주)한양은 직접노무시간을 기준으로 제조간접원가를 예정배부하고 있다. 제조간접원가예산 총액은 3,000,000원이며, 예정 직접노무시간과 실제 직접노무시간은 30,000시간으로 동일하다. 제조간접원가가 100,000원 과소배부되었을 경우 실제 제조간접원가 발생액은 얼마인가?

① 2,900,000원　　② 3,000,000원　　③ 3,100,000원　　④ 3,200,000원

10. 다음은 제조회사인 (주)가림의 원가 관련 자료이다. 아래의 자료를 바탕으로 구한 평균법에 의한 완성품 단위당 제조원가는 얼마인가? 단, 모든 제조원가는 공정 전반에 걸쳐 균등하게 투입된다.

- 기초재공품원가 : 직접재료원가 500,000원, 가공원가 : 500,000원
- 당기제조원가 : 직접재료원가 7,000,000원, 가공원가 : 6,000,000원
- 완성품수량 : 5,000개
- 기말재공품수량 : 2,500개(완성도 80%)

① 1,500원　　② 1,700원　　③ 1,800원　　④ 2,000원

11. 다음 중 우리나라의 부가가치세법에 대한 설명으로 옳은 것은?

가. 우리나라 부가가치세는 간접세이다.
나. 우리나라 부가가치세는 생산지국과세원칙을 적용하고 있다.
다. 우리나라 부가가치세는 지방세이다.
라. 우리나라 부가가치세는 전단계거래액공제법이다.

① 가　　② 가, 나　　③ 가, 다　　④ 가, 라

12. 다음 중 부가가치세법상 납세지에 대한 설명으로 틀린 것은? 단, 예외 사항은 없는 것으로 한다.

① 광업 : 광업사무소의 소재지
② 제조업 : 최종제품을 완성하는 장소
③ 부동산임대업 : 사업에 관한 업무를 총괄하는 장소
④ 법인 건설업 : 법인의 등기부상 소재지

이론시험 106회

13. 다음 중 소득세법상 기본원칙에 대한 설명으로 가장 옳지 않은 것은?

① 종합소득은 원칙적으로 종합과세하고, 퇴직소득과 양도소득은 분류과세한다.
② 사업소득이 있는 거주자의 종합소득세 납세지는 사업장의 소재지로 한다.
③ 소득세의 과세기간은 1월 1일부터 12월 31일까지를 원칙으로 한다.
④ 종합소득세 산출세액 계산 시 종합소득과세표준에 따라 6% ~ 45%의 누진세율이 적용된다.

14. 소득세법상 아래의 자료에 의한 소득만 있는 거주자의 종합소득금액을 계산하면 얼마인가? 단, 이월결손금은 전년도의 부동산임대업을 제외한 사업소득에서 발생한 금액이다.

- 부동산임대 이외의 사업소득금액 : 35,000,000원
- 부동산(상가)임대 사업소득금액 : 15,000,000원
- 이월결손금 : 50,000,000원
- 근로소득금액 : 10,000,000원
- 퇴직소득금액 : 70,000,000원

① 10,000,000원   ② 35,000,000원   ③ 60,000,000원   ④ 80,000,000원

15. 다음 중 소득세법에서 규정하고 있는 원천징수세율이 가장 낮은 소득은 무엇인가?

① 복권당첨소득 중 3억원 초과분
② 비실명 이자소득
③ 이자소득 중 비영업대금이익
④ 일용근로자의 근로소득

106회 실무시험

PART 01 기출문제

수원산업(주)(회사코드 : 1062)는 제조 및 도·소매업을 영위하는 중소기업으로, 당기(12기) 회계기간은 2025.1.1. ~ 2025.12.31.이다. 전산세무회계 수험용 프로그램을 이용하여 다음 물음에 답하시오.

기본전제

- 문제에서 한국채택국제회계기준을 적용하도록 하는 전제조건이 없는 경우, 일반기업회계기준을 적용하여 회계처리 한다.
- 문제의 풀이와 답안작성은 제시된 문제의 순서대로 진행한다.

문제 1 [일반전표입력] 메뉴를 이용하여 다음의 거래자료를 입력하시오. (15점)

입력 시 유의사항

- 일반적인 적요의 입력은 생략하지만, 타계정 대체거래는 적요번호를 선택하여 입력한다.
- 채권·채무와 관련된 거래는 별도의 요구가 없는 한 반드시 기등록된 거래처코드를 선택하는 방법으로 거래처명을 입력한다.
- 제조경비는 500번대 계정코드를, 판매비와관리비는 800번대 계정코드를 사용한다.
- 회계처리 시 계정과목은 별도의 제시가 없는 한 등록된 계정과목 중 가장 적절한 과목으로 한다.

[1] 3월 20일 회사는 보유하고 있던 자기주식 300주(1주당 15,000원에 취득)를 모두 17,000원에 처분하고 대금은 보통예금 계좌로 수령하였다(단, 처분일 현재 자기주식처분손익 잔액을 조회하여 반영할 것). (3점)

[2] 3월 31일 액면가액 100,000,000원(5년 만기)인 사채를 102,000,000원에 발행하였으며, 대금은 전액 보통예금 계좌로 받았다. (3점)

[3] 4월 30일 다음은 4월 급여내역으로서 급여 지급일은 4월 30일이며, 보통예금 계좌에서 지급하였다(단, 하나의 전표로 처리할 것). (3점)

부서	성명	총급여	소득세 등 공제합계	차감지급액
영업부	박유미	2,400,000원	258,290원	2,141,710원
제조부	이옥섭	2,100,000원	205,940원	1,894,060원
합 계		4,500,000원	464,230원	4,035,770원

[4] 5월 13일 (주)진아로부터 외상매출금 50,000,000원을 조기 회수함에 따른 제품매출할인액(할인율 1%)을 차감한 나머지 금액을 보통예금 계좌로 입금받았다(단, 부가가치세는 고려하지 말 것). (3점)

[5] 8월 25일   2025년 제1기 확정신고기간의 부가가치세 미납세액 5,000,000원(미지급세금으로 처리함)과 납부지연가산세 200,000원을 법인카드(국민카드)로 납부하였다. 국세 카드납부대행수수료는 결제금액의 2%가 부과된다. 단, 미지급 카드 대금은 미지급금, 가산세는 세금과공과(판), 카드수수료는 수수료비용(판)으로 처리하고, 하나의 전표로 회계처리 하시오. (3점)

문제 2 [매입매출전표입력] 메뉴를 이용하여 다음의 거래자료를 입력하시오. (15점)

입력 시 유의사항

- 일반적인 적요의 입력은 생략하지만, 타계정 대체거래는 적요번호를 선택하여 입력한다.
- 채권·채무 관련 거래는 별도의 요구가 없는 한 반드시 기등록된 거래처코드를 선택하는 방법으로 거래처명을 입력한다.
- 제조경비는 500번대 계정코드를, 판매비와관리비는 800번대 계정코드를 사용한다.
- 회계처리 시 계정과목은 등록된 계정과목 중 가장 적절한 과목으로 한다.
- 입력화면 하단의 분개까지 처리하고, 세금계산서 및 계산서는 전자 여부를 입력하여 반영한다.

[1] 1월 23일   전기에 당사가 (주)유진물산에 외상으로 판매한 제품(공급가액 5,000,000원, 세액 500,000원)에 관한 공급계약이 해제되어 현행 부가가치세법에 따라 아래와 같은 수정전자세금계산서를 발급하였다. (3점)

	수정전자세금계산서					승인번호	20250123-15454645-58811886		
공급자	등록번호	602-81-48930		종사업장 번호		등록번호	150-81-21411		종사업장 번호
	상호(법인명)	수원산업(주)	성명	이준영	공급받는자	상호(법인명)	(주)유진물산	성명	최유진
	사업장 주소	경기도 수원시 장안구 파장천로44번길 30				사업장 주소	서울시 서초구 명달로 105		
	업태	제조 외	종목	컴퓨터 및 주변장치 외		업태	도소매	종목	전자제품
	이메일					이메일			
작성일자		공급가액		세액		수정사유		비고	
2025-01-23		-5,000,000원		-500,000원		계약해제			
월	일	품목	규격	수량	단가	공급가액	세액	비고	
1	23	제품				-5,000,000원	-500,000원		
합계금액		현금		수표		어음	외상미수금	위 금액을 **청구**함	
-5,500,000원							-5,500,000원		

[2] 2월 1일 업무용으로 사용할 목적으로 거래처 (주)기대로부터 업무용승용차(990cc)를 중고로 구입하였다. 대금은 한 달 후에 지급하기로 하고, 다음의 종이세금계산서를 발급받았다. (3점)

세금계산서(공급받는자 보관용)								책번호	권	호
								일련번호	-	

공급자	등록번호	106-81-56311			공급받는자	등록번호	602-81-48930		
	상호(법인명)	(주)기대	성명(대표자)	정현우		상호(법인명)	수원산업(주)	성명(대표자)	이준영
	사업장주소	경기도 성남시 중원구 성남대로 99				사업장주소	경기도 수원시 장안구 파장천로44번길 30		
	업태	제조, 도소매	종목	전자제품		업태	도소매	종목	컴퓨터 외

작성	공급가액	세액	비고
연 25 월 02 일 01 빈칸수 4	1 0 0 0 0 0 0	1 0 0 0 0 0	

월	일	품목	규격	수량	단가	공급가액	세액	비고
02	01	승용차				10,000,000원	1,000,000원	

합계금액	현금	수표	어음	외상미수금	이 금액을 **청구**함
11,000,000원				11,000,000원	

[3] 3월 24일 정상적인 구매확인서에 의하여 수출업체인 (주)상도무역에 제품을 납품하고 다음의 영세율 전자세금계산서를 발급하였다. 대금은 다음 달에 지급받기로 하였다(단, 서류번호 입력은 생략할 것). (3점)

전자세금계산서						승인번호	20250324-15454645-58811886		
공급자	등록번호	602-81-48930	종사업장번호		공급받는자	등록번호	130-81-55668	종사업장번호	
	상호(법인명)	수원산업(주)	성명	이준영		상호(법인명)	(주)상도무역	성명	김영수
	사업장주소	경기도 수원시 장안구 파장천로44번길 30				사업장주소	서울시 서초구 강남대로 253		
	업태	제조 외	종목	컴퓨터 및 주변장치 외		업태	도소매, 무역	종목	전자제품
	이메일					이메일			

작성일자	공급가액	세액	수정사유	비고
2025-03-24	30,000,000원	0원	해당 없음	구매확인서

월	일	품목	규격	수량	단가	공급가액	세액	비고
3	24	제품	SET	10	3,000,000원	30,000,000원	0원	

합계금액	현금	수표	어음	외상미수금	위 금액을 **청구**함
30,000,000원				30,000,000원	

[4] 4월 1일   판매한 제품을 배송하기 위하여 (주)장수운송(일반과세자)에 운반비를 현금으로 지급하고 현금영수증(지출증빙용)을 발급받았다. (3점)

Hometax. 국세청홈텍스 현금영수증

■ 거래정보

거래일시	2025-04-01 13:06:22
승인번호	G00260107
거래구분	승인거래
거래용도	지출증빙
발급수단번호	602-81-48930

■ 거래금액

공급가액	부가세	봉사료	총 거래금액
500,000	50,000	0	550,000

■ 가맹점 정보

상 호	(주)장수운송
사업자번호	114-81-80641
대표자명	남재안
주 소	서울시 송파구 문정동 101-2

• 익일 홈택스에서 현금영수증 발급 여부를 반드시 확인하시기 바랍니다.
• 홈페이지(http://www.hometax.go.kr)
 - 조회/발급 > 현금영수증 조회 > 사용내역(소득공제) 조회 > 매입내역(지출증빙) 조회
• 관련문의는 국세상담센터(☎126-1-1)

[5] 5월 20일   생산부 직원들이 온리푸드에서 회식을 하고 식사비용 495,000원(부가가치세 포함)을 법인카드인 국민카드로 결제하였다(단, 카드매입에 대한 부가가치세 매입세액 공제요건은 충족하며, 미결제 카드대금은 미지급금으로 처리할 것). (3점)

문제 3 부가가치세 신고와 관련하여 다음 물음에 답하시오. (10점)

[1] 다음 자료를 바탕으로 제2기 확정신고기간(2025.10.01. ~ 2025.12.31.)의 부동산임대공급가액명세서를 작성하시오(단, 간주임대료에 대한 정기예금 이자율은 3.1%로 가정한다). (2점)

동수	층수	호수	면적(m²)	용도	임대기간	보증금(원)	월세(원)	관리비(원)
1	2	201	120	사무실	2023.12.01. ~ 2025.11.30.	30,000,000	1,700,000	300,000
					2025.12.01. ~ 2027.11.30.	50,000,000	1,700,000	300,000

• 위 사무실은 세무법인 우람(101-86-73232)에게 2023.12.01. 최초로 임대를 개시하였으며, 2년 경과 후 계약기간이 만료되어 2025.12.01. 임대차계약을 갱신하면서 보증금만 인상하기로 하였다.
• 월세와 관리비에 대해서는 정상적으로 세금계산서를 발급하였으며, 간주임대료에 대한 부가가치세는 임대인이 부담하고 있다.

106회 실무시험

[2] 다음의 자료만을 이용하여 2025년 제2기 확정신고기간(10월 1일 ~ 12월 31일)의 [부가가치세신고서]를 직접 입력하여 작성하시오(부가가치세신고서 외의 기타 부속서류의 작성은 생략하며, 불러온 데이터 값은 무시하고 새로 입력할 것). (6점)

매출자료	• 전자세금계산서 매출액 : 공급가액 250,000,000원, 세액 25,000,000원 　- 영세율 매출은 없음 • 신용카드 매출액 : 공급가액 30,000,000원, 세액 3,000,000원 　- 신용카드 매출액은 전자세금계산서 발급분(공급가액 10,000,000원, 세액 1,000,000원)이 포함되어 있음
매입자료	• 전자세금계산서 매입액 : 공급가액 180,000,000원, 세액 18,000,000원 　- 전자세금계산서 매입액은 업무용승용차(5인승, 2,000cc) 매입액(공급가액 30,000,000원, 세액 3,000,000원)이 포함되어 있으며, 나머지는 원재료 매입액임 • 신용카드 매입액 : 공급가액 25,000,000원, 세액 2,500,000원 　- 전액 직원 복리후생 관련 매입액임
예정신고 누락분	• 전자세금계산서 과세 매출액 : 공급가액 20,000,000원, 세액 2,000,000원 　- 부당과소신고에 해당하지 않음
기타	• 예정신고 누락분은 확정신고 시 반영하기로 한다. • 2025년 제2기 예정신고 시 당초 납부기한은 2025.10.25.이며, 2025년 제2기 확정신고 및 납부일은 2026.01.25.이다. • 국세청 홈택스를 통해 전자신고하고 전자신고세액공제를 받기로 한다. • 전자세금계산서의 발급 및 전송은 정상적으로 이뤄졌다.

[3] 다음의 자료를 이용하여 2025년 제2기 부가가치세 예정신고기간(7월 ~ 9월)의 [부가가치세신고서]와 관련 부속서류를 전자신고하시오. (2점)

> 1. 부가가치세신고서와 관련 부속서류는 마감되어 있다.
> 2. [전자신고] → [국세청 홈택스 전자신고변환(교육용)] 순으로 진행한다.
> 3. 전자신고용 전자파일 제작 시 신고인 구분은 2.납세자 자진신고로 선택하고, 비밀번호는 "12341234"로 입력한다.
> 4. 전자신고용 전자파일 저장경로는 로컬디스크(C:)이며, 파일명은 "enc작성연월일.101.v6028148930"이다.
> 5. 최종적으로 국세청 홈택스에서 [전자파일 제출하기]를 완료한다.

문제 4 다음 결산자료를 입력하여 결산을 완료하시오. (15점)

[1] 영업부가 7월에 구입한 소모품 800,000원 중 결산일까지 미사용한 소모품은 500,000원이다. 당사는 소모품 구입 시 전액 자산으로 계상하였다(단, 자산에 대한 계정과목은 소모품을 사용할 것). (3점)

[2] 전기에 하나은행에서 차입한 $10,000가 당기 결산일 현재 외화장기차입금으로 남아 있으며, 일자별 기준환율은 다음과 같다. (3점)

- 차입일 현재 환율 : 1,500원/$
- 전기말 현재 환율 : 1,575원/$
- 당기말 현재 환율 : 1,545원/$

[3] 일반기업회계기준에 따라 2025년말 현재 보유 중인 매도가능증권(2024년 중 취득)에 대하여 결산일 회계처리를 하시오(단, 매도가능증권은 비유동자산으로 가정함). (3점)

주식명	주식수	1주당 취득원가	2024년말 1주당 공정가치	2025년말 1주당 공정가치
(주)세모전자	100주	2,000원	3,300원	3,000원

[4] 매출채권(외상매출금, 받을어음) 잔액에 대하여 대손율 1%의 대손충당금을 보충법으로 설정하시오. (3점)

[5] 기말 현재 당기분 법인세(지방소득세 포함)는 20,000,000원으로 산출되었다. 단, 당기분 법인세 중간예납세액 8,300,000원과 이자소득 원천징수세액 700,000원은 선납세금으로 계상되어 있다. (3점)

문제 5. 2025년 귀속 원천징수자료와 관련하여 다음의 물음에 답하시오. (15점)

[1] 다음 자료를 바탕으로 [사원등록] 메뉴를 이용하여 사무직 사원 강하나(내국인, 거주자, 여성, 세대주, 배우자 없음)의 [부양가족명세] 탭을 알맞게 수정하고, [수당공제] 등록과 5월의 [급여자료입력]을 수행하시오. (5점)

1. 부양가족 명세

성명	관계	주민등록번호	내/외국인	동거여부	비 고
강하나	본인	830630-2548767	내국인	세대주	근로소득 총급여액 3,000만원
강인우	본인의 아버지	530420-1434578	내국인	주거형편상 별거	양도소득금액 90만원
유지인	본인의 어머니	560730-2870991	내국인	주거형편상 별거	근로소득 총급여액 500만원
이민주	본인의 딸	050805-4123468	내국인	동거	소득 없음
이자유	본인의 아들	080505-3123461	내국인	동거	소득 없음
강하늘	본인의 언니	800112-2434517	내국인	동거	소득 없음, 장애인(중증환자)

※ 본인 및 부양가족의 소득은 위의 소득이 전부이다.

2. 5월분 급여자료

이름	강하나	지급일	5월 31일
기본급	2,000,000원	소득세	19,520원
식 대	100,000원	지방소득세	1,950원
자가운전보조금	200,000원	국민연금	85,500원
		건강보험	59,280원
		장기요양보험	7,670원
		고용보험	18,000원
급여계	2,300,000원	공제합계	191,920원
		지급총액	2,108,080원

- 식대 : 당 회사는 현물 식사를 별도로 제공하고 있지 않다.
- 자가운전보조금 : 당사는 본인 명의의 차량을 업무 목적으로 사용한 직원에게만 자가운전보조금을 지급하고 있으며, 실제 발생한 교통비를 별도로 지급하지 않는다.

※ 수당등록 시 월정액 및 통상임금은 고려하지 않으며, 사용하는 수당 이외의 항목은 사용 여부를 "부"로 체크한다.
※ 급여자료입력 시 공제항목의 불러온 데이터는 무시하고 직접 입력하여 작성한다.

실무시험 106회

[2] 2025년 6월 10일에 입사한 사원 문지율(사번 : 125, 남성, 세대주) 씨의 2025년 귀속 연말정산 관련 자료는 다음과 같다. [연말정산추가자료입력] 메뉴를 이용하여 전(前)근무지의 내용을 반영하여 [소득명세] 탭, [부양가족] 탭, [신용카드 등] 탭, [연말정산입력] 탭을 작성하시오(단, 제시된 소득 이외의 소득은 없으며, 세부담 최소화를 가정한다). (10점)

1. 전(前)근무지 근로소득원천징수영수증
- 근무기간 : 2025.01.01. ~ 2025.06.01.
- 근무처 : 주식회사 영일전자(사업자등록번호 : 603-81-01281)
- 급여 : 16,200,000원, 상여 : 3,000,000원

세액명세	소득세	지방소득세	공제보험료 명세	
결정세액	100,000원	10,000원	건강보험료	113,230원
기납부세액	300,000원	30,000원	장기요양보험료	13,890원
			고용보험료	25,920원
차감징수세액	-200,000원	-20,000원	국민연금보험료	145,800원

2. 가족사항 : 모두 생계를 같이함

성명	관계	주민번호	비고
문지율	본인	741010-1187521	총급여액 5,000만원
김민성	배우자	770101-2843120	일용근로소득금액 1,200만원
문가영	자녀	071027-4842421	소득 없음
문가빈	자녀	071027-4845124	소득 없음

※ 기본공제대상자가 아닌 경우도 기본공제 "부"로 입력할 것

3. 연말정산추가자료(모두 국세청 연말정산간소화서비스에서 조회한 자료임)

항목	내용
보험료	• 문지율(본인) : 자동차운전자보험료 120만원 • 문가영(자녀) : 일반보장성보험료 50만원
의료비	• 김민성(배우자) : 질병 치료비 200만원 　　　　　　　(실손의료보험금 수령액 50만원, 문지율의 신용카드로 결제) • 문가빈(자녀) : 시력보정용 콘택트렌즈 구입 비용 60만원(문지율의 신용카드로 결제)
교육비	• 문지율(본인) : 대학원 등록금 1,000만원 • 문가영(자녀) : 고등학교 교복 구입비 70만원, 체험학습비 20만원 • 문가빈(자녀) : 고등학교 교복 구입비 50만원, 영어학원비 100만원
신용카드 등 사용액	• 문지율(본인) 신용카드 3,200만원(아래의 항목이 포함된 금액임) 　- 전통시장 사용분 150만원 　- 대중교통 사용분 100만원 　- 도서공연등 사용분 100만원 　- 배우자 및 자녀의 의료비 지출액 260만원 • 문지율(본인) 현금영수증 : 300만원 • 김민성(배우자) 현금영수증 : 150만원

PART 02

기출문제 해답

**최신
기출문제**

117회 전산세무2급 기출 해설

A형	[01]	[02]	[03]	[04]	[05]	[06]	[07]	[08]	[09]	[10]	[11]	[12]	[13]	[14]	[15]
	2	1	3	4	3	1	1	4	3	1	2	3	2	4	2

해설

01. 사채는 비유동부채이다.
02. ② 내부적으로 창출한 영업권은 원가를 신뢰성 있게 측정할 수 없을 뿐만 아니라 기업이 통제하고 있는 식별가능한 자원도 아니기 때문에 자산으로 인식하지 않는다.
    ③ 연구단계에서 발생한 지출은 무형자산으로 인식할 수 없고 발생한 기간의 비용으로 인식한다.
    ④ 무형자산의 상각기간은 독점적, 배타적인 권리를 부여하고 있는 관계 법령이나 계약에 정해진 경우를 제외하고는 20년을 초과할 수 없다.
03. ■ 채무증권 : 단기매매증권, 매도가능증권, 만기보유증권
    ■ 지분증권 : 단기매매증권, 매도가능증권, 지분법적용투자주식
04. 감가상각방법 중 연수합계법은 자산의 내용연수 동안 감가상각액이 매 기간 감소하는 방법이다.
05. 전기 이전 기간에 발생한 중대한 오류수정은 중대한 오류의 영향을 받는 회계기간의 재무제표 항목을 재작성한다.
06. 전기요금은 준변동원가 및 제조간접비에 해당하므로 변동원가, 가공원가에 해당한다.
07. 기초제품재고액은 재무상태표와 손익계산서에서 확인할 수 있다.
08. ④는 개별원가계산을 설명하는 내용이다.
09. ■ 제조간접원가 예정배부액 = 제조간접원가 예정액 ÷ 예정 기계작업시간 × 실제 기계작업시간
            = 5,000,000원 ÷ 5,000시간 × 4,000시간 = 4,000,000원
    ■ 제조원가 = 직접재료원가 + 직접노무원가 + 제조간접원가 예정배부액
            = 2,000,000원 + 4,000,000원 + 4,000,000원 = 10,000,000원
10. ■ 보조부문 X의 제조부문 B에 대한 배분액 = 100,000원 × 600회/1,000회 = 60,000원
    ■ 보조부문 Y의 제조부문 B에 대한 배분액 = 300,000원 × 300회/600회 = 150,000원
    ■ 제조부문 B에 배분된 보조부문원가 = 60,000원 + 150,000원 = 210,000원
11. 영세율은 단지 세율만 0%로 적용하며 부가가치세법상 납세의무자에 해당하여 면제되지 않는다.
12. 위탁매매 또는 대리인에 의한 매매를 할 때에는 위탁자 또는 본인이 직접 재화를 공급하거나 공급받은 것으로 본다. 다만, 위탁자 또는 본인을 알 수 없는 경우에는 수탁자 또는 대리인에게 재화를 공급하거나 수탁자 또는 대리인으로부터 재화를 공급받은 것으로 본다.
13. 총괄납부의 신청은 그 납부하려는 과세기간 개시 20일 전에 관할세무서장에게 신청해야 한다.

14. 교육비, 의료비, 보험료 세액공제는 근로소득에 대한 종합소득산출세액을 초과하는 경우 공제되지 않는다.
15. ① 공적연금소득과 근로소득이 있는 자로서 각각의 소득을 연말정산 했다하여도 종합소득세 확정신고의무가 있다.
   ③ 근로소득이 있는 자에게 연말정산 대상 사업소득이 추가로 발생한 경우, 해당 사업소득을 연말정산 했다하여도 종합소득세 확정신고의무가 있다.
   ④ 금융소득만 3천만원이 있는 자는 종합소득세 확정신고의무가 있다.

실무문제 해설

문제 1 일반전표입력

NO	월	일	구분	계정과목	거래처	차변	대변
[1]	1	5	차변	보통예금		585,000,000	
			차변	이자비용		15,000,000	
			대변	단기차입금	(주)대명		600,000,000
[2]	4	20	차변	보통예금		60,000,000	
			대변	자본금			50,000,000
			대변	주식할인발행차금			3,000,000
			대변	주식발행초과금			7,000,000

■ 할증발행 시 주식할인발행차금이 있는 경우 우선 상계 후 잔액만 주식발행초과금으로 계상한다.

NO	월	일	구분	계정과목	거래처	차변	대변
[3]	7	17	차변	보통예금		11,000,000	
			대변	대손충당금(109)			10,000,000
			대변	부가세예수금			1,000,000

■ 대손금을 회수하면 관련 대손충당금으로 처리하고 대손세액공제액은 부가세예수금으로 처리한다.

NO	월	일	구분	계정과목	거래처	차변	대변
[4]	8	1	차변	보통예금		100,253,800	
			차변	선납세금		46,200	
			대변	정기예금			100,000,000
			대변	이자수익			300,000
[5]	11	1	차변	부가세예수금		950,000	
			차변	잡손실		28,500	
			대변	보통예금			978,500

문제 2 매입매출전표입력

[1]

NO	일자	유형	품목	공급가액	부가세	공급처명	전자	분개
	1/4	57.카과	수선	300,000	30,000	시설수리전문여기야		카드(혼합)

	신용카드사		국민카드		
구분	계정과목		거래처	차변	대변
대변	미지급금		국민카드		330,000
차변	부가세대급금		시설수리전문여기야	30,000	
차변	수선비(제)		시설수리전문여기야	300,000	

[2]

NO	일자	유형	품목	공급가액	부가세	공급처명	전자	분개
	2/3	55.수입	사출기	42,400,000	4,240,000	인천세관	여	혼합

구분	계정과목	거래처	차변	대변
차변	부가세대급금	인천세관	4,240,000	
대변	보통예금	인천세관		4,240,000

[3]

NO	일자	유형	품목	공급가액	부가세	공급처명	전자	분개
	2/15	53.면세	화환	100,000		풍성화원	여	혼합

구분	계정과목	거래처	차변	대변
차변	기업업무추진비(판)	풍성화원	100,000	
대변	미지급금 또는 미지급비용	풍성화원		100,000

[4]

NO	일자	유형	품목	공급가액	부가세	공급처명	전자	분개
	2/18	11.과세	트럭	10,500,000	1,050,000	이배달	여	혼합

구분	계정과목	거래처	차변	대변
대변	부가세예수금	이배달		1,050,000
대변	차량운반구	이배달		18,000,000
차변	선수금	이배달	1,800,000	
차변	보통예금	이배달	9,750,000	
차변	감가상각누계액(209)	이배달	6,000,000	
차변	유형자산처분손실	이배달	1,500,000	

117회 기출문제 해설

NO	일자	유형	품목	공급가액	부가세	공급처명	전자	분개
[5]	3/7	51.과세	인테리어공사	110,000,000	11,000,000	(주)양주산업	여	혼합

구분	계정과목	거래처	차변	대변
차변	부가세대급금	(주)양주산업	11,000,000	
차변	건물	(주)양주산업	110,000,000	
대변	미지급금	(주)양주산업		121,000,000

- 상거래 이외의 어음발행은 미지급금 계정과목으로 처리한다.

문제 3 부가가치세 신고

[1] 공제받지못할매입세액명세서(조회기간 : 2025년 10월 ~ 2025년 12월)

(1) 공제받지못할매입세액내역 TAB

매입세액 불공제 사유	세금계산서		
	매수	공급가액	매입세액
①필요적 기재사항 누락 등			
②사업과 직접 관련 없는 지출			
③개별소비세법 제1조제2항제3호에 따른 자동차 구입·유지 및 임차			
④기업업무추진비 및 이와 유사한 비용 관련			
⑤면세사업등 관련	8	20,000,000	2,000,000
⑥토지의 자본적 지출 관련			
⑦사업자등록 전 매입세액			
⑧금·구리 스크랩 거래계좌 미사용 관련 매입세액			
합계	8	20,000,000	2,000,000

(2) 공통매입세액의 정산내역 TAB

산식	구분	(15)총공통매입세액	(16)면세 사업확정 비율			(17)불공제매입세액총액 ((15)*(16))	(18)기불공제매입세액	(19)가산또는공제되는매입세액((17)-(18))
			총공급가액	면세공급가액	면세비율			
1.당해과세기간의 공급가액기준		5,000,000	250,000,000.00	50,000,000.00	20.000000	1,000,000	800,000	200,000
합계		5,000,000	250,000,000	50,000,000		1,000,000	800,000	200,000

가산또는공제되는매입세액 (200,000) = 총공통매입세액(5,000,000) * 면세비율(%)(20.000000) - 기불공제매입세액(800,000)

[2] 수출실적명세서 및 내국신용장·구매확인서전자발급명세서 작성

(1) 수출실적명세서(조회기간 : 2025년 07월 ~ 2025년 09월)

구분	건수	외화금액	원화금액				
⑨합계	1	30,000.00	42,000,000				
⑩수출재화[=⑪합계]	1	30,000.00	42,000,000				
⑪기타영세율적용							

No		(13)수출신고번호	(14)선(기)적일자	(15)통화코드	(16)환율	금액		전표정보	
						(17)외화	(18)원화	거래처코드	거래처명
1		81234-58-123458X	2025-07-22	USD	1,400.0000	30,000.00	42,000,000		
		합계				30,000	42,000,000		

(2) 내국신용장 · 구매확인서전자발급명세서(조회기간 : 2025년 07월 ~ 2025년 09월)

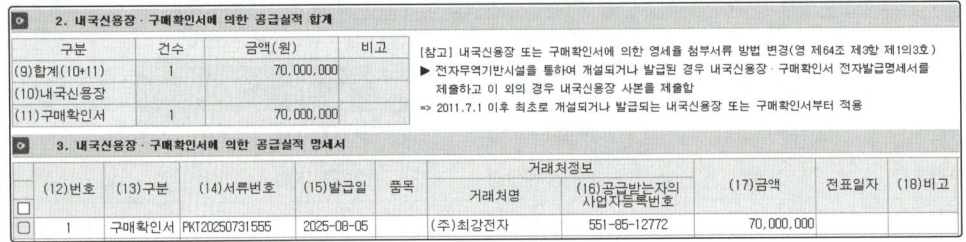

[3] 부가가치세 전자신고(조회기간 : 2025년 4월 1일 ~ 2025년 6월 30일)

(1) 부가가치세신고서 및 관련 부속서류 마감 확인

① [CF2 부가세작성관리] 버튼을 클릭하여 해당 과세기간의 마감여부를 확인할 수 있으며 [확인(Tab)] 버튼을 누르면 마감한 부가가치세신고서가 조회된다.

② 또는 조회기간을 입력하여 조회한 후 상단의 [F3 마감취소] 버튼을 클릭하면 부가가치세 신고서 및 부속서류 마감사항을 확인할 수 있다.

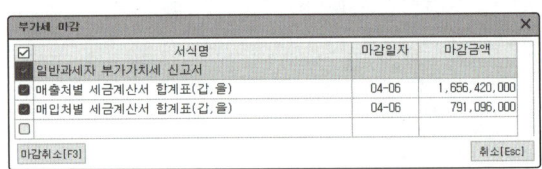

(2) 전자신고 데이터 제작

회사를 선택하고 상단의 [F4 제작] 버튼을 누른 후 비밀번호(12341234)를 입력하여 제작한다.

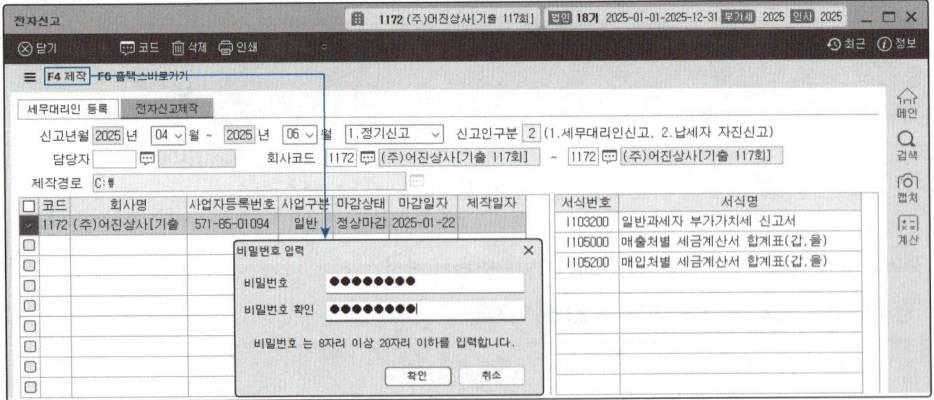

117회 기출문제 해설

(3) 국세청 홈택스 전자신고

① 부가가치세 신고 : 세금신고 → [01.전자파일변환 - 변환대상파일선택]

[찾아보기] 클릭 → [로컬디스크(C:)] → 파일명 : enc작성연월일.101.v5718501094

② 부가가치세 신고 : 세금신고 → [01.전자파일변환 - 처리내역]

[형식검증하기] : 비밀번호(12341234) 입력 → [형식검증결과확인] : 오류 유무 확인 → [내용검증하기]
→ [내용검증결과확인] : 오류 유무 확인 → [전자파일제출]

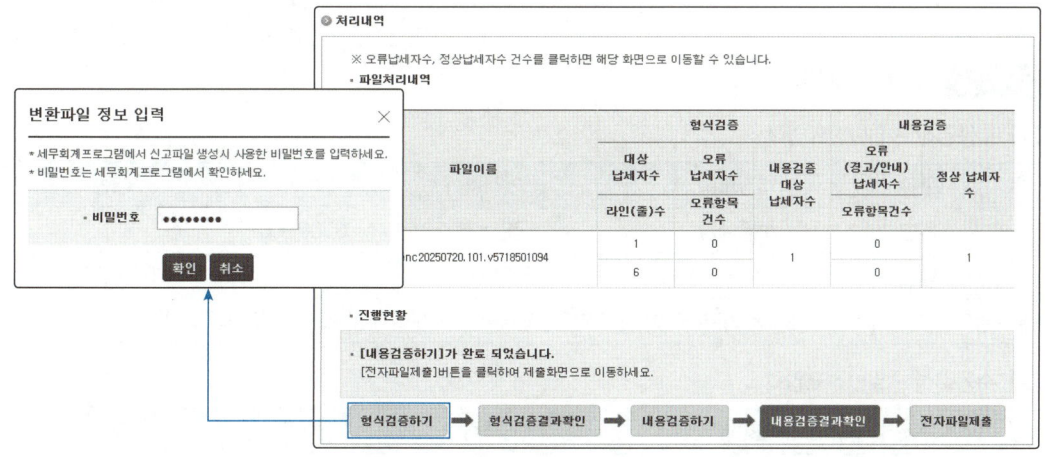

③ 부가가치세 신고 : 세금신고 → 03.전자파일제출
　　[전자파일 제출하기] > 부가가치세 신고서 접수증 확인

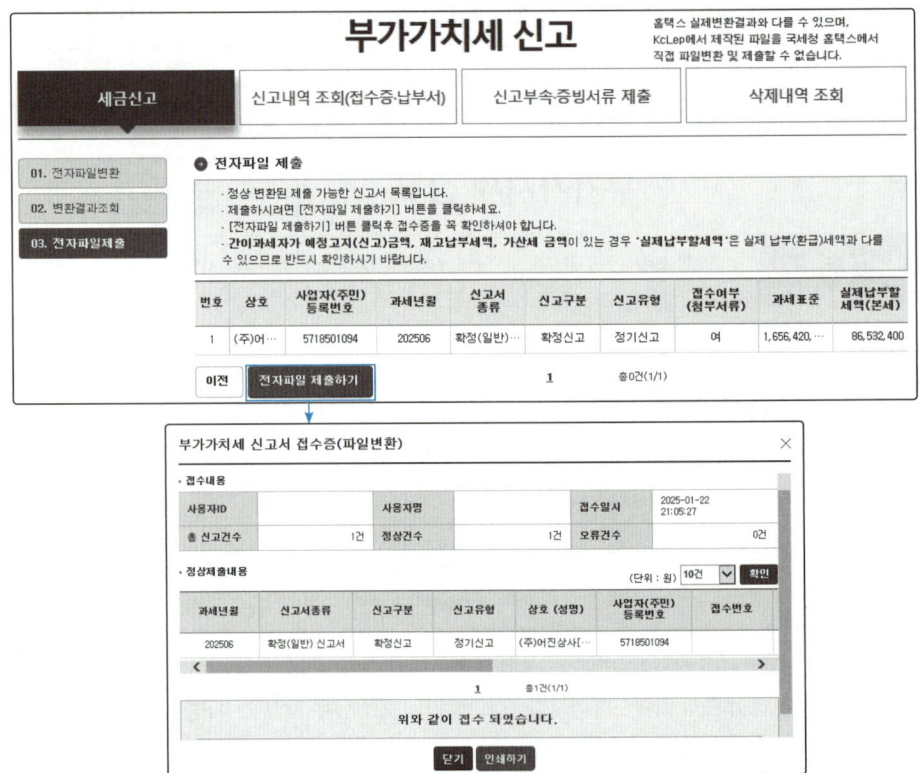

문제 4 결산정리사항

[1] 수동결산 - 일반전표입력

월	일	구분	계정과목	거래처	차변	대변
12	31	차변	보통예금	국민은행	5,700,000	
		대변	단기차입금	국민은행		5,700,000

- 보통예금 계정과목에 거래처를 입력하여야 하나 확정답안에서는 기재되지 않으므로 채점에서 제외

[2] 수동결산 - 일반전표입력

월	일	구분	계정과목	거래처	차변	대변
12	31	차변	외화환산손실		9,250,000	
		대변	외상매입금	INSIDEOUT		9,250,000

- 외화환산손실 = ($50,000 × 1,390원) - 60,250,000원 = 9,250,000원(부채 증가)

117회 기출문제 해설

[3] 수동결산 – 일반전표입력

월	일	구분	계정과목	거래처	차변	대변
12	31	차변	임차료(제)		6,000,000	
		대변	선급비용			6,000,000

- 임차료(경과분) = 18,000,000원 × 4개월/12개월 = 6,000,000원

[4] 자동결산 – 결산자료입력

- 외상매출금 : (615,347,500원 × 2%) − 12,000,000원 = 306,950원
- 받을어음 : (131,800,000원 × 2%) − 5,000,000원 = △2,364,000원

방법 1 : 결산자료입력 메뉴의 상단 [대손상각] 버튼을 클릭하여 "대손율(%) : 2%"를 입력하고 외상매출금·받을어음을 제외한 이외의 계정과목에 대한 "추가설정액"란의 금액은 삭제한 후 [결산반영] 버튼을 눌러 "결산반영금액"란에 반영하여 전표추가를 한다.

방법 2 : 결산자료입력 메뉴의 판매비와일반관리비의 5).대손상각에 [외상매출금 : 306,950원, 받을어음 : △2,364,000원]을 입력한 후 결산자료 입력의 전표추가를 한다.

방법 3 : 결산일(12월 31일)에 일반전표입력에 직접 입력

월	일	구분	계정과목	거래처	차변	대변
12	31	차변	대손상각비(판)		306,950	
		차변	대손충당금(111)		2,364,000	
		대변	대손충당금(109)			306,950
		대변	대손충당금환입(851)			2,364,000

[5] 자동결산 – 결산자료입력

- 무형자산 상각비 = 취득원가 54,000,000원 ÷ 잔존내용연수 5년 × 9개월/12개월 = 8,100,000원

방법 1 : 결산자료입력 메뉴 판매비와일반관리비의 6).무형자산상각비에 [영업권 : 8,100,000원]을 입력한 후 결산자료 입력의 전표추가를 한다.

방법 2 : 결산일(12월 31일)에 일반전표입력에 직접 입력

월	일	구분	계정과목	거래처	차변	대변
12	31	차변	무형자산상각비(판)		8,100,000	
		대변	영업권			8,100,000

문제 15 원천징수

[1] 급여자료입력 및 원천징수이행상황신고서

(1) 환경등록

- 급여자료입력 메뉴의 구분을 급여와 상여로 구분하여 각각 입력하기 위하여 [기초코드등록] → [환경등록] → [원천] → [5.급여자료입력 화면]을 "2.구분별로 입력"으로 변경한다.

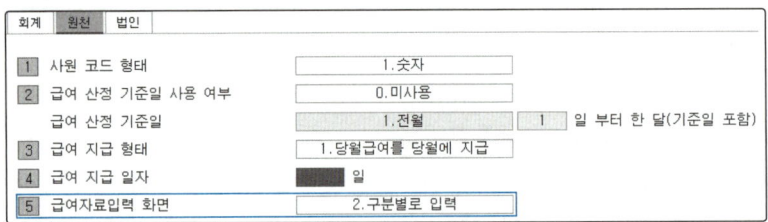

(2) 급여자료입력

① 급여 자료(귀속년월: 2025년 11월, 구분: 1.급여, 지급년월일: 2025년 11월 30일)

사번	사원명	감면율	급여항목	금액	공제항목	금액
300	김성민		기본급	3,000,000	국민연금	135,000
			식대	200,000	건강보험	106,350
					장기요양보험	13,770
					고용보험	24,000
					소득세(100%)	74,350
					지방소득세	7,430
					농특세	
			과 세	3,000,000		
			비 과 세	200,000	공 제 총 액	360,900
총인원(퇴사자)	1(0)		지 급 총 액	3,200,000	차 인 지 급 액	2,839,100

② 상여 자료(귀속년월: 2025년 11월, 구분: 3.상여, 지급년월일: 2025년 12월 31일)

사번	사원명	감면율	급여항목	금액	공제항목	금액
300	김성민		상여	2,500,000	고용보험	20,000
					소득세(100%)	207,020
					지방소득세	20,700
					농특세	
			과 세	2,500,000		
			비 과 세		공 제 총 액	247,720
총인원(퇴사자)	1(0)		지 급 총 액	2,500,000	차 인 지 급 액	2,252,280

(3) 원천징수이행상황신고서

① 급여 자료(귀속기간 : 2025년 11월 ~ 11월, 지급기간 : 2025년 11월 ~ 11월, 신고구분 : 1.정기신고)

소득자	소득구분	코드	소득지급		징수세액			당월조정 환급세액	납부세액	
			인원	총지급액	소득세 등	농어촌특별세	가산세		소득세 등	농어촌특별세
근로소득	간이세액	A01	1	3,200,000	74,350					
	중도퇴사	A02								
	일용근로	A03								
	연말정산	A04								
	(분납신청)	A05								
	(납부금액)	A06								
	가 감 계	A10	1	3,200,000	74,350				74,350	

117회 기출문제 해설

② 상여 자료(귀속기간 : 2025년 11월 ~ 11월, 지급기간 : 2025년 12월 ~ 12월, 신고구분 : 1.정기신고)

소득자	소득구분	코드	소득지급		징수세액			당월조정환급세액	납부세액	
			인원	총지급액	소득세 등	농어촌특별세	가산세		소득세 등	농어촌특별세
근로소득	간이세액	A01	1	2,500,000	207,020					
	중도퇴사	A02								
	일용근로	A03								
	연말정산	A04								
	(분납신청)	A05								
	(납부금액)	A06								
	가 감 계	A10	1	2,500,000	207,020				207,020	

[2] 연말정산추가자료입력

(1) [소득명세] TAB : 전근무지 자료 입력 시 기납부세액은 '**결정세액**'을 입력한다.

구분		합계	주(현)	납세조합	종(전) [1/2]
소득명세	9.근무처명		(주)어진상사 [기출117회]		(주)경기
	9-1.종교관련 종사자		부		부
	10.사업자등록번호		571-85-01094		412-81-24785
	11.근무기간		2025-12-01 ~ 2025-12-31	~	2025-01-01 ~ 2025-11-30
	12.감면기간		~	~	~
	13-1.급여(급여자료입력)	55,000,000	5,500,000		49,500,000
	13-2.비과세한도초과액				
	13-3.과세대상추가(인정상여추가)				
	14.상여				
	15.인정상여				
	15-1.주식매수선택권행사이익				
	15-2.우리사주조합 인출금				
	15-3.임원퇴직소득금액한도초과액				
	15-4.직무발명보상금				
	16.계	55,000,000	5,500,000		49,500,000
공제보험료명세	직장	건강보험료(직장)(33)	1,992,750	166,750	1,826,000
		장기요양보험료(33)	204,090	17,090	187,000
		고용보험료(33)	489,550	49,550	440,000
		국민연금보험료(31)	2,618,700	218,700	2,400,000
	공적연금보험료	공무원 연금(32)			
		군인연금(32)			
		사립학교교직원연금(32)			
		별정우체국연금(32)			
세액명세	기납부세액	소득세	2,869,850	289,850	2,580,000
		지방소득세	286,980	28,980	258,000
		농어촌특별세			
	납부특례세액	소득세			
		지방소득세			
		농어촌특별세			

(2) [부양가족] TAB : 인적공제

① 최명순(모친) : 장애인인 경우 나이는 불문이나 소득금액 100만원 초과로 공제대상 제외(소득기준 초과여부-1:여)

② 이민석(아들) : 나이 20세 초과로 공제대상 제외

연말관계	성명	내/외국인	주민(외국인)번호	나이	소득기준초과여부	기본공제	세대주구분	부녀자	한부모	경로우대	장애인	자녀	출산입양	결혼세액
0	이태원	내	1 731210-1254632	52		본인	세대주							
3	김진실	내	1 781214-2458709	47		배우자								
1	최명순	내	1 450425-2639229	80	○	부								
4	이민석	내	1 040505-3569897	21		부								
4	이채영	내	1 090214-4452148	16		20세이하						○		
		합 계 [명]			1	3					1			

(3) [부양가족] TAB : 보험료, 교육비 세액공제 추가입력

보험료	• 본인(이태원) : 자동차보험 60만원+보장성운전자보험 24만원은 일반보장성보험료로 공제 가능하므로 84만원 입력 • 모친(최명순) : 나이 및 소득금액 규제로 장애인전용보장성보험료는 공제 제외 • 배우자(김진실) : 저축성생명보험료는 공제대상에 해당하지 않음
교육비	• 본인(이태원) : 본인 대학원 교육비는 공제 가능하므로 800만원(4.본인) 입력 • 배우자(김진실) : 기본공제 대상자로 대학교 교육비 700만원(3.대학생) 입력 • 아들(이민석) : 나이는 불문이므로 대학교 수업료 700만원(3.대학생) 입력 • 딸(이채영) : 교복구입비는 1인 50만원 한도, 현장체험학습비는 1인 30만원 한도이므로 고등학교 수업료 200만원, 교복구입비 50만원, 현장체험학습비 30만원을 합산하여 280만원(2.초중고) 입력

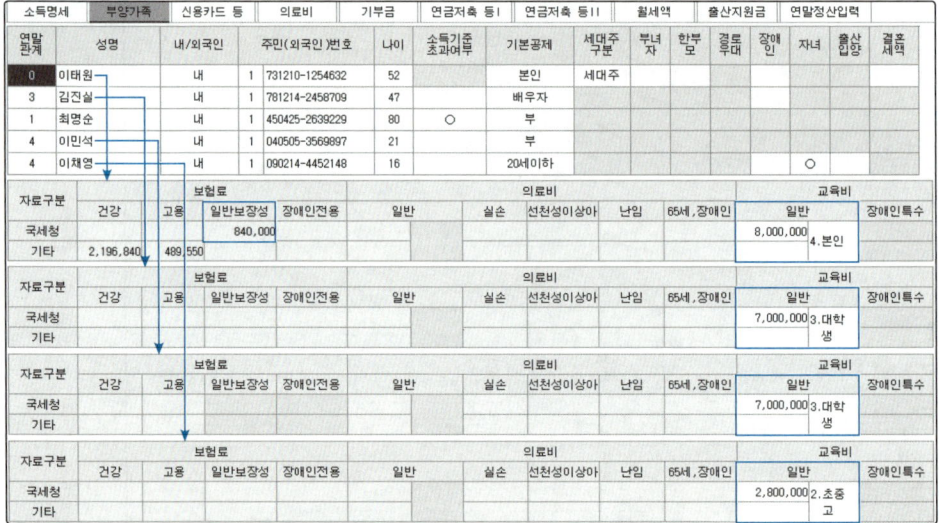

(4) [의료비] TAB : 부양가족 TAB 더블클릭 또는 직접 선택

① 의료비는 나이 및 소득금액 불문으로 근로자 본인이 부담한 경우 공제 가능
② 안경구입비는 1인당 50만원 한도내 금액만 공제가능하며 실손보험수령액은 지출액에서 공제하지 않고 전액 입력한다. (배우자(김진실)의 미용목적 성형수술비는 공제대상 제외)

117회 기출문제 해설

(5) [연말정산입력] TAB : [F8 부양가족탭불러오기] 버튼을 클릭하여 부양가족 TAB 자료 반영

구분			지출액	공제금액	구분		지출액	공제대상금액	공제금액
21.총급여				55,000,000	48.종합소득 과세표준				32,694,910
22.근로소득공제				12,500,000	49.산출세액				3,644,236
23.근로소득금액				42,500,000	50.「소득세법」				
기본공제	24.본인			1,500,000	세액감면	51.「조세특례제한법」(52제외)			
	25.배우자			1,500,000					
	26.부양가족	1명		1,500,000		52.「조세특례제한법」제30조			
추가공제	27.경로우대	명				53.조세조약			
	28.장애인	명				54.세액감면 계			
	29.부녀자					55.근로소득 세액공제			660,000
	30.한부모가족					56.결혼세액공제	부			
연금보험료공제	31.국민연금보험료		2,618,700	2,618,700		57.자녀 ㉮자녀 1명			250,000
	32.공적연금보험료공제	공무원연금			세액공제	㉯ 출산.입양 명			
		군인연금				58.과학기술공제			
		사립학교교직원			연금계좌	59.근로자퇴직연금			
		별정우체국연금				60.연금저축			
특별소득공제	33.보험료		2,686,390	2,686,390		60-1.ISA연금계좌전환			
	건강보험료		2,196,840	2,196,840	특별세액공제	61.보장 일반 840,000	840,000	840,000	100,800
	고용보험료		489,550	489,550		성보험 장애인			
그밖의소득공제	34.주택차입금	대출기관				62.의료비 5,300,000	5,300,000	650,000	97,500
	원리금상환액	거주자				63.교육비 24,800,000	24,800,000	24,800,000	2,535,936
	34.장기주택저당차입금이자상					64.기부금			
	35.특별소득공제 계			2,686,390		1)정치자금기부금 10만원이하			
36.차감소득금액				32,694,910		10만원초과			
37.개인연금저축						2)고향사랑기부금 10만원이하			
38.소기업,소상공인 공제부금	2015년이전가입					10만원초과			
	2016년이후가입					3)특례기부금(전액)			
39.주택마련저축 소득공제	청약저축					4)우리사주조합기부금			
	주택청약					5)일반기부금(종교단체외)			
	근로자주택마련					6)일반기부금(종교단체)			
40.투자조합출자 등 소득공제						65.특별세액공제 계			2,734,236
41.신용카드 등 사용액									

116회 전산세무2급 기출 해설

A형	[01]	[02]	[03]	[04]	[05]	[06]	[07]	[08]	[09]	[10]	[11]	[12]	[13]	[14]	[15]
	1	1	3	2	3	3	4	2	2	4	2	4	4	1	3

해설

01. ■ 자본적지출 회계처리 : (차) 기계장치등   ×××   (대) 현금등   ×××
    ■ 수익적지출 회계처리 : (차) 수선비등   ×××   (대) 현금등   ×××
    ∴ 자산을 비용으로 계상하면 자산과 당기순이익 및 자본이 과소계상 되나, 부채에는 영향이 없다.

02. 영업권은 무형자산에 해당한다.

03. 재고자산 평가방법의 변경은 회계정책의 변경에 해당한다.

04. 신주발행비는 주식의 발행대금에서 차감한다.

05. ■ 반품률을 합리적으로 추정할 수 없는 상태로 판매한 상품 : 기말재고자산에 포함
    ■ 시용판매 조건으로 판매된 시송품 중 고객이 구매의사표시를 한 상품 : 기말재고자산에 불포함
    ■ 담보로 제공한 저당상품 : 기말재고자산에 포함
    ■ 선적지 인도조건으로 매입한 미착상품 : 기말재고자산에 포함
    ∴ 기말재고자산 금액 17,000,000원
      = 반품률 추정 불가 상품 2,000,000원 + 고객이 구매의사 미표시 상품 2,000,000원
      + 담보제공 저당상품 9,000,000원 + 선적지 인도조건으로 매입한 미착상품 4,000,000원

06. 가공원가는 직접노무원가와 제조간접원가를 합한 금액이다.

07. 종합원가계산은 공정별로 원가를 집계하므로 재공품 원가의 개별확인이 불가능하여 원가계산 기간말 현재 가공 중에 있는 재공품의 원가를 별도로 추정해야 한다.

08. 단계배분법은 보조부문 상호 간의 용역수수관계를 일부 반영하는 방법이다.

09. ■ 당월 발생 보험료
      = 당월 지급액 100,000원 − 전월 미지급액 30,000원 + 당월 미지급액 20,000원 = 90,000원
    ∴ 당월 발생 보험료 중 제조부문에 대한 배부율이 80%이므로 72,000원(= 90,000원 × 80%)
      이 당월 제조간접원가로 계상된다.

10. ■ 평균법 = 완성량 1,100개 + (기말재공품 200개 × 완성도 60%) = 1,220개
    ■ 선입선출법 1,160개
      = 완성량 1,100개 + (기말재공품 200개 × 완성도 60%) − (기초재공품 300개 × 완성도 20%)

11. 일반적인 여객운송 용역은 부가가치세를 면제한다. 다만, 고속철도에 의한 여객운송 용역은 부가가치세를 면제하는 용역에서 제외한다.

13. - 1월부터 11월까지의 근로소득을 해당 과세기간의 12월 31일까지 지급하지 않은 경우, 그 근로소득은 12월 31일에 지급한 것으로 보아 소득세를 원천징수 한다.
    - 12월 귀속 근로소득을 다음 연도 2월 말일까지 지급하지 않은 경우, 그 근로소득은 다음 연도 2월 말일에 지급한 것으로 보아 소득세를 원천징수 한다.
    ∴ 2025년 12월 귀속 근로소득을 2026년 3월에 지급한 경우, 원천징수시기는 2026년 2월말이다.
14. 복식부기의무자의 경우 사업용 유형자산의 처분으로 발생하는 이익을 사업소득에 포함시킨다.
15. 배우자가 있는 여성인 경우 배우자의 소득유무에 불구하고 종합소득금액 3,000만원 이하인 경우 부녀자공제를 받을 수 있다.

실무문제 해설

문제 1 일반전표입력

NO	월	일	구분	계정과목	거래처	차변	대변
[1]	1	3	차변	받을어음	하남상회	1,400,000	
			차변	보통예금		2,000,000	
			대변	외상매출금	하남상회		3,400,000
[2]	1	15	차변	도서인쇄비(판)		25,000	
			대변	현 금			25,000
[3]	8	20	차변	토 지		19,500,000	
			차변	매도가능증권(178)		10,500,000	
			대변	보통예금			30,000,000

- 유형자산 등록시 구입하는 유가증권 공정가치와 액면가액의 차액은 취득원가에 가산한다.
  토지 = 취득세 18,000,000원 + (액면가액 12,000,000원 − 공정가치 10,500,000원) = 19,500,000원

[4]	10	25	차변	임금(제) 또는 급여(제)		3,500,000	
			차변	상여금(제)		3,000,000	
			대변	보통예금			5,332,740
			대변	예수금			1,167,260
[5]	12	1	차변	미지급금	(주)은성기계	22,000,000	
			대변	미지급금	신한카드		22,000,000

문제 2 매입매출전표입력

[1]

NO	일자	유형	품목	공급가액	부가세	공급처명	전자	분개
	1/2	11.과세	기계장치	1,000,000	100,000	미래전자	여	혼합

구분	계정과목	거래처	차변	대변
대변	부가세예수금	미래전자		100,000
대변	기계장치	미래전자		5,000,000
대변	유형자산처분이익	미래전자		300,000
차변	현 금	미래전자	100,000	
차변	미수금	미래전자	1,000,000	
차변	감가상각누계액(207)	미래전자	4,300,000	

■ 상거래 이외의 어음거래이므로 미수금으로 회계처리 한다.

[2]

NO	일자	유형	품목	공급가액	부가세	공급처명	전자	분개
	2/12	54.불공	선물세트	7,100,000	710,000	(주)롯데백화점 중동	여	혼합

불공제 사유	④ 기업업무추진비 및 이와 유사한 비용 관련

구분	계정과목	거래처	차변	대변
차변	기업업무추진비(판)	(주)롯데백화점 중동	7,810,000	
대변	보통예금	(주)롯데백화점 중동		7,810,000

[3]

NO	일자	유형	품목	공급가액	부가세	공급처명	전자	분개
	7/17	12.영세	제품	18,000,000	0	(주)봉산실업	여	혼합

영세율 구분	③ 내국신용장·구매확인서에 의하여 공급하는 재화

구분	계정과목	거래처	차변	대변
대변	제품매출	(주)봉산실업		18,000,000
차변	현 금	(주)봉산실업	1,800,000	
차변	외상매출금	(주)봉산실업	16,200,000	

[4]

NO	일자	유형	품목	공급가액	부가세	공급처명	전자	분개
	8/20	62.현면	한우갈비세트	2,000,000		(주)하나로마트		현금(혼합)

구분	계정과목	거래처	차변	대변
출금	복리후생비(제)		600,000	(현금)
출금	복리후생비(판)		1,400,000	(현금)

116회 기출문제 해설

NO	일자	유형	품목	공급가액	부가세	공급처명	전자	분개
[5]	9/10	51.과세	원재료	1,000,000	100,000	풍성철강		외상

	구분	계정과목	거래처	차변	대변
[5]	대변	외상매입금	풍성철강		1,100,000
	차변	부가세대급금	풍성철강	100,000	
	차변	원재료	풍성철강	1,000,000	

- 간편집계(F11) → 예정누락분 → 확정신고 개시연월 2025년 10월(또는 11월, 12월) 입력 → 확인(Tab)

문제 3 부가가치세 신고

[1] 부가가치세신고서 작성(조회기간 : 2025년 4월 1일 ~ 2025년 6월 30일)

① 경조사와 관련하여 직원에게 제공한 제품 등은 연간 100,000원 이하까지 재화의 공급으로 보지 않는다.
② 대손세액 = 1,650,000원 × 10/110 = 150,000원 → 대손세액가감(8)란에 음수로 입력
③ 배기량 999cc 경차 구입은 매입세액 공제가 가능하며 고정자산매입(11)란에 입력한다.
④ 접대성 물품 매입은 매입세액공제가 불가능하므로 [세금계산서수취분-일반매입(10란)]과 [공제받지못할매입세액-공제받지못할매입세액(50란)]에 입력한다.
⑤ 기업이 직접 홈택스로 전자신고를 한 경우 확정신고시 전자신고세액공제 "10,000원"을 입력한다.
⑥ 전자세금계산서 발급의무자가 세금계산서 발급시기에 종이세금계산서를 발급한 경우 세금계산서 불성실 가산세 중 미발급(1%) 가산세를 적용한다. 다만, 종이발급 세금계산서 관련 가산세를 입력하는 란이 별도로 존재하지 않으며, 지연발급(62)란에 입력한 경우도 정답으로 인정한다.

세금계산서 미발급(64란) 가산세 = 50,000,000원 × 1% = 500,000원

	구분		정기신고금액		
			금액	세율	세액
과세표준및매출세액	과세	세금계산서발급분	1	200,000,000	10/100	20,000,000
		매입자발행세금계산서	2		10/100	
		신용카드·현금영수증발행분	3		10/100	
		기타(정규영수증외매출분)	4			
	영세	세금계산서발급분	5		0/100	
		기타	6		0/100	
	예정신고누락분		7			
	대손세액가감		8			-150,000
	합계		9	200,000,000	㉮	19,850,000
매입세액	세금계산서수취분	일반매입	10	100,000,000		10,000,000
		수출기업수입분납부유예	10-1			
		고정자산매입	11	20,000,000		2,000,000
	예정신고누락분		12			
	매입자발행세금계산서		13			
	그 밖의 공제매입세액		14			
	합계(10)-(10-1)+(11)+(12)+(13)+(14)		15	120,000,000		12,000,000
	공제받지못할매입세액		16	5,000,000		500,000
	차감계 (15-16)		17	115,000,000	㉯	11,500,000
납부(환급)세액(매출세액㉮-매입세액㉯)					㉰	8,350,000
경감공제세액	그 밖의 경감·공제세액		18			10,000
	신용카드매출전표등 발행공제등		19			
	합계		20		㉱	10,000
소규모 개인사업자 부가가치세 감면세액			20-1		㉲	
예정신고미환급세액			21		㉳	
예정고지세액			22		㉴	
사업양수자의 대리납부 기납부세액			23		㉵	
매입자 납부특례 기납부세액			24		㉶	
신용카드업자의 대리납부 기납부세액			25		㉷	
가산세액계			26		㉸	500,000
차가감하여 납부할세액(환급받을세액)㉮-㉯-㉱-㉲-㉳-㉴-㉵-㉶-㉷+㉸			27			8,840,000
총괄납부사업자가 납부할 세액(환급받을 세액)						

구분		금액	세율	세액
16.공제받지못할매입세액				
공제받지못할 매입세액	50	5,000,000		500,000
공통매입세액면세등사업분	51			
대손처분받은세액	52			
합계	53	5,000,000		500,000
18.그 밖의 경감·공제세액				
전자신고 및 전자고지 세액공제	54			10,000
전자세금계산서발급세액공제	55			
택시운송사업자경감세액	56			
대리납부세액공제	57			
현금영수증사업자세액공제	58			
기타	59			
합계	60			10,000
25.가산세명세				
사업자미등록등	61		1/100	
세금계산서	지연발급 등	62		1/100	
	지연수취	63		5/1,000	
	미발급 등	64	50,000,000	뒤쪽참조	500,000
전자세금발급명세	지연전송	65		3/1,000	
	미전송	66		5/1,000	
세금계산서합계표	제출불성실	67		5/1,000	
	지연제출	68		3/1,000	
신고불성실	무신고(일반)	69		뒤쪽	
	무신고(부당)	70		뒤쪽	
	과소·초과환급(일반)	71		뒤쪽	
	과소·초과환급(부당)	72		뒤쪽	
납부지연		73		뒤쪽	
영세율과세표준신고불성실		74		5/1,000	
현금매출명세서불성실		75		1/100	
부동산임대공급가액명세서		76		1/100	
매입자	거래계좌 미사용	77		뒤쪽	
납부특례	거래계좌 지연입금	78		뒤쪽	
신용카드매출전표등수령명세서미제출		79		5/1,000	
합계		80			500,000

[2] 대손세액공제신고서(대손발생 TAB)

- (주)비하 : 부도발생일로부터 6월 미경과로 인하여 대손세액공제를 적용할 수 없다.

당초공급일	대손확정일	대손금액	공제율	대손세액	거래처		대손사유
2024-05-03	2025-10-05	11,000,000	10/110	1,000,000	(주)가경	1	파산
2022-10-10	2025-10-24	22,000,000	10/110	2,000,000	(주)용암	6	소멸시효완성
2025-04-08	2025-11-20	16,500,000	10/110	1,500,000	(주)개신	5	부도(6개월경과)
합 계		49,500,000		4,500,000			

조회기간 : 2025년 10월 ~ 2025년 12월 2기 확정

문제 4 결산정리사항

[1] 수동결산 - 일반전표입력

월	일	구분	계정과목	거래처	차변	대변
12	31	차변	부가세예수금		12,500,000	
		차변	세금과공과(판)		240,000	
		대변	부가세대급금			9,500,000
		대변	잡이익			10,000
		대변	미지급세금			3,230,000

[2] 수동결산 - 일반전표입력

- 매도가능증권평가손익은 재무상태표상 자본 항목 중 기타포괄손익누계액 항목으로 차기 이후 발생하는 평가손익과 상계하여 회계처리 한다.
- 2024년 말 인식한 매도가능증권평가손실(기타포괄손익누계액) 200,000원을 2025년 말 발생한 매도가능증권평가이익과 우선 상계하여 회계처리 한다.
  매도가능증권평가이익 = 2025년 말 공정가치 2,000,000원 - 취득가액 1,000,000원 = 1,000,000원

월	일	구분	계정과목	거래처	차변	대변
12	31	차변	매도가능증권(178)		1,200,000	
		대변	매도가능증권평가손실			200,000
		대변	매도가능증권평가이익			1,000,000

[3] 수동결산 - 일반전표입력

월	일	구분	계정과목	거래처	차변	대변
12	31	차변	선급비용		800,000	
		대변	보험료(판)			800,000

- 선급비용(미경과분) = 1,200,000원 × 8개월/12개월 = 800,000원

116회 기출문제 해설

[4] 수동결산 - 일반전표입력

월	일	구분	계정과목	거래처	차변	대변
12	31	차변	이자비용		755,111	
		차변	사채할증발행차금		244,889	
		대변	보통예금			1,000,000

- 시장이자율 7% < 액면이자율 10% : 사채 할증발행
- 사채 지급이자 = 사채 액면가액 10,000,000원 × 액면이자율 10% = 1,000,000원
- 사채 이자비용 = 사채 발행가액 10,787,300원 × 시장이자율 7% = 755,111원
- 사채할증발행차금 상각액 = 지급이자 1,000,000원 - 이자비용 755,111원 = 244,889원
- 문제의 조건에 따라 원단위 이하를 절사하여 입력한 회계처리도 정답으로 인정함

[5] 자동결산 - 결산자료입력

방법 1 : 결산자료입력 메뉴 제품매출원가의 2).일반감가상각비에 [건물 : 10,000,000원, 기계장치 : 8,000,000원], 판매비와일반관리비의 4).감가상각비에 [차량운반구 : 7,000,000원, 비품 : 3,000,000원]을 입력한 후 결산자료 입력의 전표추가를 한다.

방법 2 : 결산일(12월 31일)에 일반전표입력에 직접 입력

월	일	구분	계정과목	거래처	차변	대변
12	31	차변	감가상각비(제)		18,000,000	
		차변	감가상각비(판)		10,000,000	
		대변	감가상각누계액(203)			10,000,000
		대변	감가상각누계액(207)			8,000,000
		대변	감가상각누계액(209)			7,000,000
		대변	감가상각누계액(213)			3,000,000

문제 5 원천징수

[1] 사원등록 및 급여자료입력

(1) 사원등록의 기본사항 TAB

① 생산직 근로자는 월정액급여가 210만원 이하로서 직전 과세기간의 총급여액이 3,000만원 이하인 경우, 야간근로수당은 연 240만원까지 비과세를 적용한다.
  10.생산직등여부(1.여), 연장근로비과세(1.여), 전년도총급여(27,000,000)를 입력한다.

② 12.국민연금보수월액, 13.건강보험보수월액, 14.고용보험보수월액란에 1,800,000원을 입력하여 급여자료입력의 공제항목 금액란에 납부액을 자동 반영한다.

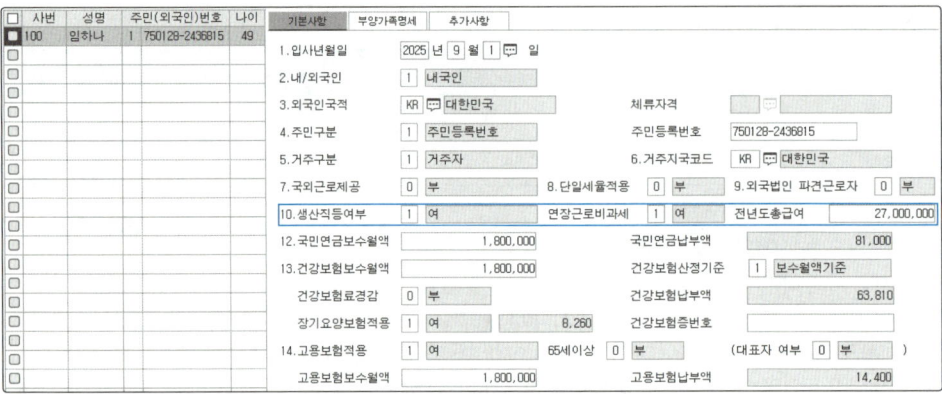

(2) 급여자료입력

① 수당공제등록

- 현물식사를 제공받지 않고 있으므로 식대로 제공받는 금액은 비과세소득이다.
- 출퇴근용 시내교통비는 과세 소득이다.
- 6세 이하 자녀를 양육하는 경우 출산·보육수당 지급액은 비과세소득이다. (부양가족등록과 무관)
- 야간근로수당은 사원등록사항에 따라 비과세가 적용되므로 수당등록은 비과세로 등록한다.

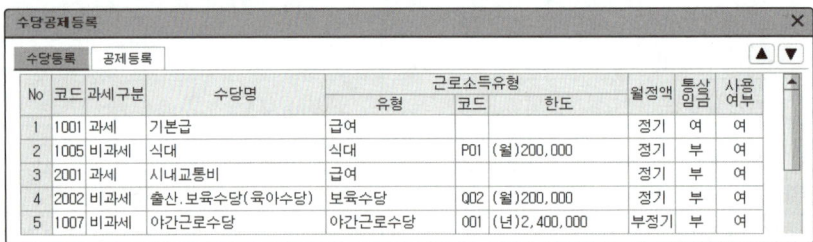

② 급여자료입력(귀속년월 : 2025년 09월, 지급년월일 : 2025년 09월 30일)

- 지문에 월정액급여 180만원으로 기재되어 있으나 실제 계산을 하면 210만원이며 야간근로수당 220만원은 비과세 급여이다.

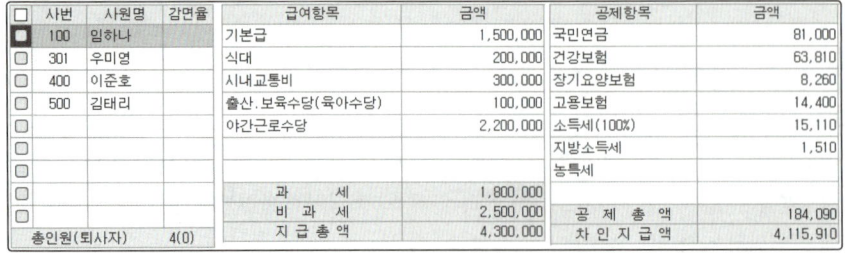

116회 기출문제 해설

[2] 중도퇴사자 정산신고

(1) 사원등록 기본사항 TAB
- 우미영의 퇴사년월일(2025년 3월 31일)을 입력한다.

(2) 급여자료입력
① 귀속년월, 지급년월일을 입력하여 조회하면 "전월 임금대장 포함하여 복사하겠습니까?" 메시지가 나오면 "예(Y)"를 클릭하여 반영 후 우미연 사원의 3월 급여자료를 확인한다.
② 상단의 [F7 중도퇴사자정산] 버튼을 클릭하여 중도정산소득세 및 중도정산지방소득세를 반영한다.

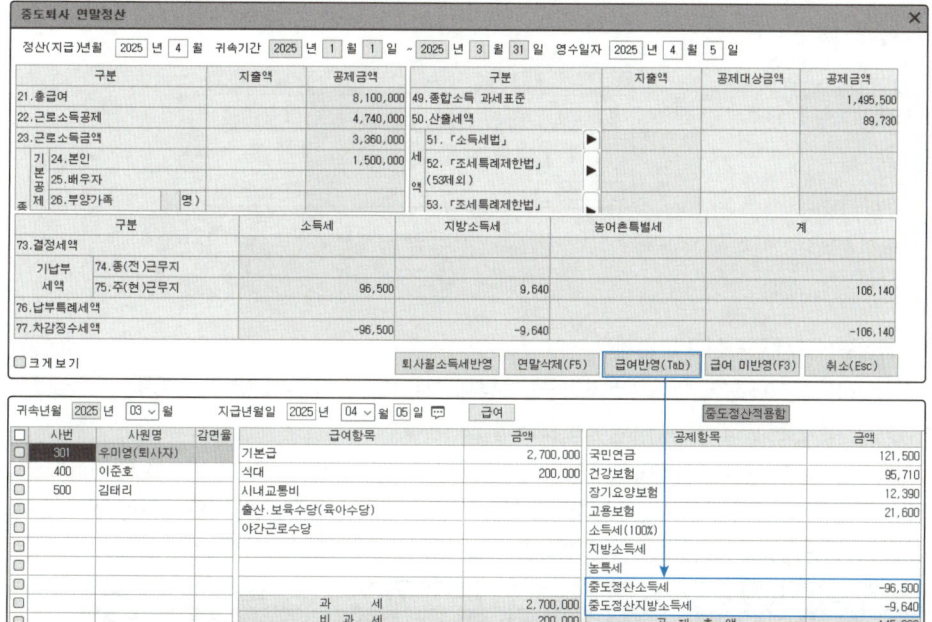

(3) 원천징수이행상황신고서

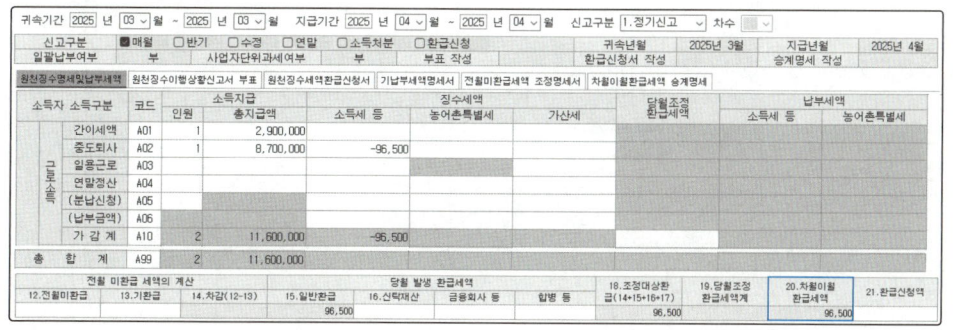

[3] 원천징수이행상황신고서 전자신고

(1) 원천징수이행상황신고서 작성 및 마감

① 원천징수이행상황신고서 메뉴에서 귀속기간(2025년 10월 ~ 2025년 10월), 지급기간(2025년 10월 ~ 2025년 10월), 신고구분(1.정기신고)을 입력하여 조회한다. 해당 지급기간의 근로소득 및 원천징수세액 반영을 확인하고 상단의 [마감(F8)] 버튼을 클릭하여 마감을 진행한다.

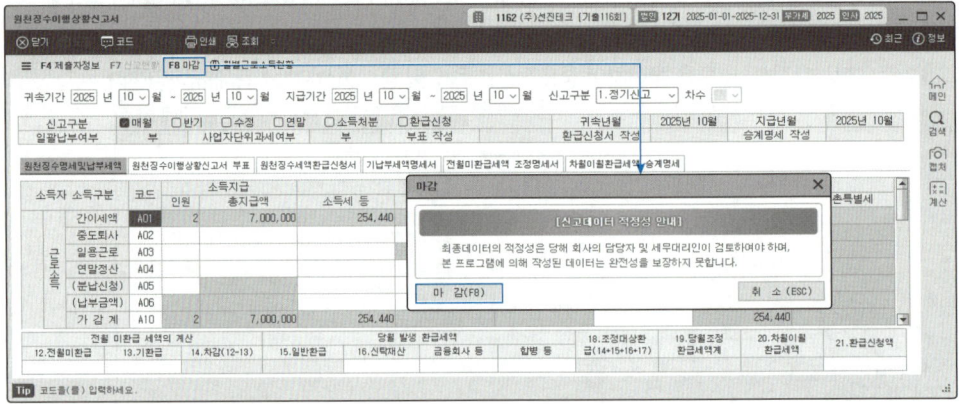

(2) 원천징수이행상환신고서 전자신고 파일제작

① [원천징수이행상황제작 TAB]을 선택하고 **신고인구분(2.납세자자진신고)**, 지급기간(2025년 10월 ~ 2025년 10월), 신고(1.정기신고), 원천신고(1.매월), 제작경로(C:₩)를 입력한다.

② 선택한 회사코드의 마감자료가 조회되며 변환하고자 하는 회사를 선택하고 [제작(F4)] 버튼을 클릭하여 국세청 변환파일로 변환한다. 제작이 완료되면 전자신고 파일이 생성되었다는 메시지가 나오며 [확인]을 누른 후 파일 **비밀번호(123456789)**를 입력하여 파일을 암호화 한다.

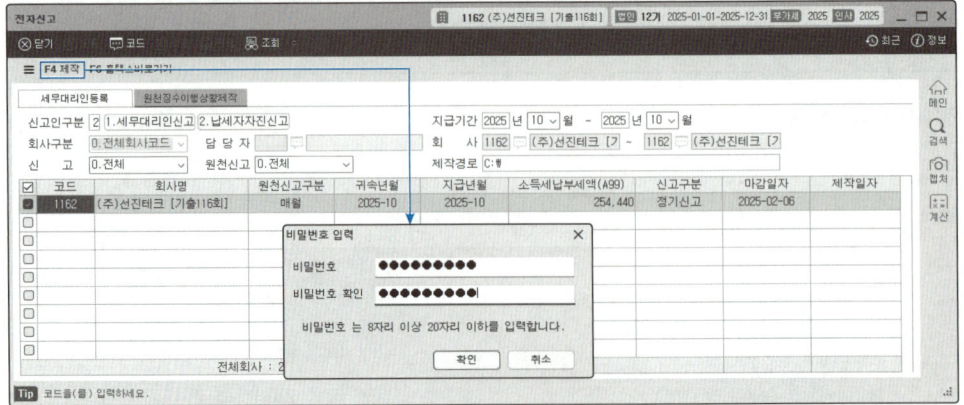

(3) 국세청 홈택스 전자신고

① [세금신고] TAB에서 전자파일변환을 위해 [찾아보기] 버튼을 클릭하여 변환대상파일을 선택한다.

② 하단 진행현황의 [형식검증하기]를 클릭하고 신고파일 생성시 입력한 비밀번호를 입력하여 첨부파일의 오류를 진행하고 [형식검증결과확인]으로 진행상황을 확인한다.

③ [내용검증하기]를 클릭하여 신고내용을 검증하고 [내용검증결과확인]으로 신고내용의 오류사항을 처리내역에서 확인한다.

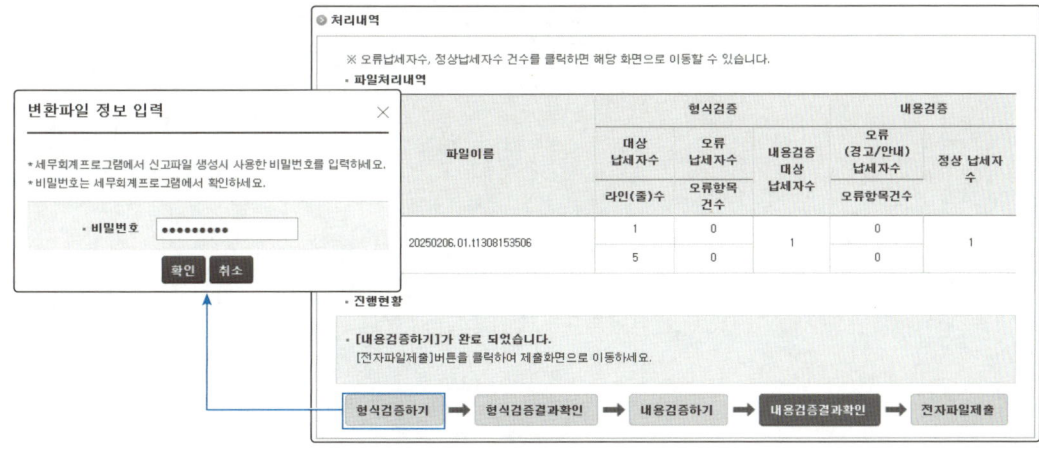

기출문제 해설 116회

④ [**전자파일제출**]을 클릭하여 전자파일 제출로 이동하여 [**전자파일 제출하기**]를 클릭하여 원천징수이행상황신고서를 제출하며 "원천세 신고서 접수증(파일변환)" 화면이 나오면 정상적인 제출이 완료된 것이다.

115회 전산세무2급 기출 해설

A형	[01]	[02]	[03]	[04]	[05]	[06]	[07]	[08]	[09]	[10]	[11]	[12]	[13]	[14]	[15]
	4	4	3	1	1	1	2	3	2	4	3	2	4	3	1

◆해설◆

01. ④는 회계정보의 질적특성 중 목적적합성(적시성)에 대한 설명이다.
02. ① 기계장치 취득원가 = 20,000,000원 + 300,000원 + 4,000,000원 = 24,300,000원
    - 소모품 교체비는 수익적 지출로서 당기 비용으로 처리한다.
    ② 감가상각비 = 취득원가 24,300,000원 ÷ 내용연수 6년 = 4,050,000원
    ③ 감가상각누계액 = 4,050,000원 × 3년 = 12,150,000원
    - 2023년, 2024년, 2025년 감가상각비의 합계액
    ④ 25.12.31. 미상각잔액 = 취득원가 24,300,000원 − 감가상각누계액 12,150,000원
       = 12,150,000원
03. 무형자산의 상각방법은 합리적인 방법을 사용하며, 합리적인 상각방법을 정할 수 없는 경우에는 정액법을 사용한다.
04. 사채할인발행차금은 사채의 액면금액에서 차감하는 형식으로 표시한다.
05. 회계정책의 변경은 재무제표의 작성과 보고에 적용하던 회계정책을 다른 회계정책으로 바꾸는 것을 말한다.
06. 당기제품제조원가(당기완성품원가)는 재공품 계정의 대변으로 대체된다.
07. 작업원가표는 종합원가계산이 아닌, 개별원가계산을 적용할 때 작성한다.
08. 제조원가명세서의 당기제품제조원가는 손익계산서의 당기제품제조원가에 계상된다.
09. - 제조간접원가 예정배부액 = 실제 발생액 6,000,000원 + 과대배부액 400,000원
       = 6,400,000원
    - 예조간접원가 예정배부율 = 예정배부액 6,400,000원 ÷ 실제 직접노무시간 50,000시간 = 128원
10. - 선입선출법에 의한 가공원가의 완성품환산량 6,100개
      = 완성품수량 + 기말재공품완성품환산량 − 기초재공품완성품환산량
      = 6,200개 + (800개 × 기말재공품완성도) − (1,000개 × 30%)
    ∴ 기말재공품완성도 = (6,100개 + 300개 − 6,200개) ÷ 800개 = 0.25 → 25%
11. 일반과세자가 간이과세자로 변경되는 경우 그 변경되는 해에 간이과세자에 관한 규정이 적용되는 기간은 그 변경 이후 7월 1일부터 12월 31일까지이다.
12. 사업용 상가건물의 양도는 재화의 공급에 해당하지만, 담보의 제공, 사업의 포괄적 양도, 조세의 물납은 재화의 공급으로 보지 않는다.

13. 기부금세액공제는 종합소득(사업소득자는 필요경비 산입)이 있는 거주자가 받을 수 있다.
14. 소득세법상 장기할부판매의 수입시기는 상품 등을 인도한 날이며, 부가가치세법상 장기할부판매의 공급시기는 대가의 각 부분을 받기로 한 때이다.
15. 「공익법인의 설립·운영에 관한 법률」의 적용을 받는 공익법인이 주무관청의 승인을 받아 시상하는 상금 및 부상과 다수가 순위 경쟁하는 대회에서 입상자가 받는 상금 및 부상의 경우, 거주자가 받은 금액의 100분의 80에 상당하는 금액을 필요경비로 한다.

실무문제 해설

문제 1 일반전표입력

NO	월	일	구분	계정과목	거래처	차변	대변
[1]	4	11	차변	보통예금		12,000,000	
			차변	매도가능증권평가이익		1,000,000	
			대변	매도가능증권(178)			11,000,000
			대변	매도가능증권처분이익			2,000,000

■ 매도가능증권처분이익 = 처분가액 12,000,000원 - 취득가액 10,000,000원 = 2,000,000원
매도가능증권 처분 시 매도가능증권평가이익 1,000,000원 장부에서 제거한다.

[2]	6	25	차변	비 품		5,000,000	
			대변	자산수증이익			5,000,000

[3]	8	2	차변	토 지		316,000,000	
			대변	현 금			13,000,000
			대변	보통예금			303,000,000

■ 토지 취득 부대비용(취득세, 등기수수료, 중개수수료 등)은 취득원가에 가산한다.

[4]	8	10	차변	퇴직연금운용자산		5,000,000	
			차변	퇴직급여(제)		3,000,000	
			대변	보통예금			8,000,000

■ 확정급여형(DB) 퇴직연금 : 퇴직연금운용자산 ■ 확정기여형(DC) 퇴직연금 : 퇴직급여

[5]	12	13	차변	보통예금		7,800,000	
			대변	자기주식			6,960,000
			대변	자기주식처분손실			200,000
			대변	자기주식처분이익			640,000

■ 자기주식처분이익은 자기주식처분손실과 우선 상계 후 잔액만 장부에 계상한다.

115회 기출문제 해설

문제 2 매입매출전표입력

[1]

NO	일자	유형	품목	공급가액	부가세	공급처명	전자	분개
	3/12	16.수출	제품	39,000,000	0	ABC사		혼합

	영세율 구분	① 직접수출(대행수출 포함)
	수출신고번호	생략

구분	계정과목	거래처	차변	대변
대변	제품매출	ABC사		39,000,000
차변	보통예금	ABC사	26,000,000	
차변	외상매출금	ABC사	13,000,000	

■ 과세표준 = $30,000 × 1,300원/$(선적일) = 39,000,000원

[2]

NO	일자	유형	품목	공급가액	부가세	공급처명	전자	분개
	10/1	51.과세	업무용승용차	20,000,000	2,000,000	달려요		혼합

구분	계정과목	거래처	차변	대변
차변	부가세대급금	달려요	2,000,000	
차변	차량운반구	달려요	20,000,000	
대변	미지급금	달려요		22,000,000

■ 1,000cc 이하의 경차는 부가가치세 매입세액공제가 가능하다.

[3]

NO	일자	유형	품목	공급가액	부가세	공급처명	전자	분개
	10/29	53.면세	리스료	1,800,000		(주)월클파이낸셜	여	혼합

구분	계정과목	거래처	차변	대변
차변	임차료(판)	(주)월클파이낸셜	1,800,000	
대변	미지급금 또는 미지급비용	(주)월클파이낸셜		1,800,000

[4]

NO	일자	유형	품목	공급가액	부가세	공급처명	전자	분개
	11/1	11.과세	제품	10,000,000	1,000,000	(주)진산	여	혼합

구분	계정과목	거래처	차변	대변
대변	부가세예수금	(주)진산		1,000,000
대변	제품매출	(주)진산		10,000,000
차변	미지급금	(주)진산	8,000,000	
차변	보통예금	(주)진산	3,000,000	

NO	일자	유형	품목	공급가액	부가세	공급처명	전자	분개
[5]	11/20	61.현과	온풍기	1,760,000	176,000	(주)코스트코코리아		혼합
	구분	계정과목		거래처		차변	대변	
	차변	부가세대급금		(주)코스트코코리아		176,000		
	차변	비 품		(주)코스트코코리아		1,760,000		
	대변	보통예금		(주)코스트코코리아			1,936,000	

문제 3 부가가치세 신고

[1] 공제받지못할매입세액명세서(조회기간 : 2025년 10월 ~ 2025년 12월)

(1) 공제받지못할매입세액내역 TAB

매입세액 불공제 사유	세금계산서		
	매수	공급가액	매입세액
①필요적 기재사항 누락 등			
②사업과 직접 관련 없는 지출			
③개별소비세법 제1조제2항제3호에 따른 자동차 구입·유지 및 임차			
④기업업무추진비 및 이와 유사한 비용 관련			
⑤면세사업등 관련	12	90,000,000	9,000,000
⑥토지의 자본적 지출 관련			
⑦사업자등록 전 매입세액			
⑧금·구리 스크랩 거래계좌 미사용 관련 매입세액			
합계	12	90,000,000	9,000,000

(2) 공통매입세액의 정산내역 TAB

산식	구분	(15)총공통매입세액	(16)면세 사업확정 비율			(17)불공제매입세액총액 ((15)*(16))	(18)기불공제매입세액	(19)가산또는공제되는매입세액((17)-(18))
			총공급가액	면세공급가액	면세비율			
1.당해과세기간의 공급가액기준		3,800,000	500,000,000.00	150,000,000.00	30.000000	1,140,000	500,000	640,000
합계		3,800,000	500,000,000	150,000,000		1,140,000	500,000	640,000

가산또는공제되는매입세액 (640,000) = 총공통매입세액 (3,800,000) * 면세비율(%) (30.000000) - 기불공제매입세액 (500,000)

[2] 부가가치세신고서 작성(조회기간 : 2025년 4월 1일 ~ 2025년 6월 30일)

① "신용카드·현금영수증발행분(3)"란에 입력한 공급대가 금액을 "신용카드매출전표등 발행공제등(19)"란도 입력하여야 하며, 시험은 별도의 문구가 없는 경우 채점에는 영향을 주지 않는다.
② 대손사유 파산은 대손 확정으로 확정신고시 대손세액공제 가능하며 대손세액가감(8)란에 음수로 입력한다.
→ 대손세액 = 5,500,000원 × 10/110 = 500,000원
③ 그 밖의 공제매입세액(14)란에 신용카드 매입세액 공제분을 일반매입(8,000,000원)과 고정자산매입(3,000,000원)으로 구분하여 입력한다.
④ 정상적으로 수취한 예정신고 누락분 매입 세금계산서는 가산세 적용 대상이 아니며 [예정신고누락분-세금계산서(38란)]에 입력한다.

115회 기출문제 해설

⑤ 예정신고시 미환급된 세액은 (21란)에 양수로 입력하여 납부세액에서 차감한다.
⑥ 기업이 직접 홈택스로 전자신고를 한 경우 확정신고시 전자신고세액공제 "10,000원"을 입력한다.
⑦ 세금계산서 지연발급(62란) 가산세 = 1,000,000원 × 1% = 10,000원

문제 4 결산정리사항

[1] 수동결산 – 일반전표입력

월	일	구분	계정과목	거래처	차변	대변
12	31	차변	장기차입금	은혜은행	20,000,000	
		대변	유동성장기부채	은혜은행		20,000,000

[2] 수동결산 – 일반전표입력

월	일	구분	계정과목	거래처	차변	대변
12	31	차변	선급비용		2,250,000	
		대변	임차료(판)			2,250,000

- 선급비용(미경과분) = 3,000,000원 × 9개월 / 12개월 = 2,250,000원

[3] 수동결산 – 일반전표입력

월	일	구분	계정과목	거래처	차변	대변
12	31	차변	이자비용		13,600,000	
		대변	미지급비용			13,600,000

- 미지급비용 = 300,000,000원 × 6.8% × 8개월 / 12개월 = 13,600,000원

[4] 자동결산 – 결산자료입력

방법 1 : 결산자료입력 메뉴 제품매출원가의 2).일반감가상각비에 [기계장치 : 4,000,000원], 판매비와일반관리비의 4).감가상각비에 [건물 : 20,000,000원], 6).무형자산상각비에 [영업권 : 3,000,000원]을 입력한 후 결산자료 입력의 전표추가를 한다.

방법 2 : 결산일(12월 31일)에 일반전표입력에 직접 입력

월	일	구분	계정과목	거래처	차변	대변
12	31	차변	감가상각비(판)		20,000,000	
		차변	감가상각비(제)		4,000,000	
		차변	무형자산상각비(판)		3,000,000	
		대변	감가상각누계액(203)			20,000,000
		대변	감가상각누계액(207)			4,000,000
		대변	영업권			3,000,000

[5] 자동결산 – 결산자료입력

- 도착지 인도조건으로 매입하여 운송 중인 미착원재료 2,300,000원은 기말재고에 포함하지 않고, 위탁제품 중 판매되지 않은 5,000,000원은 기말재고에 포함한다.
- 결산자료입력 메뉴 제품매출원가의 1).원재료비의 기말원재료재고액 4,700,000원, 8).당기총제조비용의 기말재공품재고액 800,000원, 9).당기완성품제조원가의 기말제품재고액 21,300,000원 입력 후 [전표추가]를 선택하여 일반전표에 결산전표를 추가한다.

115회 기출문제 해설

문제 5 원천징수

[1] 사원등록 부양가족명세 TAB

① 최하나(배우자) : 퇴직소득금액 100만원 이하로 기본공제 가능

② 직계존속은 주거형편상 별거이므로 생계를 같이 하는 것으로 본다.
- 김경식(부친) : 과세기간 중 사망한 경우 사망일 전일(2025.03.07. 생존) 상황에 의해 판단하므로 기본공제, 경로우대 추가공제, 장애인(2) 추가공제 가능. 기본공제 항목 선택 시 "60세 이상"과 "장애인" 모두 선택 가능
- 이연화(모친) : 장애인은 나이는 무관하나 소득금액 규제로 양도소득금액 100만원 초과로 기본공제 불가
- 한수희(장모) : 근로소득 총급여액 500만원 이하로 기본공제 가능

③ 김필모(형) : 장애인은 나이는 무관, 무조건 분리과세인 일용근로소득만 있으므로 기본공제 및 장애인(1) 추가공제 가능

사번	성명	주민(외국인)번호	나이
102	이철수	1 830505-1478521	41
1001	김필영	1 830419-1234577	41

기본사항 / 부양가족명세 / 추가사항

연말관계	성명	내/외국인	주민(외국인,여권)번호	나이	기본공제	부녀자	한부모	경로우대	장애인	자녀	출산입양	위탁관계
0	김필영	내	1 830419-1234577	42	본인							
3	최하나	내	1 851006-2219121	40	배우자							
4	김이온	내	1 130712-3035907	12	20세이하					○		
4	김시온	내	1 200103-4035458	5	20세이하							
1	김경식	내	1 460103-1156796	79	60세이상			○	2			
1	이연화	내	1 500717-2155441	75	부							
2	한수희	내	1 521111-2523467	73	60세이상			○				
6	김필모	내	1 801230-1234577	45	장애인				1			

◆ 부양가족 공제 현황
1. 기본공제 인원 (세대주 구분 [1] 세대주)

본인	○	배우자	유	20세 이하	2	60세 이상	2

2. 추가공제 인원

경로 우대	2	장 애 인	2	부 녀 자	부
한 부 모	부	출산입양자			

3. 자녀세액공제 인원 자녀세액공제 1

◆ 자녀세액공제는 8세 이상 20세 이하의 자녀인 경우 공제 받을 수 있습니다.

[2] 연말정산추가자료입력

(1) [부양가족] TAB : 인적공제

① 강희영(배우자) : 양도소득금액 100만원 초과로 기본공제 불가(소득기준 초과여부-1:여)

② 이명수(부친) : 부동산임대(사업)소득금액 100만원 이하로 기본공제 가능

소득명세	부양가족	신용카드 등	의료비	기부금	연금저축 등I	연금저축 등II	월세액	출산지원금	연말정산입력

연말관계	성명	내/외국인	주민(외국인)번호	나이	소득기준 초과여부	기본공제	세대주 구분	부녀자	한부모	경로우대	장애인	자녀	출산입양	결혼세액
0	이철수	내	1 840505-1478513	41		본인	세대주							
3	강희영	내	1 850630-2547861	40	○	부								
1	이명수	내	1 571012-1587425	68		60세이상								
4	이현수	내	1 150408-3852602	10		20세이하					○			
4	이리수	내	1 201104-4487125	5		20세이하								
	합 계 [명]				1	4						1		

(2) [부양가족] TAB : 보험료, 교육비 세액공제 추가입력

보험료	• 이철수(본인) : 자동차보험료 30만원을 일반보장성에 입력 • 소득금액 요건 미충족인 강희영(배우자) 보장성보험료 공제 제외 • 이명수(부친) : 만기까지 납입액이 만기환급금보다 큰 보험은 저축성 보험에 해당하지 아니하므로 15만원을 일반보장성에 입력 • 이현수(아들) : 보장성보험료 35만원 일반보장성에 입력
교육비	• 이철수(본인) : 본인 대학원 교육비는 공제 가능하므로 500만원(4.본인) 입력 • 이현수(아들) : 사립초등학교 수업료 800만원 또는 300만원(2.초중고) 입력. 취학아동의 학원비는 공제대상 배제 • 이리수(딸) : 어린이집 교육비 180만원(1.취학전아동) 입력

| 소득명세 | 부양가족 | 신용카드 등 | 의료비 | 기부금 | 연금저축 등I | 연금저축 등II | 월세액 | 출산지원금 | 연말정산입력 |

연말 관계	성명	내/외국인	주민(외국인)번호	나이	소득기준 초과여부	기본공제	세대주 구분	부녀자	한부모	경로 우대	장애인	자녀	출산 입양	결혼 세액
0	이철수	내	1 840505-1478513	41		본인	세대주							
3	강희영	내	1 850630-2547861	40	○	부								
1	이명수	내	1 571012-1587425	68		60세이상								
4	이현수	내	1 150408-3852602	10		20세이하						○		
4	이리수	내	1 201104-4487125	5		20세이하								

자료구분	보험료				의료비					교육비	
	건강	고용	일반보장성	장애인전용	일반	실손	선천성이상아	난임	65세,장애인	일반	장애인특수
국세청			300,000							5,000,000 4.본인	
기타	1,921,920	384,000									

자료구분	보험료				의료비					교육비	
	건강	고용	일반보장성	장애인전용	일반	실손	선천성이상아	난임	65세,장애인	일반	장애인특수
국세청			150,000								
기타											

자료구분	보험료				의료비					교육비	
	건강	고용	일반보장성	장애인전용	일반	실손	선천성이상아	난임	65세,장애인	일반	장애인특수
국세청			350,000							8,000,000 2.초중고	
기타											

자료구분	보험료				의료비					교육비	
	건강	고용	일반보장성	장애인전용	일반	실손	선천성이상아	난임	65세,장애인	일반	장애인특수
국세청										1,800,000 1.취학전	
기타											

(3) [의료비] TAB : 부양가족 TAB 더블클릭 또는 직접 선택

■ 국외 의료비는 공제 대상 의료비에서 제외된다.

| 소득명세 | 부양가족 | 신용카드 등 | 의료비 | 기부금 | 연금저축 등I | 연금저축 등II | 월세액 | 출산지원금 | 연말정산입력 |

2025년 의료비 지급명세서

의료비 공제대상자					지급처			지급명세				14.산후 조리원
	성명	내/외	5.주민등록번호	6.본인등 해당여부	9.증빙 코드	8.상호	7.사업자 등록번호	10. 건수	11.금액	11-1.실손 보험수령액	12.미숙아 선천성이상아	13.난임 여부	
☐	이철수	내	840505-1478513	1	0	1				1,050,000		X	X	X
☐	이리수	내	201104-4487125	2	0	1				250,000		X	X	X
☐														
	합계									1,300,000				
	일반의료비 (본인)		1,050,000	6세이하,65세이상인 건강보험산정특례자 장애인		250,000	일반의료비 (그 외)			난임시술비				
										미숙아,선천성이상아				

115회 기출문제 해설

(4) [신용카드 등] TAB : 부양가족 TAB 더블클릭 또는 직접 선택

	성명 생년월일	자료 구분	신용카드	직불,선불	현금영수증	도서등 신용	도서등 직불	도서등 현금	전통시장	대중교통	합계
☐	이철수	국세청	32,500,000								32,500,000
☐	1984-05-05	기타									
☐											
	합계		32,500,000								32,500,000
	총급여				48,000,000	신용카드 등 최소금액(총급여의 25%)					12,000,000

(5) [연말정산입력] TAB : [F8 부양가족탭불러오기] 버튼을 클릭하여 부양가족 TAB 자료 반영

구분				지출액	공제금액	구분		지출액	공제대상금액	공제금액
21.총급여					48,000,000	48.종합소득 과세표준				22,384,080
22.근로소득공제					12,150,000	49.산출세액	▶			2,097,612
23.근로소득금액					35,850,000	50.「소득세법」	▶			
기본공제	24.본인				1,500,000	세액감면	51.「조세특례제한법」(52제외)	▶		
	25.배우자						52.「조세특례제한법」 제30조	▶		
	26.부양가족	3명)			4,500,000		53.조세조약	▶		
추가공제	27.경로우대	명)					54.세액감면 계			
	28.장애인	명)					55.근로소득 세액공제	▶		660,000
	29.부녀자						56.결혼세액공제	부		
	30.한부모가족						57.자녀 ⓐ자녀 1명)			250,000
연금보험료공제	31.국민연금보험료			2,160,000	2,160,000	세액공제 ⓑ 출산.입양 명)			
	32. 공무원연금					세액공제	58.과학기술공제			
	공적연금보험	군인연금					59.근로자퇴직연금			
		사립학교교직원					60.연금저축			
	공제	별정우체국연금					60-1.ISA연금계좌전환			
특별소득공제	33.보험료			2,305,920	2,305,920		61.보장 일반	800,000	800,000	800,000	96,000
	건강보험료			1,921,920	1,921,920		성보험 장애인			
	고용보험료			384,000	384,000		62.의료비	1,300,000	1,300,000	
	34.주택차입금	대출기관					63.교육비	14,800,000	14,800,000	9,800,000	1,091,612
	원리금상환액	거주자					64.기부금			
	34.장기주택저당차입금이자상						1)정치자금 10만원이하			
	35.특별소득공제 계				2,305,920	세액공제	기부금 10만원초과			
36.차감소득금액					25,384,080		2)고향사랑 10만원이하			
	37.개인연금저축						기부금 10만원초과			
그밖의소득공제	38.소기업,소상	2015년이전가입					3)특례기부금(전액)			
	공인 공제부금	2016년이후가입					4)우리사주조합기부금			
	39.주택	청약저축					5)일반기부금(종교단체외)			
	마련저축	주택청약					6)일반기부금(종교단체)			
	소득공제	근로자주택마련					65.특별세액공제 계			1,187,612
	40.투자조합출자 등 소득공제						66.표준세액공제			
	41.신용카드 등 사용액			32,500,000	3,000,000		67.납세조합공제			
	42.우리사주조합	일반 등					68.주택차입금			
	출연금	벤처 등					69.외국납부	▶		
	43.고용유지중소기업근로자						70.월세액			
	44.장기집합투자증권저축						71.세액공제 계			2,097,612
	45.청년형장기집합투자증권저축									
	46.그 밖의 소득공제 계				3,000,000					

114회 전산세무2급 기출 해설

A형	[01]	[02]	[03]	[04]	[05]	[06]	[07]	[08]	[09]	[10]	[11]	[12]	[13]	[14]	[15]
	4	1	4	2	1	2	모두정답	2	3	4	4	3	1	2	2

◆해설◆

01. 종업원의 근무태도를 평가하는 것은 재무상태표의 목적이 아니다.

02. 실제 물량 흐름과 원가흐름이 대체로 일치하는 것은 선입선출법에 대한 설명이다.

03. ① 배당금 수익 : 배당금을 받을 권리와 금액이 확정된 날
   ② 상품권 판매 : 상품권을 회수하고 재화를 인도한 시점
   ③ 장기할부판매 : 재화의 인도 시점

04. 주식배당을 하면 이익잉여금 계정이 감소, 자본금 계정이 증가하고 자본총액은 변하지 않는다.
    회계처리 : (차) 미처분이익잉여금   ×××   (대) 자본금   ×××

05. 단기매매증권으로 분류할 경우, 2024년 기말 장부가액은 190,000원이다.

06. 기본원가와 가공원가에 모두 포함되는 것은 직접노무원가이다.
    - 직접재료원가 + 직접노무원가 = 기본원가
    - 직접노무원가 + 제조간접원가 = 가공원가

07. 시험 범위 이탈로 모두 정답처리하였으며 문제에 정답은 ④번이다.
    - B제품 제조원가 = 결합원가 배부액 100,000원 + 추가가공원가 125,000원
                    = 225,000원

구분	순실현가치	결합원가 배부액
A	200kg × @3,000원 = 600,000원	160,000원
B	250kg × @2,000원 − 125,000원 = 375,000원	100,000원
C	500kg × @1,200원 − 75,000원 = 525,000원	140,000원
합계	1,500,000원	400,000원

08. 단계배분법은 보조부문원가의 배분방법에 해당한다.

09. ③은 종합원가계산에 대한 설명이다.

10. 비정상공손은 통제가능한 공손으로서 제품원가로 처리할 수 없고, 발생한 기간에 손실로 처리한다.

11. 소비지국 과세원칙을 구현하기 위해 영세율 제도를 두고 있으며 재화의 수입에 대하여 내국물품과 동일하게 과세한다.

12. 해당 과세기간의 총공급가액 중 면세공급가액이 5% 미만이면서 공통매입세액 5백만원 미만이어야 한다.

13. ② 직전 과세기간 공급가액의 합계액이 1억5천만원 미만인 법인사업자는 예정고지에 의하여 부가가치세를 납부한다.
    ③ 신규로 사업을 시작하는 자에 대한 최초의 예정신고기간은 사업 개시일부터 그 날이 속하는 예정신고기간의 종료일까지로 한다.
    ④ 휴업 또는 사업 부진으로 인하여 사업실적이 악화된 경우 등 대통령령으로 정하는 사유가 있는 사업자만 예정신고를 할 수 있다.
14. ■ 일용근로소득은 금액과 관계없이 분리과세로 종결하며, 나머지는 종합과세 대상이다.
    ■ 기타소득의 필요경비 60%를 공제한 기타소득금액이 320만원이므로 종합과세 대상에 해당한다.
15. 사업과 관련된 자산수증이익은 사업소득 총수입금액에 산입하여야 한다.

실무문제 해설

문제 1 일반전표입력

NO	월	일	구분	계정과목	거래처	차변	대변
[1]	1	25	차변	미지급세금		8,500,000	
			차변	세금과공과(판)		68,000	
			대변	미지급금 또는 미지급비용	국민카드		8,568,000
[2]	1	31	차변	보통예금		9,915,000	
			차변	매출채권처분손실		85,000	
			대변	받을어음	무인상사(주)		10,000,000
	■ 매각거래 할인료 : 매출채권처분손실 ■ 차입거래 할인료 : 이자비용							
[3]	2	4	차변	보통예금		9,800,000	
			차변	사채할인발행차금		200,000	
			대변	사채			10,000,000
[4]	6	17	차변	소모품비(제)		20,000	
			대변	현금			20,000
[5]	9	13	차변	이자비용		200,000	
			대변	예수금			55,000
			대변	보통예금			145,000

문제 2 매입매출전표입력

[1]

NO	일자	유형	품목	공급가액	부가세	공급처명	전자	분개
	7/8	12.영세	제품	22,000,000	0	(주)한빛	여	혼합
	영세율 구분			③ 내국신용장·구매확인서에 의하여 공급하는 재화				
	서류번호			생략				

구분	계정과목	거래처	차변	대변
대변	제품매출	(주)한빛		22,000,000
차변	선수금	(주)한빛	7,000,000	
차변	받을어음	(주)한빛	15,000,000	

[2]

NO	일자	유형	품목	공급가액	부가세	공급처명	전자	분개
	7/15	54.불공	중개수수료	10,200,000	1,020,000	(주)다양	여	혼합
	불공제 사유			⑥ 토지의 자본적 지출 관련				

구분	계정과목	거래처	차변	대변
차변	토지	(주)다양	11,220,000	
대변	미지급금	(주)다양		11,220,000

[3]

NO	일자	유형	품목	공급가액	부가세	공급처명	전자	분개
	8/5	61.현과	회식	250,000	25,000	(주)벽돌갈비		현금(혼합)

구분	계정과목	거래처	차변	대변
출금	부가세대급금	(주)벽돌갈비	25,000	(현금)
출금	복리후생비(제)	(주)벽돌갈비	250,000	(현금)

[4]

NO	일자	유형	품목	공급가액	부가세	공급처명	전자	분개
	8/20	11.과세	자동차	5,000,000	500,000	헤이중고차상사(주)	여	혼합

구분	계정과목	거래처	차변	대변
대변	부가세예수금	헤이중고차상사(주)		500,000
대변	차량운반구	헤이중고차상사(주)		20,000,000
대변	유형자산처분이익	헤이중고차상사(주)		1,000,000
차변	보통예금	헤이중고차상사(주)	5,500,000	
차변	감가상각누계액(209)	헤이중고차상사(주)	16,000,000	

114회 기출문제 해설

NO	일자	유형	품목	공급가액	부가세	공급처명	전자	분개
[5]	9/12	51.과세	임차료외	3,000,000	300,000	건물주	여	혼합

구분	계정과목	거래처	차변	대변
차변	부가세대급금	건물주	300,000	
차변	임차료(제)	건물주	2,800,000	
차변	건물관리비(제)	건물주	200,000	
대변	미지급금 또는 미지급비용	건물주		3,300,000

■ 복수거래 입력 여부는 채점과 관계없음

문제 3 부가가치세 신고

[1] 수출실적명세서(선적일 이전에 환가한 경우 환가일 환율, 외상거래는 선적일의 기준환율 적용)

조회기간	2025년 04월 ~ 2025년 06월	구분 : 1기 확정	과세기간별입력			
구분	건수	외화금액		원화금액		비고
⑨합계	2	132,000.00		176,800,000		
⑩수출재화[=⑫합계]	2	132,000.00		176,800,000		
⑪기타영세율적용						

No	(13)수출신고번호	(14)선(기)적일자	(15)통화코드	(16)환율	(17)외화	(18)원화	거래처코드	거래처명
1	12345-77-100066X	2025-06-15	USD	1,300.0000	80,000.00	104,000,000	00178	BOB
2	22244-88-100077X	2025-06-15	EUR	1,400.0000	52,000.00	72,800,000	00179	ORANGE
	합계				132,000	176,800,000		

[2] 부가가치세신고서 작성(조회기간 : 2025년 10월 1일 ~ 2025년 12월 31일)

① 대손세액 공제요건 충족된 경우 확정신고시 대손세액가감(8)란에 음수로 입력한다.
　■ 대손세액 = 1,320,000원 × 10/110 = 120,000원

② 접대성 물품 매입은 매입세액공제가 불가능하므로 [세금계산서수취분–일반매입(10란)]과 [공제받지못할매입세액–공제받지못할매입세액(50란)]에 입력한다.

③ 신용카드 매입내역 중 사업과 관련 없는 매입액은 불공제 매입세액으로 일반전표에 입력하여 전액 사용자의 가지급금으로 처리하므로 이를 제외한 금액을 그 밖의 공제매입세액(14란)의 일반매입(41)과 고정매입(42)을 구분하여 입력한다.

④ 정상적으로 수취한 예정신고 누락분 신용카드영수증은 가산세 적용 대상이 아니며 [예정신고누락분–그 밖의 공제매입세액(39란)]에 입력한다.

⑤ 기업이 직접 홈택스로 전자신고를 한 경우 확정신고시 전자신고세액공제 "10,000원"을 입력한다.

⑥ 전자세금계산서 발급의무자가 세금계산서 발급시기에 종이세금계산서를 발급한 경우 세금계산서 불성실 가산세 중 미발급(1%) 가산세를 적용한다. 다만, 부가가치세 신고서식에 종이발급 세금계산서 관련 가산세를 입력하는 란이 별도로 존재하지 않으며, 지연발급(62란)에 입력한 경우도 정답을 인정한다.
　■ 세금계산서 미발급(64란) 가산세 = 12,500,000원 × 1% = 125,000원

[부가가치세 신고서 표 - 생략]

[3] 부가가치세 전자신고(조회기간 : 2025년 1월 1일 ~ 2025년 3월 31일)

(1) 부가가치세신고서 및 관련 부속서류 마감 확인

① [CF2 부가세작성관리] 버튼을 클릭하여 해당 과세기간의 마감여부를 확인할 수 있으며 [확인(Tab)] 버튼을 누르면 마감한 부가가치세신고서가 조회된다.

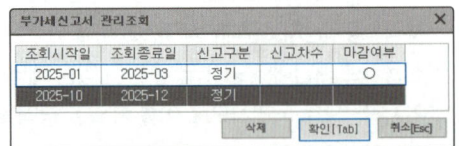

② 또는 조회기간을 입력하여 조회한 후 상단의 [F3 마감취소] 버튼을 클릭하면 부가가치세 신고서 및 부속서류 마감사항을 확인할 수 있다.

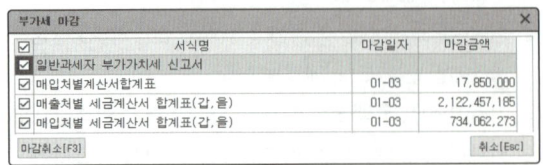

114회 기출문제 해설

(2) 전자신고 데이터 제작

회사를 선택하고 상단의 [F4 제작] 버튼을 누른 후 비밀번호(12345678)를 입력하여 제작한다.

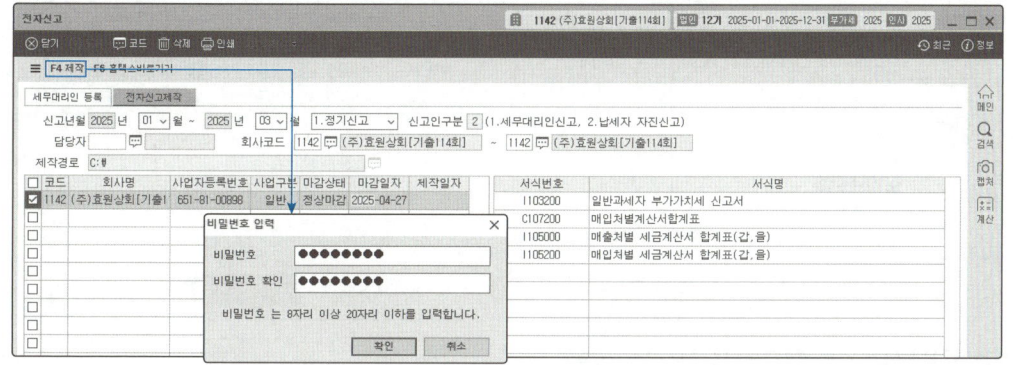

(3) 국세청 홈택스 전자신고

① 부가가치세 신고 : 세금신고 → [01.전자파일변환 - 변환대상파일선택]

[찾아보기] 클릭 → [로컬디스크(C:)] → 파일명 : enc작성연월일.101.v6518100898

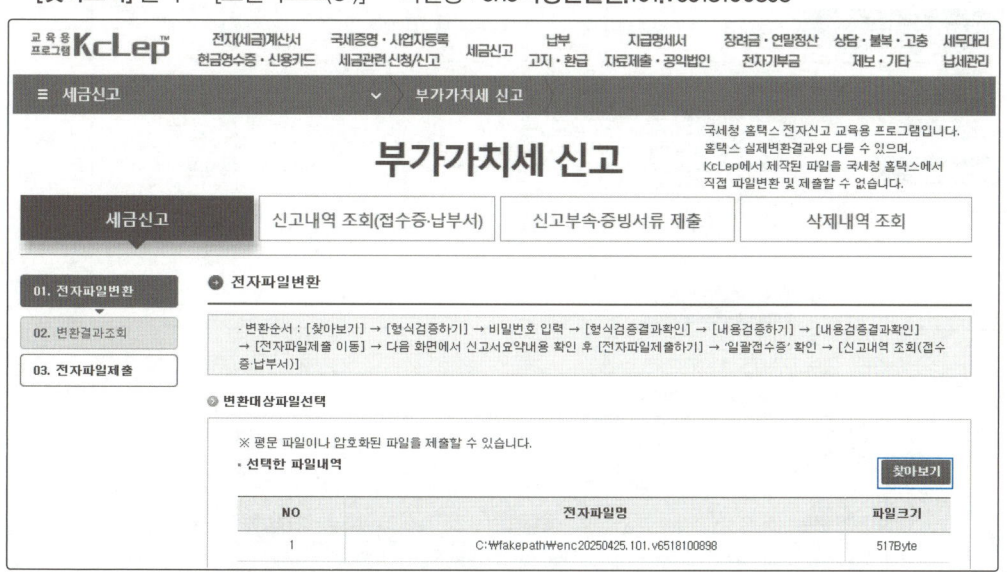

② 부가가치세 신고 : 세금신고 → [01.전자파일변환 - 처리내역]

[형식검증하기] : 비밀번호(12345678) 입력 → [형식검증결과확인] : 오류 유무 확인 → [내용검증하기]
→ [내용검증결과확인] : 오류 유무 확인 → [전자파일제출]

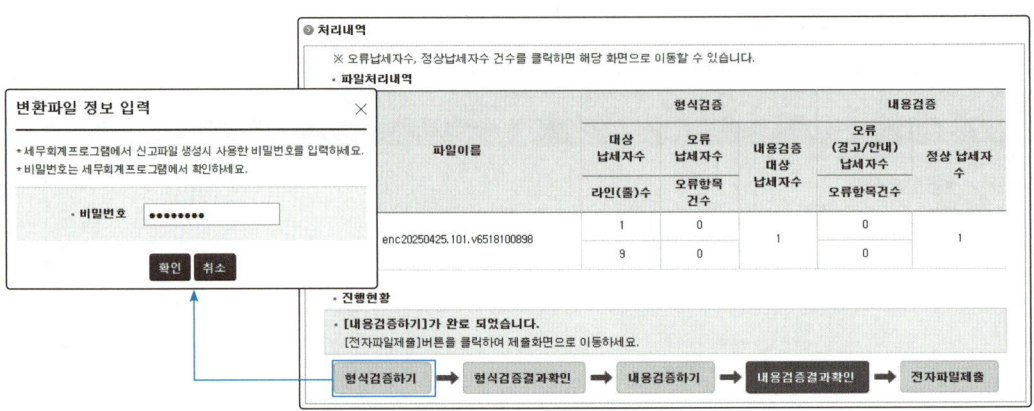

③ 부가가치세 신고 : 세금신고 → 03.전자파일제출

[전자파일 제출하기] > 부가가치세 신고서 접수증 확인

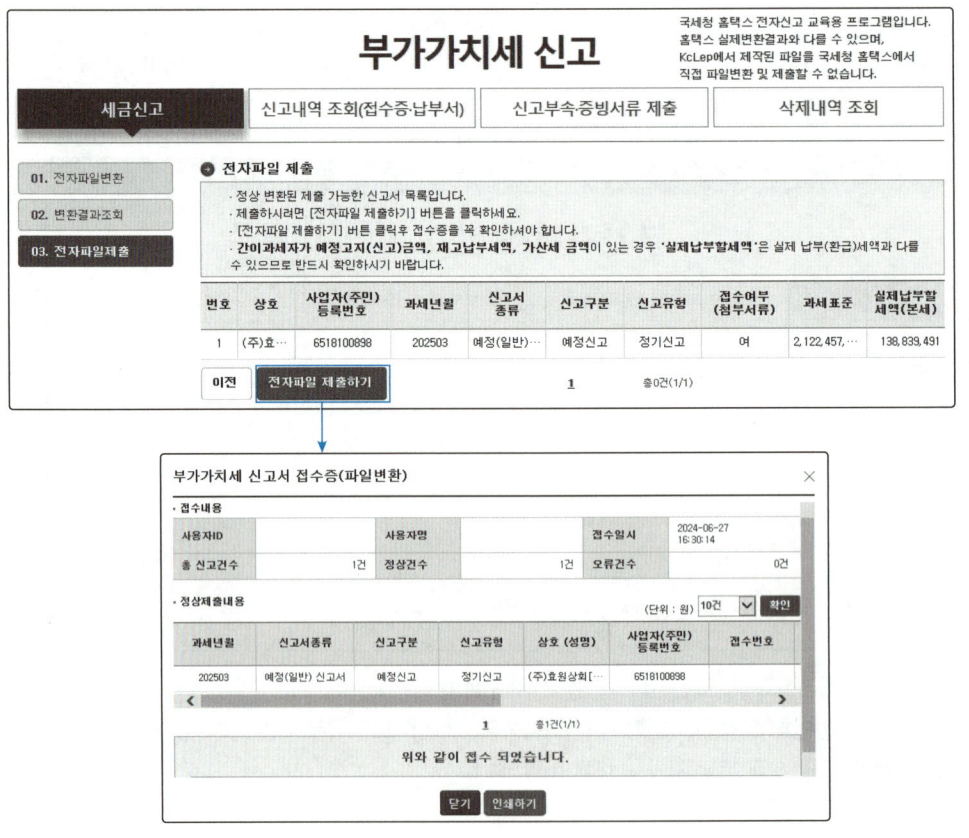

114회 기출문제 해설

문제 4 결산정리사항

[1] 수동결산 – 일반전표입력

월	일	구분	계정과목	거래처	차변	대변
12	31	차변	기부금		1,000,000	
		차변	기업업무추진비(판)		200,000	
		대변	현금과부족			1,200,000

[2] 수동결산 – 일반전표입력

월	일	구분	계정과목	거래처	차변	대변
12	31	차변	선급비용		1,500,000	
		대변	보험료(제)			1,500,000

- 선급비용(미경과분) = 3,600,000원 × 5개월/12개월 = 1,500,000원

[3] 수동결산 – 일반전표입력

월	일	구분	계정과목	거래처	차변	대변
12	31	차변	보통예금		920,000	
		대변	이자수익			920,000

- 이자수익 = 20,000,000원 × 4.6% × 365일/365일 = 920,000원

[4] 자동결산 – 결산자료입력

- 외상매출금 : (548,550,000원 × 1%) − 4,750,000원 = 735,500원
- 받을어음 : (22,700,000원 × 1%) − 20,000원 = 207,000원
- 단기대여금 : (50,000,000원 × 1%) − 0원 = 500,000원

방법 1 : 결산자료입력 메뉴의 상단 [대손상각] 버튼을 클릭하여 "대손율(%) : 1%"을 입력하고 외상매출금·받을어음·단기대여금을 제외한 이외의 계정과목에 대한 "추가설정액"란의 금액은 삭제한 후 [결산반영] 버튼을 눌러 "결산반영금액"란에 반영하여 전표추가를 한다.

방법 2 : 결산자료입력 메뉴의 판매비와일반관리비의 5).대손상각에 [외상매출금 : 735,500원, 받을어음 : 207,000원], 영업외비용의 2)기타의대손상각에 [단기대여금 : 500,000원]을 입력한 후 결산자료 입력의 전표추가를 한다.

방법 3 : 결산일(12월 31일)에 일반전표입력에 직접 입력

월	일	구분	계정과목	거래처	차변	대변
12	31	차변	대손상각비(판)		942,500	
		차변	기타의대손상각비(954)		500,000	
		대변	대손충당금(109)			735,500
		대변	대손충당금(111)			207,000
		대변	대손충당금(115)			500,000

[5] 자동결산 – 결산자료입력

방법 1 : 결산자료입력 메뉴 9.법인세등의 [1)선납세금 : 5,800,000원, 2)추가계상액 : 2,600,000원]에 입력한 후 결산자료 입력의 전표추가를 한다.

방법 2 : 결산일(12월 31일)에 일반전표입력에 직접 입력

월	일	구분	계정과목	거래처	차변	대변
12	31	차변	법인세등		8,400,000	
		대변	선납세금			5,800,000
		대변	미지급세금			2,600,000

문제 5 원천징수

[1] 급여자료입력 및 원천징수이행상황신고서

(1) 급여자료입력

① 수당공제등록

■ 야간근로수당 : 비과세로 설정된 수당을 사용하여도 사원등록 및 월정액에 따라 비과세 및 과세소득으로 계산되므로 사용하여도 무방하다.

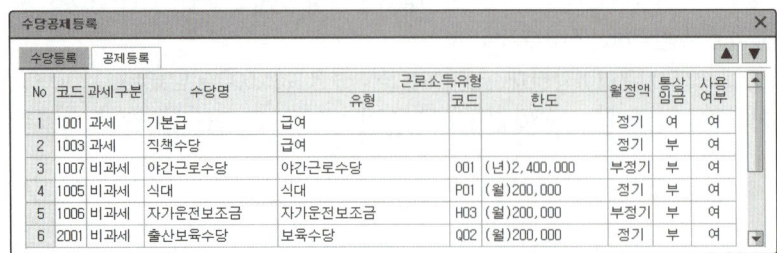

114회 기출문제 해설

② 급여자료입력

귀속년월	2025년 04월	지급년월일	2025년 04월 30일	급여			
사번	사원명	감면율	급여항목	금액	공제항목		금액
33	정기준		기본급	2,800,000	국민연금		153,000
			직책수당	400,000	건강보험		120,530
			야간근로수당	200,000	장기요양보험		15,600
			식대	200,000	고용보험		27,200
			자가운전보조금	200,000	소득세(100%)		114,990
			출산보육수당	200,000	지방소득세		11,490
					농특세		
			과 세	3,400,000			
			비 과 세	600,000	공 제 총 액		442,810
총인원(퇴사자)		1(0)	지 급 총 액	4,000,000	차 인 지 급 액		3,557,190

(2) 원천징수이행상황신고서

- 귀속기간(2025년 04월 ~ 2025년 04월), 지급기간(2025년 04월 ~ 2025년 04월), 신고구분(1.정기신고)를 입력하여 조회한 후 "12.전월미환급"란에 601,040원을 입력한다.

소득자	소득구분	코드	소득지급 인원	소득지급 총지급액	징수세액 소득세 등	징수세액 농어촌특별세	가산세	당월조정 환급세액	납부세액 소득세 등	납부세액 농어촌특별세
근로소득	간이세액	A01	1	3,800,000	114,990					
	중도퇴사	A02								
	일용근로	A03								
	연말정산	A04								
	(분납신청)	A05								
	(납부금액)	A06								
	가 감 계	A10	1	3,800,000	114,990			114,990		

전월 미환급 세액의 계산				당월 발생 환급세액				18.조정대상환급(14+15+16+17)	19.당월조정 환급세액계	20.차월이월 환급세액	21.환급신청액
12.전월미환급	13.기환급	14.차감(12-13)	15.일반환급	16.신탁재산	금융회사 등	합병 등					
601,040		601,040						601,040	114,990	486,050	

[2] 연말정산추가자료입력

(1) [소득명세] TAB : 전근무지 자료 입력 시 기납부세액은 '**결정세액**'을 입력한다.

소득명세	부양가족	신용카드 등	의료비	기부금	연금저축 등 I	연금저축 등 II	월세액	연말정산입력
구분			합계		주(현)	납세조합	종(전) [1/2]	
소득명세	9.근무처명				(주)효원상회[기출114회]		주식회사 두섭	
	9-1.종교관련 종사자				부		부	
	10.사업자등록번호				651-81-00898		103-81-62982	
	11.근무기간				2025-08-01 ~ 2025-12-31	----.--.-- ~ ----.--.--	2025-01-01 ~ 2025-07-31	
	12.감면기간				----.--.-- ~ ----.--.--	----.--.-- ~ ----.--.--	----.--.-- ~ ----.--.--	
	13-1.급여(급여자료입력)			41,000,000	15,000,000		26,000,000	
	13-2.비과세한도초과액							
	13-3.과세대상추가(인정상여추가)							
	14.상여			1,000,000			1,000,000	
	15.인정상여							
	15-1.주식매수선택권행사이익							
	15-2.우리사주조합 인출금							
	15-3.임원퇴직소득금액한도초과액							
	15-4.직무발명보상금							
	16.계			42,000,000	15,000,000		27,000,000	
공제보험	직장	건강보험료(직장)(33)		1,437,050	531,750		905,300	
		장기요양보험료(33)		184,750	68,850		115,900	
		고용보험료(33)		363,000	120,000		243,000	
		국민연금보험료(31)		1,845,000	675,000		1,170,000	
세액	기납부세액	소득세		711,750	371,750		340,000	
		지방소득세		71,150	37,150		34,000	
		농어촌특별세						

(2) [부양가족] TAB : 인적공제

- 이명지(배우자) : 총급여 500만원 초과로 기본공제 제외(소득기준 초과여부-1:여)

연말 관계	성명	내/외국인	주민(외국인)번호	나이	소득기준 초과여부	기본공제	세대주 구분	부녀 자	한부 모	경로 우대	장애 인	자녀	출산 입양	결혼 세액
0	홍상현	내	1 870314-1287645	38		본인	세대주							
3	이명지	내	1 870621-2044767	38	○	부								
4	홍라율	내	1 210827-4842437	4		20세이하								
1	홍천운	내	1 590919-1287027	66		60세이상								
		합 계 [명]				1					3			

(3) [부양가족] TAB : 보험료, 교육비 세액공제 추가입력

보험료	• 홍상현(일반보장성) 80만원, 홍라율(일반보장성) 50만원 입력 • 이명지(배우자) : 소득금액 초과로 자동차운전자보험료 공제 제외
교육비	• 홍상현(본인) : 본인 대학원 교육비는 공제 가능하므로 700만원(4.본인) 입력 • 홍라율(자녀) : 어린이집 교육비 240만원(1.취학전 아동) 입력

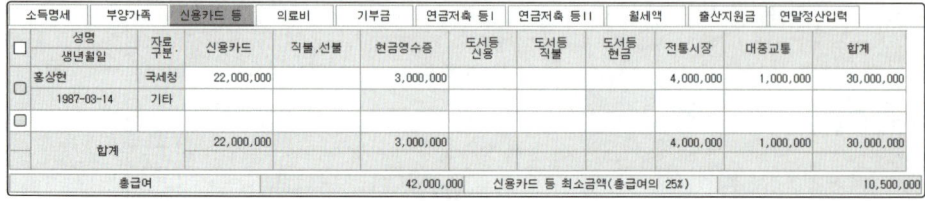

(4) 신용카드 등 TAB : 부양가족 TAB 더블클릭 또는 직접 선택

- 신용카드 등 사용액에 대한 소득공제와 의료비 세액공제는 중복공제가 허용되므로 공제 가능

	성명 생년월일	자료 구분	신용카드	직불,선불	현금영수증	도서등 신용	도서등 직불	도서등 현금	전통시장	대중교통	합계
☐	홍상현	국세청	22,000,000		3,000,000				4,000,000	1,000,000	30,000,000
	1987-03-14	기타									
☐											
	합계		22,000,000		3,000,000				4,000,000	1,000,000	30,000,000
	총급여				42,000,000	신용카드 등 최소금액(총급여의 25%)					10,500,000

114회 기출문제 해설

(5) **[의료비] TAB** : 부양가족 TAB 더블클릭 또는 직접 선택

- 홍상현(본인) : 국세청 홈택스 자료와 안경점에서 수취한 의료비영수증을 각각 구분하여 입력하며, 시력보정용 안경 또는 콘택트렌즈를 구입하기 위하여 지출한 비용은 기본공제대상자 1명당 연 50만원까지 공제대상 의료비 지출액으로 입력한다.

2025년 의료비 지급명세서

	의료비 공제대상자					지급처			지급명세					14.산후조리원
	성명	내/외	5.주민등록번호	6.본인등해당여부	9.증빙코드	8.상호	7.사업자등록번호	10.건수	11.금액	11-1.실손보험수령액	12.미숙아선천성이상아	13.난임여부		
□	홍상현	내	870314-1287645	1	0	1			300,000		X	X	X	
□	홍상현	내	870314-1287645	1	0	5	모든안경	431-01-00574	1	500,000		X	X	X
□	홍라를	내	210827-4842437	2	0	1				400,000		X	X	X
□	홍천운	내	590919-1287027	2	0	1				8,000,000		X	X	X
						합계		1	9,200,000				

일반의료비(본인)	800,000	6세이하,65세이상인건강보험산정특례자장애인	8,400,000	일반의료비(그 외)		난임시술비	
						미숙아·선천성이상아	

(6) **연말정산입력 TAB** : **[F8 부양가족탭불러오기]** 버튼을 클릭하여 부양가족 TAB 자료 반영

구분			지출액	공제금액	구분		지출액	공제대상금액	공제금액
21.총급여				42,000,000	48.종합소득 과세표준				17,495,200
22.근로소득공제				11,550,000	49.산출세액				1,364,280
23.근로소득금액				30,450,000	50.「소득세법」				
기본공제	24.본인			1,500,000	세액감면	51.「조세특례제한법」(52제외)				
	25.배우자					52.「조세특례제한법」제30조				
	26.부양가족	2명)		3,000,000		53.조세조약				
추가공제	27.경로우대	명)				54.세액감면 계				
	28.장애인	명)				55.근로소득 세액공제				668,000
	29.부녀자					56.결혼세액공제				
	30.한부모가족					57.자녀 ㉮자녀 명)				
연금보험료공제	31.국민연금보험료		1,845,000	1,845,000	세액공제	㉯ 출산·입양 명)				
	32.공적연금보험료공제	공무원연금				58.과학기술공제				
		군인연금			연금계좌	59.근로자퇴직연금				
		사립학교직원				60.연금저축				
		별정우체국연금				60-1. ISA연금계좌전환				
특별소득공제	33.보험료		1,984,800	1,984,800	특별세액공제	61.보장성보험 일반	1,300,000	1,300,000	1,000,000	120,000
	건강보험료		1,621,800	1,621,800		장애인				
	고용보험료		363,000	363,000		62.의료비	9,200,000	9,200,000	7,940,000	576,280
	34.주택차입금	대출기관				63.교육비	9,400,000	9,400,000	9,400,000	
	원리금상환액	거주자				64.기부금				
	34.장기주택저당차입금이자상					1)정치자금기부금	10만원이하			
	35.특별소득공제 계			1,984,800			10만원초과			
36.차감소득금액				22,120,200		2)고향사랑기부금	10만원이하			
그밖의소득공제	37.개인연금저축						10만원초과			
	38.소기업,소상공인 공제부금	2015년이전가입				3)특례기부금(전액)				
		2016년이후가입				4)우리사주조합기부금				
	39.주택마련저축소득공제	청약저축				5)일반기부금(종교단체외)				
		주택청약				6)일반기부금(종교단체)				
		근로자주택마련								
	40.투자조합출자 등 소득공제					65.특별세액공제 계				696,280
	41.신용카드 등 사용액		30,000,000	4,625,000						

113회 전산세무2급 기출 해설

A형	[01]	[02]	[03]	[04]	[05]	[06]	[07]	[08]	[09]	[10]	[11]	[12]	[13]	[14]	[15]
	3	2	1	2	4	2	4	1	3	3	2	4	1	4	3

◆해설◆

01. 유동자산은 당좌자산과 재고자산으로 구분하고 투자자산은 비유동자산에 속한다.

02. 기말 자본잉여금 12,300,000원
 = 기초 자본잉여금 10,000,000원 + 주식발행초과금 2,000,000원 + 자기주식처분이익 300,000원

03. ■ 회계처리 : (차) 대손상각비(비용) ××× (대) 대손충당금(받을어음의 차감 평가계정) ×××
 ∴ 대손충당금 과대 설정은 동시에 대손상각비가 과대 계상되고, 받을어음 과소 계상된다.

04. 취득세, 등록면허세 등 유형자산의 취득과 직접 관련된 제세공과금은 유형자산의 원가를 구성한다.

05. 충당부채는 과거사건이나 거래의 결과에 의한 현재의무로서, 지출의 시기 또는 금액이 불확실하지만 그 의무를 이행하기 위하여 자원이 유출될 가능성이 매우 높고 또한 당해 금액을 신뢰성 있게 추정할 수 있는 의무를 말한다.

06. ■ 실제 물량의 흐름

구 분		검사 30%	기말 50%	기초 70%	완성 100%
완성품	2,000개				
기초재공품	500개				
당기착수완성품	1500개				
기말재공품	300개				

 ■ 당기에 검사를 통과한 정상품 = 1,500개 + 300개 = 1,800개
 ∴ 정상공손수량 = 1,800개 × 3% = 54개

07. 이익잉여금처분은 주주에게 지급하는 배당 등을 의미하며 주주인 외부 이해관계자에게 제공하는 것은 재무회계의 목적에 해당한다.

08. ■ 제조간접원가 예정배부율 = 제조간접원가 예산 39,690,000원 ÷ 예산 직접노동시간 90,000시간
 = 441원/직접노동시간
 ∴ 제조간접원가 배부액 = 실제 직접노동시간 70,000시간 × 제조간접원가 예정배부율 441원
 = 30,870,000원

09. 제조원가를 원가행태에 따른 분류하면 변동제조원가, 고정제조원가로 분류한다.

10. ■ 단계배분법은 우선순위가 높은 부문의 보조부문원가를 우선순위가 낮은 부문과 제조부문에 먼저 배분하는 방법으로 상호간의 용역수수관계를 일부 인식하지만 배분 순서가 부적절한 경우 직접배분법보다도 정확성이 떨어질 수 있다.
 ■ 상호배분법은 보조부문 상호간의 용역수수관계를 가장 정확하게 배분하지만 보조부문의 수가 여러 개일 경우 시간과 비용이 많이 소요되고 계산하기가 어려워 실무상 거의 사용되지 않는다.

11. ① 착오로 전자세금계산서를 이중으로 발급한 경우 : 처음에 발급한 세금계산서의 내용대로 음의 표시를 하여 발급
    ③ 필요적 기재사항 등이 착오 외의 사유로 잘못 적힌 경우 : 처음에 발급한 세금계산서의 내용대로 세금계산서를 붉은색 글씨로 쓰거나 음의 표시를 하여 발급하고, 수정하여 발급하는 세금계산서는 검은색 글씨로 작성하여 발급
    ④ 면세 등 세금계산서 발급 대상이 아닌 거래 등에 대하여 세금계산서를 발급한 경우 : 처음에 발급한 세금계산서의 내용대로 붉은색 글씨로 쓰거나 음의 표시를 하여 발급
12. 세금계산서 임의적 기재사항의 일부가 적히지 아니한 지출에 대한 매입세액은 공제가 가능하다. 필요적 기재사항의 일부가 적히지 아니한 지출에 대한 매입세액에 대해서는 공제 불가하다.
13. 납세지 관할 세무서장은 각 과세기간별로 그 과세기간에 대한 환급세액을 확정신고한 사업자에게 그 확정신고기한이 지난 후 30일 이내(조기환급에 해당하는 경우에는 15일 이내)에 대통령령으로 정하는 바에 따라 환급하여야 한다.
14. 금융소득은 납세자의 선택에 따라 종합소득합산과세를 적용할 수 없으며 금융소득이 연 2천만원을 초과하는 경우 금융소득종합과세를 적용한다.
15. 해당 과세기간에 일반사업소득에서 결손금이 발생하고 이월결손금도 있는 경우에는 당해 과세기간에 발생한 결손금을 먼저 다른 소득금액에서 공제한 후에 먼저 발생한 이월결손금부터 공제한다.

실무문제 해설

문제 1 일반전표입력

NO	월	일	구분	계정과목	거래처	차변	대변
[1]	3	21	차변	이월이익잉여금(375)		110,000,000	
			대변	미지급배당금			100,000,000
			대변	이익준비금			10,000,000
[2]	3	28	차변	외상매입금	남일상사	15,500,000	
			대변	보통예금			7,000,000
			대변	가수금	대표자		8,500,000
[3]	6	25	차변	교육훈련비(판)		2,400,000	
			대변	예수금			79,200
			대변	보통예금			2,320,800
[4]	8	10	차변	보통예금		950,000	
			대변	단기매매증권			500,000
			대변	단기매매증권처분이익			450,000

■ 단기매매증권처분이익 = 처분가액 1,000,000원 - 취득가액 500,000원 - 거래수수료등 50,000원 = 450,000원

NO	월	일	구분	계정과목	거래처	차변	대변
[5]	9	5	차변	기부금		2,000,000	
			대변	원재료(8.타계정으로 대체)			2,000,000

■ 재고자산을 생산 및 판매 이외에 사용하는 경우 원가 금액을 타계정 대체 처리한다.

문제 2 매입매출전표입력

NO	일자	유형	품목	공급가액	부가세	공급처명	전자	분개
[1]	7/17	22.현과	제품	480,000	48,000	추미랑		현금(혼합)

구분	계정과목	거래처	차변	대변
입금	부가세예수금	추미랑	(현금)	48,000
입금	제품매출	추미랑	(현금)	480,000

NO	일자	유형	품목	공급가액	부가세	공급처명	전자	분개
[2]	7/28	14.건별	에어컨	1,000,000	100,000			혼합

구분	계정과목	거래처	차변	대변
대변	부가세예수금			100,000
대변	비 품			2,500,000
차변	감가상각누계액(213)		1,500,000	
차변	보통예금		1,100,000	

NO	일자	유형	품목	공급가액	부가세	공급처명	전자	분개
[3]	8/28	55.수입	원재료	5,400,000	540,000	인천세관	여	현금(혼합)

구분	계정과목	거래처	차변	대변
출금	부가세대급금	인천세관	540,000	(현금)

NO	일자	유형	품목	공급가액	부가세	공급처명	전자	분개
[4]	9/2	57.카과	다과	1,000,000	100,000	과자나라(주)		카드(혼합)
		신용카드사		비씨카드				

구분	계정과목	거래처	차변	대변
대변	미지급금 또는 미지급비용	비씨카드		1,100,000
차변	부가세대급금	과자나라(주)	100,000	
차변	복리후생비(판)	과자나라(주)	1,000,000	

113회 기출문제 해설

NO	일자	유형	품목	공급가액	부가세	공급처명	전자	분개
[5]	9/11	51.과세	로봇	20,000,000	2,000,000	(주)오성기계	여	혼합

	구분	계정과목	거래처	차변	대변
[5]	차변	부가세대급금	(주)오성기계	2,000,000	
	차변	기계장치	(주)오성기계	20,000,000	
	대변	선급금	(주)오성기계		2,000,000
	대변	보통예금	(주)오성기계		20,000,000

문제 3 부가가치세 신고

[1] 의제매입세액공제신고서(조회기간 : 2025년 04월 ~ 2025년 06월)

(1) 1기 확정 의제매입분 입력

① 농어민으로부터의 매입은 제조업자에 한하여 가능하므로 김어부 매입분은 공제대상에서 제외되며, 법인 음식점의 경우 공제율은 "6/106"을 적용한다.

② 은성(계산서) 매입분

관리용	신고용								※농.어민으로부터의 매입분에 대한 자료 입력시 주민등록번호, 품명, 수량은 필수입력 사항입니다.
공급자	사업자/주민등록번호	취득일자	구분	물품명	수량	매입가액	공제율	의제매입세액	건수
은성	752-06-02023	2025-04-10	계산서	야채	250	1,020,000	6/106	57,735	1
			합계		250	1,020,000		57,735	1

③ (주)이두식자재(신용카드) 매입분

관리용	신고용								※농.어민으로부터의 매입분에 대한 자료 입력시 주민등록번호, 품명, 수량은 필수입력 사항입니다.
공급자	사업자/주민등록번호	취득일자	구분	물품명	수량	매입가액	공제율	의제매입세액	건수
은성	752-06-02023	2025-04-30	신용카드등	생닭	300	1,830,000	6/106	103,584	1
(주)이두식자재	872-87-85496								
			합계		300	1,830,000		103,584	1

(2) 1기 과세기간의 정산 : 면세농산물등 TAB

① 예정신고기간 매입액 = 예정신고 시 의제매입세액 75,000원 ÷ 6/106 = 1,325,000원

② 당기매입액 = 예정신고기간 매입액 1,325,000원 + 확정신고기간 매입액 2,850,000원 = 4,175,000원
다만, 예정신고기간 분에 대한 의제매입액을 명시하고 있지 아니하므로 의제매입세액공제신고서 하단의 B.당기매입액 2,850,000원, C.공제대상금액 161,320원으로 입력한 경우도 정답으로 인정

	매입가액 계	의제매입세액 계	건수 계
계산서 합계	1,020,000	57,735	1
신용카드등 합계	1,830,000	103,584	1
농·어민등 합계			
총계	2,850,000	161,319	2

면세농산물등 | 제조업 면세농산물등

가. 과세기간 과세표준 및 공제가능한 금액등 [불러오기]

과세표준			대상액 한도계산		B. 당기매입액	공제대상금액 [MIN (A,B)]
합계	예정분	확정분	한도율	A. 한도액		
175,000,000	80,000,000	95,000,000	50/100	87,500,000	4,175,000	4,175,000

나. 과세기간 공제할 세액

공제대상세액		이미 공제받은 금액			공제(납부)할세액 (C-D)
공제율	C.공제대상금액	D.합계	예정신고분	월별조기분	
6/106	236,320	75,000	75,000		161,320

PERFECT 전산세무 2급 파이널_PART 02 | 기출문제 해답 625

[2] 건물등감가상각자산취득명세서(조회기간 : 2025년 10월 ~ 2025년 12월)

- 공장 건물 신축공사비는 완공된 건물로 자산구분을 "건물, 구축물"로 입력하며, 건물이 미완성된 경우 '건설중인자산'에 해당하며 이 또한 감가상각자산취득명세서를 작성하여 제출하여야 한다.

No	월/일	상호	사업자등록번호	자산구분	공급가액	세액	건수
		합계			83,500,000	8,350,000	
		건물·구축물			50,000,000	5,000,000	1
		기계장치			2,500,000	250,000	1
		차량운반구			31,000,000	3,100,000	1
		기타감가상각자산					
1	10-04	(주)원대자동차	210-81-13571	차량운반구	31,000,000	3,100,000	1
2	11-26	아름건설	101-26-97846	건물,구축물	50,000,000	5,000,000	1
3	12-09	나라포장	106-02-56785	기계장치	2,500,000	250,000	1
		합계			83,500,000	8,350,000	3

[3] 부가가치세 전자신고(조회기간 : 2025년 1월 1일 ~ 2025년 3월 31일)

(1) 부가가치세신고서 및 관련 부속서류 마감 확인

① [CF2 부가세작성관리] 버튼을 클릭하여 해당 과세기간의 마감여부를 확인할 수 있으며 [확인(Tab)] 버튼을 누르면 마감한 부가가치세신고서가 조회된다.

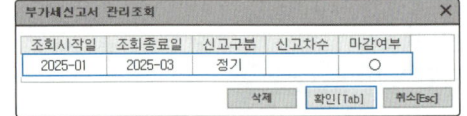

② 또는 조회기간을 입력하여 조회한 후 상단의 [F3 마감취소] 버튼을 클릭하면 부가가치세 신고서 및 부속서류 마감사항을 확인할 수 있다.

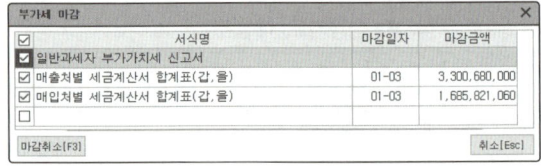

(2) 전자신고 데이터 제작

회사를 선택하고 상단의 [F4 제작] 버튼을 누른 후 비밀번호(12341234)를 입력하여 제작한다.

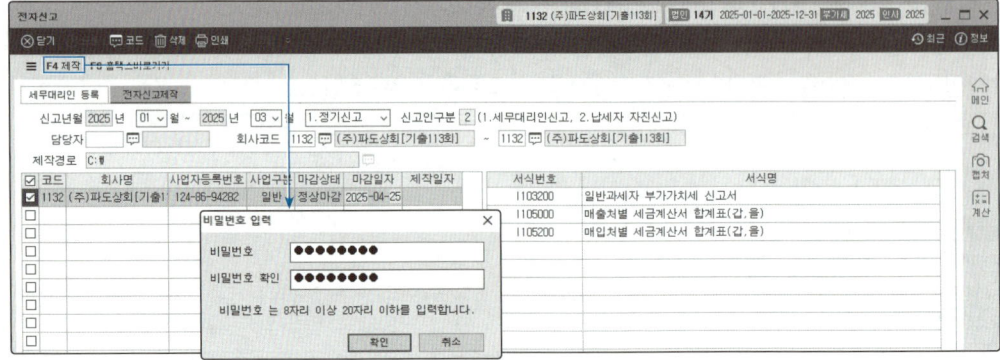

113회 기출문제 해설

(3) 국세청 홈택스 전자신고

① 부가가치세 신고 : 세금신고 → [01.전자파일변환 – 변환대상파일선택]

[찾아보기] 클릭 → [로컬디스크(C:)] → 파일명 : enc작성연월일.101.v1248694282

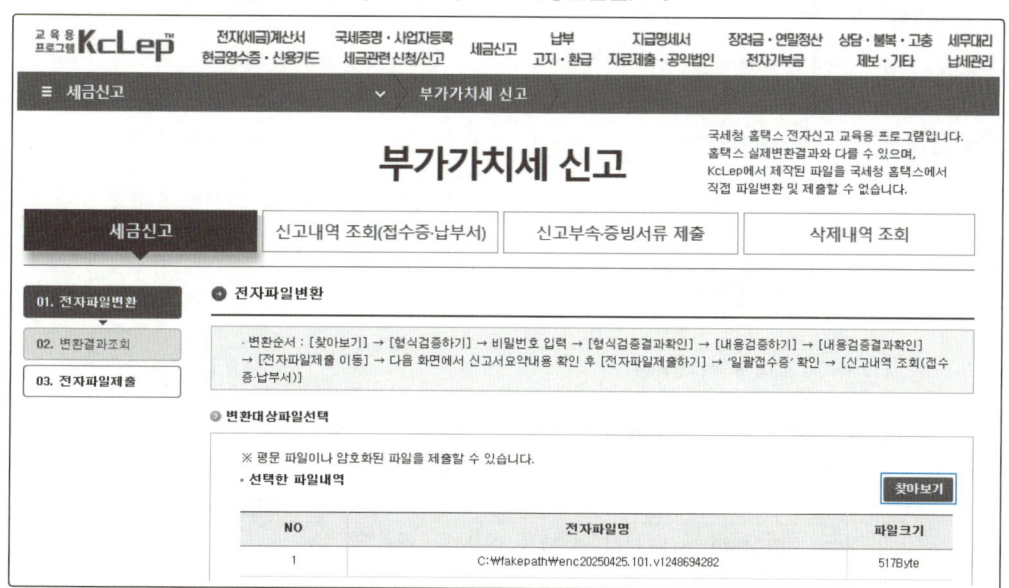

② 부가가치세 신고 : 세금신고 → [01.전자파일변환 – 처리내역]

[형식검증하기] : 비밀번호(12341234) 입력 → [형식검증결과확인] : 오류 유무 확인 → [내용검증하기]
→ [내용검증결과확인] : 오류 유무 확인 → [전자파일제출]

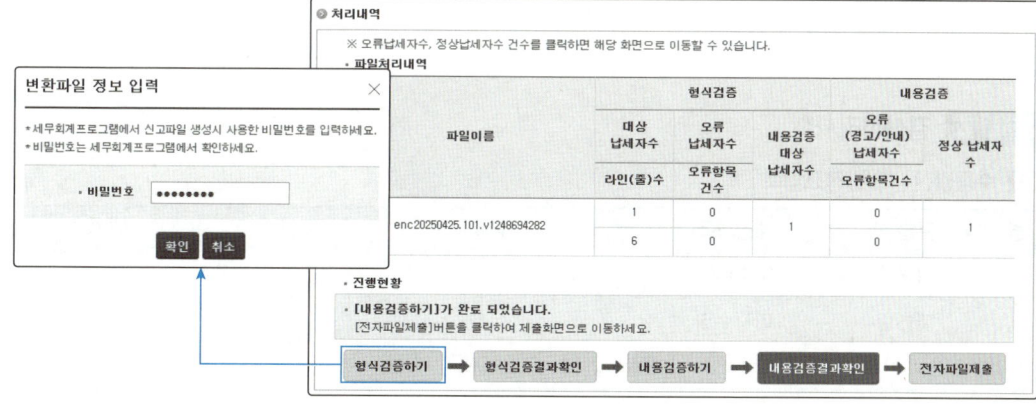

③ 부가가치세 신고 : 세금신고 → 03.전자파일제출

[전자파일 제출하기] > 부가가치세 신고서 접수증 확인

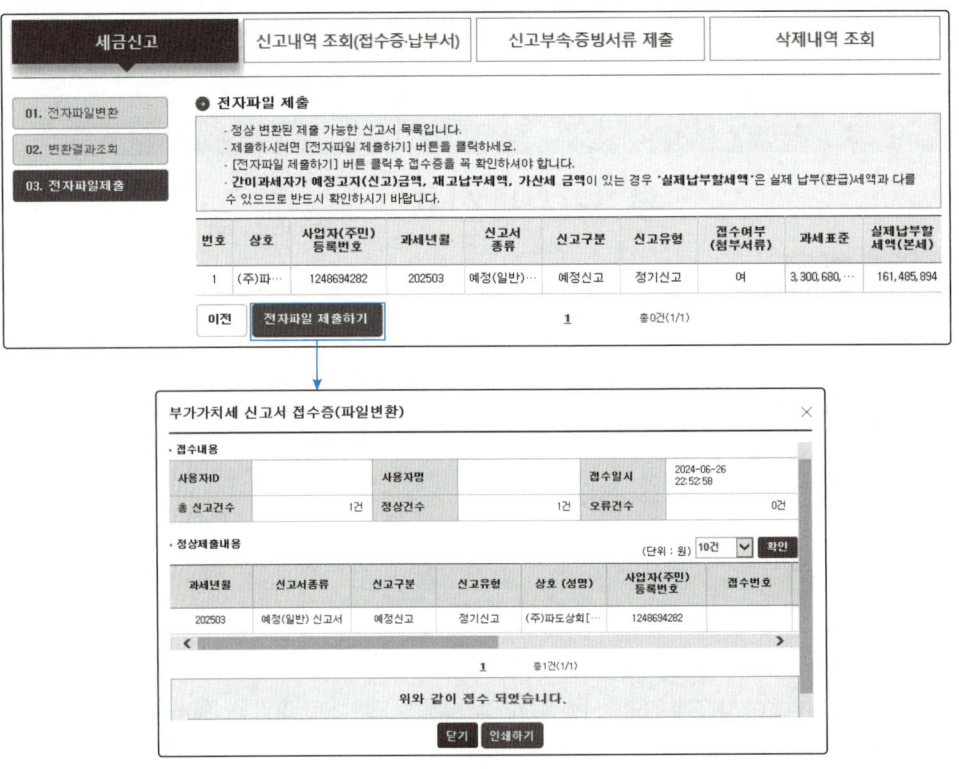

문제 4 결산정리사항

[1] 수동결산 – 일반전표입력

월	일	구분	계정과목	거래처	차변	대변
12	31	차변	미수수익		765,000	
		대변	이자수익			765,000

- 미수수익 = 30,000,000원 × 3.4% × 9개월/12개월 = 765,000원

[2] 수동결산 – 일반전표입력

- 매도가능증권평가손익은 재무상태표상 자본 항목 중 기타포괄손익누계액 항목으로 차기 이후 발생하는 평가손익과 상계하여 회계처리 한다.

113회 기출문제 해설

- 2024년 말 인식한 매도가능증권평가이익(기타포괄손익누계액) 1,000,000원을 2025년 말 발생한 매도가능증권평가손실과 우선 상계하여 회계처리 한다.

  매도가능증권평가손실 = 2025년 말 공정가치 4,800,000원 − 취득가액 5,000,000원 = △200,000원

월	일	구분	계정과목	거래처	차변	대변
12	31	차변	매도가능증권평가이익		1,000,000	
		차변	매도가능증권평가손실		200,000	
		대변	매도가능증권(178)			1,200,000

[3] 수동결산 − 일반전표입력

월	일	구분	계정과목	거래처	차변	대변
12	31	차변	외상매출금	캐나다 ZF사	3,000,000	
		대변	외화환산이익			3,000,000

- 외화환산이익 = $100,000 × (950원 − 920원) = 3,000,000원(자산 증가)

[4] 수동결산 − 일반전표입력

월	일	구분	계정과목	거래처	차변	대변
12	31	차변	부가세예수금		8,240,000	
		차변	세금과공과(판)		84,000	
		대변	부가세대급금			6,400,000
		대변	잡이익			10,000
		대변	미지급세금			1,914,000

[5] 자동결산 − 결산자료입력

- 무형자산 상각비 = 취득가액 250,000,000원 ÷ 내용연수 5년 = 50,000,000원

  또는 미상각잔액 200,000,000원 ÷ 잔존내용연수 4년 = 50,000,000원

방법 1 : 결산자료입력 메뉴 판매비와일반관리비의 6).무형자산상각비에 [영업권 : 50,000,000원]을 입력한 후 결산자료 입력의 전표추가를 한다.

방법 2 : 결산일(12월 31일)에 일반전표입력에 직접 입력

월	일	구분	계정과목	거래처	차변	대변
12	31	차변	무형자산상각비(판)		50,000,000	
		대변	영업권			50,000,000

문제 5 원천징수

[1] 원천징수이행상황신고서

① 귀속기간(2025년 05월 ~ 2025년 05월), 지급기간(2025년 06월 ~ 2025년 06월), 신고구분(1.정기신고)를 입력하여 조회한다.
② 간이세액(A01)의 인원은 6월 급여지급자(계속근무자 + 중도퇴사자)를 2명을 입력한다.
③ 간이세액(A01)의 총지급액은 과세소득 및 제출비과세·감면소득의 합계를 기재한다. 식대는 제출비과세 항목이고, 자가운전보조금은 미제출비과세 항목이다.
- 총지급액 = 과세소득 + 제출(신고하는)비과세·감면소득
  = 급여 합계 6,200,000원 – 미제출비과세소득 200,000원
  = 6,000,000원
④ 간이세액(A01)의 [징수세액-소득세등]란은 계속근무자인 김성현의 소득세만 입력한다.
⑤ 중도퇴사(A02)의 총지급액(1월 ~ 5월 합계)
  = 1월 ~ 4월 총지급액 12,000,000원 + 5월 총지급액 3,200,000원
  = 15,200,000원
⑥ 중도퇴사(A02)의 [징수세액-소득세등]란은 환급세액은 음수로 납부세액은 양수로 입력한다.
⑦ 근로소득 가감계(A10)의 금액이 음수인 경우 당월 발생 환급세액이 발생하며 별도의 환급신청을 하지 않으므로 "20.차월이월환급세액"란에 기재하여 신고한다.

소득자	소득구분	코드	소득지급		징수세액			당월조정 환급세액	납부세액	
			인원	총지급액	소득세 등	농어촌특별세	가산세		소득세 등	농어촌특별세
근로소득	간이세액	A01	2	6,000,000	90,000					
	중도퇴사	A02	1	15,200,000	-200,000					
	일용근로	A03								
	연말정산	A04								
	(분납신청)	A05								
	(납부금액)	A06								
	가 감 계	A10	3	21,200,000	-110,000					
총 합 계		A99	3	21,200,000						

전월 미환급 세액의 계산				당월 발생 환급세액				18.조정대상환급(14+15+16+17)	19.당월조정환급세액계	20.차월이월환급세액	21.환급신청액
12.전월미환급	13.기환급	14.차감(12-13)	15.일반환급	16.신탁재산	금융회사 등	합병 등					
			110,000					110,000		110,000	

113회 기출문제 해설

[2] 연말정산추가자료입력

(1) [소득명세] TAB : 전근무지 자료 입력 시 기납부세액은 '**결정세액**'을 입력한다.

소득명세	부양가족	신용카드 등	의료비	기부금	연금저축 등I	연금저축 등II	월세액	연말정산입력

	구분	합계	주(현)	납세조합	종(전) [1/2]
소득명세	9.근무처명		(주)파도상회[기출113회]		(주)슬비공업사
	9-1.종교관련 종사자		부		부
	10.사업자등록번호		124-86-94282	---------	956-85-02635
	11.근무기간		2025-04-21 ~ 2025-12-31	----------~----------	2025-01-01 ~ 2025-04-20
	12.감면기간		----------~----------	----------~----------	----------~----------
	13-1.급여(급여자료입력)	52,800,000	40,600,000		12,200,000
	13-2.비과세한도초과액				
	13-3.과세대상추가(인정상여추가)				
	14.상여				
	15.인정상여				
	15-1.주식매수선택권행사이익				
	15-2.우리사주조합 인출금				
	15-3.임원퇴직소득금액한도초과액				
	15-4.직무발명보상금				
	16.계	52,800,000	40,600,000		12,200,000
공제보험료명세	직장 건강보험료(직장)(33)	1,904,000	1,439,190		464,810
	장기요양보험료(33)	283,640	186,350		97,290
	고용보험료(33)	459,120	324,800		134,320
	국민연금보험료(31)	2,335,700	1,827,000		508,700
	공적연금 공무원 연금(32)				
	군인연금(32)				
	사립학교교직원연금(32)				
	별정우체국연금(32)				
세액	기납부세액 소득세	2,766,370	2,368,370		398,000
	지방소득세	276,600	236,800		39,800
	농어촌특별세				

(2) [부양가족] TAB : 인적공제

① 함덕주(부친) : 일용근로소득은 무조건 분리과세소득으로 기본공제 및 경로우대 추가공제 가능

② 박경자(모친) : 복권 당첨소득은 무조건 분리과세소득으로 기본공제 및 경로우대 추가공제 가능

③ 함경리(누나) : 장애인은 나이는 제한하지 않고 소득이 없으므로 기본공제 및 장애인(3) 추가공제 가능

소득명세	부양가족	신용카드 등	의료비	기부금	연금저축 등I	연금저축 등II	월세액	출산지원금	연말정산입력

연말정산관계	성명	내/외국인	주민(외국인)번호	나이	소득기준초과여부	기본공제	세대주구분	부녀자	한부모	경로우대	장애인	자녀	출산입양	결혼세액
0	함춘식	내	1 900919-1668321	35		본인	세대주							
1	함덕주	내	1 501223-1589321	75		60세이상				○				
1	박경자	내	1 530807-2548718	72		60세이상				○				
6	함경리	내	1 881229-2509019	37		장애인					3			
	합 계 [명]					4				2	1			

(3) [부양가족] TAB : 보험료 세액공제 추가입력

보험료	• 동일인·동일보험증권이 아닌 경우 일반보장성보험과 장애인전용보장성보험 중복공제 가능 • 함춘식(본인) : 저축성 보험료는 공제 대상에 해당하지 않으므로 공제대상 제외 • 함덕주(일반보장성) 50만원, 함경리(장애인전용) 70만원 입력

| 소득명세 | 부양가족 | 신용카드 등 | 의료비 | 기부금 | 연금저축 등I | 연금저축 등II | 월세액 | 출산지원금 | 연말정산입력 |

연말 관계	성명	내/외국인	주민(외국인)번호	나이	소득기준 초과여부	기본공제	세대주 구분	부녀 자	한부 모	경로 우대	장애 인	자녀	출산 입양	결혼 세액
0	함춘식	내	1 900919-1668321	35		본인	세대주							
1	함덕주	내	1 501223-1589321	75		60세이상				○				
1	박경자	내	1 530807-2548718	72		60세이상				○				
6	함경리	내	1 881229-2509019	37		장애인					3			

자료구분	보험료				의료비					교육비	
	건강	고용	일반보장성	장애인전용	일반	실손	선천성이상아	난임	65세,장애인	일반	장애인특수
국세청			500,000								
기타											

자료구분	보험료				의료비					교육비	
	건강	고용	일반보장성	장애인전용	일반	실손	선천성이상아	난임	65세,장애인	일반	장애인특수
국세청				700,000							
기타											

(4) 신용카드 등 TAB : 부양가족 TAB 더블클릭 또는 직접 선택

① 신용카드 등 사용액에 대한 소득공제와 의료비 세액공제는 중복공제가 허용되므로 공제 가능
② 함춘식(본인)의 신용카드 사용액 중 아파트 관리비는 공제대상 배제

| 소득명세 | 부양가족 | 신용카드 등 | 의료비 | 기부금 | 연금저축 등I | 연금저축 등II | 월세액 | 출산지원금 | 연말정산입력 |

	성명 생년월일	자료 구분	신용카드	직불,선불	현금영수증	도서등 신용	도서등 직불	도서등 현금	전통시장	대중교통	합계
□	함춘식 1990-09-19	국세청	19,400,000							600,000	20,000,000
		기타									
□	함덕주 1950-12-23	국세청			6,000,000					2,000,000	8,000,000
		기타									
□											
	합계		19,400,000		6,000,000					2,000,000	600,000 28,000,000
	총급여				52,800,000	신용카드 등 최소금액(총급여의 25%)					13,200,000

(5) [의료비] TAB : 부양가족 TAB 더블클릭 또는 직접 선택

■ 임플란트 비용(박경자), 보청기 구입비용(함덕주), 치료를 위한 한약(함경리)은 의료비 공제대상이다.

| 소득명세 | 부양가족 | 신용카드 등 | 의료비 | 기부금 | 연금저축 등I | 연금저축 등II | 월세액 | 출산지원금 | 연말정산입력 |

2025년 의료비 지급명세서

	의료비 공제대상자					지급처			지급명세				14.산후 조리원
□	성명	내/외	5.주민등록번호	6.본인등 해당여부	9.증빙 코드	8.상호	7.사업자 등록번호	10. 건수	11.금액	11-1.실손 보험수령액	12.미숙아 선천성이상아	13.난임 여부	
□	박경자	내	530807-2548718	2	0	1			2,000,000		X	X	X
□	함덕주	내	501223-1589321	2	0	1			300,000		X	X	X
□	함경리	내	881229-2509019	2	0	1			300,000		X	X	X
□						합계			2,600,000				
	일반의료비 (본인)			6세이하,65세이상인 건강보험산정특례자 장애인		2,600,000	일반의료비 (그 외)			난임시술비 미숙아,선천성이상아			

113회 기출문제 해설

(6) [월세액] TAB : 무주택 세대주로서 총급여액 8,000만원 이하로 공제 가능

임대인명 (상호)	주민등록번호 (사업자번호)	유형	계약 면적(㎡)	임대차계약서 상 주소지	계약서상 임대차 계약기간		연간 월세액	공제대상금액	세액공제금액
					개시일	종료일			
이고동	691126-1904701	아파트	84.00	경기도 안산시 단원구 중앙대로 620	2025-01-01	2026-12-31	7,200,000	7,200,000	1,011,231

■ 무주택자 해당 여부 √ 여 □ 부

(7) 연말정산입력 TAB : [F8 부양가족탭불러오기] 버튼을 클릭하여 부양가족 TAB 자료 반영

구분			지출액	공제금액	구분	지출액	공제대상금액	공제금액
21.총급여				52,800,000	48.종합소득 과세표준			21,657,540
22.근로소득공제				12,390,000	49.산출세액			1,988,631
23.근로소득금액				40,410,000	50.「소득세법」			
기본공제	24.본인			1,500,000	51.「조세특례제한법」(52제외)			
	25.배우자				52.「조세특례제한법」제30조			
	26.부양가족	3명		4,500,000	53.조세조약			
추가공제	27.경로우대	2명		2,000,000	54.세액감면 계			
	28.장애인	1명		2,000,000	55.근로소득 세액공제			660,000
	29.부녀자				56.결혼세액공제	부		
	30.한부모가족				57.자녀 ㉮자녀 명			
연금보험료공제	31.국민연금보험료		2,335,700	2,335,700	세액공제 ㉯ 출산.입양 명			
	32. 공무원연금				58.과학기술공제			
	군인연금				59.근로자퇴직연금			
	사립학교교직원				60.연금저축			
	별정우체국연금				60-1.ISA연금계좌전환			
특별소득공제	33.보험료		2,646,760	2,646,760	61.보장 일반	500,000	500,000 500,000	60,000
	건강보험료		2,187,640	2,187,640	성보험 장애인	700,000	700,000 700,000	105,000
	고용보험료		459,120	459,120	62.의료비	2,600,000	2,600,000 1,016,000	152,400
	34.주택차입금 대출기관				63.교육비			
	원리금상환액 거주자				64.기부금			
	34.장기주택저당차입금이자상				1)정치자금 10만원이하			
	35.특별소득공제 계			2,646,760	기부금 10만원초과			
36.차감소득금액				25,427,540	2)고향사랑 10만원이하			
37.개인연금저축					기부금 10만원초과			
그밖의소득공제	38.소기업,소상 2015년이전가입				3)특례기부금(전액)			
	공인 공제부금 2016년이후가입				4)우리사주조합기부금			
	39.주택 청약저축				5)일반기부금(종교단체외)			
	마련저축 주택청약				6)일반기부금(종교단체)			
	소득공제 근로자주택마련				65.특별세액공제 계			317,400
	40.투자조합출자 등 소득공제				66.표준세액공제			
	41.신용카드 등 사용액		28,000,000	3,770,000	67.납세조합공제			
	42.우리사주조합 일반 등				68.주택차입금			
	출연금 벤처 등				69.외국납부			
	43.고용유지중소기업근로자				70.월세액	7,200,000	7,200,000	1,011,231
	44.장기집합투자증권저축				71.세액공제 계			1,988,631
	45.청년형장기집합투자증권저축							
	46.그 밖의 소득공제 계			3,770,000				

112회 전산세무2급 기출 해설

A형	[01]	[02]	[03]	[04]	[05]	[06]	[07]	[08]	[09]	[10]	[11]	[12]	[13]	[14]	[15]
	4	1	3	4	2	4	1	2	3	1	3	3	4	2	1

해설

01. 보고기간 종료일로부터 1년 이내 만기가 도래하는 만기보유증권의 경우 단기매매증권으로 분류 변경하지 아니하며, 유동자산의 만기보유증권으로 재분류하여 유동성대체 한다.

02. ■ 보험료 지출시점에 비용처리한 경우 미경과분을 선급비용(자산)으로 대체 처리한다.
　　누락 회계처리 : (차) 선급비용(자산) ×××　　(대) 보험료(비용) ×××
　∴ 자산 과소계상, 비용 과대계상, 당기순이익 과소계상, 자본 과소계상, 부채 불변(영향 없음)

03. 자산의 원상회복, 수선유지를 위한 지출은 수익적 지출에 해당한다.

04. 용역제공거래의 성과를 신뢰성 있게 추정할 수 없고 발생한 원가의 회수가능성이 낮은 경우에도 발생한 원가는 비용으로 인식한다.

05. 회계연도의 이익을 줄이기 위해 유형자산의 내용연수를 임의로 단축하는 것은 회계처리의 오류이다.

06. 조업도가 증가하거나 감소하더라도 단위당 변동원가는 변함이 없다.

07. ■ 예정배부액 = 실제 직접노무시간 10,000시간 × 제조간접원가 배부율 2,000원 = 20,000,000원
　　■ 제조간접원가 배부차이
　　　= 예정배부액 20,000,000원 − 실제발생액 18,000,000원 = 2,000,000원 과대배부

08. ■ 완성품수량 4,500개
　　= 기초재공품 500개 + 당기착수량 5,000개 − 기말재공품 300개 − 공손품수량 700개
　　■ 정상공손수량 = 당기완성품 4,500개 × 10% = 450개
　　■ 비정상공손수량 = 공손품 700개 − 정상공손수량 450개 = 250개

09. ③은 종합원가계산에 대한 설명이다.

10. ■ 완성품수량 = 기초재공품 1,000개 + 당기착수 3,000개 − 기말재공품 2,000개 = 2,000개
　　∴ 완성품환산량(평균법) = 완성품수량 2,000개 + (기말재공품 2,000개 × 40%) = 2,800개

11. 간이과세자는 세금계산서를 발급받은 재화의 공급대가에 0.5%를 곱한 금액을 납부세액에서 공제한다.

12. 의제매입세액의 공제대상이 되는 원재료의 매입가액은 운임 등의 부대비용을 제외한 매입원가로 한다.

13. 근로자의 가족에 대한 학자금은 근로소득으로 과세한다.

14. 근로소득과 사업소득이 있는 경우 과세표준확정신고의 예외에 해당하지 않으므로 반드시 확정신고를 해야 한다.

15. 총급여액 5,000,000원 이하의 근로소득만 있는 자가 기본공제 대상자에 해당하며, 근로소득금액 500만원이면 총급여액은 10,833,333원이 되므로 기본공제대상자가 될 수 없다.

실무문제 해설

문제 1 일반전표입력

NO	월	일	구분	계정과목	거래처	차변	대변
[1]	6	12	차변	단기매매증권		10,000,000	
			차변	수수료비용(984)		100,000	
			대변	보통예금			10,100,000

■ 단기매매증권 매입수수료는 영업외비용(수수료비용)으로 처리한다.

[2]	7	9	차변	예수금		3,300,000	
			대변	보통예금			3,300,000
[3]	7	21	차변	토 지		370,000,000	
			대변	자산수증이익			350,000,000
			대변	보통예금			20,000,000
[4]	9	20	차변	보통예금		34,100,000	
			차변	사채할인발행차금		900,000	
			대변	사 채			35,000,000
[5]	10	21	차변	보통예금		125,000,000	
			대변	외상매출금	(주)도담		115,000,000
			대변	외환차익			10,000,000

■ 외환차익 = $100,000 × (1,250원 − 1,150원) = 10,000,000원

문제 2 매입매출전표입력

NO	일자	유형	품목	공급가액	부가세	공급처명	전자	분개
[1]	7/2	51.과세	부품교체	15,000,000	1,500,000	대보상사		혼합

	구분	계정과목	거래처	차변	대변
[1]	차변	부가세대급금	대보상사	1,500,000	
	차변	기계장치	대보상사	15,000,000	
	대변	당좌예금	대보상사		16,500,000

NO	일자	유형	품목	공급가액	부가세	공급처명	전자	분개
[2]	7/24	61.현과	야식	80,000	8,000	참맛식당		현금(혼합)

	구분	계정과목	거래처	차변	대변
[2]	출금	부가세대급금	참맛식당	8,000	(현금)
	출금	복리후생비(판)	참맛식당	80,000	(현금)

NO	일자	유형	품목	공급가액	부가세	공급처명	전자	분개
	8/1	54.불공	승용차	25,000,000	2,500,000	(주)빠름자동차	여	혼합

	불공제 사유	③ 개별소비세법 제1조제2항제3호에 따른 자동차 구입·유지 및 임차

	구분	계정과목	거래처	차변	대변
[3]	차변	차량운반구	(주)빠름자동차	27,500,000	
	대변	보통예금	(주)빠름자동차		3,000,000
	대변	미지급금	(주)빠름자동차		24,500,000

NO	일자	유형	품목	공급가액	부가세	공급처명	전자	분개
	8/17	11.과세	제품	40,000,000	4,000,000	(주)더뷰상사	여	혼합

	구분	계정과목	거래처	차변	대변
[4]	대변	부가세예수금	(주)더뷰상사		4,000,000
	대변	제품매출	(주)더뷰상사		40,000,000
	차변	보통예금	(주)더뷰상사	12,000,000	
	차변	외상매출금	(주)더뷰상사	32,000,000	

NO	일자	유형	품목	공급가액	부가세	공급처명	전자	분개
	11/30	16.수출	제품	78,600,000	0	KYM사		혼합

	영세율 구분	① 직접수출(대행수출 포함)
	수출신고번호	생략

	구분	계정과목	거래처	차변	대변
[5]	차변	외상매출금	KYM사	39,300,000	
	차변	보통예금	KYM사	39,300,000	
	대변	제품매출	KYM사		78,600,000

▪ 과세표준 = $60,000 × 1,310원/$(선적일) = 78,600,000원

112회 기출문제 해설

문제 3 부가가치세 신고

[1] 부동산임대공급가액명세서(조회기간 : 2025년 10월 ~ 2025년 12월)

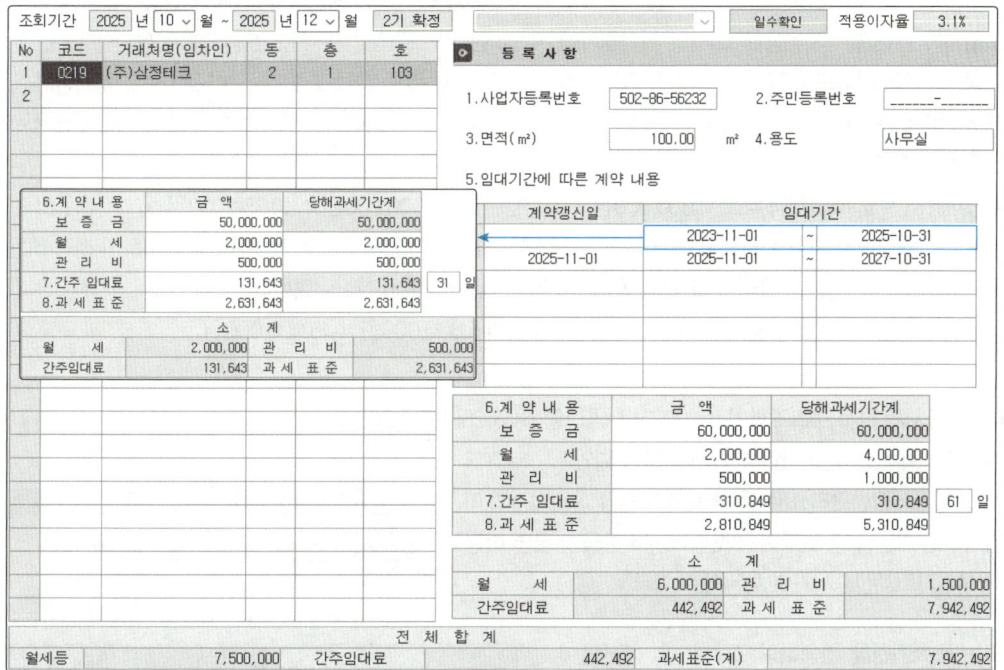

[2] 부가가치세신고서 작성(조회기간 : 2025년 1월 1일 ~ 2025년 3월 31일)

① "신용카드·현금영수증발행분(3)"란에 입력한 공급대가 금액을 "신용카드매출전표등 발행공제등(19)"란도 입력하여야 하며, **시험은 별도의 문구가 없는 경우 채점에는 영향을 주지 않는다.**
② 간주임대료 과세표준은 세금계산서 발급면제이므로 "기타(정규영수증외매출분)(4)"란에 입력한다.
③ 토지취득 관련 법무사비용은 토지의 취득원가에 가산하는 것으로 매입세액은 공제받을 수 없다. 토지는 감가상각자산이 아니므로 "일반매입(10)"란에 입력하고 공제받지 못할 매입세액(16란 → 50란)으로 입력한다.
④ 개별소비세 과세 대상 업무용승용차 구입은 "고정자산매입(11)"란에 입력하고 공제받지 못할 매입세액(16란 → 50란)으로 입력한다.
- 공제받지 못할 매입세액 = 토지 350,000원 + 차량운반구 40,000,000원 = 40,350,000원
⑤ 신용카드 일반매입액 중 기업업무추진비 관련 매입액은 불공제 매입세액으로 일반전표에 입력하여 전액 비용처리하므로 이를 차감한 금액을 그 밖의 공제매입세액(14란 → 41란)으로 입력한다.
- 신용카드 일반매입 = 50,000,000원 − 기업업무추진비 5,000,000원 = 45,000,000원

[3] 부가가치세 전자신고(조회기간 : 2025년 4월 1일 ~ 2025년 6월 30일)

(1) 부가가치세신고서 및 관련 부속서류 마감 확인

① [CF2 부가세작성관리] 버튼을 클릭하여 해당 과세기간의 마감여부를 확인할 수 있으며 [확인(Tab)] 버튼을 누르면 마감한 부가가치세신고서가 조회된다.

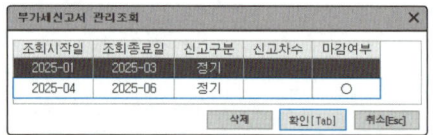

② 또는 조회기간을 입력하여 조회한 후 상단의 [F3 마감취소] 버튼을 클릭하면 부가가치세 신고서 및 부속서류 마감사항을 확인할 수 있다.

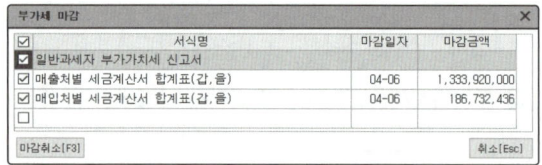

(2) 전자신고 데이터 제작
회사를 선택하고 상단의 [F4 제작] 버튼을 누른 후 **비밀번호(13001300)**를 입력하여 제작한다.

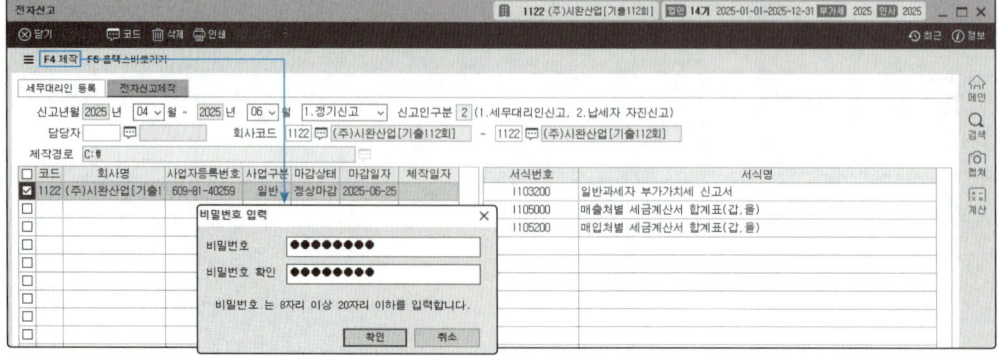

112회 기출문제 해설

(3) 국세청 홈택스 전자신고

① 부가가치세 신고 : 세금신고 → [01.전자파일변환 – 변환대상파일선택]

　　[찾아보기] 클릭 → [로컬디스크(C:)] → 파일명 : enc작성연월일.101.v6098140259

② 부가가치세 신고 : 세금신고 → [01.전자파일변환 – 처리내역]

　　[형식검증하기] : 비밀번호(13001300) 입력 → [형식검증결과확인] : 오류 유무 확인 → [내용검증하기]
　　→ [내용검증결과확인] : 오류 유무 확인 → [전자파일제출]

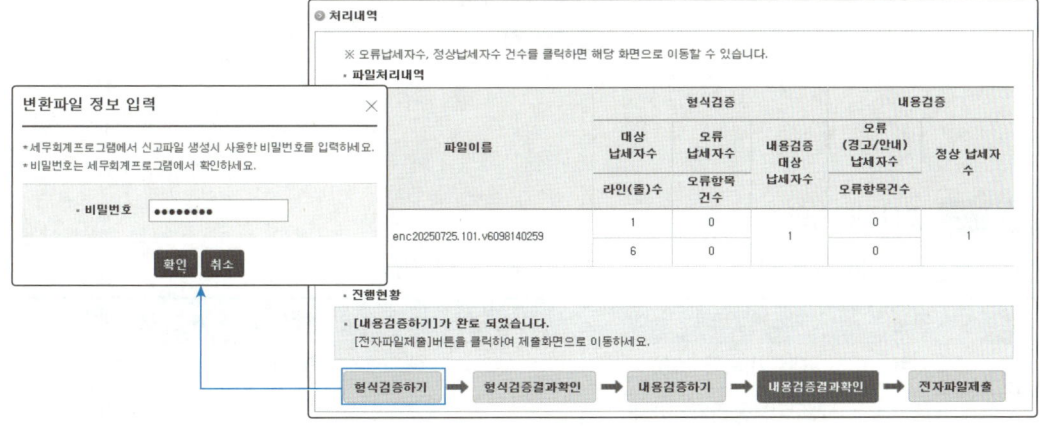

③ 부가가치세 신고 : 세금신고 → 03.전자파일제출
   [전자파일 제출하기] > 부가가치세 신고서 접수증 확인

문제 4 결산정리사항

[1] 수동결산 – 일반전표입력

월	일	구분	계정과목	거래처	차변	대변
12	31	차변	매도가능증권(178)		1,200,000	
		대변	매도가능증권평가이익			1,200,000

- 매도가능증권평가이익 = (10,000주 × 850원) − 7,300,000원 = 1,200,000원

112회 기출문제 해설

[2] 수동결산 – 일반전표입력

월	일	구분	계정과목	거래처	차변	대변
12	31	차변	잡손실		102,000	
		대변	현금과부족			102,000

[3] 수동결산 – 일반전표입력

월	일	구분	계정과목	거래처	차변	대변
12	31	차변	보통예금	우리은행	35,423,800	
		대변	단기차입금	우리은행		35,423,800

- 보통예금 계정과목에도 거래처를 입력하여야 하나 확정답안에서는 공지하지 않았으므로 입력하지 않아도 무방함

[4] 수동결산 – 일반전표입력

월	일	구분	계정과목	거래처	차변	대변
12	31	차변	선급비용		200,000	
		대변	보험료(판)			200,000

- 선급비용(미경과분) = 1,200,000원 × 2개월/12개월 = 200,000원

[5] 자동결산 – 결산자료입력

- 퇴직급여(제) : (300,000,000원 × 100%) − 60,000,000원 = 240,000,000원
- 퇴직급여(판) : (100,000,000원 × 100%) − 20,000,000원 = 80,000,000원

방법 1 : 결산자료입력 메뉴의 상단 [퇴직충당] 버튼을 클릭하여 퇴직급여추계액란의 [508.퇴직급여 : 300,000,000원, 806.퇴직급여 : 100,000,000원]을 입력하고 추가설정액이 확정되면 [결산반영] 버튼을 눌러 "결산반영금액"란에 반영하여 전표추가를 한다.

방법 2 : 결산자료입력 메뉴 제품매출원가의 3)노무비에 [2).퇴직급여(전입액) : 240,000,000원], 판매비와일반관리비의 [2).퇴직급여(전입액) : 80,000,000원]을 입력한 후 결산자료 입력의 전표추가를 한다.

방법 3 : 결산일(12월 31일)에 일반전표입력에 직접 입력

월	일	구분	계정과목	거래처	차변	대변
12	31	차변	퇴직급여(제)		240,000,000	
		차변	퇴직급여(판)		80,000,000	
		대변	퇴직급여충당부채			320,000,000

문제 5 원천징수

[1] 급여자료입력 및 원천징수이행상황신고서

(1) 급여자료입력

① 수당공제등록
- 현물식사를 제공받고 있으므로 식대로 제공받는 금액은 과세이다.
- 연구활동에 직접 종사하는 자에게 지급하는 연구보조비는 비과세한다.
- 육아수당은 6세 이하 자녀가 있는 근로자가 받는 금액 중 월 20만원을 비과세한다.

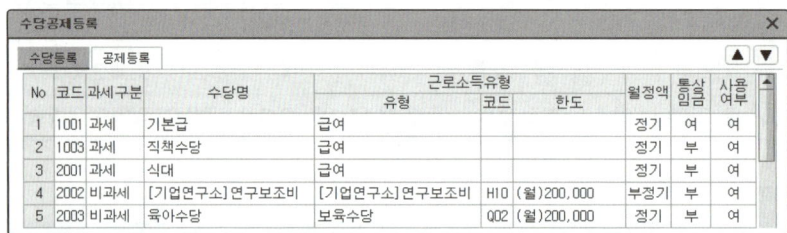

② 급여 자료(귀속년월 : 2025년 07월, 지급년월일 : 2025년 07월 31일)

급여항목	금액	공제항목	금액
기본급	2,000,000	국민연금	112,500
직책수당	300,000	건강보험	88,620
식대	200,000	장기요양보험	11,470
[기업연구소]연구보조비	200,000	고용보험	22,500
육아수당	200,000	소득세(100%)	35,600
		지방소득세	3,560
		농특세	
과 세	2,500,000		
비 과 세	400,000	공 제 총 액	274,250
지 급 총 액	2,900,000	차 인 지 급 액	2,625,750

(2) 원천징수이행상황신고서

- 귀속기간(2025년 07월 ~ 2025년 07월), 지급기간(2025년 07월 ~ 2025년 07월), 신고구분(1.정기신고)를 입력하여 조회한 후 "12.전월미환급"란에 150,000원을 입력한다.

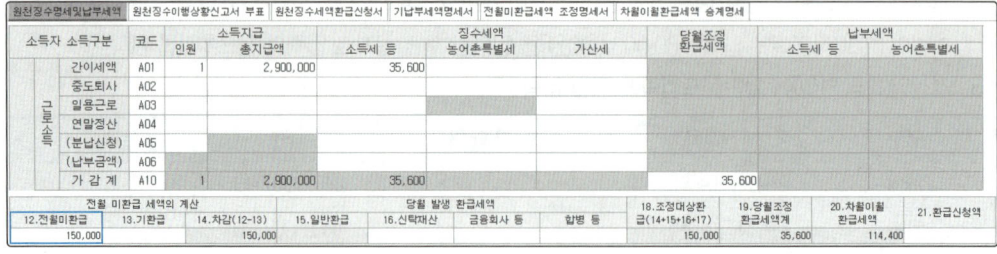

112회 기출문제 해설

[2] 연말정산추가자료입력

(1) [소득명세] TAB : 전근무지 자료 입력 시 기납부세액은 '**결정세액**'을 입력한다.

구분		합계	주(현)	납세조합	종(전) [1/2]
소득명세	9.근무처명		(주)시완산업[기출112회]		(주)강일전자
	9-1.종교관련 종사자		부		부
	10.사업자등록번호		609-81-40259		205-85-11389
	11.근무기간		2025-09-20 ~ 2025-12-31	~	2025-01-01 ~ 2025-09-19
	12.감면기간		~	~	~
	13-1.급여(급여자료입력)	50,750,000	17,500,000		33,250,000
	13-2.비과세한도초과액				
	13-3.과세대상추가(인정상여추가)				
	14.상여	8,500,000			8,500,000
	15.인정상여				
	15-1.주식매수선택권행사이익				
	15-2.우리사주조합 인출금				
	15-3.임원퇴직소득금액한도초과액				
	15-4.직무발명보상금				
	16.계	59,250,000	17,500,000		41,750,000
공제보험료명세	직장 건강보험료(직장)(33)	2,056,052	620,372		1,435,680
	장기요양보험료(33)	263,310	79,440		183,870
	고용보험료(33)	504,500	140,000		364,500
	국민연금보험료(31)	2,610,000	787,500		1,822,500
	공적연금보험료 공무원 연금(32)				
	군인연금(32)				
	사립학교교직원연금(32)				
	별정우체국연금(32)				
세액명세	기납부세액 소득세	1,301,080	976,080		325,000
	지방소득세	130,100	97,600		32,500
	농어촌특별세				
	납부특례세액 소득세				
	지방소득세				
	농어촌특별세				

(2) [부양가족] TAB : 인적공제

① 여민지(배우자) : 총급여 500만원 이하는 기본공제 가능

② 김수지(자녀) : 일시적인 문예창작소득 50만원은 기타소득 분리과세로 기본공제 가능

③ 한미녀(모친) : 기본공제유형 60세이상 또는 장애인 선택

   장애인은 나이의 제한이 없으며, 원천징수 대상 금융소득금액 2,000만원 이하는 분리과세로 기본공제 및 장애인(1) 추가공제 가능

연말관계	성명	내/외국인	주민(외국인)번호	나이	소득기준초과여부	기본공제	세대주구분	부녀자	한부모	경로우대	장애인	자녀	출산입양	결혼세액
0	김민수	내	1 800205-1884520	45		본인	세대주							
3	여민지	내	1 830120-2118534	42		배우자								
4	김수지	내	1 120810-4988231	13		20세이하						○		
4	김지민	내	1 140520-3118523	11		20세이하						○		
1	한미녀	내	1 571211-2113255	68		60세이상					1			
합 계 [명]						5					1	2		

(3) [부양가족] TAB : 보험료 및 교육비 세액공제 추가입력

보험료	• 동일인·동일보험증권이 아닌 경우 일반보장성보험과 장애인전용보장성보험 중복공제 가능 • 김민수(일반보장성) 115만원, 한미녀(장애인전용) 120만원 입력
교육비	• 학원비는 취학전 아동에 한하여 공제가 가능하므로 영어 및 태권도 학원비 공제 제외 • 김수지(자녀) : 수업료 20만원(2.초중고) 입력 • 김지민(자녀) : 체험학습비는 1인당 30만원 한도내 금액만 공제가능하므로 30만원(2.초중고) 입력 • 한미녀(모친) : 직계존속 일반교육비는 공제 배제(다만, 장애인 특수교육비는 공제가능)

(4) 신용카드 등 TAB : 부양가족 TAB 더블클릭 또는 직접 선택

■ 신용카드 등 사용액에 대한 소득공제와 의료비 세액공제는 중복공제가 허용되므로 공제 가능

112회 기출문제 해설

(5) [의료비] TAB : 부양가족 TAB 더블클릭 또는 직접 선택

① 여민지(배우자) : 실손보험수령액은 지출액에서 공제하지 않고 전액 입력한다.
② 김수지(자녀) : 시력보정용 안경 또는 콘택트렌즈를 구입하기 위하여 지출한 비용은 기본공제대상자 1명당 연 50만원까지 공제대상 의료비 지출액으로 한다.

	성명	내/외	5.주민등록번호	6.본인등해당여부	9.증빙코드	8.상호	7.사업자등록번호	10.건수	11.금액	11-1.실손보험수령액	12.미숙아선천성이상아	13.난임여부	14.산후조리원
☐	여민지	내	830120-2118534	3	X	1			3,000,000	1,000,000	X	X	X
☐	김수지	내	120810-4988231	3	X	1			500,000		X	X	X

합계			3,500,000	1,000,000	
일반의료비 (본인)	6세이하,65세이상인 건강보험산정특례자 장애인	일반의료비 (그 외)	3,500,000	난임시술비 미숙아.선천성이상아	1,000,000

(6) 연말정산입력 TAB : [F8 부양가족탭불러오기] 버튼을 클릭하여 부양가족 TAB 자료 반영

구분			지출액	공제금액	구분		지출액	공제대상금액	공제금액
21.총급여				59,250,000	48.종합소득 과세표준				25,603,638
22.근로소득공제				12,712,500	49.산출세액				2,580,545
23.근로소득금액				46,537,500	50.「소득세법」	▶			
기본공제	24.본인			1,500,000	세액감면	51.「조세특례제한법」(52제외)	▶		
	25.배우자			1,500,000		52.「조세특례제한법」 제30조	▶		
	26.부양가족 3명)			4,500,000		53.조세조약	▶		
추가공제	27.경로우대 명)					54.세액감면 계			
	28.장애인 1명)			2,000,000		55.근로소득 세액공제	▶		660,000
	29.부녀자					56.결혼세액공제	부		
	30.한부모가족					57.자녀 ⑦자녀 2명)			550,000
연금보험료공제	31.국민연금보험료		2,610,000	2,610,000	세액공제 ⑪ 출산.입양 명)			
	32.공적연금보험공제	공무원연금 군인연금 사립학교직원 별정우체국연금				58.과학기술공제			
					연금계좌	59.근로자퇴직연금			
						60.연금저축			
						60-1.ISA연금계좌전환			
특별소득공제	33.보험료		2,823,862	2,823,862	특별세액공제	61.보장성보험 일반	1,150,000	1,150,000 1,000,000	120,000
	건강보험료		2,319,362	2,319,362		장애인	1,200,000	1,200,000 1,000,000	150,000
	고용보험료		504,500	504,500		62.의료비	3,500,000	3,500,000 722,500	108,375
	34.주택차입금 원리금상환액	대출기관 거주자				63.교육비	500,000	500,000 500,000	75,000
	34.장기주택저당차입금이자상					64.기부금			
	35.특별소득공제 계			2,823,862		1)정치자금기부금 10만원이하 10만원초과			
36.차감소득금액				31,603,638		2)고향사랑기부금 10만원이하 10만원초과			
그밖의소득공제	37.개인연금저축					3)특례기부금(전액)			
	38.소기업.소상공인 공제부금	2015년이전가입 2016년이후가입				4)우리사주조합기부금			
	39.주택마련저축	청약저축 주택청약 근로자주택마련				5)일반기부금(종교단체외)			
	40.투자조합출자 등 소득공제					6)일반기부금(종교단체)			
	41.신용카드 등 사용액		49,570,000	6,000,000		65.특별세액공제 계			453,375

111회 전산세무2급 기출 해설

A형	[01]	[02]	[03]	[04]	[05]	[06]	[07]	[08]	[09]	[10]	[11]	[12]	[13]	[14]	[15]
	3	4	2	1	1	3	4	1	2	4	3	3	4	2	2

해설

01. ① 재무제표는 일정한 가정 하에서 작성되며, 그러한 기본가정으로는 기업실체, 계속기업 및 기간별 보고를 들 수 있다.
    ② 기간별 보고의 가정이란 기업실체의 존속기간을 일정한 기간 단위로 분할하여 각 기간별로 재무제표를 작성하는 것을 말한다.
    ④ 계속기업의 가정이란 기업실체는 그 목적과 의무를 이행하기에 충분할 정도로 장기간 존속한다고 가정하는 것을 말한다.

02. 인플레이션 상태에서 당기순이익이 가장 적게 계상되는 재고자산 평가방법은 후입선출법, 당기순이익이 가장 크게 계상되는 재고자산 평가방법은 선입선출법 이다.

03. 감가상각비(연수합계법) = 취득가액 45,000,000원 × $\frac{3년}{(1년+2년+3년)}$ × $\frac{3개월}{12개월}$ = 562,500원

04. 무형자산의 재무제표 표시방법으로 직접법과 간접법을 모두 허용하고 있다.

05. ■ 자본조정 : 자기주식, 자기주식처분손실, 주식할인발행차금, 감자차손 등
    ■ 자본잉여금 : 자기주식처분이익, 주식발행초과금, 감자차익 등
    ■ 기타포괄손익누계액 : 매도가능증권평가손익 등

06. ③은 회피불능원가에 대한 설명이며, 회피가능원가란 의사결정에 따라 회피할 수 있는 원가를 말한다.

07. 생산량의 증감에 따라 제품 단위당 고정원가는 변동한다.

08. 제조원가명세서에는 기말 제품 재고액은 표시되지 않는다.

09. ■ 제조간접원가 배부율 = 제조간접원가 2,400,000원 ÷ 총직접재료원가 3,000,000원 = 80%
    ■ 일반형 캠핑카 제조간접원가 배부액 = 직접재료원가 1,200,000원 × 배부율 80% = 960,000원
    ■ 일반형 캠핑카 당기총제조원가 2,760,000원
      = 직접재료원가 1,200,000원 + 직접노무원가 600,000원 + 제조간접원가 960,000원

10. ■ 당기완성품수량 = 기초재공품 2,500개 + 당기투입량 30,000개 − 기말재공품 4,000개 = 28,500개
    ■ 가공원가 완성품환산량 = 당기완성품수량 28,500개 + 기말재공품 4,000개 × 0.3 = 29,700개
    ■ 가공원가 완성품환산량 단위당원가 = (기초재공품원가 + 당기제조원가) ÷ 완성품환산량
      = (30,000원 + 1,306,500원) ÷ 29,700개 = 45원

11. ■ 미가공식료품은 국내산, 외국산 불문하고 면세한다.
    ■ 과세 : 가, 다, 바   ■ 면세 : 나, 라, 마

12. 공급일부터 10년이 지난 날이 속하는 과세기간에 대한 확정신고기한까지 확정되는 대손세액에 대하여 대손세액공제를 적용받을 수 있다.
13. ① 소득세의 과세기간은 사업자의 선택에 따라 변경할 수 없다.
    ② 거주자의 소득세 납세지는 거주자의 주소지가 원칙이다.
    ③ 소득세법은 종합과세, 분리과세, 분류과세되는 소득으로 구분되며 종합과세되는 이자소득, 배당소득, 사업소득, 근로소득, 연금소득, 기타소득만 합산하여 과세한다.
14. - 양도소득과 퇴직소득은 분류과세한다.
    - 종합소득금액 = 근로소득금액 30,000,000원 + 이자소득금액 22,000,000원 = 52,000,000원
15. - 1월 ~ 11월 귀속 근로소득을 12월 31일까지 지급하지 않은 경우, 그 근로소득은 12월 31일에 지급한 것으로 보아 소득세를 원천징수한다.
    - 12월 귀속 근로소득을 다음 연도 2월 말까지 지급하지 않은 경우, 그 근로소득은 다음 연도 2월 말에 지급한 것으로 보아 소득세를 원천징수한다.
    - 2025년 11월 귀속 근로소득을 2026년 1월에 지급한 경우 원천징수시기는 2024년 12월 31일이다.

실무문제 해설

문제 1 일반전표입력

NO	월	일	구분	계정과목	거래처	차변	대변
[1]	1	30	차변	복리후생비(제)		50,000	
			대변	제품(8.타계정으로 대체)			50,000

- 재고자산을 생산 및 판매 이외에 사용하는 경우 원가 금액을 타계정 대체 처리한다.

NO	월	일	구분	계정과목	거래처	차변	대변
[2]	4	1	차변	외화장기차입금	미국 LA은행	26,000,000	
			차변	이자비용		1,120,000	
			차변	외환차손		2,000,000	
			대변	보통예금			29,120,000

- 외환차손 = ($20,000 × 1,400원) - 장부가액 26,000,000원 = 2,000,000원

NO	월	일	구분	계정과목	거래처	차변	대변
[3]	5	6	차변	임차보증금	(주)명당	20,000,000	
			대변	보통예금			18,000,000
			대변	선급금	(주)명당		2,000,000

NO	월	일	구분	계정과목	거래처	차변	대변
[4]	8	20	차변	보통예금		2,750,000	
			대변	부가세예수금			250,000
			대변	대손충당금(109)			2,500,000

- 대손금을 회수한 경우 대손세액공제액(10/110)은 부가세예수금, 대손세액공제액을 제외한 금액은 관련 대손충당금으로 처리한다.

NO	월	일	구분	계정과목	거래처	차변	대변
[5]	9	19	차변	차량운반구		1,250,000	
			대변	보통예금			1,250,000

문제 2 매입매출전표입력

NO	일자	유형	품목	공급가액	부가세	공급처명	전자	분개
[1]	4/2	11.과세	제품	50,000,000	5,000,000	(주)이레테크	여	혼합

구분	계정과목	거래처	차변	대변
대변	부가세예수금	(주)이레테크		5,000,000
대변	제품매출	(주)이레테크		50,000,000
차변	선수금	(주)이레테크	5,000,000	
차변	받을어음	(주)이레테크	30,000,000	
차변	외상매출금	(주)이레테크	20,000,000	

NO	일자	유형	품목	공급가액	부가세	공급처명	전자	분개
[2]	4/9	16.수출	제품	3,000,000	0	BTECH		외상

영세율 구분	① 직접수출(대행수출 포함)
수출신고번호	12345-00-123456X

구분	계정과목	거래처	차변	대변
차변	외상매출금	BTECH	3,000,000	
대변	제품매출	BTECH		3,000,000

NO	일자	유형	품목	공급가액	부가세	공급처명	전자	분개
[3]	5/29	57.카과	회식	1,000,000	100,000	침산가든		카드(혼합)

신용카드사	제일카드

구분	계정과목	거래처	차변	대변
대변	미지급금 또는 미지급비용	제일카드		1,100,000
차변	부가세대급금	침산가든	100,000	
차변	복리후생비(제)	침산가든	600,000	
차변	복리후생비(판)	침산가든	400,000	

111회 기출문제 해설

NO	일자	유형	품목	공급가액	부가세	공급처명	전자	분개
[4]	6/5	54.불공	기계장치	100,000,000	10,000,000	(주)한라상사	여	혼합
	불공제 사유			⑤ 면세사업 관련				
	구분	계정과목		거래처	차변		대변	
	차변	기계장치		(주)한라상사	110,000,000			
	대변	당좌예금		(주)한라상사			100,000,000	
	대변	보통예금		(주)한라상사			10,000,000	

NO	일자	유형	품목	공급가액	부가세	공급처명	전자	분개
[5]	6/15	61.현과	청소용품	200,000	20,000	일진상사		현금(혼합)
	구분	계정과목		거래처	차변		대변	
	출금	부가세대급금		일진상사	20,000		(현금)	
	출금	소모품비(제)		일진상사	200,000		(현금)	

문제 13 부가가치세 신고

[1] 수출실적명세서 및 영세율매출명세서 작성

(1) 수출실적명세서(2025년 01월 ~ 2025년 03월)

외상거래는 선적일의 기준환율, 선적일 이전에 환가한 경우 환가일 환율을 적용한다.

조회기간 2025년 01월 ~ 2025년 03월 구분: 1기 예정	과세기간별입력							
구분		건수		외화금액		원화금액		
⑨합계		3		5,180,000.00		232,000,000		
⑩수출재화[=⑫합계]		3		5,180,000.00		232,000,000		
⑪기타영세율적용								
No	(13)수출신고번호	(14)선(기)적일자	(15)통화코드	(16)환율	(17)외화	(18)원화	거래처코드	거래처명
1	13065-22-065849X	2025-01-31	USD	1,080.0000	100,000.00	108,000,000	00801	제임스사
2	13075-20-080907X	2025-02-20	USD	1,050.0000	80,000.00	84,000,000	00802	랜덤기업
3	13889-25-148890X	2025-03-18	JPY	8.0000	5,000,000.00	40,000,000	00901	큐수상사
	합계				5,180,000	232,000,000		

(2) 영세율매출명세서(2025년 01월 ~ 2025년 03월)

부가가치세법	조세특례제한법		
(7)구분	(8)조문	(9)내용	(10)금액(원)
부가가치세	제21조	직접수출(대행수출 포함)	232,000,000
		중계무역·위탁판매·외국인도 또는 위탁가공무역 방식의 수출	
		내국신용장·구매확인서에 의하여 공급하는 재화	
		한국국제협력단 및 한국국제보건의료재단에 공급하는 해외반출용 재화	
		수탁가공무역 수출용으로 공급하는 재화	
	제22조	국외에서 제공하는 용역	
	(11) 부가가치세법에 따른 영세율 적용 공급실적 합계		232,000,000
	(12) 조세특례제한법 및 그 밖의 법률에 따른 영세율 적용 공급실적 합계		
	(13) 영세율 적용 공급실적 총 합계(11)+(12)		232,000,000

[2] 부가가치세신고서 작성(조회기간 : 2025년 10월 1일 ~ 2025년 12월 31일)

① "신용카드·현금영수증발행분(3)"란에 입력한 공급대가 금액을 "신용카드매출전표등 발행공제등(19)"란도 입력하여야 하며, 시험은 별도의 문구가 없는 경우 채점에는 영향을 주지 않는다.

② 대손세액공제 받은 대손금 회수시 대손세액가감(8)란에 양수로 입력한다.

　　대손세액 = 33,000,000원 × 10/110 = 3,000,000원

③ 접대성 물품 매입은 매입세액공제가 불가능하므로 [세금계산서수취분-일반매입(10란)]과 [공제받지못할매입세액-공제받지못할매입세액(50란)]에 입력한다.

④ 정상적으로 수취한 예정신고 누락분 매입 세금계산서는 가산세 적용 대상이 아니므로 [예정신고누락분-세금계산서(38란)]에 입력한다.

⑤ 기업이 직접 홈택스로 전자신고를 한 경우 확정신고시 전자신고세액공제 "10,000원"을 입력한다.

⑥ 전자세금계산서 발급의무자가 세금계산서 발급시기에 종이세금계산서를 발급한 경우 세금계산서 불성실 가산세 중 미발급(1%) 가산세를 적용한다. 다만, 부가가치세 신고서식에 종이발급 세금계산서 관련 가산세를 입력하는 란이 별도로 존재하지 않으며, 지연발급(62란)에 입력한 경우도 정답을 인정한다.

　　세금계산서 미발급(64란) 가산세 = 50,000,000원 × 1% = 500,000원

구분				정기신고금액			구분		금액	세율	세액
				금액	세율	세액	12.매입(예정신고누락분)				
과세표준및매출세액	과세	세금계산서발급분	1	500,000,000	10/100	50,000,000	예정누락분	세금계산서	38	20,000,000		2,000,000
		매입자발행세금계산서	2		10/100			그 밖의 공제매입세액	39			
		신용카드·현금영수증발행분	3	80,000,000	10/100	8,000,000		합계	40	20,000,000		2,000,000
		기타(정규영수증외매출분)	4					신용카드매출수령금액합계	일반매입				
	영세	세금계산서발급분	5	50,000,000	0/100				고정매입				
		기타	6	150,000,000	0/100			의제매입세액					
	예정신고누락분		7					재활용폐자원등매입세액					
	대손세액가감		8			3,000,000		과세사업전환매입세액					
	합계		9	780,000,000	㉮	61,000,000		재고매입세액					
매입세액	세금계산서수취분	일반매입	10	550,000,000		55,000,000		변제대손세액					
		수출기업수입분납부유예	10-1					외국인관광객에대한환급세액					
		고정자산매입	11					합계					
	예정신고누락분		12	20,000,000		2,000,000	16.공제받지못할매입세액					
	매입자발행세금계산서		13					공제받지못할 매입세액	50	30,000,000		3,000,000
	그 밖의 공제매입세액		14					공통매입세액면세등사업분	51			
	합계(10)-(10-1)+(11)+(12)+(13)+(14)		15	570,000,000		57,000,000		대손처분받은세액	52			
	공제받지못할매입세액		16	30,000,000		3,000,000		합계	53	30,000,000		3,000,000
	차감계 (15-16)		17	540,000,000	㉯	54,000,000	18.그 밖의 경감·공제세액					
납부(환급)세액(매출세액㉮-매입세액㉯)					㉰	7,000,000		전자신고 및 전자고지 세액공제	54			10,000
경감공제세액	그 밖의 경감·공제세액		18			10,000		전자세금계산서발급세액공제	55			
	신용카드매출전표등 발행공제등		19	88,000,000				택시운송사업자경감세액	56			
	합계		20		㉱	10,000		대리납부세액공제	57			
소규모 개인사업자 부가가치세 감면세액			20-1		㉲			현금영수증사업자세액공제	58			
예정신고미환급세액			21		㉳			기타	59			
예정고지세액			22		㉴			합계	60			10,000
사업양수자의 대리납부 기납부세액			23		㉵		25.가산세명세					
매입자 납부특례 기납부세액			24		㉶			사업자미등록등	61		1/100	
신용카드업자의 대리납부 기납부세액			25		㉷		세금계산서	지연발급 등	62		1/100	
가산세액계			26		㉸	500,000		지연수취	63		5/1,000	
차가감하여 납부할세액(환급받을세액)㉰-㉱-㉲-㉳-㉴-㉵-㉶-㉷+㉸			27			7,490,000		미발급 등	64	50,000,000	뒤쪽참조	500,000
총괄납부사업자가 납부할 세액(환급받을 세액)							전자세금발급명세	지연전송	65		3/1,000	
								미전송	66		5/1,000	
							세금계산서합계표	제출불성실	67		5/1,000	
								지연제출	68		3/1,000	
							신고불성실	무신고(일반)	69		뒤쪽	
								무신고(부당)	70		뒤쪽	
								과소·초과환급(일반)	71		뒤쪽	
								과소·초과환급(부당)	72		뒤쪽	
							납부지연		73		뒤쪽	
							영세율과세표준신고불성실		74		5/1,000	
							현금매출명세서불성실		75		1/100	
							부동산임대공급가액명세서		76		1/100	
							매입자 납부특례	거래계좌 미사용	77		뒤쪽	
								거래계좌 지연입금	78		뒤쪽	
							신용카드매출전표등수령명세서미제출		79		5/1,000	
							합계		80			500,000

111회 기출문제 해설

문제 4 결산정리사항

[1] 수동결산 – 일반전표입력

월	일	구분	계정과목	거래처	차변	대변
12	31	차변	소모품비(판)		900,000	
		대변	소모품			900,000

- 구입시 자산처리하면 결산시점에는 사용액을 비용으로 대체한다.
  소모품비(판) = 1,000,000원 − 100,000원 = 900,000원

[2] 수동결산 – 일반전표입력

월	일	구분	계정과목	거래처	차변	대변
12	31	차변	매도가능증권평가손실		130,000	
		대변	매도가능증권(178)			130,000

- 매도가능증권평가손실 = 100주 × (7,000원 − 8,300원) = △130,000원

[3] 수동결산 – 일반전표입력

월	일	구분	계정과목	거래처	차변	대변
12	31	차변	이자비용		1,600,000	
		대변	미지급비용			1,600,000

[4] 자동결산 – 결산자료입력

- 퇴직급여(제) : 75,000,000원 − 50,000,000원 = 25,000,000원
- 퇴직급여(판) : 35,000,000원 − 28,000,000원 = 7,000,000원

방법 1 : 결산자료입력 메뉴의 상단 [퇴직충당] 버튼을 클릭하여 퇴직급여추계액란의 [508.퇴직급여 : 75,000,000원, 806.퇴직급여 : 35,000,000원]을 입력하고 추가설정액이 확정되면 [결산반영] 버튼을 눌러 "결산반영금액"란에 반영하여 전표추가를 한다.

방법 2 : 결산자료입력 메뉴 제품매출원가의 3)노무비에 [2).퇴직급여(전입액) : 25,000,000원], 판매비와일반관리비의 [2).퇴직급여(전입액) : 7,000,000원]을 입력한 후 결산자료 입력의 전표추가를 한다.

방법 3 : 결산일(12월 31일)에 일반전표입력에 직접 입력

월	일	구분	계정과목	거래처	차변	대변
12	31	차변	퇴직급여(제)		25,000,000	
		차변	퇴직급여(판)		7,000,000	
		대변	퇴직급여충당부채			32,000,000

[5] 자동결산 – 결산자료입력

방법 1 : 결산자료입력 메뉴 9.법인세등의 [1)선납세금 : 26,080,000원, 2)추가계상액 : 24,920,000원]에 입력한 후 결산자료 입력의 전표추가를 한다.

방법 2 : 결산일(12월 31일)에 일반전표입력에 직접 입력

월	일	구분	계정과목	거래처	차변	대변
12	31	차변	법인세등		51,000,000	
		대변	선납세금			26,080,000
		대변	미지급세금			24,920,000

문제 5 원천징수

[1] 사원등록

(1) 기본사항 TAB

(2) 부양가족명세 TAB

① 본인(박한별)이 부녀자인 경우 종합소득금액 3,000만원 이하로 배우자가 있는 경우 부녀자 추가공제가 가능하다.

② 김준호(배우자)는 동거(생계) 여부 불문이며 직계존속(박인수)은 주거형편상 별거이므로 생계를 같이 하는 것으로 본다.

③ 과세기간 중 사망한 박인수(직계존속)는 사망일 전일 상황으로 판단하므로 기본공제대상자에 포함하며, 장애인(1) 코드도 선택한다.

④ 김은수(직계비속)는 분리과세 기타소득, 취학 사유에 의한 일시퇴거는 기본공제대상자에 해당한다.

⑤ 당해 과세연도에 출생한 김아름(직계비속)은 출산입양란을 '둘째'로 선택한다.

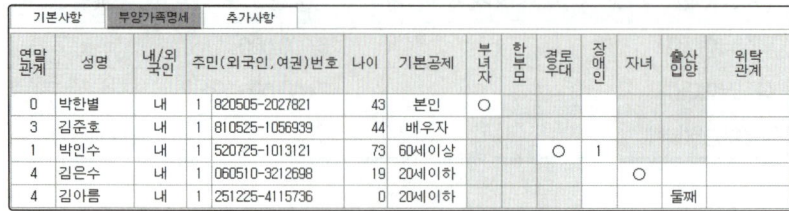

[2] 연말정산추가자료입력

(1) [소득명세] TAB : 전근무지 자료 입력 시 기납부세액은 '**결정세액**'을 입력한다.

구분			합계	주(현)	납세조합	종(전) [1/2]
소득명세	9.근무처명			(주)대동산업 [기출 111회]		(주)해탈상사
	9-1.종교관련 종사자			부		부
	10.사업자등록번호			129-81-59325		120-85-22227
	11.근무기간			2025-07-01 ~ 2025-12-31	____-__-__ ~ ____-__-__	2025-01-01 ~ 2025-06-30
	12.감면기간			____-__-__ ~ ____-__-__	____-__-__ ~ ____-__-__	____-__-__ ~ ____-__-__
	13-1.급여(급여자료입력)		66,000,000	42,000,000		24,000,000
	13-2.비과세한도초과액					
	13-3.과세대상추가(인정상여추가)					
	14.상여		3,000,000			3,000,000
	15.인정상여					
	15-1.주식매수선택권행사이익					
	15-2.우리사주조합 인출금					
	15-3.임원퇴직소득금액한도초과액					
	15-4.직무발명보상금					
	16.계		69,000,000	42,000,000		27,000,000
	18.국외근로					
	18-1.야간근로(연240만원)	001				
	18-2.보육수당	Q02	600,000			600,000
	18-3.출산지원금(1회)	Q03				
공제보험료명세	직장	건강보험료(직장)(33)	2,876,900	1,488,900		1,388,000
		장기요양보험료(33)	379,680	190,680		189,000
		고용보험료(33)	571,600	336,000		235,600
		국민연금보험료(31)	3,203,000	1,593,000		1,610,000
	공적연금보험료	공무원 연금(32)				
		군인연금(32)				
		사립학교교직원연금(32)				
		별정우체국연금(32)				
세액	기납부세액	소득세	5,651,200	4,396,200		1,255,000
		지방소득세	565,120	439,620		125,500
		농어촌특별세				

(2) [부양가족] TAB : 보험료, 교육비 세액공제 추가입력

① 보험료 : 본인 저축성보험료는 공제대상에 해당하지 않는다.

② 교육비 : 본인 대학원 등록금은 공제대상 교육비에 해당한다.

연말관계	성명	내/외국인	주민(외국인)번호	나이	소득기준 초과여부	기본공제	세대주 구분	부녀자	한부모	경로우대	장애인	자녀	출산입양	결혼세액
0	김기웅	내	1 800706-1256785	45		본인	세대주							

자료구분	보험료				의료비					교육비	
	건강	고용	일반보장성	장애인전용	일반	실손	선천성이상아	난임	65세,장애인	일반	장애인특수
국세청										3,000,000 4.본인	
기타	3,256,580	571,600									

기출문제 해설 111회

(3) [신용카드 등] TAB : 부양가족 TAB 더블클릭 또는 직접 선택
① 총급여액 7,000만원 이하자로 현금영수증 지출액 중 도서·공연 지출액 공제가 가능
② 신용카드 등 사용액에 대한 소득공제와 의료비 세액공제는 중복공제가 허용되므로 공제 가능

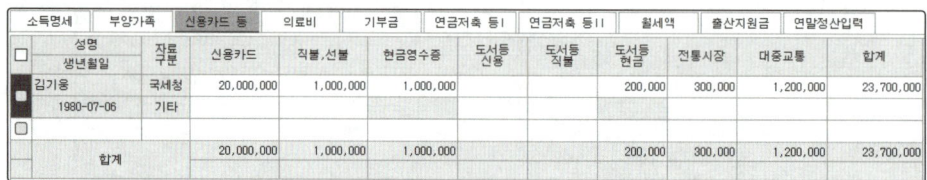

(4) [의료비] TAB : 부양가족 TAB 더블클릭 또는 직접 선택
① 안경구입비는 1인당 50만원 한도내 금액만 공제가능하며 실손보험수령액은 지출액에서 공제하지 않고 전액 입력한다.
② 의료비 지급명세서 작성시 동일인에 대한 의료비는 입력시 국세청 자료로 구분의 필요성이 없는 경우 합산하여 입력하여도 된다.

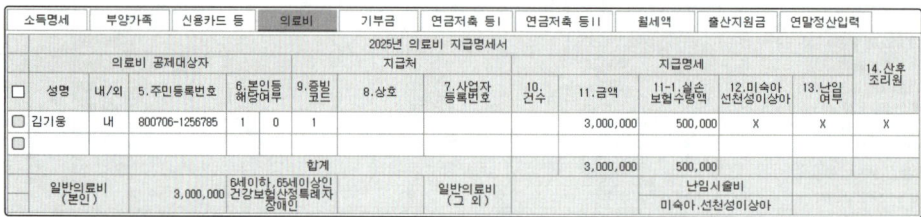

(5) [연말정산입력] TAB
① 상단의 [F8 부양가족탭불러오기] 버튼을 클릭하여 부양가족 TAB 자료 반영
② 주택임차차입금원리금 상환액은 공제요건이 충족하였으므로 '대출기관'란에 입력한다.

110회 전산세무2급 기출 해설

A형	[01]	[02]	[03]	[04]	[05]	[06]	[07]	[08]	[09]	[10]	[11]	[12]	[13]	[14]	[15]
	1	4	1	3	3	3	1	3	2,4	4	4	1	3	1	3

해설

01. 자산과 부채는 유동성이 높은 항목부터 배열하는 것을 원칙으로 한다.

02. ■ 유동자산 = 매출채권 + 상품 + 당좌예금 + 선급비용
    = 1,000,000원 + 2,500,000원 + 3,000,000원 + 500,000원 = 7,000,000원
    ■ 특허권과 장기매출채권은 비유동자산에 해당한다.

03. 물가가 지속적으로 상승하는 경우, 기말재고자산 금액은 후입선출법 > 총평균법 > 이동평균법 > 선입선출법 순으로 커진다.

04. 수익적지출을 자본적 지출로 잘못 회계처리하면 자산의 과대계상과 비용의 과소계상으로 인해 당기순이익과 자본이 과대계상 된다.

05. 매도가능증권평가손익은 기타포괄손익누계액에 계상한다.

06. 가공원가란 직접노무원가와 제조간접원가를 말한다.

07. ■ 제조간접원가 = 총제조원가 4,000,000원 × 25% = 1,000,000원
    ■ 직접노무원가 = 제조간접원가 1,000,000원 × 200% = 2,000,000원
    ∴ 직접재료원가 = 총제조원가 − 제조간접원가 − 직접노무원가
    = 4,000,000원 − 1,000,000원 − 2,000,000원 = 1,000,000원

08. ■ 예정배부액 = 실제 제조간접원가 2,500,000원 ± 배부차이 0원 = 2,500,000원
    ■ 예정배부율 = $\dfrac{\text{제조간접원가 예산 2,000,000원}}{\text{예정 직접노무시간 200시간}}$ = 10,000원/직접노무시간
    ∴ 실제 직접노무시간 = 예정배부액 2,500,000원 ÷ 예정배부율 10,000원 = 250시간

09. ②는 작업폐물에 관한 설명이며, ④는 원가흐름과 상관없이 항상 동일하다.

10. 평균법에 의한 종합원가계산의 경우, 완성품 단위당 원가의 산정 시 기초재공품의 물량에 대한 정보는 불필요하다.

11. 사업자가 자기생산·취득재화를 비영업용 승용자동차(개별소비세 과세대상)로 사용 또는 소비하거나 그 자동차의 유지를 위하여 사용 또는 소비하는 경우 재화의 공급으로 본다.

12. ①은 면세제도에 대한 설명으로 영세율 제도는 소비지국과세원칙의 구현을 목적으로 한다.

14. 잉여금처분에 의한 상여는 해당 법인의 잉여금처분결의일을 수입시기로 한다.

15. ■ 복식부기의무자가 차량 및 운반구 등 사업용 유형자산을 양도함으로써 발생하는 소득은 사업으로 한다. 다만, 토지와 건물의 양도로 발생하는 양도소득에 해당하는 경우는 제외한다.
    ■ 사업소득 총수입금액 = 매출액 300,000,000원 + 차량운반구 양도가액 30,000,000원
    = 330,000,000원

실무문제 해설

문제 1 일반전표입력

NO	월	일	구분	계정과목	거래처	차변	대변
[1]	1	5	차변	단기매매증권		6,000,000	
			차변	수수료비용(984)		30,000	
			대변	보통예금			6,030,000
	■ 단기매매증권 취득시 발생하는 수수료등 부대비용은 영업외비용으로 처리한다.
[2]	3	31	차변	보통예금		423,000	
			차변	선납세금		77,000	
			대변	이자수익			500,000
[3]	4	30	차변	건설중인자산		2,500,000	
			대변	보통예금			2,500,000
	■ 건물 신축공사시 발생한 이자비용이 차입원가 자본화 요건을 충족하였으므로 취득원가에 가산한다.
[4]	7	10	차변	퇴직연금운용자산		10,000,000	
			차변	퇴직급여(판)		7,000,000	
			대변	보통예금			17,000,000
	■ 확정급여형(DB) 퇴직연금 : 퇴직연금운용자산
	■ 확정기여형(DC) 퇴직연금 : 퇴직급여
[5]	7	15	차변	선급금	(주)지유	5,000,000	
			대변	당좌예금			5,000,000

문제 2 매입매출전표입력

NO	일자	유형	품목	공급가액	부가세	공급처명	전자	분개
[1]	7/7	54.불공	와인세트	500,000	50,000	(주)신화	여	현금(혼합)
	불공제 사유			④ 기업업무추진비 및 이와 유사한 비용 관련				
	구분	계정과목		거래처		차변		대변
	출금	기업업무추진비(판)		(주)신화		550,000		(현금)

110회 기출문제 해설

	NO	일자	유형	품목	공급가액	부가세	공급처명	전자	분개
[2]		7/20	61.현과	선풍기	1,000,000	100,000	(주)하나마트		현금 (혼합)

[2]	구분	계정과목	거래처	차변	대변
	출금	부가세대급금	(주)하나마트	100,000	(현금)
	출금	소모품비(제)	(주)하나마트	1,000,000	(현금)

	NO	일자	유형	품목	공급가액	부가세	공급처명	전자	분개
[3]		8/16	16.수출	제품	11,000,000	0	UFC사		외상

[3]	영세율 구분	① 직접수출(대행수출 포함)		
	구분	계정과목	거래처	차변	대변
	차변	외상매출금	UFC사	11,000,000	
	대변	제품매출	UFC사		11,000,000

■ 과세표준 = $10,000 × 1,100원/$(선적일) = 11,000,000원

	NO	일자	유형	품목	공급가액	부가세	공급처명	전자	분개
[4]		9/30	11.과세	제품	18,000,000	1,800,000	(주)명학산업	여	혼합

[4]	구분	계정과목	거래처	차변	대변
	대변	부가세예수금	(주)명학산업		1,800,000
	대변	제품매출	(주)명학산업		18,000,000
	차변	선수금	(주)명학산업	1,800,000	
	차변	현 금	(주)명학산업	18,000,000	

	NO	일자	유형	품목	공급가액	부가세	공급처명	전자	분개
[5]		10/31	52.영세	원재료	6,000,000	0	(주)크림	여	혼합

[5]	구분	계정과목	거래처	차변	대변
	차변	원재료	(주)크림	6,000,000	
	대변	보통예금	(주)크림		6,000,000

문제 3 부가가치세 신고

[1] 건물등감가상각자산취득명세서(조회기간 : 2025년 10월 ~ 2025년 12월)

① [건물등감가상각자산취득명세서]는 신고대상기간 중 감가상각 대상 자산을 취득하고 발급받은 신용카드매출전표등 수취분이나 세금계산서의 건수·공급가액·세액을 기재하는 것으로 매입세액 공제 대상 자산 여부는 작성 대상 포함 여부 판단 시 고려하지 아니한다.

② 생산부서의 보관창고 신축공사비는 감가상각 대상 자산에 해당한다는 지문이 있으므로 '건물·구축물'로 신고한다.

취득내역

감가상각자산종류	건수	공급가액	세 액
합 계	4	145,000,000	14,500,000
건 물 · 구축물	1	100,000,000	10,000,000
기 계 장 치			
차 량 운 반 구	1	15,000,000	1,500,000
기타감가상각자산	2	30,000,000	3,000,000

거래처별 감가상각자산 취득명세

No	월/일	상호	사업자등록번호	자산구분	공급가액	세액	건수
1	10-04	우리전산	102-03-52877	기타	20,000,000	2,000,000	1
2	11-11	(주)튼튼건설	101-81-25749	건물,구축물	100,000,000	10,000,000	1
3	11-20	(주)빠름자동차	204-81-96316	차량운반구	15,000,000	1,500,000	1
4	12-14	(주)시원마트	304-81-74529	기타	10,000,000	1,000,000	1
		합 계			145,000,000	14,500,000	4

[2] 부가가치세신고서 작성(조회기간 : 2025년 4월 1일 ~ 2025년 6월 30일)

구분			금액	세율	세액
과세표준및매출세액	과세	세금계산서발급분 1	300,000,000	10/100	30,000,000
		매입자발행세금계산서 2		10/100	
		신용카드·현금영수증발행분 3	10,000,000	10/100	1,000,000
		기타(정규영수증외매출분) 4			
	영세	세금계산서발급분 5	20,000,000	0/100	
		기타 6	15,000,000	0/100	
	예정신고누락분 7				
	대손세액가감 8				
	합계 9		345,000,000	㉮	31,000,000
매입세액	세금계산서수취분	일반매입 10	130,000,000		13,000,000
		수출기업수입분납부유예 10-1			
		고정자산매입 11	20,000,000		2,000,000
	예정신고누락분 12				
	매입자발행세금계산서 13				
	그 밖의 공제매입세액 14	14,000,000		1,400,000
	합계(10)-(10-1)+(11)+(12)+(13)+(14) 15	164,000,000		16,400,000
	공제받지못할매입세액 16				
	차감계 (15-16) 17	164,000,000	㉯	16,400,000
납부(환급)세액(매출세액㉮-매입세액㉯)				㉰	14,600,000
경감공제세액	그 밖의 경감·공제세액 18				10,000
	신용카드매출전표등 발행공제등 19	11,000,000		
	합계 20			㉱	10,000
소규모 개인사업자 부가가치세 감면세액 20-1				㉲	
예정신고미환급세액 21				㉳	900,000
예정고지세액 22				㉴	
사업양수자의 대리납부 기납부세액 23				㉵	
매입자 납부특례 기납부세액 24				㉶	
신용카드업자의 대리납부 기납부세액 25				㉷	
가산세액계 26				㉸	
차가감하여 납부할세액(환급받을세액) ㉰-㉱-㉲-㉳-㉴-㉵-㉶-㉷+㉸ 27					13,690,000
총괄납부사업자가 납부할 세액(환급받을 세액)					

구분		금액	세율	세액
14.그 밖의 공제매입세액				
신용카드매출 수령금액합계표	일반매입 41	8,000,000		800,000
	고정매입 42	6,000,000		600,000
의제매입세액 43			뒤쪽	
재활용폐자원등매입세액 44			뒤쪽	
과세사업전환매입세액 45				
재고매입세액 46				
변제대손세액 47				
외국인관광객에대한환급세액 48				
합계 49		14,000,000		1,400,000
18. 그 밖의 경감·공제세액				
전자신고 및 전자고지 세액공제 54				10,000
전자세금계산서발급세액공제 55				
택시운송사업자경감세액 56				
대리납부세액공제 57				
현금영수증사업자세액공제 58				
기타 59				
합계 60				10,000

① "신용카드·현금영수증발행분(3)"란에 입력한 공급대가 금액을 "신용카드매출전표등 발행공제등(19)"란도 입력하여야 하며, 시험은 별도의 문구가 없는 경우 채점에는 영향을 주지 않는다.

② 운반용 화물자동차는 고정자산매입으로 매입세액공제가 가능하므로 (11)란에만 입력한다.
③ 신용카드 매입액은 일반매입과 고정자산매입을 구분하여 입력하며 매입세액 공제가 불가능한 것은 일반전표에 입력하므로 부가가치세 신고서에 입력하지 않는다. 또한, '공제받지못할매입세액'란은 세금계산서 수취분 중 불공제 매입세액에 해당하는 경우에만 입력한다.

구분	내용	공급가액	세액	매입세액공제여부
일반매입	직원 복리후생 관련 매입	8,000,000원	800,000원	공제
	대표자 개인용 물품 매입	1,000,000원	100,000원	불공제
고정자산매입	제품 품질 테스트 기계설비 매입	6,000,000원	600,000원	공제

④ 사업자가 직접 전자신고하므로 확정신고시에 전자신고세액공제 : (18란)의 (54란)에 10,000원 입력
⑤ 예정신고시 미환급된 세액은 (21란)에 양수로 입력하여 납부세액에서 차감한다.

[3] 부가가치세 신고(조회기간 : 2025년 1월 1일 ~ 2025년 3월 31일)
(1) 부가가치세신고서 및 관련 부속서류 마감 확인
① [CF2 부가세작성관리] 버튼을 클릭하여 해당 과세기간의 마감여부를 확인할 수 있으며 [확인(Tab)] 버튼을 누르면 마감한 부가가치세신고서가 조회된다.

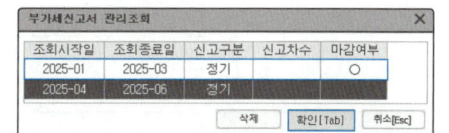

② 또는 조회기간을 입력하여 조회한 후 상단의 [F3 마감취소] 버튼을 클릭하면 부가가치세 신고서 및 부속서류 마감사항을 확인할 수 있다.

(2) 전자신고 데이터 제작
회사를 선택하고 상단의 [F4 제작] 버튼을 누른 후 비밀번호(12341234)를 입력하여 제작한다.

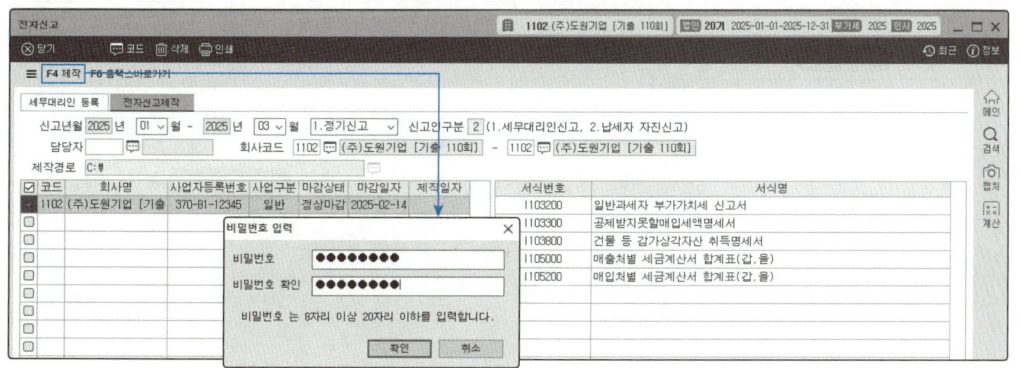

(3) 국세청 홈택스 전자신고

① 부가가치세 신고 : 세금신고 → [01.전자파일변환 - 변환대상파일선택]

　　[찾아보기] 클릭 → [로컬디스크(C:)] → 파일명 : enc작성연월일.101.v3708112345

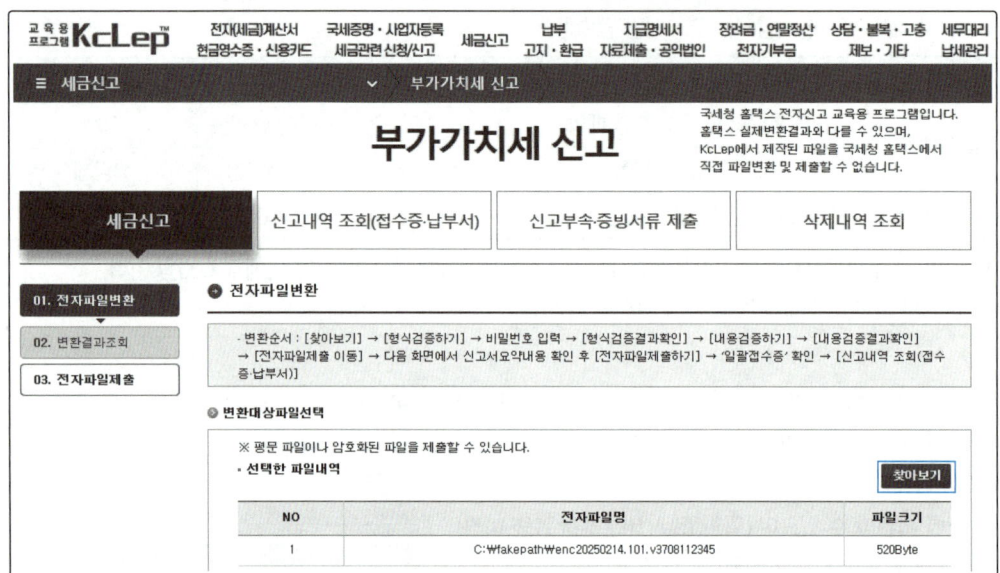

② 부가가치세 신고 : 세금신고 → [01.전자파일변환 - 처리내역]

　　[형식검증하기] : 비밀번호(12341234) 입력 → [형식검증결과확인] : 오류 유무 확인 → [내용검증하기]
　　→ [내용검증결과확인] : 오류 유무 확인 → [전자파일제출]

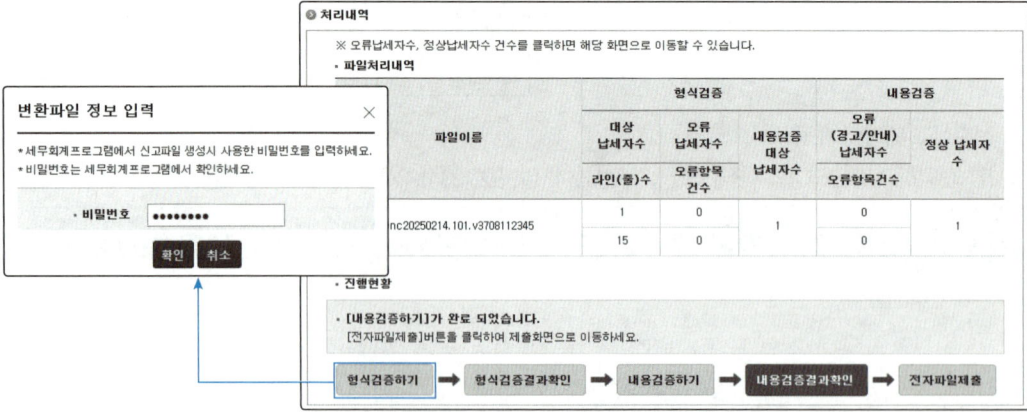

③ 부가가치세 신고 : 세금신고 → 03.전자파일제출
[전자파일 제출하기] > 부가가치세 신고서 접수증 확인

문제 4 결산정리사항

[1] 수동결산 - 일반전표입력

월	일	구분	계정과목	거래처	차변	대변
12	31	차변	부가세예수금		720,000	
		차변	세금과공과(판)		10,000	
		대변	부가세대급금			520,000
		대변	잡이익			10,000
		대변	미지급세금			200,000

[2] 수동결산 - 일반전표입력

월	일	구분	계정과목	거래처	차변	대변
12	31	차변	장기차입금	돌담은행	100,000,000	
		대변	유동성장기부채	돌담은행		100,000,000

[3] 자동결산 - 결산자료입력

- 외상매출금 : (583,480,000원 × 1%) - 2,500,000원 = 3,334,800원
- 미수금 : (23,000,000원 × 1%) - 0원 = 230,000원

방법 1 : 결산자료입력 메뉴의 상단 [대손상각] 버튼을 클릭하여 "대손율(%) : 1%"을 입력하고 외상매출금·미수금을 제외한 이외의 계정과목에 대한 "추가설정액"란의 금액은 삭제한 후 [결산반영] 버튼을 눌러 "결산반영금액"란에 반영하여 전표추가를 한다.

방법 2 : 결산자료입력 메뉴의 판매비와일반관리비의 5).대손상각에 [외상매출금 : 3,334,800원], 영업외비용의 2) 기타의대손상각에 [미수금 : 230,000원]을 입력한 후 결산자료 입력의 전표추가를 한다.

방법 3 : 결산일(12월 31일)에 일반전표입력에 직접 입력

월	일	구분	계정과목	거래처	차변	대변
12	31	차변	대손상각비(판)		3,334,800	
		차변	기타의대손상각비(954)		230,000	
		대변	대손충당금(109)			3,334,800
		대변	대손충당금(121)			230,000

[4] 자동결산 - 결산자료입력

- 무형자산 상각비 = 미상각잔액 16,000,000원 ÷ 잔존내용연수 4년 = 4,000,000원

방법 1 : 결산자료입력 메뉴 판매비와일반관리비의 6).무형자산상각비에 [영업권 : 4,000,000원]을 입력한 후 결산자료 입력의 전표추가를 한다.

방법 2 : 결산일(12월 31일)에 일반전표입력에 직접 입력

월	일	구분	계정과목	거래처	차변	대변
12	31	차변	무형자산상각비(판)		4,000,000	
		대변	영업권			4,000,000

[5] 자동결산 - 결산자료입력

- 원재료 기말재고액 : 선적지 인도기준(FOB)으로 매입한 경우 기말재고자산에 포함
- 제품 기말재고액 : 수탁자 보관 제품은 제3자에게 판매하기 전까지는 기말재고액에 포함

결산자료입력 메뉴의 해당 기말재고자산란에 원재료 95,000,000원, 재공품 70,000,000원, 제품 140,000,000원으로 입력 후 [전표추가]를 선택하여 일반전표에 결산전표를 추가한다.

110회 기출문제 해설

문제 5 원천징수

[1] 사원등록 및 급여자료입력

(1) 사원등록의 부양가족명세 TAB

- 당해연도에 입양한 자녀에 대하여 출산입양공제가 가능하며, 8세 미만 자녀는 자녀세액공제 대상에 해당하지 않는다.

	사번	성명	주민(외국인)번호	나이		기본사항	부양가족명세	추가사항							
☑	100	김우리	1 801210-1127858	44	연말관계	성명	내/외국인	주민(외국인,여권)번호	나이	기본공제	부녀자	한부모	경로우대	장애인	자녀	출산입양	위탁관계
☐					0	김우리	내 1	801210-1127858	45	본인							
☐					3	이현진	내 1	821010-2145201	43	배우자							
☐					4	김아현	내 1	190101-4928325	6	20세이하						첫째	

(2) 급여자료입력

① 수당공제등록

- 현물식사를 제공받고 있으므로 식대로 제공받는 금액은 과세이다.
- 자가운전보조금은 실제 발생한 교통비를 지급하지 않으므로 비과세이다.
- 육아수당은 6세 이하 자녀가 있는 근로자가 받는 금액중 월 20만원을 비과세한다.
- 야간근로수당은 [사원등록] 메뉴에서 "생산직등여부 : 부"로 설정되어 비과세로 설정된 수당을 사용하여도 과세로 계산된다.

No	코드	과세구분	수당명	근로소득유형			월정액	통상임금	사용여부
				유형	코드	한도			
1	1001	과세	기본급	급여			정기	여	여
2	2001	과세	식대	급여			정기	부	여
3	1006	비과세	자가운전보조금	자가운전보조금	H03	(월)200,000	부정기	부	여
4	2002	비과세	육아수당	보육수당	Q02	(월)200,000	정기	부	여
5	1007	비과세	야간근로수당	야간근로수당	001	(년)2,400,000	부정기	부	여
6	1002	과세	상여	상여			부정기	부	부

② 급여자료입력

귀속년월 2025년 06월   지급년월일 2025년 07월 10일   급여

	사번	사원명	감면율	급여항목	금액	공제항목	금액
☑	100	김우리		기본급	3,000,000	국민연금	166,500
☐	101	김갑용		식대	200,000	건강보험	131,160
☐				자가운전보조금	200,000	장기요양보험	16,980
☐				육아수당	200,000	고용보험	33,540
☐				야간근로수당	527,000	소득세(100%)	79,670
☐						지방소득세	7,960
☐						농특세	
☐				과 세	3,727,000		
☐				비 과 세	400,000	공 제 총 액	435,810
총인원(퇴사자)	2(0)			지 급 총 액	4,127,000	차 인 지 급 액	3,691,190

[2] 연말정산추가자료입력

(1) 부양가족 TAB

① 인적공제

- 강희영(배우자) : 총급여액 500만원(근로소득금액 150만원) 초과로 기본공제 제외(소득기준 초과여부-1:여)

연말관계	성명	내/외국인	주민(외국인)번호	나이	소득기준 초과여부	기본공제	세대주 구분	부녀자	한부모	경로우대	장애인	자녀	출산입양	결혼세액
0	김갑용	내	1 830505-1478521	42		본인	세대주							
1	김수필	내	1 561012-1587428	69		60세이상								
3	강희영	내	1 840630-2547858	41	○	부								
4	김정은	내	1 140408-3852611	11		20세이하						○		
4	김준희	내	1 191104-4487522	6		20세이하								
합 계 [명]					1	4						1		

② 보험료 및 교육비 세액공제

보험료	• 연령 및 소득금액 규제로 강희영(배우자) 보장성보험료는 공제 제외 • 만기까지 납입액이 만기환급금보다 큰 보험은 저축성 보험에 해당하지 아니하므로, 김수필(부친)의 생명보험료는 공제 대상
교육비	• 김갑용(본인) : 본인 대학원 교육비는 공제 가능하므로 500만원 입력 • 김정은(아들) : 취학 아동의 학원비는 공제 배제되므로 초등학교 수업료 800만원 공제 가능 • 김준희(딸) : 미취학 아동이므로 어린이집 교육비 180만원 공제 가능

110회 기출문제 해설

(2) 신용카드 등 TAB : 부양가족 TAB 더블클릭 또는 직접 선택

	성명 생년월일	자료 구분	신용카드	직불,선불	현금영수증	도서등 신용	도서등 직불	도서등 현금	전통시장	대중교통	합계
☐	김갑용	국세청	21,500,000								21,500,000
	1983-05-05	기타									
	합계		21,500,000								21,500,000

(3) 의료비 TAB : 부양가족 TAB 더블클릭 또는 직접 선택

■ 김갑용(본인) : 1인당 50만원 한도내 금액까지 공제가능하므로 50만원만 입력

	의료비 공제대상자					지급처			지급명세				14.산후 조리원
	성명	내/외	5.주민등록번호	6.본인등 해당여부	9.증빙 코드	8.상호	7.사업자 등록번호	10. 건수	11.금액	11-1.실손 보험수령액	12.미숙아 선천성이상아	13.난임 여부	
☐	김갑용	내	830505-1478521	1	0	1			500,000		X	X	X
☐	김수필	내	561012-1587428	2	0	1			1,500,000		X	X	X
☐	김준희	내	191104-4487192	2	0	1			250,000		X	X	X
						합계			2,250,000				
	일반의료비 (본인)		500,000	6세이하,65세이상인 건강보험산정특례자 장애인		1,750,000	일반의료비 (그 외)			난임시술비 미숙아.선천성이상아			

(4) 연금저축 등 Ⅰ TAB : 추후 세액공제 입력에 따라 세액공제액 차이 발생

2	연금계좌 세액공제	- 연금저축계좌(연말정산입력 탭의 37.개인연금저축, 60.연금저축)					크게보기
	연금저축구분	코드	금융회사 등	계좌번호(증권번호)	납입금액	공제대상금액	소득/세액공제액
2.연금저축		190	농협중앙회 및 산하기관	301-02-228451	6,000,000	6,000,000	720,000
연금저축					6,000,000	6,000,000	720,000

(5) 연말정산입력 TAB : [F8 부양가족탭불러오기] 버튼을 클릭하여 부양가족 TAB 자료 반영

		구분		지출액	공제금액			구분		지출액	공제대상금액	공제금액
소득공제	32.공적연금보험료공제	공무원연금				세액공제	57.자녀 세액공제	③자녀 ⑪ 출산.입양	1명 명			250,000
		군인연금					58.과학기술공제					
		사립학교직원					59.근로자퇴직연금					
		별정우체국연금				연금 계좌	60.연금저축			6,000,000	6,000,000	720,000
	33.보험료			3,119,350	3,119,350		60-1.ISA연금계좌전환					
		건강보험료		2,599,350	2,599,350	특별세액공제	61.보장 성보험	일반 장애인		800,000	800,000	96,000
		고용보험료		520,000	520,000		62.의료비			2,250,000	300,000	45,000
	34.주택차입금 원리금상환액	대출기관 거주자					63.교육비			14,800,000	9,800,000	1,470,000
	34.장기주택저당차입금이자상						64.기부금					
	35.특별소득공제 계				3,119,350		세액공제	1)정치자금 기부금	10만원이하 10만원초과			
36.차감소득금액					39,955,650			2)고향사랑 기부금	10만원이하 10만원초과			
	37.개인연금저축							3)특례기부금(전액)				
그밖의 소득공제	38.소기업.소상 공인 공제부금	2015년이전가입 2016년이후가입						4)우리사주조합기부금				
	39.주택 마련저축 소득공제	청약저축 주택청약 근로자주택마련						5)일반기부금(종교단체외)				
	40.투자조합출자 등 소득공제							6)일반기부금(종교단체)				
	41.신용카드 등 사용액			21,500,000	787,500		65.특별세액공제 계					1,611,000

109회 전산세무2급 기출 해설

A형	[01]	[02]	[03]	[04]	[05]	[06]	[07]	[08]	[09]	[10]	[11]	[12]	[13]	[14]	[15]
	2	4	4	2	2	2	3	3	4	3	4	1	1	3	3

해설

01. 양도한 금융부채의 장부금액과 지급한 대가의 차액은 당기손익으로 인식한다.
02. ① 매도가능증권으로 분류할 경우 2024년 당기순이익에 미치는 영향은 없으나 단기매매증권으로 분류할 경우 500,000원이 증가한다.
    ② 단기매매증권 및 매도가능증권의 기말 자산 금액은 동일하다.
    ③ 매도가능증권으로 분류할 경우 처분 시 매도가능증권처분이익은 1,000,000원이다.
    ④ 매도가능증권처분이익은 1,000,000원, 단기매매증권처분이익 500,000원이다. 따라서 매도가능증권으로 분류한 경우의 2025년 당기순이익이 단기매매증권으로 분류하였을 때보다 500,000원 증가한다.
03. 세법 규정을 따르기 위한 회계변경은 정당한 사유에 해당하지 않는다.
04. 합리적인 상각방법을 정할 수 없는 경우에는 정액법으로 상각한다.
05. 주주로부터 현금을 수령하고 주식을 발행하는 경우에 주식의 발행금액이 액면금액보다 크다면 그 차액을 주식발행초과금으로 하여 자본잉여금으로 회계처리 한다.
06. ■ 예정배부액 = (5시간 × 100일) × 예정배부율 3,000원 = 1,500,000원
    ■ 실제 제조간접원가 = 예정배부액 1,500,000원 − 과대배부액 250,000원 = 1,250,000원
07. ■ 기초원재료 + 당기매입 원재료 = 당기사용 원재료 + 기말원재료
    기말원재료가 50,000원이라 가정하면 기초원재료는 없음
    즉, 0원 + ?원 = 500,000원 + 50,000원
    ∴ 원재료 매입액 = 당기사용 원재료 500,000원 + 원재료 재고 감소액 50,000원 = 550,000원
08. 당기 기말제품 재고액은 손익계산서에서 매출원가를 산출하는데 필요한 자료로 제조원가명세서와는 상관없는 자료이다.
09. ■ 직접배분법은 보조부문 상호간에 행해지는 용역의 수수를 완전히 무시하는 원가배분방법이다.
    ∴ X에 배분될 보조부문원가 1,537,500원
    = A부문(1,500,000원 × 500시간/800시간) + B부문(1,600,000원 × 300시간/800시간)
10. 평균법은 당기 이전에 착수된 기초재공품도 당기에 착수한 것으로 가정하여 계산하므로 평균법이 선입선출법보다 계산이 간편하다.
11. 용역의 대가의 각 부분을 받기로 한 때란 "받기로 약정된 날"을 의미하므로 대가를 받지 못하는 경우에도 공급시기로 본다.

12. 항공법에 따른 항공기에 의한 여객운송용역은 과세대상에 해당한다.
13. 폐업 시 잔존재화는 재화의 간주공급에 해당하며, 사업의 포괄양도와 조세의 물납, 강제 경매나 공매는 재화의 공급으로 보지 않는다.
14. 나머지는 모두 무조건 분리과세 대상에 해당하며, ③은 무조건 종합과세 대상이다.
15. 직계존속의 일반대학교 등록금은 교육비세액공제 대상이 아니다.

실무문제 해설

문제 1 일반전표입력

NO	월	일	구분	계정과목	거래처	차변	대변
[1]	1	22	차변	당좌예금		1,600,000	
			대변	선수금	(주)한강물산		1,600,000
[2]	3	25	차변	대손충당금(109)		4,000,000	
			차변	대손상각비(판)		9,000,000	
			대변	외상매출금	(주)동방불패		13,000,000
	■ 대손금이 발생하면 대손충당금과 우선상계 후 대손충당금 잔액 부족액은 대손상각비로 회계처리							
[3]	6	30	차변	차량운반구		7,700,000	
			대변	보통예금			7,700,000
[4]	7	25	차변	미지급배당금		100,000,000	
			대변	예수금			15,400,000
			대변	보통예금			84,600,000
	■ 7월 12일 회계처리 : (차) 중간배당금 100,000,000원 (대) 미지급배당금 100,000,000원							
[5]	11	5	차변	보통예금		10,850,000	
			대변	사 채			10,000,000
			대변	사채할증발행차금			850,000
	■ 사채 액면가액을 초과하여 발행한 경우 할증발행이며 차액은 사채할증발행차금으로 처리한다.							

문제 2 매입매출전표입력

[1]

NO	일자	유형	품목	공급가액	부가세	공급처명	전자	분개
	7/18	11.과세	기계장치	11,000,000	1,100,000	(주)로라상사	여	혼합

구분	계정과목	거래처	차변	대변
대변	부가세예수금	(주)로라상사		1,100,000
대변	기계장치	(주)로라상사		52,000,000
차변	감가상각누계액(207)	(주)로라상사	38,000,000	
차변	미수금	(주)로라상사	12,100,000	
차변	유형자산처분손실	(주)로라상사	3,000,000	

[2]

NO	일자	유형	품목	공급가액	부가세	공급처명	전자	분개
	7/30	61.현과	비품	600,000	60,000	(주)소나무		혼합

구분	계정과목	거래처	차변	대변
차변	부가세대급금	(주)소나무	60,000	
차변	비 품	(주)소나무	600,000	
대변	가수금	대표자		660,000

■ 가수금 거래처를 대표자인 정지훈으로 신규등록하여 처리한 경우도 복수답안으로 인정함

[3]

NO	일자	유형	품목	공급가액	부가세	공급처명	전자	분개
	8/31	51.과세	임차료	1,500,000	150,000	오미순부동산		혼합

구분	계정과목	거래처	차변	대변
차변	부가세대급금	오미순부동산	150,000	
차변	임차료(제)	오미순부동산	1,500,000	
대변	미지급금	오미순부동산		1,650,000

■ 간편집계(F11) → 예정누락분 → 확정신고 개시연월 2025년 10월 입력 → 확인(Tab)

[4]

NO	일자	유형	품목	공급가액	부가세	공급처명	전자	분개
	9/28	55.수입	원재료	20,000,000	2,000,000	인천세관	여	혼합

구분	계정과목	거래처	차변	대변
차변	부가세대급금	인천세관	2,000,000	
대변	보통예금	인천세관		2,000,000

109회 기출문제 해설

NO	일자	유형	품목	공급가액	부가세	공급처명	전자	분개
[5]	9/30	54.불공	홍삼선물세트	2,600,000	260,000	(주)부천백화점	여	혼합
	불공제 사유			④ 기업업무추진비 및 이와 유사한 비용 관련				
	구분	계정과목		거래처	차변		대변	
	차변	기업업무추진비(판)		(주)부천백화점	2,860,000			
	대변	현　　금		(주)부천백화점			500,000	
	대변	보통예금		(주)부천백화점			2,360,000	

문제 3 부가가치세 신고

[1] 수출실적명세서(선적일 이전에 환가한 경우 환가일 환율, 외상거래는 선적일의 기준환율 적용)

조회기간	2025년 04월 ~ 2025년 06월	구분 : 1기 확정	과세기간별입력

구분	건수	외화금액	원화금액	비고
⑨합계	2	132,000.00	176,800,000	
⑩수출재화[=⑫합계]	2	132,000.00	176,800,000	
⑪기타영세율적용				

No	(13)수출신고번호	(14)선(기)적일자	(15)통화코드	(16)환율	금액 (17)외화	금액 (18)원화	전표정보 거래처코드	전표정보 거래처명
1	11133-77-100066X	2025-04-15	USD	1,300.0000	80,000.00	104,000,000	00159	B&G
2	22244-88-100077X	2025-05-30	EUR	1,400.0000	52,000.00	72,800,000	00160	PNP
	합계				132,000	176,800,000		

[2] 부가가치세신고서 작성(조회기간 : 2025년 4월 1일 ~ 2025년 6월 30일)

① "신용카드·현금영수증발행분(3)"란에 입력한 공급대가 금액을 "신용카드매출전표등 발행공제등(19)"란도 입력하여야 하며, 시험은 별도의 문구가 없는 경우 채점에는 영향을 주지 않는다.

② 예정신고 미환급세액은 (21란)에 양수로 입력한다.

		구분		정기신고금액 금액	세율	세액
과세표준및매출세액	과세	세금계산서발급분	1	200,000,000	10/100	20,000,000
		매입자발행세금계산서	2		10/100	
		신용카드·현금영수증발행분	3	40,000,000	10/100	4,000,000
		기타(정규영수증외매출분)	4			
	영세	세금계산서발급분	5	40,000,000	0/100	
		기타	6	5,000,000	0/100	
	예정신고누락분		7			
	대손세액가감		8			
	합계		9	285,000,000	㉮	24,000,000
매입세액	세금계산서수취분	일반매입	10	120,000,000		12,000,000
		수출기업수입분납부유예	10-1			
		고정자산매입	11	30,000,000		3,000,000
	예정신고누락분		12	20,000,000		2,000,000
	매입자발행세금계산서		13			
	그 밖의 공제매입세액		14	10,000,000		1,000,000
	합계(10)-(10-1)+(11)+(12)+(13)+(14)		15	180,000,000		18,000,000
	공제받지못할매입세액		16			
	차감계 (15-16)		17	180,000,000	㉯	18,000,000
납부(환급)세액(매출세액⑨-매입세액⑰)					㉰	6,000,000
경감공제세액	그 밖의 경감·공제세액		18			
	신용카드매출전표등 발행공제등		19	44,000,000		
	합계		20		㉱	
소규모 개인사업자 부가가치세 감면세액			20-1		㉲	
예정신고미환급세액			21		㉳	1,000,000
예정고지세액			22		㉴	
사업양수자의 대리납부 기납부세액			23		㉵	
매입자 납부특례 기납부세액			24		㉶	
신용카드업자의 대리납부 기납부세액			25		㉷	
가산세액계			26		㉸	
차가감하여 납부할세액(환급받을세액)㉰-㉱-㉲-㉳-㉴-㉵-㉶-㉷+㉸			27			5,000,000
총괄납부사업자가 납부할 세액(환급받을 세액)						

	구분		금액	세율	세액
7.매출(예정신고누락분)					
예정누락분	과세	세금계산서	33		10/100
		기타	34		10/100
	영세	세금계산서	35		0/100
		기타	36		0/100
	합계		37		
12.매입(예정신고누락분)					
예정누락분	세금계산서		38	20,000,000	2,000,000
	그 밖의 공제매입세액		39		
	합계		40	20,000,000	2,000,000
	신용카드매출	일반매입			
	수령금액합계	고정매입			
	의제매입세액				
	재활용폐자원등매입세액				
	과세사업전환매입세액				
	재고매입세액				
	변제대손세액				
	외국인관광객에대한환급세액				
	합계				
14.그 밖의 공제매입세액					
	신용카드매출	일반매입	41	10,000,000	1,000,000
	수령금액합계	고정매입	42		
	의제매입세액		43	뒤쪽	
	재활용폐자원등매입세액		44	뒤쪽	
	과세사업전환매입세액		45		
	재고매입세액		46		
	변제대손세액		47		
	외국인관광객에대한환급세액		48		
	합계		49	10,000,000	1,000,000

[3] 부가가치세 신고(조회기간 : 2025년 1월 1일 ~ 2025년 3월 31일)

(1) 부가가치세신고서 및 관련 부속서류 마감 확인

① [CF2 부가세작성관리] 버튼을 클릭하여 해당 과세기간의 마감여부를 확인할 수 있으며 [확인(Tab)] 버튼을 누르면 마감한 부가가치세신고서가 조회된다.

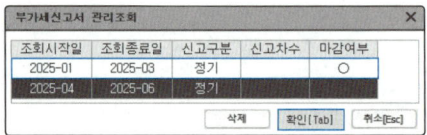

(2) 전자신고 데이터 제작

회사를 선택하고 상단의 **[F4 제작]** 버튼을 누른 후 **비밀번호(12341234)**를 입력하여 제작한다.

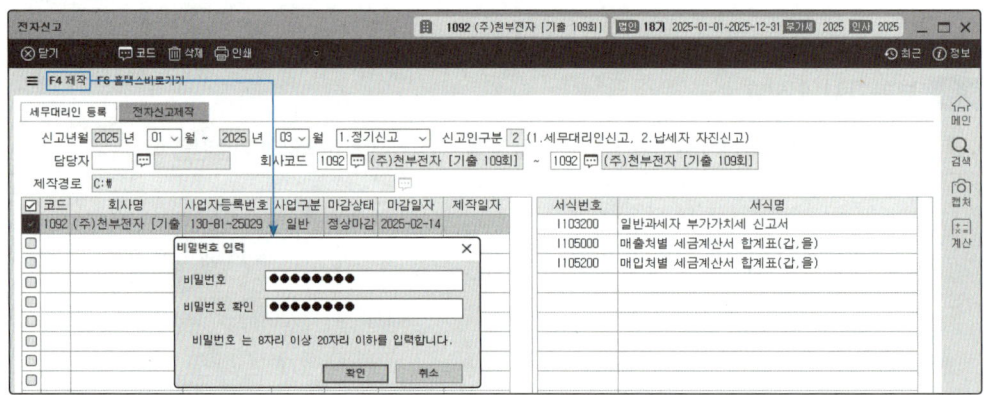

(3) 국세청 홈택스 전자신고

① 부가가치세 신고 : 세금신고 → 01.전자파일변환 – 변환대상파일선택

 [찾아보기] 클릭 → [로컬디스크(C:)] → 파일명 : enc작성연월일.101.v1308125029

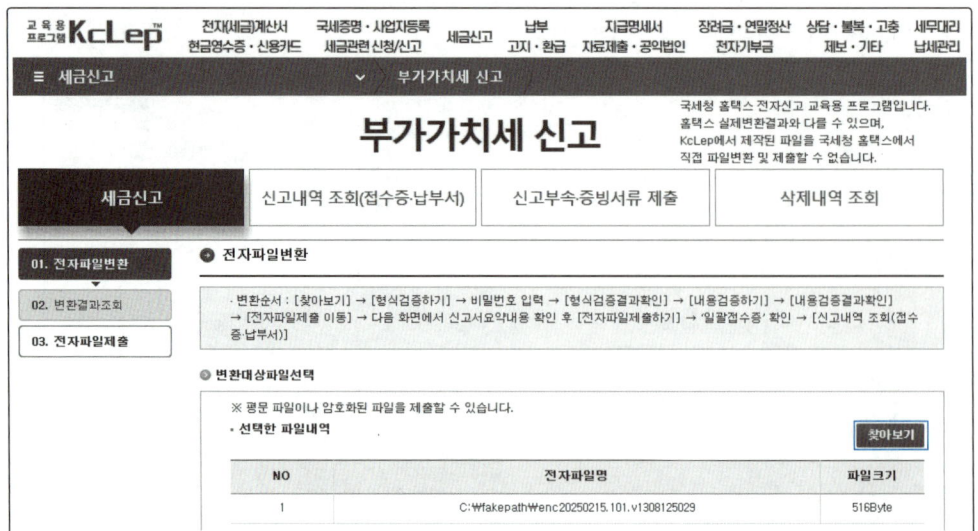

109회 기출문제 해설

② 부가가치세 신고 : 세금신고 → 01.전자파일변환 - 처리내역
  [형식검증하기] : 비밀번호(12341234) 입력 → [형식검증결과확인] : 오류 유무 확인 → [내용검증하기]
  → [내용검증결과확인] : 오류 유무 확인 → [전자파일제출]

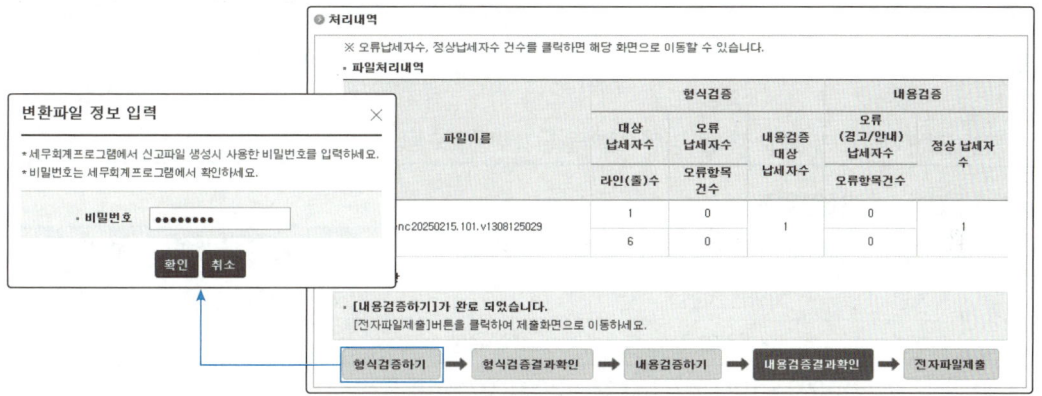

③ 부가가치세 신고 : 세금신고 → 03.전자파일제출
  [전자파일 제출하기] > 부가가치세 신고서 접수증 확인

문제 4 결산정리사항

[1] 수동결산 – 일반전표입력

월	일	구분	계정과목	거래처	차변	대변
12	31	차변	소모품비(제)		250,000	
		대변	소모품			250,000

- 구입시점에 자산(소모품)으로 처리한 경우 사용액을 당기 비용(소모품비)으로 처리

[2] 수동결산 – 일반전표입력

월	일	구분	계정과목	거래처	차변	대변
12	31	차변	외화환산손실		2,000,000	
		대변	단기차입금	(주)유성		2,000,000

- 외화환산손실 = $20,000 × (1,400원 − 1,300원) = 2,000,000원(부채 증가)

[3] 수동결산 – 일반전표입력

월	일	구분	계정과목	거래처	차변	대변
12	31	차변	이자비용		2,550,000	
		대변	미지급비용			2,550,000

[4] 수동결산 – 일반전표입력

월	일	구분	계정과목	거래처	차변	대변
12	31	차변	부가세예수금		240,000	
		차변	세금과공과(판)		24,000	
		차변	미수금		12,146,000	
		대변	부가세대급금			12,400,000
		대변	잡이익			10,000

[5] 자동결산 – 결산자료입력

방법 1 : 결산자료입력 메뉴 9.법인세등의 [1)선납세금 : 11,000,000원, 2)추가계상액 : 16,800,000원]에 입력한 후 결산자료 입력의 전표추가를 한다.

방법 2 : 결산일(12월 31일)에 일반전표입력에 직접 입력

월	일	구분	계정과목	거래처	차변	대변
12	31	차변	법인세등		27,800,000	
		대변	선납세금			11,000,000
		대변	미지급세금			16,800,000

109회 기출문제 해설

문제 5 원천징수

[1] 사원등록

① 정혜미(배우자) : 퇴직소득금액 100만원 이하로 기본공제 가능
② 김경희(동생) : 일용근로소득은 무조건 분리과세이며 장애인은 연령 불문이므로 기본공제 및 장애인(1) 추가공제 가능
③ 김경우(부친) : 이자소득 2,000만원 이하까지는 분리과세이며 주거형편상 별거이므로 기본공제 및 경로우대 추가공제 가능
④ 정지원(처남) : 양도소득금액 100만원 이하까지는 공제대상에 포함되며 장애인은 연령 불문이므로 기본공제 및 장애인(3) 추가공제 가능
⑤ 김기정(아들) : 일용근로소득은 무조건 분리과세이나 20세 초과로 공제대상 제외(입력 제외)
⑥ 김지은(딸) : 사업소득금액 100만원 이하로 기본공제 및 자녀세액공제 가능

연말관계	성명	내/외국인	주민(외국인, 여권)번호	나이	기본공제	부녀자	한부모	경로우대	장애인	자녀	출산입양	위탁관계
0	김경민	내 1	660213-1234570	59	본인							
3	정혜미	내 1	640415-2215689	61	배우자							
6	김경희	내 1	710115-2157900	54	장애인				1			
1	김경우	내 1	410122-1789558	84	60세이상			○				
1	박순란	내 1	410228-2156780	84	60세이상			○				
6	정지원	내 1	700717-1333453	55	장애인				3			
4	김지은	내 1	051230-4156869	20	20세이하					○		

[2] 연말정산추가자료입력

(1) 부양가족 TAB

① 인적공제

- 박정희(어머니) : 금융소득 2,000만원 초과로 기본공제 제외(소득기준 초과여부-1:여)
- 김선영(배우자) : 분리과세를 선택한 기타소득으로 기본공제 가능

연말관계	성명	내/외국인	주민(외국인)번호	나이	소득기준 초과여부	기본공제	세대주구분	부녀자	한부모	경로우대	장애인	자녀	출산입양	결혼세액
0	진도준	내 1	781030-1224125	47		본인	세대주							
1	박정희	내 1	500511-2148757	75	○	부								
3	김선영	내 1	810115-2347241	44		배우자								
4	진도진	내 1	150131-3165617	10		20세이하						○		
4	진시진	내 1	180121-3165128	7		20세이하								
합 계 [명]					1	4						1		

② 보험료 및 교육비 세액공제

보험료	• 진도준, 진도진, 진시진의 보장성보험료 지출액은 모두 공제 대상으로 일반보장성보험료 합계가 100만원까지만 공제 가능하므로 전부 입력하지 않아도 무방하다.
교육비	• 진도준 : 본인 대학원 교육비는 공제 가능하므로 800만원 입력 • 박정희 : 직계존속의 일반교육비는 공제대상 제외 • 진도진은 취학 아동으로 학원비, 진시진의 학원비는 요건 미충족으로 공제대상 제외

| 소득명세 | 부양가족 | 신용카드 등 | 의료비 | 기부금 | 연금저축 등I | 연금저축 등II | 월세액 | 출산지원금 | 연말정산입력 |

연말 관계	성명	내/외국인	주민(외국인)번호	나이	소득기준 초과여부	기본공제	세대주 구분	부녀 자	한부 모	경로 우대	장애 인	자녀	출산 입양	결혼 세액
0	진도준	내	1	781030-1224125	47		본인	세대주							
1	박정희	내	1	500511-2148757	75	○	부								
3	김선영	내	1	810115-2347241	44		배우자								
4	진도진	내	1	150131-3165617	10		20세이하						○		
4	진시진	내	1	180121-3165128	7		20세이하								
	합 계 [명]					1	4					1			

자료구분	보험료				의료비					교육비	
	건강	고용	일반보장성	장애인전용	일반	실손	선천성이상아	난임	65세,장애인	일반	장애인특수
국세청			2,200,000							8,000,000 4.본인	
기타	3,199,270	640,000									

자료구분	보험료				의료비					교육비	
	건강	고용	일반보장성	장애인전용	일반	실손	선천성이상아	난임	65세,장애인	일반	장애인특수
국세청			480,000								
기타											

자료구분	보험료				의료비					교육비	
	건강	고용	일반보장성	장애인전용	일반	실손	선천성이상아	난임	65세,장애인	일반	장애인특수
국세청			456,000								
기타											

(2) 신용카드 등 TAB : 부양가족 TAB 더블클릭 또는 직접 선택

신용카드 등 사용액에 대한 소득공제와 의료비 세액공제는 중복공제가 허용되므로 공제 가능

| | 소득명세 | 부양가족 | 신용카드 등 | 의료비 | 기부금 | 연금저축 등I | 연금저축 등II | 월세액 | 출산지원금 | 연말정산입력 |

	성명 생년월일	자료 구분	신용카드	직불,선불	현금영수증	도서등 신용	도서등 직불	도서등 현금	전통시장	대중교통	합계
□	진도준	국세청	30,000,000	2,200,000	3,000,000				2,200,000	182,000	37,582,000
	1978-10-30	기타									
□											
	합계		30,000,000	2,200,000	3,000,000				2,200,000	182,000	37,582,000

(3) [의료비] TAB : 부양가족 TAB 더블클릭 또는 직접 선택

① 진도준의 시력보정용 렌즈구입비는 1인당 50만원 한도내 금액만 공제가능하며 기타영수증으로 별도 수취하여 제출하였으므로 국세청 연말정산간소화자료와 구분하여 입력한다.

② 의료비는 연령과 소득금액 규제 불문이므로 진도준 신용카드로 결제한 박정희(어머니) 의료비 공제 가능하며 실손보험수령액은 지출액에서 공제하지 않고 전액 입력한다.

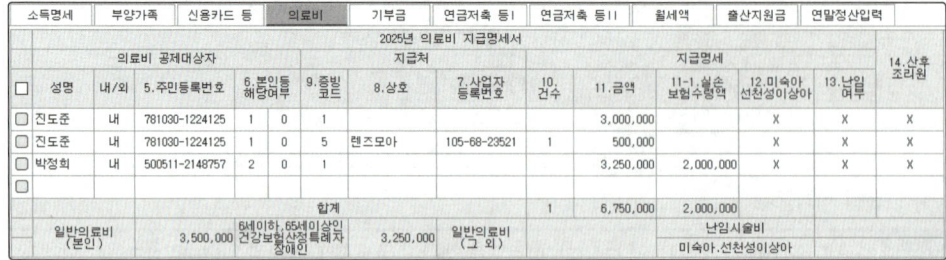

109회 기출문제 해설

(4) 연금저축 등 I TAB : 추후 세액공제 입력에 따라 세액공제액 차이 발생

연금저축구분	코드	금융회사 등	계좌번호(증권번호)	납입금액	공제대상금액	소득/세액공제액
2.연금저축	405	삼성생명보험 (주)	153-05274-72339	2,400,000	2,400,000	288,000
개인연금저축						
연금저축				2,400,000	2,400,000	288,000

2. 연금계좌 세액공제 - 연금저축계좌(연말정산입력 탭의 37.개인연금저축, 60.연금저축)

(5) [연말정산입력] TAB : [F8 부양가족탭불러오기] 버튼을 클릭하여 부양가족 TAB 자료 반영

구분	지출액	공제금액	구분	지출액	공제대상금액	공제금액
32. 공무원연금			57.자녀 ⓐ자녀 1명			250,000
군인연금			세액공제 ⓑ 출산.입양 명			
사립학교교직원			58.과학기술공제			
별정우체국연금			59.근로자퇴직연금			
33.보험료	3,839,270	3,839,270	60.연금저축	2,400,000	2,400,000	288,000
건강보험료	3,199,270	3,199,270	60-1. ISA연금계좌전환			
고용보험료	640,000	640,000	61.보장 일반	3,136,000	3,136,000	1,000,000	120,000
34.주택차입금 대출기관			성보험 장애인			
원리금상환액 거주자			62.의료비	6,750,000	6,750,000	2,350,000	352,500
34.장기주택저당차입금이자상			63.교육비	8,000,000	8,000,000	8,000,000	1,200,000
35.특별소득공제 계		3,839,270	64.기부금			
36.차감소득금액		52,810,730	1)정치자금 10만원이하			
37.개인연금저축			기부금 10만원초과			
38.소기업,소상 2015년이전가입			2)고향사랑 10만원이하			
공인 공제부금 2016년이후가입			기부금 10만원초과			
39.주택 청약저축			3)특례기부금(전액)			
마련저축 주택청약			4)우리사주조합기부금			
소득공제 근로자주택마련			5)일반기부금(종교단체외)			
40.투자조합출자 등 소득공제			6)일반기부금(종교단체)			
41.신용카드 등 사용액	37,582,000	3,452,800	65.특별세액공제 계			1,672,500

108회 전산세무2급 기출 해설

A형	[01]	[02]	[03]	[04]	[05]	[06]	[07]	[08]	[09]	[10]	[11]	[12]	[13]	[14]	[15]
	2	3	1	4	3	1	3	4	2	4	3	1	1	4	2

해설

01. 변경된 새로운 회계정책은 소급하여 적용한다. 전기 또는 그 이전의 재무제표를 비교목적으로 공시할 경우에는 소급적용에 따른 수정사항을 반영하여 재작성한다. 비교재무제표상의 최초회계기간 전의 회계기간에 대한 수정사항은 비교재무제표상 최초회계기간의 자산, 부채 및 자본의 기초금액에 반영한다. 또한 전기 또는 그 이전기간과 관련된 기타재무정보도 재작성한다.

02. ■ 주식배당은 주식발행 회사의 미처분이익잉여금의 감소와 자본금의 증가로 자본 구성항목의 변동만 있을 뿐 순자산 유출은 발생하지 않아 순자산은 변동이 없다. 그러므로 주식배당으로 주당 액면가액의 변동은 없다.
    ■ 주식발행 회사의 회계처리 : 미처분이익잉여금이 감소하고 자본금은 증가한다.
        배당결의일 : (차) 미처분이익잉여금   ×××   (대) 미교부주식배당금   ×××
        배당지급일 : (차) 미교부주식배당금   ×××   (대) 자본금   ×××
    ■ 주주의 회계처리는 없으며 주식 수 및 단가만 조정하여 주석공시 한다.

03. 감가상각비는 기간 배분에 따라 비용을 인식하지만, 나머지는 당기에 즉시 비용으로 인식한다.

04. ■ ①·③은 재무상태표에만 영향을 미치는 오류
    ■ ②는 손익계산서에만 영향을 미치는 오류

05. 기말재고자산 포함할 금액 9,000,000원
    = 선적지인도조건 1,000,000원 + 도착지인도조건 3,000,000원 + 담보제공저당상품 5,000,000원

06. 제조부서의 감가상각비를 판매부서의 감가상각비로 회계처리 할 경우, 제품매출원가가 과소계상되어 매출총이익은 증가하고, 영업이익 및 당기순이익의 변동은 없다.

07. ■ 변동제조간접원가 = 직접노무원가 200,000원 × 3 = 600,000원
    ■ 가공원가 = 직접노무원가 + 변동제조간접원가 + 고정제조간접원가
            = 200,000원 + 600,000원 + 500,000원 = 1,300,000원

08. 준변동원가에 대한 설명으로 전기요금, 통신비, 가스요금 등이 해당한다.

09. ■ ㉠ 평균법 완성품환산량 = 당기완성품 800개 + 기말재공품(200개 × 완성도 50%) = 900개
    ■ ㉡ 선입선출법 완성품환산량
        = 당기완성품 800개 + 기말재공품(200개 × 완성도 50%) − 기초재공품(300개 × 완성도 40%)
        = 780개
    ∴ 차이 수량 = ㉠ 900개 − ㉡ 780개 = 120개(기초재공품 완성품환산량 만큼 차이 발생)

10. 작업폐물이 비정상적인 경우에는 작업폐물의 매각가치를 기타수익으로 처리한다.

11. 주된 사업과 관련하여 주된 재화의 생산 과정이나 용역의 제공 과정에서 필연적으로 생기는 재화의 공급은 별도의 공급으로 보되, 과세 및 면세 여부 등은 주된 사업의 과세 및 면세 여부 등을 따른다.
12. 개인사업자와 직전 과세기간 공급가액의 합계액이 1억5천만원 미만인 법인사업자는 각 예정신고 기간마다 직전 과세기간에 대한 납부세액의 50퍼센트로 결정하여 해당 예정신고기간이 끝난 후 25일까지 징수한다.
13. 소매업을 영위하는 사업자가 영수증을 발급한 경우에도 재화 또는 용역을 공급받는 자가 사업자등록증을 제시하고 세금계산서 발급을 요구하는 경우에는 세금계산서를 발급하여야 한다.
14. 대주주인 출자임원이 사택을 제공받음으로써 얻는 이익은 근로소득으로 과세되며, 주주가 아닌 임원의 경우에는 과세 제외된다.
15. ■ 양도소득은 분류과세되는 소득이며, 비주거용 부동산 임대업에서 발생한 결손금은 해당연도의 다른 소득금액에서 공제할 수 없다.
    ■ 종합소득금액 28,000,000원 = 사업소득금액 − 사업소득결손금 결손금 + 근로소득금액
     = 25,000,000원 − 10,000,000원 + 13,000,000원

실무문제 해설

문제 1 일반전표입력

NO	월	일	구분	계정과목	거래처	차변	대변
[1]	2	11	차변	기업업무추진비(판)		100,000	
			대변	보통예금			100,000
[2]	3	31	차변	퇴직급여(제)		2,700,000	
			대변	보통예금			2,700,000
	■ 확정기여형(DC) 퇴직연금 : 퇴직급여 ■ 확정급여형(DB) 퇴직연금 : 퇴직연금운용자산							
[3]	5	30	차변	보통예금		20,000,000	
			차변	주식발행초과금		2,000,000	
			차변	주식할인발행차금		3,000,000	
			대변	자본금			25,000,000
	■ 주식할인발행차금이 발생하면 주식발행초과금과 우선상계하고 잔액만 장부에 계상한다.							
[4]	7	10	차변	보통예금		19,450,000	
			차변	이자비용		550,000	
			대변	단기차입금	하나은행		20,000,000
	■ 매각거래 할인료 : 매출채권처분손실 ■ 차입거래 할인료 : 이자비용							
[5]	12	13	차변	기계장치		3,800,000	
			대변	자산수증이익			3,800,000

문제 2 매입매출전표입력

[1]

NO	일자	유형	품목	공급가액	부가세	공급처명	전자	분개
	10/8	12.영세	제품	10,000,000	0	(주)상상	여	외상

영세율 구분	③ 내국신용장·구매확인서에 의하여 공급하는 재화

구분	계정과목	거래처	차변	대변
차변	외상매출금	(주)상상	10,000,000	
대변	제품매출	(주)상상		10,000,000

[2]

NO	일자	유형	품목	공급가액	부가세	공급처명	전자	분개
	10/14	57.카과	수리	1,500,000	150,000	안녕정비소		카드(혼합)

신용카드사	(주)순양카드

구분	계정과목	거래처	차변	대변
대변	미지급금 또는 미지급비용	(주)순양카드		1,650,000
차변	부가세대급금	안녕정비소	150,000	
차변	차량유지비(제)	안녕정비소	1,500,000	

[3]

NO	일자	유형	품목	공급가액	부가세	공급처명	전자	분개
	11/3	51.과세	기계장치	-30,000,000	-3,000,000	(주)바이머신	여	혼합

구분	계정과목	거래처	차변	대변
차변	부가세대급금	(주)바이머신	-3,000,000	
차변	기계장치	(주)바이머신	-30,000,000	
대변	미지급금	(주)바이머신		-33,000,000

[4]

NO	일자	유형	품목	공급가액	부가세	공급처명	전자	분개
	11/11	51.과세	초콜렛외	2,000,000	200,000	(주)사탕	여	혼합

구분	계정과목	거래처	차변	대변
차변	부가세대급금	(주)사탕	200,000	
차변	복리후생비(판)	(주)사탕	2,000,000	
대변	선급금	(주)사탕		200,000
대변	보통예금	(주)사탕		2,000,000

108회 기출문제 해설

NO	일자	유형	품목	공급가액	부가세	공급처명	전자	분개
[5]	12/28	14.건별	비품	250,000	25,000		혼합	외상

	구분	계정과목	거래처	차변	대변
[5]	대변	부가세예수금			25,000
	대변	비 품			1,200,000
	대변	유형자산처분이익			10,000
	차변	감가상각누계액(213)		960,000	
	차변	보통예금		275,000	

문제 3 부가가치세 신고

[1] 신용카드등 매출 및 신용카드등 매입에 대한 부속명세서 작성

(1) 신용카드매출전표등발행금액집계표(조회기간 : 2025년 07월 ~ 2025년 09월)

- 신용카드매출전표 발행금액 입력시 공급대가로 입력하고 신용카드매출전표 발행금액 중 세금계산서 발급금액을 입력한다.

2. 신용카드매출전표 등 발행금액 현황				
구 분	합 계	신용·직불·기명식 선불카드	현금영수증	직불전자지급 수단 및 기명식선불 전자지급수단
합 계	9,900,000	9,900,000		
과세 매출분	9,900,000	9,900,000		
면세 매출분				
봉 사 료				

3. 신용카드매출전표 등 발행금액중 세금계산서 교부내역	
세금계산서발급금액	3,300,000	계산서발급금액	

(2) 신용카드매출전표등수령명세서(조회기간 : 2025년 07월 ~ 2025년 09월)

- 거래처 선물구입은 매입세액 불공제 대상이다.

2. 신용카드 등 매입내역 합계			
구분	거래건수	공급가액	세액
합 계	2	80,000	8,000
현금영수증			
화물운전자복지카드			
사업용신용카드	1	70,000	7,000
그 밖의 신용카드	1	10,000	1,000

3. 거래내역입력									
No	월/일	구분	공급자	공급자(가맹점) 사업자등록번호	카드회원번호	그 밖의 신용카드 등 거래내역 합계			
						거래건수	공급가액	세액	
1	07-11	사업	(주)가람	772-81-10112	7777-9999-7777-9999	1	70,000	7,000	
2	09-27	신용	자금성	211-03-54223	3333-5555-3333-5555	1	10,000	1,000	
			합계			2	80,000	8,000	

[2] 대손세액공제신고서(대손발생 TAB)

- 정성(주) : 부도발생일로부터 6월 미경과로 인하여 대손세액공제를 적용할 수 없다.
- 우강상사 : 단기대여금은 대손금에는 해당하나 매출세액이 없으므로 대손세액공제가 불가하다.
- 비담(주) : 대손세액공제분 회수이므로 대손금액을 음수로 입력하며 대손사유는 '7.직접입력'을 선택하여 '대손채권 일부회수'를 입력하여도 무방하나 지문에 별도의 문구가 없으므로 공란으로 입력하지 않는다.

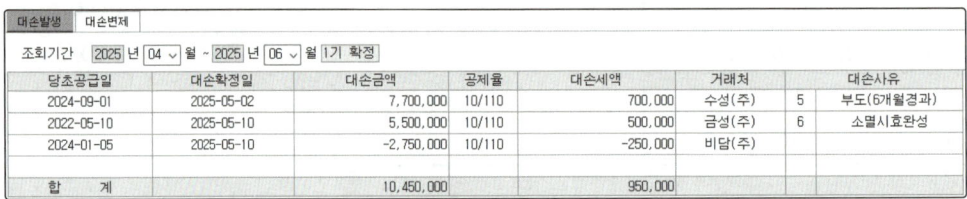

[3] 부가가치세 신고(조회기간 : 2025년 1월 1일 ~ 2025년 3월 31일)

(1) 부가가치세신고서 및 관련 부속서류 마감 확인

① [CF2 부가세작성관리] 버튼을 클릭하여 해당 과세기간의 마감여부를 확인할 수 있으며 [확인(Tab)] 버튼을 누르면 마감한 부가가치세신고서가 조회된다.

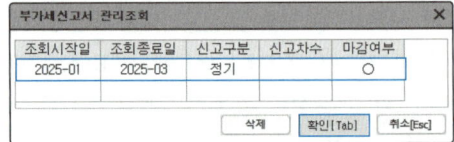

(2) 전자신고 데이터 제작

회사를 선택하고 상단의 [F4 제작] 버튼을 누른 후 **비밀번호(12341234)**를 입력하여 제작한다.

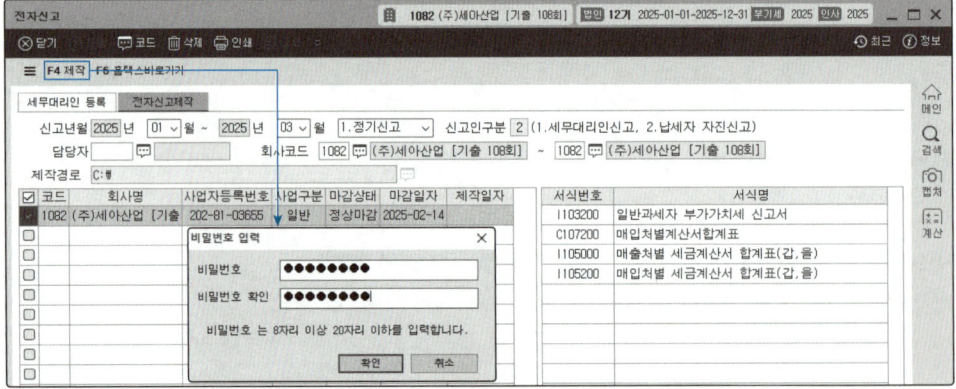

108회 기출문제 해설

(3) 국세청 홈택스 전자신고

① 부가가치세 신고 : 세금신고 → [01.전자파일변환 – 변환대상파일선택]

[찾아보기] 클릭 → [로컬디스크(C:)] → 파일명: enc작성연월일.101.v2028103655

② 부가가치세 신고 : 세금신고 → [01.전자파일변환 – 처리내역]

[형식검증하기] : 비밀번호(12341234) 입력 → [형식검증결과확인] : 오류 유무 확인 → [내용검증하기]
→ [내용검증결과확인] : 오류 유무 확인 → [전자파일제출]

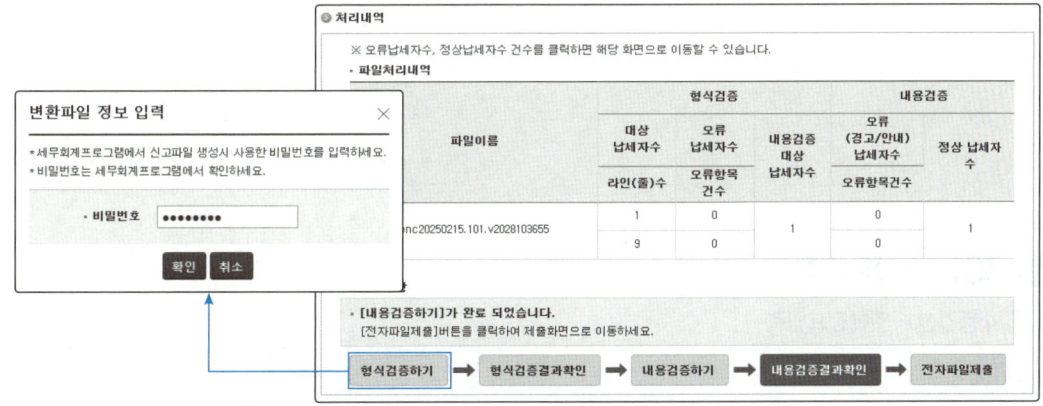

③ 부가가치세 신고 : 세금신고 → 03.전자파일제출
   [전자파일 제출하기] > 부가가치세 신고서 접수증 확인

문제 4 결산정리사항

[1] 수동결산 - 일반전표입력

월	일	구분	계정과목	거래처	차변	대변
12	31	차변	선급비용		1,250,000	
		대변	보험료(제)			1,250,000

- 선급비용(미경과분) = 3,000,000원 × 5개월 / 12개월 = 1,250,000원

108회 기출문제 해설

[2] 수동결산 – 일반전표입력

월	일	구분	계정과목	거래처	차변	대변
12	31	차변	보통예금	우리은행	7,200,000	
		대변	단기차입금	우리은행		7,200,000

- 보통예금 계정과목에 거래처를 입력하여야 하나 확정답안에서는 기재되지 않음

[3] 수동결산 – 일반전표입력

월	일	구분	계정과목	거래처	차변	대변
12	31	차변	매도가능증권평가손실		23,500,000	
		대변	매도가능증권(178)			23,500,000

- 매도가능증권평가손실 = 135,000,000원 − 158,500,000원 = △23,500,000원

[4] 자동결산 – 결산자료입력

- 외상매출금 : (558,550,000원 × 1%) − 1,045,000원 = 4,540,500원
- 미수금 : (278,000,000원 × 1%) − 300,000원 = 2,480,000원

방법 1 : 결산자료입력 메뉴의 상단 [대손상각] 버튼을 클릭하여 "대손율(%) : 1%"을 입력하고 외상매출금·미수금을 제외한 이외의 계정과목에 대한 "추가설정액"란의 금액은 삭제한 후 [결산반영] 버튼을 눌러 "결산반영금액"란에 반영하여 전표추가를 한다.

방법 2 : 결산자료입력 메뉴의 판매비와일반관리비의 5).대손상각에 [외상매출금 : 4,540,500원], 영업외비용의 2) 기타의대손상각에 [미수금 : 2,480,000원]을 입력한 후 결산자료 입력의 전표추가를 한다.

방법 3 : 결산일(12월 31일)에 일반전표입력에 직접 입력

월	일	구분	계정과목	거래처	차변	대변
12	31	차변	대손상각비(판)		4,540,500	
		차변	기타의대손상각비(954)		2,480,000	
		대변	대손충당금(109)			4,540,500
		대변	대손충당금(121)			2,480,000

[5] 자동결산 – 결산자료입력

- 무형자산 상각비 = 취득원가 4,550,000원 ÷ 내용연수 7년 = 650,000원

방법 1 : 결산자료입력 메뉴 판매비와일반관리비의 6).무형자산상각비에 [특허권 : 650,000원]을 입력한 후 결산자료 입력의 전표추가를 한다.

방법 2 : 결산일(12월 31일)에 일반전표입력에 직접 입력

월	일	구분	계정과목	거래처	차변	대변
12	31	차변	무형자산상각비(판)		650,000	
		대변	특허권			650,000

문제 5 원천징수

[1] 급여자료입력 및 원천징수이행상황신고서

(1) 수당공제등록

① 수당등록 TAB
- 현물식사를 제공받고 있으므로 식대로 제공받는 금액은 과세이다.

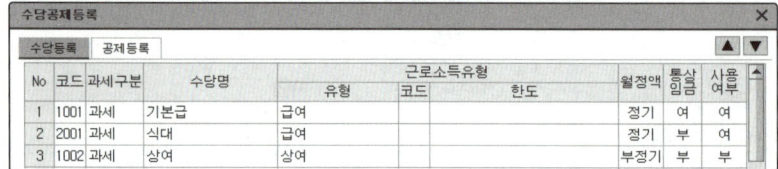

② 공제등록 TAB
- 학자금상환 공제항목의 사용여부는 선택에 관계없이 최철수과장은 학자금상환이 없으므로 공제항목에 반영되지 않는다.

(2) 급여자료입력

① 3월 귀속 급여

② 4월 귀속 급여

(3) 원천징수이행상황신고서

① 3월 귀속 4월 지급 신고 : 귀속기간 2025년 03월, 지급기간 2025년 04월

소득자 소득구분		코드	소득지급		징수세액			당월조정 환급세액	납부세액	
			인원	총지급액	소득세 등	농어촌특별세	가산세		소득세 등	농어촌특별세
근로소득	간이세액	A01	1	2,900,000	65,360					
	중도퇴사	A02								
	일용근로	A03								
	연말정산	A04								
	(분납신청)	A05								
	(납부금액)	A06								
	가 감 계	A10	1	2,900,000	65,360				65,360	
총 합 계		A99	1	2,900,000	65,360				65,360	

② 4월 귀속 4월 지급 신고 : 귀속기간 2025년 04월, 지급기간 2025년 04월

소득자 소득구분		코드	소득지급		징수세액			당월조정 환급세액	납부세액	
			인원	총지급액	소득세 등	농어촌특별세	가산세		소득세 등	농어촌특별세
근로소득	간이세액	A01	1	3,200,000	91,460					
	중도퇴사	A02								
	일용근로	A03								
	연말정산	A04								
	(분납신청)	A05								
	(납부금액)	A06								
	가 감 계	A10	1	3,200,000	91,460				91,460	
총 합 계		A99	1	3,200,000	91,460				91,460	

[2] 연말정산추가자료입력

(1) [소득명세] TAB : 전근무지 자료 입력 시 기납부세액은 '**결정세액**'을 입력한다.

구분			합계	주(현)	납세조합	종(전) [1/2]
소득명세	9.근무처명			(주)세아산업 [기출 108회]		(주)진우상사
	9-1.종교관련 종사자			부		부
	10.사업자등록번호			202-81-03655	---–--–---	258-81-84442
	11.근무기간			2025-05-01 ~ 2025-12-31	----–--–-- ~ ----–--–--	2025-01-01 ~ 2025-04-20
	12.감면기간			----–--–-- ~ ----–--–--	----–--–-- ~ ----–--–--	----–--–-- ~ ----–--–--
	13-1.급여(급여자료입력)		44,800,000	24,800,000		20,000,000
	13-2.비과세한도초과액					
	13-3.과세대상추가(인정상여추가)					
	14.상여					
	15.인정상여					
	15-1.주식매수선택권행사이익					
	15-2.우리사주조합 인출금					
	15-3.임원퇴직소득금액한도초과액					
	15-4.직무발명보상금					
	16.계		44,800,000	24,800,000		20,000,000
공제보험료명세	직장	건강보험료(직장)(33)	1,298,460	879,160		419,300
		장기요양보험료(33)	164,000	112,560		51,440
		고용보험료(33)	306,400	198,400		108,000
		국민연금보험료(31)	1,656,000	1,116,000		540,000
	공적연금보험료	공무원 연금(32)				
		군인연금(32)				
		사립학교교직원연금(32)				
		별정우체국연금(32)				
세액명세	기납부세액	소득세	947,200	747,200		200,000
		지방소득세	94,720	74,720		20,000
		농어촌특별세				
	납부특례세액	소득세				
		지방소득세				
		농어촌특별세				

(2) [부양가족] TAB : 보험료, 교육비 세액공제 추가입력
① 보험료 : 본인 저축성보험료는 공제대상에 해당하지 않는다.
② 교육비 : 본인 대학원 등록금은 공제대상 교육비에 해당한다.

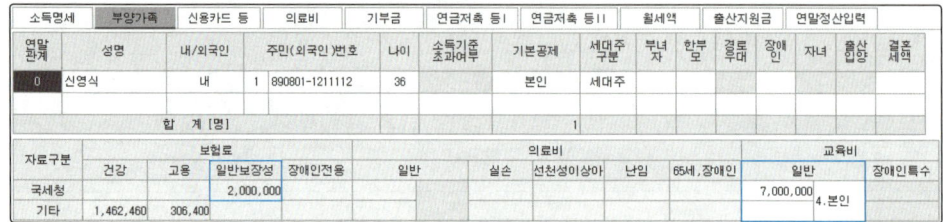

(3) [의료비] TAB : 부양가족 TAB 더블클릭 또는 직접 선택
① 미용 목적 시술비 및 건강증진 한약 구입비는 의료비 공제 배제대상이다.
② 실손보험수령액은 지출액에서 공제하지 않고 전액 입력한다.
③ 안경구입비는 1인당 50만원 한도내 금액만 공제가능하며 증빙코드는 '5.기타영수증'을 선택하고 지급처 상호, 사업자등록번호는 지문에 주어지지 않았으므로 입력하지 않는다.

(4) 기부금 TAB : 부양가족 TAB 더블클릭 또는 직접 선택
① 기부금 입력 TAB
■ 「소득세법」 제34조 제2항 제1호에 따라 「법인세법」 제24조 제2항 제1호에 따른 기부금은 특례기부금에 해당한다. **사회복지법인 사회복지공동모금회**는 「법인세법」 제24조 제2항 제1호 바목에 따른 기획재정부장관이 지정·고시하는 법인에 해당하므로 **특례기부금** 대상에 해당한다. 다만, 문제의 자료에서 제시된 사회복지공동모금회가 위 특례기부금 대상에 해당하는 법인인지 또는 「소득세법」 제34조 제3항 제1호에 따라 「법인세법」 시행령 제39조 제1항에 의한 「사회복지사업법」에 따른 사회복지법인에 해당하는지를 명확히 제시하지 아니하였으므로 **특례기부금과 일반기부금으로 입력한 경우 모두를 정답으로 인정하는 확정답안을 공지**하였으며 해설은 **특례기부금으로 입력**하였다.

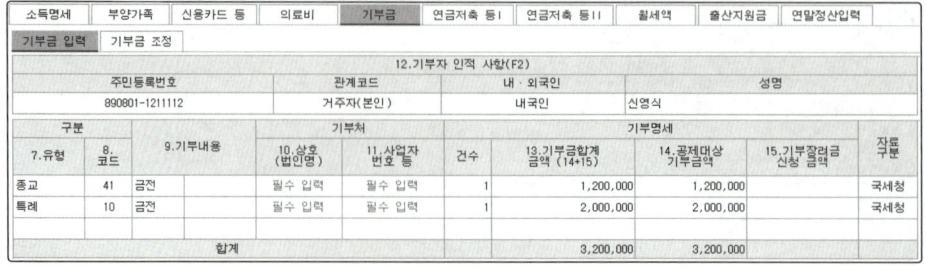

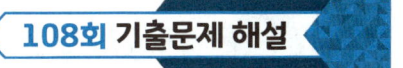

② 기부금 조정 TAB

[공제금액계산] 버튼 클릭 → 기부금 공제금액 계산 참조 화면 : [불러오기] 클릭 > [공제금액반영] 클릭 > [저장] 클릭 > [종료(Esc)] 클릭 → 해당연도 공제금액 및 이월금액 반영 확인

(5) 연금저축 등Ⅰ TAB

(6) 연말정산입력 TAB : [F8 부양가족탭불러오기] 버튼을 클릭하여 부양가족 TAB 자료 반영

107회 전산세무2급 기출 해설

A형	[01]	[02]	[03]	[04]	[05]	[06]	[07]	[08]	[09]	[10]	[11]	[12]	[13]	[14]	[15]
	3	3	2	1	4	3	1	2	1	4	2	4	2	4	4

해설

01. 가전제품 판매업자가 가전제품을 홍보하기 위하여 지출한 광고비는 재고자산 취득 후에 발생하는 판매관리비 성격의 비용으로 취득원가에 포함되지 않는다.

02. 변동이 있는 자본 항목은 자본금과 자본조정(자기주식, 자기주식처분손실, 감자차손)이다.
    - 취득 회계처리 : (차) 자기주식　　　　180,000원　　(대) 현금등　　　　180,000원
    - 매각 회계처리 : (차) 현금등　　　　　100,000원　　(대) 자기주식　　　120,000원
    　　　　　　　　　자기주식처분손실　20,000원
    - 소각 회계처리 : (차) 자본금　　　　　50,000원　　(대) 자기주식　　　60,000원
    　　　　　　　　　감자차손　　　　　　10,000원

03. - 매도가능증권처분손실 100,000원
    　= (매도가능증권 취득원가 7,000원 – 처분가액 6,000원) × 100주
    - 취득 회계처리 : (차) 매도가능증권 7,000,000원　(대) 현금등　　　　　　　7,000,000원
    - 기말 회계처리 : (차) 매도가능증권 2,000,000원　(대) 매도가능증권평가이익 2,000,000원
    - 처분 회계처리 : (차) 현금등　　　　　600,000원　(대) 매도가능증권　　　　　900,000원
    　　　　　　　　　매도가능증권평가이익 200,000원
    　　　　　　　　　매도가능증권처분손실 100,000원

04. 충당부채의 명목금액과 현재가치의 차이가 중요한 경우에는 의무를 이행하기 위하여 예상되는 지출액의 현재가치로 평가한다.

05. - 유형자산의 제거 손익은 순매각금액과 장부금액의 차액으로 산정하며, 손익계산서에서 당기손익으로 인식한다.
    - 감가상각누계액 = (취득가액 15,000,000원 – 잔존가액 0원) × 2/5 = 6,000,000원
    - 장부가액 = 취득가액 15,000,000원 – 감가상각누계액 6,000,000원 = 9,000,000원
    - 순매각금액 = 처분가액 8,000,000원 – 처분시 부대비용 150,000원 = 7,850,000원
    ∴ 유형자산처분손실 = 장부가액 9,000,000원 – 순매각금액 7,850,000원 = 1,150,000원

06. 당기제품제조원가는 손익계산서 및 제조원가명세서에서 확인할 수 있다.

07. 조업도가 증가하더라도 단위당 변동원가는 변함이 없다.

08. 종합원가계산은 단일 종류의 제품을 연속적으로 대량 생산하는 제품의 원가계산에 적합하다.
    ①·③·④는 개별원가계산에 대한 설명이다.

09. - 직접재료원가 = 당기총제조원가 800,000원 - 가공원가 500,000원 = 300,000원
    - 직접노무원가 = 직접원가 400,000원 - 직접재료원가 300,000원 = 100,000원
10. 1. 가공부문 원가 배분
    - 연마부문 = 400,000원 × 50% = 200,000원
    - 3라인 = 400,000원 × 30% = 120,000원
    2. 연마부문 원가 배분
    - 3라인 = (가공부문원가 배분액 + 연마부문 원가) × 35%/80%
           = (200,000원 + 200,000원) × 35%/80% = 175,000원
    ∴ 3라인 제조원가 = 가공부문 원가 배분액 + 연마부문 원가 배분액 + 3라인 발생원가
                    = 120,000원 + 175,000원 + 500,000원 = 795,000원
11. 신용카드매출전표 등 발급에 대한 세액공제 금액은 연간 500만원을 한도로 하되, 2025년 12월 31일까지는 연간 1천만원을 한도로 한다. 발급금액 또는 결제금액의 1퍼센트로 2025년 12월 31일까지는 1.3퍼센트로 한다.
12. - 매출에누리는 과세표준에서 차감하는 항목이고, 판매장려금은 과세표준에서 공제하지 않는 항목이다.
    - 과세표준 = 총매출액 20,000,000원 - 매출에누리액 3,000,000원 = 17,000,000원
    ∴ 매출세액 = 과세표준 17,000,000원 × 10% = 1,700,000원
13. ① 법인 음식점은 의제매입세액 공제율 6/106을 적용한다.
    ③ 면세농산물 등을 사용한 시점이 아닌 구입한 날이 속하는 과세기간에 공제한다.
    ④ 제조업만 농어민으로부터 정규증빙 없이 농산물 등을 구입한 경우에도 의제매입세액공제가 가능하다.
14. - 일용직 원천징수할 세액 = [(일급 - 근로소득공제) × 6%] - 근로소득세액공제
                          = [(200,000원 - 150,000원) × 4일 × 6%] × (1 - 55%) = 5,400원
    - 또는 [(일당 200,000원 - 근로소득공제 150,000원/일) × 4일 × 2.7%] = 5,400원
15. 사업자가 한 차례의 접대에 지출한 기업업무추진비 중 경조금의 경우 20만원, 이외의 경우 3만원을 초과하는 기업업무추진비로서 적격증빙을 수취하지 아니한 기업업무추진비는 각 과세기간의 소득금액을 계산할 때 필요경비에 산입하지 아니한다.

실무문제 해설

문제 1 일반전표입력

NO	월	일	구분	계정과목	거래처	차변	대변
[1]	1	31	차변	보통예금		7,700,000	
			대변	외상매출금	(주)오늘물산		7,700,000

NO	월	일	구분	계정과목	거래처	차변	대변
[2]	3	15	차변	이월이익잉여금(375)		32,000,000	
			대변	미교부주식배당금			10,000,000
			대변	미지급배당금			20,000,000
			대변	이익준비금			2,000,000
[3]	4	21	차변	보통예금		28,060,000	
			차변	외환차손		1,380,000	
			대변	외상매출금	CTEK		29,440,000

■ 외환차손 = $23,000 × (1,280원 - 1,220원) = 1,380,000원

NO	월	일	구분	계정과목	거래처	차변	대변
[4]	8	5	차변	보통예금		990,000	
			대변	단기매매증권			500,000
			대변	단기매매증권처분이익			490,000

■ 단기매매증권처분이익 = 100주 × (10,000원 - 5,000원) - 10,000원 = 490,000원

NO	월	일	구분	계정과목	거래처	차변	대변
[5]	9	2	차변	임차보증금	(주)헤리움	10,000,000	
			대변	보통예금			9,000,000
			대변	선급금	(주)헤리움		1,000,000

문제 2 매입매출전표입력

NO	일자	유형	품목	공급가액	부가세	공급처명	전자	분개
[1]	1/15	54.불공	중개수수료	10,000,000	1,000,000	(주)동산	여	혼합

	불공제 사유	⑥ 토지의 자본적 지출 관련			
구분	계정과목	거래처	차변		대변
차변	토　　지	(주)동산	11,000,000		
대변	미지급금	(주)동산			11,000,000

107회 기출문제 해설

[2]

NO	일자	유형	품목	공급가액	부가세	공급처명	전자	분개
	3/30	22.현과	제품	100,000	10,000			현금(혼합)

구분	계정과목	거래처	차변	대변
입금	부가세예수금		(현금)	10,000
입금	제품매출		(현금)	100,000

- 현금영수증 의무발행사업자는 건당 거래금액 100,000원 이상인 경우 거래상대방이 증빙을 요청하지 않더라도 현금영수증을 자진 발급하여야 한다.
- 거래처를 외국인등으로 입력한 경우에도 정답으로 인정함

[3]

NO	일자	유형	품목	공급가액	부가세	공급처명	전자	분개
	7/20	11.과세	제품 선수금	15,000,000	1,500,000	(주)굳딜	여	혼합

구분	계정과목	거래처	차변	대변
대변	부가세예수금	(주)굳딜		1,500,000
대변	선수금	(주)굳딜		15,000,000
차변	보통예금	(주)굳딜	16,500,000	

[4]

NO	일자	유형	품목	공급가액	부가세	공급처명	전자	분개
	8/20	16.수출	제품	5,000,000	0	몽키		외상

영세율 구분	① 직접수출(대행수출 포함)

구분	계정과목	거래처	차변	대변
차변	외상매출금	몽키	5,000,000	
대변	제품매출	몽키		5,000,000

[5]

NO	일자	유형	품목	공급가액	부가세	공급처명	전자	분개
	9/12	51.과세	임차료외	2,800,000	280,000	미래부동산	여	혼합

구분	계정과목	거래처	차변	대변
차변	부가세대급금	미래부동산	280,000	
차변	임차료(판)	미래부동산	2,500,000	
차변	건물관리비(판)	미래부동산	300,000	
대변	미지급금 또는 미지급비용	미래부동산		3,080,000

- 복수거래 입력 여부는 채점과 관계없음

문제 3 부가가치세 신고

[1] 부가가치세신고서 작성(조회기간 : 2025년 4월 1일 ~ 2025년 6월 30일)

① 직수출액 = 400,000위안 × 170원/위안(선적일) = 68,000,000원
② 대손세액공제액 : 대손금 11,000,000원 × 10/110 = 1,000,000원 → (9란)에 음수로 입력
③ 기업이 직접 부가가치세 전자신고를 하므로 전자신고세액공제 10,000원을 입력한다.

구분				금액	세율	세액
과세표준및매출세액	과세	세금계산서발급분	1	600,000,000	10/100	60,000,000
		매입자발행세금계산서	2		10/100	
		신용카드·현금영수증발행분	3	63,000,000	10/100	6,300,000
		기타(정규영수증외매출분)	4			
	영세	세금계산서발급분	5		0/100	
		기타	6	68,000,000	0/100	
	예정신고누락분		7			
	대손세액가감		8			-1,000,000
	합계		9	731,000,000	㉮	65,300,000
매입세액	세금계산서수취분	일반매입	10	400,000,000		40,000,000
		수출기업수입분납부유예	10-1			
		고정자산매입	11			
	예정신고누락분		12	5,000,000		500,000
	매입자발행세금계산서		13			
	그 밖의 공제매입세액		14			
	합계(10)-(10-1)+(11)+(12)+(13)+(14)		15	405,000,000		40,500,000
	공제받지못할매입세액		16	8,000,000		800,000
	차감계 (15-16)		17	397,000,000	㉯	39,700,000
납부(환급)세액(매출세액㉮-매입세액㉯)					㉰	25,600,000
경감공제세액	그 밖의 경감·공제세액		18			10,000
	신용카드매출전표등 발행공제등		19	69,300,000		
	합계		20		㉱	10,000
소규모 개인사업자 부가가치세 감면세액			20-1		㉲	
예정신고미환급세액			21		㉳	
예정고지세액			22		㉴	
사업양수자의 대리납부 기납부세액			23		㉵	
매입자 납부특례 기납부세액			24		㉶	
신용카드업자의 대리납부 기납부세액			25		㉷	
가산세액계			26		㉸	230,000
차가감하여 납부할세액(환급받을세액)㉮-㉯-㉱-㉲-㉳-㉴-㉵-㉶-㉷+㉸			27			25,820,000
총괄납부사업자가 납부할 세액(환급받을 세액)						

구분		금액	세율	세액
12.매입(예정신고누락분)				
예	세금계산서	38	5,000,000		500,000
	그 밖의 공제매입세액	39			
정	합계	40	5,000,000		500,000
누	신용카드매출 일반매입				
	수령금액합계 고정매입				
락	의제매입세액				
	재활용폐자원등매입세액				
분	과세사업전환매입세액				
	재고매입세액				
	변제대손세액				
	외국인관광객에대한환급세액				
	합계				
16.공제받지못할매입세액				
	공제받지못할 매입세액	50	8,000,000		800,000
	공통매입세액면세등사업분	51			
	대손처분받은세액	52			
	합계	53	8,000,000		800,000
18.그 밖의 경감·공제세액				
	전자신고 및 전자고지 세액공제	54			10,000
	전자세금계산서발급세액공제	55			
	택시운송사업자경감세액	56			
	대리납부세액공제	57			
	현금영수증사업자세액공제	58			
	기타	59			
	합계	60			10,000

④ 세금계산서 지연발급 가산세
  = 20,000,000원 × 1%
  = 200,000원

⑤ "신용카드·현금영수증발행분(3)"란에 입력한 공급대가 금액을 "신용카드매출전표등 발행공제등(19)"란도 입력하여야 하며, **시험은 별도의 문구가 없는 경우 채점에는 영향을 주지 않는다.**

25.가산세명세					
사업자미등록등		61		1/100	
세금계산서	지연발급 등	62	23,000,000	1/100	230,000
	지연수취	63		5/1,000	
	미발급 등	64		뒤쪽참조	
전자세금발급명세	지연전송	65		3/1,000	
	미전송	66		5/1,000	
세금계산서합계표	제출불성실	67		5/1,000	
	지연제출	68		3/1,000	
신고불성실	무신고(일반)	69		뒤쪽	
	무신고(부당)	70		뒤쪽	
	과소·초과환급(일반)	71		뒤쪽	
	과소·초과환급(부당)	72		뒤쪽	
납부지연		73		뒤쪽	
영세율과세표준신고불성실		74		5/1,000	
현금매출명세서불성실		75		1/100	
부동산임대공급가액명세서		76		1/100	
매입자	거래계좌 미사용	77		뒤쪽	
납부특례	거래계좌 지연입금	78		뒤쪽	
신용카드매출전표등수령명세서미제출		79		5/1,000	
합계		80			230,000

[2] 공제받지못할매입세액명세서(조회기간 : 2025년 10월 ~ 2025년 12월)

(1) 공제받지못할매입세액내역 TAB

공제받지못할매입세액내역	공통매입세액안분계산내역	공통매입세액의정산내역	납부세액또는환급세액재계산

매입세액 불공제 사유	세금계산서		
	매수	공급가액	매입세액
①필요적 기재사항 누락 등			
②사업과 직접 관련 없는 지출			
③개별소비세법 제1조제2항제3호에 따른 자동차 구입·유지 및 임차			
④기업업무추진비 및 이와 유사한 비용 관련			
⑤면세사업등 관련	3	50,000,000	5,000,000
⑥토지의 자본적 지출 관련			
⑦사업자등록 전 매입세액			
⑧금·구리 스크랩 거래계좌 미사용 관련 매입세액			
합계	3	50,000,000	5,000,000

107회 기출문제 해설

(2) 공통매입세액의 정산내역 TAB

산식	구분	(15)총공통매입세액	(16)면세 사업확정 비율			(17)불공제매입세액총액 ((15)*(16))	(18)기불공제매입세액	(19)가산또는 공제되는매입세액((17)-(18))
			총공급가액	면세공급가액	면세비율			
1.당해과세기간의 공급가액기준		15,000,000	600,000,000.00	150,000,000.00	25.000000	3,750,000	250,000	3,500,000
합계		15,000,000	600,000,000	150,000,000		3,750,000	250,000	3,500,000

가산또는공제되는매입세액 (3,500,000) = 총공통매입세액 (15,000,000) * 면세비율(%)(25.000000) - 기불공제매입세액(250,000)

문제 4 결산정리사항

[1] 수동결산 – 일반전표입력

월	일	구분	계정과목	거래처	차변	대변
12	31	차변	정기예금	푸른은행	100,000,000	
		대변	장기성예금	푸른은행		100,000,000

- 정기예금 및 장기성예금에 거래처코드를 입력하여야 하나 확정답안에는 공지 되지 않음

[2] 수동결산 – 일반전표입력

월	일	구분	계정과목	거래처	차변	대변
12	31	차변	미수수익		3,150,000	
		대변	이자수익			3,150,000

- 미수수익 = 70,000,000원 × 6% × 9개월/12개월 = 3,150,000원

[3] 수동결산 – 일반전표입력

월	일	구분	계정과목	거래처	차변	대변
12	31	차변	기부금		500,000	
		차변	운반비(제)		23,000	
		차변	기업업무추진비(판)		100,000	
		대변	현금과부족			623,000

[4] 수동결산 – 일반전표입력

(1) 일반전표입력

- 비정상감모손실은 영업외비용으로 처리하여야 하므로 일반전표에 입력하고 타계정으로 대체처리 한다.
  → 상품 재고자산감모손실 = 500개 × 10,000원 = 5,000,000원

월	일	구분	계정과목	거래처	차변	대변
12	31	차변	재고자산감모손실		5,000,000	
		대변	상품(8.타계정으로 대체)			5,000,000

(2) 결산자료입력
- 정상감모손실은 매출원가에 가산하므로 자동결산을 이용하여 원가 대체 처리한다.
- 결산자료입력 메뉴의 해당 기말재고자산란에 상품 10,000,000원, 원재료 9,300,000원, 제품 5,425,000원으로 입력 후 [전표추가]를 선택하여 일반전표에 결산전표를 추가한다.

[5] 자동결산 - 결산자료입력
- 외상매출금 : (442,648,000원 × 1%) - 2,000,000원 = 2,426,480원
- 받을어음 : (113,840,000원 × 1%) - 500,000원 = 638,400원
- 단기대여금 : (190,000,000원 × 1%) - 0원 = 1,900,000원

방법 1 : 결산자료입력 메뉴의 상단 [대손상각] 버튼을 클릭하여 "대손율(%) : 1%"을 입력하고 외상매출금·받을어음·단기대여금을 제외한 이외의 계정과목에 대한 "추가설정액"란의 금액은 삭제한 후 [결산반영] 버튼을 눌러 "결산반영금액"란에 반영하여 전표추가를 한다.

방법 2 : 결산자료입력 메뉴의 판매비와일반관리비의 5).대손상각에 [외상매출금 : 2,426,480원, 받을어음 : 638,400원], 영업외비용의 2)기타의대손상각에 [단기대여금 : 1,900,000원]을 입력한 후 결산자료 입력의 전표추가를 한다.

방법 3 : 결산일(12월 31일)에 일반전표입력에 직접 입력

월	일	구분	계정과목	거래처	차변	대변
12	31	차변	대손상각비(판)		3,064,880	
		차변	기타의대손상각비(954)		1,900,000	
		대변	대손충당금(109)			2,426,480
		대변	대손충당금(111)			638,400
		대변	대손충당금(115)			1,900,000

문제 5 원천징수

[1] 급여자료입력 및 원천징수이행상황신고

(1) 급여자료입력
① 수당공제등록
- 식대 : 회사에서 별도의 식사를 제공하지 않으므로 비과세소득에 해당한다.
- 자가운전보조금 : 실제 발생한 교통비를 지급하지 않으므로 비과세이다.
- 야간근로수당 : 비과세로 설정된 수당을 사용하여도 사원등록 및 월정액에 따라 비과세 및 과세소득으로 계산된다.
- 월차수당 : 과세소득에 해당한다.

107회 기출문제 해설

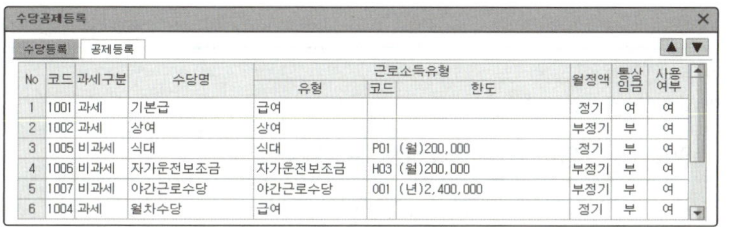

② 급여자료입력

- 월정액급여가 210만원 초과하므로 야간근로수당은 과세소득으로 분류된다.

(2) 원천징수이행상황신고서

귀속기간(2025년 03월 ~ 2025년 03월), 지급기간(2025년 03월 ~ 2025년 03월), 신고구분(1.정기신고)를 입력하여 조회한 후 "12.전월미환급"란에 420,000원을 입력한다.

[2] 연말정산추가자료입력

(1) 부양가족 TAB

① 인적공제

- 송은영(배우자) : 양도소득금액 100만원 초과로 기본공제 제외(소득기준 초과여부-1:여)
- 강민호(아들) : 당해연도에 입양하였으므로 출산입양란 '첫째'로 선택한다.
- 강성찬(동생) : 장애인은 연령 불문, 소득이 없으므로 기본공제, 장애인(1) 추가공제 가능

② 보험료 및 교육비 세액공제

보험료	• 본인 : 일반보장성 240만원 입력 • 동생 : 장애인보장성 170만원 입력
교육비	• 아들 : 초등학교 수업료 50만원 입력, 취학아동의 학원비는 공제 배제

(2) **신용카드 등 TAB** : 부양가족 TAB 더블클릭 또는 직접 선택

① 본인 : 법인의 비용을 결제한 사용액은 공제대상 제외
② 아들 : 의료비 지출액과 신용카드사용액은 중복공제 가능

(3) **의료비 TAB** : 부양가족 TAB 더블클릭 또는 직접 선택

① 본인 : 1인당 50만원 한도내 금액까지 공제가능하므로 260만원만 입력
② 배우자 : 연령 및 소득금액 제한을 받지 않으므로 본인이 지출한 난임시술비 250만원 입력하고 '13.난임여부
　: 1.해당'으로 선택
③ 아들 : 질병치료 한약구입비용은 의료비 공제대상이므로 120만원 입력
④ 동생 : 장애인의료비로 310만원 입력

107회 기출문제 해설

(4) 기부금 TAB : 부양가족 TAB 더블클릭 또는 직접 선택

① 기부금 입력 TAB

소득명세	부양가족	신용카드 등	의료비	기부금	연금저축 등 I	연금저축 등 II	월세액	출산지원금	연말정산입력

기부금 입력 / 기부금 조정

12.기부자 인적 사항(F2)				
주민등록번호	관계코드	내·외국인	성명	
840130-1710627	거주자(본인)	내국인	강희찬	

구분		기부처		기부명세				자료구분
7.유형	8.코드	9.기부내용	10.상호(법인명)	11.사업자번호 등	건수	13.기부합계금액(14+15)	14.공제대상기부금액	15.기부장려금신청금액	
종교	41	금전	필수 입력	필수 입력	1	1,200,000	1,200,000		국세청
합계						1,200,000	1,200,000		

② 기부금 조정 TAB

[공제금액계산] 버튼 클릭 → 기부금 공제금액 계산 참조 화면 : [불러오기] 클릭 > [공제금액반영] 클릭 > [저장] 클릭 > [종료(Esc)] 클릭 → 해당연도 공제금액 및 이월금액 반영 확인

기부금 입력 / 기부금 조정   공제금액계산

구분		기부연도	16.기부금액	17.전년도까지 공제된금액	18.공제대상금액(16-17)	해당연도공제금액	해당연도에 공제받지 못한 금액	
유형	코드						소멸금액	이월금액
종교	41	2025	1,200,000		1,200,000	1,200,000		
합계			1,200,000		1,200,000	1,200,000		

기부금 공제금액 계산 참조

근로소득금액 47,250,000   정치,고향기부금외 공제대상금액 1,200,000 세액공제가능액 1,148,840

코드	구분	지출액	공제대상금액	공제율1(15%,20%)	공제율2(25%,30%,35%)	공제율3(40%)	소득/세액공제액	공제 초과이월액
41	일반기부금(종교) 당기	1,200,000	1,200,000	1,200,000			180,000	
	합계	1,200,000	1,200,000	1,200,000			180,000	

정치기부금10만원 초과세액공제   고향사랑기부금10만원 초과세액공제
특례기부금 세액공제   우리사주조합기부금 세액공제   일반기부금(종교외) 세액공제
일반기부금(종교) 세액공제 180,000

불러오기   공제금액반영   전체삭제   저장   종료(Esc)

(5) 연말정산입력 TAB : [F8 부양가족탭불러오기] 버튼을 클릭하여 부양가족 TAB 자료 반영

	소득명세	부양가족	신용카드 등	의료비	기부금	연금저축 등 I	연금저축 등 II	월세액	출산지원금	연말정산입력

	구분		지출액	공제금액		구분		지출액	공제대상금액	공제금액
소득공제	연금보험료공제	31.국민연금보험료	2,700,000	2,700,000	세액감면 및 세액공제	56.결혼세액공제	부			
		32.공적연금보험료공제 공무원연금				57.자녀	㉮자녀 (1명)			250,000
		군인연금				세액공제	㉯ 출산.입양 (1명)			300,000
		사립학교교직원				연금계좌	58.과학기술공제				
		별정우체국연금					59.근로자퇴직연금				
	특별소득공제	33.보험료	2,879,400	2,879,400			60.연금저축				
		건강보험료	2,399,400	2,399,400			60-1.ISA연금계좌전환				
		고용보험료	480,000	480,000		특별세액공제	61.보장성보험	일반	2,400,000	2,400,000	1,000,000	120,000
		34.주택차입금 대출기관						장애인	1,700,000	1,700,000	1,000,000	150,000
		원리금상환액 거주자					62.의료비		9,400,000	9,400,000	7,600,000	1,515,000
		34.장기주택저당차입금이자상					63.교육비		500,000	500,000	500,000	75,000
		35.특별소득공제 계		2,879,400			64.기부금		1,200,000	1,200,000	1,200,000	180,000
36.차감소득금액				35,170,600			1)정치자금기부금	10만원이하				
		37.개인연금저축						10만원초과				
그밖의소득공제		38.소기업,소상 2015년이전가입					2)고향사랑기부금	10만원이하				
		공인 공제부금 2016년이후가입						10만원초과				
		39.주택 청약저축					3)특례기부금(전액)					
		마련저축 주택청약					4)우리사주조합기부금					
		소득공제 근로자주택마련					5)일반기부금(종교단체외)					
		40.투자조합출자 등 소득공제					6)일반기부금(종교단체)		1,200,000	1,200,000	180,000
		41.신용카드 등 사용액	19,700,000	945,000		65.특별세액공제 계					2,040,000
		42.우리사주조합 일반 등				66.표준세액공제					

106회 전산세무2급 기출 해설

A형	[01]	[02]	[03]	[04]	[05]	[06]	[07]	[08]	[09]	[10]	[11]	[12]	[13]	[14]	[15]
	2	4	3	1	3	1	4	2	3	4	1	3	2	1	4

해설

01. 자산, 부채, 자본 중 중요한 항목은 재무상태표 본문에 별도 항목으로 구분하여 표시한다. 중요하지 않은 항목은 성격 또는 기능이 유사한 항목에 통합하여 표시할 수 있으며, 통합할 적절한 항목이 없는 경우에는 기타항목으로 통합할 수 있다. 이 경우 세부 내용은 주석으로 기재한다.

02. 현금및현금성자산은 통화 및 타인발행수표 등 통화대용증권과 당좌예금, 보통예금 및 큰 거래비용 없이 현금으로 전환이 용이하고 이자율 변동에 따른 가치변동의 위험이 경미한 금융상품으로서 취득 당시 만기일(또는 상환일)이 3개월 이내인 것을 말한다.

03. ■ 퇴직급여충당부채와 사채는 비유동부채로 분류한다.
   ■ 유동부채 108,000,000원
      = 외상매입금 100,000,000원 + 선수금 5,000,000원 + 미지급금 3,000,000원

04. 단기매매증권에 대한 미실현보유손익은 당기손익항목으로 처리한다.

05. ① (차) 현금(자산 증가) ××× (대) 자본금(자본 증가) ××× → 자본 증가
    ② (차) 미처분이익잉여금(자본 감소) ××× (대) 미지급배당금(부채 증가) ××× → 자본 감소
    ③ (차) 비품(자산 증가) ××× (대) 현금(자산 감소) ××× → 자본 영향 없음
    ④ (차) 급여(비용 발생) ××× (대) 현금(자산 감소) ××× → 자본 감소

06. 당기제품제조원가(당기완성품원가)는 재공품 계정의 대변으로 대체된다.

07. ④는 회피가능원가에 대한 설명이다.

08. ■ 그래프는 준고정원가이며 ②번이 이에 대한 설명으로 계단원가라고도 한다.
    ■ ①, ③, ④는 준변동원가에 대한 설명이다.

09. ■ 예정배부율
      = 제조간접원가예산 3,000,000원 ÷ 예정 직접노무시간 30,000시간 = @100원/직접노무시간
    ■ 예정배부액 = 실제 직접노무시간 30,000시간 × 예정배부율 @100원 = 3,000,000원
    ∴ 실제 제조간접원가 = 예정배부액 3,000,000원 + 과소배부액 100,000원 = 3,100,000원

10. ■ 모든 제조원가가 공정 전반에 걸쳐 균등하게 투입되므로 직접재료원가와 가공원가 구분은 필요하지 않다.
    ■ 완성품환산량 = 완성품 5,000개 + 기말재공품 2,500개 × 80% = 7,000개
    ■ 총원가 = 기초재공품원가 1,000,000원 + 당기제조원가 13,000,000원 = 14,000,000원
    ∴ 완성품단위당원가 = 총원가 14,000,000원 ÷ 완성품환산량 7,000개 = 2,000원/개

11. 부가가치세는 국세이며, 소비지국과세원칙을 적용하고 전단계세액공제법을 채택하고 있다.
12. 부동산임대업의 납세지는 부동산의 등기부상 소재지이다.
13. 사업소득이 있는 거주자의 종합소득세 납세지는 거주자의 주소지로 한다.
14. ■ 부동산임대업을 제외한 사업소득에서 발생한 이월결손금은 모든 종합소득에서 통산한다.
    ■ 종합소득금액 = 35,000,000원 + 10,000,000원 + 15,000,000원 − 50,000,000원
    = 10,000,000원
15. ① 복권당첨소득 중 3억원 초과분 : 30%   ② 비실명이자소득 : 45%
    ③ 이자소득 중 비영업대금이익 : 25%   ④ 일용근로자의 근로소득 : 6%

실무문제 해설

문제 1 일반전표입력

NO	월	일	구분	계정과목	거래처	차변	대변
[1]	3	20	차변	보통예금		5,100,000	
			대변	자기주식			4,500,000
			대변	자기주식처분손실			300,000
			대변	자기주식처분이익			300,000

■ 자기주식처분이익이 발생하는 경우 자기주식처분손실과 우선 상계 후 잔액을 장부에 계상한다.
■ 처분 시 주당 가격이라는 표현이 없어 오인할 소지가 있으므로 자기주식의 총처분가액을 17,000원으로 회계
처리한 경우에도 답안으로 인정
  (차) 보통예금   17,000원   (대) 자기주식   4,500,000원
      자기주식처분손실   4,483,000원

NO	월	일	구분	계정과목	거래처	차변	대변
[2]	3	31	차변	보통예금		102,000,000	
			대변	사채			100,000,000
			대변	사채할증발행차금			2,000,000
[3]	4	30	차변	급여(판)		2,400,000	
			차변	급여(제) 또는 임금(제)		2,100,000	
			대변	예수금			464,230
			대변	보통예금			4,035,770
[4]	5	13	차변	보통예금		49,500,000	
			차변	매출할인(406)		500,000	
			대변	외상매출금	(주)진아		50,000,000

■ 제품매출과 관련된 할인이므로 관련 코드 '406.매출할인' 계정과목으로 회계처리 한다.

NO	월	일	구분	계정과목	거래처	차변	대변
[5]	8	25	차변	미지급세금		5,000,000	
			차변	세금과공과(판)		200,000	
			차변	수수료비용(판)		104,000	
			대변	미지급금	국민카드		5,304,000

문제 2 매입매출전표입력

NO	일자	유형	품목	공급가액	부가세	공급처명	전자	분개
	1/23	11.과세	제품	-5,000,000	-500,000	(주)유진물산	여	외상

	구분	계정과목	거래처	차변	대변
[1]	차변	외상매출금	(주)유진물산	-5,500,000	
	대변	부가세예수금	(주)유진물산		-500,000
	대변	제품매출	(주)유진물산		-5,000,000

NO	일자	유형	품목	공급가액	부가세	공급처명	전자	분개
	2/1	51.과세	승용차	10,000,000	1,000,000	(주)기대		혼합

	구분	계정과목	거래처	차변	대변
[2]	차변	부가세대급금	(주)기대	1,000,000	
	차변	차량운반구	(주)기대	10,000,000	
	대변	미지급금	(주)기대		11,000,000

NO	일자	유형	품목	공급가액	부가세	공급처명	전자	분개
	3/24	12.영세	제품	30,000,000	0	(주)상도무역	여	외상

	영세율 구분		③내국신용장·구매확인서에 의하여 공급하는 재화		
[3]	구분	계정과목	거래처	차변	대변
	차변	외상매출금	(주)상도무역	30,000,000	
	대변	제품매출	(주)상도무역		30,000,000

NO	일자	유형	품목	공급가액	부가세	공급처명	전자	분개
	4/1	61.현과	운반비	500,000	50,000	(주)장수운송		현금(혼합)

	구분	계정과목	거래처	차변	대변
[4]	출금	부가세대급금	(주)장수운송	50,000	(현금)
	출금	운반비(판)	(주)장수운송	500,000	(현금)

106회 기출문제 해설

NO	일자	유형	품목	공급가액	부가세	공급처명	전자	분개
[5]	5/20	57.카과	회식	450,000	45,000	온리푸드		카드(혼합)
	신용카드사			국민카드				
	구분	계정과목		거래처	차변		대변	
	대변	미지급금 또는 미지급비용		국민카드			495,000	
	차변	부가세대급금		온리푸드	45,000			
	차변	복리후생비(제)		온리푸드	450,000			

문제 3 부가가치세신고

[1] 부동산임대공급가액명세서(조회기간 : 2025년 10월 ~ 2025년 12월)

조회기간	2025년 10월 ~ 2025년 12월	2기 확정		일수확인	적용이자율 3.1%
No	코드	거래처명(임차인)	동	층	호
1	0159	세무법인 우람	1	2	201
2					

등록사항
- 1.사업자등록번호 : 101-86-73232
- 2.주민등록번호 : _
- 3.면적(㎡) : 120.00 ㎡ 4.용도 : 사무실
- 5.임대기간에 따른 계약 내용

계약갱신일	임대기간
	2023-12-01 ~ 2025-11-30
2025-12-01	2025-12-01 ~ 2027-11-30

6.계약내용	금액	당해과세기간계
보 증 금	30,000,000	30,000,000
월 세	1,700,000	3,400,000
관 리 비	300,000	600,000
7.간주 임대료	155,424	155,424 61일
8.과 세 표 준	2,155,424	4,155,424

소 계			
월 세	3,400,000	관 리 비	600,000
간주임대료	155,424	과 세 표 준	4,155,424

6.계약내용	금액	당해과세기간계
보 증 금	50,000,000	50,000,000
월 세	1,700,000	1,700,000
관 리 비	300,000	300,000
7.간주 임대료	131,643	131,643 31일
8.과 세 표 준	2,131,643	2,131,643

소 계			
월 세	5,100,000	관 리 비	900,000
간주임대료	287,067	과 세 표 준	6,287,067

전체합계			
월세등	6,000,000	간주임대료	287,067	과세표준(계)	6,287,067

[2] 부가가치세신고서 작성(조회기간 : 2025년 10월 1일 ~ 2025년 12월 31일)

① 신용카드 매출액 중 세금계산서 발급분은 세금계산서발급분(1)란에 기재하여 신고하므로 제외하고 신용카드·현금영수증발행분(3)란에 기재한다.

② 2,000cc 업무용승용차는 매입세액 공제가 불가능하므로 고정자산매입(11란) 및 공제받지못할매입세액(16)란에 각각 입력한다.

③ 기업이 직접 부가가치세 전자신고를 하므로 전자신고세액공제 10,000원을 입력한다.

④ 가산세액 내역

- 신고불성실(일반과소) 가산세
  = 2,000,000원 × 10% × (1 – 75%)
  = 50,000원

※ 1개월 초과 3개월 이내 수정신고시 75% 감면

- 납부지연 가산세
  = 2,000,000원 × 2.2/10,000 × 92일
  = 40,480원

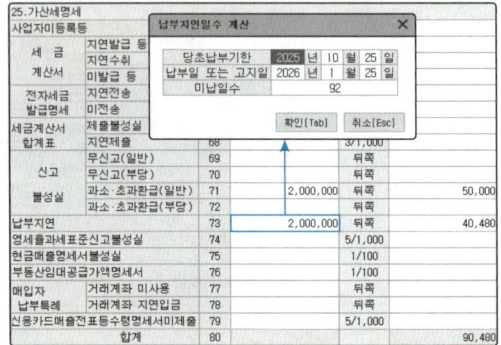

⑤ "신용카드·현금영수증발행분(3)"란에 입력한 공급대가 금액을 "신용카드매출전표등 발행공제등(19)"란도 입력하여야 하며, 시험은 별도의 문구가 없는 경우 채점에는 영향을 주지 않는다.

[3] 부가가치세 신고(조회기간 : 2025년 7월 1일 ~ 2025년 9월 30일)

(1) 부가가치세신고서 및 관련 부속서류 마감 확인

① [CF2 부가세작성관리] 버튼을 클릭하여 해당 과세기간의 마감여부를 확인할 수 있으며 [확인(Tab)] 버튼을 누르면 마감한 부가가치세신고서가 조회된다.

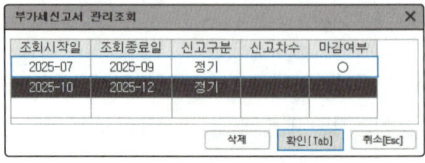

106회 기출문제 해설

(2) 전자신고 데이터 제작

회사를 선택하고 상단의 [F4 제작] 버튼을 누른 후 **비밀번호(12341234)**를 입력하여 제작한다.

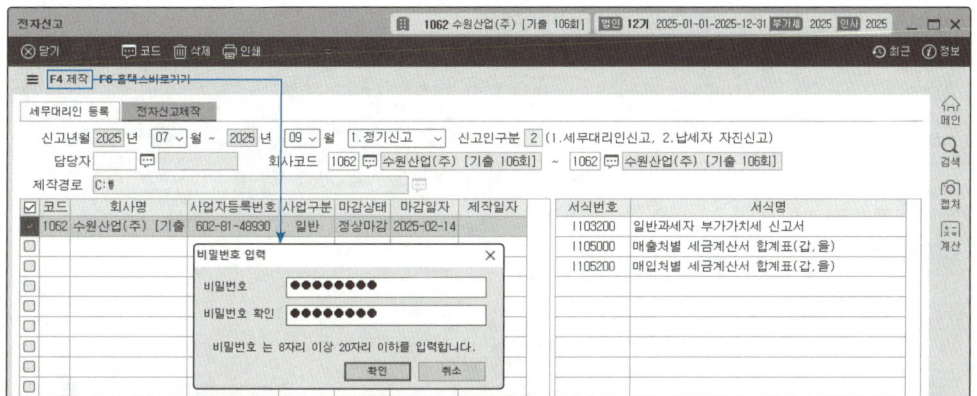

(3) 국세청 홈택스 전자신고

① 부가가치세 신고 : 세금신고 → [01.전자파일변환 – 변환대상파일선택]

　　[찾아보기] 클릭 → [로컬디스크(C:)] → 파일명 : enc작성연월일.101.v6028148930

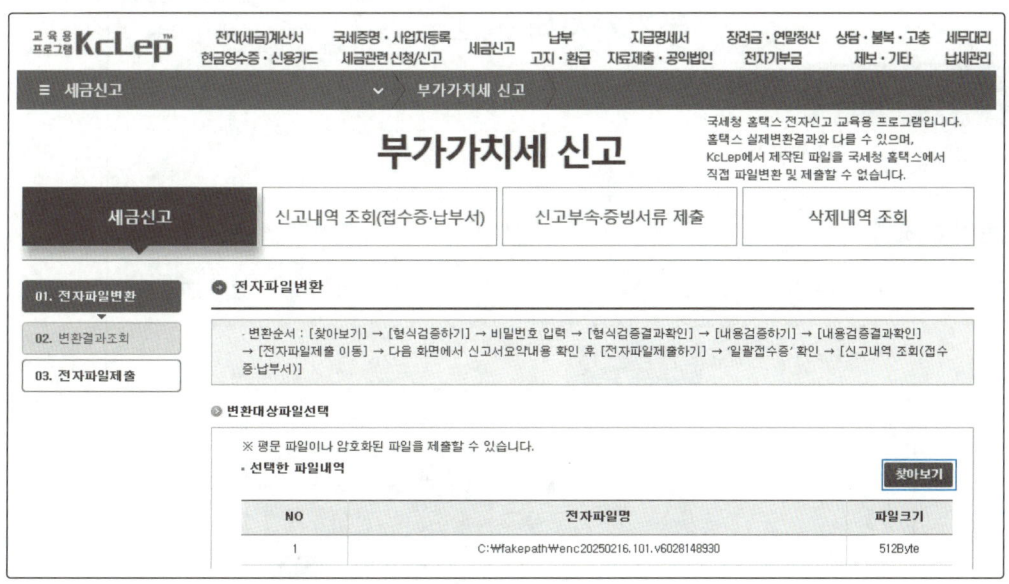

② 부가가치세 신고 : 세금신고 → [01.전자파일변환 - 처리내역]
　　[형식검증하기] : 비밀번호(12341234) 입력 → [형식검증결과확인] : 오류 유무 확인 → [내용검증하기]
　　→ [내용검증결과확인] : 오류 유무 확인 → [전자파일제출]

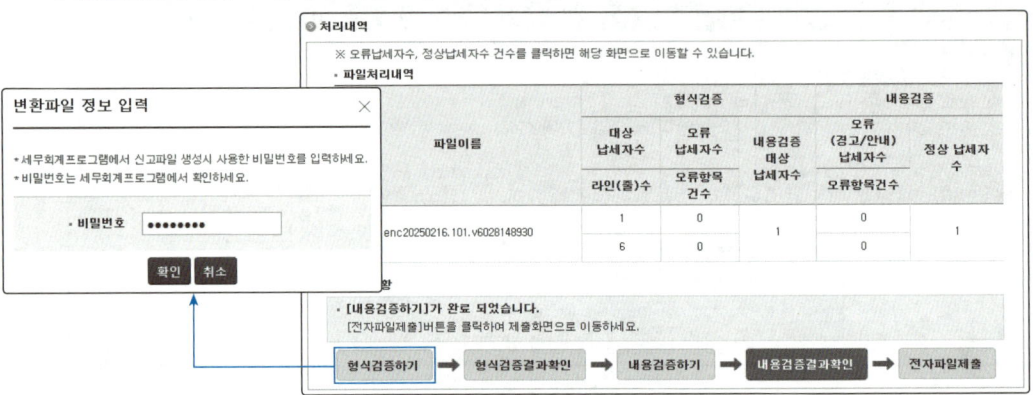

③ 부가가치세 신고 : 세금신고 → [03.전자파일제출]
　　[전자파일 제출하기] > 부가가치세 신고서 접수증 확인

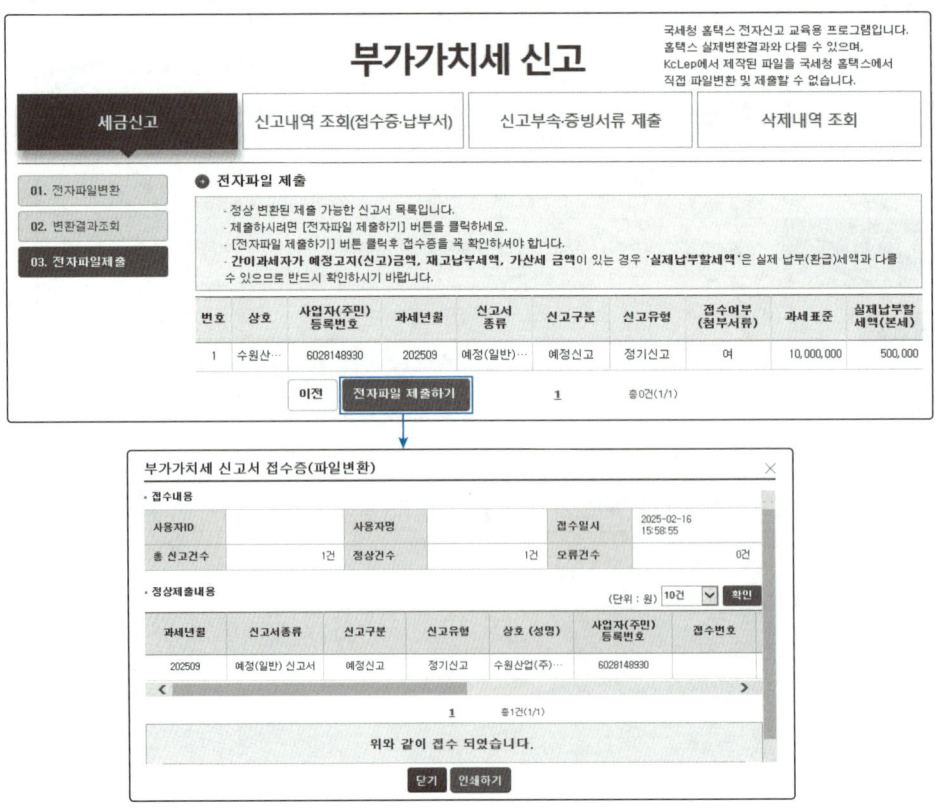

106회 기출문제 해설

문제 4 결산정리사항

[1] 수동결산 – 일반전표입력

월	일	구분	계정과목	거래처	차변	대변
12	31	차변	소모품비(판)		300,000	
		대변	소모품			300,000

- 구입시 자산처리하면 결산시점에는 사용액을 비용으로 대체한다.
  소모품비(판) = 800,000원 − 500,000원 = 300,000원

[2] 수동결산 – 일반전표입력

월	일	구분	계정과목	거래처	차변	대변
12	31	차변	외화장기차입금	하나은행	300,000	
		대변	외화환산이익			300,000

- 외화환산이익 = $10,000 × (1,545원 − 1,575원) = △300,000원(부채 감소)

[3] 수동결산 – 일반전표입력

월	일	구분	계정과목	거래처	차변	대변
12	31	차변	매도가능증권평가이익		30,000	
		대변	매도가능증권(178)			30,000

- 2024년말 회계처리 : (차) 매도가능증권 130,000원   (대) 매도가능증권평가이익 130,000원
- 매도가능증권평가손익은 재무상태표상 자본 항목 중 기타포괄손익누계액 항목으로, 차기 이후 발생하는 평가손익과 상계하여 회계처리 한다.

[4] 자동결산 – 결산자료입력

- 외상매출금 : (516,000,000원 × 1%) − 2,000,000원 = 3,160,000원
- 받을어음 : (167,760,000원 × 1%) − 600,000원 = 1,077,600원

방법 1 : 결산자료입력 메뉴의 상단 [대손상각] 버튼을 클릭하여 "대손율(%) : 1%"을 입력하고 외상매출금·받을어음을 제외한 이외의 계정과목에 대한 "추가설정액"란의 금액은 삭제한 후 [결산반영] 버튼을 눌러 "결산반영금액"란에 반영하여 전표추가를 한다.

방법 2 : 결산자료입력 메뉴의 판매비와일반관리비의 5).대손상각에 [외상매출금 : 3,160,000원, 받을어음 : 1,077,600원]을 입력한 후 결산자료 입력의 전표추가를 한다.

방법 3 : 결산일(12월 31일)에 일반전표입력에 직접 입력

월	일	구분	계정과목	거래처	차변	대변
12	31	차변	대손상각비(판)		4,237,600	
		대변	대손충당금(109)			3,160,000
		대변	대손충당금(111)			1,077,600

[5] 자동결산 - 결산자료입력

방법 1 : 결산자료입력 메뉴 9.법인세등의 [1)선납세금 : 9,000,000원, 2)추가계상액 : 11,000,000원]에 입력한 후 결산자료 입력의 전표추가를 한다.

방법 2 : 결산일(12월 31일)에 일반전표입력에 직접 입력

월	일	구분	계정과목	거래처	차변	대변
12	31	차변	법인세등		20,000,000	
		대변	선납세금			9,000,000
		대변	미지급세금			11,000,000

문제 5 원천징수

[1] 부양가족등록 및 급여자료입력

(1) 사원등록 부양가족명세 TAB

① 강하나(본인) : 기본공제대상자인 부양가족이 있는 세대주로서 종합소득금액 3,000만원 이하인 배우자가 없는 여성인 경우 부녀자공제 대상에 해당하지만 부녀자공제와 한부모공제가 적용요건을 동시에 충족하는 경우 한부모공제를 적용한다.

② 직계존속은 주거형편상 별거이므로 생계를 같이 하는 것으로 본다.
- 강인우(아버지) : 양도소득금액 100만원 이하로 기본공제 및 경로우대추가공제 가능
- 유지인(어머니) : 근로소득 총급여액 500만원 이하는 기본공제 가능

③ 강하늘 : 장애인은 연령은 무관하며 소득요건을 충족하므로 기본공제 및 장애인(3)추가공제 가능

연말관계	성명	내/외국인	주민(외국인,여권)번호	나이	기본공제	부녀자	한부모	경로우대	장애인	자녀	출산입양	위탁관계
0	강하나	내	1 830630-2548767	42	본인		○					
1	강인우	내	1 530420-1434578	72	60세이상			○				
1	유지인	내	1 560730-2870991	69	60세이상							
4	이민주	내	1 050805-4123468	20	20세이하					○		
4	이자유	내	1 080505-3123461	17	20세이하					○		
6	강하늘	내	1 800112-2434517	45	장애인				3			

(2) 급여자료입력

① 수당공제등록
- 현물식사를 제공받지 않고 있으므로 식대로 제공받는 금액은 비과세이다.
- 자가운전보조금은 실제 발생한 교통비를 지급하지 않으므로 비과세이다.

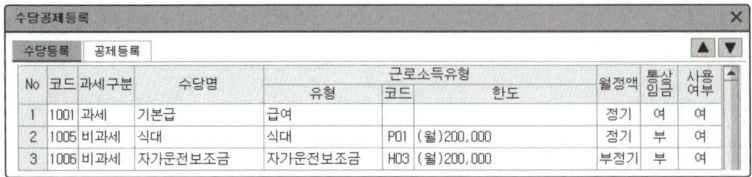

106회 기출문제 해설

② 급여자료입력(귀속년월 : 2025년 05월, 지급년월일 : 2025년 05월 31일)

사번	사원명	감면율	급여항목	금액	공제항목	금액
104	강하나		기본급	2,000,000	국민연금	85,500
			식대	100,000	건강보험	59,280
			자가운전보조금	200,000	장기요양보험	7,670
					고용보험	18,000
					소득세(100%)	19,520
					지방소득세	1,950
			과 세	2,000,000	농특세	
			비 과 세	300,000	공 제 총 액	191,920
총인원(퇴사자)		1(0)	지 급 총 액	2,300,000	차 인 지 급 액	2,108,080

[2] 연말정산추가자료입력

(1) [소득명세] TAB : 전근무지 자료 입력 시 기납부세액은 '**결정세액**'을 입력한다.

소득명세	부양가족	신용카드 등	의료비	기부금	연금저축 등I	연금저축 등II	월세액	출산지원금	연말정산입력

	구분		합계	주(현)		납세조합	종(전) [1/2]
소득명세	9.근무처명			수원산업(주) [기출 106회]			주식회사 영일전자
	9-1.종교관련 종사자			부			부
	10.사업자등록번호			602-81-48930			603-81-01281
	11.근무기간			2025-06-10 ~ 2025-12-31		__-__-__ ~ __-__-__	2025-01-01 ~ 2025-06-01
	12.감면기간			__-__-__ ~ __-__-__		__-__-__ ~ __-__-__	__-__-__ ~ __-__-__
	13-1.급여(급여자료입력)		66,200,000	50,000,000			16,200,000
	13-2.비과세한도초과액						
	13-3.과세대상추가(인정상여추가)						
	14.상여		3,000,000				3,000,000
	15.인정상여						
	15-1.주식매수선택권행사이익						
	15-2.우리사주조합 인출금						
	15-3.임원퇴직소득금액한도초과액						
	15-4.직무발명보상금						
	16.계		69,200,000	50,000,000			19,200,000
공제보험료명세	직장	건강보험료(직장)(33)	1,860,730	1,747,500			113,230
		장기요양보험료(33)	228,250	214,360			13,890
		고용보험료(33)	433,920	408,000			25,920
		국민연금보험료(31)	2,395,800	2,250,000			145,800
	공적연금보험료	공무원 연금(32)					
		군인연금(32)					
		사립학교교직원연금(32)					
		별정우체국연금(32)					
세액명세	기납부세액	소득세	5,770,700	5,670,700			100,000
		지방소득세	577,070	567,070			10,000
		농어촌특별세					
	납부특례세액	소득세					
		지방소득세					
		농어촌특별세					

(2) [부양가족] TAB

① 인적공제

■ 김민성(배우자) : 일용근로소득은 무조건 분리과세소득이므로 기본공제 가능

소득명세	부양가족	신용카드 등	의료비	기부금	연금저축 등I	연금저축 등II	월세액	출산지원금	연말정산입력

연말관계	성명	내/외국인	주민(외국인)번호	나이	소득기준초과여부	기본공제	세대주구분	부녀자	한부모	경로우대	장애인	자녀	출산입양	결혼세액
0	문지율	내	1 741010-1187521	51		본인	세대주							
3	김민성	내	1 770101-2843120	48		배우자								
4	문가영	내	1 071027-4842421	18		20세이하						○		
4	문가빈	내	1 071027-4845124	18		20세이하						○		
	합 계 [명]					4						2		

② 보험료 및 교육비 세액공제

보험료	• 문지율(본인), 문가영(자녀)의 보험료 지출액은 모두 공제 대상으로 일반보장성보험료 합계가 100만원까지만 공제 가능하므로 전부 입력하지 않아도 무방하다.
교육비	• 문지율 : 본인 대학원 교육비는 공제 가능하므로 1,000만원 입력 • 문가영 : 교복구입비는 1인당 50만원 한도내 금액만 공제가능하므로 70만원 입력 • 문가빈 : 취학아동의 학원비는 공제 제외이므로 50만원 입력

연말합계	성명	내/외국인	주민(외국인)번호	나이	소득기준초과여부	기본공제	세대주구분	부녀자	한부모	경로우대	장애인	자녀	출산입양	결혼세액
0	문지율	내	1 741010-1187521	51		본인	세대주							
3	김민성	내	1 770101-2843120	48		배우자								
4	문가영	내	1 071027-4842421	18		20세이하						○		
4	문가빈	내	1 071027-4845124	18		20세이하						○		
	합계[명]					4						2		

자료구분	보험료			의료비					교육비	
	건강	고용	일반보장성	장애인전용	일반	실손	선천성이상아	난임	65세,장애인	일반	장애인특수
국세청			1,200,000							10,000,000 4.본인	
기타	2,088,980	433,920									

자료구분	보험료			의료비					교육비	
	건강	고용	일반보장성	장애인전용	일반	실손	선천성이상아	난임	65세,장애인	일반	장애인특수
국세청			500,000							700,000 2.초중고	
기타											

자료구분	보험료			의료비					교육비	
	건강	고용	일반보장성	장애인전용	일반	실손	선천성이상아	난임	65세,장애인	일반	장애인특수
국세청										500,000 2.초중고	
기타											

(3) 신용카드 등 TAB : 부양가족 TAB 더블클릭 또는 직접 선택

① 신용카드 등 사용액에 대한 소득공제와 의료비 세액공제는 중복공제가 허용되므로 공제 가능
② 총급여액 7,000만원 이하자로 신용카드 동서공연등 사용액 공제 가능

	성명 생년월일	자료구분	신용카드	직불,선불	현금영수증	도서등신용	도서등직불	도서등현금	전통시장	대중교통	합계
☐	문지율 1974-10-10	국세청 기타	28,500,000		3,000,000	1,000,000			1,500,000	1,000,000	35,000,000
☐	김민성 1977-01-01	국세청 기타			1,500,000						1,500,000
☐											
	합계		28,500,000		4,500,000	1,000,000			1,500,000	1,000,000	36,500,000

106회 기출문제 해설

(4) [의료비] TAB : 부양가족 TAB 더블클릭 또는 직접 선택

① 김민성(배우자) : 실손보험수령액은 지출액에서 공제하지 않고 전액 입력한다.
② 문가빈(자녀) : 시력보정용 안경 또는 콘택트렌즈를 구입하기 위하여 지출한 비용은 기본공제대상자 1명당 연 50만원까지 공제대상 의료비 지출액으로 한다.

	성명	내/외	5.주민등록번호	6.본인등 해당여부	9.증빙 코드	8.상호	7.사업자 등록번호	10.건수	11.금액	11-1.실손 보험수령액	12.미숙아 선천성이상아	13.난임 여부	14.산후 조리원
	김민성	내	770101-2843120	3	X	1			2,000,000	500,000	X	X	X
	문가영	내	071027-4842421	3	X	1			500,000		X	X	X
	합계								2,500,000	500,000			
	일반의료비 (본인)		6세이하,65세이상인 건강보험산정특례자 장애인			일반의료비 (그 외)			2,500,000	난임시술비			
										미숙아·선천성이상아			

(5) 연말정산입력 TAB : [F8 부양가족탭불러오기] 버튼을 클릭하여 부양가족 TAB 자료 반영

구분		지출액	공제금액	구분		지출액	공제대상금액	공제금액
31.국민연금보험료		2,395,800	2,395,800	56.결혼세액공제	부			
32.공적연금보험료공제	공무원연금			57.자녀 세액공제	㉮자녀 2명			550,000
	군인연금				㉯ 출산.입양 명			
	사립학교교직원			58.과학기술공제				
	별정우체국연금			59.근로자퇴직연금				
33.보험료		2,522,900	2,522,900	60.연금저축				
	건강보험료	2,088,980	2,088,980	60-1.ISA연금계좌전환				
	고용보험료	433,920	433,920	61.보장 성보험	일반	1,700,000	1,700,000	1,000,000	120,000
34.주택차입금	대출기관				장애인			
원리금상환액	거주자			62.의료비		2,500,000	2,500,000	
34.장기주택저당차입금이자상				63.교육비		11,200,000	11,200,000	11,200,000	1,680,000
35.특별소득공제 계			2,522,900	64.기부금				
36.차감소득금액			45,071,300	1)정치자금 기부금	10만원이하			
37.개인연금저축					10만원초과			
38.소기업,소상 공인 공제부금	2015년이전가입			2)고향사랑 기부금	10만원이하			
	2016년이후가입				10만원초과			
39.주택 마련저축 소득공제	청약저축			3)특례기부금(전액)				
	주택청약			4)우리사주조합기부금				
	근로자주택마련			5)일반기부금(종교단체외)				
40.투자조합출자 등 소득공제				6)일반기부금(종교단체)				
41.신용카드 등 사용액		36,500,000	4,300,000	65.특별세액공제 계				1,800,000
42.우리사주조합	일반 등			66.표준세액공제				

MEMO

✱ 저자약력

황향숙

약력
- 호남대학교 산업경영대학원 석사(졸업)
- (주)더존비즈아카데미 강사
- (재)현대직업전문학교 강사
- (재)중앙전산직업전문학교 강사
- 한국직업전문학교 강사
- 경기도일자리재단 여성능력개발본부 강사
- 강서여성인력개발센터 강사
- 정명정보고 직무연수 강사
- 신정여상 취업연수 강사
- NYK Corption 관리부 팀장
- 제이더블유어패럴(주) 팀장
- (주)태평양물산 관리부
- (주)더존비즈온 지식서비스센터 강사
- (주)더존에듀캠 재경캠퍼스 강사
- (주)더존에듀캠 평생교육원 강사
- 한국생산성본부 ERP 연수 강사
- EBS 직업교육 ERP정보관리사 동영상 강의
- (주)이패스코리아 ERP정보관리사 동영상 강의
- (주)토마토패스 전산세무회계 동영상 강의
- 한국산업인력공단 주관 청년취업아카데미 산학협력 교수
- 대한상공회의소 직무 강사

저서
- PERFECT 전산세무 1급(도서출판 배움)
- PERFECT 전산세무 2급(도서출판 배움)
- PERFECT 전산회계 1급(도서출판 배움)
- PERFECT 전산회계 2급(도서출판 배움)
- PERFECT 전산회계 1급 FINAL(도서출판 배움)
- PERFECT 전산세무 2급 FINAL(도서출판 배움)
- ERP정보관리사 회계·인사 1급(지식과경영)
- ERP정보관리사 회계·인사 2급(지식과경영)
- ERP정보관리사 물류·생산 1급(지식과경영)
- ERP정보관리사 물류·생산 2급(지식과경영)
- TAT 세무실무 2급(지식과경영)
- FAT 회계실무 1급(지식과경영)
- FAT 회계실무 2급(지식과경영)
- 기업자원통합관리 고등학교인정도서(지식과경영)
- 회계정보처리시스템 고등학교인정도서(지식과경영)

성명 또는 카페닉네임	

2025 Perfect 전산세무 2급 파이널

8판 발행 : 2025년 2월 28일
저　　자 : 황향숙
발 행 인 : 박성준
발 행 처 : 도서출판배움
등　　록 : 제2017-000124호
주　　소 : 경기도 성남시 분당구 성남대로 2번길 6 LG트윈하우스 120호
전　　화 : (031)712-9750
팩　　스 : (031)712-9751
홈페이지 : WWW.BOBOOK.CO.KR
정　　가 : 26,000원
I S B N : 979-11-89986-59-9 13320

저자와의
협의하에
인지생략

도서출판 배움의 발행도서는 정확하고 권위있는 해설을 제공하고자 노력을 다하고 있습니다. 그럼에도 불구하고 본서가 모든 경우에 그 완전성을 항상 보장하는 것은 아니므로 실제 적용에 있어서는 최대한 주의를 기울이시고 필요한 경우 전문가와 사전논의를 거치시길 바랍니다. 또한 본서의 수록 내용은 특정사안에 대한 구체적인 의견제시가 될 수 없으므로 본서의 적용결과에 대하여 당사는 책임지지 아니합니다.

❖ 파본은 구입하신 서점이나 출판사에서 교환해 드립니다.